宁夏明清人士著述研究

田富军 著

朔方文库

主编 胡玉冰

上海古籍出版社

圖書在版編目(CIP)數據

寧夏明清人士著述研究 / 田富軍著. —上海：上海古籍出版社，2020.1
（朔方文庫）
ISBN 978-7-5325-9683-6

Ⅰ.①寧… Ⅱ.①田… Ⅲ.①歷史人物-人物研究-寧夏-明清時代 Ⅳ.①K820.843

中國版本圖書館CIP數據核字(2020)第118818號

朔方文庫
寧夏明清人士著述研究
田富軍　著
上海古籍出版社出版發行
（上海瑞金二路272號　郵政編碼200020）
（1）網址：www.guji.com.cn
（2）E-mail：guji1@guji.com.cn
（3）易文網網址：www.ewen.co
啓東市人民印刷有限公司印刷
開本710×1000　1/16　印張31.75　插頁3　字數570,000
2020年1月第1版　2020年1月第1次印刷
ISBN 978-7-5325-9683-6
K·2872　定價：158.00元
如有質量問題，請與承印公司聯繫

國家社科基金重大項目"《朔方文庫》編纂"(項目批准號：17ZDA268)資助

國家社科基金項目(項目批准號：13BTQ033)成果

寧夏大學"民族學"一流學科群之"中國語言文學"

學科(NXYLXK2017A02)建設經費資助出版

《朔方文庫》委員會名單

學術委員會

主　任：陳育寧

委　員：（按姓氏筆畫排序）

于　亭　呂　健　伏俊璉　杜澤遜　胡大雷　陳正宏

陳尚君　殷夢霞　郭英德　徐希平　程章燦　賈三强

趙生群　廖可斌　漆永祥　劉天明　羅　豐

編纂委員會

主　編：胡玉冰

委　員：（按姓氏筆畫排序）

丁峰山　田富軍　安正發　李建设　李進增　李新貴

邵　敏　胡文波　胡迅雷　徐遠超　馬建民　湯曉芳

劉鴻雁　趙彥龍　薛正昌　韓　超　謝應忠

目　　錄

總序 ··· 陳育寧　1
序 ··· 党懷興　1
序 ··· 王茂福　1

引　言 ·· 1

上編　寧夏明代人士著述研究

寧夏明代人士著述情況概述 ·· 13

第一章　朱㮵及其後人著述 ·· 22
　　第一節　朱㮵的生平 ··· 24
　　第二節　朱㮵的著述 ··· 33
　　第三節　朱氏後人及其著述 ·· 58

第二章　胡汝礪及其族人著述 ·· 66
　　第一節　胡汝礪的生平 ·· 68
　　第二節　胡汝礪的著述 ·· 77
　　第三節　胡氏其他族人著述 ·· 83

第三章　管律及其著述 ··· 86
　　第一節　管律的生平 ··· 88
　　第二節　管律的《〔嘉靖〕寧夏新志》 ······································· 93
　　第三節　管律的《芸莊雜録備遺》及其他散見著述 ··················· 100

第四章　胡侍及其著述 ……………………………………… 111
- 第一節　胡侍的生平 ………………………………………… 112
- 第二節　胡侍著述的總體情況 ……………………………… 126
- 第三節　胡侍的雜文 ………………………………………… 152
- 第四節　胡侍的詩文 ………………………………………… 166
- 第五節　胡侍著述的歷史地位和影響 ……………………… 176

第五章　寧夏明代其他人士著述 …………………………… 180
- 第一節　張嘉謨及其著述 …………………………………… 180
- 第二節　楊經及其著述 ……………………………………… 186
- 第三節　楊壽等人的《〔萬曆〕朔方新志》 ……………… 191
- 第四節　寧夏明代其他人士散見詩文 ……………………… 201

下編　寧夏清代人士著述研究

寧夏清代人士著述情況概述 ………………………………… 217

第一章　趙良棟及其後人著述 ……………………………… 227
- 第一節　趙良棟的生平 ……………………………………… 229
- 第二節　趙良棟的《奏疏存藁》 …………………………… 241
- 第三節　趙良棟的家世情況及其後人著述 ………………… 259

第二章　曾畹及其著述 ………………………………………… 278
- 第一節　曾畹的生平 ………………………………………… 279
- 第二節　曾畹著作情況 ……………………………………… 285
- 第三節　曾畹家世情況 ……………………………………… 292

第三章　俞益謨及其族人著述 ……………………………… 295
- 第一節　俞益謨的生平 ……………………………………… 296
- 第二節　俞益謨的《青銅自考》 …………………………… 302

第三節　俞益謨其他著述的總體情況 …………………… 317
　　第四節　俞益謨的詩文 ………………………………………… 325
　　第五節　俞氏族人及其著述 …………………………………… 340

第四章　黎宗周、謝王寵、俞德淵、趙尚仁及其著述 …………… 345
　　第一節　黎宗周及其《青銅君傳》 …………………………… 345
　　第二節　謝王寵及其《愚齋反經錄》 ………………………… 353
　　第三節　俞德淵及其族人著述 ………………………………… 364
　　第四節　趙尚仁及其詩文 ……………………………………… 381

第五章　寧夏清代其他人士著述 …………………………………… 393
　　第一節　張煦及其家族人物著述 ……………………………… 393
　　第二節　作品集亡佚的清代寧夏人及其散見詩文 …………… 403
　　第三節　寧夏清代其他人士散見詩文 ………………………… 414

結　語 ………………………………………………………………… 434

主要參考文獻 ………………………………………………………… 444

附　錄 ………………………………………………………………… 457
　　寧夏明清人士詩文集簡表 …………………………………… 457
　　寧夏明代人士其他著述簡表 ………………………………… 464
　　寧夏清代人士其他著述簡表 ………………………………… 471

後　記 ………………………………………………………………… 479

總　　序

陳育寧

　　寧夏古稱"朔方",地處祖國西部地區,依傍黄河,沃野千里,有"塞上江南"之美譽。她歷史悠久,民族衆多,文化積澱豐厚。在這片土地上産生並留存至今的古代文獻檔案數量衆多、種類豐富,有傳統的經史子集文獻、地方史志文獻、西夏文等古代民族文字文獻、巖畫碑刻等圖像文獻,以及明清、民國時期的公文檔案等,這些文獻檔案記述了寧夏歷朝歷代人們在思想、文化、史學、文學、藝術等各方面的成就,藴含着豐富而寶貴的、具有地域和民族特色的歷史文化内涵,是中華各民族人民共同的精神和文化財富,保護好、傳承好這批珍貴的文化遺産,守護好各民族共有的精神家園,扎實推進新時期文化的繁榮發展,是寧夏學者義不容辭的擔當。

　　黨和國家歷來高度重視和關心文化傳承與創新事業,積極鼓勵和支持古籍文獻的收集、保護和整理研究工作,改革開放以來,批准實施了一批文化典籍檔案整理與研究重大項目,取得了一大批重要成果。2017年1月,中共中央辦公廳、國務院辦公廳印發《關於實施中華優秀傳統文化傳承發展工程的意見》,把中華優秀傳統文化的傳承和發展推上了新的歷史高度。《意見》指出,要"實施國家古籍保護工程","加强中華文化典籍整理編纂出版工作"。這給地方文獻檔案的整理研究,帶來了新的機遇。

　　寧夏作爲西部地區經濟欠發達省份,一直在積極努力地推進優秀傳統文化傳承發展事業。2018年5月,《寧夏回族自治區實施中華優秀傳統文化傳承發展工程方案》和《寧夏回族自治區"十三五"時期文化發展改革規劃綱要》正式印發,爲寧夏文化事業的發展繪就了藍圖。寧夏提出了"小省區也能辦大文化"的理念,决心在地方文化的傳承發展上有所作爲,有大作爲。在地方文獻檔案整理研究方面,寧夏雖資源豐富,但起步較晚,力量不足,國家級項目少。這種狀况與寧夏對文化事業的發展要求差距不小,亟須迎頭趕上。在充分論證寧夏地方文獻檔案學術價值及整理研究現狀的基礎上,以寧夏大學胡玉冰教授爲首席專家的科研團隊,依托自治區"古文獻整理與地域文化研究"人文社科重點研究基地以及自治區重點學科"中國語言文學"、重點專業"漢語言文學"的人才優勢,全面設計了寧夏地方歷史文獻檔案整理研究與編纂出版的重大項目——《〈朔方文庫〉編纂》,並於 2017 年 11 月申請獲批立項爲國家社科基金重大項目,這一項目的啟動,得到了國家的支持,也有了更高的學術目標要求。

　　編纂這樣一部大型叢書,涉及文獻數量大、種類多,時間跨度長,且對學科、對專業的要求高,既是整理,更是研究,必須要有長期的學術積累、學術基礎和人才支持。作爲項目主持人,胡玉冰教授 1991 年北京大學畢業後,一直在寧夏從事漢文西夏文獻、西北地方(陝甘寧)文獻、回族文獻等爲主的古文獻整理研究工作,他是寧夏第一位古典文獻專業博士,已主持完成了 4 項國家社科基金項目,包括兩項重點項目,出版學術專著 10 餘部。從 2004 年主持第一項國家社科基金項目開始,到 2017 年《朔方文庫》編纂作爲國家社科基金重大項目立項,十多年來,胡玉冰將研究目標一直鎖定在地方文獻與民族文獻領域。其間,他完成的國家社科基金項目結項成果《寧夏古文獻考述》,是第一部對寧夏古文獻進行分類普查、研究,具有較高學術價值的成果,爲全面整理寧夏古文獻提供了可靠的依據;他完成的《傳統典籍中漢文西夏文獻研究》入選《國家社科基金成果文庫》,爲《朔方文庫·漢文西夏史籍編》奠定了研究基礎;他完成出版的《寧夏舊志研究》,基本摸清了寧夏舊志的家底,梳理清楚了寧夏舊志的版本情況,爲《朔方文庫·寧夏舊志編》奠定了研究基礎。在項目實施過程中,胡玉冰注重與教學結合,重視青年人才培養,重視團隊建設。在寧夏大學人文學院,胡玉冰參與創建的西北民族地區語言文學與文獻博士學位點、中國古典文獻學碩士學位點,成爲寧夏培養古典文獻專業高級專門人才的重要陣地。他個人至今已培養研究生 40 多人,這些青年專業人員也成爲《朔方文庫》項目較爲穩定的團隊成員。關注相關學術動態,加強與兄弟省區和高校地方文獻編纂同行的學術交流,汲取學術營養,也是《朔方文庫》在實施過程中很重要的一則經驗。

　　《朔方文庫》是目前寧夏規模最大的地方文獻整理編纂出版項目,其學術意義與社會意義重大。第一,有助於發掘和整合寧夏地區的文化資源,理清寧夏文脈,拓展對寧夏區情的認識,有利於增強寧夏文化軟實力,提升寧夏的影響力,促進寧夏經濟社會全面發展;第二,有助於深入研究寧夏歷史文化的思想精髓和時代價值,具有歷史學、文學、文獻學、民族學等多學科學術意義,推動寧夏人文學科的建設與發展;第三,有助於推進寧夏高校"雙一流"建設,帶動自治區人文社科重點研究基地、重點學科、重點專業以及學位點建設,對於培養有較高學術素質的地方傳統文化傳承與創新的人才隊伍有積極意義;第四,在實施"一帶一路"倡議大背景下,深入探討民族地區文獻檔案傳承文明、傳播文化的價值,可以更好地爲西部地區擴大對外文化交流提供決策支持。

編纂《朔方文庫》，既是堅定文化自信、鑒古開新、傳承和弘揚中華優秀傳統文化的需要，也是服務當下經濟社會文化發展的需要，是一項功在當代、澤溉千秋的文化大業。截至2019年7月，本重大項目已出版大型叢書兩套、研究著作，依托重大項目完成碩士研究生學位論文9篇。叢書《朔方文庫》爲影印類古籍整理成果，按專題分爲《寧夏舊志編》《歷代人物著述編》《漢文西夏史籍編》《寧夏典藏珍稀文獻編》《寧夏專題文獻和文書檔案編》共五編。首批成果共112册，收書146種。其中《寧夏舊志編》32册36種，《歷代人物著述編》54册73種，《漢文西夏史籍編》15册26種，《寧夏典藏珍稀文獻編》10册7種，《寧夏專題文獻和文書檔案編》1册4種。《寧夏珍稀方志叢刊》共16册，爲點校類古籍整理成果，由中國社會科學出版社、上海古籍出版社分別於2015年、2018年出版。《朔方文庫》出版時，恰逢寧夏回族自治區成立60周年，這也説明，在寧夏這樣的小省區是可以辦成、而且已經辦成了不少文化大事，對於促進寧夏文化事業的發展、提升寧夏知名度起到了重要作用。同時也要看到，由於基礎薄弱，條件和力量有限，我們還有許多在學術研究和文化建設上想辦、要辦而還未辦的大事在等待着我們。

國内出版過多種大型地方文獻的影印類成果，但尚未見相應配套的點校類整理成果。即將由上海古籍出版社推出的《朔方文庫》點校類整理成果，是胡玉冰及其學術團隊在影印類成果的基礎上的再拓展、再創新。從這一點來説，國家社科基金重大項目"《朔方文庫》編纂"開創了一個很好的先例，即在基本完成影印任務的情況下，依托高質量的研究成果，及時推出高質量的點校類整理成果，將極大地便於學界的研究與利用。我相信，《朔方文庫》多類型學術成果的編纂與出版，再一次爲我們提供了經驗，增强了信心，展現了實力。只要我們放開眼界，集聚力量，發揮優勢，精心設計，培養和選擇好學科帶頭人，一個項目一個項目堅持下去，一個個單項成績的積累，就會給學術文化的整體面貌帶來大的改觀，就會做成"大文化"，我們就會做出無愧於寧夏這片熱土、無愧於當今時代的貢獻！

2020年7月於銀川

（陳育寧，教授，博士生導師，寧夏自治區政協原副主席，寧夏大學原黨委書記、校長）

序

党懷興

　　寧夏大學田富軍博士的國家社科基金項目成果《寧夏明清人士著述研究》即將出版，他請我寫幾句話，我是樂意的，主要是因爲富軍跟我讀博士，我對他的研究情況比較瞭解，因此，我有必要向學界推介他的研究及其成果。

　　富軍是在職讀博士的，讀博士時已近40歲，年齡大，而且存在工讀矛盾。但他給我的印象是，瞅準一個目標，堅持不懈，能下功夫，肯吃苦，常常夜以繼日。寧夏明清人士著述研究，涉及面較廣，人物多、典籍豐富，幾年來，他與課題組同志們一道，團結協作，兢兢業業，克服重重困難，攻克了一個個難題，形成了自己的研究特色，比較順利完成了國家課題的預定任務，取得了一系列重要研究成果，他也順利拿到了博士學位。他的研究過程，再一次説明"功成惟志，業成惟勤"的古訓是對的。他的研究過程，實際也是踐行陝西師範大學"厚德，積學，勵志，敦行"校訓以及"抱道不曲，擁書自雄"學風的過程。

　　寧夏明清時期人士及其著述是西部地區的歷史文化遺産，在寧夏地域文化、中國文學史上留下了濃墨重彩的一筆，是中華民族的寶貴財富。選取這個題材作爲研究對象，全面整理總結寧夏明清時期的文獻，挖掘其價值，服務於當代的文化建設，其意義是不言而喻的。現在看來，富軍的研究達到了預期的目的。他首次比較全面地摸清了明清時期寧夏人著述的家底。這一時期作者呈現家族化態勢，以慶藩朱氏家族、胡氏家族等爲代表，典型人物如朱栴、胡汝礪、胡侍、趙良棟、俞益謨等，有著述傳世者100多人。他們的著述在數量上遠超寧夏明代以前歷代文人傳世漢文著述的總和，著(編)有詩文集74種，其中傳世19種，157卷(集)；編纂(修)或參與編纂(修)方志31種，傳世27種；其他散見詩文則更多。他編製了《寧夏明清人士詩文集簡表》《寧夏明代人士其他著述簡表》《寧夏清代人士其他著述簡表》附于研究成果之後，使讀者對寧夏人著述情況一目瞭然。在此基礎上，他完成了專著《寧夏明清人士著述研究》，對這些著述進行全面爬梳，他通過查找寧夏舊地方志，查閱各種工具書及相關文獻資料，以搜集著述爲主線，進而引出著者，理清著者的生平、家世及著述的基本內容、文獻著錄、存佚情況等；他運用古典文獻學的基本理論和方法，對傳世著述的館藏、版本、主要内容、寫作特色、價值評判及其對後世的影響進行了深入的研究。他力争通過對明清寧夏人著述的梳理，找到它們之間的發展脈絡，概括出發展特點，總結其中規律性的東西。特別是對前人研究成果較少的一些個人獨撰的詩文别集和編修的各類詩文集，他一本一本檢搜，仔細閱讀文獻，提煉歸納，深入論述，鑽故紙堆，青燈苦讀，其艱辛是可想而知的。如對《胡蒙豀詩集》《芸莊雜録備遺》《默齋公牘》等的版本、館藏、内容的全面論述是開先河的。還有，過去學界一般認爲散佚了的諸如管律、俞益謨等人的著述，他也想法設法搜集到並進行了深入研究；舊地方志，前人研究成果較多，他的研究主要是考辨糾錯，拾遺補缺，從新的角度進行探索，特别注意版本研究與傳承關係的梳理；散見著述，則完全是靠他從各類文獻典籍中查索鈎稽、歸納整理，然後論述其内容。總體來看，《寧夏明清人士著述研究》對寧夏明清人士著述進行了比較全面的探究，對其價值給予挖掘，並給予其準確的歷史定位。

富軍的研究爲今後寧夏地方文史研究、邊疆文化研究、中國古代文化史，爲下一步撰寫《寧夏古代文學史》奠定了堅實的文獻基礎。本成果所挖掘研究的寧夏歷史人物大多爲官一時，在當地影響較大，他們的歷史功績、詩文題跋、軼事佳話還可以爲當地旅遊部門所用，爲寧夏地方旅遊經濟發展提供一定的參考。

富軍的一個優點是勤學好問，有問題就向大家求教。常常在同門群裏會看見他向大家求教的帖子，他也善於採納不同意見，正是這種精益求精的精神，現在的成果比當初完善多了，根據博士論文答辯委員會委員以及結題匿名評審專家的評審意見，據他説補充修改字數達三萬多。這是值得點讚的，儘管如此，學不可以已，學無止境，校書如掃塵，時掃時有。我想書稿中的問題可能還是有的，今後還要繼續補充完善。另外他的研究由於條件所限（藏於國外或者個别圖書館嚴格的借閲制度），對部分寧夏明清文人著述的某些版本未能親見，待今後條件成熟時目驗並進行深入研究，嘉惠學林。

天道酬勤。富軍在繁重的行政工作之餘，還不忘學術研究工作，其精神可嘉。我希望他繼續保持這種精神狀態，産出更多更好的成果，爲中華民族的文化大廈添磚加瓦。

2019 年 4 月 21 日于西安

（党懷興，男，1962 年 10 月生，陝西郃陽人，文學博士，教授，博士生導師。歷任陝西師範大學中文系副主任、文學院副院長、教務處處長、校長助理，現任陝西師範大學黨委常委、副校長。主要研究方向爲漢語言文字學、中國古典文獻學,曾師從著名語言學家北京師範大學王寧先生研究文字學,於 2003 年 7 月獲博士學位。有《宋元明六書學研究》《〈六書故〉研究》等專著,獨著、合著或主編、副主編著作十餘部。兼任澳門漢字學會副會長,中國語言學會理事,中國文字學會常務理事,陝西省教育考試評價研究會會長,全國高等學校教學研究會理事,蘇州大學漢語及漢語應用研究中心兼職研究員,中國社會科學院語言研究所《現代漢語詞典》特約審讀員,教育部全國語言文字標準化技術委員會漢字分技術委員會委員)

序

王茂福

田生富軍的《寧夏明清人士著述研究》一書即將正式出版，這無論對於寧夏的地域文化研究，對於他本人，還是對於我這個在旁的關注者來說，都是一件令人欣慰的事情。近三十年前，我在寧夏大學工作時，曾經關注、梳理過古代寧夏的歷史人物及其著述，並在研究上略有涉獵。我注意到，除方志外，當地學人對這一領域關注頗少。爲此，曾宣導幾位研究生以此爲論文選題，做了一些工作。後離開寧夏，便放棄了這方面的研究，幾位學生亦心有別移。唯田生專注於此，堅持不懈，孜孜不倦，先從一個個局部入手，爬梳考索，日積月累，經十餘年努力，終於成就了這一系統之作，固屬辛勞有果，耕耘有穫，于鄉有功，于己有成，豈不可喜可賀！

寧夏自古地處邊塞，民風剽悍，好勇尚武。班固曰："秦漢以來，山東出相，山西出將。"（《漢書》卷六十九）寧夏即屬這個"山西"之地，故最早見於史籍的歷史人物多是一些著名武將。這些武將間或亦有著述存世或見於著錄，但多數情況是在其家族的傳承延續中，後裔逐步演變爲文士，而留下了更多著述。據本人所考，寧夏見於記載並有作品傳世的第一個文學家，應是東漢開國功臣梁統之次子梁竦，他是一位在當時和後世都有全國性影響的人物。其後的梁氏是東漢最顯赫、最有權勢的家族，但除了"跋扈將軍"梁冀之妻孫壽對時尚有重要影響外，他們並沒有留下什麼著述，而梁氏家族隨著漢帝國的滅亡而無可挽回地走向了長久衰落。"揮刀斬樓蘭"（李白《出自薊北門行》）的傅介子，其後人是寧夏歷史上最有成就和影響的著述家，尤其傅玄、傅咸、傅亮，均居當世文壇之一、二流。起自東漢的皇甫氏家族，也留有不少著述和影響，尤著者是其後人皇甫謐，曾爲西晉最著名的學者，對後世產生過重大影響，其《甲乙經》至今仍是針灸學最權威的經典。由於具有較突出的歷史地位，因此學界對他們的關注和研究也比較多。

從自身的歷史看，自東漢至六朝，是寧夏人士著述史上最輝煌的時期，但遺憾的是這一趨勢並沒有得以延續。究其原因，乃在於寧夏特殊的地理區位和中國的民族鬥爭形勢。寧夏南部以固原爲中心的六盤山一帶，是關中地區的北部門户與屏障，漢代天下四大關之一的蕭關即位於此處；而北部的河套平原，因其優越的地理區位和發達的農業，素爲少數部族爭奪的目標。因此，自秦漢以來，寧夏就一直是羌戎和後來各少數部族政權與中原漢族政權拉鋸爭戰的地帶，易手或遷徙時常發生。僅東漢時期，內徙—復歸—再內徙之事就有過好幾次。更突出的是六朝時期全部沒入胡中，還建立過大夏政權，宋朝時更成爲西夏王朝的核心區域。這就造成了一個基本現象：寧夏地區的漢文化發展和漢文著述屢屢被强力打斷，呈斷裂狀態，不具有連續性，其他語種的文化和著述當然也呈斷裂狀態。直到明代，這一形勢才發生了根本改變，寧夏重歸漢族中央政權控制，統治一直大體穩定，經濟、社會、文化的發展保持了近三百年未被打斷的延續。入清後，這一局面依然得以保持。因此，明清時期寧夏的地域文化、漢文著述不僅得到了恢復，最重要的是保持了五百多年的連續性，從而出現了一批成果，成爲僅次於漢魏六朝的一個重要階段。也許由於一千多年來中國政治文化中心的逐步東移，所能受到的輻射和影響大爲減弱，再加上發展進程屢次被打斷，明清時期寧夏人士的著述成就、地位、影響當然遠遜於漢魏六朝時期，缺少有全國性影響的人物和著作，故而受到學界的關注不多。田生以這一重要而少人開掘的階段爲首選研究對象，其選擇自然是正確而明智的。

田生在《寧夏明清人士著述研究》一書上下了很大功夫，其態度的認真、工作的努力自不待多言，其取得的成績也頗有可觀。簡而言之，此書的突出特點，可用"全""實"二字以概之。

所謂"全"，就是全面、系統。這個"全"，一方面是指，研究者對著述隊伍的作者、作品搜集得頗爲全面、齊備。明清時期寧夏人士的著述，除方志外，只有少數較著名的作者和作品能偶然見於今人論著的介紹、徵引和述説，其餘絕大部分都只是散見於各種史籍和目錄之中，沒有任何一位學人對其著錄、傳世、館藏情況進行過較爲集中的搜集、整理和介紹，因而可以説大體是處於被沉澱淹沒的狀態之中。如果有學者要對某一方面進行研究，除了親自動手作最原始的搜羅外別無他途。田生的研究從最基礎的文獻調查開始，第一次全面摸清了著述者的人員構成和作品的著錄、存佚、傳世、館藏、版本等諸多情況，使之有了一個清晰的概貌。據本書概述，明清兩代，寧夏人士有著述傳世者100多人；個人獨撰的詩文別集和編修的各類詩文集74種，其中傳世19種157卷；編纂或參與編修的舊地方志31種，其中傳世27種；散見的傳世著述文章約1600餘篇，詩詞約300首。以前往往誤以爲已經散佚的一些重要著作，如《青銅自考》《芸莊雜録備遺》《默齋公牘》等，都被重新發掘而得以復見天日。據我平日瞭解的情況和流覽此書，可以大體下一個斷語：田生對寧夏明清兩代存有著述的作者已搜羅無遺，而對作品的搜集也已臻完備的程度，即使有遺漏，怕也只會是斷簡殘篇了。

"全"的第二個方面,是對著述的相關資料,如作者的家世、生平,對作品的存佚、版本、館藏等諸多方面,進行了全面、系統、細緻的調查、搜集、整理和考索,其翔實程度是頗爲值得稱讚的,以致有時會覺得失之於繁而不是失之於缺。且舉一例:清康熙間湖廣提督俞益謨之《青銅自考》,乾隆間遭禁毀,時有學者誤以爲已散佚。田生重將此書挖掘出來,並搜集到了大陸館藏的所有三個版本。當得知臺灣"中研院"歷史語言研究所傅斯年圖書館還藏有一個清抄本,於是多方聯繫,希望能複製該書。但該館對每次複製的頁數有嚴格限制,他便屢次托到臺灣訪學、旅遊的朋友前往複製,以致該館悟得此皆爲田生所爲而予以拒絶。儘管如此,他還是千方百計複製到了該版本大部分内容。這就叫"搜羅無遺"。據書中所述可以看出,對明清時期寧夏人士著述的各種版本,除四種因藏於美國而未能獲得,其餘已全經目驗或複製,並在書中予以詳細介紹,後續的研究者只需按圖索驥即可。

此書的第二個突出特點是"實"。所謂"實",就是對搜集到的各種資料,對作者、作品的基本情況,按照嚴格的學術規範進行了實證性研究,逐條考索,力求做到條條落實。寫到此處,筆者不禁想起自己年輕時的經歷:當年上學,聽林庚先生講《天問》,先生所講幾乎全部是對上古神話和《天問》錯簡的考證,由於本人基礎太差,結果聽了天書。當時便想,如果以後做學問,咱不做考據。到高校工作後,才發現自己是如何地少不更事。學問從字詞開始,做教學,做研究,都要首先從材料入手,沒有對文字、文獻、史料進行辨析、考索的基本功,其實寸步難行。沒有扎實材料基礎的義理研究,都是沙灘樓閣。現在有些時髦學人喜歡走脱實向虚的路子,好作無根之談、宏大之論,對材料只是張望一下,便揮起趕山之秦鞭,隨意驅馳材料於筆下。不少研究生使用材料竟然出於想像,比如某文學作品中出現"塞下""朔方",西北地方的學生就可以將其拉到自己所在的省區。做文學研究的人,本就容易犯崇虚荒實的毛病,如果再不注意考索材料,就必然會招致荒疏之譏。田生由於進入了一片少人開墾的荒地,缺乏現成的材料可資,所以一開始就被迫走上了材料之路,這也許是一件好事。十幾年的功夫,磨練了他考索材料的基本功,這對其研究大有裨益,也造就了這本書的"崇實"特點。由此,書中對以往不清楚的、有疑問的、有異見的、有謬誤的諸多問題,不僅提供了豐富的研究資料,而且逐一進行了細緻考辨。這些考辨意見,有一些可以成爲定論,其餘的也可以成爲其他研究者的重要參考。對於作者,舉凡姓名、字號、生卒、籍貫、家世、生平、著作、創作分期以及後裔等基本問題,對於作品,舉凡内容、分類、特徵、影響、地位、版本、收藏等主要方面,都努力依據史料深入查考,不回避,不遺漏,並能時有發明,有不少地方糾正了前代謬誤。如明代胡侍曾因故下獄而被褫奪官職,有史料説出獄後"詔復其官"。田生運用多種史料,重點依據其文集内證予以詳考,最終確證此説之誤。胡侍的詩文別集,史籍多以《胡蒙谿集》《蒙谿集》《胡蒙谿詩文集》的名稱予以著録,田生則依據作品序跋和傳世善本深予求證,證明胡氏詩集、文集分別行世,上述這些書名並不存在。前人曾引《羅圭峰文集》而羅列了明代胡璉的多篇著述篇名,田生核對原書,發現並無所引内容,進而查明乃引者錯翻頁碼而誤引所致,遂廓清了一大錯誤。清代俞益謨《青銅自考》於清乾隆間遭禁毁,但原因不明。作者仔細搜檢,最終在《欽定大清會典事例》卷一一二中找到了最直接的史料,查清了禁毁的真實原因。對版本的細緻考證,也是此書"崇實"追求的一個集中點。前文提及的清俞益謨《青銅自考》,作者不僅搜集到了國内現存的所有版本,而且對這四個版本的異同優劣作了非常細緻的比勘研究,以很有説服力的比勘論證,確認中科院所藏刻本爲最優版本,爲其後的整理校勘奠定了堅實的版本基礎。南京圖書館所藏管律《芸莊雜録備遺》十六卷是傳自嘉靖間的稿本,距今400多年,版本價值很高。作者依據藏本中的序跋和印章予以考證,梳理出了此書曲折的遞藏過程,考證詳實,線索清晰。

據上可知,《寧夏明清人士著述研究》是一本以文獻考證爲主要宗旨和内容的著作,其主要成績也在這一方面。與此同時,作者也努力對明清時期寧夏人士著述的總體特徵,如家族性、經世性、保守性等進行了探索論證,並在與關隴地區的對比中分析了它的成因;對這些著述的價值做出了力求公允的評判;對其中的文學性著述,則運用藝術分析的方法,對其内容、特色、成績作了基礎性論證。這些論説都是很有必要的,也是有成績的,但相對而言顯得較爲一般化,某些地方有勉力爲之、爲論而論的痕跡,有評審專家希望能做得更爲深入。對此,愚以爲此期寧夏的著述雖然數量不多,但僅存世的詩文集也還是有十餘種、散篇數百篇,而且少有前人的研究基礎,希求畢其功於一役,在一本書中完成全面深入的研究,怕是力有不逮。"研究"有許多層面,全面的收穫有待於漸次推進:首先完成基礎文獻的搜集考證,進而完成對主要著作的整理校注,然後才有可能在理論上做出真正深入的研究。從這一點上來説,書名稱爲"考論"也許更實在一些,但不如稱"研究"大氣莊嚴。至於有專家希望研究能上升到文獻學理論的層面,則超出了本人的專業視野,不敢貿然置喙。還有一點需要提及的,是本書在結構布局上也用了許多心思。明清五百多年,時間跨度很大,而寧夏的作者和著述數量不多,大體呈點狀分布,其聯繫性不强,要形成清晰的面和線的敘述布局並不容易。作者根據寧夏著述家族化明顯的特點,安排成以家族爲基本單元,從核心人物切入,串聯起對整個家族的述論,使之集中、明晰、簡潔。在全書的總體布局上,則以各核心人物的生卒爲序,將各個家族分章、節排列;對散見著述則各安排在上下編的末章末節集中述論。爲了强化總體把握,在上下編的篇首分別安排了"寧夏明代人士著述情況概述""寧夏清代人士著述情況概述";在書末則設置附錄,編製了《寧夏明清人士詩文集簡表》《寧夏明代人士其他著述簡表》《寧夏清代人士其他著述簡表》,以便於查詢。這樣就形成了一個綱目分明、主次兼顧的結構布局。

在這裏有必要提及一個問題,就是本書中所論述的這些歷史人物,有一些在籍貫上是有爭議的,周邊省區也在"搶"某些人物。這在目前的地域文化研究中是一個普遍現象,原因其實很簡單:一是各地都在"搶"歷史文化名人,以滿足地域的虛榮和宣傳、經濟、旅遊的需要,二是學人爲了得到研究項目的支持。就學術風氣而言,這當然是一種毛病,卻也問題不大。因爲當學人得到項目支持之後,在研究上大都還是會回歸學術規範,同時相關地域都想努力證明名人屬己,也能促進新材料的發掘。我想強調的是,造成籍貫爭議也有其客觀的歷史因素:放在家族和幾代人的時間範圍內來看,籍貫其實也是個時常變動的東西,而籍貫變動的深層根源則是一個社會的人員和文化的流動與交流。沒有人員的流動與交流就沒有文化的發展,這應該是一個確切無疑的常識,尤其對於邊遠落後地區就更是如此。在中國古代社會,就人員流動的層次看,一種是低層的即普通的移民,其影響可能主要表現在對生產技術、經濟發展和風俗變遷的推動上。另一種則是高層的即官員和士子的流動,這對文化及其有形成果——著述的形成發展的影響應該更爲明顯,有時可能是決定性的影響因素。就高層人員流動的方向看,大體應該有三種:第一種是自地方流向中央。在一個王朝興起的初期,這種流動的影響尤爲明顯,如西漢初期賈誼、枚乘、司馬相如、司馬遷等各類文人、學者從各方國、各郡縣或自行或被徵入朝,對首都學術文化中心和經學、史學、文學創作高潮的形成,其作用是決定性的。再如西晉初期,陸機、陸雲、左思等人的入京,對當時文學創作高潮的出現,其影響也是至關重要的。唐朝就更是如此,大量詩人的入京是盛唐氣象形成的根本條件。在各王朝的中後期,這種流動的影響也是重大的,如張衡之於東漢文學,如庾信之于北朝文學,如三蘇之於北宋文學等。第二種是自中央流向地方。這種流動的突出形式一是藩國封君,二是官員貶謫,都對地方文化的發展有重大影響。其最著名的例子,前者如西漢之淮南王、梁孝王,後者如韓愈之於潮州,蘇軾之於杭州、黃州、嶺南。第三種是各地方之間的流動,如官員的調轉,士子的遷徙,也會對各地尤其是落後地區的文化發展產生重要影響。明清時期寧夏文化與著述的兩大重鎮就是源自封君的朱氏家族和源自罪戍的胡氏家族,這更佐證了流動對於地方文化發展的重要性。這在今天依然如此,而且更加重要。寧夏移民的人口占比據說居於全國第二,來自內地大量的各類支邊人員,對本地文化的發展發揮了至關重要的作用。因此,研究人員流動對文化發展的影響,是否應該成爲地域文化研究的重點環節?

田生的《寧夏明清人士著述研究》一書，是在其博士論文的基礎上進一步深化、完善、修訂而成。在他就讀博士期間，就將論文草稿寄我，邀我指導修改。我曾猶豫，在別人的果園中揮斧斫枝是否合適？後來想，如今的學者負擔沉重，教學、研究之外的壓力甚至大於本業，我退休在家，閑着也是閑着，就提了些意見，做了些修改，不過是敲敲邊鼓而已。如今該書終於付梓出版，得成正果，我當然也甚爲欣慰。近二十年內，我見證了田生的成長過程，經過不斷磨礪，田生的文章由最初的稚拙生澀，逐步變得圓融成熟，誠爲可喜。去年，適逢寧夏大學建校六十周年，作爲在此有過就職經歷的老人，曾題一律表示祝賀，中有一聯云"青領早成華髮客，喜觀後樹已參天"，可以代表我的心情。今田生新著出版，復題一律《序田生〈寧夏明清人士著述研究〉》以示祝賀，並寄意寄望焉。

　　　　種樹荒山九載成，
　　　　舒枝展葉向熏風。
　　　　尋源蓄水朝揮汗，
　　　　覓藥研方夜舉燈。
　　　　探路幽巖石徑窄，
　　　　漂舟曲澗岸花明。
　　　　還循柳子橐駝道，
　　　　更育蕃林滿目青。

公元 2019 年 3 月 29 日于銀川心遠齋

（王茂福，寧夏中寧縣人，1950 年生。1982 年畢業於北京大學中文系，寧夏大學、溫州大學教授，寧夏大學、溫州大學碩士研究生導師。曾獲寧夏大學教學成果一等獎、寧夏回族自治區教學成果二等獎、曾憲梓高等師範院校優秀教師三等獎、寧夏回族自治區社會科學優秀成果二等獎等多項獎勵，承擔過多項省級課題。曾先後致力於漢魏六朝辭賦、唐詩、明清文言小説和地方文史的研究，出版過《漢魏六朝名賦詩譯》《皮陸詩傳》兩部專著，在《文史》《文獻》《文藝研究》《明清小説研究》等刊物上發表學術論文 30 餘篇）

引　言

寧夏是我國古代文明的發祥地之一，早在三萬年以前，我們的先民就在今靈武水洞溝一帶繁衍生息。戰國時期，寧夏境內先後設置了烏氏縣（今固原市原州區南）、義渠縣（今固原和甘肅慶陽一帶）。秦統一六國後，寧夏屬北地郡。公元前220年，秦始皇曾親自到寧夏巡視，郡縣設置得到了進一步加強。及至漢唐，漢武帝巡行邊塞，唐太宗勒石靈州，唐肅宗靈州登基，使寧夏與內地的聯繫更加緊密，戍邊將領、文人才士、商旅番客來寧寄寓者絡繹不絕，推動寧夏的政治經濟文化進一步發展。逮西夏建國，與大宋分庭抗禮，創製文字，強化禮制，創造了燦爛的西夏文明。明清以降，寧夏境內行政建制不斷被加強和完善，三邊重鎮地位突出，北出朔漠要塞得到鞏固，屯田戍邊，休養生息，寧夏的經濟文化得到了前所未有的發展。

一、選題的意義

寧夏歷史上出現的漢文著述有兩個高峰期：一爲漢魏六朝時期，一爲明清時期。前者以北地靈州傅氏家族和安定朝那（zhū nuó）皇甫氏家族爲代表，典型人物如傅玄、傅咸、傅亮、皇甫規、皇甫嵩、皇甫謐等；後者以慶藩朱氏家族、胡氏家族、趙氏家族等爲代表，典型人物有朱㮵、胡汝礪、胡侍、趙良棟等人。

明初，朱元璋封自己的子孫到各地作藩王，皇十六子朱㮵之國寧夏，爲慶王。在有明一代二百多年的歷史中，朱氏家族人才濟濟，著述豐富。朱㮵編有《文章類選》《增廣唐詩鼓吹續編》《集句閨情》，著《凝真稿》《〔正統〕寧夏志》，創作有大量散見詩文；其子朱秩煃著《慎德軒集》、朱秩炅著《滄洲愚隱錄》《樗齋隨筆錄》；其他子孫亦多有詩文創作。弘治十四年（1501），丁憂家居的户部郎中、進士胡汝礪受時任寧夏巡撫王珣之托，編纂了《〔弘治〕寧夏新志》，此後又著《竹巖集》；其子胡侍雖仕途多舛，但著述頗豐，有《胡蒙谿詩集》《胡蒙谿文集》《胡蒙谿續集》《墅談》《真珠船》《清涼經》《笑資》等詩文集，是明代文壇的著名人物；胡氏家族中胡璉有《槐堂禮俗》《耕隱集》、胡汝楫有《竹溪年譜》《蓮塘雜集》等著述。胡汝礪後，其弟子管律高中進士，致仕後用三個月就編纂完成了《〔嘉靖〕寧夏新志》，爲時人所推崇；楊經著有《〔嘉靖〕固原州志》；楊壽等人編纂了《〔萬曆〕朔方新志》。這些志書的修成，爲寧夏地方文化傳承做出了貢獻。此外，明代還有釋静明、張嘉謨、趙誠等人的大量著述，爲後人留下了寶貴的文化遺產。

有清一代，寧夏人士著述依舊豐碩。清初，趙良棟以勇武著稱，其《奏疏存藁》卻感情真摯，邏輯性强，語言簡練，頗具感染力；其子趙弘燦、趙弘燮均爲封疆大吏，亦有著述傳世。康熙年間，湖廣提督俞益謨雅好詞章，著述有《道統歸宗》《孫思克行述》《辦苗紀略》《青銅自考》等；其子俞汝欽雖爲武將，亦喜吟誦，有詩文傳世。雍正年間，謝王寵官居高品，窮其一生研究理學，撰《愚齋反經錄》十六卷，希望經典返歸正道。另撰有《雁平從政錄》。至嘉慶、道光年間，寧夏平羅人俞德淵官至兩淮鹽運使，其《默齋公牘》承載了作者關於大清帝國鹽政的諸多真知灼見。另著有《默齋文稿》（一作《默齋存稿》）。至於劉芳猷、孟養龍等近二十人，也均有集子，爲豐富寧夏人之著述做出了貢獻。

總體來看，明清時期寧夏人士著述主要有三種類型：一爲個人獨撰的詩文別集和編修的各類詩文集，凡 74 種，其中傳世 19 種 157 卷（集）；二爲編纂或參與編修的舊地方志，共 31 種，傳世 27 種；①三爲各種文獻中的傳世散見著述，其中文約 1600 餘篇，詩詞約 300 首。這些著述中，有的在當時全國文壇都有一定影響，爲豐富西部地區歷史文化遺產做出了貢獻，在寧夏文化、文學史上留下了濃墨重彩的一筆，爲寧夏地方人文精神發展留下了寶貴的財富。因此，對這些著述進行研究，至少具備如下意義：

其一，本書將從文獻學角度全面系統地對明清時期寧夏人的著述進行梳理，力爭最大限度地全面展現寧夏人明清時期著述的總體情況，爲進一步挖掘整理這些著述奠定堅實的文獻研究基礎。

其二，爲寧夏地方古代文學的研究打下基礎，豐富中國古代文學的研究內容，爲下一步撰寫《寧夏古代文學史》積累資料。

其三，明清時期寧夏地處邊塞，南部固原地區曾經是三邊總制的治所，形成了獨特的邊疆文化，寧夏人的著述是這種文化重要的載體和表現形式。寧夏的邊疆文化也是西部乃至整個中國古代文化不可分割的組成部分。對文人傳世著述特別是代表性人物的代表性著述的思想內容、藝術特色、價值和不足等進行分析，探討斯時斯地產生這些著述的根源，分析斯時斯地人們的心理歷程和"吟唱"動因，進而爲今日之文化自信奠定厚實的歷史基礎，爲當下的文化建設和文化創

---

① 胡玉冰《寧夏地方志研究》，中國社會科學出版社 2012 年版，第 524—526 頁。

新尋找理論和實踐的支撐。

其四,我們所挖掘研究的寧夏歷史人物,他們大多曾爲官一時,在當地影響較大,都曾留下過一些軼事佳話。開掘上述人物的資料,可爲當地旅遊部門提供學術上的成果,爲寧夏地方經濟社會發展提供一定的智力支持。

二、研究現狀

明清時期寧夏人的著述因較少全國層面的影響者,故相對而言學界關注度有限,多集中於寧夏本土學人。即便如此,目前産生的成果還是非常豐富的。

(一) 著作

1. 整理類

寧夏明清人士之著述整理有三種方式:

其一,點校。近年來,寧夏學人兢兢業業,梳理古籍材料,整理歷史人物的著作,點校了大量的舊地方志,已經點校出版或内部發行明清寧夏舊志 23 種。[①] 其中以吴忠禮《寧夏志箋證》最有代表性,該著作對日本國會圖書館藏孤本《寧夏志》進行了詳細的箋證,考證詳明,注釋清晰,是目前《〔正統〕寧夏志》最權威的整理本。其他如陳明猷《嘉靖寧夏新志》《乾隆寧夏府志》,范學靈等《乾隆中衛縣志校注》,牛春生、牛達生點校的《嘉靖固原州志》和《萬曆固原州志》(合訂本),王亞勇點校的《道光平羅記略》和《道光續增平羅記略》(合訂本)也都取得了很高的成就,成爲學界廣泛使用的本子。除方志外,田富軍、楊學娟點校的《青銅自考》也取得了一定的成績,2013 年被評爲寧夏回族自治區第十二次社會科學優秀成果獎著作類三等獎。

其二,影印。以影印寧夏舊地方志者居多,如:吴忠禮《寧夏歷代方志萃編》(十一函,五十一册,十九種),寧夏回族自治區圖書館《寧夏地方志叢刊》(十二函,五十一册,十種),臺灣成文出版社《中國方志叢書》(十種),[②]臺灣學生書局《新修方志叢刊·邊疆方志》(四種),《天一閣藏明代方志選刊》及其《續編》(二種),《中國地方志集成》(十三種)。其他一些大型叢書中也多有收録。如《續修四庫全書》收録《〔嘉靖〕寧夏新志》,中國國家圖書館編《原國立北平圖書館甲庫

[①] 胡玉冰《寧夏地方志研究》,中國社會科學出版社 2012 年版,第 530—532 頁。
[②] 案:《中國方志叢書·塞北地方·寧夏省》(臺灣成文出版社 1968 年版)共收寧夏方志八種,實爲七種,其中何秋濤纂修的《朔方備乘圖説》并非寧夏方志。《中國方志叢書·華北地方·甘肅省》(臺灣成文出版社 1970 年版)共收寧夏方志三種。

善本叢書》影印了《〔嘉靖〕固原州志》《〔萬曆〕朔方新志》，蘭州古籍書店《中國西北文獻叢書》第一輯《西北稀見方志文獻》、海南出版社《故宮珍本叢刊》等均收錄《〔萬曆〕朔方新志》。這些影印本中，根據高樹榆、陳明猷、吳忠禮、胡玉冰等人考證，學生書局出版的標明石茂華修的四卷本《寧夏志》、成文出版社標明胡汝礪纂修的八卷本《寧夏新志》和標明朱恩昭修的六卷本《豫旺縣志》等存在很多問題，或者爲僞志，不可信。①

就以上影印本比較而言，最精善者當爲吳忠禮《寧夏歷代方志萃編》。此編收書數量最多，所收較爲齊備，共十九種；所收志書就時間跨度而言，第一部爲《〔正統〕寧夏志》，最後一部爲《〔民國〕重修隆德縣志》，明、清、民國均有涉及，時間跨度最長；從收書品質看，沒有僞志。當然，此編也存在一些問題：有的志書沒有選用最佳版本，如《〔嘉慶〕靈州志迹》，採用的是臺灣成文出版社《中國方志叢書》影印本，而成文出版社採用的底本是抄成於光緒三十三年(1907)的抄本，抄本中有一定的誤抄和漏抄，而嘉慶四年(1799)刻本才是最佳版本；②有的志書沒有交代影印自何本，如《〔萬曆〕朔方新志》，並且是志目錄次序顛倒，先列卷二至卷五，後列卷一。

此外，《四庫全書存目叢書·集部》第 290 册、中國國家圖書館編《原國立北平圖書館甲庫善本叢書》第 939 至 940 册全文影印了《文章類選》，《四庫全書存目叢書·子部》第 102 册全文影印了《墅談》《真珠船》，《四庫未收書輯刊》第伍輯第 19 册全文影印收錄了《胡蒙谿詩集》《胡蒙谿文集》《胡蒙谿續集》，臺灣新興書局 1962 年版《筆記小說大觀》第四編也全文影印了《真珠船》，北京出版社 2001 年版《四庫禁燬書叢刊》集部第 17 册、上海古籍出版社 2010 年版《清代詩文集彙編》第 190 册以北京大學圖書館藏康熙四十六年(1707)刻本爲底本全文影印了《青銅自考》。

其三，彙編。白永金、蘇忠深編《中衛詩詞三百首》，唐驥編《寧夏古代風光詩選注》，吳懷章編著《古峽攬勝》，唐驥、楊繼國、布魯南、何克儉《寧夏古詩選注》，胡學祥《寧夏古代風光詩選注》等著作多輯錄寧夏歷史人物文學作品，在楊繼國、胡迅雷所編《寧夏歷代詩詞集》《寧夏歷代藝文集》中輯錄寧夏歷史人物散見文學作品數量最多，且有簡明注釋。上述輯錄以散見的寧夏歷史人物文學文獻爲主，其他類型的散見文獻較少，且資料來源多爲寧夏舊志。

---

① 高樹榆《寧夏方志考》，《寧夏圖書館通訊》1980 年第 1 期，第 17—22 頁。陳明猷《新印萬曆〈寧夏志〉及其他》，《寧夏圖書館通訊》1983 年第 2、3 期，第 46—52 頁。吳忠禮《臺灣本明代〈寧夏新志〉僞作考》，《寧夏社會科學》1986 年第 4 期，第 80—88 頁。胡玉冰《寧夏地方志研究》，中國社會科學出版社 2012 年版，第 51、98—101、271—277 頁。

② 胡玉冰《寧夏地方志研究》，中國社會科學出版社 2012 年版，第 188、196 頁。

2. 綜合研究類

最早對寧夏人物進行綜合研究之專著當數胡迅雷《寧夏歷史人物研究文集》。此研究文集分爲"寧夏籍著名人物、家族""外省籍知名人士在寧夏做官者""對寧夏各項事業的興革有突出政績者"三部分。其中專文研究的明清寧夏人物有朱栴、胡汝礪、管律、楊經、胡侍、俞益謨、張煦等人，對明代寧夏張氏家族、胡氏家族，清代廣武俞氏家族、平羅俞氏家族等也進行了研究。不過此書所用材料主要來自寧夏舊地方志，對人物著述搜集有限。白述禮《大明慶靖王朱栴》對朱栴及其後人的生平、家世、著述情況都有介紹。葉光彩《中寧縣石碑録》，介紹了中寧現存明清古碑的情況。閻秀芳《寧夏籍歷史人名録》實際上是一個寧夏籍名人的統計表，羅列了歷代寧夏籍名人，其體例類似志書中的《選舉志》。有些著作專門搜羅歷史名人事跡，對明清寧夏名人進行介紹，研究價值有限，只具有一定的參考性。如李東東主編《寧夏歷史名人》、張懷武主編《歷史名人與寧夏》、寧夏回族自治區黨委宣傳部編《寧夏古今名人故事》，何子江與萬青山主編的《平羅春秋》、薛正昌《固原歷史地理與文化》等。

對於明清寧夏人所編修的地方志進行著録、研究較早的是張維的《隴右方志録》。駱兆平《天一閣藏明代地方志考録》一書中對《〔弘治〕寧夏新志》《〔嘉靖〕寧夏新志》的成書時間、纂修者、各卷類目及内容、版本流傳等情況有簡要介紹。近年來，寧夏明清人物研究逐步深入，特別是關於明清寧夏舊地方志的研究更是成果豐碩，其中最有代表性的是胡玉冰《寧夏地方志研究》。該書對明清時期寧夏所有舊地方志的作者、版本、志書史源、編纂及刊刻品質、文獻價值等進行了詳細論述。因胡玉冰曾以"寧夏特別研究員"的身份親赴日本對寧夏現存方志文獻進行研究，其所主持國家社科基金西部項目"中國西部地區古文獻普查及其文化價值研究——以寧夏地方和民族古文獻爲中心"和國家社科基金重點項目"寧夏地方文獻整理與研究"均以寧夏舊志爲專攻方向，故其研究取得了豐碩成果，爲這一研究領域翹楚。此外，范宗興、吴曉紅等《方志與寧夏》、薛正昌《黄河文明的緑洲——寧夏歷史文化地理》等對寧夏明清舊地方志有不同角度的介紹與研究。

(二) 論文

1. 對寧夏明清人士詩文著述進行研究

碩士學位論文中，蘇麗華2003年完成的論文《胡侍及其文言小説研究》對胡侍的籍貫、家世、生平及著述情況進行了考證，以《真珠船》《墅談》爲基礎對其文言小説的内容分類、藝術特徵、價值定位進行了論述。此文考訂較爲詳細，對胡侍文言小説進行系統研究尚屬首次，不過未對胡侍詩歌進行探究。刁俊2007年完成的論文《明清以來寧夏歷史人物著述考——以朱㮟等人爲例》對明清寧夏人之著述的文獻著錄情況進行了羅列,簡要介紹了部分人物的作品,惜其過於浮泛。耿李元2010年完成的論文《胡侍生平、家世及著述考釋》對胡侍的家世情況進行了詳細考證,編製了胡侍年表,多有新見。

期刊論文中,徐莊《明清時期寧夏版本經眼錄》對朱㮟的《文章類選》、俞益謨的《青銅自考》《辦苗紀略》、俞德淵的《默齋公牘》的版本情況作了介紹。張世宏《明代作家胡侍生平及著述考辨》(《文學遺産》2007年第3期)一文,對胡侍的生平及著述考辨深入。杜桂林《解讀朱㮟〈西夏八景〉詩》就朱㮟的《西夏八景圖詩序》中所收西夏八景詩每首都進行了題解、辨韻、平仄審讀、注解和點評,頗爲詳細。陳清慧《〈明史‧藝文志〉宗室集部著述考補》輯錄慶府刻書五種,另一文《明代藩府著述輯考》在此基礎上又多輯錄兩種。此外,馬麗、田富軍《清代寧夏籍湖廣提督俞益謨〈青銅自考〉卷十一校勘劄記》,田富軍、葉根華《"試罷吳鉤學咏詩"——清代寧夏籍湖廣提督俞益謨詩詞的思想内容探析》《寧夏籍湖廣提督俞益謨散文創作簡論》、田富軍《清代寧夏籍湖廣提督俞益謨〈青銅自考〉版本論略——兼論臺灣抄本的價值》等論文主要對俞益謨《青銅自考》的詩文、版本進行了研究。

2. 對明清寧夏舊地方志進行研究

20世紀80年代開始,關於寧夏舊志的研究逐步深入。朱潔《介紹寧夏明代地方志五種(上)》,高樹榆的《寧夏方志考》《寧夏方志述略》《寧夏回族自治區地方志述評》,王桂雲《銀川方志述略》都扼要介紹了明清寧夏舊地方志。牛達生的《〈嘉靖寧夏新志〉中的兩篇西夏佚文》對〔嘉靖〕寧夏新志》的史料價值有探討。吳忠禮《日本藏孤本明〈寧夏志〉考評》對朱㮟的《寧夏志》的作者、編修年代、版本、價值等進行了詳細考證。楊浣《〈嘉靖寧夏新志〉與明代寧夏社會》一文從民風、居民與民族、宗教、教育、商業、文藝和民俗等多個角度分析了《〔嘉靖〕寧夏新志》所載明代寧夏社會史料的情況。此外,通過寧夏明清舊地方志的剖析,進而研究寧夏明清時期的政治、經濟、文化、教育、人口遷徙、軍事、屯田等方面内容的論文非常多,茲不贅述。

3. 對明清寧夏人進行研究

牛達生《〈慶王壙志〉與朱棣"靖難之變"》分析了朱㮟在其兄弟中的排名情況。商鴻逵《康熙平定三藩中的西北三漢將》一文詳敘趙良棟在恢復陝、甘、川、滇戰鬥中所起的作用。文韜《清初名將趙良棟論略》、曾文俊《趙良棟生平事略》都對勇略將軍的一生,尤其是他在平定吳三桂叛亂中的主要活動和作用進行了論述。中央民族大學趙樹興的碩士學位論文《趙良棟與吳三桂叛亂研究》,比較詳盡地研究了趙良棟的生平,分析了他的爲人,解讀了他和其他同時代的朝臣的是非恩怨。田富軍《清代寧夏籍湖廣提督俞益謨生平考》,楊學娟、田富軍《清代寧夏籍湖廣提督俞益謨家世考》對俞益謨的生平進行了分期,考證了其家世。張樹彬《惠安堡出了個謝王寵》介紹了謝王寵的一生事迹。靳希《〈四庫全書總目〉存目寧夏地區作者考辨——以〈周易彙解衷翼〉、〈愚齋反經錄〉爲例》一文對謝王寵的生平、籍貫、《愚齋反經錄》的學術貢獻等進行了考辨,多有新見。

從上述研究成果可知,關於寧夏的舊地方志的研究可謂成果斐然,對寧夏明清時期主要人物的生平情況研究也多有成果。但這些成果所據資料多來自寧夏舊地方志中,對於主要人物的家世情況、散見著述的作者研究成果并不多。至於《文章類選》《芸莊雜錄備遺》《胡蒙谿詩集》《胡蒙谿文集》《胡蒙谿續集》《辦苗紀略》《愚齋反經錄》《默齋公牘》等寧夏明清人士傳世文集則鮮有研究,爲本書的深入研究留下了空間。

三、研究內容、任務和方法

本書以寧夏明清人士著述爲研究內容。

所謂寧夏,指地理範疇爲今寧夏回族自治區行政區劃範圍內,包括銀川市、石嘴山市、吳忠市、固原市、中衛市等五市,共有9個市轄區、2個縣級市、11個縣的地域。明清時期,今寧夏地區分南北兩部分,北部曾先後設寧夏府、鎮、衛、分巡道、府等,南部固原地區曾先後設衛、鎮、州、直隸州等。明代隸屬於陝西都指揮使司和陝西布政司,清代基本隸屬甘肅省。因此,研究過程中必須對明清時期寧夏地理情況進行必要的辨析。

所謂明清,指時間跨度爲從明朝1368年建立起到1911年清朝滅亡止,共543年的歷史。凡跨朝代者,均以其一生主要生活時間及主要事迹所在朝代確定。如趙良棟雖生於明天啓元年(1621),但其一生絕大部分時間生活在清代,從軍征戰所取得的戰功及其著述《奏疏存藁》的完成均在清康熙年間,故將其歸於清代;孟養龍雖爲崇禎元年(1628)恩貢,但其主要事迹發生於清代,故屬清朝人。又如景琪雖跨清末民初,但其爲官的主要時段在清朝,故歸於清;吳復安生於清同治十一年(1872),卒於1920年,但其是民國建元時任夏朔縣議會議長,後賦閒,詩酒自娛,又受邀主修《〔民國〕朔方道志》,著述主要成就在民國,故歸於民國。

所謂寧夏明清人士,包括三類人。其一是指明清兩朝在寧夏出生之人。如俞益謨雖任大同總兵官、湖廣提督,但其出生寧夏廣武營(今寧夏青銅峽市),且家口始終在寧夏生活；又如胡侍雖19歲時就離開寧夏，後又舉家遷往咸寧（治今陝西西安市），但仍屬寧夏人。其二是指雖未生於寧夏，但後來入籍寧夏，且一直以寧夏爲家者。如趙良棟生於陝西延綏安邊堡（治今陝西省定邊縣新安邊鄉），後在寧夏爲官，即入寧夏籍，在寧夏安家，此後其子孫均一直生活於寧夏。其三是指雖未在寧夏出生，但一生絕大部分時間定居且後代均生於寧夏之人。如朱栴祖籍濠州鍾離（今安徽鳳陽縣東），出生于應天府（今江蘇南京市），但他一生61歲中45年生活在今寧夏境内，子孫全部生活於寧夏，朱栴雖未入籍寧夏，卻是寧夏朱氏家族的始祖，故也算寧夏人。流寓寧夏但不入籍者，雖在寧夏生活很久，卻仍然不算寧夏人士。這三類人中，有王公如朱栴，有布衣如趙飛熊，有文人如胡汝礪，有武將如俞益謨，有和尚如釋靜明，有女子如宋僉事女，以及其他各色人等。因其構成複雜，故以"人士"涵蓋之，本文中稱"寧夏人"或"寧夏人士"。

所謂著述，指寧夏人創作的漢文作品，不含民歌、童謠之類口傳心授的民間文學。主要有三種類型，即個人獨撰的詩文別集和編修的各類詩文集、編修的舊地方志、各類文獻中的散見著述。其中，舊地方志只論寧夏人獨立或主筆編纂而完成者，如《〔弘治〕寧夏新志》由胡汝礪編纂，《〔萬曆〕朔方新志》由楊壽主筆編纂；楊浣雨雖爲《〔乾隆〕寧夏府志》六位編輯之首，但此志卻是集體完成，且修志人寧夏知府張金城"親自擔當'纂修'大任，志書的編修體例、入《人物》的人選和入《藝文》的詩文，都由他來最後決定"①，因而《〔乾隆〕寧夏府志》不能歸爲寧夏人之著述。

本書的研究任務有三。一是搜集、爬梳明清寧夏人及其著述的基本情況，通過查找寧夏舊地方志，查閱各種工具書及相關文獻資料，以搜集著述爲主線，進而引出著者，搞清楚著者的生平、家世及著述的基本内容、文獻著錄、存佚情況等。特別是要對那些史料記載簡略、過去認爲散佚的著述進行深入廣泛的調查，使諸如《青銅自考》《默齋公牘》之類的詩文集和《樊將軍墓銘并序》這樣的單篇詩文盡早現身學界。二是對傳世著述的館藏、版本、主要内容、寫作特色、價值評判及其對後世的影響進行深入的研究。三是力爭通過對明清寧夏人著述的梳理，找到它們之間的發展脈絡，概括出發展特點，發現其中規律性的東西。

本書主要採用如下四種方法展開研究。一爲文獻分析法。對於獨撰的詩文別集和編修的各類詩文集以及舊地方志，主要運用文獻學的理論進行研究。先介紹作者生平；再對作品的文獻著錄逐一羅列，找出其中的差異，加以辨析；後重點描述著述的版本特徵、館藏，每個版本力爭做到目驗、品鑒，確定版本的產生年

---

① 胡玉冰《寧夏地方志研究》，中國社會科學出版社2012年版，第134頁。

代,分析版本的源流,在仔細比較的基礎上確定最佳版本,對於其他版本的價值也進行認定;最後介紹主要內容。二爲考論結合的研究方法。對於作家的籍貫、生卒年、名號、生平分期節點等進行詳細考證;論述其家世,評述其思想,評價其人格;史料有分歧者則考,學界有爭議者則證。三爲個案帶動整體的方法。寧夏人士著述,家族化特點非常明顯,本書以某個主要人物爲切入點,帶動一個家族的研究,使人物論述相對集中,人物關係非常明晰,避免重複筆墨。全文而言,以主要人物的生卒年先後爲序,將各個家族分章排列,綱舉目張,條理清晰。四爲歸類分析法。寧夏有散見著述傳世者較多,一個作者往往只有一篇文章,幾首詩,無法展開論述。因此將散見著述進行歸類,分明、清兩代其他人物散見著述分別在上下編最後一章進行研究,以論述其詩文引出作者介紹,在歸類中比較,在分析中評價。總之,寧夏明清人士著述較散,作品分量、層次、水平參差不齊,需要多種方法相結合展開研究,才能對其有公允、客觀的認識。

上編
寧夏明代人士著述研究

寧夏明代人士著述情況概述

有明一代，寧夏南北建制不同。洪武三年（1370），朝廷在今寧夏銀川市興慶區設立寧夏府，五年（1372）廢。九年（1376）立寧夏衛（治今銀川市興慶區），隸屬陝西都指揮使司（治今陝西省西安市）。後置寧夏鎮。永樂元年（1403）再設寧夏衛（治今銀川市興慶區），下轄七衛、四個千户所。南部六盤山地區（含今固原市及同心縣部分地區）則不同於北部，既設州縣，又兼設軍衛。固原初屬陝西平涼府開城縣。正統十年（1445）設固原巡檢司，景泰三年（1452）設固原守禦千户所。成化三年（1467），韃靼破開城縣，縣治和千户所被迫遷往原州故地（今固原市原州區治所）。五年（1469），陞固原千户所爲固原衛，屬陝西都指揮使司管轄。後因陝西鎮和總兵官移駐固原，故又稱陝西固原鎮，下轄三個守禦千户所和一個群牧千户所。嘉靖年間，固原鎮有了進一步的發展，軍事地位和地理位置更加重要。明初，殘元勢力經常侵擾北部地區。洪武以後，北部的韃靼和瓦剌交相雄長，迭爲明朝邊患。爲此，明政府特設遼東、宣府、大同、延綏等九邊，寧夏鎮和固原鎮都是北部邊防的九邊重鎮之一。由於軍事上的重要性，寧夏鎮主要實行軍屯，派駐軍隊屯田戍邊，形成了獨特的軍屯經濟和邊疆文化；南部固原地區地廣人稀，水草茂盛，實行軍牧，爲朝廷供養軍馬，加之作爲三邊總制的駐節地，形成了繁榮的軍旅文化。爲了加强統治，明初實行"以同姓治異姓"的政策，朱元璋將自己的二十四個兒子和一個重孫分封到各地爲藩王，慶靖王朱㮵及其子孫藩封寧夏達二百五十多年，亦形成了具有特色的慶府文化。隨着經濟的發展，統治者"復慮戎武之中，不可不使知禮義，故繼設學校，以崇文事"，[①]衛、州、縣學和書院廣泛設立，士子們奮身科舉，使文人創作也得到了極大的繁榮。加之内地移民寧夏、流寓文人和各地委任寧夏官吏的積極推動，明代寧夏人士著述取得了很大的成績，産生了大量承載智慧的作品，出現了朱㮵及其後人、胡汝礪胡侍父子、張嘉謨、管律、楊經等一批在文學、文化方面有相當成就之人，對後世影響深遠。

---

① ［明］胡汝礪編、［明］管律重修、陳明猷校勘《嘉靖寧夏新志》，寧夏人民出版社1982年版，第59頁。

一、經濟社會的發展促進著述的繁榮

早在蒙元時期,寧夏就大力推行軍民屯田,招募無業之人開墾荒地,興修水利,發展生產。至明代,北部川區大興屯政,既有軍屯,又有民屯,相繼發展,人口大增。屯田的發展仰賴水利,明英宗時始設水利提舉司,專管水利事宜,同時,明政府還常派水利御史為巡視官,至寧夏巡查水利得失,寧夏引黃灌溉系統迅速恢復,戰亂中遭到破壞的唐徠渠、漢延渠、蜘蛛渠等幹渠全部疏浚,這些措施都對明代寧夏水利事業的發展起到了重要作用。在這種情況下,正統年間,寧夏屯田連年豐收,各衛所糧食存儲充足,形成了"一方之賦,盡出於屯"的富饒情景。① 在明代二百多年的屯墾開發過程中,寧夏已經逐漸成為名副其實的塞北江南,呈現出了"田開沃野千渠潤,屯列平原萬井稠"、"遠近人家四野連,風光誰信是窮邊"的喜人景象。② 同時,南部的固原一帶雨水相對較好,水草茂盛,宜於放牧。明廷在固原設群牧監,實行軍牧,整個固原草場為慶王等四五位王爺和陝西苑馬寺各監、苑放牧軍馬、驢、騾、牛、駝等牲畜,承擔着向邊防部隊提供軍馬的任務,地位十分重要。弘治年間,經過楊一清的整肅,整個固原鎮蓄養軍馬等牲畜三萬多匹。當然,固原的農業也有一定的發展,萬曆年間,固原有民田"六千八百九十四頃",屯田"四千八百一十五頃",③總計一萬一千七百餘頃。

農業、水利、畜牧業雖有很大發展,但明代寧夏的商品經濟還是極其微弱的。手工業多是生產官府所需軍事裝備和地主貴族的日常生活用品的。據《〔嘉靖〕寧夏新志》卷一、卷三載,寧夏總鎮設有"雜造局",就是一個軍工廠;中衛也有雜造局,但規模遠不及寧夏總鎮。總鎮還設有兵車廠、神機庫,都是軍工廠。另設有工正所,是專為慶王府打造各種生活用品的,有工匠三百多人。商業也有了一定的發展,管律《〔嘉靖〕寧夏新志》卷一《街坊市集》還載,當時寧夏鎮內有三十二個街坊市集,供百姓進行生產和生活資料的買賣交換。明後期還在中衛設有和蒙古進行邊境互市的馬市等交易場所。

經濟社會的發展,為人物著述提供了堅實的物質基礎和發展條件,更為人物著述提供了可資記載和表現的宏闊現實。明代的舊地方志,都充分地記載了這些歷史發展的過程和成就。朱栴《〔正統〕寧夏志》內就有《疆域》《城垣》《街坊》

---

　① 〔明〕胡汝礪編、〔明〕管律重修、陳明猷校勘《嘉靖寧夏新志》,寧夏人民出版社 1982 年版,第 49 頁。
　② 〔明〕胡汝礪編、〔明〕管律重修、陳明猷校勘《嘉靖寧夏新志》,第 403、393 頁。
　③ 〔明〕楊經纂輯、〔明〕劉敏寬纂次,牛達生、牛春生校勘《嘉靖萬曆固原州志》,寧夏人民出版社 1985 年版,第 149—150 頁。

《山川》《土産》《土貢》等内容記載當時寧夏的基本情況。胡汝礪的《〔弘治〕寧夏新志》卷一《田賦》中"屯田"詳細反映了明朝寧夏地區的軍屯情況,《差役》記載了軍丁服差役的情況,這些都體現了其時軍隊根據需要進行軍屯對於邊疆建設的作用。及至管律的《〔嘉靖〕寧夏新志》,在編纂思想上就已經不是簡單地爲了記載歷史以防遺忘,更重要的是爲了總結過去,爲後來的政治、經濟、文化、軍事建設提供史料和理論支撐,承載着作者的安邊之策。特別是卷一《寧夏總鎮》中,對茶馬、鹽馬、買馬銀之變化、馬匹管理制度等前因後果交代詳盡;對如何實邊備、禦入侵提出了自己的見解;對軍伍嚴重缺額的問題表達了深深的憂慮;對屯田制發展的弊端感到刻骨的傷痛,並在志書中附時任寧夏巡撫楊守禮關於清理軍伍以實邊備的奏疏,作爲解決問題的一種方案。同樣地,楊經《〔嘉靖〕固原州志》既有關於固原的歷史沿革及其重要地位的詳細記載,也有關於固原設險防守得失問題的再思考,"策議邊防,時有偉識,其論固原形勢艱於戰守,一反方志誇陳之習"。① 勔諫有《香山牧馬碑記》,記載慶府馬場形成的過程,所引用當時的公文很多,對研究慶府在寧夏的有關活動具有重要的史料價值。

水利建設在寧夏歷史悠久,關於這一方面的記載自然就不少,既有關於水利建設的論述,也有記載興修水利的碑記。朱栴《〔正統〕寧夏志》卷上《河渠》既考證了黄河在寧夏的走向和變化,也詳細記載了當時寧夏的主要渠道。其他幾部以寧夏北部爲對象的明代舊志都詳細記載有寧夏水利方面的河渠設施。在寧夏,興修水利歷來被認爲是功莫大焉的善舉,常爲各類著述所記載,王業傳世的《中衛美利渠記》,就記載毛鵬、謝莆改浚中衛美利渠之壯舉。

二、軍事上的重要地位和軍旅著述的豐富

寧夏既爲九邊之一,固原又曾爲三邊總制的駐節地,軍事上的地位何其重要。明初,雖然元朝已亡,但北元兵力仍很強大,時常侵擾寧夏、固原一帶,洪武三年(1370),征北大將軍徐達帥師在安定(治今甘肅省定西市安定區)沈兒峪與王保保決戰,大獲全勝。但蒙古人勢力強大,此後多年成爲明朝北部大患。明政府逐漸改先前主動出擊的戰略爲修建邊牆的防禦策略,先後修建了北長城、西長城、東長城、内牆等四段長城,設置墩臺,在阻止敵軍長驅南下的過程中起到了一定的作用。同時,大量修建駐軍堡寨,據險自固,聊以自保,這種方式對守衛寧夏各地起到了較大的作用。明代蒙古各部從漠北進攻寧夏和固原一帶主要有兩條

---

① 張維《隴右方志錄》,北平大北印書局1934年版,第93頁。

路線,一條是從東部的靈武和鹽池一帶突破,經同心韋州、豫旺直入固原,一條是從西邊的賀蘭山赤木口推進,沿中衛、中寧一線過黃河,順清水河南下入固原,迫使明軍每年秋季調集兵馬"防秋"。雙方大小規模戰事不斷,成爲寧夏南北部乃至於明廷的大事。連年征戰,築城(墻)防邊,給邊民帶來了沉重的負擔,加之其他各種複雜的原因,終於釀成了成化年間滿四石城起義、正德年間安化王之變,以及萬曆年間哱劉之亂等,這些事件都對寧夏、固原的歷史產生了深刻的影響。

寧夏明代軍事類的著述還是很豐富的。除《〔弘治〕寧夏新志》《〔嘉靖〕固原州志》《〔嘉靖〕寧夏新志》《〔萬曆〕朔方新志》等志書對當時的軍事組織和軍事人物、重要的軍事事件有記載外,其他軍事類的也很多。朱栴詩《石溝驛》《總兵營》傳遞出對驛遞軍士和飽受戰爭之苦軍卒的同情,《遊高臺寺經辛卯戰場王驃騎陣歿處感傷而作》表達了對爲國戰死者的敬挽,《晚登韋州樓》則寫當時的戰事和戰事給百姓帶來的痛苦。朱秩炅的《古塚謠》寫看到賀蘭山下古塚多而對過去此處多戰事的感歎。管律的《演武教場重建碑》雖也介紹了演武教場重建的過程,描繪了新建教場的雄偉,但重點卻是稱贊巡撫楊志學和太監劉玉的同心同德,進而引出"夫天下之事,義當爲者常成於同而敗於異。是故恆患乎立異而厭同也"這樣的認識,在明代宦官與地方官之間的關係問題上,這一認識有很重要的意義。《城鐵柱泉碑》詳細記載了在鐵柱泉築城和守城的情況,分析了城鐵柱泉的益處,提出了這一軍事工程給人民帶來的幸福,見解深刻。《節冗費以應修省疏》討論的是是否增加兵力的問題。《修兵政復舊規以固根本疏》是針對嘉靖朝軍政廢弛的現狀所上,意在提醒嘉靖帝按照朱元璋時的一些舊規來治軍,既要防止將領權力過大,又要讓軍隊具有戰鬥力。胡侍《胡蒙谿詩集·辛丑即事十首》寫嘉靖二十年(1541)虜犯山西給人民帶來的災難,雖不是寫寧夏戰事的,但卻是作者突破寧夏的範圍而寫國家層面的軍事事件。胡侍文中有很多直接寫寧夏的現實情況的,如《墅談·田州城》反映了當時寧夏地處邊疆所飽受的戰亂之苦,《墅談·原州鎮戎》辨證了固原州成立的歷史。楊經《環縣》可看出楊經對當時九邊重鎮之一的固原在軍事上的重要意義、歷史沿革、現實問題的處理等方面的真知灼見。作爲時任寧夏總兵的保勳,其《別贈張都閫武》歌頌了張武雷厲風行的作風和對邊疆的貢獻,反映了寧夏地區的很多現實情況,他的軍旅詩歌很有感染力,主要是因爲作者本人善於選取北方軍旅生活中的典型事物作意象使然。黃綬傳世雖只有兩首詩,卻都表現了寧夏作爲軍事前沿的緊張形勢和軍民一心奮勇殺敵的現實情況。

作爲西三邊對蒙古作戰西線的主要關口,赤木口有着非常重要的地位,文人吟咏唱和也就非常多。嘉靖十九年(1540)冬,楊守禮修築賀蘭山赤木口關成,率衆前往賀蘭山中祭祀山靈,守禮時做《途中口占》《宿平羌堡》《赤木口》等詩,衆人和之,共得 28 首詩,其中,寧夏人士寫和詩者有劉思唐、鄭時、鄭卿、劉伸、仇恩等多人,現存作品七八首。這些詩歌都反映了當時邊塞寧夏烽火戰事的情況,表達了軍民同心誓掃胡虜的決心和豪氣。另外,王維垣的《次出塞詩》二首等作品都是反映軍旅生活的佳作。

三、教育文化的發展,促進了文士著述的質、量提升

有明一代,寧夏的文教事業發展迅速,各地興修儒學,設置學宮,舉辦書院,創建義學,大興教育之風。各地各類學校紛紛建立,寧夏衛有儒學,后改爲學官,置學田,供給儒學。嘉靖時創立養正書院,後改爲揆文書院,并多次修繕。中衛儒學、靈州千户所學、花馬池朔方書院、隆德縣學、固原州儒學、固原城南書院等學校爲學子們提供了學習的場所。各地還設立社學,培養文武學生,弘治年間寧夏就有社學五十四所,培養了大批人才。自永樂年間就開始開科取士,爲軍衛子弟提供入仕的機會,爲有志者提供了改變命運和走上上層社會的臺階。成化年間,寧夏開始出現恩監生和例監生,他們依靠祖蔭或捐納金錢得到參加科考的機會或直接做官。"整個明代,寧夏考中進士者二十九人,中舉人者則數以百計。"①其中,朱孟德、胡汝礪、張嘉謨、管律、胡侍、楚書、劉思唐、楊經、楊壽等人就是他們中的代表。

寧夏人士對於興辦文教事業是非常看重的,傳世文獻多記載之。寧夏明代的幾部方志,都有學校、人物、科貢、選舉等類目中的一個或幾個來反映這方面的情況。方志的編纂,本身就是經濟社會發展後,人們用它來記載成就、反映某個時期的真實歷史現實的。《〔正統〕寧夏志》《〔弘治〕寧夏新志》《〔嘉靖〕固原州志》《〔嘉靖〕寧夏新志》《〔萬曆〕朔方新志》等寧夏主要的幾部方志,都是由寧夏人自己編纂或獨撰出來的,這本身就體現了明代寧夏文教事業的發展和成就。記載興辦學堂的多爲碑記文。朱秩㷆的文《靈州社學記》不按一般形式寫,不落俗套地重點講了教育的重要性,有一定的思想深度。《重修儒學記》是時任寧夏巡撫劉憲重修儒學而邀請張嘉謨所作,詳敘重修經過及意義。管律也作有《中衛文廟重修碑》。特別值得一提的是他的《東號記》,文章希望儒生們按照孟子"學問之道無他,求其放心而已"的要求去做,提出了自己關於求學真諦和興學目的之認識。中衛周于人有《重修中衛學碑記》,記萬曆三十五年(1607)重修中衛學

---

① 陳育寧《寧夏通史(古代卷)》,寧夏人民出版社 1993 年版,第 276 頁。

之事。關於教育,管律有《芸莊雜録備遺》十六卷,是作者學習心得的整理,是讀書筆記,也是傳諸後人,使其牢記家族教育方式的成果。

明代寧夏刻書業也有很大的發展。據《〔弘治〕寧夏新志》卷一《人品》載,當時寧夏的"匠作"有66種之多,其中就有畫工、刊字人、裱背匠、箋紙匠、紙匠等多種匠人。① 寧夏的刻書主要集中在慶府。刻書的目的一方面是爲了學生的學習,朱栴編輯刊刻《文章類選》就是"以爲子孫之式"的,受到了時人追捧,"謁而求者甚衆,日不暇給矣……遂廣其傳焉"(《〈文章類選〉序》),另一方面是刊刻王公貴族們的著述的。當時刊刻的還有慶靖王朱栴的《〔正統〕寧夏志》《增廣唐詩鼓吹續編》《集句閨情》、慶康王朱秩煃的《慎德軒集》、安塞郡王朱秩炅的《樗齋隨筆録》《滄洲愚隱録》、豐林郡王朱台瀚的《平齋集》等等。陳清慧《〈明史·藝文志〉宗室集部著述考補》《明代藩府著述輯考》對此有較爲明確的考證。②《〔弘治〕寧夏新志》卷二《經籍》還記載當時有很多典籍的書板在慶府或者憲司收藏。在這些刻書中,當以《文章類選》爲代表,既有明初書刻的特點,又是慶府諸多刻書中最大的一部,對於研究整個寧夏刻書有很重要的意義。

同時,外來履職寧夏者甚多,成爲寧夏科教文化發展的有力推動者,楊一清、王瓊、王九思、李夢陽、唐龍、楊守禮、趙時春、石茂華等人就是他們中的傑出代表。流寓人員也很多,從洪武年間開始,朝廷就從中原及江南調發軍民移居寧夏,其中吳越之人居多,主講書院者,也多爲外來的知識分子。他們或憑藉行政權力興辦教育,提高民智;或通過自身威望倡導新風,移風易俗;或在集會場合展現才華秀出詩文,引來唱和;或隱居深山寺觀苦吟著述,流芳後世。這些移民帶來了先進的生產技術和文化,帶來了清新的文風和學風,更帶來了不同的思想,對於明代寧夏地區的影響深遠。

四、思想基礎上仍趨向傳統保守

明初,中央集權逐步加強,取消宰相制度,採用錦衣衛、東廠、西廠等特務統治,倡導程朱理學,實行八股取士,對文人和整個思想界採取又籠絡又高壓的政策,禁錮非常嚴重。明代中後期,王陽明的心學興起,逐步喚醒了人的自我意識,到了嘉靖、萬曆年間,形成了多個派別,特別是王學左派影響很大,離經叛道的傾

---

① 〔明〕胡汝礪《〔弘治〕寧夏新志》,《天一閣藏明代方志選刊續編》第72册,上海書店1990年版,第187—188頁。

② 陳清慧《〈明史·藝文志〉宗室集部著述考補》,《中國典籍與文化》2008年第4期,第64—65頁。陳清慧《明代藩府著述輯考》,《古籍整理研究學刊》2009年第2期,第68頁。

向越來越嚴重,人們開始注重張揚個性。當心學和禪宗結合在社會上廣泛傳播後,人們的思想觀念、思維方式就發生了很大的改變,對待傳統的態度,對人生和自我的認識就與過去明顯的不同,高揚個性和肯定人欲的思潮在社會上蔓延。這種思潮在詩文領域的表現,則是激蕩起了一種與傳統文學觀念相對抗的"性靈"說,從李夢陽的重"情",到袁宏道的"獨抒性靈",加之俗文學的興起,小說、戲劇的興盛,都對傳統思想和文人著述產生著巨大的影響。

但寧夏地處邊鄙,地理位置特殊,朝廷控制極嚴,明前期自不必說,思想觀念自然比内地更爲傳統保守,即使到了明中後期,内地的思想界和文人領域廣泛興起的個性張揚之風似乎在寧夏没有引起任何波瀾,文人著述中體現的仍然是一貫的,甚至更爲嚴格的程朱理學思想。另外,作爲引領寧夏思想界的統治者,慶府高層的思想變化也對整個寧夏士階層的思想觀念有着重要的影響。明初實行"以同姓治異姓"的政策,朱㮵尚能掌握兵權,尚可多次入京,永樂年間,朝廷改用"以異姓治同姓"的策略,藩王的兵權和實力被大大削弱,甚至被限制自由。及至景泰年間,安塞郡王朱秩炅到賀蘭山下給妻子上墳都被降詔斥責,每日只能局限在鎮城甚至只在王府内,這大大限制了王府成員接觸現實、了解社會的機會,更無法接觸到内地社會思潮的變化,那麽王府經常邀請寧夏當地文人一起談詩作文、引領風騷的場合就不可能帶來清新的風氣和開放的思想,這就使寧夏文壇在整個明代都呈現出淳樸、保守、單調的氣象,内地大行其道的小說、戲劇等俗文學,寧夏本地史料竟無任何記載,更無作品傳世。

在這種思想觀念的影響下,文人著述多傾向於宣揚禮教。朱㮵等人編選《文章類選》的目的之一,就在於"催聖賢復起"(《〈文章類選〉序》)。時任寧夏巡撫的楊應聘在萬曆年間所做《朔方新志序》中說:"覽斯志也,臣可勸於忠,子可勸於孝,士可勸於義,婦可勸於貞。"①時任陝西布政司右布政使兼按察司僉事趙可教也在《朔方新志後跋》中說,此志作用在於"聖世弘化,長治久安,教先倫敘,以陶吾民",又說:"爲臣死忠,爲子死孝,爲婦死貞……其關繫風教,豈小補哉。"②朱秩炅作《節義堂記》歌頌鄉貢進士張沖霄之母郁氏在丈夫早逝的情況下堅守其節,進而引出節義之於國家的重要性。三世豐林郡王朱台瀚著有《大孝明倫》《大禮明祀》,宣揚禮教。朱帥鋅曾纂集母妃事迹成《宗烈實録》一册,胡璉著有《槐堂禮俗》三卷。張嘉謨作《名賢祠記》,贊頌王珣、王時中等好官爲政一方的功德;潘九齡傳世有《霍公冀去思碑記》歌頌霍冀的德政給百姓帶來的好處。管律的《芸

---

① [明]崔景榮、楊應聘修,[明]楊壽等纂《〔萬曆〕朔方新志》,故宫博物院編《故宫珍本叢刊》第084册,海南出版社2001年版,第199頁。
② [明]崔景榮、楊應聘修,[明]楊壽等纂《〔萬曆〕朔方新志》,第425頁。

莊雜錄備遺》專門設立幾卷内容,記載歌頌忠臣名相、忠義孝友,批判禍國奸相、不肖子孫。胡侍的《墅談》和《真珠船》等著述中既歌頌衛青、霍去病、岳飛等英雄,也怒罵錢寧、廖鵬等"閹奴";既贊美尊師重禮、講究孝悌的普通人,也揭露陶穀和秦檜等人以權謀私的醜惡。僅僅爲關羽建廟立祀所寫的文章,就有朱平齋的《重修忠義武安王廟記》、胡汝礪的《漢壽亭侯碑記》、管律的《漢壽亭侯壯繆關公祠碑》("繆"原作"謬",誤,據《三國志·關羽傳》改,下同)等,且每篇都立意高遠,見解不凡。這些都可以看出彼時寧夏地方基本思想觀念的狀況,反映出文人思想追求的基本面。當然,雖然思想上保守,卻難掩這些著述的淳樸和正義,更不能否認作者其時的真誠與崇高感。

明代寧夏文人傳世著述還有一類數量多、水平高的寫景類詩文作品,比較明顯的特點是集中於慶府及慶府友人中,集中出現於明前期和中期,和明初及後來社會比較平穩安逸、到處是歌舞昇平的氣象有關。寫景類的作品本是中國古代詩文創作的傳統之一,《詩經》中就已經有了很成熟的詩句,千百年來,寫景抒情、情景交融、寓情於景、"一切景語皆情語"已經深入文人骨髓,成爲創作最基本的手法之一。寧夏地域獨特,既有大漠孤煙、長河落日的雄渾闊大,也有官橋柳色、漢渠春漲的委婉旖旎;既有漠北風雪、茫茫戈壁的戰地風光,也有賀蘭山下果園成、七十二連湖鯉魚騰的江南美景;既有赫連夏、白高國遺迹可以懷古,也有麗景園、宜秋樓今景讓人流連。加之藩府經過幾代慶王努力,興建了很多巧麗的亭臺樓閣;各級官員多年苦心經營,建造了不少雄偉的軍事設施。這些都爲寧夏人士和外來履職人員提供了可資描繪吟咏的無盡素材。另外,時人熱衷的八景、十二景等景致說法的不斷更新,各地紛紛提出的本地代表性的系列景物,每次修志對本地形勝不厭其煩的記載,都對寫景詩文起到了推波助瀾的作用。比較有代表性的是慶靖王朱㮒的《賀蘭晴雪》等八景詩、《宜秋樓記》等典型景物描繪的寫景文,寫景中寄寓着濃厚的思鄉和愁緒感情的《浪淘沙·秋》等詩詞是凝真子詩文中分量最多且水平最高的。朱㮒後期還作有《風流子·秋日書懷》等寫景抒情的詩詞,這些作品把作者的愁苦表現得淋漓盡致。釋靜明的《麗景園八咏》《金波湖棹歌十首》兩組 18 首詩全部都是寫景詩,描繪麗景園和金波湖的美景,情感深藏,耐人尋味,釋家淡然沖靈的特色明顯。朱秩炅《高臺寺八咏》等多首詩詞或寫景,或借景懷古,都蕩漾出一種淡淡的憂傷,處處蘊含着對人生的莫名感歎。如果説朱㮒筆下的景是大氣宏闊的邊塞場景,釋靜明是恬淡空靈的水景湖光,那麽朱秩炅就是澹然憂傷的田園牧歌。

其他如慶府儀賓路升有《和慶藩遊麗景園韻》等才氣有餘内涵不足的幾首詩

歌,朱台瀚有《西嶺秋容》《石關積雪》、朱台泮有《賀蘭晴雪》等。此外,夏景芳、駱用卿、保勳等人也有詩詞流傳下來,不過數量極少。

明代寧夏有著述傳世的文人雖然不少,但一般都是在當地小有名氣,著述在數量和質量上都無法在全國層面上與他人抗衡。但朱㮮、胡侍二人可以算得上在全國能叫得響的人物。一個是明前期,一個是明中後期。朱㮮貴為皇子,享有封地,問學弘深,為時人所稱道,其著述數量在朱元璋 26 子中名列前茅;胡侍乃尚書之子,早年即中進士,年紀輕輕就在都城遊走,是西翰林中有代表性的作家。朱㮮編有《文章類選》,撰有《〔正統〕寧夏志》(傳世);還著有《凝真稿》十八卷,編有《集句閨情》《增廣唐詩鼓吹續編》(散佚)。此外,還有 41 首(篇)散見詩文詞傳世。胡侍著有《胡蒙谿詩集》十一卷、《胡蒙谿文集》四卷、《胡蒙谿續集》六卷、《墅談》六卷、《真珠船》八卷傳世,《清涼經》一卷、《大禮奏議》一卷、《笑資》二卷等散佚。可見二人均著述豐富,廣為傳頌,對後世影響很大,實為寧夏文人著述之豐碑。

第一章　朱㮵及其後人著述

朱㮵,祖籍濠州鍾離(今安徽鳳陽縣東),出生於應天府(治今江蘇省南京市),自洪武二十六年(1393)15歲時到韋州(今寧夏同心縣韋州鎮)就藩,後徙國寧夏(今銀川市),直至正統三年(1438)去世,埋葬在今寧夏同心縣韋州明王陵。朱㮵卒年61歲,其中45年生活在今寧夏境内,其後人全部生活於寧夏,伴隨着有明一代的盛衰興亡達二百多年,可以説,朱㮵也是他們在寧夏的始祖。因此,朱㮵完全可以算作寧夏人。

關於朱㮵及其後人著述,《〔弘治〕寧夏新志》《〔嘉靖〕寧夏新志》《〔萬曆〕朔方新志》《〔乾隆〕銀川小志》《〔乾隆〕寧夏府志》《〔民國〕朔方道志》等寧夏舊志或詳或略都有記載。目前學界的研究主要有兩種情況:一爲對朱㮵及其後人的生平等基本情況及著述作總體研究,二爲對朱㮵及其後人的著述進行整理研究。

對朱㮵及其後人的生平等基本情況及著述作總體研究,較早、較全面的是胡迅雷的《寧夏歷史人物研究文集》中的《朱㮵與寧夏》一文,該文介紹了朱㮵的生平、慶府基本情況、朱㮵通過信奉釋道之説來修身養性、慶靖王的主要著述、慶府刻書、《寧夏志》的有關情況等,文雖簡略卻將寧夏明代舊志和《明史》《明實録》中有關材料梳理得比較清楚。吴忠禮《明封寧夏一世慶靖王朱㮵》對朱㮵的基本情況進行了研究,尤其是對其就藩的有關情況、宫室建築、詩文創作等進行了論述,並以附表的形式研究了每位慶藩親王和郡王的基本情況,將慶藩共十世十一位親王四十二位郡王的傳承介紹得非常清楚。刁俊2007年4月完成的碩士論文《明清以來寧夏歷史人物著述考——以朱㮵等人爲例》專節探討了明朝宗室有著述者的生平情況和著述概況。白述禮《大明慶靖王朱㮵》對朱㮵及其後人的生平、家世、著述情況都有介紹。

對朱㮵及其後人的著述進行整理研究,主要有兩種:

一爲影印、整理著述。影印的主要有《四庫全書存目叢書》集部290册收録朱㮵的《文章類選》,底本選取現藏於中國國家圖書館的明初刻本。吴忠禮《寧夏歷代方志萃編》影印朱㮵《寧夏志》。這兩種影印本非常精善。整理的主要有吴忠禮《寧夏志箋證》,該著作對日本國會圖書館藏孤本《寧夏志》進行了詳細的箋證,考證詳明,注釋清晰,是目前《寧夏志》最權威的整理本。楊繼國、胡迅雷《寧夏歷代詩詞集》《寧夏歷代藝文集》將寧夏明清以來舊地方志以及其他紙質文獻、金石中散見的朱㮵及其後人的詩詞文等著述搜集整理,並作了簡要注釋,是目前搜集慶府人物著述最全的。另外,零星收錄慶府人物著述的文獻較多,如唐驤、楊繼國、布魯南、何克儉《寧夏古詩選注》收錄朱㮵、朱秩炅詩各四首,吳懷章《古峽攬勝》收錄朱㮵詩詞四首,胡學祥《寧夏古代風光詩選注》等收錄慶府人物詩詞二十七首。

二爲研究著述的價值和意義。20世紀80年代開始,關於《寧夏志》的研究逐步深入。朱潔《介紹寧夏明代地方志五種(上)》,高樹榆的《寧夏方志考》《寧夏方志述略》《寧夏回族自治區地方志述評》,王桂雲《銀川方志述略》都扼要介紹了《寧夏志》。吳忠禮《日本藏孤本明〈寧夏志〉考評》對《寧夏志》的作者、編修年代、版本、價值等進行了詳細考證,是關於朱㮵《寧夏志》全面研究的最早成果。徐莊《明清時期寧夏版本經眼錄》對朱㮵《文章類選》的版本情況作了介紹。薛正昌《黃河文明的綠洲——寧夏歷史文化地理·朱㮵和他的〈寧夏志〉》一文對朱㮵就藩寧夏的政治背景、朱㮵本身的文化背景、《寧夏志》的文化内涵等進行了分析,多有新見。范宗興、吳曉紅等《方志與寧夏》中專章探討了朱㮵《寧夏志》的基本情況。杜桂林《解讀朱㮵〈西夏八景〉詩》就朱㮵的《西夏八景圖詩序》中所收西夏八景詩每首都進行了題解、辨韻、平仄審讀、注解和點評,頗爲詳細。陳清慧《〈明史·藝文志〉宗室集部著述考補》輯錄慶府刻書五種,列出了書名、作者和某一種文獻著錄情況,作者另一文《明代藩府著述輯考》在此基礎上又多輯錄兩種。汪超《〈全明詞〉輯補62首》按照《全明詞》體例將朱㮵詞九首、朱秩炅詞兩首輯補,爲朱氏父子的詞進行更廣泛的傳播做出了貢獻。胡玉冰《寧夏地方志研究》專節對朱㮵《寧夏志》的作者、版本、志書史源、編纂及刊刻品質、文獻價值等進行了詳細論述。因胡玉冰曾以"寧夏特別研究員"的身份親赴日本對朱㮵的《寧夏志》等文獻進行研究,故其研究成果當爲目前學界的權威結論。

上述研究成果,一般都是利用《明史》《明實錄》、寧夏舊志等文獻對朱㮵及其後人情況進行研究,從史學角度講可謂研究成果豐碩;從文獻學的角度來說,朱㮵《寧夏志》的研究也可謂達到了一定的高度,基本内容都已經研究得很清楚了;朱㮵及其後人著述的搜集和整理也比較成熟了。但是,目前學界關於《文章類選》的版本雖略有涉及,卻研究不深;關於《文章類選》的編撰原委、主要内容、歷史評價、對後世的影響等極少涉及;關於《寧夏志》的價值、在詩文方面與後世方志的關係探討不夠;關於慶靖王及其後人的散見著述的主要内容、藝術特色、對後世的影響等研究不夠。

第一節　朱㮵的生平

朱㮵,生於明洪武十一年(1378),卒於明正統三年(1438),終年61歲。號凝真、凝真子,朱元璋第十六子,封慶王,諡曰"靖",史稱"慶王"或"慶靖王"。

一、慶靖王之名用字問題

關於慶靖王之名的問題,歷來是有爭議的。據1967年同心縣韋州公社周新莊大隊出土朱㮵的《慶王壙志》(原碑現藏寧夏博物館)載"王諱㮵"。官修《明實錄》《四庫全書總目》均寫作"㮵"。如《明史》卷三載:洪武"二十四年……夏四月辛未,封皇子㮵爲慶王。"①《〔乾隆〕銀川小志》亦載"名㮵"。②《〔弘治〕寧夏新志》卷一《慶藩宗系之圖》載"慶靖王栴"。③《〔嘉靖〕寧夏新志》卷一《封建·宗室》:"慶王名栴。"④白述禮《大明慶靖王朱㮵》第一章:"朱㮵的㮵本應該是木字旁的,但有的書上,如《嘉靖寧夏新志》等,寫爲方字旁的'旃'字。"⑤不知所據《嘉靖寧夏新志》爲何本。《〔萬曆〕朔方新志》卷二《藩封》:"慶王名栴。"⑥《〔乾隆〕寧夏府志》卷九《職官·明藩封附》載:"慶王朱栴。"⑦《〔民國〕朔方道志》卷一二《職官志·附明藩制》載"慶王朱旃",⑧可見,慶靖王之名有"㮵""栴""旃"之分,有必要加以辨明。

"栴""㮵",《集韻》卷三:"栴檀,香木名,或作㮵。"⑨《漢語大字典》在解釋

---

　①　[清]張廷玉等《明史》,中華書局1974年版,第48頁。
　②　[清]汪繹辰編修,張鍾和、許懷然校注《銀川小志》,寧夏人民出版社2000年版,第133頁。
　③　[明]胡汝礪《〔弘治〕寧夏新志》,《天一閣藏明代方志選刊續編》第72册,上海書店1990年版,第173頁。
　④　[明]楊守禮修、[明]管律等纂《〔嘉靖〕寧夏新志》,載《續修四庫全書》第649册,上海古籍出版社2002年版,第56頁。
　⑤　白述禮《大明慶靖王朱㮵》,寧夏人民出版社2008年版,第3頁。案:按照白述禮所列《嘉靖寧夏新志》之書名,定非嘉靖刻本《寧夏新志》,疑指寧夏人民出版社1982年版、陳明猷校勘之《嘉靖寧夏新志》,但筆者翻閲此書,嘉靖王名均寫作"栴"。
　⑥　[明]崔景榮、楊應聘修,[明]楊壽等纂《〔萬曆〕朔方新志》,故宫博物院編《故宫珍本叢刊》第084册,海南出版社2001年版,第237頁。
　⑦　[清]張金城等修纂《〔乾隆〕寧夏府志》,清嘉慶三年(1798)刊本,卷九第11頁。
　⑧　馬福祥等修、王之臣纂《〔民國〕朔方道志》,載《中國方志叢書》(塞北地方·第二號),臺灣成文出版社1968年版,第549頁。
　⑨　[宋]丁度《集韻》,上海古籍出版社1985年版,第165頁。

"栴"字時引《玉篇·木部》:"栴,栴檀,香木。"①"㮋"字條:"'㮋檀'同'栴檀'。"②《漢語大詞典》:"'㮋'同'栴'。"③可見"栴""㮋"爲異體字,把"朱㮋"寫作"朱栴"並不算錯。"旃"《說文解字》卷七上:"旗曲柄也,所以旃表士衆。"④可見"旃"與"栴""㮋"意義不同。另,《明史》卷一〇〇載朱元璋封其二十三子爲王,所封者依次爲秦愍王樉、晉恭王㭎、周定王橚、楚昭王楨、齊王榑、潭王梓、趙王杞、魯荒王檀、蜀獻王椿、湘獻王柏、代簡王桂、肅莊王楧、遼簡王植、慶靖王㮋、寧獻王權、岷莊王楩、谷王橞、韓憲王松、瀋簡王模、安惠王楹、唐定王桱、郢靖王棟、伊厲王㰘,⑤每位王爺取名都從"木"旁,所以以"朱㮋"爲是。

在"朱㮋"與"朱栴"之間,胡玉冰《寧夏地方志研究》認爲:《明實錄》的編修有一套非常嚴格的程式,編修依據的基本史料是起居注、時政記、日曆等,是研究明史最爲基本的史料。《明史》《四庫全書總目》皆爲清朝官府專修,故《明實錄》《明史》《四庫全書總目》和在慶王墓中發掘出的《慶王壙志》所用慶王名"朱㮋"當信從,而弘治、嘉靖兩朝所修《寧夏新志》晚出於《明實錄》,《〔乾隆〕寧夏府志》又襲用明志,故其説不可從。⑥

綜上,慶靖王之名當爲"朱㮋",也作"朱栴",但不能作"朱旃","旃"當是形近而訛之字。

二、朱㮋的排行問題

關於朱㮋在其弟兄中排行第幾的問題,歷來較有爭議。《慶王壙志》説他是"太祖高皇帝第十五子"。《明實錄》之《英宗睿皇帝實錄》卷四五"正統三年八月乙卯"條載朱㮋爲朱元璋第十五子。⑦《〔弘治〕寧夏新志》卷一《慶藩宗系之圖》載:"皇明太祖高皇帝第十五子慶靖王栴。"⑧(范宗興整理《弘治寧夏新志》卻將"十五"誤作"十六",不知何故。⑨)卷二《國朝宗室文學》:"慶靖王,皇明太祖高皇

---

① 漢語大字典編輯委員會《漢語大字典》三卷本,四川辭書出版社、湖北辭書出版社1995年版,第1200頁。
② 漢語大字典編輯委員會《漢語大字典》三卷本,第1268頁。
③ 漢語大詞典編輯委員會、漢語大詞典編纂處《漢語大詞典》(第四卷),漢語大詞典出版社1989年版,第1225頁。
④ 〔漢〕許慎撰、〔宋〕徐鉉校定《説文解字》,中華書局1963年版,第140頁。
⑤ 〔清〕張廷玉等《明史》,第2505頁。
⑥ 胡玉冰《寧夏地方志研究》,中國社會科學出版社2012年版,第34頁。
⑦ 楊新才、吴忠禮主編《明實錄寧夏資料輯録》,寧夏人民出版社1988年版,第117頁。
⑧ 〔明〕胡汝礪《〔弘治〕寧夏新志》,《天一閣藏明代方志選刊續編》第72册,第173頁。
⑨ 范宗興整理《弘治寧夏新志》,寧夏人民出版社2010年版,第15頁。

帝第十五子。"①《明實錄》之《太祖高皇帝實錄》卷一一七"洪武十一年正月壬午"條載:"皇第十六子㮵生。"②《〔嘉靖〕寧夏新志》卷一《封建·宗室》載朱㮵爲"太祖高皇帝第十六子",後載《金册》册文亦稱"第十六子㮵"。③《明史》卷一一七亦載朱㮵爲"太祖第十六子"。④ 即使在《四庫全書》中,《御批歷代通鑑輯覽》卷一〇一載:"㮵,帝第十六子。"⑤而《明詩綜》卷二卻載:"寧獻王權。王,高皇帝第十六子。"⑥既然朱權爲朱元璋第十六子,那麼朱㮵肯定就不是十六子了。

可見,朱㮵到底在諸皇子中排行十五還是十六,史料記載並不一致,就連《明實錄》也前後記載不一,這也引起了學者們的爭議。鍾侃認爲《明史》有誤,當據《慶王壙志》定爲十五子。⑦ 而牛達生在《〈慶王壙志〉與朱棣"靖難之變"》中則認爲《明史》和《〔嘉靖〕寧夏新志》所載第十六子的說法是正確的,《慶王壙志》和《〔弘治〕寧夏新志》把慶王從第十六子改爲第十五子是"靖難之變"的產物。⑧ 白述禮《大明慶靖王朱㮵》也是這種觀點。⑨ 任昉《明太祖皇子朱㮵的名次問題》對牛達生的觀點進行了反駁,認爲史籍及出土文獻所載十五子和十六子的說法都是正確的,是從不同的角度來說的,與"靖難之變"無關。⑩ 胡玉冰《寧夏地方志研究》對上述觀點進行了辨析,他認爲當區分哪些是文獻文本的錯誤,哪些是史料記述的錯誤,前者要運用校勘學的理論方法來判定,後者則要綜合考察史事本身。他認爲當信從《慶王壙志》和《明實錄》,確定朱㮵是朱元璋第十五子而非第十六子。但是,胡氏文中前說"任昉先生的觀點是比較穩妥的",後卻又說朱㮵爲朱元璋第十五子而非第十六子,不尊從任昉"史載慶王爲朱元璋'第十六子'當確無誤。而墓志言慶王爲太祖'第十五子',是因第九子趙王杞幼年夭折,致使其後各王名次前提"之結論,⑪豈不前後矛盾?⑫

---

① 〔明〕胡汝礪《〔弘治〕寧夏新志》,《天一閣藏明代方志選刊續編》第 72 册,上海書店 1990 年版,第 253 頁。
② 楊新才、吳忠禮主編《明實錄寧夏資料輯録》,寧夏人民出版社 1988 年版,第 12 頁。
③ 〔明〕胡汝礪編、〔明〕管律重修、陳明猷校勘《嘉靖寧夏新志》,寧夏人民出版社 1982 年版,第 26 頁。
④ 〔清〕張廷玉等《明史》,中華書局 1974 年版,第 3588 頁。
⑤ 〔清〕傅恒等《御批歷代通鑑輯覽》,影印文淵閣《四庫全書》本,臺灣商務印書館 1986 年版,第 339 册,第 229 頁。
⑥ 〔清〕朱彝尊《明詩綜》,影印文淵閣《四庫全書》本,臺灣商務印書館 1986 年版,第 1459 册,第 188 頁。
⑦ 鍾侃《寧夏文物述略》,載《明代文物和長城》,寧夏人民出版社 1980 年版,第 99—101 頁。
⑧ 牛達生《〈慶王壙志〉與朱棣"靖難之變"》,《人文雜志》1981 年第 6 期,第 82—83 頁。
⑨ 白述禮《大明慶靖王朱㮵》,寧夏人民出版社 2008 年版,第 4—5 頁。
⑩ 任昉《明太祖皇子朱㮵的名次問題》,《中原文物》1986 年第 4 期,第 88—89、95 頁。
⑪ 任昉《明太祖皇子朱㮵的名次問題》,第 89 頁。
⑫ 胡玉冰《寧夏地方志研究》,中國社會科學出版社 2012 年版,第 32—33 頁。

其實，朱㮵排行十五還是十六是一個非常簡單的問題，查《明史》《明實錄》等有關史料，即可列出朱元璋的二十六個兒子之名，依此序爲：標、樉、棡、棣、橚、楨、榑、梓、杞、檀、椿、柏、桂、楧、植、㮵、權、楩、橞、松、模、楹、桱、棟、㰘、楠，朱㮵爲朱元璋第十六子確定無疑。之所以出現第十五子之説，只不過是因第九子趙王朱杞早殤，官方不再列出，其後諸皇子的順序前提而已，這一點任昉解釋得已經非常清楚了。今天再確定朱㮵的排行問題，當從朱元璋有二十六子的客觀事實出發，而不是依一些文獻在當時特定的歷史背景下所載而定。

三、朱㮵的生平分期

朱㮵生活在相對和平的年代，一生中雖經歷洪武、建文、永樂、洪熙、宣德、正統六朝，卻並無大起大落的人生經歷。我們根據其一生中經歷的幾件大事和前後比較明顯的處境、心境的變化，可以將其一生分爲四個階段。

（一）就藩之前（1378—1392），1—15歲，少年封王

《慶王壙志》載，朱㮵"母妃余氏。生於洪武戊午正月九日。二十四年辛未四月十三日，冊封慶王。"《明實錄》載"洪武十一年正月壬午"朱㮵出生，①另據《明實錄》之《英宗睿皇帝實錄》卷四五"正統三年八月乙卯"條載："慶王㮵……母妃余氏。洪武戊午年生，辛未年受封。"②《明史》卷一一六："余妃生慶王㮵。"③卷三："（洪武）二十四年……夏四月辛未，封皇子㮵爲慶王。"④綜合上述材料，可以清楚地看出：朱㮵，生於明洪武十一年（1378）正月初九日，生母余氏。於洪武二十四年（1391）被封爲慶王。朱㮵封爲慶王，主要是因爲他的封地最先在慶陽，後雖移居韋州，徙國寧夏，慶王之稱則一直沿用。

帝王家庭出生的朱㮵，"天性英敏"，從小受到了良好的教育，被給予的期望值也很高，就連朱元璋在給他的金册册文中也囑咐他："朕起自農民，與群雄並驅，艱苦百端，志在奉天地，饗神祇，張皇師旅，伐罪救民，時刻弗怠，以成大業。今爾固其國者，當敬天地在心，不可踰禮，以祀其宗社山川，依時饗之。謹兵衛，恤下民，必盡其道。於戲！勤民奉天，藩輔帝室，允執厥中，則永膺多福。"⑤優良

---

① 楊新才、吳忠禮主編《明實錄寧夏資料輯錄》，寧夏人民出版社1988年版，第12頁。
② 楊新才、吳忠禮主編《明實錄寧夏資料輯錄》，寧夏人民出版社1988年版，第117頁。
③ ［清］張廷玉等《明史》，第3559頁。
④ ［清］張廷玉等《明史》，第48頁。
⑤ ［明］楊守禮修、［明］管律等纂《〔嘉靖〕寧夏新志》，第56頁。

的成長環境和高遠的期望值,使得朱㮵"問學博洽,長於詩文",①爲他 20 歲就能牽頭編出《文章類選》這樣大部頭的文獻打下了堅實的基礎,也使他後來在詩文作品以及地方志方面取得對寧夏地方文史影響深遠的成就。

(二) 就藩初期(1393—1401),16—24 歲,就藩韋州

朱㮵十三歲被封爲慶王,封地首先是在慶陽(治今甘肅省慶陽市慶城縣)。《〔嘉靖〕寧夏新志》卷一《建置沿革》載:"洪武二十四年辛未,封宗室慶藩。"②且《明史》卷四二《地理三》載:"慶陽府……洪武二十四年四月建慶王府。"③《明實錄》之《太祖高皇帝實錄》卷二二四載:"洪武二十六年正月癸亥,詔……慶王㮵……之國。"④《慶王壙志》載:"洪武二十六年癸酉五月,之國陝西之韋州。"《〔嘉靖〕寧夏新志》卷一《建置沿革》也載,慶王是自慶陽徙韋州以居的。⑤可見,朱㮵在到韋州之前先到的慶陽,只不過在慶陽居住的時間非常短。慶王真正居韋州,應該是在洪武二十六年(1393)五月。

慶王之所以自慶陽徙居韋州,是因爲"洪武二十六年正月癸亥,命……慶王都寧夏……寧夏以糧餉未敷,命慶王且住慶陽北古韋州城,以就延安、綏德租賦"。慶王在韋州一住就是九年。⑥

慶王居韋州期間,有幾件大事。其一,與孫氏大婚。《明實錄》之《太祖高皇帝實錄》卷二三五載,洪武二十七年(1394)十二月丁卯,"册指揮孫繼達女爲慶王㮵妃。"⑦其二,統領寧夏、延安、綏德、慶陽諸衛軍務。《明史》卷一一七載,洪武"二十八年,詔王理慶陽、寧夏、延安、綏德諸衛軍務",⑧掌管四衛軍務,既體現了朝廷對朱㮵的信任,也使慶靖王掌握了軍權,這無疑能增加朱㮵的成就感。其三,兩次覲見皇帝。明藩王到封地後,一般是不允許隨便入京朝見皇帝的,朱㮵有幸兩次進京,這也和他後來多次上疏請求見當朝皇帝而不被准許形成了對比,可以看出被允許的時候還是很受重視的。第一次是洪武二十六年(1393)九月,在就藩數月後就回到了父皇朱元璋身邊,⑨對於只有 15 歲的朱㮵來說無疑是非常幸運的。第二次是洪武三十一年(1398)三月,朱元璋患病,"召慶王"來朝,這

---

① 〔明〕胡汝礪《〔弘治〕寧夏新志》,第 253 頁。
② 〔明〕胡汝礪編、〔明〕管律重修、陳明猷校勘《嘉靖寧夏新志》,第 8 頁。
③ 〔清〕張廷玉等《明史》,第 1003 頁。
④ 楊新才、吳忠禮主編《明實錄寧夏資料輯錄》,第 18 頁。
⑤ 〔明〕胡汝礪編、〔明〕管律重修、陳明猷校勘《嘉靖寧夏新志》,第 8 頁。
⑥ 楊新才、吳忠禮主編《明實錄寧夏資料輯錄》,第 18 頁。
⑦ 楊新才、吳忠禮主編《明實錄寧夏資料輯錄》,第 19 頁。
⑧ 〔清〕張廷玉等《明史》,第 3588 頁。
⑨ 楊新才、吳忠禮主編《明實錄寧夏資料輯錄》,第 19 頁。

也是朱㮮最後一次見到自己的父親,因爲這一年閏五月乙酉朱元璋駕崩,遺詔中明確規定:"諸王臨國中,毋至京師。"①其四,洪武三十一年,年僅21歲的朱㮮和同僚們完成了《文章類選》的編輯刊刻。在《〈文章類選〉序》中,較爲詳細地闡述了此書的產生過程和文體的分類。落款"時洪武三十一年龍集戊寅正月望日凝真子書"清楚地顯示了這本書的產生時間和朱㮮在書的編纂中的作用,下文會詳細論及。其五,朱㮮建造了多處建築,爲西北邊遠小城帶來了皇家景觀。《〔弘治〕寧夏新志》卷三載,朱㮮修了慶王宮殿,建了地宮。書中載朱㮮還建擁翠樓:"擁翠樓,慶藩所建,以觀蠢翠者。"②慶靖王還寫了《登韋州城北擁翠亭》一詩來贊美擁翠樓,且在後來的詩詞中經常提到此亭此樓。除此外,朱㮮還在韋州修了鴛鴦湖、東湖。《〔正統〕寧夏志》載,朱㮮稱鴛鴦湖、東湖"二湖皆予作者",③並有《夜宿鴛鴦湖聞雁聲作》和《東湖春漲》二詩流傳。其六,洪武三十一年(1398),朱㮮在《西夏八景圖詩序》裏記載了他重新修訂寧夏八景詩題並重新題寫的寧夏八景詩,④對後世影響深遠,其後一直到清代,寧夏八景詩成爲寧夏明清文學史上的一個百寫不厭的重要題材,產生了衆多作品。

居住韋州的九年間,朱㮮在這裏傾注了心血,度過很美好的時光,政治上也比較如意。從後來多次上疏朝廷希望回到韋州居住的情況來看,他對韋州是真心喜歡的。

(三) 就藩中期(1402—1424),25—47 歲,之國寧夏,總體處於永樂年間,皇帝寵幸,情況較好

建文三年(1401)十二月,朱㮮移居寧夏(今寧夏銀川市)。《〔弘治〕寧夏新志》卷二《國朝宗室文學》:"慶靖王……洪武二十四年封,居韋州,三十四年移寧夏。"⑤洪武三十四年即建文三年(1401)。

這段時間,朱㮮共有幾件大事。其一,五次朝見永樂皇帝。根據《明太宗實錄》載,朱㮮第一次進京是在洪武三十五年(即建文四年,1402)九月乙酉(朱棣剛當上皇帝兩個月),使永樂皇帝非常高興;第二次是在永樂三年(1405)九月庚子,帝設宴款待;第三次是在永樂九年(1411)十一月丙子,恩遇如舊;第四次是永樂十五年(1417)二月丁丑;第五次是永樂十九年(1421)二月壬戌。朱㮮能多次進京朝賀,這是非常有深意的,既可以回到出生和童年生長的地方看看,也體現着

---

① 〔清〕張廷玉等《明史》,第 55 頁。
② 〔明〕胡汝礪《〔弘治〕寧夏新志》,第 362 頁。
③ 吳忠禮《寧夏志箋證》,第 47 頁。
④ 吳忠禮《寧夏志箋證》,第 378—379 頁。
⑤ 〔明〕胡汝礪《〔弘治〕寧夏新志》,第 253 頁。

皇帝對他在政治上極大的信任和鼓勵。其二，三次向朝廷獻馬。第一次是永樂元年(1403)十二月戊子，第二次是永樂六年(1408)六月乙巳再獻馬1090匹，第三次是永樂十九年(1421)十二月乙巳。朱㮵多次獻馬，對於朝廷的軍事部署和軍隊建設都有着很重要的意義，也是朱㮵真心擁護朱棣，忠於朝廷的體現，非常符合朱㮵"忠孝出天性"的性格特點。① 其三，王妃孫氏病逝，次妃湯氏被封。孫氏爲朱㮵正妃，和他感情很好，故他非常傷感，除了隆重治喪外，還將其葬在韋州慶王陵園，並在《〔正統〕寧夏志》中專門爲其墓留下記載。② 孫氏病逝後，湯氏被明成祖册封爲次妃。其四，權力被奪，自由受限，王位形同虛設。永樂年間，朝廷對藩王改變了洪武年間的"以同姓治異姓"的策略，成爲"以異姓治同姓"，派太監對藩王們進行監督，削弱藩王的兵權和實力，甚至限制自由。朱㮵也不例外，就連他嫌寧夏氣候不適宜，想去韋州居住，也是在"成祖善之"的情況下，才"令歲一至韋州度夏"。③ 在這種情況下，朱㮵經常是"戰慄復恐惶"的。④ 不過，比起其他藩王如周、齊、代、岷被削藩，谷王被廢爲庶人來説，朱㮵算是處境好多了。

總體來看，這一時段，是朱㮵在寧夏伸展抱負，略有作爲的一段時間。因"成祖善之"，多次得到了朝廷鈔、彩帛、馬匹等賞賜，大體上過着"十載邊城行樂處，優遊聊以度流年"⑤的生活。

(四) 就藩後期(1425—1438)，48—61歲，晚年時段，居住寧夏，經歷了洪熙、宣德、正統三朝，心情悲涼鬱悶

永樂二十二年(1424)七月，朱棣駕崩，從此，朱㮵開始了自己後期13年的苦悶生活。首先是他六次上疏請求進京朝見皇帝均被拒。這六次分別是：宣德元年(1426)七月、九月、五年(1430)九月、七年(1432)五月、八年(1433)三月請求自己覲見皇帝；第六次是正統三年(1438)正月請求讓自己的世子朱秩煃、真寧王、安化王進京朝見皇帝。⑥ 六次請求均被以各種理由拒絕，心理上的不被認同，政治上的疏遠，使朱㮵非常苦悶。其次是多次被羞辱甚至狀告。據《明實錄》載，宣德十年(1435)四月，寧夏總兵官史昭拘留慶王在賀蘭山的燒炭人，鞭笞慶王護衛指揮，可是這兩件事朝廷卻只是以斥責史昭來應付慶王的上奏；同年

---

① 〔清〕張廷玉等《明史》，第3588頁。
② 吳忠禮《寧夏志箋證》，第184頁。
③ 〔清〕張廷玉等《明史》，第3588頁。
④ 〔明〕朱㮵《寧夏志·題詠·永樂二年春祭社稷山川禮成後作》，〔明〕萬曆刻本，卷下第38頁。載吳忠禮主編《寧夏歷代方志萃編》，天津古籍出版社1988年版。
⑤ 〔明〕朱㮵《麗景園冬日步王忍辱韻》，載〔明〕胡汝礪《〔弘治〕寧夏新志》，第622頁。
⑥ 楊新才、吳忠禮主編《明實錄寧夏資料輯錄》，寧夏人民出版社1988年版，第68、69、76、83—84、87、112頁。

九月,校尉余丁及護衛軍人譚福海狀告慶王府"調馬造甲之事",被正統皇帝"備燭其虛詐,已置之於法矣"。①《明史》卷一一七還載:"正統初,寧夏總兵官史昭奏王沮邊務,占靈州草場畜牧,遣使由綏德草地往還,煽惑土民。章未下,或告王閱兵,造戎器,購天文書。"②這幾件事情讓慶王非常生氣,"㮵疑皆昭爲之。三年,上書請徙國避昭,英宗不可,貽書慰諭"。雖然皇帝最後出來打圓場,斥責告狀人,表面上在向着朱㮵説話,但實質上卻是在警示他,這讓朱㮵更加地不安,心理壓力更大。再次,朱㮵寫了很多詩詞來表達他苦悶的心情,《青杏兒·秋》《風流子·秋日書懷》《搗練子》《鷓鴣天》《行香子》《登宜秋樓》等詩詞,都是朱㮵心情的真實寫照,對南京的故都之思,對韋州舊土的眷戀,讓慶靖王的晚年倍加淒涼。

當然,這一時期朱㮵也基本完成了他人生中對後世影響最大的一件事,那就是編撰了《〔正統〕寧夏志》。此志是按照永樂十年(1412)和十六年(1418)朝廷頒布的《纂修志書凡例》的有關立目要求而編的,是傳世文獻中成書時代最早的一部寧夏方志,成爲明清乃至民國寧夏編撰地方志的範本和基礎。

正統三年(1438)八月初三日,慶王薨,謚號"靖"。"靖"的意思是"寬樂令終"。③《慶王壙志》載:"正統四年五月十三日葬於蠡山之原。""蠡山"即今寧夏同心縣羅山。

朱㮵的一生,"忠孝出天性",没有反叛朝廷而給地方百姓帶來兵燹的災難,雖然因朝廷的限制等種種原因而没有在治國安邦方面做出突出的貢獻,但他"天性英敏,問學博洽,長於詩文",④在文化建設方面爲後世留下了大量的詩文作品,影響深遠。

四、朱㮵的家世

朱㮵父親是明太祖朱元璋,生母皇貴人余氏。

朱㮵正妃孫氏,指揮孫繼達之女,洪武二十七年(1394)册封。與朱㮵共同生活了17年,於永樂八年(1410)五月病逝。次妃湯氏,洪武二十一年(1388)生,直隸松江府華亭縣(治今上海市松江區)人。據《慶靖王妃湯氏墓志銘》載,湯氏父湯良佐,洪武初寓居寧夏,早卒。其母陸氏,因謹小慎微入選慶王府,伺候正妃孫

---

① 楊新才、吳忠禮主編《明實録寧夏資料輯録》,寧夏人民出版社1988年版,第93、95頁。
② [清]張廷玉等《明史》,中華書局1974年版,第3588頁。
③ [明]郭良翰《明謚紀彙編》,影印文淵閣《四庫全書》本,臺灣商務印書館1986年版,第651册,第505頁。
④ [明]胡汝礪《〔弘治〕寧夏新志》,第253頁。

氏，湯氏因而得以跟着母親接近朱㮵。隨着年齡的增長，慶靖王被她的美貌所打動，"日益眷注親幸"，孫氏卒後，後宮就由湯氏主持，永樂十三年(1415)生慶康王朱秩煃。永樂十五年(1417)年被封爲次妃。後其子朱秩煃雖襲慶王，母以子貴，但湯氏依然"自奉甚薄"。成化五年(1469)年，慶康王薨，致使湯氏"驚擾致疾"，於成化六年(1470)病逝，"壽八十有四"。①湯氏實享年 82 歲，《慶靖王妃湯氏墓志銘》所載"壽八十有四"是按照一生所佔年頭計算的。朱㮵另有妃魏氏、妃何氏、劉夫人等妻妾，②具體情況不詳。

朱㮵兄弟 25 人，其中大哥朱標曾爲太子，早卒。四哥朱棣做了皇帝，二十六弟早逝，其他兄弟都封王(上文已論及)，《明史》有傳。有姐妹 16 人。

朱㮵有子六人，全部爲庶出。

長子朱秩熒。據明俞汝楫編《禮部志稿》卷七五《宗藩備考·藩爵·儆飭謀奪封襲》載："……秩熒乃慶靖王長子。"③《慶王壙志》亦載："真寧王秩熒、靖寧王秩燾、安化王秩炵……"可見真寧王秩熒爲朱㮵長子。而吳忠禮《寧夏志箋證》卻認爲靖寧王朱秩燾爲長子，真寧王朱秩熒爲次子，④所據當爲《欽定續文獻通考》卷二〇五《帝系考·慶國宗屬》對朱㮵六子的排序。⑤筆者認爲，《慶王壙志》當產生於朱㮵去世後不久，其子情況應該不會弄錯，故當采信。朱秩熒永樂十一年(1413)年生，永樂十九年(1421)封真寧郡王。景泰七年(1456)薨，終年 43 歲。謚"莊惠"。

次子朱秩燾，生年不詳。永樂十九年(1421)封靖寧郡王。同年十一月薨，無嗣。

三子朱秩炵，永樂十三年(1415)生，母親劉氏。永樂十九年(1421)封安化郡王。弘治四年(1491)薨，終年 77 歲。謚"惠懿"。關於朱秩炵之謚，《明謚紀彙編》作"惠懿"⑥，《甘肅通志》卷二六亦作"惠懿"⑦，王世貞《弇山堂別集》卷五、三五、七四均作"惠懿"。⑧ 而吳忠禮《寧夏志箋證》卻認爲朱秩炵謚"忠惠"，⑨不知何據。

---

① ［明］趙宣《慶靖王從妃湯氏墓志銘》，載《同心縣志》，寧夏人民出版社 1995 年版，第 633 頁。
② 吳忠禮《寧夏志箋證》，第 466 頁。
③ ［明］俞汝楫編《禮部志稿》卷七五，影印文淵閣《四庫全書》本，臺灣商務印書館 1986 年版，第 598 册，第 284 頁。
④ 吳忠禮《寧夏志箋證》，第 464 頁。
⑤ ［清］乾隆官修本《欽定續文獻通考》，影印文淵閣《四庫全書》本，第 630 册，第 809 頁。
⑥ ［明］郭良翰《明謚紀彙編》卷一二，第 533 頁。
⑦ ［清］查郎阿等《［乾隆］甘肅通志》卷二六，影印文淵閣《四庫全書》本，第 557 册，第 668 頁。
⑧ ［明］王世貞《弇山堂別集》，影印文淵閣《四庫全書》本，第 409 册，第 56—57、452 頁；第 410 册，第 140 頁。
⑨ 吳忠禮《寧夏志箋證》，第 466 頁。

四子朱秩煃,永樂十三年(1415)次妃湯氏生,十九年(1421)封世子,正統四年(1439)襲慶王位,成化五年十二月辛酉(1470年1月13日)薨,享年五十五歲。諡曰"康",史稱慶康王。

五子朱秩煉,永樂十三年(1415)妃何氏生,永樂十九年(1421)封岐山郡王。正統元年(1436)薨,終年21歲。諡"悼莊"。無嗣。

六子朱秩炅,宣德二年(1427)生,母妃魏氏,①正統九年(1444)封安塞郡王。成化九年(1473)薨,終年47歲。諡"宣靖"。生二子早夭。

朱㮵有"女四人,未封"(《慶王壙志》)。餘不詳。

朱㮵家族繁盛,人丁興旺,其後慶藩又封10人,共歷慶王十世11人,另有未襲慶王位的世子1人。封郡王42人,將軍、中尉近百人。有明一代,慶藩存在253年,慶藩宗室總人口近萬人。詳情可參吳忠禮《寧夏志箋證》後附《明寧夏歷代朱氏慶親王簡表》和白述禮《大明慶靖王朱㮵》後附《明朝歷代慶王世系簡表》《明代慶藩王府郡王世系簡表》以及《〔弘治〕寧夏新志》卷一《藩封》後所附《慶藩宗系之圖》。

第二節　朱㮵的著述

一、《文章類選》

《文章類選》是朱㮵及其幕僚們編輯的以文為主體的中國明朝以前歷代詩文選。

關於《文章類選》,《晁氏寶文堂書目》卷上、《古今書刻》上編"陝西慶府"目下、錢謙益《絳雲樓書目》卷四《文集總類》等文獻均有著錄。《〔弘治〕寧夏新志》卷二《經籍》著錄有二十一冊,《稿抄本明清藏書目三種·笠澤堂書目》則著錄有十六冊,曹寅《楝亭書目》卷四記載為"抄本,廿冊",②王重民《中國善本書提要》著錄為"二十冊",③嚴紹璗《日藏漢籍善本書錄》說"共二十四冊"。④ 更多的書目文獻著錄為四十卷,如王圻《續文獻通考》卷一九七、《千頃堂書目》卷三一、《明

---

① 楊新才、吳忠禮主編《明實錄寧夏資料輯錄》,第298頁。案:"魏氏",《明史》卷一一七作"位氏",中華書局1974年版,第3590頁。
② 〔清〕曹寅《楝亭書目》,《遼海叢書》,遼海書社1931—1934年版,第75—76冊,第2668頁。
③ 王重民《中國善本書提要》,上海古籍出版社1983年版,第443頁。
④ 嚴紹璗《日藏漢籍善本書錄》,中華書局2007年版,第1837頁。

史》卷九九、《四庫全書總目》卷一九一、傅增湘《藏園群書經眼錄》卷一七、《中國善本書提要》、《四庫採進書目·安徽省呈送書目》《四庫全書存目叢書總目錄》《日藏漢籍善本書錄》。在版本形式上有的著錄爲刻本，有的則爲抄本，不盡一致。

《文章類選》在明朝及清初就有較爲廣泛的著錄，且《明史》有記載，《四庫全書總目》有評價，可見此書在當時是流傳較廣且有較大影響的。

（一）《文章類選》的版本

《文章類選》現存有兩種版本。

1. 明初洪武三十一年（1398）慶藩刻本（以下簡稱"明初本"）

此本現藏中國國家圖書館（原北京圖書館），四十卷，四函24册。每半頁14行，行20字，雙行小字同。版高24.9釐米，寬18.8釐米，大黑口，雙、對、黑魚尾，四周雙邊。版心中鐫卷數和頁碼，每卷各編頁碼。前有洪武三十一年戊寅（1398）正月望日凝真子手書《〈文章類選〉序》，序後刻有陽文方印三枚，其一爲"凝真"，一爲"慶府藏書"。序共2頁，每半頁9行，行15字。序中交代了編纂的起因、編纂人員的身份、所選文種、卷帙數目、用途等內容。序後爲目錄，目錄按每卷卷數、類目、作品名稱和作者的編排方式依次編排。正文每卷卷首上題"文

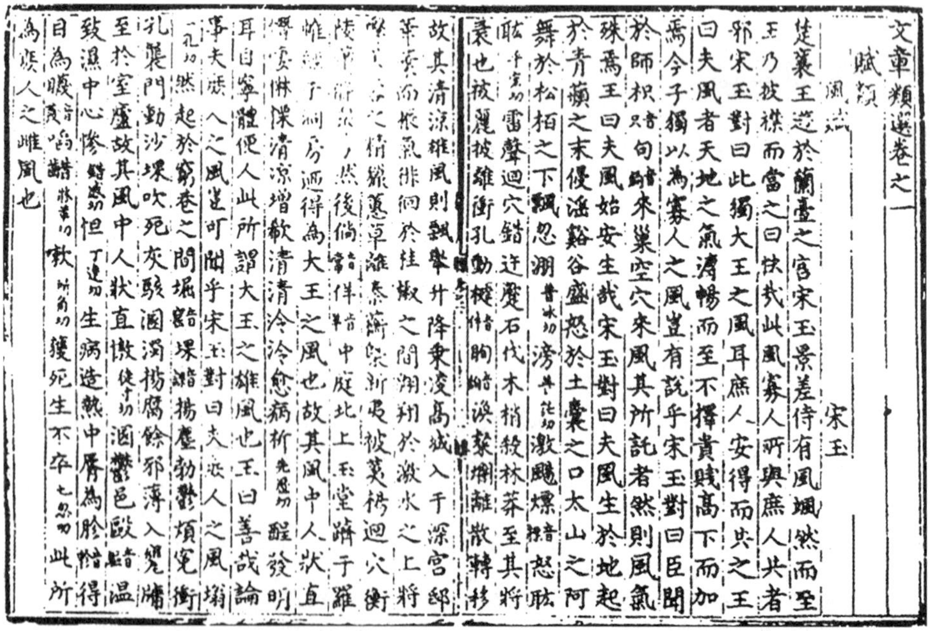

圖1　中國國家圖書館藏明洪武三十一年（1398）慶藩刻本《文章類選》書影

章類選"及卷數,次題類目。所收文章篇名下署作者姓名(偶署朝代和作者姓名)。每卷末正文後空數行後再題"文章類選"及卷數,第四十卷題"文章類選卷之四十終"字樣。卷三〇、三一首頁右下角有朱文方印各一枚。根據《〔弘治〕寧夏新志》載,此書有板存於慶府內,①結合凝真子朱栴序的落款時間,可以斷定,此本爲明洪武三十一年(1398)慶府所刻。

原書保存大體完好。書中有多處斷板現象,而且多爲從中間橫着斷裂,不過基本不影響閱讀。書中文字多有漫漶不清之處,很明顯,這是由於印刷時印板質量不高造成的。全書多處有墨丁。

《文章類選》明初本的刊刻不是很嚴謹。目錄和正文多有不一致處,比如卷三五《序事類》目錄所有文章題目都用"序"字,在正文中則全部用"敘"字。誤刻之字也很多,看得出來校勘並不精審。如卷一《三都賦》文末在介紹《晉書》對左思的評論時,把"偶得一句"之"偶"字刻成了"遇"字。再如卷三五《左氏敘隱桓嫡庶本末》中,將"桓公"的"桓"字都刻成了"栢"字,目錄中也同樣誤刻。有時同一人物的姓名前後刊刻不一致,如卷二《休亭賦》的正文和目錄都署名"黃廷堅",卷一七《贊類》中《蘇東坡贊》的正文和目錄卻都署名"黃庭堅",查《休亭賦》確爲黃庭堅所作。就連朱栴本人也承認:"然其中寫者不能無點畫之譌,刊者不能無鏤刻之誤,識者尚希駁而正之可也。"(《〈文章類選〉序》)因此,傅增湘在《藏園群書題記》卷一八評價《文章類選》的收藏價值是:"亦第以取充架而已,不足言藏書也。"②

但是,作爲明初西北地方所刻書籍,《文章類選》明初本畢竟開寧夏地方刻書之先河,版式也值得肯定,因此,傅增湘在《藏園群書題記》卷一八又評價《文章類選》的版刻價值是:"慶王編刊此書,年代獨早於諸藩,開一代風氣之先。"③"版式寬展,字體疏朗,尚存元代風範。"④

《四庫全書存目叢書·集部》第 290 册全文影印了此本。

國家圖書館另藏有三套明初本,均爲殘本,前均無朱栴《〈文章類選〉序》。其中有一種附有後人序跋(以下簡稱"序跋本"),略作介紹:

序跋本從目錄到正文與足本同,四十卷,24 册。每半頁行數、每行字數一致,分卷一致;版刻字形筆體情況一致。目錄首頁附"恩福堂藏書印"章一枚。前有賀濤序,署"光緒甲午二月武強賀濤記,宣統庚戌九月命門人桐城吳□生敬

---

① 〔明〕胡汝礪《〔弘治〕寧夏新志》,第 319 頁。
② 傅增湘《藏園群書題記》,上海古籍出版社 1989 年版,第 932 頁。
③ 同上。
④ 同上。

书"，有"吴丞"章一枚。後有賀培新跋。跋前有"潭西書屋"朱文方印一枚，跋後有"賀氏培新"（篆體）、"孔才"（金文）、"潭西書屋"（篆體）印三枚。序跋本字迹模糊，部分字形形成墨團；第 24 册部分頁殘缺不全。如卷四〇第 9 頁版心殘一圓形，且與下頁内容重複；卷四〇末頁殘上半部。

查"恩福堂藏書印"乃清英和收藏印。英和（1771—1840），幼名石桐，字樹琴，一字定圃，號煦齋，索綽絡氏，滿洲正白旗人，隸内務府。乾隆五十八年（1793）癸丑科二甲第二十五名進士，嘉慶朝的大學士，軍機大臣，工、户部尚書。"恩福堂"乃英和之書齋名。賀濤（1849—1912），字松坡，直隸武强（治今河北省武强縣）人，同治九年（1870）舉人，光緒十二年（1886）進士，任刑部主事。清末藏書家。家爲望族，建藏書樓"壽真堂"，曾作《壽真堂記》稱其家累世有藏書七萬餘卷。著有《讀史劄記》《賀先生文集》等。①《清史稿》有傳。賀培新（1903—1952），字孔才，號天游，筆名賀泳，賀濤之孫。曾撰有《武强賀氏壽真堂藏書目》一册，抄本。1949 年北平解放後，賀培新把 200 年來家藏的 12768 册、10 萬餘卷圖書捐贈給北京圖書館。其中元刻本、明刻本多達數十種。著有《天游室文編》《潭西書屋詩鈔》《説印》等。

由此可以看出，序跋本早爲英和所藏，後爲賀氏所得，賀濤作序，請吴姓之人手書并附於書前。傳至賀培新，又做跋附於書後，并最終由賀培新捐贈於北京圖書館（今中國國家圖書館）。此書的流傳情況甚明。

2013 年，中國國家圖書館編《原國立北平圖書館甲庫善本叢書》第九三九至九四〇册全文影印了明初本（以下簡稱甲庫本）。甲庫本曾於民國十四年（1925）五月在北京圖書館協會圖書展覽會上展出。在書前説明上有"《文章類選》。明慶王朱㮵撰。京師圖書館藏。明刊本。舊爲清内閣書"等字樣。京師圖書館即現在國家圖書館的前身。前無序，目録首頁右半頁闕，其他部分較序跋本全。全書首頁及多卷卷首、卷末頁鈐有"京師圖書館收藏之印"朱文長圓印章一枚。不過甲庫本在内容、版式、字體甚至斷板位置等方面都與《四庫全書存目叢書·集部》第 290 册所用底本同。因此可以斷定，甲庫本底本是明初本。

2. 美國普林斯頓大學藏本（以下簡稱"美國藏本"）

通過中國國家圖書館"中華古籍善本聯合書目系統"，查得美國普林斯頓大學東亞圖書館藏有《文章類選》，原書收藏的有關情況不詳。因條件所限，筆者未能親見此本，僅據系統提供的正文首頁的半頁書影作一介紹。

根據系統介紹，美國藏本綫裝，署凝真子編。每半頁 10 行，行 18 字，雙行小

---

① 李玉安、黄正雨《中國藏書家通典》，中國國際文化出版社 2005 年版，第 707 頁。

字同。雙、對、黑魚尾,四周雙邊。版心上鐫書名"文章類選",中鐫卷數,下刻頁碼。卷首上題"文章類選卷之一",次題類目。書影所提供的第一篇宋玉的《風賦》內容與明初本同,中間用直音法給字注音的雙行小字亦同。與明初本的差別除了版框、版心、半頁行數、每行字數不同外,字體也不同,而且很多字的寫法差異明顯,如明初本"於",美國藏本作"于";再如明初本"庶",美國藏本作"庻";標題"文章類選"的"章",明初本和美國藏本寫法亦微有不同。故美國藏本是另一個版本。

與明初本相比,美國藏本字迹更工整,每行文字排列更整齊。因明初本在洪武三十一年(1398)刊刻,當時朱櫹年僅 21 歲,且在韋州居住,明初本前朱櫹序并未提到此前有《文章類選》刊刻,故美國藏本不可能刊刻於明初本之前。此本當爲後來刊刻。

此外,《楝亭書目》載《文章類選》有二十冊抄本,因今不見傳,具體情況不詳。

綜上所述,明初本足本是現存最早最完整的本子,也是目前國內所見最好的本子,筆者所據即爲此本。

(二)《文章類選》的主要内容

此書是朱櫹"於暇日會諸儒員,將昔人所集《文選》《文粹》《文鑒》《文苑英華》《翰墨全書》《事文類聚》諸書所載之文,類而選之","於其文之精粹者,每體擇取數篇,類而集之"(《〈文章類選〉序》)所成。這裏的《文粹》指《唐文粹》,《文鑒》指《西漢文鑒》《東漢文鑒》《宋文鑒》,《翰墨全書》當指元代的《新編事文類聚翰墨全書》,《事文類聚》當爲宋代祝穆所撰。全書正文凡 40 卷,58 種文體,1100 篇,74 萬餘字,共涉及作家 300 餘人。作品以文爲主,也包含《曲操類》《樂章類》等少量的詩歌類作品。《文章類選》按文體編排,編選明代以前歷朝傳承的經典名篇而成。前有朱櫹自序,正文一般只錄原文,也有個別篇目在篇末附錄了比較有代表性的評論,有些篇目中對部分字詞用雙行小字做了注。

卷一至卷二爲《賦類》,收錄自戰國至元各朝代賦體文章共 55 篇。如具有"鋪采摛文,體物寫志"特點的漢大賦,包括司馬相如的《子虛賦》《上林賦》《長門賦》;注重體物言志的東漢抒情小賦,如王粲的《登樓賦》等;具有興寄意味的咏物賦,如嵇康《琴賦》、張華《鷦鷯賦》等;興盛于六朝,追求華麗辭藻和韻律的駢賦,代表作有江淹《恨賦》《別賦》、庾信《哀江南賦》等;唐宋時期較爲興盛,以散文化爲主、兼顧議論的文賦,如杜牧《阿房宫賦》、歐陽修《秋聲賦》、朱熹《白鹿洞賦》等。

卷三至卷四爲《記類》,收錄自東晉至元記敘類散文共 70 篇。按内容劃分,主要有以下幾類。一爲山水遊記。此類文章收錄頗多，如賈至《沔州秋興亭記》、白居易《廬山草堂記》、歐陽修《醉翁亭記》等。二爲題記。題記涵蓋内容十分廣泛，有爲雕像或壁畫所題之作，如韋皋《再修成都府大聖慈寺金銅普賢菩薩記》、穆員《繡西方大慈大悲阿彌陀佛記》；有爲建築所題之作，如范仲淹《岳陽樓記》、王安石《慈溪縣學記》、蘇轍《黃州快哉亭記》等；寓言故事類，如李華的《鸜鵒狐記》。三爲雜記。雜記以抒情諷喻爲主，題材不限，如王績《醉鄉記》、蘇軾《傳神記》等。另外，此類目下也存在一定的誤收濫收情况，例如，將唐代沈既濟的《枕中記》收錄進來不符合文體規範，《枕中記》爲唐傳奇，屬於小説一類，故不能僅因名歸類，將其收入散文類目之中；王羲之《蘭亭記序》（即通行之《蘭亭集序》）應收入序類，因爲它是《蘭亭集》的序文。

卷五至卷六爲《序類》，收錄西晉至元序類文章共 70 篇。此類目下所收文章包括序文和贈序兩類。序文是指置於詩文或書籍之前的文章，其内容和作用主要是用來闡釋撰寫緣由、介紹作者情况、描述文章内容體例等。如置於單篇詩歌之前的詩序，包括石崇《思歸引序》、顔延之《三月三日曲水詩序》、韓愈《上巳日燕太學聽彈琴詩序》等；置於文章或集子之前或之後的序文，如韋莊《又玄集序》、李清照《金石錄後序》、蘇軾《邵茂誠詩集序》等。贈序用以贈答、唱和或送別，如陳子昂《送吉州杜司户審言序》、韓愈《送李愿歸盤谷序》《送孟東野序》等。

卷七爲《傳類》，收錄西漢至元傳記類文章共 21 篇。傳記體散文起源於西漢司馬遷的《史記》，因此該類目下首先收入司馬遷《屈原傳》（即《屈原列傳》）、《孟子荀卿列傳》，爲史傳之代表。此外多是單篇流傳的傳記。自傳類的如陶淵明《五柳先生傳》、陸龜蒙《江湖散人傳》、歐陽修《六一居士傳》等；爲他人所作傳記類的如王績《負苓者傳》、韓愈《毛穎傳》、柳宗元《種樹郭橐駝傳》等。

卷八將《騷類》《辭類》《文類》合爲一卷，共收錄 42 篇文章。其中騷類主要收錄了宋玉、屈原所作的楚辭，如《九辯》《離騷經》（即通行之《離騷》）《九章》等，以及後世模仿其文體所作的騷體文，如柳宗元《弔屈原》《哀溺》、陸龜蒙《迎潮送潮辭》等。辭類從楚辭體演變而來，以抒情言志爲主，此類目之下收錄文章 2 篇，分別是漢武帝劉徹的《秋風辭》和陶淵明的《歸去來辭》（即《歸去來兮辭》）。文類所收内容十分繁雜且無統一主題，作者意圖展現一些具有代表性和延續性的文體，如封禪文、悼文、移文、上梁文等。

卷九爲《説類》，收錄唐宋時期論説類文章共 36 篇。説，又稱雜説，以説明現象、解釋義理、闡發觀點爲主，故此類目下所收文章内容豐富，兼容並包。其内容分類大致有以下幾種：圍繞古代先賢或經典著述闡發觀點的，如來鵠（《文章類選》作"劉蜕"，誤）《相孟子説》、韓愈《讀荀卿子説》、周敦頤《太極圖説》、朱熹《元亨利貞説》等；就某個社會現實問題進行揭露和勸誡的，如韓愈《師説》、柳宗元《捕蛇者説》等；體物抒情的，如周敦頤《愛蓮説》、王安石《龍説》等。

卷一〇至卷一二爲《論類》《辯類》《議類》，共收録先秦至元議論體文章112篇。其中卷一〇至卷一一爲自漢至宋以來較爲著名的一些論説文，包括史論，即以歷史事實爲論證對象，以史鑒今，如賈誼《過秦論》等；政論，就政治制度、政治現象爲論説對象，針砭時弊，闡發觀點，如柳宗元《守道論》《封建論》；雜論，内容繁雜，凡人、事、物皆可論説，如嵇康《養生論》、王勃《八卦卜大演論》等。卷一二以論、辯、議合爲一卷。其中論類多收集從《左傳》輯出的議論類文章，南宋朱熹《朱子語類》、真德秀《文章正宗》中多收録此類文章，如《子産論晉侯疾》《晏嬰叔向論齊晉》《史墨論季氏出君》等。辯體文章傾向是非論辯，此類目下所收文章多就古代歷史、典籍、人物提出質疑，如柳宗元《辯列子》《辯晏子春秋》、朱熹《皇極辯》《無極辯》等。議類文章是議論文的典型文體，用以闡發觀點，説明道理，其感情色彩較之論辯類稍弱，如桓寬《賢良文學罷鹽鐵議》（選自《鹽鐵論》）、顏師古《嫂叔舅服議》等。

卷一三爲《謚議類》，收録唐至元代謚議類文章10篇。謚議是一種與古代喪葬禮儀有關的文體，劉勰《文心雕龍》將其歸爲議類，至宋《文苑英華》始單列"謚議"一類。謚議爲古代文書上行文的範疇，由大臣擬謚再上呈皇帝批示，所涉對象多具有一定的官職和地位，如此類目下所收的顧況《太尉晉國公韓滉謚議》、柳宗元《左常侍柳渾謚議》等。

卷一四至一五爲《書類》，收録戰國至元書類文章共72篇。此類目下包括書信體的平行文種，如楊惲《報友人孫會宗書》（即《報孫會宗書》）、嵇康《與山巨源絶交書》等；也包括奏議類上行文種，如李斯《上秦王逐客書》（即《諫逐客書》）、鄒陽《諫吴王書》等。

卷一六至一七分别爲《頌類》《贊類》，收録漢至元頌贊類文章共71篇。頌贊類文章起源於先秦，《詩經》中即有《商頌》《周頌》，其目的在於歌頌統治者的美政，意在教化，後來演變爲一種具有廣泛意義的稱贊頌揚類的文體。此類目下所收文章多對古代君主、文人、武將等進行褒揚，如王褒《聖主得賢臣頌》、韓愈《子産不毁鄉校頌》、黄庭堅《蘇東坡贊》（即《東坡先生真贊》）等；也有對于某種風氣、書籍、畫像等具體事物的贊美，如劉伶《酒德頌》、柳宗元《龍馬圖贊》等。

卷一八以《銘類》《箴類》合爲一卷，共收録漢至元銘、箴類文章共65篇。銘，最初刻於金石器物之上，用以警示或歌功頌德，此後銘作爲一種文體，其功用逐漸擴大。此類目下有記功銘文，如班固《燕然山銘》；自我警示銘文，如崔瑗《座右銘》、吕大臨《克己銘》等；屋室銘，如劉禹錫《陋室銘》、朱熹《至樂齋銘》《學古齋銘》等；咏物銘，如柳宗元《井銘》、韓愈《瘞硯銘》等。箴，以規誡、勸誡爲主要功能，此類目下所收文章有針對某種社會現象加以勸誡的，如李德裕《宵衣箴》《正服箴》《罷獻箴》等；有對人自身行爲進行規勸和約束的，如柳宗元《誡懼箴》《師友箴》等。

卷一九以《解類》《原類》合爲一卷，收錄漢至宋解類和原類文章共 13 篇。解，即解釋問題，故解體文通常是圍繞某一問題展開的，帶有一定的論辯性質。在漢代，解體文通常以賓主問答的形式出現，如此類目下所收揚雄《解嘲》一文，韓愈《進學解》也沿用這一文體。但解體文並不拘於主客問答的形式，與其他論說類散文不同的是，解體文更加具有邏輯性，其目的在於全面深刻地解答問題，如王安石的《卦名解》《復讎解》等。原，注重於探求事物本原以達到明心見性的目的，如韓愈的《原道》《原性》《原人》《原鬼》《原毀》等。

卷二〇爲《論諫類》，此類目共收錄春秋戰國時期論諫類文章共 18 篇。春秋論諫類辭令多從《左傳》《國語》中輯錄出來，論說謹嚴，內容豐富，以勸諫褒貶爲主。有涉及國家戰爭方面的，如《富辰諫以狄伐鄭》《鮑文子諫伐魯》《子胥諫伐齊》等；有闡述國家政策的，如《芮良夫諫專利》《單穆公諫鑄大錢》等；對某個人物進行規勸、臧否，如《屠蒯諫晉侯》《白公子張諫靈王》等。

卷二一以《封事類》《疏類》合爲一卷，收錄漢至宋上行文共 22 篇。封事與疏均爲向皇帝進言的公文類型，封事起源於漢代，是一種直達御前的機密文書，爲密奏之起源，如劉向《極諫外家封事》（即通行之《極諫用外戚封事》）、《元光封事》，朱熹《己酉擬上封事》《壬午應詔封事》等；疏，也是臣子向帝王進諫的一種文書形式，內容豐富，對國家大事、社會風氣等均有涉及，如賈誼《請立梁王疏》、褚遂良《平高昌疏》、馬周《陳時政疏》等。

卷二二爲《策類》，收錄漢至元策問及對策類文章共 25 篇。策問，即上問下，常常是君主用以選拔人才、闡發治國方略的文章，如漢文帝《問賢良文學策》、漢武帝《問賢良策》等。對策，即臣子回答君主的提問作爲應試的一種方式，多闡發自己的政治主張，如蘇軾的策文《厲法禁策》《抑僥倖策》《決壅蔽策》等。

卷二三合《檄文類》《狀類》爲一卷，收錄漢至宋兩類文章共 24 篇。檄文是古代的一種公文形式，主要用以征討敵人或徵召官吏，語言具有震懾力，如司馬相如《喻巴蜀檄》、陳琳《爲袁紹檄豫州》等。狀文，也是一種上行文書，常常用以表達某種訴求，希望對方能夠採納建議或解決問題。如韓愈《與汝州盧郎中論薦侯喜狀》、陸贄《論兩河及淮西利害狀》等。

卷二四爲《詔類》，收錄漢至元詔類文章 21 篇。詔，爲古代皇帝下達命令、傳遞政令的一種下行文文書種類，此類目下從《漢書》中輯錄了一些詔類文章，如

《尊太上皇詔》《養老詔》《三月詔》《漢武帝詔》等,也收錄了一些由臣子起草的詔書,如王鶚《即位詔》、虞集《親祀南郊詔》等。

卷二五合《制類》《口宣類》爲一卷,收錄唐宋之時兩類文章共 20 篇。制文,起源於秦始皇改"命"爲"制",是一種有直接受命對象的下行文文體,通常後面加官職名稱,如李虞仲《授崔群右僕射兼太常卿制》、李嶠《授張沛司膳少卿制》等。口宣,是由使臣代皇帝口頭宣布政令、任免、賞賜等内容的一種公文形式,於宋代獨立和成熟,此類目下收錄宋代口宣 4 篇,分別爲蘇軾《賜文彦博致仕不允口宣》《賜呂公著乞退不允口宣》《賜遼使射弓例物口宣》和朱熹的《賜真定府路臣寮等初冬衣襖》。

卷二六收錄了《符命類》《册文類》《赦類》《奏類》《教類》五種類型共 25 篇文章。符命,是指上天預示帝王受命的符兆,帶有讖緯色彩,如揚雄《劇秦美新》等;册文,具有册封性質的文章,如《武帝封齊王册》《封廣陵王册》等;赦文,是皇帝在即位或慶典時赦免戴罪之人的一種文書形式,如《赦天下》《即位赦天下》等;奏文,是一種上行文書,主要爲臣子上奏政事或勸諫的一種文書形式,如魏徵《畋獵奏》等;教文,是古代地方政府頒發的一種下行文,此類目下收錄了傅亮的《爲宋公修張良廟教》《修楚元王墓教》。

卷二七將《表類》和《箋類》合爲一卷,共收錄東漢至元表類、箋類文章共 38 篇。表,爲臣子向君主陳述情感、發表看法的一種上行文書,按内容劃分,此類目下主要收錄了勸諫表,如孔融《薦禰衡表》、諸葛亮《前出師表》《後出師表》、劉琨《勸進表》、房玄齡《諫重討高麗表》等;抒情表,如李密《陳情表》、曹植《求自試表》等;進書表,如司馬光《上資治通鑑表》、真德秀《進大學衍義表》等;賀表,如張九齡《賀祥雲見表》、武元衡《賀甘露表》等。箋,介於表文和書體文之間,具有上行和平行兩種文體形式。此類目下所收多爲奏箋,即呈送上級的問答箋,如繁欽《與魏文帝箋》、吴質《答魏太子箋》等;賀箋,如柳宗元《賀皇子箋》、虞集《賀正旦箋》等。

卷二八爲《啟類》,收錄南北朝至元啟文 10 篇。啟文屬於奏疏類文體,也是一種上行文書,此類目下所收有通俗性的謝物小啟,如任昉《奉答勅示七夕詩啟》。在古文運動的影響下,啟文發展至唐宋之時逐漸成爲一種私人文書形式,代表性的文章有韓愈《上鄭尚書啟》《上鄭留守啟》等。

卷二九爲《碑類》,收錄東漢至元碑類文章 20 篇。碑文主要有墓碑之文和碑記之文,前者主要是爲逝者撰寫、記述其生平事迹等個人信息的文章,如蔡邕《郭林宗碑》、王儉《司徒褚淵碑》等;後者則是記於宮殿碑、廟碑、功德碑、山川古迹碑等碑刻之上的文章,如王勃《益州夫子廟碑》、韓愈《黄陵廟碑》等。

卷三〇將《行狀類》和《神道碑》合爲一卷，共收錄南北朝至元兩類文章共 21 篇。行狀，與墓志銘性質相同，即詳細客觀地描述逝者生平、世系、爵里等信息的文章。本書所收行狀有任昉《竟陵文宣王行狀》、韓愈《太傅董公行狀》等。神道碑也是一種墓碑形式，但通常適用於具有一定品階、官位的上層階級，如王安石《贈司空兼侍中文元賈魏公神道碑》、宋子貞《中書令耶律公神道碑》等。

卷三一爲《墓志類》，收錄南北朝至元墓志銘共 29 篇。墓志銘，爲立於逝者墓前，或放至墓中的記錄墓主生平行迹，對墓主進行頌揚贊美的一種文章形式，撰者多爲墓主親朋好友，或具有名望之人。此類目下所收墓志銘多由大家所撰，如韓愈《柳子厚墓志銘》《貞曜先生墓志銘》、柳宗元《柳州司馬孟公墓志銘》《故大理評事柳君墓志銘》等。

卷三二合《墓表類》《誄類》《哀册》《謚册文》四類爲一卷，收錄三國至元四類文章共 32 篇。墓表，是立於墓碑或神道旁的石柱或石碑上所刻的文章，對墓主生平謹撰其大略，如柳宗元《文通先生陸給事墓表》、王安石《寶文閣待制常公墓表》等。誄，是我國古代的悼詞文體，用來展現逝者的功德，表達懷念之情，如曹植《王仲宣誄》、潘岳《夏侯常侍誄》等。哀册，是贊頌帝王或后妃功德的文體形式，在下葬之時宣讀後埋入陵中，如顏延年《宋文皇帝元皇后哀册》、虞世南《唐高祖皇帝哀册》等。謚册，是有關皇帝后妃謚號擬定的文書，如謝朓《齊明皇帝謚册文》等。

卷三三合《祭文類》《哀辭類》爲一卷，共收錄南北朝至元哀祭文共 34 篇。祭文，即祭奠逝者時表示哀悼懷念的文章，具有抒情性，有散文和韻文兩種形式，如顏延之《祭屈原文》、韓愈《祭十二郎文》等。哀辭，也是古代的一種悼念文體，强調文章的抒情和悼念意義，因此對逝者生平並無過多介紹，如韓愈《歐陽生哀辭》《獨孤申叔哀辭》等。

卷三四爲《彈事類》《剳類》，收錄南北朝至宋兩類文章 9 篇。彈事，即彈劾之意，是一種上行文文體，如任昉《彈曹景宗》、沈約《彈王源》等。剳，即剳子，是一種奏疏類文書，也是上行文，如蘇軾《奏車子爭道剳子》《謝宣諭剳子》等。

卷三五爲《序事類》，主要收集從《史記》中輯錄出來敘事類文章 15 篇。《史記》的特點在於"寓論斷於序事"，因此此類文體的特點是通過敘事來闡發編者的觀點，如《敘范雎見秦王》《敘公子無忌救趙》等。

卷三六爲《判類》，主要收集唐宋時期判文 14 篇，多從《文苑英華》中輯錄出來。判，是古代判決訴訟的司法文書，也涉及對日常行爲的評判，内容十分豐富，如《琴有殺聲判》《於途墜坑判》等。

卷三七爲《問對類》《歸類》《言語類》《曲操類》《樂章類》《露布類》，共收錄各類文章共 28 篇。問對，即主客問答類，如《宋玉對楚王問》等；規類，即對行爲或思想進行規範的文章，如司馬光《五規》等；言語類，即陳述觀點的某種散文形式，如杜牧《罪言》等；曲操，即樂曲類，如《鐃歌鼓吹曲十二篇》等；樂章，多用於祭祀典禮，如皮日休《補九夏歌系文九篇》等；露布，是多用於傳遞軍事捷報的文書形式，如《擬李靖破頡利可汗露布》等。

卷三八爲《題跋類》，收錄由唐至元明時期各類題跋 25 篇。題跋，即置於書籍、碑石等載體之上，敘述作者生平、撰寫緣由、刊刻時間等信息的一種文章形式，如柳宗元《書箕子廟碑陰》、歐陽修《書梅聖俞稿後》等。

卷三九至四〇爲《雜著類》，收錄由唐至元各類上文未收文體文章 32 篇，多爲雜文，如舒元輿《養狸述》、柳宗元《愚溪對》等。

明初本《文章類選》各卷類目、篇目數和頁數如下表：

表一 《文章類選》各卷類目、篇目和頁數表

卷 數	類 目	篇 數	頁 數
序		1	2
目錄			28
卷之一	賦 類	33	90
二	賦 類	22	21
三	記 類	35	27
四	記 類	35	32
五	序 類	37	30
六	序 類	33	34
七	傳 類	21	27
八	騷類、辭類、文類	42	41
九	説 類	36	21
一〇	論 類	27	38
一一	論 類	35	51
一二	論類、辯論、議論	50	60
一三	諡議類	10	10
一四	書 類	39	52
一五	書 類	33	69

續表

卷　數	類　目	篇　數	頁　數
一六	頌類	12	12
一七	贊類	59	27
一八	銘類、箴類	65	29
一九	解類、原類	13	16
二〇	論諫類	18	12
二一	封事類、疏類	22	44
二二	策類	25	55
二三	檄文類、狀類	24	49
二四	詔類	21	7
二五	制類、口宣類	20	9
二六	符命類、册文類、赦類、奏類、教類	25	25
二七	表類、箋類	38	29
二八	啓類	10	6
二九	碑類	20	47
三〇	行狀類、神道碑	21	84
三一	墓志類	29	35
三二	墓表類、誄類、哀册、謐册文	32	40
三三	祭文類、哀辭類	34	24
三四	彈事類、劾類	9	10
三五	序事類	15	30
三六	判類	14	7
三七	問對類、規類、言語類、曲操類、樂章類、露布類	28	48
三八	題跋類	25	15
三九	雜著類	17	18
四〇	雜著類	15	13
合計	58 種	1100	1324

(三)《文章類選》的評價

1.《文章類選》的價值

首先是傳播了知識文化。此書本是"以資暇日之觀,以爲子孫之式"(《〈文章類選〉序》)的,但是没想到一出來就受到了追捧,"奈何人一見之,謁而求者甚衆,日不暇給矣……復序諸首簡,遂廣其傳焉"(《〈文章類選〉序》)。《文章類選》的廣爲傳播,一方面是因爲寧夏地處邊塞,文化教育本就較內地相對落後,人們對文化資源的需求更爲迫切。另一方面也是因爲此書是才子王爺編寫,人們高度認同而"求者甚衆"。總之,客觀上"廣其傳焉"使寧夏人能更方便地學知識,讀到更多的經典名篇,發揮了知識傳播和文化傳承的作用。

其次是保存了史料。此書收錄了傳統典籍中的經典篇目,對史料的保存起了一定的作用。《〈文章類選〉序》落款爲"時洪武三十一年龍集戊寅正月望日凝真子書",可見此序爲朱㮵親筆題寫,字體爲行書,書寫遒勁,寫刻俱佳。朱㮵書法本就有名,"其草書清放馴雅,絶無俗礙,海內傳重,視爲拱璧"。[①]《文章類選》保存了朱㮵的手迹,價值無疑非常大。此書刻於明初,具備明初書刻的特點。更重要的是,它是慶府刻書的代表,是慶府諸多刻書中最大的一部,對於研究慶府刻書有很重要的意義。此書在有些篇目後面附了史書或者其他文獻的評價,對於讀者更好地理解文本具有一定的作用,也很好地保存了相關文獻。例如卷一左思的《三都賦》後錄《晉書》關於左思寫作《三都賦》的過程和成名經過的記載,對於人們更好地理解文章有幫助,且能保存有關的軼事和傳聞。再如卷二十七房玄齡《諫重討高麗表》(通作《諫伐高麗表》)文末就錄此表寫作時間和相關背景材料,這些材料是朱㮵等編纂者根據史書綜合而寫,寫出了房玄齡在臨終前上此表的有關情況,對於理解文章和房玄齡的人品都有很好的作用。

再次,爲學生寫作提供了範本。這也是《文章類選》編選者的初衷之一。《〈文章類選〉序》:"文章之在天下者,不可勝紀。如五經四書,孔子之所删正,朱子之所注釋者,傳之萬世,雖聖賢復起,莫得而易之也。自秦漢魏晉唐宋以來,諸儒紛出,著書立言,體制不一,浩浩穰穰,汗牛充棟。人之精神有限,焉能遍觀而歷覽之哉?豈若於其文之精粹者,每體擇取數篇,類而集之,以爲法程。"中國的好文章汗牛充棟,可要是各種文體都能找到摹寫的範本,卻不容易。《文章類選》的編選者就是"爲子孫之式",而從諸多文章中一共選了58種文體的經典篇目。有些類目,比如"露布"類,就是不常見的,相比"賦""序"類别的經典

[①] [明]胡汝礪《〔弘治〕寧夏新志》,第253頁。

篇目而言,在歷代的傳承中未必受到重視,但是選編者也選了,就是爲學習者提供寫作這些文章的範本,這一點貢獻是非常大的。中國古代的文選範本,當首推《文選》,其選文標準是"事出於沉思,義歸乎翰藻"(《文選序》),更重視文采和辭藻,且選文只到六朝時期。其他的歷代總集如《文苑英華》之類,都是大部頭的,一般人家不可能有。朱栴恰好看到了這一點,編選了適合子孫學習的範本《文章類選》,這對文化教育,尤其是邊疆地區文化普及應當是一個很切實際的舉措。

爲了便於學生學習,《文章類選》還注重作注,包括注音和釋義,特別是在那些容易讀錯的地方和生僻字下,都有釋義或者注音。如在卷一第一篇宋玉的《風賦》中,"臣聞於師:枳句來巢"句中,在"枳"字下有雙行小字:"音'只'。"這就是在給"枳"用直音法注音。《上林賦》中,原文出現了多次直音法的注音。還有很多是反切式的注音。如《風賦》"舞於松柏之下,飄忽溯滂"句中,"滂"字下小字注:"普茫切。"也有的是對原文作釋義的,例如卷二○《富辰諫以狄伐鄭》中,"周公之胤也"下雙行小字注:"胤,嗣也。"這明顯是爲了使讀者更好地讀懂文章而注的,可見《文章類選》本就是學習的範本。

最後,選文標準體現出了教化作用。朱栴說:"覽是編者,不惟有以見文章之盛,亦可以見予之用心也。"(《〈文章類選〉序》)可見作者在選文的時候是有鮮明的目的和標準的。目的當在於朱栴認識到"文章者,天下之公器",標準是"精粹",這是朱栴等人從上起子夏、屈原,下至元代的浩瀚文獻中精選出一千餘篇經典作品的依據。這個目的和標準,體現着編選者的人生態度和價值觀,而且也必然對讀者有一定影響。從所編選的作品來看,作者大多數是儒家的人物,都是積極上進、樂觀向上地對待生活的,其中韓愈、柳宗元、蘇軾、王安石、朱熹等人的文章尤其多,必然會對讀者產生積極的影響,起到一定的教化作用。

2.《文章類選》的不足

《文章類選》雜采各類傳統名篇,內容多而雜,分類過於瑣碎,故《四庫全書總目》評價曰:"標目冗碎,義例舛陋,不可枚舉。如同一奏議也,而分之爲論諫,爲封事,爲疏,爲奏,爲彈事,爲劄。詩不入選,而曲操、樂章仍分二類。"①這一評價是很中肯的。傅增湘在《藏園群書經眼錄》也批評說"其書冗雜已甚,全無宗旨"。② 王重民《中國善本書提要》更進一步評價道:"《提要》所指摘,猶未盡也。"③當然,這一問題在中國古代是常見的,並非《文章類選》所僅有。蓋因中國

---

① [清]永瑢等《四庫全書總目》,中華書局1965年版,第1739頁。
② 傅增湘《藏園群書經眼錄》,中華書局1983年版,第1499頁。
③ 王重民《中國善本書提要》,上海古籍出版社1983年版,第443頁。

古代在文體分類上認識紛雜，歷來文體學著作大同小異，見仁見智。以明朝較《文章類選》稍晚的兩部著作即可看出。第一部是文體學著作《文體明辯》，該書由明代徐師曾編撰。徐師曾（1517—1580），字伯魯，號魯菴，南直隸蘇州府吳江（今屬江蘇）人。《文體明辯》全書八十四卷，收上古至明詩文，分文體爲一百二十一類。其中第三十八類是奏疏，下分細類爲奏、奏疏、奏對、奏啓、奏狀、奏劄、封事、彈事，第五十二類是議，下分細類爲奏議、私議，①如果按照《四庫全書總目》的評論標準，這樣分類肯定也是不對的。第二部是明代程敏政的《明文衡》，該書九十八卷，收明初至弘治間詩文，分文體爲四十一類。此書並未收入一般意義上的律詩、古體詩等，按照《四庫全書總目》的說法，應該也算是"詩不入選"，但其中第九類文體是樂府，第十類是琴操。② 所以《文章類選》分類雖有不妥之處，卻也情有可原。

《文章類選》的排序也很亂。大體說來，每一類目下的文章是當時對文體分類認知的一般狀況，是按照年代先後來排的，但很多時候卻又不一定這樣，顯得很不嚴謹。比如卷一、卷二同樣爲《賦類》，但是在李白的兩篇作品中間卻隔着杜牧、高適等人；卷八《騷類》將漢代劉安的《招隱士》排在了唐代柳宗元、陸龜蒙之後。難怪《四庫全書總目》評價："又如《序事類》載《左傳》'隱桓本末'、'鄭莊公叔段本末'及'子產從政'凡三篇，而《戰國策》'范雎見秦王'反刊於前，顛倒失次。其甄綜之無識，又概可知矣。"③

《文章類選》作者署名也不規範，隨意性很大。有的是署名，如蘇軾的作品都署蘇軾。有的是署字，如《蜀都賦》《吳都賦》《魏都賦》都署名左太沖（案：左思字太沖）；黃庭堅的《松菊亭記》署名黃魯直（案：黃庭堅字魯直）。雖然古人有的以字行，有的以名行，但左思和黃庭堅均非以字行。有時候署號，比如李清照的《金石錄後序》就署李易安。有時候字、號在不同的文章都署，還署官封，甚至並列的同一人的署名都不一樣。比如卷八《騷類》中，將屈原、屈平並列；再如卷三《獨樂園記》《諫院題名記》二篇前後並列，同爲司馬光所作，但前者署名"司馬溫公"，後者署名"司馬君實"，而在目錄中卻又都署"司馬光"。同一作者前後並列的作品，有的兩篇都署名，有的前者署名，後者不署名。

目錄按理與正文應該一致，《文章類選》在這一點上也不嚴謹。通過對校目錄與正文標題及署名，可以發現很多不一致的地方。一種是目錄與正文標題不一致。如卷七《屈原傳》《孟子荀卿列傳》在正文中本爲兩篇，但在目錄中編爲一

---

① 褚斌傑《中國古代文體概論》，北京大學出版社1990年版，第498—501頁。
② 褚斌傑《中國古代文體概論》，第503—504頁。
③ ［清］永瑢等《四庫全書總目》，第1739頁。

篇。這種不一致有時是因爲字詞誤刻，如卷三柳宗元的《袁家渴記》在目錄中誤作"袁州渴記"，卷五韋莊的《〈又玄集〉序》在目錄中誤作"玄集序"，柳宗元的《婁二十四秀才花下對酒唱和詩序》在目錄中脱"詩"字。有時是目錄被有意識地省略一些字。這種情況一般不是脱文，而是因爲目錄中的位置不夠，就用省略的方法彌補，或者乾脆就是簡略。比如卷三《再修成都府大聖慈寺金銅普賢菩薩記》一文，在目錄中的就變成了"再修成都金銅普賢菩薩記"，這顯然不是脱字之誤，而是有意爲之。再比如卷三《潭州東池戴氏堂記》的目錄就省去了"潭州"二字；卷八將陸龜蒙的《迎潮送潮辭并序》簡稱爲"迎送潮"。另一種情況是正文標題下的作者署名和目錄中不一致。比如卷一《秋興賦并序》正文中署潘安仁，目錄中卻署潘岳（案：潘岳字安仁）；卷三《岳陽樓記》正文中署范希文，目錄中卻署范仲淹（案：范仲淹字希文）。再比如卷三《鶚執狐記》在目錄中署名"李華"，但在正文中卻署"唐李華"。按照原書體例，一般作者署名位於文章標題下，且只署名，並不署朝代。

《文章類選》編排體例失衡。有些類目所收篇數和内容所佔頁數懸殊很大，如《賦類》兩卷，選文52篇，所佔頁數爲111頁。其中卷一選30篇，共90頁；卷二22篇，頁數21頁。有的是幾種文體收在一卷中，内容和篇幅依然不匀稱。如卷八收《騷類》《辭類》《文類》三種文體，共34篇，41頁；卷三七收《問對類》等六種文體，共27篇，48頁。有的一種文體收在一卷中，如卷一六《頌類》收12篇，只有12頁；卷二四《詔類》，雖然收了21篇，卻只有7頁；卷二八《啓類》只收了10篇，共6頁。有的一類文體分在兩卷中，篇目和頁數卻又非常少。如卷三九和卷四〇都收《雜著類》，分別收17篇和15篇，頁數分別爲18頁和14頁，似乎有爲湊夠四十卷之數而硬將一卷拆爲兩卷之嫌。内容編排上的懸殊，使全書顯得結構非常不均衡。

另外，《文章類選》各卷歸類也不嚴格，如卷三七的《問對類》《規類》《言語類》《曲操類》《樂章類》《露布類》六種文體並不屬於哪一種大類，卻收在一起。

雖然《文章類選》有諸多不足，"不爲世所重"，[①]但與它所具有的獨特價值和對寧夏地方乃至西部地區的文教作用，應給予積極評價。

二、《〔正統〕寧夏志》

朱栴所編撰《〔正統〕寧夏志》（本章以下簡稱《正統志》）是寧夏傳世地方志

---

① 傅增湘《藏園群書經眼錄》，中華書局1983年版，第1499頁。

中成書時間最早的一部。

最早著録《正統志》的是明胡汝礪《〔弘治〕寧夏新志》卷二《經籍》:"《寧夏志》,一册……有板……在慶府内。"①書前《引用書目》中《寧夏志》亦在列。此後,《古今書刻》上編"陝西寧夏"條、《〔萬曆〕朔方新志》卷二《藩封》、《〔乾隆〕銀川小志》及《〔乾隆〕寧夏府志》卷九《職官一》等均有著録。張維《隴右方志録·郡志》據《〔乾隆〕寧夏府志》推測《正統志》爲"明永樂時朱㭎著",②《寧夏地方志存佚目録》從其説,誤。《中國地方志聯合目録》《日藏漢籍善本書録》均載《正統志》爲明萬曆年間刊本,且均注明日本國會圖書館有藏;《西北史籍要目提要》也有類似著録。《寧夏地方文獻聯合目録》與上述都不同,著録爲"《〔宣德〕寧夏志》,二卷"。③可見對於此書的定名有"永樂""宣德""萬曆"等不同説法,分歧較大。

(一) 關於《寧夏志》的定名

朱㭎《寧夏志》一書,因編撰的時間和文獻記載的不確,主要出現了定名爲《〔宣德〕寧夏志》和《〔正統〕寧夏志》兩種意見。前者以吳忠禮爲代表,後者以高樹榆爲典型。吳忠禮在其《日本藏孤本明〈寧夏志〉考評(上)》中詳細考證了《寧夏志》的成書時間,認爲朱㭎撰修的《寧夏志》應該是宣德朝的稿本。高樹榆在其《爲(正統)〈寧夏志〉正名》一文中認爲,朱㭎《寧夏志》所載史事下限爲正統年間,定名爲《〔正統〕寧夏志》比較合適。關於這個問題,胡玉冰在其《寧夏地方志研究》一書中有較爲詳細的分析:胡汝礪等在提及《寧夏志》時稱其編於宣德初,是指開始編撰或者成書時間,並不是刊行時間;《寧夏志》中有正統年間史事,目前還没有堅實的證據證明志書所記正統史料不是朱㭎本人所撰而是由其後人附加上去的;目前看此書最早當於正統年間刊刻。故此,胡氏認爲應該定名爲《〔正統〕寧夏志》較爲穩妥。筆者也認爲,根據該書中所録正統年間史事和朱㭎八世孫朱永齋所作序可以看出,此志當最早刊刻於正統年間,故此志當定名爲《〔正統〕寧夏志》。至於"永樂""萬曆"之説,顯係錯誤,不足爲據。

(二)《正統志》的内容和版本

《正統志》分爲上下兩卷,共三十八目。卷上包括《沿革》《分野》《風俗》《疆

---

① 〔明〕胡汝礪《〔弘治〕寧夏新志》,《天一閣藏明代方志選刊續編》第72册,上海書店1990年版,第319頁。
② 張維《隴右方志録》,北平大北印書局1934年版,第12頁。
③ 寧夏圖書館協作委員會編《寧夏地方文獻聯合目録》,寧夏人民出版社1992年版,第96頁。

域》《城垣》《街坊》《山川》《土產》《土貢》《壇壝》《屬城》《古跡》《寺觀》《祠廟》《學校》《貢舉》《人物》《孝行》《名宦》《名僧》《死王事》《津渡》《陵墓》《橋》《園》《壩》《河渠》《鹽池》《屯田》《職官》《驛傳》《牧馬監苑》《公宇》《祥異》《雜志》等三十五目；卷下包括《文》和《題咏》《詞》三目，收錄文13篇，詩歌106首，詞14首。

《正統志》現存只是萬曆二十九年（1601）朱永齋重刻本，原件藏於日本國立國會圖書館，國內通行的是吳忠禮主編、天津古籍出版社1988年據日藏本影印出版的《寧夏歷代方志萃編》本。此本前有朱永齋《重刻〈寧夏志〉序》，每半頁8行，行16字；正文每半頁10行，行19—20字，白口，四周雙邊，雙、對、黑魚尾。版心上題"寧夏志"三字，中標卷次及頁碼，下題刻工名氏。全書共100頁，近4萬字。

（三）《正統志》的價值

1.《正統志》是傳世文獻中成書時代最早的一部寧夏志書，對後世影響深遠，此後寧夏編修的三十多部方志都直接或間接地受到它的影響。此志史料價值很高，尤其是在明代寧夏史地資料方面是"實錄"型的，可補正史之不足，可校正史之誤。史料價值還體現在《寧夏志·雜志》中關於西夏歷史的記載和卷下《文》收錄的與西夏有關的文章四篇，是今天西夏學研究的很重要的參考資料。關於這些問題，可詳參吳忠禮《日本藏孤本明寧夏志考評》和胡玉冰《寧夏地方志研究》中第一章第一節《（正統）〈寧夏志〉》。

2.《正統志》存留了詩詞和文共133篇（首），在寧夏地方文學史上的價值很高。這些詩文本身就是史料，承載了當時文化精英的所思所想，傳承着歷史文化的血脈。志中詩文佔全書篇幅的一半強：卷上三十五目共46頁，卷下《文》《題咏》《詞》三目共51頁。這種篇幅安排，本身就說明了這些詩文的價值，也可以看出朱栴對文學的態度。這些作品有很多係朱栴從唐、宋、金人詩文集中輯出，都是有關寧夏的，反應了不同時代寧夏的不同狀況。其中，有關唐人寫靈武的文有楊炎的《靈武受命宮頌并序》、權德輿的《中書門下賀靈武破吐蕃表》、蔣伸《授田牟靈州節度使制》、李華的《二孝贊并序》等四篇，詩有郎士元的《送李騎曹之靈武寧侍》、賈島《送鄒明府遊靈武》、張籍的《送李騎曹靈州歸覲》、薛逢《送靈州田尚書》、韋蟾《送盧藩尚書之靈武》等五首，體現了靈武（靈州）在唐代作爲北方軍事重鎮的重要地位。

《正統志》卷下所錄詩歌中，八景詩佔據了很重要的地位。詠八景詩在明清時的地方志中是一種很普遍的現象，甚至成了一種套路，凡地方景物之詩必是八景詩，凡八景詩必爲七律。難怪清代戴震、章學誠等人對這種爲了揚善家鄉、生搬硬套的詩歌持否定態度，列爲修志"八忌"之一，《四庫全書總目提要》尖銳地批評了"景定是八，詩定是七律"的陳腐惡習。不過，《正統志》中的八景有多種説法，是對寧夏不同地方自然景觀的一種描繪，也是不同人物對寧夏風景的不同感受，自有其留存的價值，不能因八景詩的泛濫問題而抹殺其價值。例如，王遜的《舊西夏八景詩》爲《夏宮秋草》《漢渠春水》《賀蘭晴雪》《良田晚照》《長塔鐘聲》《官橋柳色》《黑水故城》《黄沙古渡》，而朱栴則是在"登高眺遠，批閲地圖"的基礎上，看到了"黄河之襟帶東南，賀蘭之蹲峙西北"，感受到了"落日之西沉，寒風之襲衣，追思往昔，有動於詩情"，而"刪修"了寧夏八景詩爲《賀蘭晴雪》《漢渠春漲》《月湖夕照》《黄沙古渡》《靈武秋風》《黑水故城》《官橋柳色》《梵刹鐘聲》。這樣修訂八景詩，是爲了"見風景之佳、形勝之勢、觀遊之美"的，①不但記載了明初寧夏地方的一些景物，而且傾注了朱栴本人的强烈的思想感情，也體現時人對歷史的一種感悟，代表着那個時代的一種認識和思考。志中還收録了陳德武按照朱栴詩題而寫的八景詩、劉昉《韋州八景》中的五景詩等與八景有關的詩歌。《正統志》最早著録了寧夏的八景和八景詩，對後世寧夏方志影響深遠，特别是《〔嘉靖〕寧夏新志》《〔萬曆〕朔方新志》《〔乾隆〕寧夏府志》等選録了朱栴等人的八景詩，或者新修訂了八景詩，甚至如《平羅記略》《中衛縣志》記載其地方的八景、十二景等，無不透露出《正統志》的影子。

3.《正統志》中保存了朱栴本人的詩文作品。朱栴本是"問學博洽，長於詩文"之人，②但其作品《凝真稿》《集句閨情》《增廣唐詩鼓吹續編》等著述今已不傳，《文章類選》只是他和諸儒選編的，《正統志》爲方志，無法體現出"長於詩文"的特色。因此，《正統志》中所録慶靖王的28首詩詞和《宜秋樓記》等3篇文，是至今保存朱栴單篇詩文作品最多的文獻，爲後世開展朱栴、慶府研究和寧夏古代詩文研究提供了第一手資料。

需要指出，《正統志》並没有最後定稿，故此没有序言、輿圖和凡例。是書體例方面有很多地方前後不一致，行文及内容編排上有很多不嚴謹的地方，刊刻中訛誤、脱文、衍文的情況很多。但是瑕不掩瑜，其社會價值和學術地位應當得到充分尊重。

因吳忠禮的《寧夏志箋證》是目前《正統志》最權威的整理本，故對整理本中出現的兩個問題有必要加以辨析。

其一，整理本擅加類目名稱。吳忠禮在《寧夏志箋證凡例》第五條中説："爲

---

① 〔明〕朱栴《西夏八景圖詩序》，載吳忠禮《寧夏志箋證》，寧夏人民出版社1996年版，第378—383頁。
② 〔明〕胡汝礪《〔弘治〕寧夏新志》，第253頁。

了便於檢索，箋證本對全書從門類到子目均增加序號和目次。但對於原書目錄仍保留並載，以備對照。"①也許正是根據這一原則，《寧夏志箋證》在整理《正統志》卷下《題詠》時，將屬於同一層次的單首詩和組詩編了序號。比如第一首《老將行》到第十首《題楊得章監憲賀蘭山圖》是單首按順序編爲"一"至"十"，第"十一"是朱栴的《西夏八景圖詩序》，下領序言内容和《賀蘭晴雪》等八首詩，這是恰當的。接下來第十二《麗景園八詠》、十三《金波湖棹歌十首》序號也没有問題，第十四加了總題"寧夏八景詩"，署名"三山陳德武"也還算合適。但是，不知何故卻將從《西夏重陽》到《送人歸葬》共十六首詩編爲第"十六"，並强加類目"雜詠"。查此十六首詩爲六人所作，各首之間少有關聯，無所據而併爲一類，并擅加類目名稱，豈不自亂體例。在《目錄》中又將"《雜詠》"的六位作者只署"王遜"一人，則是明顯之誤。在筆者看來，當據原刻本將這十六首詩按順序編號即可。

其二，用某位詩人第一首詩之題作爲其幾首詩之總題，並在總題下以"二首""九首"之數字涵蓋之。例如王遜《西夏重陽》《喜見賀蘭山》二詩，從内容上來説没有任何關聯，且各有題目，原刻本每首下都署名"金陵王遜"，但箋證本卻用"西夏重陽（二首）"之題下領二詩，第二首詩題目照錄，只出現一次作者署名；再如朱栴的《登韋州城北擁翠亭》等九首詩，原詩各有題目，題下均有"凝真"之署名，箋證本卻用"戊戌歲金波湖合歡蓮（九首）"來領下面的九首詩，其他詩題照錄。而且，在箋證本排版的時候，第一首詩的題目和後面所領詩的題目明顯是兩個層次的編排方式，這種整理古籍的方式值得商榷，它很容易導致引用者將題目引錯。例如白述禮在引用《戊戌歲金波湖合歡蓮》一詩時，就將題目寫作"戊戌歲金波湖合歡蓮（九首）"，②出現錯誤表述，這明顯是未見到原刻本或其影印本而直接引用箋證本造成的。

三、朱栴的其他著述

（一）《凝真稿》

《凝真稿》今不傳。

最早著錄見於《〔弘治〕寧夏新志》卷二《國朝宗室文學》："慶靖王……所著有……《凝真稿》十八卷。"書前《引用書目》中《凝真稿》亦在列。③《〔乾隆〕銀川小志》著錄基本相同。《〔萬曆〕朔方新志》卷二、《〔乾隆〕寧夏府志》卷九著錄或

---

① 吳忠禮《寧夏志箋證》，第1—2頁。
② 白述禮《大明慶靖王朱栴》，寧夏人民出版社2008年版，第146頁。
③ 〔明〕胡汝礪《〔弘治〕寧夏新志》，第253、154頁。

名稱有異,或卷數不詳。《晁氏寶文堂書目》卷上則記載爲"凝真稿全集"。① 因《〔弘治〕寧夏新志》離朱栴所處年代最近,記載也最詳,故此書當確定爲《凝真稿》十八卷較爲穩妥。

(二)《集句閨情》

《集句閨情》今不見傳。《〔弘治〕寧夏新志》卷二《國朝宗室文學》:"慶靖王……所著有……《集句閨情》一卷。"卷二《經籍》:"《集句閨情》一册……有板……在慶府内。"②記載較詳且確。《〔萬曆〕朔方新志》卷二《藩封》和《〔乾隆〕銀川小志》雖簡略,卻與《〔弘治〕寧夏新志》大同小異。從書題可以看出,《集句閨情》是一册集取前人詩句而成的有關閨中情感的詩集。當然,這個閨中情感大多會是古代的男子模擬女人的口吻而寫的。

(三)《增廣唐詩鼓吹續編》

此書今不見傳。《百川書志》卷一九《集·總集》:"《增廣唐詩鼓吹續編》一卷。皇明宗室凝真軒編集,凡四百人。"③《千頃堂書目》卷三一《總集類·詩》載:"慶靖王凝真軒《增唐詩鼓吹續編》十卷"。瞿鳳起、潘景鄭在整理本中有注:"別本'增'下有'廣'字。"④

爲何兩本目錄書對於書名著録基本一致,但卷數和内容卻相差甚遠呢?《百川書志》卷一九所載"凡四百人"當指所選詩歌的作者的人數。按一人最少一首詩來算,四百首詩編爲一卷内容實不符合情理。今通行本《唐詩鼓吹》是十卷,所録皆唐人七言律詩,凡九十六家,共五百九十六首。所以《千頃堂書目》著録爲十卷似乎更加準確。由於原書不存,確切卷數不知。從"續編"的書名看來,在本書之前,還應該有一部《增廣唐詩鼓吹》,今不見傳。但《晁氏寶文堂書目》載有類似書目,如《增廣唐鼓吹詩》《唐詩鼓吹續編》等,缺憾在於没有著録編著人氏、卷數,無從考證。

(四)朱栴的散見著述

朱栴的散見著述主要保存在方志中,其中《正統志》卷下保存詩文詞共 31 首

---

① 〔明〕晁瑮、〔明〕徐𤊹著《晁氏寶文堂書目 徐氏紅雨樓書目》,古典文學出版社 1957 年版,第 49 頁。
② 〔明〕胡汝礪《〔弘治〕寧夏新志》,第 253、319 頁。
③ 〔明〕高儒撰《百川書志》、〔明〕周弘祖撰《古今書刻》,上海古籍出版社 2005 年版,第 299 頁。
④ 〔清〕黄虞稷撰,瞿鳳起、潘景鄭整理《千頃堂書目(附索引)》,上海古籍出版社 2001 年版,第 766 頁。

（篇），分別是文 3 篇：《宜秋樓記》《端午宴集麗景園詩序》《夏城城隍神應夢記》；詩十七首：《賀蘭晴雪》《漢渠春漲》《月湖夕照》《黃沙古渡》《靈武秋風》《黑水故城》《官橋柳色》《梵刹鐘聲》《戊戌歲金波湖合歡蓮》《登韋州城北擁翠亭》《遊高臺寺經辛卯戰場王驃騎陣歿處感傷而作》《夏日遊麗景園》《夜宿鴛鴦湖聞雁聲作》《擬古邊城春思》《寧夏新建社稷山川壇》《永樂二年春祭社稷山川禮成後作》《秋日登樓》；①詞 11 首：《念奴嬌・雪霽夜月中登樓望賀蘭山作》《浪淘沙・秋》《青杏兒・秋》《長相思・秋眺》《風流子・秋日書懷》《春雲怨・與吳謙謙時客塞下》《擣練子》《鷓鴣天》《行香子》《朝中措・憶韋州擁翠亭》《臨江仙・避暑韋州行有日矣喜而賦此》。《〔弘治〕寧夏新志》所收朱㮮詩中未見諸《正統志》者共九首：《芳林宮夜宿擬古》《賀蘭大雪》《登宜秋樓》《麗景園避暑》《麗景園冬日步王忍辱韻》《東湖春漲》《晚登韋州樓》《石溝驛》《總兵營》，詞 1 首：《菩薩蠻・歸思》。其他寧夏舊志對朱㮮散見著述亦多有著錄，間或題目不同，而内容基本同。故今散見朱㮮詩文詞共 41 首（篇）。

朱㮮《宜秋樓記》記新建樓閣，以"宜秋"爲名。文中以主客問答的方式講述命名原因：在於執政者不能只是在春天"尋芳逐勝，圖一時耳目之娛樂"，而應該是在秋天和農夫一起憂樂，"樂人之樂，憂人之憂"，闡釋了作爲地方執政者，應該怎麽樣才算快樂的道理。"樓曰'宜秋'，其義大矣"，表現了朱㮮的從政觀。此文在寧夏明清文學史中當屬較有思想者，立意高遠，大有范仲淹"先天下之憂而憂、後天下之樂而樂"之胸懷。《端午宴集麗景園詩序》是作者仿效王勃《滕王閣序》而作，是端午宴請"藩閫將臣、兔園英俊、搢紳之士、縫掖之儒"一起遊樂時，共同作詩以"記一時之勝遊"的組詩之序。《正統志》卷下《題咏》收黃朝弼的《應教端午麗景園宴集》可能就是此會之作。此文用駢體寫成，對仗工整，語言華麗，文雖短小而非常精美。《夏城城隍神應夢記》記神托夢以闡明了人生天地間，罪"莫大於不忠不孝，次者莫重於殺生"的道理，討伐了"今之居官者""爲商者"殘酷坑害欺騙百姓的不齒行徑，勸人向善，宣揚了因果報應的思想。此文客觀上揭露時弊、勸人向善，其所提出的"爲生時有功於國家，德及於民者可矣"的思想是非常值得肯定的。

相對於文來說，朱㮮的詩詞數量更多，内容更豐富。

1. 朱㮮詩詞的主要内容

第一類是寫景詩。比較有代表性的是八景詩。寧夏八景詩舊有，朱㮮進行

---

① 案：《擬古邊城春思》之"擬"吳忠禮認爲當爲"似"（吳忠禮《寧夏志箋證》，寧夏人民出版社 1996 年版，第 394 頁），因明刻本《正統志》此字漫漶不清，筆者認爲"擬"字從字形和字義上均更合情理。

了删修。將"賀蘭晴雪"調至第一首,比較符合賀蘭山在寧夏的地位;將"漢渠春漲"改爲"漢渠春漲","良田晚照"調爲"月湖夕照","長塔鐘聲"調爲"梵刹鐘聲",使題目的詩意大增;"夏宮秋草"調爲"靈武秋風",突出了靈武在寧夏歷史上的地位。朱㮤的八景詩,描繪了寧夏獨特的自然風光和人文景觀。這些詩作於建文三年(1401)前後,當時正是朱㮤徙國寧夏之初,年齡在24歲左右,政治上比較如意,生活上比較富足,慶王也有幹一番事業的雄心,"圪若金城天設險,雄藩萬載壯邦畿"(《賀蘭晴雪》)。因此,這些詩都是思想內容較爲上進的,大都是在咏史懷古,"興亡千古只知此,不必登臨感慨多"(《靈武秋風》),表達對人生的感歎,顯示了一位才華橫溢的王爺的胸懷和境界。除八景詩外,《夏日遊麗景園》描繪西北夏日的生機勃勃,很有田園氣息;《麗景園避暑》寫銀川的湖光山色,其中的"地連紫塞三千里,水映朱闌十二層"成爲後來表現銀川城園林特點的名句。

　　第二類是寫思鄉和愁緒的。這一類是其詩詞中分量最重且水平最高的。思鄉是詩歌的傳統母題,愁緒也是傳統詩歌的重要的思想內容之一。古人登高必遠望,遠望往往思鄉,思鄉而生愁緒。朱㮤就多次寫自己登高對家鄉的思念。如《長相思·秋眺》等。《擬古邊城春思》就寫出了"鄉心此時苦"。其思鄉之情,往往是和悲秋聯繫在一起的,既是思鄉,又是愁緒,思鄉愁,愁時更思鄉,兩種情感交織在一起,使得作品表現的情感更加強烈。如《浪淘沙·秋》:

　　　　塞下景荒涼,淡薄秋光,金風漸漸透衣裳。讀罷安仁《秋興賦》,憯慄悲傷。甘載住邊疆,兩鬢成霜。天邊鴻雁又南翔。借問夏城屯戍客,是否思鄉?

寧夏的秋天本就使人感覺淒清,在這種情況下,又讀潘岳的《秋興賦》,越發地感覺到"憯慄悲傷",回想自己已在邊疆住了二十年,看到天邊的鴻雁又在往南飛,怎能不更加思念家鄉。在這首詞中,作者直白地表達出了自己的思鄉之情。朱㮤的這種強烈的思鄉之情,表現非常明顯,就連被他請到"凝真齋所聽高談"的流寓之士郭原也知道他總是思鄉,勸他"先生應不想江南"。①

　　到晚年的時候,這種思鄉和愁苦更加緊密地結合在一起,因出生在南京,在那裏生活了14年,後又居韋州9年,因此到寧夏後總是有種客居他鄉的感覺,特別是到了晚年,政治上的不如意,行動上的不自由,使朱㮤越發思念家鄉南京,甚至非常思念韋州,"塞上冰霜三十載……韋城風景自堪憐"(《臨江仙·避暑韋州行有日矣喜而賦此》)。再如《風流子·秋日書懷》:

---

① [明]郭原《廣韻慶藩惠示雙橘》,載[明]胡汝礪《〔弘治〕寧夏新志》卷八《文章》,《天一閣藏明代方志選刊續編》第72冊,上海書店1990年版,第613頁。

樓頭思往事,猶如夢,回首總堪傷。想童草山東,臂鷹走馬;弱齡河外,開國封王。老來也,一身成痼疾,雙鬢點清霜。江左舊遊,塞邊久住,憶朝京輦,愁在邅鄉。倚闌凝眸處,園林正搖落,雁陣南翔。天際暮雲凝碧,衰草添黃。更秋容淡薄,遙山隱隱,野煙漠漠,風景淒涼。惆悵悶懷無語,獨對斜陽。

此詞回想了自己曾經圍獵山東,少年封王。現在老了,一身疾病,而思念家鄉和思念朝廷的情感日益增長,但是,面對南飛的大雁,面對淒清的秋情,這種愁緒無處傾訴,而使得思鄉和愁緒倍加強烈。這種情感折磨人到了一定的程度,就產生了"儘今生,所事隨緣,從他汗簡,芳臭流傳。但飢時飯,渴時飲,困時眠"(《行香子》)的無奈與強作灑脫,從反面更加映襯出了他的悲苦與惆悵。

第三類是記敘現實中較大事件,其中也有反映士卒和百姓疾苦的。《戊戌歲金波湖合歡蓮》記載了金波湖內出產的合歡蓮這樣比較少見的事。國之大事,在祀與戎,當寧夏新建社稷山川壇時,朱㮵就寫詩記之,並祈求神祇"佑我邊人降福綿";朱棣即位不久,朱㮵常行春祭,表達對新朝廷的擁護和對"所願風雨時,秋收足千倉"的祈盼。《石溝驛》《總兵營》傳遞出對驛遞軍士和飽受戰爭之苦的軍卒的同情,《遊高臺寺經辛卯戰場王驃騎陣歿處感傷而作》表達了對爲國戰死者的敬挽,《晚登韋州樓》則寫當時的戰事和戰事給百姓帶來的痛苦。

2. 朱㮵詩詞的藝術特色

朱㮵詩詞傳世數量雖不多,卻是寧夏明清時期文人詩詞中水平最高者之一,與胡侍處於伯仲之間。主要藝術特色如下。

(1) 深沉的情感作基礎

明清時期寧夏人所寫詩詞很多語言優美,辭藻華麗,工於雕琢,但卻很少有思想深沉、內涵深刻的。朱㮵詩詞總是懷着刻骨的故土之思,藏着深沉的家國之情,伴着濃濃的憂傷筆調。即使在寫景時,也是站在帝王的高度,懷着博大的胸懷、深沉的歷史情感表達着對往事的追思。《漢渠春漲》中的"追憶前人疏鑿後,於今利澤福吾居",《黑水故城》中的"繞城黑水西流去,不管興亡事短長",無不讓人感受到才子王爺的胸襟。《靈武秋風》中他知道"興亡千古只知此"的道理,因而感慨"時移世變奈愁何"。《晚登韋州樓》中,更是慨歎"把筆登樓謾回顧,夕陽流水總關情"。在後期的詩詞中,他更是把政治上的失意、情感上的無助、精神上的孤獨、身體上的痛苦通過一系列思鄉悲秋的優美詩篇表達了出來。正是因爲言之有物,有真情實感的支撐,才使得作品膾炙人口,百讀不厭。

(2) 典型的意象作材料

朱㮵雖生在南國,但畢竟在寧夏生活的時間佔了他一生的絕大部分,故其詩詞中沒有南方的小橋流水，而是處處體現着北方特有的自然景物、風土人情。他所選擇的意象大都是塞外的典型事物，因而不需要更多的辭彙來描述，所蘊含的情感即自然透出。積雪、秋風、金風、黃雲、野煙、黃沙、鴻雁、喬松、衰草、怪石、氈帳、古道、靈州、關河、胡笳、故壘、鼓角等意象在朱㮵的詩詞中比比皆是。即使寫到比較柔美的東西，也是銀川特有的柳樹、漁村、萬頃清波等等。這些典型意象的選擇，使朱㮵的詩處處透露着塞上的壯美與開闊，散發着北國風光的蒼涼與雄渾，體現着邊疆深厚的底蘊與內涵，因而顯得氣勢很大，感情充沛，其意蘊不亞於唐宋以來邊塞詩。

（3）誇張的筆法作技巧

詩詞常用誇張的修辭手法。在朱㮵筆下，誇張的手法隨處可見。他登樓眺遠，遠處的賀蘭山"萬仞雪峰如畫，瀑布風前，千尺影，疑瀉銀河一派"（《念奴嬌·雪霽夜月中登樓望賀蘭山作》）。雪晴後，作者在月光下登樓眺望賀蘭山，白茫茫雪峰高聳，猶如風吹瀑布、銀河飛瀉，使人不禁聯想到"疑似銀河落九天"（李白《望廬山瀑布》）的情景。在作者的記憶中，韋州擁翠亭"高在古城端，擁翠萬山環。四面軒窗高啓，關河千里平看"（《朝中措·憶韋州擁翠亭》）。因此亭乃朱㮵自建，故總覺擁翠亭有萬山環抱，高到"關河千里平看"。在描繪塞北大雪的時候，是"北風吹沙天際吼，雪花紛紛大如手。青山頃刻頭盡白，平地須臾盈尺厚"（《賀蘭大雪》），極盡誇張之能事。

當然，朱㮵的誇張更多的不是李白那種"白髮三千丈"（《秋浦歌》）型的，而是在現實基礎上加上自己的感受，有一定限制的誇張，是寫實和誇張的有機融合。如描繪黃沙古渡是"黃沙漠漠浩無垠……西望河源天際闊，濁流滾滾自昆侖"，比起岑參的"平沙莽莽黃入天"（《走馬川行奉送封大夫出師西征》）和李白的"黃河之水天上來"（《將進酒》）要收斂和現實得多，再如"雪花紛紛大如手"（《賀蘭大雪》）較李白的"燕山雪花大如席"（《北風行》）也更內斂些，但這樣收斂並不影響詩歌的氣勢和表現力。其他如"水邊折戟侵苔色，風裏驚塵慘日光"（《遊高臺寺經辛卯戰場王驃騎陣歿處感傷而作》），"千林木葉經霜日，萬里風煙滿目秋"（《秋日登樓》），都是在描繪現實的基礎上略作誇張，因而感染力更強。

（4）詞句的錘煉顯圓熟

朱㮵的詩詞之所以能感染人，詞句的錘煉增大了表現力是很重要的因素，表現爲兩個方面：一是字詞的講究。其作品對字詞的錘煉是非常用心的，而這種錘煉又是以看似平常的簡單字詞來體現的，因而顯得更加自然貼切。《東湖春漲》"華落乍疑金谷地，浪痕初認海門潮"二句中，"乍"字和"初"字看似普通，卻將東湖初春漲水的時機寫得非常準確。《麗景園避暑》中"布設催耕聲度柳，游魚吹浪影穿菱"二句的"度"字和"穿"字用得非常貼切。"度"通"渡",麗景園中樹木叢生,柳樹早已枝繁葉茂,只聞官員催耕之聲,不見人影,當然是"聲度柳",大有"但聞人語響"(王維《鹿柴》)之意境;魚兒在水中自由嬉戲,所激微微水浪只見一道道影子,蕩漾開去,在菱葉中"穿"過,"穿"字看似簡單,卻有擬人化的美感。二是對仗的工整。如《月湖夕照》:"暝煙低接漁村近,遠水高連碧漢長。兩兩忘機鷗戲浴,雙雙照水鷺游翔。"再如"萬里邊夷朝帝闕,一方冠蓋接咸秦。風生灘渚波光渺,雨過汀洲草色新"(《黃沙古渡》);"蠱吼法庭聞梵唄,鈴鳴古塔振天風。月明丈室僧禪定,霜冷譙樓夜漏終"(《梵刹鐘聲》)。這些工整的對仗和準確的用字、典型的意象結合在一起,使朱㮵的詩歌顯得非常圓熟,在自然的表達中美感自出。

朱㮵因其地位特殊,且好學有文,問學宏深,在他周圍集聚了一批文人,形成了一個文學團體,朱㮵無疑是這個團體的魁首。他們一起編寫了《文章類選》《增廣唐詩鼓吹續編》等集子,常常一起在慶王府中限韻作詩(《正統志》所載顏先福和郭原所寫同題詩《賡韻雙柑》就是明證),一起在麗景園中吟咏唱和,一起在金波湖上泛舟作歌。因此,朱㮵為明初寧夏文學的發展做出了重要貢獻。他所製定的寧夏八景詩題,後人圍繞此題作詩者良多;他所編撰的《正統志》,為後世寧夏地方志的發展提供了體式上的範本和史料上的借鑒。可以說,朱㮵對後世影響深遠,是明清寧夏文學史上的一座豐碑。

第三節　朱氏後人及其著述

朱㮵家族人丁興旺,其後人中不乏在文學方面深有造詣且很有成就者,朱秩煃、朱秩炅等人就是這方面的代表。

一、朱秩煃及其著述

綜合《明實錄》《明史》《慶靖王妃湯氏墓誌銘》〔弘治〕寧夏新志》〔嘉靖〕寧夏新志》等文獻記載可知,朱秩煃係慶靖王朱㮵第四子,永樂十三年(1415)生,母親為次妃湯氏。十九年(1421)隨父朱㮵去北京朝見朱棣,封世子,有金鑄"慶王世子之寶"印,正統四年(1439)襲慶王位。景泰三年(1452)曾上書皇帝,以虜數入寧夏為由,乞徙内地,不准。成化五年十二月辛酉(1470年1月13日)薨,享年55歲。謚曰"康",史稱慶康王。慶康王一生先後經歷永樂、洪熙、宣德、正統、景泰、天順、成化七朝。

朱秩煃有子四人。長子朱邃壅,初封平涼郡王,後爲第三任慶王,謚曰"懷";次子朱邃墒,初封岐陽郡王,後爲第四任慶王,謚曰"莊";三子朱邃塽,封弘農郡王,謚"安僖";四子朱邃垸,封豐林郡王,謚"温僖"。

志載:"慶康王好學有父風,著《慎德軒集》。"①《〔乾隆〕銀川小志·藩封》、《〔乾隆〕寧夏府志》卷九《職官·明藩封附》亦有同樣記載。《千頃堂書目·別集類》:"慶康王秩煃《慎德軒集》。靖王㭎庶子,高皇帝孫。正統四年嗣封。"②"慎德軒",據《〔弘治〕寧夏新志》卷一《軒》載,是"慶府内康園之號"。③可惜《慎德軒集》今不見傳。

《同心縣志》收録有《欽賜康濟碑記》,根據碑記内容來看,作者係朱㭎子。但是朱㭎有子多人,白述禮認爲作者就是朱秩煃,④不知何據。

二、朱秩炅及其著述

朱秩炅,朱㭎六子,號樗齋,宣德二年(1427)生於寧夏慶王府,母親魏氏。正統三年(1438)12歲時喪父,七年(1442)16歲時喪母。正統九年(1444)封安塞郡王。成化九年七月丁酉(1473)薨,終年47歲。謚"宣靖"。生二子早夭,無嗣封除。朱秩炅雖貴爲郡王,卻生活拮据,俸禄只有一千石,甚至連埋葬妻子的錢都没有。據《明實録》載,景泰五年(1454)二月,"安塞王秩炅奏:臣妻成氏病故,喪具不能周備,乞賜錢幣爲用。命給王米一百石、布絹各五十匹"。⑤政治上很不如意,多次上疏希望朝見皇帝都被拒絶。行動上非常不自由,到賀蘭山下給妻子掃墓都被降詔斥責:"豈但不用朝命,蔑視邊險,實違祖宗成憲……王自今宜遵守禮法,庶幾可以永保令名。王其省之。"⑥情感上備受傷害,二子早夭,妻子景泰五年(1454)病故,這使他備感痛苦,只能在苦讀中尋得精神上的慰藉。

《明史》卷一一七《列傳五·諸王二·太祖諸子二》載,朱秩炅"性通敏,過目不忘,善古文。遇縉紳學士,質難辨惑,移日不倦"。⑦《御定佩文齋書畫譜》卷二

---

① 〔明〕崔景榮、楊應聘修,〔明〕楊壽等纂《〔萬曆〕朔方新志》,故宫博物院編《故宫珍本叢刊》第084册,海南出版社2001年版,第238頁。
② 〔清〕黄虞稷撰,瞿鳳起、潘景鄭整理《千頃堂書目(附索引)》,第444頁。
③ 〔明〕胡汝礪《〔弘治〕寧夏新志》,第212頁。
④ 白述禮《大明慶靖王朱㭎》,寧夏人民出版社2008年版,第44頁。
⑤ 楊新才、吴忠禮主編《明實録寧夏資料輯録》,寧夏人民出版社1988年版,第190頁。
⑥ 同上,第190—191頁。
⑦ 〔清〕張廷玉等《明史》,中華書局1974年版,第3590頁。

○《歷代帝王書(下)》説朱秩炅"好讀書,善文,精楷書,自稱滄洲野客"。①《〔弘治〕寧夏新志》載,朱秩炅"資性秀發,苦於問學,從事几案日久,胸起頑肉。通五經、子、史。愛接賓客,傾懷忘勢,至有契合者,留之書齋,歡洽連旬不釋"。② 這位苦於鑽研學問的才子王爺,著有《滄洲愚隱録》六卷,《樗齋隨筆録》二十卷,惜今皆不見傳。有散見詩文傳世。

(一)《滄洲愚隱録》

滄洲,據《〔嘉靖〕寧夏新志》載,在"韋昌王府内。安塞王讀書之所",並録夏景芳詩《滄洲》來贊美此地:"石洞夤緣構草廬,煙蘿邀緑入窗虚。稱風卷箔容飛燕,順水穿渠縱戲魚。甕牖雨香開芍藥,石潭波紫落芙蕖。一山半水皆生意,鳥静花飛興有餘。"③在這樣一個風景優美的地方,自稱"滄洲野客"的朱秩炅寫詩作文,以"愚隱"自喻,故此集便以"滄洲愚隱録"命名。

最早著録《滄洲愚隱録》的是《〔弘治〕寧夏新志》,其卷二《國朝宗室文學》載:"《滄洲愚隱録》六卷。"同書卷二《經籍》:"《滄洲愚隱録》四册。"且點明有板在慶府内。《引用書目》中著録有"《滄洲愚隱録》"。④ 此後,因方志的延續性,《〔嘉靖〕寧夏新志》卷二《宗室文學》,《〔乾隆〕銀川小志·藩封》,以及《〔乾隆〕寧夏府志》卷九《職官·明藩封附》等所載與《〔弘治〕寧夏新志》一致。不過《晁氏寶文堂書目》卷上、《千頃堂書目》卷一七《別集類》卻都著録爲"《滄洲漁隱録》"。⑤ 對於上述文獻所載書名的"愚"和"漁"相左的問題,今傳天一閣藏《〔弘治〕寧夏新志》最晚成書於明正德九年(1514),距朱秩炅生活年代亦不過四五十年,其著録爲《滄洲愚隱録》,當不致出錯。且《〔弘治〕寧夏新志》在著録此書時,明確點明有板在慶府内;其中"滄洲愚隱録"共出現三次,寫法一致,又專門引用了此書原文,當不會出現筆誤和録錯的情況,故當信從。至於《晁氏寶文堂書目》《千頃堂書目》有一字之差,可能是由於誤録或者該書在流傳過程中發生了訛變而形成。

(二)《樗齋隨筆録》

從書名來看,此書當爲文集。

---

① 〔清〕孫岳頒等《御定佩文齋書畫譜》卷二〇《歷代帝王書(下)》,影印文淵閣《四庫全書》本,臺灣商務印書館1986年版,第819册,第604頁。
② 〔明〕胡汝礪《〔弘治〕寧夏新志》,第253—254頁。
③ 〔明〕胡汝礪編、〔明〕管律重修、陳明猷校勘《嘉靖寧夏新志》,第160頁。
④ 〔明〕胡汝礪《〔弘治〕寧夏新志》,第254、319、154頁。
⑤ 〔明〕晁瑮、〔明〕徐𤊹著《晁氏寶文堂書目 徐氏紅雨樓書目》,古典文學出版社1957年版,第31頁。〔清〕黄虞稷撰,瞿鳳起、潘景鄭整理《千頃堂書目(附索引)》,第443頁。

《〔弘治〕寧夏新志》卷二《國朝宗室文學》載：安塞宣靖王著有"《樗齋隨筆錄》二十卷"；卷二《經籍》著錄有"《樗齋隨筆錄》六册"，且點明有板在慶府內；《引用書目》中著錄有"《樗齋隨筆錄》"。①《〔嘉靖〕寧夏新志》卷二《宗室文學》、《晁氏寶文堂書目》卷上，以及《〔乾隆〕寧夏府志》卷九《職官·明藩封附》著錄與《〔弘治〕寧夏新志》基本一致。《千頃堂書目》卷一七《别集類》和《〔乾隆〕銀川小志·藩封》則著錄爲"《樗齋隨筆》二十卷"。②《明史》卷一一七明確記載朱秩炅"所著有《隨筆》二十卷。"③

根據著錄文獻距作者生活年代遠近和記載詳略情況，當信從《〔弘治〕寧夏新志》，確定朱秩炅著有《樗齋隨筆錄》二十卷。

（三）朱秩炅散見著述

今傳朱秩炅散見著述主要集中於寧夏舊地方志中。其中存詩 15 首，分別是《古塚謠》《塞垣秋思》《和張都憲夏日遊麗景園》《秋曉過長湖》《蘭山懷古》《觀黄河》（2 首）、《高臺寺八咏》（共 8 首：《蘭阜秋容》《大河春浪》《廢壘寒煙》《漁村夕照》《渠上良田》《莊前叢柳》《古寺晨鐘》《秋郊晚笛》）；存詞《朝中措·賀蘭懷古》1 首。詩詞最早全部見於《〔弘治〕寧夏新志》卷八《雜咏類》中。文 2 篇：《靈州社學記》《節義堂記》，最早都見於《〔嘉靖〕寧夏新志》中。後世方志或文獻著錄朱秩炅詩詞文，無出此二志之右者。需要指出的是，《〔弘治〕寧夏新志》《〔嘉靖〕寧夏新志》《〔萬曆〕朔方新志》《〔乾隆〕寧夏府志》在著錄朱秩炅詞時，誤將朱栴詞《臨江仙·避暑韋州行有日矣喜而賦此》著錄在朱秩炅的名下，《〔嘉靖〕寧夏新志》還誤將"避暑"作"暑避"；④《〔萬曆〕朔方新志》《〔乾隆〕銀川小志》《〔乾隆〕寧夏府志》《〔民國〕朔方道志》將《蘭山懷古》之詩題作"拜寺口"。

安塞郡王 16 首詩詞從取材的地理範圍來說，都是寫寧夏的，且限於今銀川及其周邊地區，甚至沒有一首是寫今寧夏中部的韋州一帶的，這一點不同於他的父王朱栴，這和他終生未走出寧夏有關。從寫作內容上來看，有寫景的，如《塞垣秋思》寫塞北秋景，《和張都憲夏日遊麗景園》寫夏日麗景園的美景；有懷古的，如《古塚謠》寫看到"賀蘭山下古塚稠"而對過去此處多戰事的感歎，《蘭山懷古》是在賀蘭山下的文殊殿和拜寺口等地感慨物是人非和風光不再的；也有寫寧夏千里沃野上"村居多以漁爲業"（《高臺寺八咏·漁村夕照》）和"千頃良田憑富足，萬

---

① 〔明〕胡汝礪《〔弘治〕寧夏新志》，第 254、319、154 頁。
② 〔清〕黄虞稷撰，瞿鳳起、潘景鄭整理《千頃堂書目（附索引）》，第 443 頁。〔清〕汪繹辰編修，張鍾和、許懷然校注《銀川小志》，寧夏人民出版社 2000 年版，第 134 頁。
③ 〔清〕張廷玉等《明史》，第 3590 頁。
④ 〔明〕楊守禮修、〔明〕管律等纂《〔嘉靖〕寧夏新志》，第 223 頁。

家編戶獲安居"(《高臺寺八詠·渠上良田》)的,贊美家鄉的富饒美麗。從思想感情上來看,朱秩昺的詩詞幾乎都有一種淡淡的憂傷,充滿對人生的莫名感歎,甚至有浮生如夢的悲涼。這和他一生的不幸有關,生活上的拮据,情感上的孤獨,乃至於政治上的苦悶,都使他即使在看到美景也往往產生"欲對秋風重弔古,無情隙景易斜陽"(《觀黃河》其一)之感。這種情感在懷古類詩詞中更甚,"以古視今還若何"(《古塚謠》)、"浮生幾許"(《朝中措·賀蘭懷古》)、"可堪回首暮雲稠"(《蘭山懷古》)等憂傷感歎的詩句在其作品中比比皆是。

朱秩昺的詩詞在藝術上有兩個特點。一是前面的內容多描繪景物,最後一句一般都表達自己的感慨或心境,如《高臺寺八詠·大河春浪》前三聯都描繪黃河的美景,最後一句則是"壯志疇能同博望,溯源取石訪牛夫";《高臺寺八詠·秋郊晚笛》也是前三聯描繪秋景,尾聯則表達自己"獨有望鄉遷客苦,梅花落處斷柔腸"的情感。這種寫法幾乎在他的所有詩詞中都有體現。二是用詞煉句很有功力,在描繪景物的時候,講究字詞的準確和美感。如《塞垣秋思》中"楊柳和煙淡,兼葭感候鳴。遠山新黛掃,初月玉鉤橫"二聯,"掃"和"橫"極具表現力;《和張都憲夏日遊麗景園》中"數行沙鳥沖人起,一葉漁舟艤岸閑。天際遠山橫翠靄,堤旁野潦沁紅營"二聯,其中"起""閑""橫""沁"等字都看似普通,卻都極富詩意。

朱秩昺的文《靈州社學記》先簡要介紹了靈州古往今來的歷史,交代了靈州社學建立的背景,後較詳細地記敘了張廷輔"親出廩祿市群材,鳩良工師建正殿",逐步建成靈州社學,延請名儒執教的過程。一般的記文接下來無非誇贊一下創建者的功績即可,但安塞郡王卻筆鋒一轉,重點講了教育的重要性。"以教誨爲本,畀知各敘其天秩,師其天則,積久歲月,則亦無不可變之人,無不可易之俗。使他日鞿鞚之士而有士君子之風,傳誦大方,聳動觀聽,則於盛世未必無少補焉。"最後,作者還表達了自己的期望:"有以繼其志,使之不致廢墜,則余又望於將來者焉。"一篇普通的記文,作者卻寫得不落俗套,有一定的思想深度。《節義堂記》是作者爲鄉貢進士張沖霄(張嘉謨之父)給其母郁氏建節義堂而寫的。文章談到郁氏在丈夫早逝的情況下堅守其節,沒有改嫁,克服種種艱難困苦撫養孩子長大成人,對她的節義給予了高度評價。文章沒有就此結束,而是進一步談到了"節義之在人心……於有天下者,關係爲甚大",並列舉了東漢末因"朝野賢人君子"講求節操使得曹操之徒不敢篡漢,唐玄宗時張九齡"不度於義"卻不爲玄宗所重導致安史之亂,因此發出了"謂天下存亡,不系於節義之立不立,可乎哉"的振聾發聵之問。文章從一個婦女守節義而上升到節義關乎國家存亡道理,可謂言近而旨遠,把一篇爲婦女守節而作的記文寫成一篇立意深刻的文章,實爲大手筆。從這兩篇記文即可看出朱秩昺"善古文"非妄言。

朱秩炅因文學上的成就,使他在後來的寧夏舊志中多被與其父朱㮵並提,可惜傳世作品太少,這不能不說是寧夏古代文學史的一大遺憾。就連明代書經魁夏景芳也寫詩《恭挽安塞宣靖王》,給予朱秩炅極高評價:"平生不與身尊寵,藏息窮年靜洗心。六籍卷中三極備,百年海內一人存。並無金玉遺囊橐,獨有文章照古今。卻憶談經留款處,不堪風雨滿朱閽。"①

三、朱台瀚及其著述

朱台瀚,三世豐林郡王,號平齋,生年不詳。據《明實錄·世宗實錄》卷一〇六載,台瀚嘉靖八年(1529)十月襲郡王,十一年(1532)曾被革除爵位,廢為庶人,十八年(1539)恢復爵位。二十六年(1547)薨。謚曰"端康"。關於朱台瀚襲郡王的時間問題,當以《明實錄》為準;《欽定續文獻通考》卷二〇八載為嘉靖九年(1530),可聊備一說。

《[萬曆]朔方新志》載:"端康讀書好古,欲踵凝真、樗齋之躅,其所著詩文有《平齋集》、經進《大孝明倫》《大禮明祀》二頌。"②《[乾隆]銀川小志》《[乾隆]寧夏府志》亦有同樣記載。《千頃堂書目》卷一七《別集類》載:"豐林端康王台瀚《平齋集》。"瞿鳳起、潘景鄭在整理本中解釋朱台瀚是"安簡王庶子。嘉靖九年封"。③

朱台瀚現存有詩《西嶺秋容》《石關積雪》二首,見於《[嘉靖]寧夏新志》卷三《所屬各地·韋州》及《[萬曆]朔方新志》卷五《詞翰》、《銀川小志·古跡》,《石關積雪》亦見於《[乾隆]寧夏府志》卷二一《藝文·詩》和《[民國]朔方道志》卷二九《藝文志·賦詩》:

倚杖看山處,秋來景更芳。菊枝披細雨,楓葉下清霜。黛色濃於染,嵐光翠似妝。客中幽興發,呼酒醉斜陽。(《西嶺秋容》)

山高蠡屹立,疊翠萬重巒。殘雪經年在,邊風五月寒。素華涵兔影,清味試龍團。正是詩家景,惟宜靜裏看。(《石關積雪》)

兩首詩都是寫韋州蠡山的景物的,寫得非常自然,非常清新,抓住了幾個典型的景物和典型的自然現象,非常得體。

朱平齋現存有文《重修忠義武安王廟記》,見於《[嘉靖]寧夏新志》卷八《文

---

① [明]崔景榮、楊應聘修,[明]楊壽等纂《[萬曆]朔方新志》,第238頁。
② 同上,第240頁。
③ [清]黃虞稷撰,瞿鳳起、潘景鄭整理《千頃堂書目(附索引)》,第443頁。

苑志·文》。該文是爲太監張鎮重修關公廟而寫的記,表達了一些對關羽的認識和對風化節義的看法。

四、朱台㳺及其著述

朱台㳺,三世弘農郡王,號嘉齋。弘治十八年(1505)生,母管氏。正德十一年(1516)襲弘農王,嘉靖二十八年(1549)薨,終年44歲,謚曰"恭定"。據《〔萬曆〕朔方新志》載:"恭定王親賢樂善,篤學崇文,佩服祖訓,善詩文,有梧臺、竹苑之風。"①《〔乾隆〕銀川小志》亦有類似記載。

《〔嘉靖〕寧夏新志》卷二《寧夏總鎮·景致》收有朱台㳺《賀蘭晴雪》詩一首:

賀蘭西望亙長空,天界華夷勢更雄。巖際雲開青益顯,峰頭寒重雪難融。清光絢玉沖虛白,秀色拖嵐映夕紅。勝概朔方真第一,徘徊把酒興無窮。

詩寫賀蘭晴雪勝景,景物描繪逼真,寫得較有氣勢。

五、朱帥鋅及其著述

朱帥鋅,萬曆二十三年(1595)襲慶王位,號永齋,朱㮵九世孫,第十代慶王。據吳忠禮考證,傳世《正統志》前的《重刻〈寧夏志〉》序即其所作。此序篇幅簡短,對於朱㮵撰修《寧夏志》給予高度評價,對於重刻此書的意義、經過都有交代。

《〔萬曆〕朔方新志》稱朱帥鋅"宛有惠祖之風,賢德未艾",②且幼年曾經歷過寧夏歷史上有名的哱拜之亂,險些喪命,是其母將其藏匿在地窖中方免,因此後來非常講孝道,他曾纂集母妃事迹成《宗烈實錄》一册,今惜不傳。

六、路升及其著述

路升。慶府儀賓(郡主婿),寧夏人。《〔萬曆〕朔方新志》卷五《麗景園侍宴》詩題下載:"路升,鎮人,儀賓。"③《明實錄》載,景泰五年(1454)十月己亥"封慶王秩煃長女爲甘泉郡主,適路升,命爲宗人府儀賓,賜誥命、鞍馬等物"。④《慶靖王

---

① 〔明〕崔景榮、楊應聘修,〔明〕楊壽等纂《〔萬曆〕朔方新志》,第239頁。
② 同上。
③ 〔明〕崔景榮、楊應聘修,〔明〕楊壽等纂《〔萬曆〕朔方新志》,第398頁。
④ 楊新才、吳忠禮主編《明實錄寧夏資料輯錄》,第192頁。

妃湯氏墓誌銘》亦有"孫婿升……授中奉大夫,歷宗人府儀賓"。① 慶康王朱秩煃曾爲其建"延賓館"供其讀書。《〔嘉靖〕寧夏新志》卷二《寧夏總鎮·遊觀》:"延賓館,慶府內。康王建。爲儀賓路升讀書之所。"② 路升雖貴爲儀賓,卻不能嚴守法令,"以犯法革職",後被赦免。成化十二年(1476)二月,朝廷因慶懷王朱邃㙮奏説路升"深自修省"恢復其冠帶及禄米。弘治四年(1491)十月壬子,"慶府儀賓路升私造應禁軍器,託所親陝西都指揮僉事房懷發賣。事覺……革職爲民"。③

路升傳世著述主要有詩歌四首,分别是《和慶藩遊麗景園韻》《韋州故宫》《三清觀閒步》《野亭柬諸同志》,均留存於寧夏舊地方志中。其中《〔弘治〕寧夏新志》卷八《雜詠類》録前三首;《〔嘉靖〕寧夏新志》卷二《寧夏總鎮》録第一、三首,卷三《所屬各地·韋州》録第二首,題作《過故宫》,卷七《文苑志·詩詞》録第四首;《〔萬曆〕朔方新志》卷五《詞翰》録第一、三首,且將第一首詩題作《麗景園侍宴》,第三首題作《遊三清觀》;《〔乾隆〕銀川小志·古迹》録其第一首,題作《麗景園侍宴》。第一、四首詩是宴遊唱和之作,第二首描繪韋州慶府宫殿多年無人居住的淒涼蕭條,第三首是表達遊覽三清觀的感受。路升之詩,才氣有餘而内涵不足。

朱㮵家族是有明一代二百多年寧夏歷史上最尊貴顯赫的,也是寧夏明清時著述最多的家族,他們在寧夏文化史上抒寫了濃重的一筆,對寧夏後世文化、文學産生了深遠的影響。

---

① 〔明〕趙宣《慶靖王妃湯氏墓誌銘》,載《同心縣志》,寧夏人民出版社1995年版,第633—634頁。
② 〔明〕胡汝礪編、〔明〕管律重修、陳明猷校勘《嘉靖寧夏新志》,第160頁。
③ 楊新才、吳忠禮主編《明實録寧夏資料輯録》,第311、356頁。

第二章　胡汝礪及其族人著述

胡汝礪祖籍應天溧陽(治今江蘇溧陽市)，祖上謫戍寧夏，遂爲寧夏人。

關於胡汝礪及其族人，《〔弘治〕寧夏新志》《〔嘉靖〕寧夏新志》《〔萬曆〕朔方新志》《〔乾隆〕甘肅通志》《〔乾隆〕寧夏府志》《明史》《〔民國〕朔方道志》等舊志和史書都記載簡略，詳情主要集中在《弇山堂別集》卷五〇、焦竑《國朝獻徵錄》卷三八《兵部尚書胡汝礪傳》、雷禮《國朝列卿紀》、呂柟《涇野先生文集》中的《兵部尚書胡公行狀》和《襄陵尹胡君墓志銘》等明代人所寫有關胡汝礪和胡汝楫的人物碑傳中。

目前學界關於胡氏一門的研究，主要集中於胡汝礪、胡侍父子及其著述之上。胡侍後文專章介紹，此不贅述。關於胡汝礪的研究突出體現在兩個方面，一爲對《〔弘治〕寧夏新志》(本章以下簡稱《弘治志》)的研究，二爲對胡汝礪生平家世的研究。

對《弘治志》的研究，較早進行考辨的是張維《隴右方志錄》，不過張維因沒有見過此書，故認爲此書已佚。最早對天一閣藏《弘治志》進行介紹的是駱兆平，其《天一閣藏明代地方志考錄》對《弘治志》的成書時間、各卷類目、版本情況有簡要介紹。上世紀80年代開始，學界對《弘治志》的研究逐步深入，特別是寧夏的一些研究人員關注此志較多。朱潔《介紹寧夏明代地方志五種(上)》，高樹榆的《寧夏方志考》《寧夏方志述略》《寧夏回族自治區地方志述評》，王桂雲《銀川方志述略》都扼要介紹了《弘治志》。胡迅雷《胡汝礪與〈弘治寧夏新志〉》對《弘治志》的內容進行了較爲詳細的介紹，對志中《經籍》《人品》《學校》《拓跋夏考證》等方面的意義進行了論述。胡氏的另文《〈弘治寧夏新志〉成書年代考》考證了天一閣藏《弘治志》的成書年代至早應是正德九年(1514)，關於書名，"如確切地就其實際內容而言，或可稱之爲《正德寧夏新志》"。① 陳健玲《〈〔弘治〕寧夏新志〉考》對《弘治志》的作者、藏書著錄、編纂目的、編纂體例、編纂原則等進行了簡要介紹，

---

① 胡迅雷《〈弘治寧夏新志〉成書年代考》，《寧夏大學學報》(社會科學版)1988年第4期，第119—120頁。

重點對史料價值進行了多方面的分析,較多新見。薛正昌《黃河文明的緑洲——寧夏歷史文化地理·〈弘治寧夏新志〉》對《弘治志》的得名,《弘治志》與《〔嘉靖〕寧夏新志》的關係,《弘治志》對流寓寧夏的文化人的記載、科舉記載、個別史料的誤記等方面進行了介紹。

胡玉冰的《寧夏地方志研究》代表着寧夏地方志研究的最新成果。該書第二章《明代寧夏總志》第二節《〔弘治〕〈寧夏新志〉與(正德)〈寧夏新志〉》對《弘治志》的作者、版本、志書史源、編纂及刊刻質量、文獻價值等進行了詳細論述,對傳世天一閣本《弘治志》的成書過程有詳細考訂,認爲傳世《弘治志》當爲《〔正德〕寧夏新志》,對志書中的問題也逐一進行了考辨。這也是目前關於《弘治志》最全面最深入的研究成果。

對《弘治志》的研究除了内容論述和價值評判之類的論文和專書外,還有對《弘治志》進行整理的。整理的方式有兩種。一種是影印,主要有天津古籍出版社出版的《寧夏歷代方志萃編》、寧夏圖書館編輯的《寧夏地方志叢刊》和上海書店出版的《天一閣藏明代方志選刊續編》,三種影印都以天一閣藏《弘治志》爲底本。影印本爲學界開展《弘治志》的研究提供了可靠的原典。第二種是箋注。2010 年,寧夏人民出版社出版了由范宗興箋注的《弘治寧夏新志》,該書雖有不足,但對於《弘治志》的普及、流傳和學者使用很有幫助。

對於胡汝礪生平家世的研究,有關《弘治志》的論文和專書大都有所涉及,但都比較簡略。對胡汝礪生平家世較早進行全面研究的是胡迅雷,其《寧夏歷史人物研究文集》中《胡汝礪與〈弘治寧夏新志〉》《明代寧夏胡氏家族》兩篇文章對胡汝礪的生平以及胡雄、胡璉、胡侍的生平簡況進行了介紹,對胡氏族人著述進行了探討,並對這些著述在寧夏文化發展中的貢獻作了評價。不足之處在於對一些時間節點考證不充分,散見著述語焉不詳。2003 年,寧夏大學碩士研究生蘇麗華的學位論文《胡侍及其文言小説研究》中對胡汝礪及其家世情況進行了論述,補充了很多新材料。西北大學 2010 年碩士研究生耿李元的學位論文《胡侍生平、家世及著述考釋》的第三部分《家世簡考》對胡侍的家世情況進行了詳細考證,自然包括胡汝礪及其家世情況。此文搜集資料較爲豐富,但考訂較粗率,如訂胡璉卒於弘治十二年(1499),胡汝礪入溧陽籍,於弘治十五年(1502)"守孝期滿,授户部郎中,督餉山西","胡汝礪爲兵部侍郎時,爲一五零九年"。① 這些内容和時間點的考證結論是明顯錯誤的。

綜上,目前學界關於胡汝礪及其族人的研究主要集中在《弘治志》的研究方

---

① 耿李元《胡侍生平、家世及著述考釋》,西北大學 2010 年碩士學位論文,第 60 頁。

面,可以説,關於《弘治志》的成書過程、版本、文獻價值、歷史評價等方面都已非常深入。但關於胡汝礪及其族人的生平考證不够詳細精確,對於胡氏族人(除胡侍外)著述涉及不多。

第一節　胡汝礪的生平

胡汝礪(1465—1510),字良弼,號竹巖,又號竹山、竹溪,明代寧夏左屯衛(今寧夏銀川市興慶區)人,官至兵部尚書。著述有《竹巖集》《弘治志》。

一、胡汝礪的籍貫

關於胡汝礪的籍貫,史料記載並不一致。

《弇山堂别集》卷五〇載:"胡汝礪,應天溧陽人,寧夏左屯衛籍。"卷五五載:"胡汝礪,寧夏衛籍,應天溧水人。"卷五七載:"胡汝礪,應天溧水人。"①凌迪知《萬姓統譜》卷一一載:"胡汝礪……咸寧人。"②焦竑《國朝獻徵録·兵部一·兵部尚書胡汝礪傳》載:"胡汝礪……其先應天溧陽人也。祖士真以醫累,謫戍寧夏左屯衛,遂爲寧夏人。"③雷禮《國朝列卿紀》卷三六載:"胡汝礪,應天溧水人。"同書卷四七載:"胡汝礪,寧夏左屯衛人。"同書卷一二四:"胡汝礪,陝西寧夏衛人。"④《千頃堂書目》卷二〇《别集類》載:"胡汝礪……溧陽人,寧夏中衛籍。"⑤《〔乾隆〕山西通志》卷九三:"胡汝礪,寧夏人。"⑥《〔乾隆〕甘肅通志》卷三三、卷三六均載:"胡汝礪,寧夏人。"⑦

可見,胡汝礪的籍貫有應天溧陽、應天溧水、寧夏左屯衛、寧夏、寧夏中衛、咸寧、寧夏籍溧水人、溧陽人寧夏籍等多種說法,且有《弇山堂别集》《國朝列卿紀》《〔乾隆〕甘肅通志》等文獻同書記載前後不一致的情况。

---

① 〔明〕王世貞《弇山堂别集》,影印文淵閣《四庫全書》本,第 409 册,第 656、714、734 頁。
② 凌迪知《萬姓統譜》第一册,載《中華族譜集成》,巴蜀書社 1995 年版,第 236 頁。
③ 〔明〕焦竑《國朝獻徵録》卷三八《兵部尚書胡汝礪傳》,載周駿富輯《明代傳記叢刊》,(臺灣)明文書局 1991 年版,第 110 册,第 735 頁。
④ 〔明〕雷禮《國朝列卿紀》,明萬曆徐鑒刻本,卷三六、卷四七、卷一二四。
⑤ 〔清〕黄虞稷撰,瞿鳳起、潘景鄭整理《千頃堂書目(附索引)》,第 526 頁。
⑥ 〔清〕覺羅石麟等《〔乾隆〕山西通志》卷九三,影印文淵閣《四庫全書》本,臺灣商務印書館 1986 年版,第 545 册,第 275 頁。
⑦ 〔清〕查郎阿等《〔乾隆〕甘肅通志》,影印文淵閣《四庫全書》本,第 558 册,第 325、376 頁。

那麼胡汝礪到底是哪里人,籍貫哪里?《弘治志》前載時任寧夏巡撫的王珣所作《〈寧夏新志〉序》中説:"會鎮人地官郎中胡公良弼丁外艱家居。"①可見胡汝礪丁憂時是回到寧夏家裏的。同書卷二《人物·科目》中載有胡汝礪中鄉試、登進士的時間;同書後有胡汝礪《〈寧夏新志〉後序》載:"予生長兹土。"②且《弘治志》每卷卷首均題"賜進士出身奉議大夫户部郎中鎮人胡汝礪編"。由此可知在本人所編寧夏方志中胡汝礪是將自己作爲寧夏人來對待的。《明武宗毅皇帝實録》卷六一中亦載,正德五年三月丙辰(1510 年 4 月 8 日)"兵部尚書胡汝礪卒。汝礪字良弼,陝西寧夏人"。③ 因此,胡汝礪爲寧夏人確定無疑。又,明代吕柟《涇野先生文集》卷三七《兵部尚書胡公行狀》載:"公先世應天溧陽人,家族蕃富,溧陽稱巨姓者必曰胡氏。其諱通甫者,即公之高祖也。通甫生士真,洪武初,以醫累,謫戍寧夏左屯衛,遂爲寧夏人。配劉氏生二子。長諱雄,配酒氏生璉,即公之父封君也。"④吕柟(1479—1542),字大棟,後改字仲木,號涇野,陕西高陵人,正德進士。吕柟和胡汝礪同時代,且曾同朝爲官,故其説可信度非常高。《國朝獻徵録·兵部一·兵部尚書胡汝礪傳》載胡汝礪"其先應天溧陽人"應指胡汝礪祖籍溧陽,且汝礪子胡侍在其《胡蒙谿續集》卷五《墓表墓志墓版文·季父迪功郎府君墓版文》裏提到"我胡縣溧陽而西",⑤可見胡氏祖籍是溧陽。籍貫,《漢語大詞典》解釋爲:"祖居或個人出生的地方。"⑥因此可以得出結論:胡汝礪祖籍應天溧陽(今江蘇溧陽市),從曾祖胡士真、祖父胡雄、父親胡璉到本人都已經是寧夏人,歷四世,故胡汝礪本人是寧夏籍,生長在寧夏。溧水之説當爲溧陽之誤,寧夏中衛籍當爲寧夏左屯衛籍之誤,咸寧説之誤當是因胡汝礪卒後賜葬陝西咸寧(今西安市)所致。

二、胡汝礪的生平分期

胡汝礪的一生可分爲五個階段。

---

① [明]王珣《〈寧夏新志〉序》,載《天一閣藏明代方志選刊續編》第 72 册《〔弘治〕寧夏新志》,上海書店 1990 年版,第 129 頁。
② [明]胡汝礪《〔弘治〕寧夏新志》,第 260、690 頁。
③ 楊新才、吴忠禮主編《明實録寧夏資料輯録》,第 461 頁。
④ [明]吕柟《兵部尚書胡公行狀》,載《續修四庫全書》1338 册《涇野先生文集》卷三七,上海古籍出版社 1995 年版,第 274 頁。
⑤ [明]胡侍《季父迪功郎府君墓版文》,載[明]胡侍《胡蒙谿續集》六卷,中國科學院國家科學圖書館藏明嘉靖刻本,卷五第 7 頁。
⑥ 漢語大詞典編輯委員會、漢語大詞典編纂處《漢語大詞典》(第八卷),漢語大詞典出版社 1991 年版,第 1271 頁。

(一) 成化元年(1465)至成化二十一年(1485),1—21歲,早年成名期

胡汝礪生於成化乙酉(1465)十二月八日。"生既周歲,奇異駭衆,見文字紙輒誦之曰,字聲韻琅,不類孩提。七歲誦《孝經》,喻大義。常與群兒嬉戲,别土粗細爲糧,豎瓦礫爲倉貯之。又作行陳相鬥,約勝者商工以賫。長老過見,咸訝其不凡也。"幼時胡汝礪表現穎異,從青少年起則名聲漸著。十三四歲時能吟詩作賦,"與行輩談説,多涉時務,若老成人言"。及至十八歲時,提學戴忠簡公試其文,曰:"此子當大成,蓋國士也。"就連寧夏的士大夫們也都在胡汝礪面前謙遜地説:"胡生學力果,器量深,知見明,不易及也。"①青少年時期的胡汝礪,就已經名聲大振。

(二) 成化二十二年(1486)至弘治十年(1497),22—33歲,仕途起步期

由於胡汝礪天資聰穎,又刻苦自勵,故科舉之途較爲順利。《弘治志》卷二載,成化二十二年(1486),胡汝礪參加鄉試,中丙午科舉人。成化二十三年(1487),中丁未科進士。此事在鄉里引起轟動,還傳出了此前有"黑豬變白"之事:"成化二十二年(1486),衛庠生胡璉家黑豬變而純白,人咸以爲凶。胡獨曰:'此善變者也。'殺而爲牲。是年,其子領鄉薦,明年登進士。"②方志所載"祥異"之事雖荒謬,但胡汝礪卻將其編入《弘治志》,可見他對此事持認可態度,並將其視爲榮耀之事。

中進士之後,胡汝礪被授予户部主事之職,監理清源芻粟。到任後,他"力袪宿病,狡吏莫之敢奸"。③後"進員外郎",④再進郎中。查王珣作於弘治十四年(1501)的《〈寧夏新志〉序》載有弘治十二年(1499)"會鎮人地官郎中胡公良弼丁外艱家居"之説,⑤地官,指户部,這裏已明確胡汝礪是户部郎中。胡作爲《弘治志》的編纂者也在每卷卷首題"賜進士出身奉議大夫户部郎中鎮人胡汝礪編"更是明證。

(三) 弘治十一年(1498)至弘治十三年(1500),34—36歲,丁憂守制期

正當胡汝礪在户部仕途較爲順利時,弘治十一年(1498)下半年,胡璉去世,

---

① [明] 吕柟《兵部尚書胡公行狀》,第 273 頁。
② 范宗興整理《弘治寧夏新志》,寧夏人民出版社 2010 年版,第 69、112 頁。
③ [明] 焦竑《國朝獻徵録》卷三八《兵部尚書胡汝礪傳》,載周駿富輯《明代傳記叢刊》,(臺灣) 明文書局 1991 年版,第 110 册,第 735 頁。
④ [明] 吕柟《兵部尚書胡公行狀》,載《續修四庫全書》1338 册《涇野先生文集》卷三七,上海古籍出版社 1995 年版,第 273 頁。
⑤ [明] 王珣《〈寧夏新志〉序》,載《天一閣藏明代方志選刊續編》第 72 册《〔弘治〕寧夏新志》,上海書店 1990 年版,第 129 頁。

胡汝礪急回家奔喪守孝。胡汝礪在其《〈寧夏新志〉後序》中提到"歲弘治庚申"（弘治十三年，1500年）王珣因他丁外艱家居，且"憂服已闋，逼總其事，辭弗獲"而編《弘治志》，"越辛酉春稿成……功實嚴乎三月"。① 也就是説，胡汝礪編纂《弘治志》，經過三個月後，到弘治辛酉（弘治十四年，1501）春季完稿。按此時間往前推三月，當爲弘治庚申（弘治十三年，1500）年底，這與前所説"歲弘治庚申"王珣請他編纂《弘治志》時間相符。

胡汝礪在丁父憂期間，極盡孝道，"顓用《朱子家禮》"，成爲後來寧夏人仿效的模範。② 在服闋還未被重新啓用的這段時間，胡汝礪以"功實嚴乎三月"，到弘治十四年辛酉（1501）春"稿成"，編成《弘治志》，上接朱栴《寧夏志》，下啓管律《〔嘉靖〕寧夏新志》，爲寧夏地方志的延續做出了重要貢獻。

（四）弘治十四年（1501）至正德元年（1506），37—42歲，官場有爲期

丁憂結束後，胡汝礪於弘治十四年（1501）被重新啓用。呂柟《兵部尚書胡公行狀》載，胡汝礪"服闋，授户部郎中，督餉山西"。③ 管律《重修〈寧夏新志〉後序》載："越辛酉春……竹山東上。"④ "辛酉"指弘治十四年（1501），"竹山"即胡汝礪。

胡汝礪在起復後，繼續任户部郎中，督餉山西，"不至期歲，邊儲告裕"。⑤ 恰在此時，北虜犯大同，"無可與守者"，兵部尚書馬文升奏擢胡汝礪"知大同"。⑥ 在任大同府知府期間，他"敢於任事，繩下以法，頗著治績"。⑦ 這年，"適歲旱，鎮巡雩禱弗應，公痛自省，跣足祈求，忽大雷雨，四郊霑足，民爭頌曰：'此父母雨也。'"⑧ 當時，"總戎重臣不束其下，毒及兵民"，胡怒斥他們是"内轄靼"，"痛抑之，厚忤重臣，遂疏疾求去"，⑨ "吏部惜其才，固留之"。⑩ 兵部尚書馬文升也上奏弘治皇帝，認爲胡汝礪"可大用。真無疾，即疾亦可用，不可去"。胡汝礪最終没有離任，而且，"益發舒敢任事"。⑪ 他的這種做法，在當時得到了很高的評價。

---

① 范宗興整理《弘治寧夏新志》，第351—352頁。
② ［明］呂柟《兵部尚書胡公行狀》，載《續修四庫全書》1338册《涇野先生文集》卷三七，上海古籍出版社1995年版，第273頁。
③ 同上。
④ ［明］胡汝礪編、［明］管律重修、陳明猷校勘《嘉靖寧夏新志》，第457頁。
⑤ ［明］呂柟《兵部尚書胡公行狀》，第273頁。
⑥ ［明］焦竑《國朝獻徵録》卷三八《兵部尚書胡汝礪傳》，第735頁。
⑦ 楊新才、吳忠禮主編《明實録寧夏資料輯録》，第462頁。
⑧ ［明］雷禮《國朝列卿紀》卷四八，第3154頁。
⑨ ［明］呂柟《兵部尚書胡公行狀》，第273頁。
⑩ ［清］覺羅石麟等《〔乾隆〕山西通志》，卷九三，影印文淵閣《四庫全書》本，臺灣商務印書館1986年版，第545册，第275頁。
⑪ ［清］王鴻緒《明史稿》，清敬慎堂刊本，卷一七二。

吕柟《兵部尚書胡公行狀》載:"當是時也,守令無敢抗,權官亦無以疾辭者。辭疾矣,亦無獲留者。公之才望,自是滋震也。"①

(五) 正德二年(1507)至正德五年(1510),43—46歲,飛黃騰達期

正德年間,宦官劉瑾專權朝政,"疾文士懦緩,樂用豪健吏"。② 胡汝礪"急於干進,厚賄劉瑾,以希汲引。瑾以同鄉故,甚悦之,因援以爲黨"。③ 由於胡敢於任事,政績卓著,又有劉瑾提攜,正德二年(1507),"徵爲順天府丞",④提調順天(治今北京市)鄉試,正德三年(1508)六月陞府尹。⑤ 當時,"順天雖首善之地,然勢族豪右十七,其民動遭齟齬"。胡"低昂其間,畿甸之内亦有陰受其惠者"。⑥

正德三年(1508)十一月,胡汝礪陞户部左侍郎,"尋兼都察院右副都御史",⑦敕董宣府(治今河北張家口市)邊務。⑧ 正德四年(1509),劉瑾慨然舉屯田,派御史等官前往各邊清理屯田,胡奉命"往宣府清理屯田",⑨辦事迅速,頗爲盡力,並大力劾舉地方豪强和王公貴族,深得劉瑾信任,改任兵部左侍郎兼都察院僉都御史,"仍蒞邊政,拓宣府屯田"。⑩ 正德五年(1510)二月,授胡汝礪兵部尚書之職,未到任,於正德五年(1510)三月一日卒於官,⑪終年46歲。

自正德二年到正德五年間,胡汝礪從順天府丞到府尹,到户部侍郎、都察院右副都御史,到兵部侍郎、都察院僉都御史,到兵部尚書,"遷轉之速,未有及之者"。不僅如此,"訃聞,詔賜葬祭",按照當時的慣例,"大臣非歷三載者,不得請葬祭,而特加汝礪,亦異數也"。⑫ 胡汝礪卒後,"賜葬陝西咸寧,子姓得守冢墓"。⑬ 對於胡家來説這也是一種榮耀。"遷轉之速"和特加"異數"有胡汝礪富於才幹的成分,但更多的是有劉瑾"援以爲黨"的結果。胡汝礪"卒後五月,瑾始誅,故弗與罰,人咸幸之"。⑭

---

① [明]吕柟《兵部尚書胡公行狀》,第273頁。
② [清]王鴻緒《明史稿》,卷一七二。
③ 楊新才、吴忠禮主編《明實録寧夏資料輯録》,第462頁。
④ 楊新才、吴忠禮主編《明實録寧夏資料輯録》,同上。
⑤ 《明實録·武宗實録》,卷三九,第915頁。
⑥ [明]吕柟《兵部尚書胡公行狀》,第273頁。
⑦ 楊新才、吴忠禮主編《明實録寧夏資料輯録》,第462頁。
⑧ [明]吕柟《兵部尚書胡公行狀》,第273頁。
⑨ 楊新才、吴忠禮主編《明實録寧夏資料輯録》,第462頁。
⑩ [明]焦竑《國朝獻徵録》卷三八《兵部尚書胡汝礪傳》,第735頁。
⑪ [明]吕柟《兵部尚書胡公行狀》,第274頁。
⑫ 楊新才、吴忠禮主編《明實録寧夏資料輯録》,第462頁。
⑬ [明]許宗魯《明故奉政大夫鴻臚寺右少卿蒙谿胡公墓志銘》,四庫未收書輯刊編纂委員會編《四庫未收書輯刊》第伍輯第19册,北京出版社2000年版,第185頁。
⑭ 楊新才、吴忠禮主編《明實録寧夏資料輯録》,第462頁。

三、胡汝礪的評價

胡汝礪不僅有才幹，"敏捷練達，臨事裁決如流"，①政聲卓著，"鴻材大略，著於兵食"，官運亨通，"年未半百而爵位已極"，②且著述頗多，著有《竹巖集》，編撰《弘治志》等。

胡汝礪一生以孝聞。呂柟《涇野先生文集》卷三四《襄陵尹胡君墓志銘》載，在父親胡璉外出時，祖父胡雄病，胡汝礪與弟胡汝楫"晝夜身事，不避穢污"，③可見其孝行。明張萱《西園聞見錄》卷一亦載有胡汝礪孝行事：

> 幼時，母陳太夫人病，目暴瞷。方讀書，歸見之曰："母目若此，吾何忍用明也。"乃捐書不治，絕其滋味，夜焚香祝天，形容憔悴。居三日，母夢神人告曰："爾無慮爾目為也。爾子孝，爾目為愈矣。"夢覺，腫翳漸散，不旬日而愈。至為主事，聞祖母太夫人之訃，哭踴幾絕，外寢素食，期年而後已。④

呂柟《涇野先生文集》卷三七《兵部尚書胡公行狀》、焦竑《國朝獻徵錄》卷三八《兵部尚書胡汝礪傳》等均有類似記載。這些記載雖不免荒唐，但胡汝礪之孝可見一斑。胡汝礪不僅是孝子，更是孝臣。弘治帝死後，他"憂形於色，入臨必慟，絕疏食，別寢，越二十七日而後止。同寅或嘲之曰：'古有忠臣，今有孝臣矣。'"⑤

胡汝礪還以義稱。呂柟《兵部尚書胡公行狀》載，"鄉同年任良……居太學，貧不能堪，然孤介，不干人，蒙面賣卦以自給"，相識的人都不知道他的情況。胡汝礪當時在戶部，"獨禮之"。任良無子，死後其妻買不起棺材，胡汝礪為之購棺木，"輿歸其喪"。"同部主事壽儒死於官，妻子孤弱"，胡便"遣弟汝明歸其喪"。父親胡璉的友人趙儒死於太學，他派弟胡汝楫"歸其喪"。並對弟弟說："種苗看豐，交友看窮，比昵之合，惡乎有終"。他的這些行為，得到了別人的肯定，贊為善與人交。⑥

雖然胡汝礪一生大有成就，但他急於"干進"，巴結為時人所不齒的大宦官劉瑾，並在劉瑾的"汲引"下飛黃騰達，只因運氣好，先於劉瑾被誅前去世，沒有受到

---

① ［清］查郎阿等《〔乾隆〕甘肅通志》，卷三六。
② ［明］焦竑《國朝獻徵錄》卷三八《兵部尚書胡汝礪傳》，第735頁。
③ ［明］呂柟《襄陵尹胡君墓志銘》，載《續修四庫全書》1338冊《涇野先生文集》卷三四，上海古籍出版社1995年版，第227頁。
④ ［明］張萱《西園聞見錄》卷一，第31頁。
⑤ ［明］呂柟《兵部尚書胡公行狀》，第274頁。
⑥ 同上。

劉瑾案的牽連，然一生中留下的污點卻是無法抹去的。

四、胡汝礪的家世

　　前已述及，胡汝礪祖籍應天溧陽，高祖胡通甫。曾祖胡士真，洪武初，以醫累，謫戍寧夏左屯衛（今寧夏銀川市），遂爲寧夏人。曾祖母劉氏。胡汝礪中進士後，曾聯繫溧陽胡氏家族，"溧陽族亦遣人來會宗譜，於是南北之胡始合"。① 但寧夏的胡汝礪家族仍居寧夏。

　　胡汝礪祖父胡雄，號唐渠，"以孫汝礪推贈通議大夫、兵部左侍郎"。② 祖母酒氏，以孫貴，封淑人。胡迅雷《明代寧夏胡氏家族》說："胡雄，字士真。"③誤。

　　胡汝礪有叔祖胡昶，爲人知過善改。據《兵部左侍郎槐堂先生胡公配淑人陳氏墓表》載，昶嘗與其兄胡雄不睦，一天，招呼侄子胡璉到自己家裏吃飯，璉"食有異品，涕泣而弗茹。叔責其故，對曰：'璉父未嘗，實難入口。'昶始歸饋厥兄，頓釋鬩牆"。④

　　父胡璉，字重器，號槐堂，"年十五，博學強記，十八而遊衛庠。慷慨有氣節，然卒屈於有司。以公故，封户部主事"。⑤ 可見胡璉生前就因胡汝礪任户部主事而封爲户部主事。"博涉經藝，累科不售，以子汝礪推封通議大夫、兵部左侍郎。多義行"。⑥ 前述璉的一番言論就教育了其叔昶，可見璉的聰明才智和孝順之心。《兵部左侍郎槐堂先生胡公配淑人陳氏墓表》還載，他"貧而悅親，日薦甘旨。客遇珍羞，懷以歸養。父病痿痺，夙夜旁求救理，遂獲終遇"。⑦ 他不光對自己的家人好，而且對妻子陳氏家人也非常講究孝悌。弘治十一年（1498）卒。⑧ 母陳氏，以子貴，封太淑人。陳氏操持家務，極爲賢慧，侍公婆甚謹，被列爲孝婦。志載，"其舅老且病，矢溺不下牀席，人不能近"。在胡璉參加鄉試離家時，"陳率其幼子，晝夜候寢門外，曲意扶持，其曬暴洗濯，一出誠懇"。感動得胡雄拉著親家陳父的手說："吾以苦病累汝女。願汝女有好子、好孫如汝女。"感泣而卒。陳氏

---

① ［明］吕柟《兵部尚書胡公行狀》，第 274 頁。
② 范宗興整理《弘治寧夏新志》，第 73 頁。
③ 胡迅雷《寧夏歷史人物研究文集·明代寧夏胡氏家族》，寧夏人民出版社 1993 年版，第 133 頁。
④ ［明］吕柟《兵部左侍郎槐堂先生胡公配淑人陳氏墓表》，載［明］吕柟著，米文科點校整理《吕柟集·涇野先生文集》，西北大學出版社 2014 年版，第 901 頁。
⑤ ［明］吕柟《兵部尚書胡公行狀》，第 274 頁。
⑥ ［明］胡汝礪《〔弘治〕寧夏新志》，第 266 頁。
⑦ ［明］吕柟《兵部左侍郎槐堂先生胡公配淑人陳氏墓表》，載《涇野先生文集》三十六卷，明嘉靖三十四年（1555）于德昌刻本，卷三〇。
⑧ 根據胡汝礪《〈寧夏新志〉後序》，胡璉卒後，胡汝礪丁憂到弘治十三年（1500）年底，"憂服已闋"，按照明制一般慣例，丁父憂守孝二十七個月推算，胡璉當於弘治十一年（1498）下半年去世。

後來"事姑亦如其舅云"。①《〔乾隆〕寧夏府志》卷一七《人物·列女·孝婦》亦載其事。陳氏卒後,胡汝礪從寧夏將胡璉靈柩遷至西安,與陳氏合葬於"雁塔左方"。②

值得一提的是,《弘治志》乃於弘治十四年(1501)編寫成書,時胡汝礪爲户部郎中丁父憂,但天一閣本《弘治志》卻載,因汝礪故胡雄贈、胡璉封兵部左侍郎,這不符合明朝封贈的規矩。胡雄、胡璉被封贈爲兵部左侍郎應該是正德四年(1509)胡汝礪任兵部左侍郎時之事,且這時胡璉已卒,應爲"贈"而非"封"。合理的解釋是:胡汝礪在編定《弘治志》時,書中只記載有胡璉封户部主事之事,"正德七年(1512)到任寧夏巡撫的馮清主持於正德八年(1513)重修《寧夏新志》,補入弘治十五年至正德九年間(1502—1514)寧夏諸事,馮清離任前,也即最晚於正德九年(1514)依弘治時期原版《寧夏新志》的版式進行補版",成爲今傳天一閣本《弘治志》的樣子。③ 馮清或其前任在改補胡汝礪《弘治志》時,將胡雄贈兵部左侍郎事補入,并承胡汝礪《弘治志》本記載胡璉封户部主事之事誤將胡璉"贈"兵部左侍郎事記爲"封"兵部左侍郎。

胡汝礪妻王氏,與丈夫"相待如賓,終始如一",胡"自側微至通顯不一御婢妾也",④可見夫妻感情很好。王氏被加封爲太夫人。⑤

胡汝礪兄弟五人,胡汝礪爲長。二弟胡汝楫,生於明成化四年(1468)正月二十二日,字良濟,號蓮塘。中弘治乙卯(1495)鄉試,登弘治乙丑(1505)進士。正德二年丁卯(1507)任任丘(治今河北省任丘市)知縣。正德五年庚午(1510)任山西襄陵縣(治今山西省襄汾縣)知縣,正德六年(1511),"以直道見黜",⑥"冠帶閑住",回到西安閉門謝客,"究方脈,考藥性,人家有疾,皆親治之……又爲家政以誨子弟"。正德十三年(1518)正月四日卒,終年51歲。葬從雁塔新兆胡璉墓右。陸深《儼山集》卷七九《刑部右侍郎乙峯蘇公配淑人王氏行狀》載:"葬韋曲里之新兆。"⑦可見新兆在韋曲里(今西安市長安區韋曲)。胡汝楫"豁達瓌瑋,少讀書有大志",多有著述;爲人講孝悌,善識人,廉潔清明,斷案如神,不畏權貴,曾被錦衣

---

① [明]胡汝礪編、[明]管律重修、陳明猷校勘《嘉靖寧夏新志》,寧夏人民出版社1982年版,第147頁。
② [明]吕柟《襄陵尹胡君墓誌銘》,第229頁。
③ 胡玉冰《寧夏地方志研究》,第61—62頁。
④ [明]吕柟《兵部尚書胡公行狀》,第274頁。
⑤ [明]許宗魯《明故奉政大夫鴻臚寺右少卿蒙谿胡公墓誌銘》,第185頁。
⑥ [明]胡侍《志從弟傳墓并序》,載[明]胡侍《胡蒙谿續集》六卷,中國科學院國家科學圖書館藏明嘉靖刻本,卷五,第5—6頁。
⑦ [明]陸深《儼山集》,影印文淵閣《四庫全書》本,臺灣商務印書館1986年版,第1268册,第503頁。

衛誣陷下獄,"歷按無狀,天子赦出"。① 吕柟撰有《襄陵尹胡君墓志銘》詳載其事,《弘治志》卷二《科目》、《〔嘉靖〕寧夏新志》卷二《選舉》、《〔乾隆〕寧夏府志》卷一四《人物·科貢》等均有載。根據《襄陵尹胡君墓志銘》所載,胡侍友人、進士王謳曾爲胡汝楫撰有行狀。另,《咸寧縣志》卷一五《經籍志》載胡汝楫曾官安徽懷寧縣知縣,不知何據。胡汝楫妻茅氏,寧夏義民茅仲英之女,餘不詳。

三弟胡汝霖,號桐岡,寧夏衛學生,正德四年(1509)卒。四弟胡汝明,義官。

五弟胡汝翼。據胡侍《季父迪功郎府君墓版文》載,胡汝翼,字良輔,"起國子生,爲秦府引禮舍人,遷典儀副,再遷典寶,正授迪功郎"。爲人"温良柔克,未嘗失色於人;子諒寡辭,未嘗發一妄語。孝弟之德,内外無間"。嘉靖二十八年(1549)十一月十三日卒,終年67歲。嘉靖二十九年(1550)春二月二日葬陝西城南雁塔東胡汝礪墓左。②《弘治志》卷二《恩例》中有載。妻黄氏,寧夏處士黄儒之女,嫁胡汝翼23年,嘉靖五年丙戌(1526)十二月七日卒,終年43歲。嘉靖六年(1527)葬長安南雁塔左。側室劉氏,餘不詳。

胡汝礪有子五人,長子胡佶,妻徐氏,徐教諭之女;次子胡侍,妻杜氏,杜知縣女(下章專章論述);三子胡伸,妻姜氏,姜百户女;四子胡值,五子胡僑,餘不詳。有女一人,嫁於指揮沈瑁長子沈暘嚶。有孫女三人。餘不詳。

胡汝楫有子二人,長子胡佑,咸寧縣廪膳生,娶寧夏慶府引禮喻賢女;次子胡儥,娶咸寧户部尚書雍泰女。有女一人,嫁慶陽主事韓守愚之子、侍郎韓鼎之孫韓垃。有孫女一人,胡儥所生。有孫二人,胡叔元、胡叔封,皆胡佑所生。吕柟《襄陵尹胡君墓志銘》載,胡汝楫有"孫男二:堯元、堯封,佑所出"。③ 查胡侍《真珠船》卷六《破頭話》:"余仲父襄陵君之孫叔元,乃從弟佑之子……正德甲戌四月十九日……生……登嘉靖乙未進士,歲餘遘病……逝。時年才二十有三。"④ 再查《明清進士題名碑録索引》,胡叔元登嘉靖十四年(1535)乙未科第三甲第166名進士。雖然胡侍"破頭話"之事荒誕,但胡叔元之事時間點等卻真。又,許宗魯《明故奉政大夫鴻臚寺右少卿蒙豁胡公墓志銘》載,胡侍"子叔寓、叔家、叔容"。⑤ 根據古人同一家族同輩取名的一般規律及胡叔元登進士時間來看,胡侍所記"胡叔元"之名是正確的,吕柟所記胡汝楫之孫"堯元"之説當誤,原因不詳。由此推之,"堯封"當爲"叔封"。胡汝楫另有孫女一,係胡佶女,陳大策之妻,卒於

---

① [明]吕柟《襄陵尹胡君墓志銘》,第228頁。
② [明]胡侍《季父迪功郎府君墓版文》,卷五,第7—8頁。
③ [明]吕柟《襄陵尹胡君墓志銘》,第229頁。
④ [明]胡侍《真珠船》八卷,清華大學圖書館藏明嘉靖二十七年(1548)刻本,卷六,第9頁。
⑤ [明]許宗魯《明故奉政大夫鴻臚寺右少卿蒙豁胡公墓志銘》,第185頁。

嘉靖二十七年戊申(1548)五月十二日,終年44歲。胡侍說她"夙性哲朗,令姿端淑。玉度蘭儀,輝映壺閫。圖禮之籍,經目若習;織組之巧,不學而能。庭雪之詠,能而不屑也"。① 可見胡侍給予這個姪女的評價非常高。陳大策,字以道,胡侍有《陳以道墓志銘并序》詳載其事。

胡汝明有子胡傳,字修之。幼從胡侍學《尚書》,咸寧庠生。嘉靖十九年(1540)中陝西鄉試舉人。歷光山教諭、棗强(治今河北棗强縣)知縣。嘉靖二十七年戊申(1548)十二月十日病卒,終年44歲。妻龍氏,生子叔兆,瞽人。繼室郭氏,餘不詳。

胡汝翼有子一人,側室劉氏所生,早卒;女二人,亦劉氏所生。其一配舉人張鳳岐之子張元亮,餘不詳。

根據王世貞詩《讀胡侍鴻臚詩有感因遣其從子邑博叔才》,②胡叔才亦爲胡家人,是胡侍之姪,具體爲誰之子,待考。

第二節　胡汝礪的著述

胡汝礪一生勤於著述,在文學、史學方面頗有造詣,其傳世著述中最具代表性的是《弘治志》。

一、《〔弘治〕寧夏新志》

《弘治志》爲時任寧夏巡撫王珣主修,胡汝礪編纂,爲我們了解和研究當時寧夏的狀況提供了豐富的史料,對於此前寧夏的歷史也有較爲深入的探討,"開卷一覽,寧夏千百年已然之迹,殆不出户庭了然於心目間"了。③

(一)《弘治志》的文獻著録

《〔嘉靖〕寧夏新志》《〔萬曆〕朔方新志》《〔乾隆〕銀川小志》《〔乾隆〕寧夏府志》《〔民國〕朔方道志》等寧夏地方志都在序言中提及胡汝礪編纂的《弘治志》。

---

① 胡侍《龍溪子陳君妻胡室人墓志并序》,載[明]胡侍《胡蒙豀續集》六卷,中國科學院國家科學圖書館藏明嘉靖刻本,卷五,第6—7頁。
② [明]王世貞《讀胡侍鴻臚詩有感因遣其從子邑博叔才》,載《弇州四部稿》卷一八《詩部》,影印文淵閣《四庫全書》本,臺灣商務印書館1986年版,第1279册,第229頁。
③ 范宗興整理《弘治寧夏新志》,第2頁。

朱睦㮮《萬卷堂書目》卷二、《千頃堂書目·地理類上》、《明史》卷九七等古代書目文獻都對《弘治志》有著録,且著録内容基本一致。《天一閣書目·史部二》:"《寧夏府寧夏縣新志》八卷。刊本。明胡汝礪編。王珣序。"①此處將《弘治志》著録爲"寧夏府寧夏縣新志"顯然是錯誤的。清雍正二年裁去寧夏衛而改置寧夏府,下轄四縣一州(後曾置寧靈廳),②寧夏縣只是寧夏府的一部分,而《弘治志》所反映的是明寧夏衛也就是清寧夏府的情况,此著録將"寧夏"誤作"寧夏縣"了。現當代書目文獻中,張維因未見到《弘治志》,故著録爲"佚",③誤。駱兆平編著的《天一閣藏明代地方志考録》載:"《寧夏新志》八卷。明弘治十四年(1501)胡汝礪纂修。此志纂修時尚存宣德間舊志,故稱新志。舊志今未見,這是現存最早的寧夏志。"④并詳録各卷類目。駱兆平因未見到朱栴《〔正統〕寧夏志》,所以得出了《弘治志》是現存最早的寧夏志的結論,亦誤。《寧夏地方志存佚目録》《中國地方志聯合目録》《寧夏地方文獻聯合目録》《西北史籍要目提要》著録内容大體一致,對《弘治志》的書名、編纂者胡汝礪、卷數、編纂時間等基本没有異議。

(二)《弘治志》的版本和内容

現傳世《弘治志》爲孤本,藏於寧波天一閣,甘肅省圖書館、寧夏大學曾分別於 1959 年、1963 年對該本進行抄録。1988 年,吴忠禮主編、天津古籍出版社出版的《寧夏歷代方志萃編》第一次將《弘治志》影印版行,寧夏圖書館也在同年編輯《寧夏地方志叢刊》,將《弘治志》影印收録。1990 年,上海書店出版了《天一閣藏明代方志選刊續編》,在第七二册中收録影印了《弘治志》。此書版框高 22 釐米,寬 15.7 釐米。黑口,四周雙邊,雙黑魚尾,書口中題書名、卷次、頁碼。卷二缺第 1—2 頁,卷七全缺,其他各卷基本完整。從行款來看,各卷行數、字數不一,大多數版面是每半頁 8 行,行 13 字,雙行小字同。也有每半頁 9 行,行 14 字的;還有每半頁 10 行,行 18 字的,如卷八《雜咏》整卷都是如此。有時出現同一版左右半頁行數不同,甚至同頁中前後行中的字數不同的現象。比如卷六第 48 頁左半頁爲 10 行,右半頁爲 8 行,右半頁中前 7 行爲 13 字,雙行小字同,第 8 行卻是 16 字。此後從第 49 頁至本卷最後一頁即第 58 頁都是每半頁 10 行,行 16 字。同一卷正文行款字數不同的現象説明,傳世的《弘治志》肯定有補修情况存在。

胡玉冰《寧夏地方志研究》第二章《明代寧夏總志》對《弘治志》的成書和今傳

---

① [清]范邦甸等撰,江曦、李婧點校《天一閣書目 天一閣碑目》,上海古籍出版社 2010 年版,第 187 頁。
② 陳育寧《寧夏通史(古代卷)》,寧夏人民出版社 1993 年版,第 299 頁。
③ 張維《隴右方志録》,第 13 頁。
④ 駱兆平編著《天一閣藏明代地方志考録》,第 174 頁。

世天一閣刻本的刊刻時間進行了詳細考證,認爲《弘治志》成書於弘治十四年(1501),"刊行時胡汝礪已離任東上,故未及見初印本,且在其書刊刻過程中,由於刊刻者的不負責任,致使初次刊印出來的文本已非胡汝礪原稿原樣,且多訛誤"。後由時任寧夏巡撫的馮清於正德年間進行補修并刊刻,即《弘治志》有兩次刊刻。但是胡汝礪初編本現已亡佚,傳世的天一閣藏本爲馮清補修本。① 其説甚確,前述《弘治志》載胡雄、胡璉封贈兵部左侍郎之事即是明證。另,胡侍《真珠船》卷六《懷遠鎮》中説:"《寧夏志》,先公所修,爲當道者所竄改,且經兵火,板散失。又累爲後人增損,故訛誤頗多。"②管律也在《重修〈寧夏新志〉後序》中説:正德八年(1513),馮清曾主持補修《弘治志》,但補修者"隘於聞見,制於勢分,牽於私昵,愈涉於泛且陋"。到嘉靖七年戊子(1528),"中丞聯峰翟公志南又嘗託鄉先達東溪馬公宗大作之,而竟未就"。③ 翟鵬,字志南,別號聯峰,時任寧夏巡撫。馬宗大,即馬昊,字宗大,本姓鄒,寧夏人,弘治十二年(1499)己未科進士,官至四川巡撫,長於用兵。胡侍生於明弘治五年(1492),《弘治志》成書時已10歲,胡汝礪正德五年(1510)卒時已19歲,他不可能不知道父親編纂的《弘治志》是否已刊刻。故其説"板散失"就可充分證明胡汝礪《弘治志》雖經別人竄改,但還是刊刻印行傳世了。"兵火"當指正德五年(1510)的安化王之亂,"兵火"後才出現板散失的情況,可見正德七年(1512)馮清到任巡撫寧夏之前《弘治志》就已經有板了,也就是已經刊刻了。此後,《弘治志》多次補修,胡侍肯定關注,所以對於此書被"竄改"和"增損"而出現的"訛誤頗多"表示不滿。從胡侍和管律的記載可進一步佐證胡玉冰關於《弘治志》兩次刊刻之説不謬。

  天一閣藏《弘治志》主要包括以下内容:王珣弘治十四年(1501)《〈寧夏新志〉序》《目錄》《凡例》《引用書目》《寧夏城圖》《國朝混一寧夏境土之圖》、卷一至卷六、卷八、胡汝礪弘治十四年(1501)《〈寧夏新志〉後序》。《弘治志》卷一至卷八事實上一共包括三部分,第一部分卷一至卷三,主要是寧夏總鎮和各千户所、衛等各地的歷史沿革、風土人情等内容,編排體例基本一致;第二部分卷四至卷六,主要是寧夏歷史考證,特別是專門對赫連夏、拓跋夏進行考證,寫出了這兩個時代的簡史;第三部分是卷八《雜咏》,收寧夏自唐至明朝詩詞文。其中卷一爲《寧夏總鎮》,下設52小類,目錄中的"牧馬監苑"實際無正文。卷一主要記載了寧夏的自然地理、經濟情況、風俗人情、名勝古迹等。卷二包括《人物》《宦迹》《朝使》

---

① 胡玉冰《寧夏地方志研究》,第60—62頁。
② [明]胡侍《真珠船》八卷,卷六,第27頁。
③ [明]楊守禮修、[明]管律等纂《〔嘉靖〕寧夏新志》,載《續修四庫全書》第649册,上海古籍出版社2002年版,第235頁。

《俘捷》《祥異》《僊釋》《鄉飲》《祭祀》《經籍》九大類。其中《人物》記隋至明朝人物，明朝又包括《宗室文學》《流寓》《科目》《監生》等 13 個小類，明以前人物、《恩例》《直衛》在目錄中沒有提及；《宦迹》下列元魏（北魏）至明朝宦迹，明朝又包括《主將》《副將》《鎮守內臣》《巡撫》《遊擊將軍》《督儲》《監槍內臣》《東路參將》《西路參將》《東路協同》《西路協同》《欽依守備》《都指揮》等 13 小類，明朝以前宦迹及《東路參將》《西路參將》《東路協同》《西路協同》《欽依守備》在目錄中沒有提及。卷三主要是對靈州、韋州、寧夏後衛、興武營、寧夏中衛、廣武營和平虜城的歷史沿革、地理風情、人物宦迹等進行記載。卷三事實上就是大體按照卷一、卷二寧夏總鎮的體例來編排的，材料多寡不一，一些類目有刪有減。卷四是明朝寧夏地區自先秦至元代的《沿革考證》，卷五是《赫連夏考證》，卷六是《拓跋夏考證》，都具有簡史性質。卷七缺。卷八為《雜咏類》，收詩詞文共 207 篇，按照先收詩、次錄詞，再錄文的順序收錄。詞（13 首）和文（3 篇）因數量少，按照時間先後編排；詩因數量多，編排幾乎無規律可言，顯得雜亂。

（三）《〔弘治〕寧夏新志》的評價

1.《弘治志》的價值

其一，《弘治志》較《〔正統〕寧夏志》而言體例上要完備得多，卷一至卷八共分三個部分對明朝弘治、正德年間寧夏的歷史發展沿革、總鎮和各地的經濟社會發展狀況等方方面面都有記載，且採用二級標目法，如卷二包括《人物》等九大類，《人物》中明朝的人物又分十三小類，綱舉目張，標舉詳明，邏輯性很強，這種體例對後來寧夏地方志的纂修影響很大。

其二，《弘治志》較為詳細地記載了慶藩在寧夏的情況，對慶王朱栴在寧夏的主要事件、王府地理位置、人事建制、建築規模等有詳細的記載，還專門用譜系圖明確了幾代慶王及其他各王支脈的延伸，對反應當時寧夏刻書水平的慶府刻書和王府著述狀態都記載詳明。

其三，《弘治志》在《人品》中對上至宗藩、鎮巡三司，下至賤役、賤女等二百五十多種"人品"的記載頗有價值。其中"匠作"就有畫工、刊子人等 66 種。這些史料反映了明代中期寧夏的地方商品交換和手工業作坊不僅數量多，而且門類全，分工很細。同時，也反映出胡汝礪等編纂者尊重社會現實、如實反映真實生活的修志態度。

其四，《弘治志》詳細反映了明朝寧夏地區的軍屯情況。志載寧夏分為總鎮、靈州守禦千戶所、韋州、寧夏後衛、興武營守禦千戶所、寧夏中衛、廣武營、平虜城等，從中就可以看出當時寧夏地處九邊之地的軍事重地性質。志中詳細記載了關隘、屯戍、屬城、邊防、營堡、牧馬監苑、軍馬、差役、官吏、軍餉、輸運等方面內容，從中可以看出當時寧夏的屯田實際，特別是卷一《田賦》中"屯田"條下記載軍士屯田和守城的分工以及軍糧的供給分配狀況，《差役》記載了軍丁服差役的現實，這些都體現了其時軍隊根據需要進行軍屯對於邊疆建設的作用。

其五，《弘治志》專卷對明以前寧夏歷史、赫連夏、拓跋夏進行考證，既是考古以鑒今，希望得到當時統治者的重視，從中吸取歷史教訓，同時在客觀上也為我們留下了史料，更反映出了明時生活在寧夏的有識之士對這些歷史的態度。這些史料對後世影響很深，特別是拓跋夏考證的內容，成為後來的《〔乾隆〕寧夏府志》卷二二《雜記》的史料來源。

其六，《弘治志》為我們留下了大量的文學作品，在這個風俗"強梗尚氣，重然諾，敢戰鬥"、"重耕牧，閒禮義"的地方，①文學的傳承實屬不易。就連《〔乾隆〕寧夏府志·凡例》都說："寧夏夙稱文物之區，而篇翰遺留絕少，大抵志乘間缺既久，加以戊午震災，家藏著作焚毀又多，故'藝文'所錄，舊志外，不及其半，網羅散失，珍惜倍深。"②《弘治志》不僅用兩卷（卷七為《文章》，佚，故實為一卷）專門收錄了200餘篇（首）詩詞文，其中慶靖王朱㮵的詩詞21首、朱秩炅17首，還專設《經籍》《宗室文學》類目來著錄寧夏地方的有關文獻，意義重大。

2.《弘治志》的不足

傳世天一閣藏本《弘治志》實為明正德年間刊刻，距胡汝礪編纂完成此書已過去十餘年，其間又歷經多次修改，問題較多。管律在《重修〈寧夏新志〉後序》中說："律時受業竹山之門，嘗與筆札。越辛酉春蕆成，未壽梓而竹山東上。及將鋟之，役欠掌正，乃人出己見，競加點竄，遂失其真。夫志四方者尚簡，簡貴弗遺。志一方者尚詳，詳貴弗冗。以其點竄之失真也，故綱領不振，視匪良志。正德癸酉，中丞濯菴馮公汝揚嘗重纂於夏庠，惜師生隘於聞見，制于勢分，牽於私昵，愈涉於泛且陋，君子益厭之。"③無論什麼原因，客觀上傳世《弘治志》問題較多，比如多處出現目錄與正文不符，全書有多處墨丁或空白，行款上有各卷行數、字數不一的情況，卷七整卷缺失，卷二缺1—2頁，這些都影響了《弘治志》的價值。關於這些問題，可詳參胡玉冰《寧夏地方志研究》中第二章第二節《〔弘治〕〈寧夏新志〉與〈正德〉〈寧夏新志〉》。茲不贅述。需要指出的是，《弘治志》卷八《雜咏類》共收唐宋元明與寧夏有關的詩191首，其中馮清一人就收46首，近乎總數的四分之一，比例嚴重失衡；而且，這些作品除了簡單按照唐、宋、元、明的先後順序排

---

① 范宗興整理《弘治寧夏新志》，第7頁。
② 〔清〕張金城等修纂、陳明猷點校《乾隆寧夏府志》，寧夏人民出版社1992年版，第15頁。
③ 〔明〕楊守禮修、〔明〕管律等纂《〔嘉靖〕寧夏新志》，第235頁。

列外,明朝的181首詩排列全無順序,既不是按照作者在世時間或者作品創作時間先後排列,也不是按照五言、七言等分類排列,更不是按照詩歌產生或描寫的地域來編排,一位作者(比如朱櫛)的詩可以被分解在多處編排,顯得雜亂無章,毫無規律可言。出現這種情況也許和此志在胡汝礪編定後被多次纂改有關。

《弘治志》上承《〔正統〕寧夏志》,下啓《〔嘉靖〕寧夏新志》,爲寧夏地方志的發展做出了貢獻,它奠定了楊守禮修、管律等纂修《〔嘉靖〕寧夏新志》的基礎,爲後世方志提供了史料來源和體例參考,影響深遠。

二、胡汝礪的其他著述

胡汝礪另有《竹巖集》。汝礪自幼有文名,進入仕途後更是"以文章詩賦名","今所遺有《竹巖集》若干卷"。① 呂柟《兵部尚書胡公行狀》載,胡汝礪"今所遺有《竹巖集》數卷,詩文皆雄健飄邁,自成一家言也"。② 《千頃堂書目·別集類》亦著録胡汝礪著有《竹巖集》。故此集當爲其詩文集。今惜不傳。

艮弼還有散見著述。正德年間,胡汝礪提調順天(治今北京市)鄉試,恰胡汝楫舉進士,出任任丘(治今河北省任丘市)知縣。匆忙中,胡汝礪曾作《爲政要略》一帙送給汝楫,意在教其如何爲官。"其言今視之,皆可爲式也"。③ 今惜不傳。其傳世散見文只有一篇,即《漢壽亭侯碑記》。文見載於《〔萬曆〕朔方新志》卷四、《〔乾隆〕寧夏府志》卷一九《藝文·記》。成化二十三年丁未(1487),就在胡汝礪中進士後不久,寧夏一些地方官捐資修建關公廟,於當年八月完工,請他寫碑記。胡汝礪"誼不可辭,謹拾侯之忠義大節之實,記之貞珉",完成了這篇碑記。此文除必須交代的寫作緣由、修廟人基本情況、修廟動機和功德外,内容主要放在了對關羽的評價和贊美上。文章首先簡述了關羽的基本情況和當時的背景,接下來以大量筆墨贊美其勇武忠義,對其不事獻帝而事劉備、關公廟不僅在荆襄而且遍布全國的原因作了辨析,認爲關羽事劉備是因爲其能延續漢祀,關公廟遍布天下是因爲其正氣遍布天下。文章思路清晰,抓住關羽"忠義大節"的特點進行正面陳述,并對世人的不同看法進行了批駁,使關羽的高大形象得以展現。文章氣勢磅礴,語言犀利,特別是贊美關羽忠義的部分,既是理性的分析,又是感情充沛的肺腑之言,以情馭理,使一篇枯燥的碑記文非常具有可讀性。如:

---

① 〔明〕焦竑《國朝獻徵録》卷三八《兵部尚書胡汝礪傳》,載周駿富輯《明代傳記叢刊》,第735頁。
② 〔明〕呂柟《兵部尚書胡公行狀》,載《續修四庫全書》1338册《涇野先生文集》卷三七,第274頁。
③ 〔明〕雷禮《國朝列卿紀》,卷四八。

當漢室之季,天下鼎沸,草昧雲擾其間,若卓、布、紹、述之流,廢主遷都,擁衆自立,而流毒海内。加以曹操爲漢之賊,孫權爲漢之蠹,又皆乘之而窺神器者,人紀掃地,天理或幾乎熄,孰又知忠義爲何物,視炎漢爲何人家也?獨侯以忠肝義膽,委身事昭烈,顛沛患難,死生以之。信大義,仗大節,堂堂乎行大丈夫第一等事,非其有其高世之見,拔流俗而獨存者不能。宜乎生而爲人豪,没而享廟食,千載之下,凛凛然,死猶不死也。嗟乎!人之有忠義猶天地之有元氣乎。天地雖有日月晦蝕、山川崩溢,而元氣之大自若也;人雖有忠正罹患、奸諛倖免,而忠義之名自若也。①

從此文即可見胡汝礪文風和文采,"以文章詩賦名""詩文皆雄健飄邁"之言不謬。

胡汝礪散見傳世詩歌兩首,其一爲《別夏城》,見載於《〔嘉靖〕寧夏新志》卷七《文苑志·詩詞》、《〔萬曆〕朔方新志》卷五《詞翰·詩》、《〔乾隆〕寧夏府志》卷二一《藝文·詩》、《〔民國〕朔方道志》卷二九《藝文志·賦詩》:

倦倚欄杆把玉卮,水雲縹緲鬢參差。乾坤有路關榮辱,歲月無情管會離。望裏山川都入畫,醉中鄉國謾留詩。園花汀草皆生意,借問東風知不知?

詩人在即將離開寧夏時賦此詩,既是對家鄉的贊頌,也以"園花汀草皆生意,借問東風知不知"來表達對仕途的渴望和建功立業的信心。

其二無題,見載於胡侍《墅談》卷二《善走》一文中:

小范兒,駑駿骨,脛細毛長無厚肉。日行三百到京師,明日還期下安肅。州縣公文不留滯,傭錢日受供家計。年年兩足忘倦疲,天生而人亦何異。聞道胡塵吹塞邊,安得團操四五千。横行沙漠如雷電,免教芻豆賴民肩。②

此詩以戲謔的筆調描繪小范兒善走的特點。

第三節　胡氏其他族人著述

胡氏族人著述最多、成就最高者當數胡侍,下文專章論述。其他胡氏族人中胡璉、胡汝楫有著述。

---

① 〔清〕張金城等修纂《〔乾隆〕寧夏府志》,清嘉慶三年(1798)刊本,卷一九。案:〔清〕張金城等修纂、陳明猷點校《乾隆寧夏府志》,寧夏人民出版社1992年版,第701頁中,"視炎漢爲何人家也"句脱"人"字,"天地雖有日月晦蝕"句,"月"誤作"明"。

② 〔明〕胡侍《墅談》,明嘉靖二十五年(1546)朱氏刻本,卷二,第8頁。

一、胡璉

胡璉著有《槐堂禮俗》三卷、《耕隱集》五卷。胡汝礪《弘治志》卷二《人物·恩封》說胡璉"博涉經藝……著有《槐堂禮俗》三卷、《耕隱集》五卷"。① 然而明呂柟《襄陵尹胡君墓志銘》說胡汝楫"少讀書有大志……退居數年,閉門修業,不干榮利……文章行績遭火無存,獨《槐堂禮俗》三卷……今可考",還說胡璉"受封家居,爲鄉約",胡汝楫"盡體行之,故《槐堂禮俗》三卷"皆汝楫"手著云"。② 清嘉慶二十四年《咸寧縣志》卷一五《經籍志》亦著録《槐堂禮俗》三卷爲胡汝楫撰。可見,《槐堂禮俗》三卷的作者存在胡璉與胡汝楫父子之爭。因這兩則材料不見諸其他文獻,并無他證。細辨之,胡汝楫中弘治八年乙卯(1495)鄉試,《弘治志》成書於弘治十四年(1501),王珣請胡汝礪編纂《弘治志》之前,曾對"進庠之諸生"囑咐說要編新志,"諸生領教唯唯",胡汝礪只是"總其事",待書成時,"諸生奉獻"給王珣。③ 這期間,作爲舉人且爲總纂官之弟的胡汝楫不可能不參與其中,故其對書中著録胡璉著有《槐堂禮俗》三卷之說不可能不知道。呂柟也稱"鄉約"是胡璉所定,胡汝楫"體行之",至於說"手著",應爲胡汝楫記載而已。另,"槐堂"乃胡璉之號,以其號命名,自然爲胡璉作。故可以肯定,《槐堂禮俗》三卷爲胡璉著述。至於《咸寧縣志》所載,疑爲訛傳呂柟《襄陵尹胡君墓志銘》所致。

考呂柟《兵部尚書胡公行狀》《襄陵尹胡君墓志銘》,文中多次提出胡汝礪及胡汝楫用《朱子家禮》爲父治喪,"西夏之人至今傚之",④且胡汝楫體行并"手著"的《槐堂禮俗》乃爲胡璉所定"鄉約"。因原書已佚,故可推測《槐堂禮俗》三卷當爲胡璉依據《朱子家禮》而作的更爲通俗和可操作性更強的"鄉約"之類的著述。《耕隱集》五卷今不見傳,從書名推測,可能是胡璉的詩文別集。

胡璉散見著述現存有詩《過田州城》一首:

漠漠寒沙雨浥平,青山淡淡野雲輕。孤城盡日鳴笳鼓,流水長年起稻秔。春暖灞風消凍路,夜深燐火照荒營。題詩欲弔英雄骨,把筆無言恨轉生。⑤

---

① [明]胡汝礪《〔弘治〕寧夏新志》,《天一閣藏明代方志選刊續編》第72册,上海書店1990年版,第266頁。
② [明]呂柟《襄陵尹胡君墓志銘》,載《續修四庫全書》1338册《涇野先生文集》卷三四,第228—229頁。
③ [明]胡汝礪《〈寧夏新志〉後序》,《天一閣藏明代方志選刊續編》第72册《〔弘治〕寧夏新志》,第687—692頁。
④ [明]呂柟《兵部尚書胡公行狀》,載《續修四庫全書》1338册《涇野先生文集》卷三七,第273頁。
⑤ [明]胡汝礪《〔弘治〕寧夏新志》,《天一閣藏明代方志選刊續編》第72册,第660頁。

此詩見諸《弘治志》卷八《雜咏類》和《〔嘉靖〕寧夏新志》卷二《古迹》,胡侍《墅談》卷三《田州城》亦載此詩,并明確説這是"先大父槐堂先生"詩。① 胡侍《田州城》記敍了當地的情況,也是對這首詩很好的詮釋。文中載:"寧夏北百里,有田州城,城已頹圮。中多枯骼,或立或卧,位置儼如。意者,當時董工之人,殘忍不道,如叱干阿利之徒,殺役夫而築於中耳。且其地臨極邊,虜所出入,風沙黯慘,鬼火縱横,過者靡不毛戴。"

胡迅雷《明代寧夏胡氏家族》一文中説"胡璉一生潛心學問……著有《槐堂禮俗》三卷……此外,'有聞其聲詞一章,棘寺行實一章,公侯文武大臣奠文一章,同臺奠文一章,諫垣奠文一章,詞垣奠文一章,哀詞凡一章,詩凡百章,是其表見於世彰彰也。'另作《過田州城》詩一首",并作注説中間引用部分源自"《羅圭峰文集》卷二〇《祭胡封君文》"。② 按照胡迅雷文中表述之意,"有聞其聲詞一章……詩凡百章"等當爲胡璉所著。查《四庫全書》本《圭峰集》卷二〇《祭文》中確有《祭胡封君文》,然原文較短,除"有聞其聲"四字外,其他內容均無。待後翻一頁,則"詞一章……彰彰也"赫然在目。不過這些是同卷另一篇祭文《祭周母文》的內容,而且原文是説這些內容是別人爲周母所作。很明顯,胡迅雷是將《羅圭峰文集》錯翻頁碼而引用錯誤,抑或是他引用的《羅圭峰文集》原書就搞錯了,因胡注就没有注明《羅圭峰文集》的版本,我們無從知道。故可以肯定胡迅雷所説"有聞其聲詞一章……詩凡百章"等內容絶非胡璉所作。

二、胡汝楫

胡汝楫著有《竹溪年譜》一卷、《蓮塘雜集》二卷。明吕柟《襄陵尹胡君墓志銘》説胡汝楫"文章行績遭火無存,獨……《竹溪年譜》一卷、《蓮塘雜集》二卷今可考"。③《〔嘉慶〕咸寧縣志》卷一五《經籍志》亦著録胡汝楫著有《竹谿年譜》《蓮塘雜集》二卷。"竹溪"爲胡汝礪號,故《竹溪年譜》當爲胡汝楫爲其兄胡汝礪所編。"蓮塘"爲胡汝楫號,故《蓮塘雜集》當爲胡汝楫别集。此二書今惜不傳。

胡氏家族是寧夏歷史上較爲顯赫的家族,他們的著述豐富了寧夏明清時期的文史資料,爲寧夏地方的文化發展做出了重要貢獻。

---

① 〔明〕胡侍《墅談》,明嘉靖二十五年(1546)刻本,卷三,第 2—3 頁。案:"浥",《墅談》作"挹";"杭",《弘治志》原作"杭",據《墅談》改。
② 胡迅雷《寧夏歷史人物研究文集·明代寧夏胡氏家族》,第 134—135 頁。
③ 〔明〕吕柟《襄陵尹胡君墓志銘》,載《續修四庫全書》1338 册《涇野先生文集》卷三四,第 229 頁。

第三章　管律及其著述

　　管律，明代寧夏鎮（今寧夏銀川市）人，《〔嘉靖〕寧夏新志》（本章以下簡稱《嘉靖志》）的編纂者。

　　關於管律，《嘉靖志》《〔萬曆〕朔方新志》《〔乾隆〕寧夏府志》《〔民國〕朔方道志》及《〔乾隆〕陝西通志》《〔乾隆〕甘肅通志》等地方志書都有簡略記載，但各種古籍中均無管律的傳記或者墓志銘之類。

　　目前學界關於管律的生平家世研究比較簡略，均附屬於管律的安邊策及《嘉靖志》的研究中。對於管律在寧夏地方政治軍事策略方面的研究，較早進行全面論述的是胡迅雷的《管律與〈嘉靖寧夏新志〉》一文。文章通過研究管律關於寧夏的邊防和軍事、軍伍和屯田、職官和鹽法、歲貢和新鑄緊藥伏郎槍等方面的論述，認爲他是一位"對於國家，特別是對於寧夏地方事務"有"某些真知灼見"的人，這些論述反映了他"對寧夏地方事務的熱誠和憂國憂民的思想意識"。① 另有何兆吉的《管律生平與寧夏擺邊——兼論管律的安邊策》一文，也對管律的戍邊思想進行了探討，認爲他提出的"守在德不在險"以及對"今擺邊之謀，一舉而五弊存焉"的觀點對今天仍有借鑒價值與現實意義。②

　　對於管律《嘉靖志》方面的研究，較早進行考辨的是張維的《隴右方志錄》，但張維因未見此書，故認爲已佚。不過張氏引《〔乾隆〕寧夏府志》所錄楊守禮《重修寧夏志舊序》對《嘉靖志》的編纂緣起、著者、成書年代等問題加以介紹。最早對天一閣藏《嘉靖志》進行介紹的是駱兆平，其在《天一閣藏明代地方志考錄》一書中對《嘉靖志》的成書時間、纂修者、各卷類目及內容、版本流傳等情況有簡要介紹。《稀見地方志提要》《中國地方志總目提要》對《嘉靖志》有提要。上世紀80年代開始，學界對《嘉靖志》的研究開始逐步深入。陳明猷《明代中葉的寧夏經濟——讀〈嘉靖寧夏新志〉札記之一》從經濟發展的角度對其在記

---

① 胡迅雷《寧夏歷史人物研究文集》，第25—36頁。
② 何兆吉《管律生平與寧夏擺邊——兼論管律的安邊策》，《西北第二民族學院學報》2006年第1期，第56—60頁。

載反映明代中期寧夏地區社會面貌方面的價值作了探討,其另文《〈嘉靖〉〈寧夏新志〉的史料價值》對其成書前後的有關情況,對明代軍屯經濟的反映以及對明代寧夏的政治、軍事、民族、歷史、科技和文學等方面的史料保存價值進行了深入研究。朱潔《介紹寧夏明代地方志五種(上)》、高樹榆的《寧夏方志考》《寧夏方志述略》《寧夏回族自治區地方志述評》、王桂雲《銀川方志述略》都扼要介紹了《嘉靖志》。前述胡迅雷的文章也對《嘉靖志》的内容進行了較爲詳細的介紹。楊浣《〈嘉靖寧夏新志〉與明代寧夏社會》一文從民風、居民與民族、宗教、教育、商業、文藝和民俗等多個角度分析了《嘉靖志》所載明代寧夏社會史料的情況。薛正昌《黃河文明的綠洲——寧夏歷史文化地理·〈嘉靖寧夏新志〉》將《嘉靖志》和《〔正統〕寧夏志》進行了比較,特別是考證了《嘉靖志》在建置沿革方面的新内容、宗室與藩鎮、學校與科舉、寧夏五衛的建置沿革與屯田、壇廟祠祀、宗室文學、文化景觀等十個方面相對於《〔正統〕寧夏志》的進步。此外,還有牛達生的《〈嘉靖寧夏新志〉中的兩篇西夏佚文》對《嘉靖志》的史料價值有探討。

胡玉冰《寧夏地方志研究》第二章《明代寧夏總志》第三節《〈嘉靖〉〈寧夏新志〉》對《嘉靖志》的整理與研究現狀、編修始末、編修者生平、版本特點、志書内容、《嘉靖志》與《〔弘治〕寧夏新志》編刊質量比較、文獻價值等多個方面進行了詳細論述,這也是目前關於《嘉靖志》最全面最深入也是最新的研究成果。

除了内容論述和價值評判之類的論文和專書外,對《嘉靖志》的研究還有一種形式是古籍整理。整理的方式有兩種,一種是抄錄、影印。抄錄只有甘肅省圖書館 1959 年據天一閣刻本《嘉靖志》所抄一種。影印主要有 1961 年上海古籍書店第一次影印天一閣刻本《嘉靖志》,編入《天一閣藏明代方志選刊》,1982 年重印;《續修四庫全書》第 649 册、《中國西藏及甘青川滇藏區方志彙編》第三輯《甘肅藏區及涉藏方志》也影印出版了天一閣藏本《嘉靖志》。影印本爲學界開展《嘉靖志》的研究提供了可靠的原典。第二種是點校。1982 年,寧夏人民出版社出版了陳明猷點校的《嘉靖寧夏新志》,該書對於《嘉靖志》的普及、流傳和學者使用很有幫助。

綜上,目前學界關於管律的研究成果主要集中在《嘉靖志》及其對寧夏地方政治軍事的策略上,可以說,關於《嘉靖志》的成書過程、版本、文獻價值、歷史評價等方面的研究都已非常深入,但關於管律的生平、家世等内容考證不詳,對於管律的散見文章及文集《芸莊雜錄備遺》涉及不多。

第一節　管律的生平

一、管律的字號

　　管律，寧夏人，字應韶，號芸莊、芸莊子，又號賀蘭山人。
　　關於管律的字號，學界說法不一。一種是文中不提其字號。如陳明猷雖點校了《嘉靖志》，卻在點校本後所附《〈嘉靖〉〈寧夏新志〉的史料價值》一文中這樣介紹管律："本書主要纂修者是管律，寧夏人，正德十六年（一五二一年）進士，曾任刑科給事中。當時人稱他'博聞有辭，通世故'。"①在陳氏另文《明代中葉的寧夏經濟——讀〈嘉靖寧夏新志〉札記之一》中也沒有提及管律的基本情況。第二種情況以胡迅雷爲代表，認爲"管律，字芸莊"。② 第三種情況以胡玉冰爲代表，認爲"管律字應韶，號芸莊"。③ 這三種情況中第一種居多。
　　據凌迪知《萬姓統譜》卷八一載："管律，字應韶，慶府人。"④查《嘉靖志》，卷七孟霦詩《南塘同客泛舟分臣字韻》中有"谷口遇垂綸"句，下附雙行小字注："謂管芸莊。"⑤卷八《漢壽亭侯壯繆關公祠碑》下署名"芸莊管律"；孟霦《重修〈寧夏新志〉後序》中以"芸莊管公""芸莊"來稱呼管律。⑥ 再查管律《芸莊雜錄備遺》，前序落款爲"芸莊子"字樣，每卷卷首下署名爲"賀蘭山人管律應韶甫"字樣。⑦《漢語大字典》解釋"律"有"古代用來校正樂音標準的管狀儀器"和"音律；樂律"之意。⑧《説文·音部》："韶，虞舜樂也。"⑨根據古人自稱和被稱呼的一般規律，以及名與字之間的語義關聯性，可以確定，管律字應韶，號芸莊、芸莊子，又號賀蘭山人。

---

　　① 陳明猷《〈嘉靖〉〈寧夏新志〉的史料價值》，載［明］胡汝礪編、［明］管律重修、陳明猷校勘《嘉靖寧夏新志》，寧夏人民出版社 1982 年版，第 462 頁。
　　② 胡迅雷《寧夏歷史人物研究文集》，第 25 頁。
　　③ 胡玉冰《寧夏地方志研究》，第 84 頁。
　　④ ［明］凌迪知《萬姓統譜》第二册，載《中華族譜集成》，第 195 頁。
　　⑤ ［明］楊守禮修、［明］管律等纂《〔嘉靖〕寧夏新志》，載《續修四庫全書》第 649 册，第 218 頁。
　　⑥ ［明］胡汝礪編、［明］管律重修、陳明猷校勘《嘉靖寧夏新志》，第 447、456 頁。
　　⑦ ［明］管律《芸莊雜錄備遺》十六卷，南京圖書館藏明嘉靖十六年（1537）清稿本。
　　⑧ 漢語大字典編輯委員會《漢語大字典》三卷本，四川辭書出版社、湖北辭書出版社 1995 年版，第 821 頁。
　　⑨ ［漢］許慎撰、［宋］徐鉉校定《説文解字》，第 58 頁。

二、管律一生主要事迹

管律生年不詳。

現存最早的關於管律的記載見於《嘉靖志·重修〈寧夏新志〉後序》。序中芸莊子提及弘治十三年(1500)胡汝礪受王珣之托編纂《〔弘治〕寧夏新志》，"律時受業竹山之門，嘗與筆札"。① 胡汝礪弘治十一年(1498)至弘治十三年(1500)，在寧夏丁憂守制，且《〔弘治〕寧夏新志》編纂的起因也是王珣對"進庠之諸生"提出，稿成，也是"諸生奉獻"給王珣的。② 從時間點和事件的過程來看，管律確有可能在這個時段"受業竹山之門"，且"嘗與筆札"，參與了《〔弘治〕寧夏新志》的編修工作。根據常理，此時管律最少應該十餘歲了，由此，可以推斷：管律當生於明成化年間乃至更早。

管律出生在官宦人家，家庭條件較好。志載："正統五年，寧夏大饑。巡撫、都御史金濂奏設預備倉，勸鎮人之尚義者，各輸粟三百石以上，賜敕旌表其門。"③被旌表其門者中就有管律之曾叔祖管矩，可見管氏家族在當時當地還算較爲富裕者。據楊一清《爲遵奉敕諭起解後獲反逆賊寇事》載，管父是"在官承奉司寫字人"管珣。④ 查《嘉靖志》，"承奉司"只有慶王府設置，"置中護衛，官吏、印信如制……承奉司：印一顆，承奉正、副各一員。內典寶、內典膳、典服、門官正、副各一員"。⑤ 弘治四年(1491)，保定府新城縣(治今河北省高碑店市)人韓文以右副都御史巡撫寧夏，六年(1451)致仕，管珣曾以詩贈之。能夠與巡撫歌詩往還酬唱，可見管珣在寧夏的社會地位及其文化素養。由此可見，管律出身官宦家庭，父親管珣爲寧夏文人，生活富裕，這都爲後來管律讀書、走上仕途打下了堅實的基礎。

弘治末年，管律曾隨胡汝礪二弟胡汝楫學習。呂柟《襄陵尹胡君墓志銘》載，胡汝楫曾在弘治乙丑年(1505)中進士後，奉皇命在慶陽爲他人治喪一年，"公餘惟治詩書，士多從學……舉人管律皆其徒也"，⑥考此時爲弘治丙寅年(1506)左右。也就是說，管律曾在這一時段在慶陽跟隨胡汝楫學習過一段時間。

---

① 〔明〕胡汝礪編、〔明〕管律重修、陳明猷校勘《嘉靖寧夏新志》，第457頁。
② 〔明〕胡汝礪《〈寧夏新志〉後序》，《天一閣藏明代方志選刊續編》第72册《〔弘治〕寧夏新志》，第688—690頁。
③ 〔明〕胡汝礪編、〔明〕管律重修、陳明猷校勘《嘉靖寧夏新志》，第148頁。
④ 〔明〕楊一清《關中奏議》卷一〇，影印文淵閣《四庫全書》本，第287頁。
⑤ 〔明〕胡汝礪編、〔明〕管律重修、陳明猷校勘《嘉靖寧夏新志》，第26—27頁。
⑥ 〔明〕呂柟《襄陵尹胡君墓志銘》，載《續修四庫全書》1338册《涇野先生文集》卷三四，第228頁。

正德五年(1510)，寧夏發生了歷史上有名的"安化王之亂"。這場鬧劇似的叛亂18天後就被平息，但卻殃及管律父子。據《爲遵奉敕諭起解後獲反逆賊寇事》載，叛亂開始時，"寘鐇令在官承奉司寫字人管珣，已殺孫景文撰成省諭文書，謄寫刊成板榜。比時，伊男管律在傍看寫"。正因爲如此，在叛亂被平定後懲治人犯時，"管珣依聽謄寫告諭文書，刊榜傳播，扇惑人心，情雖脅從，其事亦重……已行該衙門各捉拿并管律監候"。① 可能此事并不算很嚴重的罪過，後管律出獄。也許因在這件事的處理上給了管律和楊一清因緣，此後管律的士子舉業一帆風順，作爲朝廷重臣的楊一清被管律稱爲"宗師"；後任刑科給事中的管律也曾一再堅持推薦楊一清起用爲三邊總制。

根據《〔乾隆〕陝西通志》卷三一《選舉二》、《〔乾隆〕甘肅通志》卷三三《選舉》、《嘉靖志》卷二《選舉》、《〔萬曆〕朔方新志》卷三《科貢》、《〔乾隆〕寧夏府志》卷一四《人物·科貢》以及《〔民國〕朔方道志》卷一八《人物志·選舉》等志書所載，管律爲正德十一年(1516)丙子科舉人，《書經》魁，即《尚書》鄉試第一名；正德十六年(1521)辛巳科進士，是第三甲第二百一十二名。嘉靖元年(1522)六月，除刑科給事中。

新任刑科給事中管律所奏第一件大事，就是於嘉靖元年(1522)九月上疏奏請啓用致仕武英殿大學士楊一清爲三邊總制，以抵禦入犯固原等處之虞。然而朝廷以各種理由並未准許他的奏請。直到嘉靖三年(1524)，迫於形勢，楊一清才被重新啓用，提督陝西延綏、寧夏、甘肅三邊軍務。

嘉靖四年(1525)八月，管律服闋，復除原職。

嘉靖五年(1526)，復官後的管律多次上疏言事，皆切中時弊。二月論"兩淮鹽課"之事，提議"盡復舊規"；六月言"自今凡諸司言事者，宜據事直陳，毋得假借飾詐"，不得以已經過去的"大禮議"的舊賬來作爲處理今天事務的藉口。② 十一月上《修兵政復舊規以固根本疏》，建議兵部恢復明太祖朱元璋關於兵政的一些做法，別選都指揮以備緩急之用，兵部覆議"從之"。③ 這三次有名的奏請都被朝廷批准，對於當時的政治經濟社會的發展都有積極意義。十一月又上《節冗費以應修省疏》倡言撙節用度，勸諫嘉靖帝不要增加壯丁役使，雖然朝廷沒有採納，但他敢於逆皇帝之意直言敢諫的精神是非常可貴的。這一時段，《明實錄》《明史》所載管律言事之職均爲刑科給事中，故其他關於管律供職"戶科"、任"刑部郎中"

---

① [明]楊一清《關中奏議》卷一〇，影印文淵閣《四庫全書》本，第288頁。
② 《明實錄·世宗實錄》卷六一、六五、七一，第1433、1503、1600頁。
③ [明]涂山《新刻明政統宗》，載《四庫禁燬書叢刊·史部》第2冊，北京出版社1997年版，第618頁。

之説均爲誤記。①

　　此後,管律被貶直隸長垣縣(治今河南省長垣縣)任縣丞。《〔嘉靖〕長垣縣志》卷五《官師·縣丞》載:"管律,陝西人,由進士以給事中左遷。"②嘉靖七年,出任高平縣(治今山西省高平市)知縣。據《〔同治〕高平縣志》卷五《官司》載:"管律,寧夏進士。七年以刑科給事轉謫知縣事。故志稱其有文采,以計典去官。"③嘉靖八年(1529)離任。"七年"指嘉靖七年(1528);"計典",指古代對官吏考績的大計之典。據此可知,管律當以計典不合格而被免。查管律自己於嘉靖十九年(1540)編纂的《嘉靖志》及《寧夏歷代碑刻集》所載,他於嘉靖十二年(1533)至二十三年(1544)所作多篇墓志銘類文章署名均爲刑科給事中管律,④可能是在芸莊子看來,出任長垣縣丞和高平知縣爲"左遷"和"轉謫",是一種"棄逐",故只記載較爲榮耀的刑科給事中一職。在作於嘉靖十六年(1537)的《〈芸莊雜錄備遺〉序》中,管氏提到自己"發軔陝闈"之後事時,有"自棄逐以來"之句。⑤"發軔陝闈"當指作者於正德十六年(1521)中進士,第二年授刑科給事中之事;"自棄逐以來"當指嘉靖八年(1529)"去官"高平知縣。再查後來的《〔萬曆〕朔方新志》《〔乾隆〕寧夏府志》《〔民國〕朔方道志》等寧夏志書,所載其官職均爲刑科給事中,蓋因因陳《嘉靖志》之故也。

　　嘉靖八年(1529)後,史料再無管律爲官記録。據前述嘉靖十六年(1537)"自棄逐以來"之語,基本可以確定他自嘉靖八年(1529)開始致仕。查楊守禮《重修〈寧夏新志〉序》,内載嘉靖十八年己亥(1539),作者任寧夏巡撫,"命督粮僉事孟公霦禮請刑科給事中致仕郡人管公律重編"寧夏志;孟霦《重修〈寧夏新志〉後序》也載有"中丞楊公來撫寧夏之明年……暇日觀舊志弗備,禮請芸莊管公修焉"之句;管律《重修〈寧夏新志〉後序》亦載,嘉靖十九年庚子(1540)夏六月,楊守禮"檄憲僉味泉孟公孔章,延律於養正書院,少加訂證",完成了《嘉靖志》的

---

① 案:〔明〕沈國元《皇明從信録》(明末刻本)卷二八載:"户科管律言兩淮鹽課舊制。"〔明〕吴瑞登《兩朝憲章録》(明萬曆刻本)卷三載:"户科給事中管律言兩淮鹽課舊制……"〔明〕張鹵《皇明嘉隆疏鈔》(明萬曆刻本)卷二載有"刑部郎中臣管律"字樣。

② 〔明〕杜緯修,〔明〕劉芳纂《嘉靖》《長垣縣志》九卷,載《天一閣藏明代方志選刊》第50册,上海古籍書店1964年版,卷五第37頁。

③ 〔清〕龔汝霖纂輯《〔同治〕高平縣志》八卷,同治六年刻本,卷五第7頁。

④ 銀川美術館編著《寧夏歷代碑刻集》,寧夏人民出版社2007年版,第78—85頁。案:這些文章爲:《大明誥封恭人錢母張氏墓志銘》,作於嘉靖十七年(1538)戊戌,署"賜進士第徵仕郎刑科給事中侍儀經筵芸莊管律撰"(原書釋文"仕"誤作"侍",此據原碑文更正);《明明威將軍錢公合葬施恭人墓志銘》,作於嘉靖十八年(1539),署"賜進士第徵仕郎刑科給事中侍儀□□管律撰";《明王母錢安人合葬昭信校尉王公墓志銘》,作於嘉靖十九年(1540),署"賜進士第徵仕郎刑科給事中侍經延官芸莊管律撰";《皇明明威將軍指揮僉事錢公墓志銘》,作於嘉靖二十三年(1544)甲辰,署"賜進士第徵仕郎刑科給事中侍儀經筵芸莊管律撰"。

⑤ 〔明〕管律《〈芸莊雜錄備遺〉序》,載《芸莊雜錄備遺》十六卷,南京圖書館藏明嘉靖十六年(1537)清稿本。

编纂工作。① 由此可見，管律是嘉靖十九年(1540)六月被楊守禮通過孟霦延請修志的，此前他一直賦閒在家。

嘉靖十九年(1540)，賀蘭山人用三個月就編纂完成了《嘉靖志》，爲寧夏地方志書再添一朵奇葩，爲寧夏地方文化事業作出了重要貢獻。在此前後，管律應邀完成了多篇碑記、墓志類文章，詳見下文。

現存芸莊子最晚的作品是作於嘉靖二十三年甲辰(1544)的《皇明明威將軍指揮僉事錢公墓志銘》，故管律當卒於該年之後。具體時間不詳。

管律有弟管呂。《嘉靖志》卷二《選舉》"恩例　監生"中有載，②餘不詳。

三、管律的評價

管律自幼聰明好學，發奮讀書。在胡汝礪丁憂期間，隨其學習，"受業竹山之門"。後胡汝礪東上爲官，他又曾追隨胡汝楫學習。在楊一清處理安化王之亂後事時，雖然自己是以罪犯的身份接受懲治，但他卻對這位後來的朝廷首輔大臣敬重有加，尊其爲師。在自幼隨父學習期間，他爲了能夠系統地研習前人，且一定要記住，以"勤錄之"的方式，達到"備遺忘"的目的，在中進士走上仕途前，就已"積數千餘紙"，③爲後來完成《芸莊雜錄備遺》十六卷打下堅實基礎。孟霦稱他"通世故"，④指的就是他對當時寧夏的歷史和《〔弘治〕寧夏新志》的情況非常了解，這也反映出管律從小聰明好學，掌故熟悉。

管律文才很高。一生中多次被禮請、應邀爲寧夏的公署、祠廟、儒學等處撰寫了大量的記文，爲他人撰寫多篇墓志文，獲世人所重。高平縣方志記載他"有文采"。⑤ 撰有《芸莊雜錄備遺》十六卷、《芸莊猥錄》十二卷，最值得稱道的是他僅用三個月的時間便編纂完成了《嘉靖志》。爲此，楊守禮贊他"該博之學、經濟之才，可以見矣"。楊氏還對他發出感歎曰："司馬遷以無罪廢而學發於史，子美不見用於時而學發於詩：古今文人之厄也。管子其安命已夫！"⑥這段評價代表

---

① 〔明〕胡汝礪編、〔明〕管律重修、陳明猷校勘《嘉靖寧夏新志》，寧夏人民出版社1982年版，第1、456、457—458頁。
② 同上，第139頁。
③ 〔明〕管律《〈芸莊雜錄備遺〉序》，載《芸莊雜錄備遺》十六卷，南京圖書館藏明嘉靖十六年(1537)清稿本。
④ 〔明〕孟霦《重修〈寧夏新志〉後序》，載〔明〕胡汝礪編、〔明〕管律重修、陳明猷校勘《嘉靖寧夏新志》，第456頁。
⑤ 〔清〕龍汝霖纂輯《〔同治〕高平縣志》八卷，同治六年刻本，卷五第7頁。
⑥ 〔明〕楊守禮《重修〈寧夏新志〉序》，載〔明〕胡汝礪編、〔明〕管律重修、陳明猷校勘《嘉靖寧夏新志》，第1頁。

了時人對管律雖有才而不見用、雖能幹而遭"棄逐"的感慨。

管律不光文才很高,而且很有經世之才。剛中進士,他就奏請增加買馬之銀,以買好馬備戰,雖所增之銀數未如其所奏,但朝廷還是採納了他的建議,增加了買馬之銀。前文述及他奏請啓用楊一清及嘉靖五年(1526)所奏的幾件大事,都可見管律對形勢的判斷和對政務的認識。在《嘉靖志》中,有關於邊防和軍事的論述,有關於軍伍和屯田的弊端的直陳,有關於寧夏歲貢和新鑄緊藥伏郎槍的看法,更有關於寧夏職官設置和鹽法的思考,這些方面都是關乎國計民生的大事,管律既能看清問題的所在,又能提出解決問題的策略,更有膽氣上書言事,充分表現了其經時濟世之才。

在安化王之亂中,管律被動捲入,受到了牢獄之災,但很快即被釋放,且被允許參加科舉考試,因而不能成爲其負面評價的理由。總之,管律通過自己的聰明好學和刻苦努力,以己之才學,爲寧夏地方事務、文化的發展作出了很大貢獻,在軍事、鹽法等方面作出的貢獻對當時整個國家的安定、進步均有一定意義。卒後鄉人立"青瑣"牌坊以紀念之,惜其在明萬曆二十年壬辰(1592)兵燹中被燬。

第二節　管律的《〔嘉靖〕寧夏新志》

管律"博聞有辭",[①]一生勤於著述,在文學、史學方面頗有成就。傳世史學方面的著述主要有其主持編纂的《嘉靖志》。

《嘉靖志》是在《〔弘治〕寧夏新志》的基礎上重修而成的,由時任寧夏巡撫楊守禮首倡重修,延請管律具體負責編纂任務。志書初稿經三月而成,孟霦參與定稿,又補充了新的內容,并最早於嘉靖十九年(1540)刊行。

一、《〔嘉靖〕寧夏新志》的文獻著錄

明孫能傳《內閣藏書目錄》卷六就曾載:"《寧夏新志》四册,全。嘉靖庚子郡人管律修。"[②]《千頃堂書目‧地理類上》亦有類似著錄。張維《隴右方志錄‧郡志》著錄較爲詳細:"《〔嘉靖〕寧夏新志》八卷,四册。佚。明嘉靖十九年衛人管

---

① 〔明〕孟霦《重修〈寧夏新志〉後序》,載〔明〕胡汝礪編、〔明〕管律重修、陳明猷校勘《嘉靖寧夏新志》,第456頁。
② 〔明〕孫能傳《內閣藏書目錄》,〔清〕遲雲樓鈔本,卷六。

律著……管律，正德辛巳進士，官刑科給事中。"①張維因未見到《嘉靖志》，故著錄爲"佚"。當代各種書目所著錄內容大體相同，對於《嘉靖志》的書名、主要編纂者管律、卷數、刻本刊刻時間都比較一致，且多注明是 1958 年甘肅省圖書館據刻本傳抄、上海古籍書店據天一閣本影印，在版本形式上的刻本、抄本、影印本之間的關係也交代得很清楚，一般都著錄有收藏地，如《寧夏地方志存佚目錄》《天一閣藏明代地方志考錄》《中國地方志聯合目錄》《稀見地方志提要》《寧夏地方文獻聯合目錄》《1911—1984 影印善本書目錄》《中國地方志總目提要》《山東師範大學圖書館館藏古籍書目》《中國文化遺産研究院藏地方志書目》《西北史籍要目提要》等。

二、《〔嘉靖〕寧夏新志》的版本和内容

現傳世《嘉靖志》八卷爲孤本，藏於寧波天一閣。根據孟霦《重修〈寧夏新志〉後序》落款時間，此本最早刊行於嘉靖十九年（1540）十二月。原書版高 21 釐米，寬 15.6 釐米。1958 年，甘肅省圖書館據此本傳抄。1982 年，上海古籍書店重印時編入《天一閣藏明代方志選刊》第六十八册。此本白口，單白魚尾，四周單邊。楊守禮《重修〈寧夏新志〉序》、孟霦《重修〈寧夏新志〉後序》每半頁 7 行，行 15 字；其餘内容均爲每半頁 8 行，行 20 字，雙行小字同。楊守禮《重修〈寧夏新志〉序》、卷二、卷三、卷四、卷七卷端下鈐有"范氏天一閣藏書"朱文方印一枚。卷一題下署"賜進士出身奉議大夫户部郎中鎮人胡汝礪編"，"賜進士出身奉政大夫陝西按察司僉事中州李端澄校"，"賜同進士出身徵仕郎刑科給事中門人管律重修"，"賜同進士出身奉政大夫陝西按察司僉事澤州孟霦重校"。每卷卷端題書名"寧夏新志"及卷數，卷二、三、七末有"寧夏新志卷之×終"字樣，卷六末題"寧夏新志卷六終"，少一"之"字，其他各卷無此字樣。版心中題書名與卷數及頁碼，題名省作"寧夏志"，頁碼每卷各自編排，其中卷二缺第 19、26 兩頁，第 22、23 頁之間多出"又二十二"一頁。版心下多處題寫有刻工名：卷一第 5、17、19、49、53、79 頁，卷二第 4 頁，卷三第 23、31、33、34 頁，卷七第 11、17、45、46 頁等版心下有刻工名"臣"；卷二第 7、40、50 頁，卷五第 3 頁，卷六第 5、11、17、18、21、37 頁刻工名"保"；卷二第 36、42、43、47、56 頁，卷五第 5 頁，卷七第 31 頁刻工名"水"；卷三第 12、21 頁刻工名"丙"。另有多處刻工名漫漶不清。刻工署名并無明顯規律和特點。《嘉靖志》有刻工署名，對於研究寧夏的版刻情况有一定意義。是書前有楊

---

① 張維《隴右方志錄》，第 13 頁。

守禮《重修〈寧夏新志〉序》、王珣《〈寧夏新志〉序》,後有胡汝礪《〈寧夏新志〉後序》、孟霦《重修〈寧夏新志〉後序》、管律《重修〈寧夏新志〉後序》。

《嘉靖志》主要包括以下內容:楊守禮嘉靖十九年庚子(1540)序,王珣弘治十四年(1501)序,《寧夏新志·目錄》《國朝混一寧夏境土之圖》《寧夏城圖》《南塘圖》《金波湖圖》、卷一至卷八、胡汝礪弘治十四年(1501)後序、孟霦嘉靖十九年(1540)十二月後序、管律嘉靖十九年(1540)八月後序。因脫胎於《〔弘治〕寧夏新志》,故《嘉靖志》內容體例與其大體類似,卷一至卷八共包括三部分:卷一至卷三為第一部分,主要是寧夏總鎮和所屬各地的歷史沿革、風土人情等內容;卷四至卷六為第二部分,主要是沿革考證、赫連夏考證、拓跋夏考證,并附有《遺事雜志》十一則;第三部分卷七、卷八是《文苑志》,分別為詩詞和文,只收錄有明一代詩詞文。

具體分析,卷一、卷二為《寧夏總鎮》,共有34類目,其中卷一19目,卷二15目。卷三主要是對《中路靈州》《韋州》《西路中衛》《鳴沙州》《廣武營》《東路後衛》《興武營》的歷史沿革、地理風情、人物宦迹等進行記載,大體按照卷一、卷二《寧夏總鎮》的體例來編排的,材料多寡不一,類目有刪有減。卷四是明朝時寧夏地區自先秦至元代的《沿革考證》,卷五、卷六分別為《赫連夏考證》《拓跋夏考證》,內容基本與《〔弘治〕寧夏新志》同而略有增補。卷七為明代寧夏詩詞,共收詩177首,詞13首。卷八為明代寧夏文章,共收文9篇。詩因數量多,每位作者所收詩數量不一,編排幾乎無規律可言,顯得雜亂。詞和文都是按照作者在世的先後順序編排,每人名下所收詞、文集中編排,較為妥當。

三、《〔嘉靖〕寧夏新志》的評價

(一)《嘉靖志》的價值

1. 對《〔弘治〕寧夏新志》進行了修正和補充。

管律曾說,《〔弘治〕寧夏新志》因被"競加點竄,遂失其真……故綱領不振,視匪良志",而他本人重修《嘉靖志》的目的,就是"終竹山之志……既提綱挈領,剪蔓剔繁,而復竹山之故"。① 《嘉靖志》對《〔弘治〕寧夏新志》多有修正,例如馮清的詩歌由46首減至13首;在詩詞的編排上,把原來的一個作者的幾首詩分散在不同位置變成一個作者名下的詩集中在一起收錄的形式,這些修正使《嘉靖

---

① 〔明〕管律《重修〈寧夏新志〉後序》,載〔明〕楊守禮修、〔明〕管律等纂《〔嘉靖〕寧夏新志》,《續修四庫全書》第649冊,上海古籍出版社2002年版,第235—236頁。

志》相比而言更科學合理。對比前志,《嘉靖志》補充了很多內容,最明顯的是補充了《文苑·文》一整卷的內容;在《嘉靖志》卷三《靈州守禦千户所》(《目録》作"中路靈州")一節中,内容就遠較胡汝礪本爲多;在四至六卷的歷史沿革考證部分補充内容非常多,比如《〔弘治〕寧夏新志》卷六中宋仁宗康定元年(1040)"秋八月,以范仲淹兼知延州"條,《嘉靖志》增補范仲淹的《上仁宗論夏賊未宜進討》疏等等。就篇幅上來看,《嘉靖志》比《〔弘治〕寧夏新志》多了近一倍,這些都是後來補充的内容。這種修正和補充,使《嘉靖志》更加科學嚴謹、豐滿充實。

2. 延續了前代修志傳統,保證了史料不斷層。

從朱栴《〔正統〕寧夏志》成書到弘治十四年(1501)胡汝礪《寧夏新志》完成,相隔 50 年左右,再到《嘉靖志》刊行,中間又相隔約 40 年的時間,《嘉靖志》雖在《〔弘治〕寧夏新志》的基礎上修成,但是卻補充了大量的明朝弘治之後至嘉靖十九年(1540)間與寧夏有關的史料,使得這 40 年來的史實没有斷層,爲研究明代寧夏政治、經濟、軍事、歷史、文學等問題提供了第一手資料。同時,《嘉靖志》的編修也是對前人一直以來關於寧夏地方志書編纂問題的一個階段性的總結,是對朱栴、王珣、胡汝礪、馮清、翟鵬、馬昊等人爲首的一代代修志者的修志探索所交出的一份較爲令人滿意的答卷,體現出寧夏人修志水平的一個新高度。

3. 開創了寧夏修志史上大量引入前人詩文作補充材料的方式,增強了志書的文獻和輯佚價值。

此前朱栴和胡汝礪的志書載事多係綱目,很少再據其他文獻補充史料,而《嘉靖志》則在很多條目下引用與之相關的詩文,使内容更豐富。如在卷二《遊觀》中,在麗景園、芳林宫、望春樓、杏塢、滄洲、後樂園、金波湖、宜秋樓、南塘、知止軒等條目下都收録了與之有關的詩文,且有部分條目補充多篇詩文。如"後樂園"條就補充了張嘉謨的長文《後樂園記》和後樂園曾經的主人巡撫都御史王時中因後樂園而寫的自傳文。"南塘"條下收録詩歌 7 首。管律用這種方式在方志中補充詩文數量非常多,其中卷一收詩 17 首、文 30 篇,卷二收詩 37 首、文 10 篇,卷三收詩 61 首、文 9 篇。這些詩文或存於作者的詩文集中,或見存於其他文獻中,或只存於《嘉靖志》中,如管律的詩和碑記文多散見於《嘉靖志》中,他處不見。在寧夏文人不多、傳世詩文很少的情況下,《嘉靖志》中能保存大量的詩文確屬難得。在整理他人作品時,可以以《嘉靖志》所收詩文作爲校勘資料。

《嘉靖志》的這種修志方式,對後世寧夏志書的編纂產生了一定影響。如《〔乾隆〕寧夏府志》卷八《水利》就在羅列了寧夏各地的水利設施後附了同知王全臣的《上撫軍言渠務書》、巡撫楊應琚的《浚渠條款》二文,顯然受了《嘉靖志》的影響。

4. 承載了管律的安邊策，對研究明代邊疆經濟有很高的價值。

《嘉靖志》雖爲方志，但在編纂思想上絕不僅是爲了記載歷史以備不忘，更重要的是爲了總結歷史，爲後來的政治、經濟、文化、軍事建設提供史料和理論支撐的，正如楊守禮在《重修〈寧夏新志〉序》中誇贊管律説："政有關於大體者，不厭其煩；事有益於軍民者，備記其實。凡百家衆技之流，舊制新設之顛末，綱分目悉，且隨類附以不盡之意。"① 志書中承載的編纂者管律對於邊疆建設的真知灼見如下：

其一，邊防和軍事方面。爲防禦蒙古族韃靼部入掠，寧夏歷任官員多築烽火墩臺，僅寧夏衛就領烽堠 42 座，駐兵守望，互通信息，但仍經常延誤失事。管律認爲："守瞭之弊亦多端矣。即其大者言之，溽暑祁寒之日，風雨晦冥之時，軍法少緩則偷安惧事，貽害匪細，況許顧代乎？ 顧代之人關繫匪重，幸其無事則已，有失則即逋焉。烽火不明之弊，實由於此。既禁之後，當執守弗變，不使再誤可也。總後官潘浩，能謹烽堠，迄今人以'潘長城'稱之。"（卷一《寧夏總鎮・寧夏衛》）所以墩臺建設很重要，但關鍵在於要管好。"國之大事在戎，戎之大政在馬。其追逐馳驟，馬力居先。馬有大小，則力有强弱。" 因此，管律認爲過去買馬一匹銀價不低於十五兩，現在十兩一匹，"其任重致遠，寧可得耶？ 隨買隨倒，何尤於軍。雖省於目前，然騎不終歲，則費於無算矣。" 這種低價只能買到劣馬和戰馬更新换代不及時的情况，造成"軍容不振"，他提醒當政者，反裘負薪，"不可不察"（卷一《寧夏總鎮・寧夏衛》）。在這裏，關於馬的條目記載只有九個字，但是關於茶馬、鹽馬、買馬銀之變化、馬匹管理制度等前因後果交代詳盡，修志之思想、目的體現無遺。此外，關於當政者的深溝高壘而棄長城之舉、擺邊之策、平虜城之設等方面管律都有自己的見解。總的來説，他認爲："邊防大計，誠非一人智力之所能盡。創於始者，未必無遺；謀於後、繼於今者，容可不通塞於時。况又徒建新績，罔致遠圖，而益難於爲禦哉。"（卷一《寧夏總鎮・北路平虜城》）要想實邊備，抵禦入侵者，"必須司本兵者無顧慮，督軍務者無偏愛，斯可行焉。苟行矣，則長治久安之福，豈特邊鎮之幸哉？ 實社稷幸也"（卷一《寧夏總鎮・中屯衛》）。

其二，軍伍和屯田方面。《嘉靖志》纂修時，寧夏衛軍伍正額旗軍 5307 名，實在 2900 名；帶管旗軍 1531 名，實在 990 名。這種軍伍嚴重缺額的原因，管律看得非常清楚："今則視軍伍猶敝屣，故絶者清勾不行於原籍，在籍者或避本伍，狼狽而冒別伍之故絶者當之，或脱遊兵而投奇，或脱奇兵而投正，遂遺本姓。官轉吏去，莫究其然。甚至更軍代役，不由衛所，而各兵司隊，徑自收補。其籍册又爲

---

① ［明］胡汝礪編、［明］管律重修、陳明猷校勘《嘉靖寧夏新志》，第 1 頁。

姦吏納賄所匿,消長出入,任其舞弄。索之,則藉口於正德五年之變煨燼之矣。又加以八年惜糧餉而豁伍,告示一出,稍有力者競託故以豁之。弊由變生,此軍伍之漸至於虛,是故守邊防塞日不足於分布。"(卷一《寧夏總鎮·寧夏衛》)關於屯田,作者在介紹了以前屯田的情況後指出:"後以屯役浩繁,人皆夤緣,應軍而棄田,此屯之弊肇矣。總旗又以陞陟爲謀,棄屯入操,此屯之弊漸矣。今則原額屯軍十止三四,頂補餘丁十乃六七,丁壯而力富者又爲旗甲所隱,以致差撥不均,故逋亡相望,户口半減於昔,此屯之弊極矣。成法一變,卒之病不可藥,悲夫!"(卷一《寧夏總鎮·寧夏衛》)那麽如何解决軍伍和屯田的問題呢?作者在文後附楊守禮關於清理軍伍以實邊備的奏疏,作爲解决問題的一種方案,可備一説。

其三,職官和鹽法方面。有明一代,寧夏遊擊將軍,東、西路協同,南、北路欽依守備在楊一清、王瓊、劉天和等人的奏請下,初設,後革,復設,反復不定。對此,管律認爲:"夫增置兵將,以資時用,不無謂也。國初,當夷狄極衰之日,其爲守易固,爲戰易捷。越百五十年,夷狄漸盛,邊備漸殷,選將益兵,雖蠆足爲之,猶恐不給,而乃輕於更革哉?夫天下事無兩可,革之者是,則復之者非;復之者是,則革之者非。苟漫無可否於其間,何以爲國。"并指出,當政者應該像陸九淵在敕局那樣,"凡四方奏請,廷臣面對,有所建置更革,必下看詳"(卷一《寧夏總鎮·藩鎮》),更改不可太隨意。這樣才能保證職官設置的相對穩定,有利於邊防。關於鹽法,《嘉靖志》卷三《靈州守禦千户所》載,靈州的萌城批驗鹽引所在弘治末年因權力争奪而被改設在慶陽府北關。管律認爲,自萌城至慶陽六百餘里,影響範圍二千餘里,牽扯百萬餘口的吃鹽問題,人們不可能從寧夏運鹽到慶陽批驗,再北返回寧夏,那麽,百姓所食必然就是私鹽,"一移易之間,百弊之所由生,鹽法之壞,實兆於此"。因此,嘉靖二年(1523),"巡撫都御史張潤奏仍其舊",將批驗鹽引所設在萌城。

管律幾個方面的安邊策,主要是關於寧夏的,但推而廣之,對西北地區乃至全國當時情況的研究,也都很有價值。正如《嘉靖志》的校點者陳明猷所説,此志在經濟方面的諸多資料,"具有不同於一般内地方志的特色……爲我們提供了一個素材豐富的明代軍屯經濟,即軍事封建主義的邊塞經濟的標本。這是很有意義的"。①

(二)《嘉靖志》的不足

1. 整體篇幅安排不均,差距較大。《嘉靖志》一共分八卷,卷一87頁,卷二

---

① [明]胡汝礪編、[明]管律重修、陳明猷校勘《嘉靖寧夏新志》,第1—2頁。

60 頁（含"又二十二"頁和所缺頁），卷三 64 頁，卷四 13 頁，卷五 7 頁，卷六 69 頁，卷七 48 頁，卷八 19 頁。從頁數即可看出，卷五是卷一的十二分之一弱，差距非常懸殊。

2. 有些地方編排不够合理。謄録人員是志書編纂的工作人員，應予以尊重，《嘉靖志》把謄録人員姓氏放在了目録的最後，就像隨便找了點空白的地方刻上了他們的名字一樣，很不妥當，而不似後來的《〔萬曆〕朔方新志》和《〔乾隆〕寧夏府志》那樣在前面專門列出了編校人員的姓名，以顯示對他們的尊重。卷七詩歌部分只收明代詩歌，共 177 首，除了將每位作者的詩編排在一起外，仍然像《〔弘治〕寧夏新志》那樣毫無規律地安排這些作者及其詩歌的順序，顯得雜亂無章。

3. 刊刻上存在很多問題。其一是有多處未將版式雕刻完成的情況，如卷一第 26 頁"西路協同"與"南路欽依守備"中間部分，即本頁右半頁第 7—8 行、左半頁第 1—3 行均留置空白未刻字。卷二第 10、14、16、18、20 頁，卷三第 22、23、35、59、64 頁等均有類似情況。特別是卷三第 59 頁"管糧通判"四人中，除王田外，其餘三人僅録其姓氏"周""陳""楊"，應該是此三人名不詳，留置空白以待後刻所致。這些情況説明，《嘉靖志》可能被修補過。其二是前後序版心鎸刻書名和篇名形式不一致。楊守禮《重修〈寧夏新志〉序》第一頁版心有"寧夏志序"四字，第二頁版心則爲"寧夏志前序"五字，一篇序中前後兩頁版心就不統一。接下來的序的第 3—5 頁爲王珣《〈寧夏新志〉序》，版心有"寧夏志卷前序" 6 字，與楊守禮序兩頁均不同，使前序的五頁內容就出現了三種版心書名和篇名的表現形式。目録共 2 頁，第一頁版心爲"寧夏志卷一"五字，第二頁爲"寧夏志卷"四字，又不統一。後序共 6 頁，其中前兩頁爲胡汝礪《〈寧夏新志〉後序》，版心鎸"寧夏志卷"四字；3—4 頁爲孟霦《重修〈寧夏新志〉後序》，版心鎸"寧夏志後序"五字；5—6 頁爲管律《重修〈寧夏新志〉後序》，版心鎸"寧夏志卷後序"六字。三篇後序就有三種版心書名和篇名的表現形式，顯得非常雜亂。其三，出現了很多誤字、年號紀年與干支紀年換算錯誤以及其他的一些脱、訛、衍、倒等文字錯誤，可詳參胡玉冰《寧夏地方志研究》中第二章第三節《〈嘉靖〉〈寧夏新志〉》"刊刻質量"部分。① 兹不贅述。

《嘉靖志》修正了《〔弘治〕寧夏新志》，保存了大量明中期寧夏的史料，下啓《〔萬曆〕朔方新志》及《〔乾隆〕寧夏府志》，文獻價值很大，對後世修志事業影響深遠。

---

① 胡玉冰《寧夏地方志研究》，第 91—95 頁。

第三節　管律的《芸莊雜録備遺》及其他散見著述

除方志外，管律還有《芸莊雜録備遺》等著述傳世。

一、《芸莊雜録備遺》

（一）《芸莊雜録備遺》題解及文獻著録

管律在《〈芸莊雜録備遺〉序》中説："予少讀書，以負性愚，記不克遠。獨復先君嘗授教言：'左太沖茅廁皆紙筆，然後《三都賦》成。子凡所誦閲，苟勤録之，視之若讐，自足以備遺忘，雖魯何患。'於是遵承惟慎，先君每歲終歷課之。逮發軔陝闌，積數千餘紙。自棄逐以來，教言在耳，所謂數千餘紙者，無一而接目矣……今年丁酉夏六月，予内子索敗紙覆瓿，乃檢敝笥中，復得睹是紙。奈磨滅散失又過半矣。悲喜交集……姑録是成帙……分十六卷……標之曰'雜録備遺'。蓋述先君之教言云爾。"故是書實爲管律學習典籍的心得筆記。

此序作於嘉靖十六年（1537）。依序中所説，整理此書稿的目的是"以示吾管氏之後人，見先君教之之有方也……非欲以傳諸人"，且此書並未刊行，故編纂於嘉靖十九年（1540）的《嘉靖志》及後來的《〔萬曆〕朔方新志》《〔乾隆〕寧夏府志》均未提及此書，就連專門著録寧夏自西夏至清末專著的《〔民國〕朔方道志》卷三一《志餘下·著作》中亦未著録。丁丙《善本書室藏書志·子部九下》載："《芸莊雜録備遺》十六卷。原稿本。鳴野山房藏書。賀蘭山人管律應韶甫。前有嘉靖十六年菊月芸莊子自序……有'管氏應韶''辛巳進士''練川世家''蘭山書屋'諸印，蓋管氏遺書而歸之鳴野山房也。其書似未經付雕。"[1]《古籍版本題記索引》對《善本書室藏書志》的這段記載亦有著録。《中國古籍善本書目·子部·雜家類》所載内容基本相同。不過，前二者著録版本爲"原稿本"，後者則是"稿本"。

（二）《芸莊雜録備遺》的版本

此書現只有清稿本留存，藏於南京圖書館，16卷，10册。

---

[1]　〔清〕丁丙輯《善本書室藏書志》，光緒二十七年（1901）錢塘丁氏刊本，卷十九，第14頁。

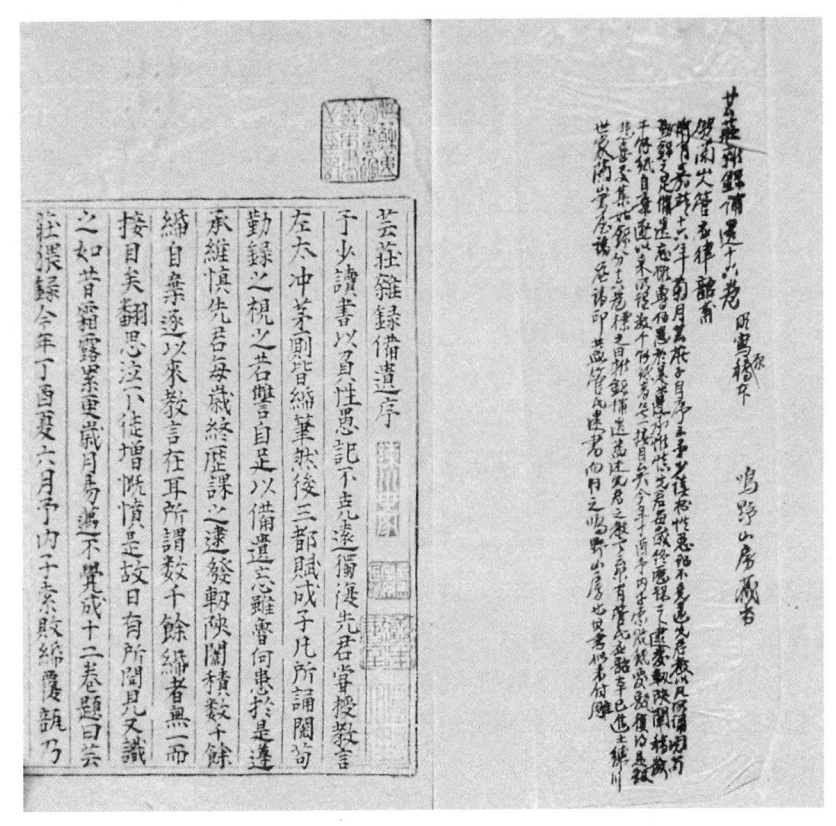

圖 2　南京圖書館藏管律《芸莊雜錄備遺》清稿本書影

原書顏色泛黃。高 28.3 釐米，寬 16.8 釐米。有格，四周雙邊。邊欄高 18.9 釐米，寬 28.2 釐米。四眼線裝，無函套，淡綠封面，淡綠綾包角。每冊書封面右上方有篆書"子"字紅色印記，書腦上標"雜家類"字樣，當爲收藏者對此書的分類，即"子部雜家類"。第一冊封面右下角鈐"八千卷樓珍藏善本"印記。"八千卷樓"即清代杭州丁氏藏書樓。書中無頁碼標記，每半頁 9 行，每行 18—20 字不等。每卷卷首上題書名"芸莊雜錄備遺"字樣及卷數，下題"賀蘭山人管律應韶甫"；除卷一四外，其他各卷卷末均有"芸莊雜錄備遺卷之某終"字樣（卷一二無"終"字）。正文中有小墨點，當爲書寫時墨淋於紙上使然。全書有兩種字體，一至七卷的字體基本一致，八至十六卷的字體同，應是不同人重新謄抄所致，故此本當爲謄清稿本。稿本除有句讀的痕跡外，部分好詞妙句還被人圈點的痕跡。除部分受潮或略有水漬外，基本保存完好。

書護頁上有浮簽："《芸莊雜錄備遺》十六卷，明寫原稿本。鳴野山房藏書。賀蘭山人管應律韶甫。前有嘉靖十六年菊月芸莊子自序云：予少讀書，性愚，記不克遠,先君教以凡所誦閱,苟勤錄之,足備遺忘,雖魯何患。於是遵承惟慎。先君每歲終歷課之。逮發軔陝闈,積數千餘紙。自棄逐以來,所謂數千餘紙者,無一接目矣。今年丁酉,予內子索敗紙覆瓿,復得是紙,悲喜交集,姑錄分十六卷,標之曰'雜錄備遺',蓋述先君之教云爾。有'管氏應韶''辛巳進士''練川世家''蘭山書屋''諸屋'諸印。蓋管氏遺書而歸之鳴野山房也。其書似未付雕。"此題跋收入《善本書室藏書志·子部九下》,故當爲丁丙所題。這段文字中"管應律韶"當爲"管律應韶"的誤寫;據《善本書室藏書志》,"蘭山書屋"後的"諸屋"二字應爲衍文,當刪去,①且書中的確無"諸屋"之印。

是書序、各卷首頁書名下多鈐有"練川世家""嘉惠堂丁氏藏"白文長方印,"鳴野山房""善本書室"等朱文方印,天頭上鈐"江蘇第一圖書館善本書之印記"朱文方印一枚。各卷末多鈐有"蘭山書屋"朱文方印。全書末頁鈐有"虞山周輔借觀"朱文長方印。序後落款爲"皇明嘉靖十有六年丁酉秋九月菊日芸莊子題於湖山一豁亭",後有"管氏應韶"葫蘆形、"辛巳進士"方形朱文印章各一枚。管律字應韶,號賀蘭山人,正德十六年(1521)辛巳科進士,故"管氏應韶""辛巳進士""蘭山書屋"三印當爲管律所鈐。"鳴野山房"印當爲沈復粲所鈐。沈復粲(1779—1850),字霞西,清山陰東浦(今浙江紹興東浦)人。嗜書如命,尤愛收藏大儒、忠孝之卷帙,家有藏書樓"鳴野山房",藏書數萬卷,其中多罕秘之本。祁氏"讀書樓"所藏,半數被其購去;章學誠遺書,子孫不能守,部分歸其所藏。"嘉惠堂丁氏藏""善本書室"二印當爲浙江錢塘丁氏所鈐。丁申(1829—1880)、丁丙(1832—1899)兄弟二人所有的八千卷樓是我國近代四大藏書樓之一,藏書達8000多種,計20萬卷。丁氏藏書樓總名"嘉惠堂",源於光緒"文瀾閣毀於兵燹,其散佚書籍經丁申、丁丙購求,藏弆漸復舊觀,洵足嘉惠藝林"之諭。② 據丁丙《八千卷樓自記》載,"嘉惠堂"建於光緒十四年(1888),樓共五楹,其上即著名的"八千卷樓",藏四庫著錄之書;堂後爲"後八千卷樓",規制和八千卷樓相同,藏四庫未著錄之書;更後偏西爲"善本書室",上下三楹,其上即"小八千卷樓",藏宋元刊本和"明刊之精者、舊鈔之佳者及著述稿本"等。③ "江蘇第一圖書館善本書之印記",江蘇第一圖書館的前身是江南圖書館,創建於清光緒三十三年(1907),同年購得浙江丁氏八千卷樓全部藏書;1912年,江南圖書館更名爲江蘇省立圖書館;民國間,該館曾多次易名,江蘇第一圖書館即其館名之一;1929年,又更名爲

---

① 〔清〕丁丙輯《善本書室藏書志》,光緒二十七年(1901)錢塘丁氏刊本,卷一九,第14頁。
② 〔清〕胡鳳丹《嘉惠堂藏書目序》,載〔清〕丁丙輯《善本書室藏書志》,光緒二十七年(1901)錢塘丁氏刊本,《附錄》第8頁。
③ 〔清〕丁丙《八千卷樓自記》,載《善本書室藏書志》,光緒二十七年(1901)錢塘丁氏刊本,《附錄》第8—9頁。

江蘇省立國學圖書館。由此可見,此書被管律編成後,經人謄抄後保存,管氏後人未能將其一直傳承下去,後爲鳴野山房主人沈復粲所得,并鈐有"鳴野山房"印。後沈家書散出,《芸莊雜錄備遺》爲丁氏所得,鈐"八千卷樓珍藏善本""嘉惠堂丁氏藏""善本書室"等印章,并在《善本書室藏書志》卷一九中對其進行了著錄。丁丙去世後,"光緒三十三年(1907),丁氏後人因經商失敗,虧空巨萬……經兩江總督端方和江蘇著名藏書家繆荃孫的斡旋,八千卷樓藏書以七萬五千元歸於我國最早的公共圖書館江南圖書館"。① 此後民國建立,江南圖書館多次更名,但此書一直藏於館中。解放後,已經更名爲江蘇省立國學圖書館的江南圖書館與國立南京圖書館合併,定名爲南京圖書館至今。故《芸莊雜錄備遺》現藏於南京圖書館。

虞山周輔,即江蘇常熟周大輔,"字左季。喜藏書,尤喜抄錄稀見善本……室名'鴻峰草堂'"。② "練川世家"印所有者不詳。查《〔乾隆〕江南通志》卷一九五載:"嘉定號練川。"③再查《中華人民共和國地名詞典·上海市》,"練川"即今"練祁河",在上海市北部,跨嘉定、寶山兩縣。嘉定縣歷史上曾屬蘇州府、江蘇省等。④ 結合丁丙《善本書室藏書志》中已著錄"練川世家"印,我們基本可以確定,此印當爲明清時期江浙一帶藏書家所有,且在錢塘丁氏收藏《芸莊雜錄備遺》之前。

(三)《芸莊雜錄備遺》的主要内容

原書共10冊,16卷。其中第一冊共28頁,收管律《〈芸莊雜錄備遺〉序》和卷一、卷二。第二冊共25頁,收卷三、卷四。第三冊共26頁,收卷五、卷六。第四冊共31頁,收卷七。第五冊共29頁,收卷八。第六冊共19頁,收卷九。第七冊共27頁,收錄卷一〇。第八冊共22頁,收錄卷一一、卷一二。第九冊共22頁,共收錄卷一三、卷一四。第十冊共33頁,收錄卷一五、卷一六。

卷一是對某些歷史人物和事件的辯駁,也記載了一些異人異事、名人軼聞。如第一篇就對晉裴楷有關河上公授予漢文帝老子之書的説法進行了考證,認爲這種説法很荒謬,因爲時間和人物都對應不上;也記載諸如唐太宗不信白鵲稱賀的祥瑞之事,且他還毀鵲巢,棄鵲於野外,和隋煬帝形成鮮明對比。卷二摘錄了一些歷史名人忠孝仁義的故事和一些知識性的材料。如吳元濟之亂時,裴度金殿拜帥,作者記載了裴度與唐憲宗之間的對答之語,其中裴之慷慨陳詞,令人動

---

① 林申清《明清著名藏書家·藏書印》,北京圖書館出版社2000年版,第192頁。
② 梁戰、郭群一《歷代藏書家辭典》,陝西人民出版社1991年版,第254—255頁。
③ 〔清〕趙宏恩等《〔乾隆〕江南通志》,影印文淵閣《四庫全書》本,臺灣商務印書館1986年版,第512冊,第757頁。
④ 李春芬《中華人民共和國地名詞典·上海市》,商務印書館1989年版,第238、172頁。

容;又如陸德明恥爲王世充子師,以服巴豆腹瀉而躲避糾纏。這些簡短的故事,其實恰恰是作者記載下來以爲後來之素材的。卷三卷四主要摘抄名臣名相之事。如摘録《宋史·列傳第五十四》葉清臣對富弼、范仲淹、夏竦、鄭戩、韓琦、田況、劉渙、孫沔、王德用等人的評價來表現葉對人知人善任;又如范仲淹不懼奪子之威脅,堅決不寫諛頌之文,作者以此事來表現范公之剛正。當然,也有"老聃貴柔,孔子貴仁,墨翟貴廣,關尹貴清"等類型資料的記載。卷五主要是一些知識性的記載。如"董仲舒三年不窺園,法真歷年不窺園,趙昱歷年潛思不窺園門,桓榮十五年不窺家園,何休不窺園者十七年,皇明宗室安塞王終身不窺園"。這些摘録主要是備忘的。卷六抄録了多篇帝王將相的檄文、書、移、露布等文章。如《皇明太祖高皇帝傳中原檄》《徐敬業討武后移諸郡縣檄》,當然,有的記載簡略,文題後注明"其略曰"字樣。卷七以歷史發展先後爲脈絡,主要概括了自先秦至明歷朝歷代對書籍學術的態度,喚醒統治者關注文治,"君子之治乎斯民也,作而新之……"涉及人物有孔子、李煜、朱熹、元世祖等。卷八卷九爲自秦昭襄王開始至明朱元璋之間的朝代更替,各朝代帝王的基本情況和主要歷史事件。可貴的是作者連偏安一隅的王侯也記録,如"西川蜀王王建,是爲前蜀,號賊王八。唐封爲蜀王……蜀王孟知祥,是爲後蜀"。卷一○卷一一是對漢、唐、宋等朝代名相的評論,有蕭何、張良、曹參、申屠嘉、霍光、魏相、丙吉、張安世、薛廣德、韋元成、平當(原書誤作"富")、何武、房玄齡、魏徵、長孫無忌、上官儀、狄仁傑、陸元方、張説、張九齡、趙普、李昉、呂蒙正、寇準、呂端、李沆、呂夷簡、陳堯佐、宋庠、龐籍、王安石、司馬光、文天祥等名人。評論簡潔。如評論張良:"漢之傑士。輔高祖取天下,所謀無一事不關成敗。非高祖明達,則不能用子房;非子房之運籌,則高祖之明達終有所失。"當然,作者也批評了像陳平這樣的人。卷一一中還專門對宋代奸相如盧多遜、張洎、李昌齡、丁謂、陳執中、蔡確、呂惠卿、蔡京、秦檜、萬俟卨、賈似道等多人進行了批判。卷一二主要是對循吏之治做評價,也對忠義孝友之人作簡要評説,語言簡潔。如"西漢尹翁歸守東都及扶風,皆大治,境無盜賊,三輔課最。在東都,于定國不敢干以私。卒之日,家無餘財"。這樣的循吏還有召信臣、龔遂、黃霸、張巡、許遠、任福、王珪、馬遂等人。卷一三寫"立言之臣"的卓行和自西漢到宋代儒林中的人物。對人物的評論也是點到爲止,用語簡約。例如評價汲黯是"真社稷臣。武帝不冠不見。"文中還寫了權皋、孔穎達、歐陽詢、司空圖、徐積、周敦頤、張載、程頤、程顥等人事迹。卷一四前半部分評論漢至宋等各代文人,用一兩句簡單的話概括他們最大的特點;後半部分羅列一些文學和政治集團的成員名字,類似於今天的資料卡片,如"八及"指張儉、岑晊、劉表、陳翔、孔昱、苑康、檀敷、翟超,其他的如"三君""八顧""八廚""唐四傑""唐二妙""漢麒麟閣功臣十一人""唐凌煙閣功臣二十四人""宋昭勳崇德閣功臣二十四人"等等。卷一五寫古今將相名人及其後代的情況，有不肖者，有賢者。如李廣，虜稱飛將軍，其子當户、其孫陵皆以勇敗；杜審言才博能詩，喜仕傲世，其子閑、其孫甫爲唐時詩人冠冕。諸如此類。卷一六前半部分記唐宋酷吏之事，後半部分概述漢以來清修隱逸者之事，提到了張良、陶潛、孫思邈、王希夷、陸龜蒙、魏野、林逋等人。

總之，這是作者學習心得的整理，每類相對獨立，自成系統；類與類之間沒有很强的必然的聯繫。這也使得此書偶有真知灼見，總體價值卻不大。當然，此書資料性很强，從中還可以看出明代士大夫對一些歷史人物和歷史事件的態度，也是研究管律思想認識的第一手資料。

另，《〈芸莊雜録備遺〉序》載："日有所閱見，又識之如昔。霜露累更，歲月易邁，不覺成十二卷，題曰'芸莊猥録'。"據此可知，管律還有《芸莊猥録》十二卷，且已成書。根據序言所述，此書内容當與《芸莊雜録備遺》類似，也是學習心得筆記的整理稿；寫作時間是"棄逐以來"，即嘉靖八年（1529）後，至《芸莊雜録備遺》找到，即嘉靖十六年（1537）前。惜此書今不傳。

二、管律的散見著述

管律傳世散見著述主要有詩文共 20 篇（首），其中詩歌 1 首，文 19 篇。文主要有三類：碑記類、奏疏類、墓志銘。

（一）碑記類

芸莊子今存碑記文共 10 篇，其中最早見諸《嘉靖志》卷一《寧夏總鎮》的有《重修公署碑》《都察院續題名碑》《演武教場重建碑》《東號記》，卷二有《城隍廟重修碑》，卷三有《中衛文廟重修碑》《城鐵柱泉碑》，卷八有《漢壽亭侯壯繆關公祠碑》，計 8 篇。最早見諸《〔萬曆〕朔方新志》卷四《詞翰》的有《巡撫都御史楊公志學去思碑記》《牛首寺碑記》2 篇。《〔萬曆〕朔方新志》卷四《詞翰》亦收録《東號記》《演武教場重建碑》（題作《演武場記》）、《城鐵柱泉碑》（題作《鐵柱泉記》）、《城隍廟重修碑》（題作《城隍廟碑記》）。《〔乾隆〕甘肅通志》卷四七《藝文·記》、清陳履中纂修《〔乾隆〕河套志》卷六《藝文》亦收録《城鐵柱泉碑》，均題作《鐵柱泉記》。《〔乾隆〕銀川小志》收録 2 篇，其中《寺觀》中收録《牛首寺碑記》；《古迹》中收録《城鐵柱泉碑》，題作《鐵柱泉記》。《〔乾隆〕寧夏府志》卷一九《藝文二·記》共收録管律文 4 篇，分别爲《城隍廟重修碑》（題作《城隍廟碑記》）、《牛首寺碑記》《城鐵柱泉碑》（題作《鐵柱泉記》）、《巡撫都御史楊公志學去思碑記》（題作《楊公去思碑記》)。《〔民國〕朔方道志》卷二五《藝文志·記序》亦收錄管律文四篇,篇名、收錄順序與《〔乾隆〕寧夏府志》同。

　　一般碑記類文章的寫作模式是寫所記之事的緣起、經過和事件發起人的情況,最後對此事或事件發起人進行一番贊頌,管律的文有的也是按照這種模式來寫的,如《中衛文廟重修碑》《牛首寺碑記》。但更多的篇章是作者用這種文體承載自己的思想,表達一種觀點,因而顯得立意新穎而深刻。作於嘉靖十一年(1532)的《演武教場重建碑》先介紹了演武教場重建的起因、前期籌備時所得到的支持、重建過程,後描繪了新建教場的"雄偉峻麗,濶大夷坦"。至此,筆鋒一轉,稱贊巡撫楊志學和太監劉玉的"二人同心,其利斷金",并進而引出"夫天下之事,義當為者常成於同而敗於異。是故恒患乎立異而厭同也"這樣的認識,提升了文章的立意層次。《東號記》作於嘉靖十七年(1538),作品先寫了時任寧夏巡撫都御史吳鎧(約1491—約1539,字文濟,號石湖,山東陽谷縣人)在儒學之東建號的過程和優待儒生的做法,次希望儒生們按照孟子"學問之道無他,求其放心而已"的要求去做。最後,作者提出了自己關於求學真諦和興學目的之認識:

　　　　夫經以載道,探天地萬物之原;史以紀事,著古今興廢之迹。諸子百氏,羽經而翼史者,二三子朝講夕誦,能外是哉? 然講以究其蘊,誦以熟其辭,苟非研精覃思,反求諸心,何益焉? 反諸心矣,苟不踐諸其形,雖有獲於學也,何徵焉? 是豈石湖公之望於二三子者哉? 抑或溺訓詁而自謂深於經,騁詞華而自謂工於文,恃此為功名利達之計,而出入斯舍,雖衣冠彬彬,使視之者漠然無所起慕,又豈石湖公之望於二三子者哉? 夫功名利達有命焉,君子不謂,性也。能淑諸身,推而淑諸人,使鄉里子弟皆知君臣、父子、夫婦、長幼、朋友之大經大本,而不負冠履之彥,父老指而羨之曰:"此石湖公所養之士以風之者,餘韻弗已。"不亦美乎!

這種認識對於當時地處邊鄙之地的寧夏教育來說非常有意義。

　　與同時代類似作品相比較,管律之文立意新穎深刻的特點會更為鮮明。同樣是寫嘉靖十五年(1536)三邊總制劉天和在鐵柱泉築城之事,在大體相等的篇幅中,管律與胡侍風格迥異。鴻臚寺少卿胡侍作《鐵柱泉頌有序》,序中大體交代了築城的緣起後,寫道:"於是簡師定命,峙乃楨榦,程量計公,獎良朴窳,環泉而城之。捄度如雲,相歌如雷。旬月之間,百堵皆作,長埔崒如,樓櫓翼如。乃田乃宇,乃庀禦具,乃宿以虎旅。曠漠之區,屹增巨防矣。"①管律則作《城鐵柱泉碑》,

---

①　〔明〕胡汝礪編、〔明〕管律重修、陳明猷校勘《嘉靖寧夏新志》,第244頁。

詳細記載了築城和守城的情況:"越八月丁酉,城成,環四里許,高四尋有奇,而厚如之。城以衛泉,隍以衛城,工圖永堅……置兵千五,兼募土人守之。設官操馭,皆檢其才且能者。慮風雨不蔽之患,則給屋以居之;因地之利而利,則給田以耕之。草萊闢、禾黍蕃,又可以作牧而庶孳蓄。"接下來,作者還詳細分析了城鐵柱泉的益處:"泉既城,虜憚南牧,則戍減費省,糴之價自不能騰,實雙肇來者無窮之益……重關疊險,禦暴之計益密矣。借虜騁驕忘忌人之,騎不得飲,進則爲新邊所扼,退則爲大邊所邀,天授之矣。用是以息中原之擾,以休番戍之兵,以寬饋餉之役。"與胡侍序中大量使用比喻、誇張等修辭手法及駢儷的句式以達到文學性的效果不同,管律文中更注重邏輯的剖析,詳實的記載;思維縝密而嚴謹,語言質樸而簡潔。更重要的是,芸莊子看到的不僅僅是築城禦侮的作用,還看出了這一工程的更大的益處:再不會有爲防止胡虜進攻"爲備甚勤"給百姓帶來的苦難,取而代之的是發展邊地生產將給人民帶來更大的幸福,"要害必爭之地……棄於百七十年者,一旦大有資矣",這種歷史功績"與黃河、賀蘭實相遠邇,謂有紀極哉"!見解之深,立意之高,可見一斑,再一次體現了管律的"經濟之才"。

再如同樣是關公廟的碑記文,胡汝礪的《漢壽亭侯碑記》交代了關羽的基本情況和當時的背景,贊美關羽的勇武、忠義,對關羽不事漢獻帝而事劉備、關公廟不僅在荊襄而且在全國的情況作了辨析。文章感情充沛,以氣勢見長,語言犀利,以情馭理。豐林王朱台瀚作於嘉靖十年(1531)的《重修忠義武安王廟記》則介紹了廟宇修建的過程,考證了關羽的一些基本情況,文章重在突出關羽之忠義對於教化的作用。管律《漢壽亭侯壯繆關公祠碑》作於嘉靖十三年(1534),文章在內容上基本涵蓋了胡汝礪所述之事,較朱台瀚之文要詳細。文章最大的亮點是用了相當一部分篇幅來解釋關公被謚"壯繆"的原因,對於關公沒有完成千秋功業而深表惋惜。管文雖不及胡文之氣勢和文采,但"壯繆"的認識則爲其他二文所無,因而使文章立意非常新穎。同樣是爲都察院寫題名碑,曾三任三邊總制的明成化至嘉靖朝重臣楊一清重在寫樹題名碑的意義所在:"古之爲政者,因俗變革,然必觀前人之所爲而損益之,弛張緩急,因其所以然而斟酌其所當然,然後無弊。成周三后之於東郊,有謹愸寬和保釐之異。是已,孰謂前人之成烈,後之人可無聞乎?此……樹石題名之意也。"①而管律的《都察院續題名碑》較楊一清文爲短,碑文除交代了樹碑之意義外,提出了爲政一方要達到盡善盡美的境界:在"時也,亦勢也"的前提下,"求盡其責固難矣,況盡善乎?求盡其善固難矣,況盡美乎"?但是,"通塞成務,實又存乎其人",并舉楊志學"審時酌勢,雨以陶良,

---

① [明]胡汝礪編、[明]管律重修、陳明猷校勘《嘉靖寧夏新志》,第43—44頁。

霜以激憊,嚴不爲厲,寬不爲緩,原情問法,不自以爲慘舒"的做法和前人相比較,從而得出結論,只要得人,則"善美備具,而人用不變,四境協然"。將文學理論移植到從政要求中,新穎而獨到。雖然作者在文末尊楊一清爲己之"宗師",但二文立意之新舊、境界之高下則一目了然。

管律之碑記文除以立意見長外,語言凝煉是其另一特點。凝煉有二:一爲敘述乾淨流暢,簡潔有力,從無拖沓之處。二爲概括性強,警句名言迭出。如《巡撫都御史楊公志學去思碑記》中,開篇便有"古之士仕多爲人,今之士仕多爲己"之論,後又稱贊楊志學"惟務循循之政,不求赫赫之聲。有問饑而食、問寒而衣之惠,無違道干譽、拂衆從己之私"。這些高度凝練的句子不僅概括了楊志學爲人爲政的特點,也體現了作者對爲人爲政的一種認識和期望,更突出了文章思想性強的特點。

(二) 奏疏類

管律今存奏疏共三篇。其一爲《獻愚忠思裨聖政疏》,見諸明賈三近萬曆刻本《皇明兩朝疏抄》卷二;亦見諸明張鹵萬曆刻本《皇明嘉隆疏鈔》卷二《君道二》;另收於孫旬萬曆自刻本《皇明疏鈔》卷五《君道五》,題作《獻愚忠以裨聖政疏》。其二爲《節冗費以應修省疏》,見諸明張鹵萬曆刻本《皇明嘉隆疏鈔》卷一〇《蠧弊》。其三爲《修兵政復舊規以固根本疏》,見諸明孫旬萬曆自刻本《皇明疏鈔》卷五一《武備二》;亦見諸明張鹵萬曆刻本《皇明嘉隆疏鈔》卷一七《武備》,題作《修兵政以固邦本疏》;明涂山萬曆刻本《新刻明政統宗》卷二二、明雷禮萬曆刻本《皇明大政紀》卷二二和明范守己清宣統津寄廬鈔本《皇明肅皇外史》卷六"營仁壽宮"條"附錄"中都摘錄了此文。

《獻愚忠思裨聖政疏》作於嘉靖四年(1525)閏十二月,提出了能使嘉靖之治蔚然而興的五個方面的建議,作者用"五聞"來概括:一聞"爲政有術,要在擇人",要"謹於任用,量才度德,勿昵匪人;博訪旁求,勿狎近嬖"。二聞"政事之興,蓋本於君臣之協",要做到"推公愛以體群情,察厚誣以防讒間"。三聞"國之綱紀,存乎賞罰,聖帝明王賞不避仇,罰行自近",要做到"賞功勿使濫於廝養,罰罪勿使脫於苞苴"。四聞"王言惟作命,發乎邇而見乎遠,四夷之所睹望,萬姓之所信從",要做到"批答之間,亮事情之可否,審關係之重輕;務詞與事宜,事與理合"。五聞"後從諫則聖",要做到"虛懷納聽,隱其短而用其長,原其狂而亮其直"。① 《節冗

---

① [明]張鹵《皇明嘉隆疏鈔》卷二,載《續修四庫全書》第 466 册,上海古籍出版社 2002 年版,第83—84 頁。

費以應修省疏》作於嘉靖五年(1526)十一月。此前,御馬監太監閻洪奏請,依弘治十八年(1505)以前原額收補勇士,將弘治、正德年間選充者准其替補,四衛營缺人應役,請比團營例選收四衛所精壯餘丁補額,要將剛剛嚴加控制的内府的兵力增加。爲此,兵部議覆不許,但明世宗不聽,反對兵部有關人員進行了處罰。於是管律上疏,以要撙節用度爲由,請世宗不要再增加這一千二百名兵丁,未果。此疏雖爲普通奏疏,實爲管律與宦官把持的内府的一次鬥争。《修兵政復舊規以固根本疏》作於嘉靖五年(1526)十一月,是針對嘉靖朝軍政廢弛的現狀所上,意在提醒嘉靖帝按照朱元璋時的一些舊規來治軍,既要防止某些將領權力太大發生兵變,又要防止軍隊失去戰鬥力,因此要對將領進行認真的考核,該任的任,該免的免。此疏後來得到了朝廷的認可。

奏疏類文章雖只有三篇,但每篇都切中要害,顯示了管律的政治才能。思路清晰,剖析透徹,雖爲奏疏,但往往寫得非常有感情,讀來很有感染力。

(三) 墓志銘

現存墓志銘有《大明誥封恭人錢母張氏墓志銘》《明明威將軍錢公合葬施恭人墓志銘》《明王母錢安人合葬昭信校尉王公墓志銘》《皇明明威將軍指揮僉事錢公墓志銘》《明武德將軍王公廷瑞墓志銘》《錢安人墓志銘》。其中前四篇原石均藏於寧夏賀蘭縣文管所,已收入《寧夏歷代碑刻集》中;後二篇爲寧夏銀川市金鳳區出土,已收入《中國文物地圖集·寧夏回族自治區分册》中。另,《寧夏歷代碑刻集》中收《明故昭信校尉宋公□》一文,文中所列寫作時間爲嘉靖十二年(1533),雖然原石前題作者處破損,但可清楚地看到"賜進士第刑科給事中"字樣,[①]疑爲管律所作。

管律墓志銘類文章語言平實。人物生平事迹交代清晰,且善於抓住墓主的特點來表現。如《皇明明威將軍指揮僉事錢公墓志銘》將錢榮自幼至七十八歲去世期間主要生平事迹分爲幼年好學、從軍有勇、從政有治、督農有方、育後有成等幾個階段,每個階段的特點都很鮮明,幼年好學是"勤苦踰於寒素",督農有方是"躬歷村社"等。雖是短小和模式化墓志銘,作者也寫得各有千秋,不愧"博聞有辭"之譽。

除文章外,管律現存詩歌一首《南塘分雲字韻》,收入《嘉靖志》卷二《遊觀》中:

---

① 銀川美術館編著《寧夏歷代碑刻集》,第 76—77 頁。

清時恣清賞，蝸量敢辭醺。潭影搖晴日，山容潤晚雲。防秋仗充國，運策賴希文。斧扆紆西顧，邊聲近不聞。

這是作者和他人一起泛舟南塘時唱和時作。

　　管律父管珣亦有詩歌一首，收入《嘉靖志》卷二《宦迹》中：

　　巡撫河西冰玉清，劾糾寮庶憚嚴明。秋風忽起思蓴美，簪筆先投脫羽輕。高臥謝山忘國慮，閒吟陶菊騁詩情。聖朝定復徵賢輔，肯遂辭榮掉臂行。

此詩爲作者贈時任寧夏巡撫韓文的。文在任時曾增修學舍，創立射圃，以教生徒，弘治六年（1493）致仕。

　　管律不僅是寧夏歷史上留下很多作品的文學家，更是一位爲寧夏留下了許多安邊策的經世致用之才，對寧夏的社會發展做出了重要貢獻。

第四章　胡侍及其著述

　　胡侍(1492—1554),是寧夏明清文學史上繼朱㮮之後最有文采、水平最高、著述最多、成就最大的詩文作家。

　　關於胡侍的基本情況,明代晚期文獻考述較多,凌迪知《萬姓統譜》卷一一、焦竑《國朝獻徵錄》卷七六所收《鴻臚寺右少卿胡公侍墓誌銘》、王兆雲《皇明詞林人物考》卷六、過庭訓《本朝分省人物考》卷一〇四等都有或詳或略的介紹。清代錢謙益《列朝詩集·丙集》載有胡侍小傳,《明史》卷一九一《薛蕙傳》下附有胡侍小傳;徐乾學《明史列傳》卷六六《胡侍》載其生平,尤其對其下詔獄一事交代詳細。朱彝尊《靜志居詩話》卷一〇《胡侍》亦載有胡侍基本情況,其對胡侍詩歌有所評價。《〔康熙〕咸寧縣志》卷六、《〔乾隆〕山西通志》卷九一、《〔乾隆〕陝西通志》卷六〇、《〔乾隆〕寧夏府志》卷五均對胡侍有記載。這些文獻的記載或太簡略,或相互矛盾。當代對胡侍生平較早進行全面研究的是胡迅雷,其《寧夏歷史人物研究文集》中《明代作家胡侍》《明代寧夏胡氏家族》二文對胡侍的生平、著述進行了研究,對胡侍的《真珠船》《墅談》介紹較詳,並對胡侍的文學創作作了評價。惜其未見到胡侍詩集,故文中未提及。由寧夏大學王茂福教授指導、蘇麗華同學 2003 年完成的碩士論文《胡侍及其文言小說研究》對胡侍的籍貫、家世、生平及著述情況進行了考證,以《真珠船》《墅談》為基礎對其文言小說的內容分類、藝術特徵、價值定位進行了論述。此文考訂較為詳細,對胡侍文言小說進行系統研究尚屬首次,不過未對其詩歌進行研究。寧夏大學刁俊 2007 年 4 月的碩士學位論文《明清以來寧夏歷史人物著述考——以朱㮮等人為例》第二章第二節《胡侍》對胡侍的《蒙谿集》《真珠船》《墅談》的文獻著錄情況進行了梳理,對這三部集子進行了簡要介紹。《文學遺產》2007 年第 3 期發表了張世宏的《明代作家胡侍生平及著述考辨》,此文引用文獻頗多,對胡侍的籍貫進行了考辨,對其生平進行了簡單的梳理,對胡侍的著述進行了論述。問題在於張氏簡單地認為胡侍籍貫是陝西咸寧,忽略了胡侍出生在寧夏的事實,而且,文中將"墅談"一直寫作"野談",也是以訛傳訛。西北大學耿李元 2010 年 4 月的碩士學位論文《胡侍生平、家世及著述考釋》以年譜的形式對胡侍的生平、著述情況進行了詳細介紹,對胡侍家世情況也進行了考證。此文搜集資料較爲豐富，但羅列太多，疏於分析，考訂較粗率，結論往往有待商榷。

綜上所述，目前學界關於胡侍的生平考證較多，研究較爲深入，但關於胡侍的詩文研究有待進一步深入，特別是胡侍的詩歌研究，目前還没有專文論述。

第一節　胡侍的生平

胡侍，字承之，號蒙谿（溪），又號蒙谿（溪）山人、蒙谿（溪）胡子、蒙谿（溪）子，生於明孝宗弘治五年十一月六日（1492 年 11 月 25 日），卒於嘉靖三十二年十二月四日（1554 年 1 月 7 日），官至鴻臚寺右少卿。

一、胡侍的籍貫辨析

根據第二章對胡汝礪的研究，胡侍是胡汝礪次子，本無籍貫之争，但文獻對胡侍籍貫記載卻頗不一致。一種記載爲咸寧（治今陝西西安市）人。明徐燉《徐氏紅雨樓書目》載："胡侍，承之，咸寧人。"①王兆雲《皇明詞林人物考》卷六曰："胡侍，字承之，陝西咸寧人。"②過庭訓《本朝分省人物考》卷一○四載："胡侍，字承之，咸寧人。"③張朝瑞《皇明貢舉考》卷六："胡侍，陝西咸寧縣。"④錢謙益《列朝詩集小傳》丙集《胡判官侍》："侍，字承之，咸寧人。"⑤《明詩綜》卷三六亦載："侍字承之，咸寧人。"⑥《〔乾隆〕陝西通志》卷六○同。⑦　第二種記載爲寧夏人。《明史》卷一九一《薛蕙傳》後附胡侍傳載："胡侍，寧夏人。"⑧臧勵龢等編《中國人名大辭典》載："胡侍，明寧夏人。"⑨第三種記載爲溧陽人。《千頃堂書目·別集類》載："胡侍……字承之。咸寧籍，溧陽人。"⑩

---

① 〔明〕晁瑮、〔明〕徐燉《晁氏寶文堂書目　徐氏紅雨樓書目》，古典文學出版社 1957 年版，第 396 頁。
② 〔明〕王兆雲《皇明詞林人物考》，明萬曆刻本，卷六。
③ 〔明〕過庭訓《本朝分省人物考》，明天啓刻本，卷一○四。
④ 〔明〕張朝瑞《皇明貢舉考》，明萬曆刻本，卷六。
⑤ 〔清〕錢謙益《列朝詩集小傳》丙集，上海古籍出版社 1983 年版，第 365 頁。
⑥ 〔清〕朱彝尊《明詩綜》，中華書局 2007 年版，第 1762 頁。
⑦ 〔清〕查郎阿、劉於義《〔乾隆〕陝西通志》，影印文淵閣《四庫全書》本，臺灣商務印書館 1986 年版，第 554 册，第 663 頁。
⑧ 〔清〕張廷玉等《明史》，中華書局 1974 年版，第 5077 頁。
⑨ 臧勵龢等編《中國人名大辭典》，商務印書館 1921 年版，第 691 頁。
⑩ 〔清〕黄虞稷撰，瞿鳳起、潘景鄭整理《千頃堂書目（附索引）》，上海古籍出版社 2001 年版，第 556 頁。

第二章我們已經詳細考證了胡汝礪的籍貫,確定胡氏家族胡士真、胡雄、胡璉、胡汝礪四世均爲寧夏人,寧夏左屯衛籍。胡侍出生在寧夏,自然是寧夏籍。《千頃堂書目》所載胡侍爲溧陽人,乃言其祖籍耳。之所以出現"咸寧"說,是因爲胡汝礪卒後,"賜葬陝西咸寧,子姓得守冢墓,遂爲韋曲里人"。① 正德六年(1511)辛未,在胡汝礪卒後第二年,胡汝楫等"奉太淑人歸西安……時家口已八十餘"(太淑人指胡汝礪母陳氏),②可見此時胡氏家族已基本都遷至咸寧。胡汝礪正德五年(1510)卒,時胡侍19歲。舉家遷至咸寧後,在此定居,後被斥爲民,故有此說。

　　胡侍本人在自己的籍貫問題上一直持模糊態度。在胡侍生前,其《真珠船》就已刊刻,在《〈真珠船〉序》中,胡侍落款是"嘉靖戊申八月之望關西蒙谿山人胡侍自序",③同樣,刊刻於胡侍生前的《胡蒙谿詩集》《墅談》《胡蒙谿文集》《胡蒙谿續集》等均題"關西胡侍承之"著(纂)字樣。關西,指函谷關以西,包括今甘肅、陝西和寧夏。可見,胡侍也一直未明言自己的籍貫。

　　綜上,胡侍曾祖、祖、父均爲寧夏人,本人出生在寧夏,并完全在寧夏生活十八年,此後雖在咸寧爲父守孝,賦閒在家時也住在咸寧,但"子從父籍",胡侍是寧夏籍無疑。

二、胡侍字"承之"辨析

　　胡侍的字,歷來有四種記載。一種爲字承之,上文已多次述及。胡侍友康海《對山集》卷二有五言詩《寄胡承之》,好友許宗魯所撰《明故奉政大夫鴻臚寺右少卿蒙谿胡公墓志銘》(以下簡稱《胡侍墓志銘》,本章凡引用此文,只隨文注《胡侍墓志銘》,不再腳注)亦載胡侍"字承之"。④ 另一種爲字奉之。《四庫全書總目》卷一二七"《真珠船》八卷"條下載:"明胡侍撰。侍,字奉之。"⑤周中孚《鄭堂讀書記》卷五七:"胡侍……字奉之。"⑥臧勵龢等編《中國人名大辭典》亦載胡侍字奉之。《明人傳記資料索引》記載同。侯忠義《中國文言小説史稿》也持胡侍字奉之

---

　① [明]許宗魯《明故奉政大夫鴻臚寺右少卿蒙谿胡公墓志銘》,四庫未收書輯刊編纂委員會編《四庫未收書輯刊》,北京出版社1997年版,第伍輯第19冊,第185頁。
　② [明]吕柟《襄陵尹胡君墓志銘》,載《續修四庫全書》1338冊《涇野先生文集》卷三四,上海古籍出版社1995年版,第229頁。
　③ [明]胡侍《真珠船》,《關中叢書》本,陝西通志館1934年版。
　④ [明]許宗魯《明故奉政大夫鴻臚寺右少卿蒙谿胡公墓志銘》,《四庫未收書輯刊》,第伍輯第19冊,第185頁。
　⑤ [清]永瑢等撰《四庫全書總目》,中華書局1965年版,第1097頁。
　⑥ [清]周中孚《鄭堂讀書記》,北京圖書館出版社2007年版,第1139頁。

之説。第三種將"承之""奉之"綜合在一起,如丁錫根《中國歷代小説序跋集》"《真珠船》"條下載:"侍字奉之,又字承之。"①第四種爲字永之,如明淩迪知《萬姓統譜》卷一一曰:"胡侍,字永之。"②

辨析上述材料,不難發現,字"永之"當爲誤記。古人名與字之間有關聯。《説文》:"侍,承也。"③段玉裁《説文解字注》載:"侍,承也。承者,奉也,受也。凡言侍者皆敬恭承奉之義。"④《明人傳記資料索引》載胡侍"字奉之",幷列出資料來源爲《趙浚谷文集》卷六《胡蒙谿集序》、《國朝獻徵録》卷七六許宗魯撰《胡公墓志銘》以及《明史》卷一九一。查上述三種文獻相應篇目,均無"字奉之"之載。考諸趙時春文集,有明萬曆周鑒刻十卷本《趙浚谷文集》,與《趙浚谷詩集》六卷、《永思録》一卷、《疏案》一卷合刊,其文集卷六收録《胡蒙谿集序》;另一種爲明萬曆周鑒刻十三卷本《浚谷先生集》,此集爲詩文集,其中卷七收録《〈胡永之集〉序》。胡侍幷無《胡永之集》。十卷本《趙浚谷文集》後刊,故將題目改爲"胡蒙谿集序"。細校《胡蒙谿集序》與《〈胡永之集〉序》,二文内容同,且其中幷無"奉之"字樣,可見,《明人傳記資料索引》所載胡侍"字奉之"之説爲誤載,"永之"當爲"承之"之字形近似而筆誤。淩迪知《萬姓統譜》所載亦當爲此之誤。再細辨之,凡明代文獻,多著録爲字"承之",自清《四庫全書總目》後,文獻多載爲字"奉之"。考諸胡侍詩文集,從未提到字"奉之"。出現字"奉之"之説,蓋因多從《四庫全書總目》之説耳。《四庫全書總目》當因"承""奉"同義而衍變使然。故可確定,胡侍字"承之"。

三、胡侍别號辨析

胡侍的號,文獻有三種記載。第一種爲號"蒙谿""蒙谿山人""蒙谿胡子""蒙谿子",這在胡侍的詩文集中都有體現。今存嘉靖年間刊刻的《胡蒙谿詩集》十一卷、《胡蒙谿文集》四卷、《胡蒙谿續集》六卷(卷六題作《胡蒙谿續藁》)等著述,(以下分别簡稱《詩集》《文集》《續集》或《續藁》,本章凡引用胡侍著述,只在首次出現時做注,以後只隨文注書名、卷數、標題),從題目即可看出胡侍號爲"蒙谿"。胡侍好友許宗魯所撰《胡侍墓志銘》亦載胡侍"别號蒙谿",孔天胤嘉靖三十一年(1552)所撰《〈胡蒙谿續集〉叙》、張鐸同年所寫《刻〈胡蒙谿先生續集〉叙》均稱胡

---

① 丁錫根編著《中國歷代小説序跋集》,人民文學出版社1996年版,第404頁。
② [明]淩迪知《萬姓統譜》第一册,載《中華族譜集成》,第236頁。
③ [漢]許慎撰、[宋]徐鉉校定《説文解字》,中華書局1963年版,第164頁。
④ [漢]許慎撰、[清]段玉裁注《説文解字注》,上海古籍出版社1981年版,第373頁。

侍爲"蒙豁"。① 趙時春明萬曆刊本《趙浚谷文集》卷六所收《胡蒙豁集序》標題和内容均寫作"蒙豁"。② 胡侍在其《〈真珠船〉序》中落款即題"關西蒙豁山人胡侍自序",《詩集》卷三《王南皋中丞既枉草廬復惠烏薪命酒獨酌忽爾成醉作醉歌行》中,胡侍三次自稱爲"蒙豁山人"。③ 在《文集》卷一中,《送楊鶴洲先生序》和《送張敬叔適盂詩序》兩篇内胡侍都稱爲"蒙豁胡子"和"蒙豁子"。④ 第二種爲號"濛溪""濛溪胡子"。喬世寧在《〈墅談〉序》中説:"余覽濛溪胡子近著《墅談》一書。"⑤《四庫全書總目》卷一二七"《真珠船》八卷"條下載,胡侍號"濛溪"。⑥《鄭堂讀書記》卷五七載胡侍號"濛溪"。⑦ 臧勵龢等編《中國人名大辭典》亦載胡侍號"濛溪"。⑧ 丁錫根《中國歷代小説序跋集》"《真珠船》"條下載:"胡侍……號濛溪。"⑨第三種爲"蒙溪",這一稱謂胡侍友人多用。如康海《對山集》卷二有詩《對山草堂宴張太微胡蒙溪徐洞仙諸君子作》《仙遊潭同蒙溪作》二首,⑩劉儲秀《劉西陂集》卷三有《和蒙溪少卿九日家樓登高韻》,⑪二人詩題中"蒙溪"均指胡侍。

綜上,胡侍的號有多個,但存在差異的核心在於"蒙豁""濛溪""蒙溪"的字形寫法不同。"蒙溪",《類編長安志·勝遊》曰:"在御宿川東南山之半原。泉北流五福山,南遮澗口,若畫屏,取《易·山水蒙》卦,號曰蒙溪。"再查此書,"御宿川,在咸寧縣西南四十里",⑫即今西安市長安區王曲。考胡侍《詩集》十一卷中有詩《月夜蒙豁庵聞笙有懷周用賓鴻臚》(卷五)、《再遊蒙豁庵》(卷八),其中《再遊蒙豁庵》曰:"蒙豁庵在杜陵西。"杜陵,《前漢書·元帝紀》載"杜陵,在長安南五十里也",⑬即今西安市雁塔區三兆村南。再考胡侍《季父迪功郎府君墓版文》,胡汝礪墓在"陝西城南雁塔東",⑭結合許宗魯撰《胡侍墓誌銘》所載胡汝礪"賜葬陝西咸寧,子姓得守冢墓,遂爲韋曲里人"可知,胡汝礪墓當在咸寧韋曲里。《類編長

---

① [明]孔天胤《〈胡蒙豁續集〉敘》、[明]張鐸《刻〈胡蒙豁先生續集〉敘》,《四庫未收書輯刊》,第伍輯第19册,第183—185頁。
② [明]趙時春《趙浚谷文集》,《四庫全書存目叢書·集部》第87册,齊魯書社1997年版,第348頁。
③ [明]胡侍《胡蒙豁詩集》十一卷,北京大學圖書館藏明嘉靖二十五年(1546)刻本,卷三,第5頁。
④ [明]胡侍《胡蒙豁文集》四卷,中國科學院國家科學圖書館藏明嘉靖二十五年(1546)刻本,卷一,第2—5頁。
⑤ [明]喬世寧《〈墅談〉序》,載[明]胡侍《墅談》,明嘉靖二十五年(1546)朱氏刻本。
⑥ [清]永瑢等撰《四庫全書總目》,第1097頁。
⑦ [清]周中孚撰《鄭堂讀書記》,北京圖書館出版社2007年版,第1139頁。
⑧ 臧勵龢等編《中國人名大辭典》,商務印書館1921年版,第691頁。
⑨ 丁錫根編著《中國歷代小説序跋集》,人民文學出版社1996年版,第404頁。
⑩ [明]康海《對山集》十九卷,明嘉靖二十四年吴孟祺刻本,卷二,第20—23頁。
⑪ [明]劉儲秀《劉西陂集》四卷,明嘉靖三十年傅鳳翱刻本,卷三,第75頁。
⑫ [元]駱天驤撰、黃永年點校《類編長安志》,中華書局1990年版,第290、181頁。
⑬ [漢]班固撰、[唐]顏師古注《前漢書》卷九《元帝紀》。
⑭ [明]胡侍《季父迪功郎府君墓版文》,載[明]胡侍《胡蒙豁續集》六卷,中國科學院國家科學圖書館藏明嘉靖刻本,卷五,第7—8頁。

安志·勝遊》載:"韋曲,在樊川。"又載:"樊川,一名後寬川,在咸寧縣南三十五里。"①故韋曲里即今西安市長安區韋曲。王曲、韋曲同在長安區,相距很近。綜上可知,胡侍別號,當因其父墓及其居所韋曲附近的"蒙溪"而來。《漢語大字典》:"溪……山間的小河溝。本作'谿'……《集韻·齊韻》:'谿,《說文》:"山瀆無所通也。"或從水。'……又泛指小河溝。《廣韻·齊韻》:'谿,《爾雅》曰:"水注川曰谿。"溪、谿同。'"②在山間的小河溝這個義項上,溪、谿通用,因而,胡侍把"蒙溪"寫作"蒙谿",故其友人將其胡侍自號"蒙谿"寫作"蒙溪"也是正確的。至於"濛溪",當爲同音而訛。故胡侍號當爲"蒙谿(溪)""蒙谿(溪)山人""蒙谿(溪)胡子""蒙谿(溪)子"。另,齊裕焜《明代小說史》將胡侍號寫作"清溪",③疑爲"濛溪"筆誤。

四、胡侍的生平分期

胡侍終年63歲,一生經歷大起大落。初爲兵部尚書之子,再經喪父之痛,中進士後爲朝廷命官,曾以詩文名,卻在"議大禮"的問題上被貶,尋遭牢獄之災,後被斥爲民,生活拮据,艱苦異常,作爲普通百姓生活了近三十年後,卒於家。胡侍一生大體可以分爲四個階段。

第一階段,正德十二年(1517)前,26歲前,爲官前的積累期。

胡侍,明弘治五年(1492)生於寧夏鎮(今寧夏銀川市)。《胡侍墓誌銘》載,胡侍生於"弘治壬子十一月六日",時胡家均在寧夏。胡侍自幼聰明穎慧,爲鄉人所贊,"靈炳肇生,粹敏夙賦,垂髫穎慧,族稱豹變之資"(《胡侍墓誌銘》)。時其父在户部爲官,他童年時便得以在京生活,"憶余童卯時,與爾遊京鎬。相從蘗谷翁,下帷讀鴻寶"(《詩集》卷二《贈陸元望》)。弘治十年(1497)下半年,胡侍6歲,祖父胡璉去世,父胡汝礪回家奔喪守孝,也加强了對他的培養。有父之"懿訓,涵濡實深",④他得到了良好的教育。胡汝礪守孝期間用《朱子家禮》行事,也在幼年胡侍的心目中留下了深刻的印象,爲他後來在"議大禮"中站在楊廷和等守舊派一邊埋下了伏筆。弘治乙丑(1505),叔父胡汝楫中進士,胡氏家族更加光耀鄉里,這對胡侍無疑是巨大的鼓勵。

---

① [元]駱天驤撰、黄永年點校《類編長安志》,中華書局1990年版,第274、181頁。
② 漢語大字典編輯委員會《漢語大字典》三卷本,四川辭書出版社、湖北辭書出版社1995年版,第1702—1703頁。
③ 齊裕焜《明代小說史》,浙江古籍出版社1997年版,第155頁。
④ [明]吴孟祺《刻胡蒙谿詩文集序》,載《胡蒙谿詩集》,北京大學圖書館藏明嘉靖二十五年(1546)刻本。

正當胡侍在幸福的青少年時期讀書學習時,正德五年(1510),胡汝礪卒於官,賜葬陝西咸寧。胡侍在巨大的悲痛中舉家搬遷至咸寧,爲父守孝,從此在韋曲定居。守孝期間,胡侍在附近山中探訪,發現了蒙溪這一人間勝景,留下了深刻印象,使他後來的號都與蒙溪有關。守孝期間,也是胡侍安心學習的時間,雖然正德六年辛未(1511)家裏的"三世之積書……不戒於火,皆爲煨燼",①但胡侍仍然刻苦鑽研,飽讀詩書,爲考取功名打下了堅實的基礎。

正德八年(1513),胡侍守孝期滿後參加了陝西鄉試,"癸酉舉鄉試"(《胡侍墓誌銘》)。他在詩歌《辛卯秋放榜日奉同座主中丞松石劉公及癸酉諸同年集慈恩寺》中表達了對當年中舉人的美好回憶:"二十年前宴鹿鳴,祇園今復會群英。金尊不減清秋興,彩筆重題舊日名。"(《詩集》卷八)正德八年癸酉(1513)距嘉靖十年辛卯(1531)并非二十年,這裏是籠統的説法。

正德十二年(1517),胡侍中丁丑科二甲第四十四名進士。他在《送沅谿子何巨卿參政江西序》中曾記載:"沅谿子何巨卿,正德初與余同遊藝京師,歲丁丑,乃同舉進士。"(《文集》卷一)

這一時期,胡侍雖經歷了喪父之痛,但總體是比較平順的。幼年時期良好的教育,家門有父親和叔父兩位進士的人生標杆,都促使他刻苦學習,建立了扎實的知識儲備,爲後來完成多部著述打下了基礎。時常被父親帶在身邊,使他在京生活遊歷過,也"嘗從先尚書(案:指胡汝礪)寓雲中"(《文集》卷一《送楊鶴洲先生序》),親身感受到了父親在任大同知府期間"敢於任事,繩下以法,頗著治迹"的做人做事風格,②使他的人生觀和爲人處世的風格基本定型,成爲後來的仕途基石。胡侍在京師等地的遊歷生活中,結識了一大批文人雅士,有許宗魯(字東侯,陝西咸寧人,官至都察院右副都御史)、王懋(字昭大,陝西咸寧人,官至懷慶知府)等被《陝西通志》卷六〇《人物(六)》列爲"直諫"者,③也有何鰲這樣後來官至刑部尚書的人物,爲胡侍的成長奠定了人脈基礎。

第二階段,正德十三年(1518)至嘉靖三年(1524),27—33歲,在京爲官期。

正德十三年(1518),也就是中進士後的第二年,胡侍被授刑部雲南司主事;正德十六年(1521),晉陞刑部廣東司員外郎(《胡侍墓誌銘》)。在任刑部期間,胡侍非常敬業,在一些小事上都做得很好。《墅談》卷一《權諱》一文記載有人爲了避寧獻王朱權的"權"字諱而寫作"拳"或者"蓷",胡侍認爲"拳"和"蓷"讀音不同,這種寫法不對,"嘉靖之元,余掌刑部奏牘,偶及此字,乃得旨,令毋諱"。雖只是

---

① [明]胡侍《墅談》,明嘉靖二十五年(1546)朱氏刻本,卷一,第13頁。
② 楊新才、吴忠禮主編《明實録寧夏資料輯録》,寧夏人民出版社1988年版,第462頁。
③ [清]查郎阿、劉於義《〔乾隆〕陝西通志》,影印文淵閣《四庫全書》本,第554册,第663—664頁。

一個字的問題，胡侍卻也非常重視，足見其認真。《墅談》卷五中有《獄鼠》一文載："刑部十二獄，鼠多且大，大如貓。白日群走，全不畏人。重囚關三木，臥籠梏中，不能轉側，橫遭咀嚙，有致死者。正德十三年，余役提牢乃獄，畜二貓，鼠始不爲害。"本來鼠爲害，滅鼠即可，然而大獄之中，誰管囚犯死活，竟有活人被鼠咬死之事。養貓滅鼠，足見其仁心。

在刑部期間，胡侍和薛蕙等人組織了詩會，時稱"西翰林"。喬世寧《刑部主事太微張公治道墓碑》載，張治道與"部僚薛蕙、劉儲秀、胡侍約爲詩會，並以詩名都下。都下稱西翰林"。① 胡侍《真珠船》卷八《西翰林》載："刑曹多文士，故稱西翰林。前輩不暇論。正德間若亳州薛蕙君采，儀真蔣山卿子雲，馬平戴欽時亮，關西劉儲秀士奇、張治道時濟、王謳舜夫，崑山周鳳鳴于岐，開化方豪思道，都下蕭海于委，無錫顧可適與行，綿州高第公次，會稽沈弘道伯充，鄞縣葉應驄肅卿，莆田王鳳靈應時，並文藻瓌奇，蜚華藝苑。濟濟多賢，尚難悉舉。余時聯鑣接武，咸獲交承。"參加詩會，既加強了和這些文士的交流，又擴大了詩名，提高了詩歌創作的水平。

嘉靖元年(1522)四月，胡侍遷鴻臚寺右少卿。張鐸在《刻〈胡蒙谿先生續集〉敘》內稱他"服官比部，領秩臚卿"。② 許宗魯則明確説胡侍是嘉靖元年壬午(1522)"晋鴻臚寺右少卿"，并説他"陞卿禮寺，佐贊朝章。寅恭贊導乎百司，軌度儀刑乎四裔"(《胡侍墓志銘》)。《明實錄·世宗實錄》載，嘉靖元年(1522)四月甲午，"陞……刑部署員外郎事主事胡侍……爲鴻臚寺右少卿"。③ 明制，鴻臚寺主要掌管朝會、賓客、吉凶、儀禮之事。鴻臚寺右少卿屬從五品，官雖不大，卻也屬皇帝近臣，常受皇帝賞賜。《墅談》卷六《攢盒》載："郊壇，遣內臣以攢盒分賜近臣，惟閣老及鴻臚寺、錦衣衛堂官有之。盒中雜貯各色甜食珍果……云出自內庖。余曾兩拜茲賜，每賜則盒二枚。"還曾於端午節獲賜一扇。《詩集》卷八有《檢笥得甲申午節賜扇有作》。

雖然嘉靖三年甲申(1524)端午節胡侍還被皇帝賜扇，但就在同年，他便"以言事竄潞"(《文集》卷三《胡室人黃壙銘并序》)，"謫授山西潞州同知"(《胡侍墓志銘》。案：潞州，治今山西省長治市)。嘉靖初年，朝廷發生了"大禮議"之爭，圍繞嘉靖帝該尊自己的生父興獻王爲皇考還是尊明孝宗弘治皇帝爲皇考的問題上出現了兩派，一派以楊廷和爲首，一派以嘉靖帝和張聰爲首，經過幾年的爭議，最

---

① [明]喬世寧《刑部主事太微張公治道墓碑》，載[明]焦竑《國朝獻徵錄》卷四七，見周駿富輯《明代傳記叢刊》，第111册，第307頁。
② [明]張鐸《刻〈胡蒙谿先生續集〉敘》，四庫未收書輯刊編纂委員會編《四庫未收書輯刊》，第伍輯第19册，第184頁。
③ 《明實錄·世宗實錄》卷一三，(臺灣)中研院歷史語言研究所校印，1962年出版，第461頁。

終嘉靖帝尊自己的生父爲皇考。但是,爲了維護舊的傳統,楊廷和等人和一些正直的文人拼命反對,付出了血的代價,出現了左順門事件,二百多人被捕入獄,十七人先後受杖而死。胡侍也捲入這場大的風波:"當是時,廷臣力持大禮,而璁、萼建異議,舉朝非之,其不獲與廷議。而以璁、萼得罪者,又有胡侍、王祿、侯廷訓云。"①他於嘉靖三年(1524)六月上疏,認爲,"祖訓:兄終弟及,蓋嚴嫡庶、防覬覦爾。魯嬰齊不受命歸父,漢病已不受命昭帝,何以受命爲哉? 唐睿宗不當兄中宗,宋太宗不當兄藝祖,以其爲君也。不當稱兄,則不當稱伯,明矣。"②胡侍還上疏彈劾已陞任學士的張璁、桂萼"二人越禮背經,因據所奏,反覆論辨,凡千餘言",終於觸怒嘉靖皇帝,"命逮治,言官論救,謫潞州同知"。③ 胡侍被貶,御史王時柯上《弘聽納以別淑慝疏》爲胡侍等人辯白:"鴻臚寺右少卿胡侍上言辯解,連章論劾,雖不避齧君路馬之嫌,實求盡臣子諫爭之職……言雖過乎有激,心亦諒其無他。然直道難容,枉道易合,正言難入,邪言易從,此其所以天威震怒……伏望皇上畏上天之變,守祖宗之法,採忠直之言,消朋黨之禍……將……胡侍復還原職,以示優容。"④然而上疏沒有被採納。

第三階段,嘉靖四年(1525)至嘉靖五年(1526),34—35 歲,遭貶、入獄期。

胡侍被貶潞州同知,心情低落,故寄情山水,然而在山水間卻總是感到無比淒涼:"寒月棲珝栱,陰霞散石林。衡漳故不遠,寂寞暮流深。"(《詩集》卷四《登潞郡德風亭亭唐明皇在潛邸作二首》)也常因客居而產生難言的思念之情。有時是思鄉:"寒日蒼山淡,孤城白霧昏。秦中少消息,心斷鶺鴒原。"(《詩集》卷四《登潞郡南五龍山》)有時是思念故人:"晉陽孤客久飄轉,燕臺故人今是非。"(《詩集》卷七《院陰》)更多的是思念朝廷,思念君王,希望能回到京師爲朝廷出力:"流落那知年鬢改,祇將清夢入朝端。"(《詩集》卷七《余既謫潞明年乙酉三十有四始見二毛首春按部之夕夢朝京闕覺永茲言爰標幽悃雖齒逾潘岳諒情同子牟也》)胡侍雖心情不好,卻也注意發揮自己曾在刑部多年的經驗,還爲鄰州解決一些冤案。《真珠船》卷五《夫妻義絕》記載,潞州鄰地沁州(治今山西省沁源縣)有李子千殺岳父後逃走,有司將李妻白氏下獄三年多,胡侍根據《夢溪筆談》中類似案件的記載,"移文"給沁州憲司,認爲李子千既殺岳父,與白氏就夫妻義絕,白氏不應被連坐,只應動員鄰里族人抓捕李子千。憲司即從其議。

《胡侍墓誌銘》載,嘉靖四年乙酉(1525),胡侍被"下詔獄",不過這應該是該

---

① [清]張廷玉等《明史》卷一九一《薛蕙傳》。
② [明]過庭訓《本朝分省人物考》,明天啓刻本,卷一〇四。
③ [清]張廷玉等《明史》卷一九一《薛蕙傳》後附《胡侍傳》。
④ [明]王時柯《弘聽納以別淑慝疏》,載[明]賈三近《皇明兩朝疏抄》卷一四,北京大學圖書館藏明萬曆十四年蔣科等刻本。

年八月十一日以後之事。從《詩集》卷七《歲乙酉八月十有一日觴同年白大行良甫於上黨使館兼要郊行期在翌日忽陰雨合沓向夕未休白君愀然慮阻遊適遂成四韻用解鬱伊》詩可以看出，當年八月十一日他還在爲友人送行。《明實錄·世宗實錄》卷六〇載，嘉靖四年(1525)閏十二月戊申，御史張衮等爲胡侍求情，希望因"大禮議"而受處罰者都能官復原職或者得到赦免，胡侍因"坐他事繫獄"而沒有得到赦免。① 可見胡侍此時已在獄中。胡侍下獄計一年餘。《詩集》卷四《移禁西省》："坎壈仍三木，幽憂歷四時。"一直到嘉靖五年丙戌(1526)八月，事情終於查清，胡侍獲釋，卻也被削爲民。② 另據《胡室人黃壙銘并序》載，胡侍叔母於嘉靖五年(1526)"丙戌十有二月七日"去世，去世之前他曾去"省候"，之後胡室人即"遽不起"，可見他當於是年十二月前被釋。且胡侍在此文中明確說自己在獄中"餘一年幽囚"(《文集》卷三)。因此，胡侍在獄中的時間約爲嘉靖四年乙酉(1525)八月十一日之後到嘉靖五年丙戌(1526)八月。

胡侍被"下詔獄"是因爲"瀋府宗室勛注以事憾之，奏侍試諸生題譏刺，且謗大禮"。③《明實錄·世宗實錄》嘉靖五年(1526)八月甲子條記載詳明："瀋府輔國將軍勛㵒、勛注以事憾潞州同知胡侍，引侍試諸生題用'望之不似人君'及策問譏切時事，謂以遷謫怨望訕謗大禮。"④"望之不似人君"，語出《孟子·梁惠王(上)》。瀋府，明宗藩之一，國潞安，即潞州。勛注、勛溢乃瀋府宗室成員，封輔國將軍。《明實錄·孝宗實錄》卷六一："丙申，賜瀋府……輔國將軍勛注、勛溢……誥命，冠服如制。"⑤胡侍本就因觸怒嘉靖帝而被貶，又被人奏了一本，立即被"下詔獄"。《真珠船》卷三《福堂》所説"余向繫錦衣獄"當指這次。這次下獄，胡侍認爲是因小人流言而造成的："邁飛語，下詔獄。"(《文集》卷三《胡室人黃壙銘并序》)

胡侍在獄中頗多感慨，寫了多首詩，均載《詩集》中。其中卷四《獄中聞伸弟至》描繪了在見到三弟胡伸時悲喜交加的情景，"聞汝來京國，羈危涕泗零。遙憐堂北草，定憶海邊萍。歲晚仍狴犴，天寒念鶺鴒。何時共萊綵，爛熳曲江亭"，希望早些回到咸寧老家。這種在危難時刻的思鄉之情在佳節就顯得更爲强烈，卷四《除夜呈同逮》、《元夜獄中》、卷七《非所人日有懷省院諸友》表現的都是這種情感。不過，作者還是希望能早日迎來人生新的春天："十載伶俜今復此，東風那遣送春回"(《詩集》卷七《除夜非所作》)。

---

① 《明實錄·世宗實錄》卷六〇，第1419頁。
② 《明實錄·世宗實錄》卷六七，第1536頁。
③ [清]張廷玉等《明史》卷一九一《薛蕙傳》後附《胡侍傳》。
④ 《明實錄·世宗實錄》卷六七，第1535頁。
⑤ 《明實錄·孝宗實錄》卷六一，第1190頁。

嘉靖五年丙戌(1526)八月甲子,勛注告胡侍一案終於有了結果。此事另牽扯他人和他事,經都察院左都御史顏頤壽等議覆,又經鎮巡官查實具奏,勛注等人有誣告成分。① 胡侍"事白"被釋,但卻被"奪秩編民"(《胡侍墓誌銘》),從此回到咸寧居住,過起了普通百姓的生活。

第四階段,嘉靖六年(1527)至嘉靖三十二年(1554),36—63 歲,閒散爲民期。

胡侍被"奪秩編民"後的幾年,生活上比較拮据,"牀頭一緑酒家共,瓿中半菽時有無",②"周旋賴師友"(《詩集》卷二《移居後作》)。有時"師友"還是靠不住,出獄後,受傷的心靈急需安慰,聞有人來訪非常感動,但等待幾日竟沒有來,可見人情淡薄(《詩集》卷四《出獄後聞張子言欲過訪同宿瞻候累日竟絶來音》)。甚至年關都過得很不好,"潦倒近堪欺绿酒,迂疏自合臥滄洲。早時道路雙華鬢,晚歲風霜一敝裘。擬頌椒花報明日,戲將筆墨送窮愁"(《詩集》卷七《歲除作》)。於是常常放浪詩酒以求解脱,這在《詩集》卷八中多有體現:《雨不絕憶文待詔徵仲》是一首感懷詩,詩中表達"獨酌悲歌空復情"的態度;《醉歸簡劉士奇》描繪"詩酒放浪酬初心"的生活和希望早日還京"抱琴明日還相等"的心理;《狂歌》寫"塵事久嫌增白髮,高懷且欲付青春。疏慵遮莫人俱棄,潦倒狂歌卧竹根"的狂放;《醉中》有"拄杖時時掛酒壺,任教人笑老狂夫"的放浪形骸。這一時期胡侍詩中"野人""縱飲""酣歌""醉"等詞比比皆是。與此同時,還常以佛道思想來自慰。如《詩集》卷二《遊黄谷》中流露成仙之想,卷八《同李四種二登終南天池上院》則表示"秋末擬投蓮社約"。蓮社,又稱白蓮社,結社念佛者多以此名之。然而這一切都難除渴望重登仕途的病根,時刻都盼着被重新啓用,卻始終沒有音信,只有"山河只在眼,那得見神京"(《詩集》卷四《驪山》)的痛苦。當從笥中撿到以前皇帝所賜扇子,激動異常,撫着它便開始"北望長吟"(《詩集》卷八《檢笥得甲申午節賜扇有作》)。這一時段還有一件事對胡侍打擊很大,那就是痛失兩個孩子:"嘉靖丙申,天不弔余,自夏徂冬,連殞二息。"(《文集》卷三《西安府城隍神廟碑并序》)丙申,指嘉靖十五年(1536)。

總之,從下獄到爲民前幾年的時間,是胡侍人生中的最低谷。不過,"文章憎命达"(杜甫《天末懷李白》),人生的不幸遭際爲胡侍寫出大量的詩文作品植下了生活和情感基礎。

《胡侍墓誌銘》載,嘉靖十七年(1538)"詔復其官"。錢謙益《列朝詩集小傳》

---

① 《明實錄·世宗實錄》卷六七,第 1536 頁。
② [明]王世貞《讀胡侍鴻臚詩有感因遺其從子邑博叔才》,載《弇州四部稿》卷一八《詩部》,影印文淵閣《四庫全書》本,第 1279 册,第 229 頁。

丙集《胡判官侍》:"戊戌,有詔追復。"①《明詩綜》卷三六:"侍……鴻臚寺少卿,坐議大禮,謫潞州同知。尋下詔獄,論爲民。尋命復職。"②根據上述材料,後來研究者多得出結論,胡侍被復職了。

然而,按照上述材料,胡侍從復職到去世當有16年的時間,可是此後史傳及其他文獻對胡侍幾乎没有記載,這很不符合常理。查《明實錄·世宗實錄》,胡侍陞任鴻臚寺右少卿有記載,但因直言敢諫被貶而在士林聲名大著的胡侍復職卻没有記載。《明史》卷一九一《列傳·薛蕙傳》後附胡侍傳並無復職的記載。再查喬世寧嘉靖二十五年(1546)六月《〈墅談〉序》、張才嘉靖二十五年(1546)十月《胡蒙谿集序》、孔天胤嘉靖三十一年(1552)七月《〈胡蒙谿續集〉敘》、張鐸嘉靖三十一年(1552)《刻〈胡蒙谿先生續集〉敘》等文獻,均只稱其號,尊爲先生,無一處以官職呼之,更無一處提及復職之事。另,胡侍曾爲樊殷撰《樊將軍墓銘并序》,根據墓銘内容,此石當勒於明嘉靖二十三年(1544)),題"賜進士出身前奉訓大夫鴻臚寺右少卿侍經筵官溧陽胡侍撰"字樣。③"前"字表明,胡侍此時並非鴻臚寺右少卿,不署現任職務,説明他當時只是一白身。吴孟祺於嘉靖二十四年(1545)所作《刻胡蒙谿詩文集序》説:"蒙谿子舉進士,歷官鴻臚卿亞,尋以建議落職。今居然一寒素流也。"④"以建議落職"當指因"大禮議"被貶、後被斥爲民,"寒素流"清楚地標明了其當時身份。上述文獻均爲胡侍生前所作(刻),而且時間段都相對集中,因此可以確認,胡侍至少在嘉靖二十三年(1544)至三十一年壬子(1552)期間並未復職,爲"寒素流"。

那麼,這段時間胡侍生活在哪裏呢?其《與馬仲房書》寫自己"跧伏丘園,倏逾五十……泯泯無聞……城南別墅,林水亦佳,駕言出遊,聊以致適……"從這段話可以看出胡侍已年逾五十(嘉靖二十一年,1542),卻仍然在咸寧韋曲一帶生活(《文集》卷二)。另從《續集》中多篇文章也可看出這點:卷五《鄒伯子妻魏室人壙志并序》記嘉靖二十六年(1547),"陝西西安前衛"鄒夢鶴之妻要下葬,鄒"率嗣子頎造余,請志其壙"。卷二《〈陝西己酉武舉序齒錄〉序》寫嘉靖二十八年(1549)陝西武舉在"北上夏官"前,將他們的"名籍、齒系序而錄之,以示於余"。卷五《志從弟傳墓并序》記嘉靖二十八年(1549)十一月胡傳要下葬於"陝西會城南鴻固原",侄子"叔兆哭踊再拜,丐余志其墓"。卷四《四川資縣知縣孟侯哀讚并序》寫

---

① [清]錢謙益《列朝詩集小傳》丙集,上海古籍出版社1983年版,第365頁。
② [清]朱彝尊《明詩綜》,中華書局2007年版,第1762頁。
③ [明]胡侍《樊將軍墓銘并序》,陝西省西安市長安區博物館藏石,北京大學圖書館藏2005年拓片。
④ [明]吴孟祺《刻胡蒙谿詩文集序》,載《胡蒙谿集》十一卷,北京大學圖書館藏明嘉靖二十五年(1546)刻本。

嘉靖二十九年(1550)十一月孟環要下葬至咸寧縣永辛里，其家人"以狀示余"求作哀讚。從文意來看，孟家找胡侍寫哀讚，是因為孟環和胡侍侄子、已故進士胡叔元是舉人同年，關係並不是非常近，只是就近找一位略有關係而善寫此類文章的文士，因此，此時胡侍應該是在咸寧居住。卷五《朱典儀墓銘并序》寫嘉靖三十一年(1552)秦府典儀朱永隆卒，"余匍匐往弔"。秦府在西安府(治今西安市)，從常理推斷，朱典儀去世後能"匍匐往弔"，可見胡侍當時就在西安府附近。卷一《癸丑正月晦日郊遊》寫嘉靖三十二年(1553)作者郊遊所見景色，其中有"楷冀荚已盡，園桃萼微艷。……稍稍晴山出，處處春霞色"句。這種景色正月絕不會出現在京師燕京(治今北京市)，在今陝西西安一帶却是很正常的。從上述篇章內容即可看出，在寫這些文章的時候，胡侍都應該在陝西而不是京師。結合這一時期的其他內容的詩文，至少我們可以確定，嘉靖二十一年壬寅(1542)到嘉靖三十二年(1553)期間，胡侍并不在京師做官，而是在陝西，具體說是在咸寧居住。另外，《續集》卷四《報劉致卿書》裏，胡侍提到自己"自棄置以還，倐焉二紀"。"棄置"指被斥為民，"二紀"為24年。《續集》所收文一般作於嘉靖二十六年(1547)至三十二年(1553)期間，胡侍自嘉靖五年(1526)被斥為民後24年正好是嘉靖二十九年(1550)。按照胡侍的意思，應該是從嘉靖五年(1526)被斥為民後一直處於被"棄置"的狀態。

綜上所述，胡侍從嘉靖六年(1527)至三十二年十二月四日(1554年1月)均為白身。

按常理，許宗魯作為胡侍的好友、同年，應該不會把胡侍後來是否"詔復其官"之事搞錯。但是，作於嘉靖三十三年(1554)(胡侍去世後的第二年，下葬之年)的墓誌銘，卻將胡侍生前就已經刊刻的作品集的卷數搞錯，將《文集》四卷誤作三卷，將《續集》六卷誤作一卷，將《墅談》六卷誤作二卷，將《真珠船》八卷誤作二卷，其誤載若此，難怪錢謙益批評許宗魯(字伯誠)："許伯誠志其墓，駢語填塞，無所考焉。"[1]既然許宗魯能將胡侍幾個主要的詩文集的卷數都搞錯，那麼他所言胡侍在戊戌年(1538)"詔復其官"也就不一定可信了。另外，錢謙益既然不知道胡侍"謫官，厥後下獄，不知所坐"，[2]又批評許宗魯，說明他肯定看到了許宗魯所寫《胡侍墓誌銘》。胡侍卒後29年才出生的錢謙益，既然不知道胡侍為何下獄，那麼"戊戌，有詔追復"襲自《胡侍墓誌銘》完全有可能。至於清人朱彝尊編《明詩綜》卷四一所說"尋命復職"，因離胡侍年代更遠，就更不可信了。因此，許

---

[1] ［清］錢謙益《列朝詩集小傳》丙集，上海古籍出版社1983年版，第365頁。
[2] 同上。

宗魯和錢謙益等說胡侍復職,一種可能是誤記;另一種可能是當時確有讓胡侍復職之詔,後來因某種原因又沒有實施。

胡侍在家爲民期間,創作了大量的詩文作品,幾部著述都刊刻於這一時期,嘉靖二十五年(1546)《詩集》《文集》《墅談》面世,嘉靖二十七年(1548)《真珠船》刊印,嘉靖三十二年(1552)《續集》五卷問世,爲後世留下了寶貴的精神財富。

嘉靖三十二年十二月四日(1554年1月7日),胡侍卒於家,終年63歲。第二年十二月四日,葬於陝西咸寧其父墓側。

五、胡侍的評價

胡侍的一生,雖有文名,但後人所傳頌更多的還是他的忠直敢諫。在"大禮議"的過程中,他站在楊廷和等守舊派一邊,公然與嘉靖皇帝論爭,在張璁、桂萼等人因迎合皇帝而陞官的時候,他連同薛蕙等人卻在明知會招禍端的情況下依然上疏論辯,終於被貶;在潞州,他得罪勛注等宗室,被捕下獄後,依然"奏漚、注不法"之事;①在被斥爲民後,他對自己的所做所爲并無後悔之意,顯示了士子重操守、講氣節的可貴品質。他所交往的人士,也多爲忠直敢諫者。《胡蒙豀詩集·贈陸元望》寫了作者和陸傑之間的交往。陸傑,字元望,一字石涇,平湖人。正德九年(1514)進士,曾任廣東左布政、右副都御史巡撫湖廣,官至工部右侍郎。剛直不阿。爲郎時,武宗南巡,伏闕極諫,廷杖幾絕而甦,直聲震天下。入仕四十年,歷五省十三任,皆積勞序遷,所至有聲。胡侍與其交往,顯示了作者的人品和在士林中的地位。他的作品總是爲忠臣良將、孝子義士唱贊歌。《詩集》卷二《七才子詩有序》爲七位去世才子謳歌,分別是李夢陽、何景明、鄭善夫、張詩、王謳、常倫、戴欽,不僅贊頌其超凡才氣,更敬重他們忠直敢諫的人品。《革除忠臣贊并序》爲方孝孺等11位忠直之士寫贊歌,"慨英魂之不復,仰風概之猶生",歌頌他們"不二之心、浩然之氣貫釜石而薄霄漢"(《續集》卷二)。歌頌這些人物,也正體現了胡侍的忠正品行。

胡侍有中國傳統士子"窮年憂黎元"(杜甫《自京赴奉先縣詠懷五百字》)的精神。在刑部時他養貓滅鼠以減輕犯人的痛苦,被貶潞州還幫鄰州之官改判錯案以解在押人犯的冤屈。嘉靖二十年(1541)作《辛丑即事十首》,其三:"喪衄堪垂淚,張惶奏捷頻。寧知首虜級,半是太原民。"其六:"將軍執鞭卒,奪得可汗頭。戰士空死國,家奴皆列侯。"(《詩集》卷九)這既是對虛冒侵功的將軍們的深刻揭

---

① 《明實錄·世宗實錄》卷六七,第1535—1536頁。

露,也是對苦難百姓、士卒的深深同情。

　　胡侍安貧樂道,知足常樂。許宗魯《胡侍墓志銘》載:"生平華胄,不染紈綺之風流;投老窮居,克厲貞松之志操。"孔天胤說他"中回鳳覽,乃遁迹深棲"。① 張鐸對胡侍評價極高:"闇茂改歲,斂德家居。爰矢緒言,悉規雅道。登山臨水,乃離離黃鵠之音⋯⋯已絕怨尤人⋯⋯涸迹域中,翔心區外。家鮮長物,門無雜賓。悠悠卒歲,篇翰是耽。"②胡侍自己也在其詩《移居後作》中說他雖"苦乏三徑資,周旋賴師友",但自力更生,"牆東開芳園,畦蔬八九畝。豈惟遣塵累,兼以餇予口⋯⋯盤桓孤松樹,摩挲五株柳⋯⋯亦□□心朋,頗類柴桑叟。過從屢不厭,清吟間瓊玫。朝彈城上雀,暮剪雨中韭",這樣做,無非是"不肯屈五斗",而且自得其樂,"□問陶徵君,此樂同予否"(《詩集》卷二)。他不願意去攀附權貴,"寧閉户忍貧,尠詣炎路,間有枉訪,亦不逢迎。匪敢自詭高尚,以附掃軌鑿坯之賢,直不受俗眼相白耳"。(《續集》卷四《報劉致卿書》)

　　胡侍為人很重情義。許宗魯《胡侍墓志銘》載:"天畀純孝,性篤友恭。敦彼彝倫,慎兹庸行。執喪則毁瘠越制,侍養則色志無違。昆季念孔懷之休,妻子禽好合之美。"他給親人所寫墓志銘類的文章很多,有給叔父胡汝翼的,有給從弟胡傳的,有給姪女的,有給親戚的,更多的是給自己在寧夏和咸寧的鄉親故人的。他待友誠篤,重視友誼。朋友遠行,他殷殷送別,蔣國信到桐鄉(治今浙江省桐鄉市)任職,他作《送蔣國信宰桐鄉》贈之,詩中充滿了鼓勵與期望(《詩集》卷四)。在薛蕙的《考功集》(影印文淵閣《四庫全書》本)卷五中也有《送蔣國信之桐鄉》詩,可見胡侍、薛蕙均為蔣國信好友,他們惺惺相惜,情意繾綣。被斥為民前,蒙豀子就和"西翰林"的一些文人交往甚厚,出獄後仍然和李夢陽、薛蕙、葉蕭卿等人來往甚多,互相鼓勵。即使在獄中,還是很懷念朋友,寫了《非所人日有懷省院諸友》。朋友死了,他托人照顧其妻女。《報吴邦貞書》道:"故刑部郎中静寧姚汝脩,僕之良友⋯⋯壯年不禄⋯⋯今其寡妻煢然,正在管下,所幸曲為周恤,靡致饑寒。又彼息女四,三咸遺在室,尤宜悉加資遣,俾各有歸。"(《文集》卷二)可見胡侍非常重友情。

　　王世貞《弇州四部稿》卷一八有詩《讀胡侍鴻臚詩有感因遺其從子邑博叔才》,對胡侍有比較公正的評價。姑録之:

　　　　十年但耳胡鴻臚,鴻臚之墓三草枯。世人自失鳳凰羽,此日滿把驪龍

---

① [明]孔天胤《〈胡蒙豀續集〉敘》,四庫未收書輯刊編纂委員會編《四庫未收書輯刊》,第伍輯第19册,第183頁。
② [明]張鐸《刻〈胡蒙豀先生續集〉敘》,四庫未收書輯刊編纂委員會編《四庫未收書輯刊》,第伍輯第19册,第184頁。

珠。雖於風雅未縣合,往往時材骨格殊。辭官著書欲何作,書成不換囊青蚨。琳頭一綈酒家共,瓿中半菽時有無。齊名關西者誰子,肯放白雪驕巴歈。中丞冠峨鐵獬豸,遼陽馬被貂襠褕。胡家豈無雙玉樹,或摧秋霰今窮途。嗚呼!胡生慎莫學汝伯,汝伯文章老成癖。不見山雞敢鳳鳴,且向人間鬭毛色。封侯拜相在一言,枉殺書生萬言策。①

根據《胡侍墓誌銘》,胡侍妻杜氏,杜知縣女,封安人。子胡叔寯、胡叔家、胡叔容。有女一,適浮山縣知縣李希顏。有孫男一,孫女一。餘不詳。

第二節　胡侍著述的總體情況

胡侍傳世著述很多,且都已結集版行,共有《詩集》《文集》《續集》《墅談》《真珠船》五種。

一、《胡蒙谿詩集》《胡蒙谿文集》《胡蒙谿續集》

《詩集》《文集》《續集》是胡侍的詩文集,從他生前的嘉靖二十五年(1546)詩、文集刊行,一直到去世後才刊刻完成的《續槀》,間隔至少八年。因後人在著錄時常將《詩集》《文集》《續集》混淆,甚至用《胡蒙谿集》一書名來籠統稱呼,姑將其放在一起集中論述。

(一)《詩集》《文集》《續集》的文獻著錄

關於胡侍詩文集,明清時期的文獻著錄多用合稱。晁瑮《晁氏寶文堂書目》卷上將其書名著錄為"《胡蒙谿集》",②《〔乾隆〕陝西通志》卷七五:"《胡蒙谿集》四卷,《續集》一卷,俱咸寧胡侍撰。"③朱睦㮮《萬卷堂書目》卷四《別集》類、焦竑《國史經籍志》卷五《集類》、黃虞稷《千頃堂書目·別集類》著錄為《蒙谿集》十一卷,《續集》五卷。另有朱彝尊《明詩綜》卷三六載:"侍字承之,咸寧人……有《蒙

---

① [明]王世貞《讀胡侍鴻臚詩有感因遺其從子邑博叔才》,載《弇州四部稿》卷一八《詩部》,影印文淵閣《四庫全書》本,第1279冊,第229頁。
② [明]晁瑮、徐㷆《晁氏寶文堂書目　徐氏紅雨樓書目》,古典文學出版社1957年版,第43頁。
③ [清]查郎阿、劉於義《〔乾隆〕陝西通志》,影印文淵閣《四庫全書》本,第555冊,第532頁。

谿集》。"①此"濛"字顯誤。

《傳是樓書目·集部補》是分開著録的:"胡蒙谿《詩集》十一卷,《文集》四卷。二本。"②後《天一閣書目》卷四之一《集部一》載:"《胡蒙谿詩集》四卷,《文集》十一卷,《續集》六卷。刊本。明鴻臚卿關西胡侍著……著有詩文,嘉靖二十五年梓版以行,其朝章野紀、他集數種已並傳於世。雍張才、西京許宗魯、東郡吴孟祺、河汾孔天胤俱有序。"③需要指出的是,《天一閣書目》將《胡蒙谿詩集》和《胡蒙谿文集》的卷數弄顛倒了,大謬。另外,《天一閣書目》既已羅列了四位作序者,卻不提張鐸亦有叙,不知何故。

現當代的著録都比較符合今天所見文獻實際。王重民《中國善本書提要·集部·別集類》:"《胡蒙谿詩集》十一卷,《文集》四卷,《續集》六卷,《附録》一卷。六册。明嘉靖間刻本。"④《中國科學院圖書館藏中文古籍善本書目·集部·別集類》:"《胡蒙谿文集》四卷。明胡侍撰。明嘉靖二十五年刻本。與《續集》合册。"又載:"《胡蒙谿續集》六卷。明胡侍撰。《附録》一卷。明嘉靖三十一年張鐸、孔天胤刻後印本。與《文集》合册。"⑤《北京大學圖書館藏古籍善本書目·集部》:"《胡蒙谿詩集》十一卷。明胡侍撰。明嘉靖二十四年(1545)朱氏刻本。一册。"⑥

另有崔建英輯訂的《明別集版本志》對《詩集》《文集》《續集》記載詳明,不過在著録《詩集》時將《詩集》《文集》作爲一條内容,提到此書爲明嘉靖二十四年刻本,有"嘉靖二十四年吴孟祺《刻胡蒙谿詩文集序》,嘉靖二十五年張才《胡蒙谿集序》",⑦且明確此書在館藏單位爲首都圖書館,但根據著録信息及筆者目驗情況可知,北京大學圖書館藏本《詩集》前有吴孟祺序,而首都圖書館館藏《詩集》前爲張才序,無吴孟祺序。同樣,在著録《續集》的館藏地時確定爲中國科學院國家科學圖書館及首都圖書館,事實上此著録版本明顯爲中國科學院國家科學圖書館藏本,因爲首都圖書館藏本《續集》無附録;刊刻時間及著録卷端題"關西胡侍承之著"也不準確。⑧

---

① [清]朱彝尊《明詩綜》,中華書局 2007 年版,第 1762 頁。
② [清]徐乾學《傳是樓書目》四卷,1915 年仁和王存善鉛印《二徐書目》本,《集部》第 48 頁。
③ [清]范邦甸等撰,江曦、李婧點校《天一閣書目 天一閣碑目》,上海古籍出版社 2010 年版,第 369 頁。
④ 王重民《中國善本書提要》,上海古籍出版社 1983 年版,第 600 頁。
⑤ 中國科學院圖書館編《中國科學院圖書館藏中文古籍善本書目》,科學出版社 1994 年版,第 461 頁。案:中國科學院圖書館現已更名爲中國科學院國家科學圖書館。
⑥ 北京大學圖書館編《北京大學圖書館藏古籍善本書目》,北京大學出版社 1999 年版,第 455 頁。
⑦ 崔建英輯訂:《明別集版本志》,中華書局,2006 年版,第 595 頁。
⑧ 同上。

從文獻著録來看,關於三部集子的作者没有異議,但是名稱、卷數、册數、版刻年份都比較雜亂。

其實,仔細辨析便可理清。王重民在《中國善本書提要·集部·别集類》中考證此三集(含《附録》)的著録情况時説:"侍有《真珠船》八卷、《墅談》六卷,并載《四庫總目》;不及是集,當由未見。《千頃堂書目》載《蒙谿集》十一卷,又續集五卷,尚非最後定本。此本不但多文集四卷,續集且有六卷,〔卷第六題爲續藳〕顯在五卷本之後。然則《蒙谿集》當以此本爲足本矣。"①王重民所説足本,指藏於美國國會圖書館的版本,此書共六册,包括《胡蒙谿詩集》十一卷、《文集》四卷、《續集》六卷、《附録》一卷。其實這個所謂的足本,只不過是把這三部集子集中放在一起而已,連著録的時候都是並列此三集的名稱(嚴格意義上講此《附録》只是《胡侍墓志銘》一篇,是附在《胡蒙谿續藳》之後的,不能稱之爲一卷),也没有命名爲"蒙谿集"。

按照胡侍最早意思,應該是要刊刻"胡蒙谿集"或者是"胡蒙谿詩文集",只不過這兩個名稱都是總稱,包括《詩集》和《文集》。這從吴孟祺嘉靖二十四年(1545)秋所作《刻胡蒙谿詩文集序》即可看出,序中明確説:"吾觀蒙谿子之詩之文,璀璨芬葩,眩奪心目……吾欲取而風諸天下。"②張才作於嘉靖二十五年(1546)冬十月的《胡蒙谿集序》也説:"著有詩文,板行,屬余爲序。余素檮昧,謬忝交知,嘉覯斯集,實不容辭……朝章野紀,他集數種,已並傳於世。"③兩篇序均作於胡侍生前,且都在序中將詩、文並列來提,可見作序時作者們已經見到了成書的《詩集》《文集》,特别是張才所説"朝章野紀,他集數種"當專指胡侍其他作品,"朝章"疑爲胡侍任鴻臚卿亞時特别是在大禮議期間的上疏之類,"野紀"當指嘉靖二十五年(1546)已刊刻行世的《墅談》等。綜上可見,"胡蒙谿集"或者是"胡蒙谿詩文集"是專指胡侍的詩文集,且只是一總體稱謂,在《詩集》《文集》乃至於《續集》題名或者版心中從未出現過《胡蒙谿集》《蒙谿集》或者是《胡蒙谿詩文集》之題。數年以後又刊刻了《續集》五卷。《詩集》只收詩,《文集》只收文,而《續集》五卷則詩文兼收。胡侍逝世後,後人又將其未收入的詩歌一起刊刻成一卷《胡蒙谿續藳》,作爲《續集》的第六卷,并在最後附録了許宗魯的《明故奉政大夫鴻臚寺右少卿蒙谿胡公墓志銘》。因此,胡侍的詩文集各有其名,並未合併刊刻,也就無所謂《胡蒙谿集》""《蒙谿集》"或者是"《胡蒙谿詩文集》"了。至於合册、共函,只

---

① 王重民《中國善本書提要》,上海古籍出版社 1983 年版,第 600 頁。
② [明]吴孟祺《刻胡蒙谿詩文集序》,載《胡蒙谿詩集》,北京大學圖書館藏明嘉靖二十五年(1546)刻本。
③ [明]張才《胡蒙谿集序》,載[明]胡侍《胡蒙谿文集》,中國科學院國家科學圖書館藏明嘉靖二十五年(1546)刻本。

是後人的裝訂和保存形式而已。

之所以出現《胡蒙谿集》或《蒙谿集》這樣的説法,可能與張才在《胡蒙谿文集》前所撰《胡蒙谿集序》有關。另外,前述趙時春《趙浚谷文集》也收録了《胡蒙谿集序》,但細讀就會發現此文作於胡侍生前,應該是給《胡蒙谿詩集》或《胡蒙谿文集》所撰的序言。

(二)《詩集》的版本和内容

1.《詩集》的版本

《詩集》目前國内所見版本有二:一爲首都圖書館藏嘉靖二十五年(1546)刻本(以下簡稱首圖本《詩集》),一爲北京大學圖書館藏嘉靖二十五年(1546)刻本(以下簡稱北大本《詩集》)。

首圖本《詩集》與《文集》《續集》合爲一函。函套上有"《蒙谿集》。明胡侍撰。一函四册。蒼茫齋藏"字樣,鈐朱文方印。《詩集》共二册,卷一至卷五爲第一册,卷六至卷十一爲第二册。四眼線裝,每半頁 10 行,行 20 字。版高 19.2 釐米,寬 13.6 釐米。無魚尾,四周單邊。字體類似宋體。版心上鐫書名"胡蒙谿詩集",中鐫卷數,下鐫頁碼。前有嘉靖二十五年(1546)冬十月一日張才《胡蒙谿集序》。張才,字茂參,陝西西安衛人。嘉靖甲辰(1544)進士,歷官按察僉事。是書每卷卷首均上題書名"胡蒙谿詩集"以及卷數,第二行下題"關西胡侍承之著"。每卷卷末題書名"胡蒙谿詩集"及卷數,值得注意的是,最後一卷同其他卷稍有差別,題《胡蒙谿詩集》十一卷終"。每卷頁碼獨立編排。全書無目録。各卷内容按詩歌的不同類型來編排,每卷内大體又以作品完成時間先後順序排列。是書印章較多,《胡蒙谿集序》首頁鈐"華陽國士藏書"白文方印,"尚同經眼"朱文長方印,"蒼茫齋收藏精本"朱文方印以及"首都圖書館藏"朱文長方印。卷一首頁鈐"尚同校定"朱文方印,"高世異圖書印"朱文長方印,"華陽高氏鑒藏"白文方印及"首都圖書館藏"朱文長方印。卷六首鈐"首都圖書館藏"朱文長方印。書籍卷尾鈐"華陽國士"白文方印,"高世異圖書印"朱文長方印及"首都圖書館藏"朱文長方印。除首都圖書館藏書印外,其餘印章屬同一人,即蒼茫齋主人高世異。高世異,字尚同,一字得啓,號念陶,四川華陽縣(治今成都市)人,生卒年及仕履均不詳。其藏書印因王重民《中國善本書提要》著録而始有人關注。高世異與袁克文交好,常相互借閱善本,多種袁克文曾收藏的古籍或字畫,可以看到高世異的各種藏書印。

原書保存大體完好。雖多有斷板現象,且爲橫向斷裂,但基本不影響閱讀。

北大本《詩集》,一函一册,版式行格等均與首圖本《詩集》相同。前有嘉靖二十四年(1545)秋九月吳孟祺《刻胡蒙谿詩文集序》。吳孟祺(1498—1568),字元壽,號六泉,別號警庵,山東寧陽縣(治今山東寧陽縣)人,嘉靖己丑(1529)進士。官至西安知府。著有《義命箴規》《拙修邇言》《六泉漫稿》《警庵文集》等。寫本序時就在西安知府任上。序和正文首頁右下角均有"燕京大學圖書館珍藏"朱文方印一枚。是書顏色泛黃,漫漶不清的情況較多,明顯由於印製品質不高造成的。除兩篇序不同外,所收內容一致。

目驗可以斷定兩個藏本正文部分印刷所用總體上爲同一刻板。原因有三:一是兩版本無論從版式還是字體等外在特徵而言,全無差別;二是兩版本書籍斷板位置、數量一致;三是從個別字的書寫而言,可明顯看出此書版當爲多個刻工共同完成,如"窗"及其俗字"窓","畫"及"画","于"及"於"等字的使用,均無統一規範,而是前後混用,甚至同一頁出現不同寫法,不過仔細對校二書,除個別頁碼外,可確定字的書寫及字跡完全一樣。

但二書依舊存在差異。差異有四:一是序不同。北大本《詩集》前爲吳孟祺作於嘉靖二十四年(1545)秋九月的《刻胡蒙谿詩文集序》,首圖本《詩集》前爲嘉靖二十五年張才所作《胡蒙谿集序》。二是斷板程度不同。雖兩版本斷板位置及數量一致,但可以明顯看出北京大學圖書館藏本的斷板開裂程度要甚於首都圖

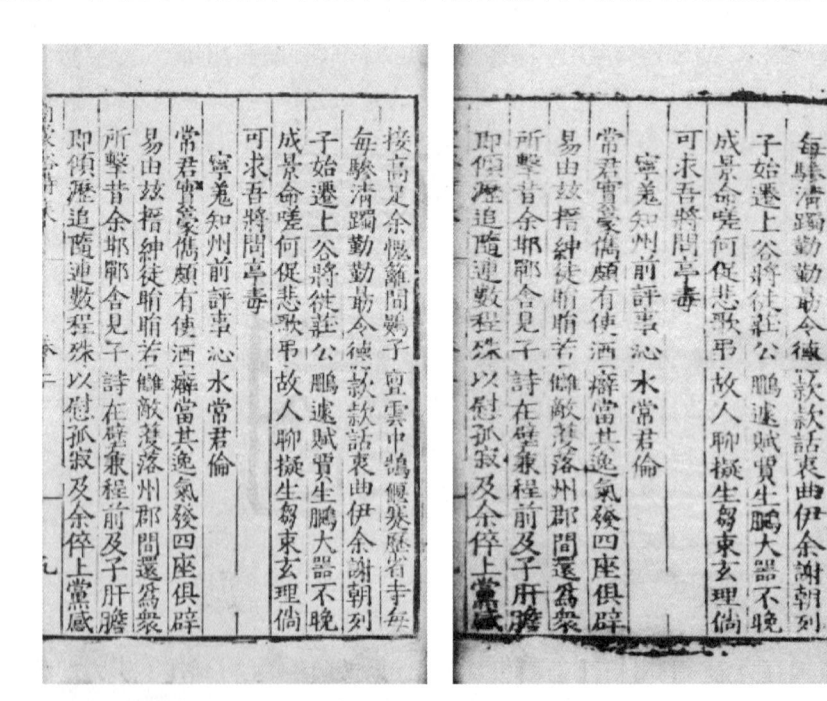

圖3　首都圖書館藏《詩集》(左)與北大圖書館藏《詩集》(右)卷二第9頁斷板對比圖

書館藏本，如卷二第 9 頁。三是北大本《詩集》漫漶不清程度要比首圖本《詩集》嚴重，相對來說，前者更像後印本，後者更像初印本。四是北大本《詩集》正文有三頁爲後補入書頁，分別爲卷一第 3 頁，卷五第 11 頁及卷八第 5 頁。觀其版面乾净程度、行款細微風格、個別字的書寫方式和習慣，均可確定這三頁是後補入的，甚至出現了卷一第 3 頁《石芝頌有序》"其七"北大本後補入頁誤作"堪"字的情況。疑爲後印的過程中刻板損壞或丟失，而重新刻板補入。首圖本《詩集》完全爲原始刻版印刷，全書一致。

綜上可知，首圖本《詩集》與北大本《詩集》是原刻與修補的關係，而且基本可以確定，北大本《詩集》是首圖本《詩集》的修補本。

圖 4　北京大學圖書館藏嘉靖二十五年（1546）朱氏刻本《胡蒙谿詩集》書影

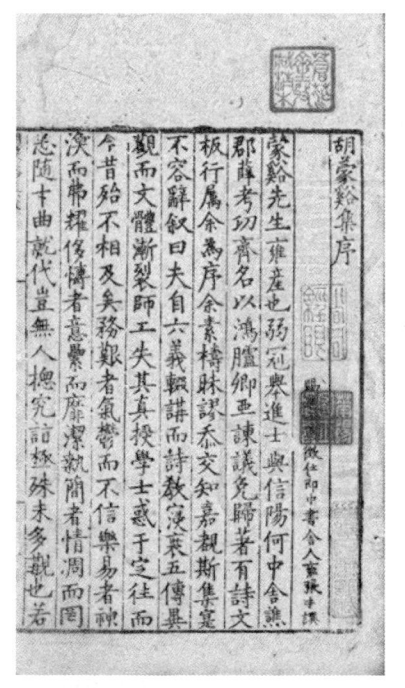

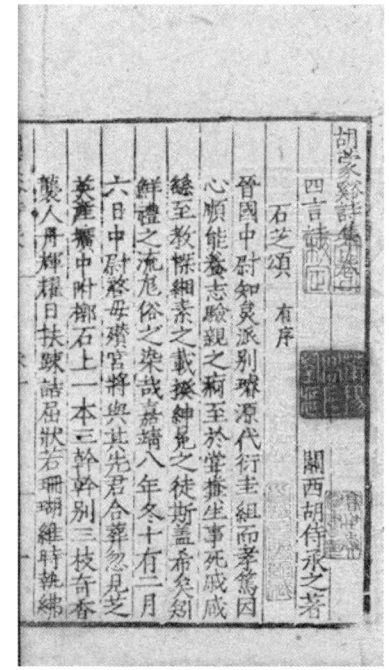

圖 5　首都圖書館藏嘉靖二十五年（1546）朱氏刻本《胡蒙谿詩集》書影

前文所論,《北京大學圖書館藏古籍善本書目·集部》和崔建英輯訂的《明別集版本志》在著錄《詩集》時,都將版刻時間確定爲明嘉靖二十四年(1545)而非二十五年(1546),原因在於所依據的前序不同。首圖本《詩集》前爲張才作於嘉靖二十五年(1546)的《胡蒙谿集序》,内稱胡侍"著有詩文,板行,屬余爲序",説明張才是應胡侍之邀,爲詩文集作序。北大本《詩集》前爲嘉靖二十四年(1545)秋九月吴孟祺《刻胡蒙谿詩文集序》,曰"乃暇日掄擷精典,存其什一。乃方茅朱少府見而嘉之,遂謀諸咸寧馬尹胥,梓以傳"。朱方茅,名光霽,字克明,方茅爲其號,時任西安府同知。吴孟祺在序中對胡侍的詩文都分别進行了評價,説明胡侍的詩文在嘉靖二十四年(1545)秋已經完稿,僅在等待版行,吴孟祺讀了胡侍詩文後有感而發,寫成此序。序雖完成於二十四年(1545)秋,當一直等到張才於嘉靖二十五年(1546)將序完成後才開始刊刻版行。胡侍本意就是要同時刊刻《詩集》《文集》抑或還有其他書籍,既已邀約張才爲自己作序,就没有理由不等張才將序寫好,便先行刻板印刷。《天一閣書目》亦載:"《胡蒙谿詩集》四卷……《文集》十一卷,《續集》六卷。刊本……嘉靖二十五年梓版以行。"①至於《北京大學圖書館藏古籍善本書目·集部》及《明別集版本志》著錄爲嘉靖二十四年(1545),當爲僅見此一種版本,故將時間著錄爲作序的時間。故綜合分析,《詩集》完稿於嘉靖二十四年(1545),刊刻版行於嘉靖二十五年(1546)年的説法較爲科學。

　　至於爲何北大本《詩集》前爲吴孟祺序,而首圖本《詩集》有張才序,推測當時刊刻時,此兩序均已刊刻,隨書版行,但裝訂過程中或在流傳過程中,因人爲錯誤或文獻佚失,導致了不同版本前序的不同。

　　美國國會圖書館所藏六册本的《詩集》十一卷因條件所限,未能親見,具體情況不詳。

　　就目前國内所見兩種版本相比,首圖本《詩集》當優於北大本《詩集》:從書籍刊刻印刷時間而言,首圖本《詩集》印刷時間早於北大本《詩集》,且無後補入狀況,更接近書籍原始面貌;從書籍的印刷品質而言,首圖本《詩集》斷板情況輕於北大本《詩集》,且乾净清晰,而北大本《詩集》許多地方漫漶不清,難以辨認;從胡侍的整體著述來看,首圖本《詩集》《文集》《續集》是完整存藏的,更符合書籍原貌。筆者所據即爲首圖本《詩集》。

　　2.《詩集》的內容

　　《詩集》共十一卷,收吴孟祺、張才序各 1 篇,胡侍各體詩歌 382 首。

---

①　(清)范邦甸等撰,江曦、李婧點校《天一閣書目　天一閣碑目》,上海古籍出版社 2010 年版,第 369 頁。

表二 《胡蒙谿詩集》内容篇目統計表

卷數	内　　容	篇(首)數	頁數	備　　注
序	吴孟祺《刻胡蒙谿詩文集序》張才《胡蒙谿集序》	2	4	首圖本《詩集》和北大本《詩集》各收1篇
卷一	四言詩	9	5	頌2篇,皆有序。其中第一篇頌含詩8首
卷二	五言詩	24	10	《七才子詩》計7首
卷三	七言古詩	15	8	
卷四	五言律詩	66	14	
卷五	五言律詩	66	14	
卷六	五言排律	13	6	
卷七	七言律詩	37	8	
卷八	七言律詩	37	8	
卷九	五言絶句	44	7	
卷一〇	六言絶句	14	2	
卷一一	七言絶句	57	8	除《太乙峰》外全部爲組詩
合計		384	94	

各卷内容按詩歌的不同類型來編排,因而造成了每卷内容和篇幅的不均衡。從内容可以看出,胡侍詩各體兼工,尤以五律和七律最多。雖然四言詩少些,但是給他人寫的墓志銘等文很多,其後多有銘,一般都以四言寫成,所以這樣算來胡侍四言詩也很擅長。

(三)《文集》的版本和内容

1.《文集》的版本

《文集》目前國内可見版本有二:一爲首都圖書館藏嘉靖二十五年刻本(以下簡稱首圖本《文集》),一爲中國科學院國家科學圖書館藏嘉靖二十五年刻本(以下簡稱中科院本《文集》)。除個别幾頁外,二本正文所用爲同一刻版。

首圖本《文集》四卷,與《詩集》《續集》合爲一函,《文集》爲第三册。是書裝訂、版式均同首圖本《詩集》。四眼線裝,每半頁10行,行20字。版高19.2釐米,寬13.6釐米。無魚尾,四周單邊。其版心上鐫書名"胡蒙谿文集",中鐫卷數,下鐫頁碼。是書每卷頁數獨立編碼,全書無目録,無序跋。卷一首頁有"尚同經眼"朱文長方印,形似盾牌的"華陽"朱文印以及"首都圖書館藏"朱文長方印。卷四末頁有"蒼茫齋高氏藏書記"朱文長方印。除首圖印章外,其餘藏書印均屬高世異。每卷首上題書名"胡蒙谿文集"及卷數,第二行下題"關西胡侍承之著"。

中科院本《文集》四卷,與《續集》及《附錄》合爲一函一册,其版式、外形、卷首及版心題注均與首圖本《文集》完全一致。正文首頁鈐"中國科學院圖書館藏""東方文化事業總委員會所藏圖書印"朱文方印兩枚。前有嘉靖二十五年(1546)冬十月一日徵仕郎中書舍人張才《胡蒙谿集序》。無目録。原書顔色泛黃,保存大體完好。值得注意的是,此本同北大本《詩集》一樣,亦有兩頁後補入的情況,分別爲卷二第6頁和第10頁。其中差異有:第6頁"方之於兹"的"兹"誤作"慈","柳生及肘"的"肘"誤作"時","斬焉衰絰"之"絰"誤作"經";第10頁"擊搏之能"的"搏"作"搏","通敏博朗"之"博"作"博",等等。書中字體有多處漫漶不清的情況,應該是由刷印質量不高造成的。

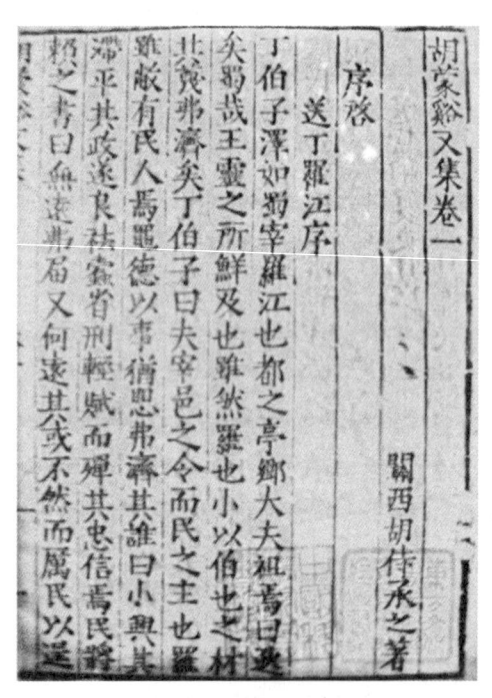

圖6 中科院國家科學圖書館藏嘉靖二十五年(1546)刻本《胡蒙谿文集》書影

從首圖本《文集》和中科院本《文集》的差異可以確定,它們是兩個版本,且中科院本《文集》是首圖本《文集》的修補本。雖爲修補本,且前有張才序,但此序只是裝訂問題,是詩文集共有,並非中科院本《文集》所獨有。另外,相比較而言,中科院本《文集》漫漶不清情況更嚴重,且後補入頁有明顯錯誤;首圖本《文集》保存完整,印刷清晰,内容正確。因此,首圖本《文集》整體優於中科院本《文集》,筆者所據即爲首圖本《文集》。

很明顯,從《文集》的版式、字體等方面可以看出,除了每卷末不再題書名和卷數外,它和《詩集》幾乎是一樣的,連作者的署名形式都相同。因此,我們有理由認爲《文集》和《詩集》是同一刻書處所刻。這也正好印證了前述胡侍意圖刊刻"胡蒙谿詩文集"之説。

《四庫未收書輯刊》第伍輯第19册全文影印收録了中科院本《文集》。

美國國會圖書館所藏六册本的《文集》四卷因條件所限,未能親見,具體情況不詳。

2.《文集》的内容

《文集》共四卷,共收胡侍各體文章37篇。每卷按文章類別編排,卷一爲《序啓》,收各類序、啓文11篇。卷二爲《題跋論書文記讚》,收文8篇。卷三爲《傳誄碑墓志》,收文10篇。卷四爲《墓志》,收文8篇。文集篇幅和内容安排較爲均匀,除卷三12頁外,其餘三卷均爲11頁。

(四)《續集》的版本和内容

1.《續集》的版本

《續集》國内現存版本有二:一爲首都圖書館藏明刻本(以下簡稱首圖本《續集》),一爲中國科學院國家科學圖書館藏明刻本(以下簡稱中科院本《續集》)。除個別幾頁外,二版本正文所用爲同一刻版。

首圖本《續集》六卷,與《詩集》《文集》合爲一函,《續集》獨立一册,即第四册。書的版式、字體等均與《詩集》《文集》同。四眼線裝,每半頁10行,行20字。無魚尾,四周單邊。版高19.2釐米,寬13.6釐米。版心上鎸書名"蒙谿續集"及卷數(卷六鎸"蒙谿續藁卷六"),中鎸頁碼。全書每卷獨立編排頁碼,無目録。前有嘉靖三十一年(1552)秋七月上日河汾孔天胤《〈胡蒙谿續集〉敍》、嘉靖三十一年壬子(1552)孟秋望日海虞山人張鐸《刻〈胡蒙谿先生續集〉敍》,兩篇敍的版心均上鎸"胡蒙谿續集敍"字樣,中鎸頁碼,兩篇敍按先後順序統一排頁碼。敍首頁鈐有"華陽國士藏書"白文方印,"尚同經眼"朱文長方印及"首都圖書館藏"朱文長方印。敍的尾頁有"高世異圖書印"朱文長方印及"華陽國士"白文方印。卷一首頁鈐"華陽高氏鑒藏"白文方印。卷六卷尾鈐"品藻詩文"朱文方印以及"渤海侯胄"白文方印。除首圖之印,其餘印章亦屬於高世異。每卷首上題"胡蒙谿續集"及卷數,第二行下題"關西胡侍承之";卷六卷首題"胡蒙谿續藁卷六",未題撰人姓名。卷二、卷三、卷五末再題"胡蒙谿續集"及卷數,卷六作"胡蒙谿續藁卷六"。另值得注意的是,敍的第4頁,張鐸敍的内容只占前6行,後14行被除去,但從殘餘墨蹟來看,與《續集》卷三第6頁同,未知其原因。

中科院本《續集》與《文集》合册,一册一函。是書外在版式同首圖本《續集》。不同的是書籍的裝訂順序,此書順序爲《續集》卷一至卷五、《續藁》卷六、孔天胤序、張鐸序,最後爲《〈胡蒙谿續藁〉附録》許宗魯撰寫的《明故奉政大夫鴻臚寺右少卿蒙谿胡公墓志銘》。《〈胡蒙谿續藁〉附録》末頁有"中國科學院圖書館藏"朱文方印一枚,"東方文化事業總委員會所藏圖書印"白文方印一枚。同《詩集》《文集》一樣，《續集》也有後補入的内容，後補入的頁爲卷五第 8 頁，版刻字體風格與《〈胡蒙谿續藁〉附錄》同。其中有三字不一致，"俄頃之變"的"頃"後補入頁作"傾"，"黄室人附焉"之"附"後補入頁作"柎"，"破若籠簇"之"若"後補入頁作"者"，此三處不一致當爲補刻過程中產生的。

二書均顔色泛黄，保存大體完好。書中有多處斷板現象，且多從中間横着斷裂，不過基本不影響閲讀。字迹有多處漫漶不清，應該是刷印質量不高造成的。很明顯，除版心書名卷數頁碼鎸刻形式不同、作者署名方式略有差異外，《續集》六卷的版式、字體等方面和《詩集》《文集》相同，應該是和《文集》《詩集》屬同一刻書處所刻。

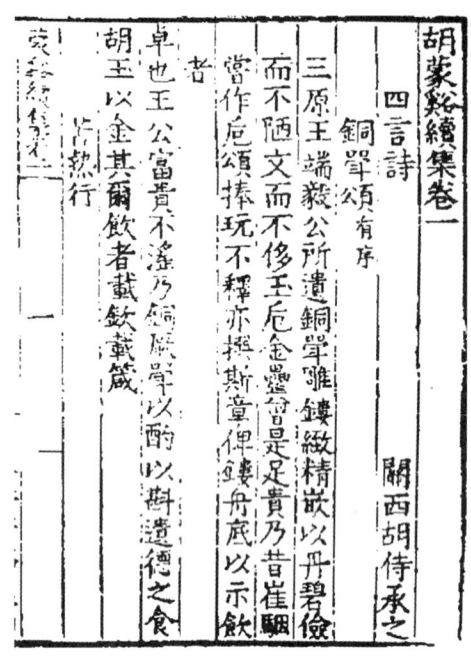

圖7 中科院國家科學圖書館藏明刻本《胡蒙谿續集》書影

《四庫未收書輯刊》第伍輯第 19 册全文影印收錄了《續集》，按照《續集》前五卷、《胡蒙谿續藁》、孔天胤敘、張鐸敘、《胡侍墓誌銘》這樣的順序編排，當是遵從中國科學院國家科學圖書館《文集》和《續集》合册裝訂的順序。這樣編排《續集》的六卷及兩篇敘和附錄的《胡侍墓誌銘》，雖然使全書比較符合正文、敘及附錄的一般排列順序，卻不符合原作產生時間的先後順序，其實也關係到《續集》六卷及附錄的最終刊刻時間。

就《續集》六卷及其附錄產生的時間，有以下幾點值得注意。其一，《續集》前五卷的編排仍然承《詩集》《文集》分體編排的體例，卷一爲詩，分四言、五言古、七言古、五律、七律進行集中編排；卷二至卷五爲文，分文體編排。而卷六《胡蒙谿續藁》則全部爲詩。很明顯，卷六是在前五卷編完刊刻後，又收集胡侍後作詩而成。其二，孔天胤和張鐸之敘均作於嘉靖三十一年（1552）秋，但《續集》卷一《五言古詩》卻收錄有《癸丑正月晦日郊遊》，癸丑即嘉靖三十二年（1553）；卷五《朱典儀墓銘併序》記載，典儀朱永隆卒於嘉靖壬子（1552）二月八日，第二年癸丑（1553）三月十五日葬，可見此文最晚當作於嘉靖三十二年（1553）。也就是説，《續集》的兩篇敘完成在《續集》前五卷最終成書之前，這不太符合古人先成書後求序的一般規律。另，《癸丑正月晦日郊遊》《朱典儀墓銘併序》既然收在《續集》

中而非《胡蒙谿續槀》中,說明《胡蒙谿續槀》所收作品大體應在嘉靖三十二年(1553)三月之後。其三,《胡蒙谿續槀》的書名、卷首不題著者等與《續集》前五卷不統一,可見不是同次刊刻。且《胡侍墓志銘》作爲附録,並不似孔天胤和張鐸之敘均題"續集敘",而是前題"《胡蒙谿續槀》附録",可見它是和《胡蒙谿續槀》一起刊刻的。其四,《〈胡蒙谿續槀〉附録》的版心上題"《胡蒙谿墓志誋》",中題"附録",下題頁數,這又和《續集》六卷(包括《續槀》)都不統一,還將"墓志銘"之"銘"誤刻爲"誋",其粗糙可見一斑。其五,《續集》敘的第4頁有被除去但未除盡而殘存的字迹,可以看出此頁與《續集》卷三第6頁内容相同。

分析以上五點,不難看出《續集》六卷的成書過程。前五卷和孔天胤敘、張鐸敘在嘉靖三十一年(1552)七月已經編定,在刊刻的過程中,於嘉靖三十二年(1553)正月後將《癸丑正月晦日郊遊》等内容補入(《癸丑正月晦日郊遊》所在位置本就是卷一《五言古詩》最後一篇所空,《朱典儀墓銘併序》是《續集》五卷的最後一篇,補入都不影響其他内容的刊刻),在嘉靖三十二年(1553)十二月胡侍去世前完成了《續集》五卷的刊行。因此,才會出現《千頃堂書目·別集類》所著録的"胡侍……又《續集》五卷"的情況,也才會有後來胡侍又做的詩收集起來成爲《胡蒙谿續槀》一卷的必要。此後,在胡侍去世後的第二年,也就是嘉靖三十三年(1554)十二月胡侍下葬前,許宗魯完成了《胡侍墓志銘》,後人將嘉靖三十二年(1553)正月至十二月胡侍所作詩歌(或有以前遺漏者此次一起收録)編輯成册,可能因此稿未經胡侍審閲,故以"槀"命名,是爲《胡蒙谿續槀》一卷,并將《胡侍墓志銘》以附録形式附於後。爲了與《續集》合爲一體,將後刊一卷稱爲"《胡蒙谿續槀》卷六",從而成爲我們今天看到的《續集》六卷。至於《胡蒙谿續槀》一卷具體何時刊刻完成,我們無從知曉,從常理推斷,當在嘉靖三十四年(1555)或者其後幾年内。

美國國會圖書館所藏六册本《續集》六卷因條件所限,未能親見,具體情況不詳,估計與中國科學院國家科學圖書館所藏是同一版本。

相較於首圖本《續集》來說,雖然中科院本《續集》按照《續集》前五卷、《胡蒙谿續槀》、孔天胤敘、張鐸敘、《墓志銘》這樣的順序裝訂,不如首圖本的合理,也有後補入並產生了明顯錯誤的一頁内容,但裝訂順序並不太影響對此書的閲讀,更重要的是它保存了《胡侍墓志銘》,對於了解胡侍及其家族人物相關情況來說,這是最直接的資料,價值很大,因而總體來說,中科院本優於首圖本。筆者所據即爲中科院本《續集》。

2.《續集》的内容

《續集》共六卷。卷一爲詩歌,分詩體編排,共收詩53首,其中四言詩2首,五言古詩 5 首,七言古詩 1 首,五言律詩 25 首,七言律詩 18 首,七言絶句 2 首。卷二至卷五爲文。卷二《序題跋贊》收文 9 篇,其中最後一篇《革除忠臣贊并序》事實上由序言加 12 首四言詩組成。卷三《問對辯議解騒》收文 5 篇,其中最後一篇《九祝有序》又包括 9 篇騒體文。卷四《啓書箴説祭文哀詞哀贊》收文 9 篇。卷五《墓表墓志墓版文》收文 8 篇。卷一至卷五各卷篇幅比較勻稱,每卷大體在 10 頁左右。卷六爲《胡蒙谿續藁》,所收全部爲詩歌,共 14 首,其中四言詩 1 首,五言古詩 2 首,七言古詩 2 首,五言律詩 2 首,七言律詩 2 首,五言絶句 2 首,七言絶句 3 首。後有孔天胤、張鐸叙各一篇和許宗魯的《胡侍墓志銘》。

二、《墅談》

《墅談》是胡侍的一部雜文集。

(一)《墅談》的文獻著録

《墅談》刊刻於嘉靖年間,流傳較廣,明清時期的書目文獻多有著録。

最早著録的是《晁氏寶文堂書目》卷中:"《墅談》。秦刻。"①不過這一時期著録非常簡單,《古今書刻》上編"陝西布政司"目下著録爲"《墅談》",②只有書名。此後的書目卻一度將書名著録錯誤,朱睦㮮《萬卷堂書目》卷三《小説家》載:"《墅談集》一卷。胡侍。"③(一作"《野談集》六卷。胡侍")④《澹生堂藏書目》子部《小説家》著録爲"《胡氏野談》"⑤,《趙定宇書目·〈稗統〉目録》(黄葵陽家藏)、《絳雲樓書目》卷四《雜記》,以及《千頃堂書目·小説類》和《明史》卷九八《志七十四·藝文三》等均著録爲《野談》,《傳是樓書目·子部·小説家》也是如此:"胡待《野談》六卷。二本。"⑥("胡待"當爲"胡侍"之誤)這種錯誤可能是陳陳相因造成的。甚至後來的《販書偶記續編》也載爲"《野談》六卷。明關西胡侍撰。嘉靖丙午刊"。⑦ 嘉靖丙午,即嘉靖二十五年(1546)。

---

① [明]晁瑮、[明]徐㶇著《晁氏寶文堂書目 徐氏紅雨樓書目》,古典文學出版社 1957 年版,第 114 頁。
② [明]高儒撰《百川書志》、[明]周弘祖撰《古今書刻》,上海古籍出版社 2005 年版,第 380 頁。
③ [明]朱睦㮮《萬卷堂書目》,清宣統二年(1910)羅振玉《玉簡齋叢書》本,卷三,第 34 頁。
④ [明]朱睦㮮《萬卷堂書目》,清光緒二十九年(1903)葉德輝《觀古堂書目叢刻》本,卷三,第 16 頁。
⑤ [明]祁承㸁撰、鄭誠整理《澹生堂讀書記 澹生堂藏書目》,上海古籍出版社 2015 年版,第 464 頁。
⑥ [清]徐乾學撰《傳是樓書目》四卷,1915 年仁和王存善鉛印《二徐書目》本,《子部》第 32 頁。
⑦ 孫殿起撰《販書偶記(附續編)》,上海古籍出版社 1999 年版,第 360 頁。

第四章 胡侍及其著述

《欽定四庫全書總目》卷一二七載："《墅談》六卷，通行本。明胡侍撰。"① 此後一般的書目文獻對於《墅談》的書名、卷數、作者一般都著錄一致，嵇璜等《續通志》卷一六〇、《續文獻通考》卷一七七均如此。不過，有些記載在版本形式上有異，《浙江採集遺書總錄》著錄爲寫本，《天一閣書目》卷三之二《子部二》則載爲刊本。

現當代的書目文獻記載一般都比較詳細。一類記載的是《百陵學山》一卷本，如《中國叢書綜錄·子部·雜學類·雜論之屬》："《墅談》一卷，(明)胡侍撰。《百陵學山》《叢書集成初編·文學類》《景印元明善本叢書十種·百陵學山》。"② 按照原書體例，《墅談》一卷被《百陵學山》《叢書集成初編·文學類》《景印元明善本叢書十種·百陵學山》等叢書收錄。又如《叢書集成初編目錄》："2914《墅談》(明) 胡侍著【百陵】1。"查原書體例，此著錄意即《叢書集成初編》第2914冊所收明胡侍著《墅談》一卷是據百陵學山本排印的，百陵學山本是明隆慶王文祿輯刊。③ 第二類記載的是六卷本，如《古籍版本題記索引》："《墅談》六卷，明胡侍撰。抄本。[39]·己·76。[71]·子·小説家·16。"④ 根據原書體例，這裏的"[39]·己·76"意即乾隆三十九年刊本《浙江採集遺書總錄》己集第76頁，"[71]·子·小説家·16"意即王遠孫《振綺堂書錄》不分卷，子部小説家類第16頁。又如《中國善本書提要·子部·雜家類》；《中國古籍善本書目·子部·雜家類》既著錄明嘉靖刻本，也載清抄本。第三類特別注明了藏書處。如《四庫全書存目叢書總目錄·子部》注明北京圖書館藏明嘉靖刻本，嚴紹璗《日藏漢籍善本書錄·子部·雜家類》注明"明刊本。共四冊。內閣文庫藏本。原楓山官庫舊藏"。⑤

當然，也有書目並未核對原書，只因襲舊有記載，特別是對書名差異不做辨析，"《野談》""《墅談》"並列，殊爲不妥。如《中國文言小説總目提要·志怪類》："【野談】(【墅談】)，明代志怪小説集。胡侍撰。《國史經籍志》《千頃堂書目》《明史·藝文志》小説家類著錄《野談》六卷，今有明嘉靖刻本。《四庫全書總目》入雜家類存目，作《墅談》。"⑥《中國古代小説總目·文言卷》則幾乎全文雷同於《中國文言小説總目提要》，并對作者和此書做了簡要介紹。

從上述文獻著錄可以看出，關於作者沒有異議；關於書名，有《墅談》和《野

---

① [清] 永瑢等撰《四庫全書總目》，中華書局1965年版，第1097頁。
② 上海圖書館編《中國叢書綜錄》，上海古籍出版社1982年版，第970頁。
③ 中華書局編輯部編《叢書集成初編目錄》，中華書局1983年版，第200、5頁。
④ 羅偉國、胡平編《古籍版本題記索引》，上海書店出版，1991年版，第589頁。
⑤ 嚴紹璗《日藏漢籍善本書錄》，中華書局2007年版，第1169頁。
⑥ 寧稼雨撰《中國文言小説總目提要》，齊魯書社1996年版，第217頁。

談》之別;關於卷數,有一卷、六卷之分;關於版刻形式,有刻本和抄本(寫本)兩種;關於《墅談》的文體歸類,有文言小説、雜記、雜錄、雜學、雜著、雜家等多種。因此,有必要一一辨析。

(二)《墅談》的命名

《墅談》,上述多家書目文獻都記作《野談》。胡侍《真珠船》卷四《識緯書名》、卷五《無字碑》、卷六《統萬城》中都提到"《墅談》"。胡侍在《續集》卷四《奉答趙王啓》中説:"捉筆傾仰,無任惓惓。近撰《墅談》,并獻代面也。"①再查嘉靖二十五年(1546)所刻《墅談》六卷和百陵學山本《墅談》,書名均題爲"墅談",未見"野談"字樣。喬世寧爲《墅談》所作序,題爲"《〈墅談〉序》",文中也説:"余覽濛溪胡子近著《墅談》一書……"②可見此書名"墅談",絶非"野談"。之所以出現"《野談》"一説,大概是因"墅""野"字形近似。另,也許是著錄者根據《墅談》是小説或者雜錄,而以"野談"解之,解義既錯,文字自然就錯了。

此書之所以命名爲《墅談》,蘇麗華在其碩士論文《胡侍及其文言小説研究》中説,胡侍有別業,被稱作"墅堂","胡侍在一首名爲《墅堂》的詩中這樣寫道:'墅堂無俗客,頗乏將迎苦。只有終南山,相對成賓主。'可能這部集子主要是胡侍在墅堂居住閒暇時寫成,因此命名爲《墅談》"。③ 其説是。查胡侍《墅堂》一詩收於《詩集》卷九,是《蠡泉雜咏有序》中的一首。在此詩前序中,胡侍先感歎"以摩詰逸韻高才,足以震動百世",可是到王維當年遊處和詩文中描繪的輞川等地,"問之今山中人,都莫能指識"。由此作者想到,"余也鄙調塵襟,遠愧摩詰,而蠡泉別業亦有山樓、西圃……墅堂、石梁等,其可遊適,不謝輞川",如果自己爲這些景物寫了詩,再有別的文人雅士也寫幾首和詩,那麼"蠡泉之名並輞川而不朽矣"。因此,作者爲蠡泉別業中的十二處小景寫了詩,其中就有《墅堂》。④ 考諸胡侍詩文,再無關於"蠡泉別業"之載,查《類編長安志》亦無關於"蠡泉"的記載。按照此序之意,"蠡泉別業"當爲胡侍所有,可見墅堂是胡侍"蠡泉別業"堂名。他在墅堂中談奇志怪,考訂物事,因而將是編命名爲"墅談"。

(三)《墅談》的版本

1. 明嘉靖二十五年(1546)朱氏刻本(以下簡稱嘉靖本)

此本現藏中國國家圖書館(原北京圖書館),六卷,2册。每半頁10行,行20

---

① [明]胡侍《胡蒙谿續集》六卷,中國科學院國家科學圖書館藏明嘉靖刻本,卷四,第2頁。
② [明]喬世寧《〈墅談〉序》,載[明]胡侍《墅談》,明嘉靖二十五年(1546)朱氏刻本。
③ 蘇麗華《胡侍及其文言小説研究》,寧夏大學碩士學位論文,2003年4月,第12頁。
④ [明]胡侍《胡蒙谿詩集》十一卷,北京大學圖書館藏明嘉靖二十五年(1546)刻本,卷九,第4—7頁。

字(偶有 21—23 字者)。白口,無魚尾,四周單邊。字體是類似宋體的方字。版心上鐫書名"墅談"、中鐫卷數、下鐫頁碼。序右下角"墅談序"字樣下和全書末頁左下角均有"北京圖書館藏"朱文方印一枚,序右下角"墅談序"字樣下和卷四首頁右下角均有朱文隨形章一枚。是書每卷首上題"墅談"及卷數,下題"關西胡侍纂"。無目録。前有嘉靖二十五年(1546)夏六月七日耀州喬世寧《〈墅談〉序》。喬世寧,字景叔,明耀州小丘人,號三石山人。嘉靖十七年(1538)進士。累官河南參政、四川按察使。撰有《耀州志》12 卷,《丘隅集》19 卷。喬世寧序中載:"維時撫臺獅山柯公命守西安朱君刻之以傳。"①柯公,指柯相,南直貴池人,嘉靖二十三年至二十五年(1544—1546)期間任巡撫陝西都御史。"朱君",疑即前述之"朱少府"朱光霽。因此可以斷定,此本爲嘉靖二十五年(1546)朱氏刻本。

原書保存大體完好。書中有多處斷板現象,但基本不影響閲讀。書中字體有多處漫漶不清的情況,或是刷印造成的。全書均有句讀符號,且在詩句、精彩語句及其他被認爲是有必要的詞句右側標有連續的小圓圈符號,應是表示强調、提示。

《四庫全書存目叢書·子部》第 102 册全文影印了此本。

2013 年,中國國家圖書館編《原國立北平圖書館甲庫善本叢書》第五三四册全文影印了此本。值得注意的是,此本底本並非《四庫全書存目叢書·子部》第 102 册影印所用底本。此本喬世寧《〈墅談〉序》題名下鈐"國立北平圖書館收藏"朱文方印一枚,且全書只此一印;全書多處句讀,但句讀處和圈點符號都與《四庫全書存目叢書》所用底本不同。不過兩個底本内容、版式、字體甚至斷板位置都一樣。因此可以斷定,這兩個底本都是嘉靖本。

2. 百陵學山本(以下簡稱百陵本)

明人王文禄將明代有關學術思想、生産經驗以及風俗習慣等方面的著述輯録百種,於隆慶年間彙編刊刻成書,是爲《百陵學山》112 卷,其中包括《墅談》一卷,共收録《祖母緑》等 16 篇。對照嘉靖本即可看出,百陵本《墅談》每篇都是完整的;16 篇在嘉靖本中的卷數分别爲卷一 4 篇,卷二 3 篇,卷三 4 篇,卷四 3 篇,卷五 2 篇,卷六無;編排順序除了《積書》《玄鶴》二篇所處位置與嘉靖本順序不對應外,其餘都是按照嘉靖本的先後順序編排的,也就是説,《積書》在 16 篇中應排在第 4 篇,現在位於第 2 篇的位置;《玄鶴》本應位於第 5 篇,現在位於第 16 篇。因此我們可以説,百陵本《墅談》是嘉靖本的選本,是按照某一標準選録而成的。

---

① [明]喬世寧《〈墅談〉序》,載[明]胡侍《墅談》。

百陵本《埜談》卷首上題"埜談一卷"，下題"關西蒙泉胡侍"，卷末有"埜談一卷完"字樣，無序、跋（案：胡侍號上文已考證，故此"蒙泉"當爲誤記）。每半頁10行，行20字，單白魚尾，四周單邊。版心上鐫"學山"，中鐫"埜談卷一"及頁碼，下刻"鳥號"字樣。

商務印書館1938年版、王雲五主編的《景明刻本百陵學山》第十二冊所影印即爲此本，共6頁。上海商務印書館1937年版、王雲五主編的《叢書集成初編》第2914冊所影印亦爲此本，共編排12頁。

3. 抄本

此本現藏上海圖書館。素紙抄寫。共6卷，2冊。其中喬世寧《〈埜談〉序》和一至三卷爲第一冊，共40頁，序1頁，每卷各13頁；四至六卷爲第二冊，每卷13頁，共39頁。這些和嘉靖本同。原書高29.7釐米，寬24.7釐米。四眼線裝。每半頁10行，行20字。所抄字體爲楷書。在每頁中間，也就是刻本版心的位置上錄書名"埜談"、中錄卷數、下抄頁碼。前有《〈埜談〉序》，落款爲"嘉靖丙午夏六月十一日耀州喬世寧景叔氏敘"（案：此處"十一日"當爲"七日"誤）。是書每卷首上題"埜談"及卷數，下題"關西胡侍纂"；每卷末都有"《埜談》卷之某終"字樣，此爲嘉靖本所無。卷五末頁有紅色和黑色印迹各一方，不知何故。全書無目錄。每冊封面和首頁均鈐"上海圖書館藏"朱文方印一枚。卷一、卷四首頁鈐"大明馬氏珍藏"朱文長方印、"玉函山房珍藏"朱文方印各一枚。書中多有誤字，凡誤字均用朱筆點出，並在此字旁以朱筆寫出正字。凡改過之字，均與嘉靖本同。

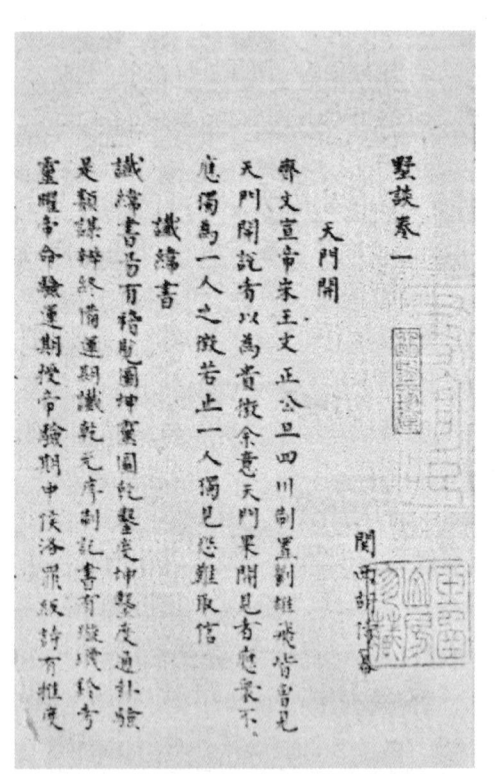

圖8　上海圖書館藏胡侍《埜談》六卷抄本書影

"玉函山房珍藏"印爲清馬國翰所有。馬國翰（1794—1857），清文獻學家、藏書家。字詞溪，號竹吾。山東歷城（今濟南東郊）人。道光十二年（1832）進士，官至陝西隴州知州。著有《玉函山房輯佚書》《竹如意》《紅藕花軒泉品》《玉函山房文集》《玉函山房詩集》等。① 據此,《墅談》抄本於清道光、咸豐年間就已存世,但查書中"玄""弘""曆""寧"等字均不避諱,可知此本成書於明嘉靖二十五年之後,清康熙朝之前,即公元 1546—1661 年間。《稿本中國古籍善本書目書名索引·子部·雜家類》載胡侍撰有《墅談》六卷,清抄本,並注明藏於上海圖書館;②上海圖書館書目檢索系統亦著録爲清抄本,不知何據。

此書在形式、行款、内容等方面均與嘉靖本同,因此無法確定此本爲嘉靖本的清稿,還是據嘉靖本所抄。

此書保存完好,無破損,可對校嘉靖本。

綜上所述,嘉靖本是《墅談》目前所見最好的版本,筆者所據即爲此本。

(四)《墅談》的内容

《墅談》是胡侍的雜文集,足本嘉靖本共六卷,卷一 36 篇,卷二 23 篇,卷三 29 篇,卷四 22 篇,卷五 33 篇,卷六 28 篇,共計 171 篇。每卷 13 頁,篇幅上非常勻稱。具體内容詳下文。

三、《真珠船》

《真珠船》是胡侍的又一部雜文集。

(一)《真珠船》的文獻著録

《真珠船》刊刻於嘉靖年間,作爲胡侍有代表性的作品之一,流傳較廣,在歷代書目文獻中多有著録。

最早著録的是朱睦㮮《萬卷堂書目》卷三《小説家》:"《珍珠船》八卷。胡侍。"③(一作"《真珠船》八卷")④似此錯誤的還有《趙定宇書目·〈稗統〉目録》(黄葵陽家藏):"八十四册:《朱珠船》《野談》。"⑤按照《趙定宇書目》的《出版説明》,此"朱珠船"爲"珍珠船"之誤。⑥ 案:《珍珠船》四卷,明陳繼儒纂。陳繼儒,松江華亭(今上海松江)人,字仲醇,號眉公、頑仙等。《趙定宇書目》將"《朱珠船》"與"《野談》"(即《墅談》之誤)都列在八十四册,"《朱珠船》"當爲胡侍的"《真珠船》"

---

① 李玉安、陳傳藝《中國藏書家辭典》,湖北教育出版社 1989 年版,第 255—256 頁。
② 天津圖書館編《稿本中國古籍善本書目書名索引(中)》,齊魯書社 2003 年版,第 979 頁。
③ [明]朱睦㮮《萬卷堂書目》,清宣統二年(1910)羅振玉《玉簡齋叢書》本,卷三,第 34 頁。
④ [明]朱睦㮮《萬卷堂書目》,光緒二十九年(1903)葉德輝《觀古堂書目叢刻》本,卷三,第 16 頁。
⑤ [明]趙用賢撰《趙定宇書目》,上海古籍出版社 2005 年版,第 136 頁。
⑥ 《趙定宇書目·出版説明》,載[明]趙用賢撰《趙定宇書目》,第 5 頁。

之誤，而非"《珍珠船》"，古典文學出版社 1957 年所作此《出版説明》亦誤。另，《趙定宇書目·佛書》著録："《真珠船》二本。"①按照《出版説明》的解釋，此處當爲錯簡造成。② 因原文只記了書名，没有其他信息，故無法確定此書是否爲胡侍所著《真珠船》。

此後的書目一般再没有將《真珠船》書名著録錯誤的，不過明清時期的書目文獻一般都著録簡明，只有書名、卷數、作者等基本信息。如王道明《笠澤堂書目·子部·小説家》、黄虞稷《千頃堂書目》中《小説類》、清乾隆官修本《續文獻通考》卷一七七、嵇璜等《續通志》卷一六〇、《天一閣書目》卷三之一《子部一》等，均著録胡侍《真珠船》八卷。有的書目著録作者有誤，如徐乾學《傳是樓書目·子部·小説家》載："胡待《真珠船》八卷。二本。"③"胡待"當爲"胡侍"之誤。有的著録卷數不一，如曹寅《棟亭書目·子部·説部》："《真珠船》，明咸寧胡侍著，七卷，二册。"④也有的涉及版本，如《千頃堂書目》中"類書類""陳繼儒"條下"普集"中著録胡侍《真珠船》八卷、⑤《鄭堂讀書記》卷五七記載爲"普秘笈本"。⑥ 當然，最詳明的是《欽定四庫全書總目》卷一二七，有詳細題解。

現當代書目一般對《真珠船》的書名、作者、卷數等著録都較爲統一無誤，而且多注明版本信息，如《叢書集成初編目録》《古籍版本題記索引》《1911—1984 影印善本書目録》《中國科學院圖書館藏中文古籍善本書目·叢部·彙編類》《中國古籍善本書目·子部·雜家類》《中國文言小説總目提要》第四編《明代》，以及《四庫全書存目叢書總目録·子部》等，最爲典型的是《中國叢書綜録·子部·雜學類·雜説之屬》："《真珠船》，八卷，（明）胡侍撰。《寶顏堂秘笈》（萬曆本，民國石印本）《普集》，《關中叢書》第二集，《叢書集成初編·總類》。"⑦按照原書體例，《真珠船》被《寶顏堂秘笈·普集》（萬曆本，民國石印本）、《關中叢書》第二集、《叢書集成初編》等叢書收録。

此外，《天津師範大學圖書館館藏古籍目録書名索引》著録《真珠船》共 397 頁，⑧疑有誤，從《真珠船》各種版本看，没有這麽多頁碼的。《北京大學圖書館藏古籍善本書目·子部》："《真珠船》四卷。明胡侍撰。明嘉靖二十七年（1548，序）

---

① ［明］趙用賢撰《趙定宇書目》，第 34 頁。
② 《趙定宇書目·出版説明》，第 4 頁。
③ ［清］徐乾學撰《傳是樓書目》四卷，1915 年仁和王存善鉛印《二徐書目》本，《子部》第 32 頁。
④ ［清］曹寅《棟亭書目》，《遼海叢書》，遼海書社 1931—1934 年版，第 2654 頁。
⑤ ［清］黄虞稷撰，瞿鳳起、潘景鄭整理《千頃堂書目（附索引）》，上海古籍出版社 2001 年版，第 419 頁。
⑥ ［清］周中孚撰《鄭堂讀書記》，北京圖書出版社 2007 年版，第 1139 頁。
⑦ 上海圖書館編《中國叢書綜録》，上海古籍出版社 1982 年版，第 996 頁。
⑧ 天津師範大學圖書館編《天津師範大學圖書館館藏古籍目録書名索引》，天津師範大學圖書館 1985 年油印本，第 275 頁。

刻本。二册。"①北大圖書館所藏四卷是一至四卷,當爲殘本。

從上述文獻著録可以看出,關於作者、版刻形式没有異議;關於書名,基本没有異説;關於卷數,有四卷、七卷、八卷之分,因《真珠船》從明刻本就是八卷,故可以確定四卷、七卷本皆爲殘本;關於《真珠船》的文體歸類,有文言小説集、雜俎小説集、雜説、佛書等多種。因此,有必要一一辨析。

(二)《真珠船》的命名

"真珠船",《漢語大詞典》解釋爲:"用真珠裝飾的船。比喻極珍貴的事物。宋王應麟《困學紀聞·經説》:'王微之云:"觀書每得一義,如得一真珠船。"'"②查《困學紀聞》卷八《經説》:"王微之云:'觀書每得一義,如得一真珠船。'見陸農師詩注。"翁元圻在其注中加案語説:"陸農師佃《和孫勉教授》詩:'仲舒玉杯足瑕纇,中散珠船不光彩。'自注云:'中散,謂王微之。'"③王微之,當指宋代王哲,字微之,太原人。累知汝州,官中散大夫、集賢校理。④再查明楊慎《丹鉛總録》卷四《花木類·長卿茆子》載:"王應麟嘗言:得一異事,如獲一真珠船,恨不與孟賓散帙共欣賞耳。"⑤楊慎《升菴集》卷七九亦有相同記載。⑥

那麽關於"真珠船"之語,到底是王微之所説,還是王應麟所説?明陳耀文《正楊》卷四"真珠船"條:"王應麟嘗言:得一異事,如獲一真珠船。王徽之云:讀書每得一義,如得一真珠船。見陸農師詩注。"⑦明胡應麟《少室山房筆叢》卷三九《庚部·華陽博議(下)》載:"伯厚嘗引王徽之言,謂讀書得一義,如獲一真珠船。此意非真好學者,未易驟領會也。"⑧王應麟,字伯厚;王徽之,字子猷,東晉名士、書法家,大書法家王羲之第五子。查胡侍《〈真珠船〉題辭》曰:"王徽之有云,觀書每得一義,如得一真珠船。"⑨再查《四庫全書總目》:"其曰《真珠船》者,陸佃詩注引元稹之言,謂'讀書每得一義,如得一真珠船也'。(案:佃詩注今不傳,此據胡爌《拾遺録》所引)。"⑩因《四

---

① 北京大學圖書館編《北京大學圖書館藏古籍善本書目》,北京大學出版社1999年版,第291頁。
② 漢語大詞典編輯委員會、漢語大詞典編輯處《漢語大詞典》第二卷,漢語大詞典出版社1988年版,第146頁。
③ [宋]王應麟著,[清]翁元圻等注,欒保群、田松青、吕宗力校點《困學紀聞(全校本)》,上海古籍出版社2008年版,第1085頁。
④ 李浩《王微之姓名考辨》,《文教資料》2012年第26期,第98—100頁。
⑤ [明]楊慎《丹鉛總録》,影印文淵閣《四庫全書》本,臺灣商務印書館1986年版,第855册,第369頁。
⑥ [明]楊慎《升菴集》,影印文淵閣《四庫全書》本,臺灣商務印書館1986年版,第1270册,第792頁。
⑦ [明]陳耀文《正楊》,影印文淵閣《四庫全書》本,臺灣商務印書館1986年版,第856册,第145頁。
⑧ [明]胡應麟、中華書局上海編輯所編輯《少室山房筆叢》,中華書局1958年版,第532頁
⑨ [明]胡侍《〈真珠船〉題辭》,載[明]胡侍《胡蒙谿續集》六卷,中國科學院國家科學圖書館藏明嘉靖刻本,卷三第5頁。
⑩ [清]永瑢等撰《四庫全書總目》,中華書局1965年版,第1097頁。

庫全書總目》提及元稹,故丁錫根《中國歷代小説序跋集》引自《筆記小説大觀》的《〈真珠船〉自序》寫作"元微之有云:'觀書每得一義,如得一真珠船。'"元稹,字微之。因《四庫全書總目》提及元稹,且"王徽之""王微之"與"元微之"字形相近,可能《筆記小説大觀》就想當然地將胡侍序中的"王徽之"改爲"元微之"。①

綜上,胡侍將自己的這部雜文集定名爲"真珠船",取自觀書每得一義,如獲一真珠船的意思,意即非常珍惜自己讀書和生活中所得的點點滴滴。然而"真珠船"意義的來源,現有"王徽之""王微之"與"元微之"所言之説,因現有材料所限,無法辨析此言到底源自哪裏。

(三)《真珠船》的版本

1. 明嘉靖二十七年(1548)刻本(以下簡稱嘉靖本)

嘉靖本國家圖書館、清華大學圖書館、北京大學圖書館和上海圖書館均有藏。其版式特徵相同,版高 19.2 釐米,寬 13.6 釐米,半頁 10 行,行 20 字,雙行小字同(有一兩處多一兩字)。四周單邊,無魚尾。版心上鐫書名"真珠船"和卷數,中鐫頁碼。正文頁碼一至四卷統一順序編列,共排至 55 頁;五至八卷統一編排頁碼,共編排至 56 頁。除版心書名卷數頁碼、作者署名方式略有差異外,嘉靖刻本的版式、字體等方面和《詩集》《文集》《續集》《墅談》等較類似,疑這幾部著作均屬同一刻書處所刻。

嘉靖本各館所藏又有一些具體差別。

國家圖書館藏嘉靖刻本無他人之序,有目錄。目錄後接正文。無跋。目錄最後半頁爲手抄,似爲缺失後抄寫補足。正文首頁上題"真珠船卷一"字樣,後爲胡侍自序,内容同《續集》卷三所載《〈真珠船〉題辭》,無標題,落款爲"嘉靖戊申八月之望關西蒙谿山人胡侍"。序下一行接正文第一篇。

每卷首和卷尾頁均鐫"真珠船"和卷數。第 10 頁(卷一)、第 48 頁(卷四)整體缺失,不知何故。目錄首頁有五枚印記,分別爲"北京圖書館藏"朱文方印、"鄭氏注韓居珍藏記"朱文長方印、"鄭傑之印"白文方印、"慈竹居秘笈"朱文方印、"鄭藩"朱文方印。鄭傑,字人傑,號注韓居士,侯官人,乾隆貢生,有《注韓居詩抄》等多種著述。清代福建藏書家,其藏書之所曰注韓居,藏書數萬卷。根據《藏書紀事詩》所載,"鄭氏注韓居珍藏記""鄭傑之印"均爲鄭傑所有。② "鄭藩"印主不詳。卷一首頁鈐有"黃曾樾印"白文方印、"蔭亭"朱文方印,卷三、卷五、卷七每

---

① 丁錫根編著《中國歷代小説序跋集》,人民文學出版社 1996 年版,第 404 頁。
② [清]葉昌熾著、王欣夫補正、徐鵬輯《藏書紀事詩(附補正)》,上海古籍出版社 1989 年版,第 439—440 頁。

卷首頁均鈐"慈竹居秘笈"朱文方印。此三印屬黃曾樾所有。黃曾樾（1898—1966），字蔭亭，號慈竹居主人，爲我國現當代優秀學者，其飽讀詩書，熱愛藏書，同時也著述豐厚，有《慈竹居詩抄》《埃及鉤沉》《慈竹居叢談》《李商隱詩補注》《顧亭林詩集補注》《張之洞廣雅堂詩注》等著作。卷一一尾鈐"北京圖書館藏"朱文方印一枚。

清華大學圖書館藏嘉靖刻本卷七、卷八目錄有錯誤現象，且與正文順序不對應。卷七目錄中"蜿峒"正文中作"崆峒"，題目中"秦皇隋煬武后"正文中作"秦皇隋煬武后"，題目中"蜿"、"楊"二字訛誤。同時，《天祿辟邪》與《崆峒》順序顛倒，《崆峒》之後的第二行題目均整體錯一列。卷八目錄中《龍涎》脱，從《禁苑魚獸食》之後目錄第二行均整體錯一列。此書卷四最後一頁爲後世補抄，無"真珠船卷四"字樣，卷八尾頁爲手寫所補內容，無"真珠船卷八"字樣。目錄首頁右上角有"豐華堂書庫寶藏印"朱文方印一枚，正文首頁有"國立清華大學圖書館印"朱文方印一枚。卷二第二十頁前半頁有大小不同朱文方印兩枚，卷二第二十二頁前半頁有朱文長圓形印一枚，卷二第二十四頁前半頁有一方一長圓朱文印兩枚，上述卷二中的印文均無法辨認。目錄前二頁和正文最後二頁均爲手抄，似爲缺失後抄寫補足。正文倒數第三頁，也就是抄寫補足前的最後一頁左下角有"國立清華大學圖書館印"朱文方印一枚，應看做是補抄前所鈐。補抄內容之後，即正文最後一頁左下角有"清華大學圖書館藏"朱文方印一枚。是書中有朱、墨兩色句讀、夾注、眉批等，卷八第50頁前半頁有墨批對朱批的修改，但筆跡相同，可見批校者對此書閱讀不止一次。由於並未發現序文或其他證據，故無法判斷句讀、夾注及眉批出於何人之手。原書保存大體完好，多處墨丁，有多處斷板的現象，而且多爲中間橫裂，不過基本不影響閱讀。書中字體有多處漫漶不清的情況，明顯是刷印造成的。

《四庫全書存目叢書·子部》第102册全文影印了清華大學圖書館藏本。

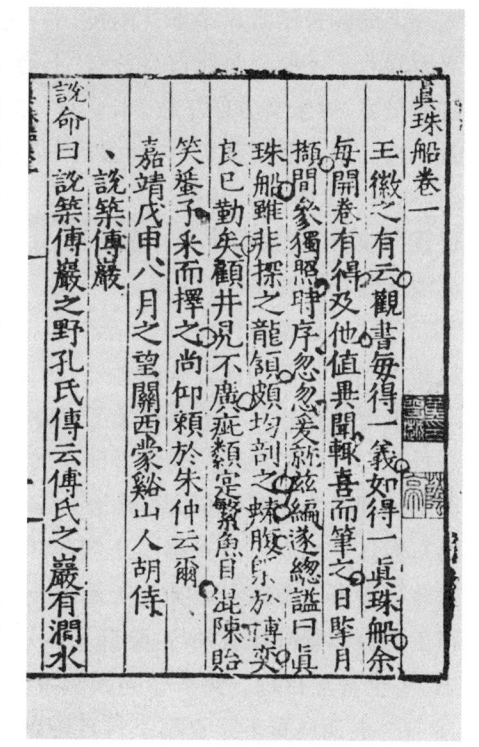

圖9　國家圖書館藏《真珠船》書影

上海圖書館藏嘉靖本共兩種。一爲八卷本，共 2 册，卷一至卷四爲上册，卷五至卷八爲下册。每册首頁鈐有"上海圖書館藏""錫山華氏珍藏""長洲張氏儀許廬藏書"等朱文方印三枚，末頁有"叔朋曾觀"白文方印、"張氏秘笈"朱文方印各一枚。第一册副葉鈐"長洲張氏"印記，第八册最後一頁鈐"子子孫孫永寶"印記，均爲朱文方印。其中，"長洲張氏""長洲張氏儀許廬藏書""叔朋曾觀""張氏秘笈"印均爲張叔鵬所有。張炳翔，字叔鵬，清長洲（今江蘇蘇州）人，藏書家，嘗集清儒《説文》著述《許學叢書》百餘箧。因崇敬許慎而將自己的室名齋號定爲"儀許廬"。是書無目錄，正文無缺頁情况，無句讀痕迹。其他都與清華大學圖書館藏本同。除個别地方有蟲蝕外，此書基本保存完好。

上海圖書館另一藏本僅有前四卷，共一册，正文共 55 頁，佚名圈點、夾注。卷首有"上海圖書館藏"朱文方印一枚，"長興王氏詒莊樓藏"白文方印一枚。長興王氏即王修。王修（原名福怡），字季歡，一字修之，號楊弁（又寫作楊庵，楊益），浙江長興人。清光緒二十四年生（1898），1920 年在京師做官，任北洋政府財政部僉事。季歡去京師前所蓄書及祖居長興仁壽堂舊藏甚富，後因購得七世祖王繼賢知蒙城時所刻《古蒙莊子》一書，將藏書樓改名詒莊樓，以示不忘先祖之志。① 全書無目錄。此本亦同國圖本及上圖所藏足本，缺卷一第 10 頁，卷四第 48 頁。卷四尾頁下半頁第三行行首寫"行"字。

北京大學圖書館藏嘉靖本只有前四卷，全書正文 55 頁。一函二册，四眼綫裝，每兩卷爲一册。原書顔色泛黄，紙質發脆，内有襯紙，除個别地方漫漶不清外，經修復後大體完好。開本高 29.4 釐米，寬 17.5 釐米。前有卷一至卷四的目錄。第一册内缺第 10 頁（卷一内容），第二册内缺第 48 頁（卷四内容）。目錄首頁和卷一首頁、卷三首頁（即每册首頁）均有"燕京大學圖書館"朱文方印一枚。目錄首頁右上角有"繼述堂"朱文方印一枚。其他都與清華大學所藏嘉靖刻本同。

梳理嘉靖本的上述館藏情况可知，首先，若只有一個藏本爲四卷本，而其他藏本爲八卷本，那四卷之本可能爲後四卷丟失。但兩處館藏均出現四卷本，這並非巧合，加之北京大學圖書館藏本有前四卷獨立目錄，説明前四卷確曾獨立成書。其次，無論哪個版本，前四卷的頁碼編排都是獨立的，共八卷的國家圖書館藏本、清華大學圖書館藏本、上海圖書館藏本的後四卷頁碼均獨立於前四卷編碼。第三，上海圖書館四卷本尾頁的"行"字，疑爲可以版行之意。綜上，疑《真珠船》的版行經歷了前四卷先已刊刻成書并印行，後四卷成書後又續於前四卷後，并將目

---

① 李芳《王修與詒莊樓藏書》，《圖書館研究與工作》2004 年第 3 期，第 1 頁。

錄補充完整,形成足本的《真珠船》的過程。

2.《寶顏堂秘笈》萬曆刊本(以下簡稱萬曆本)

是書中國科學院國家科學圖書館有藏,八卷,四冊,收於繡水沈氏尚白齋刊本《寶顏堂秘笈·普集》中,位於第 15 函第 7 冊。書四眼線裝,封面手書"真珠船"三字,按"元亨利貞"編爲四冊,每兩卷爲一冊。原書顏色泛黃,紙質發脆,内有襯紙,除個別地方漫漶不清外,大體完好。開本 25.8×16.5 釐米,版高 19.8 釐米,寬 13.2 釐米,半頁 8 行,行 18 字,雙行小字同。四周單邊。單黑魚尾,時有時無。版心上鐫書名"真珠船",下刻卷數和頁碼,頁碼分卷各自順序編列。卷一 17 頁,卷二 20 頁,卷三 19 頁,卷四 19 頁,卷五 19 頁,卷六 19 頁,卷七 18 頁,卷八 18 頁。原書無序,無目錄,首頁即正文,上鐫"寶顏堂訂正真珠船卷之一",下題"咸寧胡侍承之著,雲間陳繼儒仲醇、繡水郁嘉慶伯承校"等字樣。後各卷所題校者姓氏均不同。每冊首頁和末頁均有"中國科學院圖書館藏"朱文方印一枚。無跋。

經與清華大學圖書館藏嘉靖本相對照,正文篇目、順序無差異,内容中個別字詞有差別。

此書中國國家圖書館亦有藏。

3.《寶顏堂秘笈》民國石印本(以下簡稱石印本)

此本收於民國十一年(1922)上海文明書局石印本《寶顏堂秘笈·普集·第五》中,原書 1 冊,版高 16.4 釐米,寬 11 釐米,半頁 16 行,行 36 字。四周雙邊。單黑魚尾。版心上鐫書名"真珠船",下刻卷數和頁碼,頁碼順序編列。是書前有《〈真珠船〉序》,落款爲"嘉靖戊申八月之望關西蒙豀山人胡侍自序"。後接總目錄,總目錄首頁上題"陳眉公訂正真珠船"字樣,内容同嘉靖本,特別是卷八缺《龍涎》和目錄排序與正文不符的情況與之相同,應該是據嘉靖本重排目錄時没有仔細校勘所致。後無跋。正文卷一首頁上鐫"寶顏堂訂正真珠船卷之一",下題"咸甯胡侍承之著,雲間陳繼儒仲醇、繡水郁嘉慶伯承校"等字樣。特別需要指出的是"咸甯"與萬曆本的"咸寧"不同。其他各卷所注作者和校對者的姓氏同萬曆本。此本清華大學圖書館有藏。

與嘉靖本相比,正文的篇目全部相同,排列順序相同,除類似於卷三目錄《南北音》的"音"石印本作"首"之類的字詞錯誤和將有些嘉靖本的雙行小字編爲單行外,其他都同嘉靖本。是書全文都有句讀。

臺灣新興書局 1987 年版《筆記小説大觀》第四編第六冊全文影印了石印本。

4.《叢書集成初編》本(以下簡稱初編本)

此本收於王雲五主編、上海商務印書館 1936 年版的《叢書集成初編》第 338

册,書前有版本說明:"本館據《寶顏堂秘笈》本排印,《初編》各叢書僅有此本。"對照嘉靖本,石印本錯誤的地方比如卷四《行藥》正文的最後一個字是"域",嘉靖本、萬曆本、初編本均作"城";比如卷七《古人名士人少知者》,"士",嘉靖本、萬曆本、初編本均作"字";再比如卷三目錄《南北首》的"首",嘉靖本、萬曆本、初編本均作"音"。這些地方初編本均正確。萬曆本錯誤的地方,初編本往往也錯誤,比如嘉靖本卷三《唐文粹》,"粹"萬曆本和初編本均作"料"。由此可見,初編本所據《寶顏堂秘笈》本指的是萬曆本。是書每頁15行,行40字。全書共90頁。前有《〈真珠船〉序》,落款爲"嘉靖戊申八月之望關西蒙谿山人胡侍自序"。後接《〈真珠船〉目錄》,目錄內容已經過校勘,和正文一致,沒有出現嘉靖本卷八缺《龍涎》和目錄排序與正文不符的情況。後無跋。正文卷一首頁上題"真珠船卷之一",下題"咸寧胡侍承之著"字樣,以後各卷只題書名"真珠船"和卷數。

與嘉靖本相比,正文的篇目全部相同,排列順序相同。初編本雖據萬曆本排印,但是在刊印質量、句讀、目錄編排等方面都優於萬曆本。

是書全文都有句讀,不過不同於石印本用"。"來句讀,而是用"."來句讀。

5.《關中叢書》本

此本收於宋聯奎主編、民國二十三年(1934)至二十五年(1936)陝西道志館排印《關中叢書》第二集第7冊中,每半頁10行,行22字。四周單邊。單黑魚尾。版心上鐫書名"真珠船",中鐫卷數和頁碼,下刻"關中叢書"。正文每卷自編頁碼,順序編列。其中卷一12頁,卷二14頁,卷三13頁,卷四12頁,卷五至卷八各13頁,共103頁。是書前有《〈真珠船〉序》,落款同石印本和初編本。後接目錄,共4頁,目錄內容同初編本,可見已經在石印本的基礎上進行了校正。正文卷一首頁上鐫"真珠船卷之一",下題"咸甯胡侍承之著、雲間陳繼儒仲醇校、繡水郁嘉慶伯承校"等字樣。"咸甯"也與萬曆本的"咸寧"不同。其他各卷所注作者和校對者的姓氏同石印本,只是改石印本二校者名下同署一個"校"字爲每人名下各署一"校"字,時有將"繡水"誤爲"繡珠"的情況。每卷末均有"真珠船卷某終"字樣。從署著者、校者姓氏和書後跋提及此書有"《寶顏堂秘笈》本"的情況,以及排印錯字多同石印本(如卷五《稷》中,《關中叢書》本和石印本有"余鉉云",嘉靖本、萬曆本、初編本均爲"徐鉉云")等情形來看,此本當據石印本排印。書後有跋,落款爲"民國二十三年十月校。長安宋聯奎、蒲城王健、興平馮光裕"。全文無句讀。

與嘉靖本相比,正文的篇目和排列順序全部相同,除部分字詞錯誤和將嘉靖本的部分雙行小字編爲單行、把單行行改爲雙行外,大體無異。

就《真珠船》的五個版本綜合比較,後來的各本均比嘉靖本的刊刻質量優,但是，嘉靖本乃著者胡侍在世時就已刊刻，除卷八目錄有誤外，是書爲祖本。萬曆本據嘉靖本修訂，卻無目錄；石印本、《關中叢書》本雖有目錄，卻多有字詞之誤；初編本雖校勘較爲精審，卻與萬曆本、石印本、《關中叢書》本一樣，經常將嘉靖本原有雙行小字重排爲單行，曲解了嘉靖本用雙行小字表注釋和補充材料之意，已經不符祖本原意。綜上所述，嘉靖（八卷）本才是《真珠船》最好的版本，筆者所據即爲此本。

（四）《真珠船》的內容

《真珠船》是胡侍的另一部雜文集，主要記載作者"每開卷有得，及他値異聞"（《〈真珠船〉序》）之事，重在考證和知識性的記載，兼有多篇他値異聞。足本嘉靖本共八卷，卷一 16 篇，卷二 26 篇，卷三 26 篇，卷四 20 篇，卷五 27 篇，卷六 24 篇，卷七 34 篇，卷八 20 篇，共計 193 篇。具體內容詳下文。

四、胡侍的散佚著述

許宗魯《胡侍墓志銘》載，胡侍著有《清涼經》一卷。①《千頃堂書目·雜家類》："胡侍《清涼經》一卷。"②清嘉慶二十四年《咸寧縣志》卷一五《經籍》亦有相同著録。③ 今惜不傳。

《續集》卷二載有《〈清涼經〉題辭》：

> 大暑蟲蟲，心焉孔憚，昔謂酷吏，取擬最倫。永日索居，云我無所，祇對簡牘，句解鬱伊。一值卻暑之言，意輒有愜，隨命不律，登之壁間，日月寖增，遂逾百則。每閱一則，心爲一涼；數則之餘，煩歇如失矣。目曰《清涼經》，以酬至德，意將梓施，普蔭烝人，是謂作法於涼，酷吏斯遠。④

根據這段題辭，可以看出胡侍確有《清涼經》一書。此書也應該是類似於《真珠船》和《墅談》，是作者日常寫的一些短文積累起來而成。其內容應該是類似於心經、箴言之類的。因原書已佚，詳細內容無從知曉。

根據《胡侍墓志銘》載，胡侍另有《关資》二卷。关，古"笑"字。又上海古籍出

---

① ［明］許宗魯《明故奉政大夫鴻臚寺右少卿蒙谿胡公墓志銘》，四庫未收書輯刊編纂委員會編《四庫未收書輯刊》，北京出版社 1997 年版，第伍輯第 19 冊，第 186 頁。
② ［清］黄虞稷撰，瞿鳳起、潘景鄭整理《千頃堂書目（附索引）》，上海古籍出版社 2001 年版，第 325 頁。
③ ［清］高廷法修、［清］董佑誠等纂《咸寧縣志》二十六卷，清嘉慶二十四年（1819）修、民國二十五年（1936）重印本，卷一五，第 14 頁。
④ ［明］胡侍《胡蒙谿續集》六卷，中國科學院國家科學圖書館藏明嘉靖刻本，卷二，第 5 頁。

版社《千頃堂書目·小説類》:"胡侍……又《笑資》九卷。"①卷數不同。原書已佚,其情不詳。

清嘉慶二十四年《咸寧縣志》卷一五《經籍》還著録胡侍有《大禮奏議》一卷,今惜不傳。根據書名推斷,當爲胡侍在參與"大禮議"時之奏疏,亦或還選編有他人之"大禮議"時之奏疏。

第三節　胡侍的雜文

胡侍在後世流傳最廣、影響最大的是雜文集《墅談》和《真珠船》,此二集中所收,爲其所作之"雜文"。

一、《墅談》和《真珠船》是雜文集

這裏所提"雜文",非今之狹義上所指現代散文中以議論和批評爲主而又具有文學意味的一種文體之雜文,而是雜説、雜論之文。

從《墅談》和《真珠船》的文獻著録看,各家書目對其歸類並不一致。《千頃堂書目》《傳是樓書目》等將其歸入小説類,《明史》將《墅談》(著録爲《野談》)歸入小説家類,王道明《笠澤堂書目》將《真珠船》歸入小説類。錢謙益《絳雲樓書目》將《墅談》(著録爲《野談》)歸入雜記類,《欽定四庫全書總目》《四庫全書存目叢書總目録》《中國古籍善本書目》都將這兩部集子歸入雜家類,《中國善本書提要》將《墅談》歸入子部雜家類,《中國叢書綜録》將《真珠船》歸入子部雜學類雜説之屬。當代研究中國小説史的一些著作,如齊裕焜的《明代小説史》、苗壯的《筆記小説史》等都把《真珠船》作爲文言小説集來進行研究,《中國文言小説總目提要》把《墅談》《真珠船》都作爲文言小説集來對待。

歷來各家書目對《墅談》和《真珠船》的歸類有差別,主要是因爲此二集篇目繁多,內容龐雜,考據、辨析、志怪、軼事混雜,最主要的是對中國古代"小説"的理解不同。關於這個問題,蘇麗華在其碩士論文《胡侍及其文言小説研究》中作了比較詳盡的考辨,對古代小説的概念進行了辨析。她認爲,瑣屑、小而雜是中國

---

① 〔清〕黃虞稷撰,瞿鳳起、潘景鄭整理《千頃堂書目(附索引)》,上海古籍出版社 2001 年版,第 336 頁。

古代筆記小説的特色,并引陳平原《小説史:理論與實踐》來説明,雜七雜八正是文言小説的體例所在。她還引劉知幾《史通·雜述》、胡應麟《少室山房筆叢》和《四庫全書總目》對小説的分類來證明,雜録是中國文言小説的一種類型,因而,像《墅談》和《真珠船》這樣内容龐雜的雜説、雜録應當歸入中國古代文言小説的大類里。按照她這種理解,那麽小説的概念就非常寬泛,幾乎無所不包。而且,她關注了《四庫全書總目》把小説分爲三派:其一叙述雜事,其一記録異聞,其一綴緝瑣語,但是卻忽略了這三派其實都重在叙事和軼聞上。① 另外,《四庫全書總目》在著録這兩部集子的時候并没有著録於小説類中,而是在雜家類雜説之屬中。《四庫全書總目》卷一一七對雜家類也有分類:"以立説者謂之雜學,辨證者謂之雜考,議論而兼叙述者謂之雜説,旁究物理、臚陳纖瑣者謂之雜品,類輯舊文、塗兼衆軌者謂之雜纂,合刻諸書、不名一體者謂之雜編,凡六類。"② 按照《四庫全書總目》的分法,把《墅談》《真珠船》歸在雜説之屬中,就是認爲此二集是"議論而兼叙述者",可是事實上此二集"辨證者""旁究物理、臚陳纖瑣者""類輯舊文、塗兼衆軌者"又何嘗没有? 因此,《四庫全書總目》將此二集歸在雜家類中没錯,但歸於雜説之屬卻很牽强。

另外,齊裕焜的《明代小説史》把《真珠船》作爲文言小説集來進行研究,《中國文言小説總目提要》把《墅談》《真珠船》都作爲文言小説集來對待。但是細讀之,發現他們對此二集的認識都不準確。齊裕焜認爲:"《真珠船》多記瑣聞逸事,每每喜歡考證古事。"③寧稼雨在《中國文言小説總目提要》中説《墅談》"從前代典籍中摘取怪異事物,加以辨證疏解,包括不少怪異傳説……又兼記當時傳聞……又可廣見聞,裨談資";説《真珠船》是"雜俎小説集……書中雜采經史子集中小説故事,或辨證意義,或疏證舊聞……其小説故事除采舊文外,又間記時事"。④ 可見,他們把《墅談》和《真珠船》作爲小説集看待是因爲他們看到的是這兩部書中的故事、逸事、時事,但是事實上此二集中叙事類的只是少部分。

胡侍多年的好友喬世寧在《〈墅談〉序》中説:"余覽濛溪胡子近著《墅談》一書……乃其事則當實可據,足以證往籍,備時事,稽政體,研物理,固六藝之緒學而博物之洪資也……余竊懼夫世之弗察者,猥以是書爲稗官齊諧者類也,故略著其指意云。"作者一再强調了《墅談》的真實可信,强調其在歷史現實中的作用,希望人們不要把它當成小説類的東西來看待。另外,我們統觀胡侍的所有著述,除

---

① 蘇麗華《胡侍及其文言小説研究》,寧夏大學碩士學位論文,2003年4月,第14—16頁。
② [清]永瑢等撰《四庫全書總目》,中華書局1965年版,第1006頁。
③ 齊裕焜《明代小説史》,浙江古籍出版社1997年版,第155頁。
④ 寧稼雨撰《中國文言小説總目提要》,齊魯書社1996年版,第217、264頁。

詩以外，文是作者分類結集的。《文集》與《墅談》同年刊刻，二者并没有内容重複；《真珠船》是兩年後即嘉靖二十七年（1548）刊刻的，在《續集》（前五卷）中，同樣收有《文集》和《真珠船》刊刻中間即嘉靖二十五年（1546）至二十七年（1548）期間所作之文，也就是説，胡侍并没有把 1546—1548 年期間該收入《續集》中的内容直接收入《真珠船》中。由此可見，他認爲《墅談》和《真珠船》這兩部集子是不同於一般的書啓碑傳之類的文章的，此二集中所收内容不能收入《文集》和《續集》中。

那麽胡侍對《墅談》《真珠船》二集是如何認識的呢？《續集》卷四收有他五十六歲（嘉靖二十七年，1548）時寫給趙王的《奉答趙王啓》。趙王，即朱厚煜。信中想請趙王給自己的《真珠船》寫序，他説："頃者，西郡已刊鄙集，第并雜文。"①由此可見，胡侍把《真珠船》所收之文都稱作"雜文"。這一稱謂非常準確地概括了《真珠船》和《墅談》收文的特點，即龐雜，故事性的篇什、議論性的雜感、純考證性的短章都可包括在内。

綜上，我們可以把胡侍《墅談》《真珠船》内所收文都稱爲雜文。不過，根據此二集收文之標準，《真珠船》刊刻後又產生的類似的文章，比如收在《續集》卷四中的《知足箴》《唉卵説》二篇，也應該算作是胡侍的雜文類型。因此，胡侍的雜文應該有 366 篇。

二、胡侍雜文的主要内容

胡侍的雜文，内容龐雜，篇數衆多，以作品所寫内容，大體可以分爲三大類：考據類、雜感類、異聞類。

（一）考據類

這一類型的篇章在胡侍雜文中所佔比例最大。作者引經據典，旁徵博引，對於自然界的事物和日常生活中的物品多有考訂，涉獵範圍廣泛，有較强的知識性和可讀性，也具有很高的史料價值。這一類型又包括物品考訂、歷史考索、天地考論、語文考辨等。

1. 物品考訂

胡侍的雜文大多比較短小，對現實中的很多不起眼的現象、事物都有考訂，涉及範圍廣泛，有自然生物，也有生活器物。

---

① ［明］胡侍《胡蒙谿續集》六卷，中國科學院國家科學圖書館藏明嘉靖刻本，卷四，第 2 頁。

對自然生物的考訂大體有二種。一種是植物考訂。《墅談·芧栗》作者考證其就是橡實，不是芧栗。《墅談·荔支》考證了有關荔支(枝)的形態、種植及有關的詩文記載，介紹了漢武帝、漢和帝以及楊玉環不顧民生疾苦而吃荔枝的有關歷史，爲了解決這些問題，作者還介紹了紅鹽蜜煎的保存方法。與此相似的考據類長文還有《真珠船·葵》。先介紹葵有丘葵、冬葵、蜀葵、錦葵等十餘種，並在每種名稱下介紹此葵的生長情況等，多引詩文證之；然後介紹《齊民要術》中詳記葵的種植方法，且贊葵爲百菜之王，因時人不食這"味尤甘滑"的葵，所以種植少；還打算"訪諸老圃，廣藝玆品，以當梁肉"呢。如果真如作者考證的那樣，那對於當時的蔬菜種植豈不是一大貢獻？這一類的篇章還有《真珠船》中的《黍》《稷》《粱》《秫》《西瓜》及《墅談》中的《柰屬》《偏桃》等。

第二種是動物考訂。《墅談·蟹事》考證了各種典籍中所載的各類螃蟹，"鶺"的別稱很多(《墅談·鶺》)，"鵁鶄"其實就是錦雞(《墅談·鵁鶄》)。爲了駁斥沈存中關中無螃蟹之說，他以終南山下親見螃蟹爲例，"筆之，爲關中雪謗"(《墅談·關中螃蟹》)。《墅談·天雞》考證了三種動物，雖然這三種動物不同，卻都稱爲天雞，作者還考證了他們的形狀外貌，以及每種天雞的出處。《墅談·鼮鼠鼸鼠》辨析了這兩種鼠的差別，"身如豹紋"的是鼮鼠，指出許慎對"鼸"字的解釋是錯誤的，而竇攸、郭璞的解釋是正確的。《真珠船·蟬不翼鳴》記作者親自觀察了蟬，發現其"兩脅下有孔，實能振迅作聲"，因此得出結論說蟬以翼鳴是錯誤的。《墅談·䗇蝦蟇》辨寫"䗇"和"蝦蟇"是兩種動物。以胡侍之意，"䗇"即今之青蛙，"蝦蟇"即今之癩蛤蟆。

對生活器物的考訂主要是一些家用物品。有考餐具的，"水晶鹽"其實是一種鹽，可以做成盤子的形狀，可以和肉一起吃，不過這麼難得的東西，如果就這麼和肉一起吃了，連胡侍都說這麼作太"不儉"(《真珠船·水晶鹽》)。有介紹食物的，《墅談·餅》把餅和麵進行了區分，并把餅分爲籠餅和胡餅等種類。"側厚"其實就是一種餅子(《真珠船·側厚》)。《真珠船·甜酒》考證了古人對酒甜不甜的不同喜好。"咂麻酒"也叫瑣里麻，是秦蜀人從西夷人那里學來的一種造酒和飲酒的方法(《墅談·咂麻酒》)。"粉羹"最先是宴席的頭道菜，後來變成了最後一道(《真珠船·粉羹》)。有考證衣物穿戴的，《墅談·絁絲》，就是人們一般稱謂的䊷絲，并考證了其産地和質地等。"毯子"是西域產的毛布(《墅談·毯子》)。"護領"是"蓋著領以承汗"的東西，也就是古代說的領巾(《墅談·護領》)。有時連女人的抹胸裹肚的歷史來源都有考證(《墅談·抹胸裹肚》)。《墅談·三絃》《墅談·渾不似》《真珠船·簫》《真珠船·琴》《真珠船·磬》等都是對樂器的考證。藥物方面，《墅談·藥俗名》列舉了很多藥物的俗名，指出人們往往知道俗名，卻很少知道本名。其他用品中,作者引經據典,考定"纛"其實就是梳頭用的笓,也就是刡子(《墅談‧纛》);"精舍"也叫精盧,是講讀之舍(《真珠船‧精舍》);"虎子"就是馬桶(《墅談‧虎子》)。《墅談‧彈棊局》從秦府的一塊方石談起,考證此石其實是漢唐就已經有的彈棋局;"龍涎"其實是一種香料,非常難得,古里國和蘇門答剌都曾在永樂年間上貢過此物,人們一般卻誤認爲是龍的涎水(《真珠船‧龍涎》);"障泥乾"就是馬韂(《墅談‧障泥乾》);"蒲輪"指用蒲草把車輪包起來,這樣可以不傷山上的土石和草木(《真珠船‧蒲輪》)《墅談‧槊》。考證了"槊"的讀音、釋義、作用和明時的別稱。

2. 歷史考索

這種類型的雜文主要是對歷史人物、歷史事件和歷史典章制度、禮儀規範、民俗風情等進行考證。《真珠船‧倉頡》考查了倉頡的姓氏、倉頡造字、倉頡墓等情況,但是對於史料中的這些說法都無法判定孰是孰非。《真珠船‧蔡邕有後》通過考證《晉書‧后妃傳》和《晉書‧羊祜傳》,發現蔡邕至少還有一子,女兒也不止蔡琰一人。這對於《漢書》和一般認爲的蔡邕只有蔡琰一女的認識有矯正作用。《墅談‧鄭恒墓志》通過區分墓志中所說的崔氏和崔鶯鶯的年歲不同、住址不同,認爲鄭恒之妻是"別一崔氏也"。《墅談‧干寶》糾正了很多人將"干寶"讀寫作"于寶""十寶"的錯誤。《真珠船‧趙高之詐》認爲趙高除了指鹿爲馬外,還用了束蒲爲脯、或素或青等顛倒黑白的事情來試探哪些大臣對自己忠心。《墅談‧四水潛夫》證明周密就是《武林舊事》的作者"四水潛夫"。《墅談‧古人名字人少知者》則考據了伯夷、叔齊、鬼谷子、柳公權等十八位歷代名人的名、字。作者的這些歷史人物考訂遵循嚴謹的邏輯,如果原始材料不錯,那麼結論應該是可信的,因而學術價值很高。

在歷史事件上,對《莊子‧盜跖篇》中所載孔子、柳下季、盜跖之間的事情,胡侍考證柳下季死後多年孔子、子路才在世,因此可以證明盜跖之說乃莊子寓言。關於唐明皇是否曾在六月幸驪山,《唐紀》記載是"以十月幸驪山,至春即還宮",但是胡侍通過史書和其他一些詩、史材料證明唐明皇確曾於六月駕幸驪山(《墅談‧唐明皇幸驪山》)。

對歷史典章制度、禮儀規範、民俗風情的考索在胡侍雜文中更多。《墅談‧禁刑日》羅列禁止行刑的日子與佛家的十齋日相同,證明宗教禮俗對現實政治制度的影響。"蹹柳"是一種古老的習俗,作者考證說即射柳,是鮮卑之俗,由來已久(《墅談‧蹹柳》)。有人說古不墓祭,作者就考證《周禮》中有冢人之官,專司墓祭;子路、顏淵的對話中也有關於墓祭的說法,可見古人也墓祭(《墅談‧墓祭》)。

3. 天文地理考論

此類雜文是對常見的自然現象進行考證，著眼於"大"的事物，如天文星象、山川河流、城鄉變遷等。爲了考論天地中心的位置，胡侍引《吕氏春秋》等多部著述來論述，但最終認爲無法確定（《真珠船·天地之中》）。《真珠船·夜短》考證了有些地方夜極短，類似於不夜城，按照今天的常識，作者應該説的是極地的情況。《真珠船·日月蝕》的不同點在於"日蝕皆從西，月蝕皆從東，無上下中央者"。山川河流的考證在此類中篇目最多，《墅談·太乙山》《真珠船·崆峒》《墅談·五曲江》《真珠船·白水》《墅談·二漆水》等即是考論這些山川河流的形態、位置和古來的一些錯誤認識等。《墅談·長城之始》考證長城興建的歷史，是早在始皇之前就已經修建了。《真珠船·居庸關》則列舉多項史料來考論此關在禦敵方面的重要性。

4. 語文考辨

胡侍是讀書人，自然對古代的文字、音韻、詩詞曲律等非常熟悉，在讀書學習的過程中，發現很多問題是非常自然的事情。可貴處在於作者將這些發現記載下來，并加以考辨，對研究古代文史有很高的參考價值。這種考辨大體有五種：

第一種是對字詞的音、義進行考辨。《真珠船·有又》辨别"有"和"又"二字的用法。《真珠船·歹另》考證"歹""另"這兩個字俗讀之音是錯誤的。《墅談·茁席》考證了"茁"字音"仙"，草名。《真珠船·合口音》《真珠船·蒸字韻》是關於音韻的。《真珠船·齊氣》《真珠船·齊民》是考辨這兩個詞的意思的。《墅談·對偶之文》《真珠船·隸書》等都是對這些專有名詞進行考證。

第二種是對詩詞曲律的辨明。《墅談·落霞》辨析《滕王閣序》中"落霞與孤鶩齊飛，秋水共長天一色"中"落霞"不是有人解説的那樣是飛蛾。《墅談·杜詩釋義》嘲笑了有人注解杜詩或抄原文而只在中間加虚詞，或不懂天時地理而枉改詩句。《墅談·嘲詩》舉很多名句而進行了很有意思的解讀：比如孟浩然《春曉》嘲者以爲盲子詩；賈島《哭僧》有"寫留行道影，焚却坐禪身"，嘲者以爲"燒殺活和尚"，諸如此類。《真珠船·七言詩始》《墅談·九言詩》是關於詩歌發展史研究的，《真珠船·北曲》《真珠船·南北音》《墅談·白翎雀》《墅談·雪詞》《墅談·望江南》等都是考辨曲詞的。

第三種是名言俗語的辨正。"膽欲大而心欲小，智欲圓而行欲方"，一般認爲這是孫思邈語，胡侍考證其見諸《文子》，又見諸《淮南子》，而《文子》中認爲是老子之言（《墅談·孫思邈語》）。日常生活中有很多俗語、常用語，但是人們一般並不知道其出處，有時甚至鬧笑話。如"今呼下酒具爲添换，鄉村人則呼爲按酒，城中人每非笑之"，其實經作者考證，"按酒"一詞其來實遠，城裏人反倒被笑話了(《墅談·按酒》)。《墅談·書八行》糾正人們對此詞理解,很多人以爲這是八句詩的意思,其實是書寫八行,每行七字,共五十六字的意思。再如《墅談·肚裏淚下》考證此爲宋高宗之德妃吳氏語,可惜没有指明源自何書。此類還有《墅談·不耐煩》《真珠船·覆水不收》《真珠船·公主翁主》《真珠船·天府陸海》等。

  第四種爲文體辨别。中國古代文章浩如煙海,文體分類亦百説紛争。"碑"是不是文體,歷來有争議,胡侍認爲它"因器立名",當然是文體(《墅談·碑》)。人們一般只見到志婦人者有碑有志,卻很少見到行狀,胡侍就指出前人確有給婦人寫行狀的,也就是説志婦人也可以用行狀這種文體(《真珠船·婦人行狀》)。《真珠船·志銘》則考辨前人對"志""銘"的誤解,並引證《説文》和一些前代的例文,認爲後有韻語,則前面的散文稱前序,無韻語則前面的散文就是志銘。稱爲"志銘",則是兩者同義連用的緣故。此種看法對解釋後世雙音節詞的出現十分有意義。第五種爲對書籍進行考辨,如《墅談·讖緯書》《墅談·唐文粹》《真珠船·文選》《墅談·五代史》《墅談·元史》等。

(二) 雜感類

  第一類雜感是抒寫讀書所引發的感想。《墅談·折像》一文説:"余讀《折像傳》而重有感於今之守錢虜也。"希望守財奴們向折像學習。《墅談·廁上作文讀書》列舉了左思廁上作《三都賦》、錢若水上廁讀小詞、宋京廁上誦書、歐陽修廁上思索文字的小故事,表達了對四公勤學的敬佩,卻也發表議論:"溷廁褻穢,暫輟可也。"《真珠船·大臣處林下》寫富弼與王安石的軼事:富弼曾穿布衣跨驢出郊,路遇小官吏,對方排場很大,但富弼并不下驢,只對對方説自己的名"弼",對方即下馬伏道候弼過;王安石則在得知王和父守金陵後即退居半山,且在與其相遇時立即躲進民宅。富弼與王安石都曾爲相,處事不同,但作者均予贊揚:"二公皆位極人臣,其處林下乃如此,是可敬而仰也。"作者贊富弼,是因其雖處林下卻讓那些裝腔作勢的小官不敢造次,其威嚴不改;贊王安石,是其雖曾位極人臣,處林下卻很低調。

  第二類雜感是抒寫社會現象所引發的感想。其一是批判不良的社會風氣和習慣。《真珠船·京官騎驢》寫洪武、成化年間有京官騎驢上朝,大家都比較認可,但是,"今迥不然矣",暗含對時下京官講排場風氣的不滿。《真珠船·地理》一文引前人的多種論述來闡明,對親人墓葬的時間和地點的選擇與家人的富貴昌運没有關係,批評墓葬挑時日和地點的陋俗。《墅談·積書》中,作者對於當時關中積書之家將書"束置庋閣,以飽蠹魚,既不觸目,又不假人。至有界之竈下以代薪蒸者"非常氣憤,無奈地感歎:"余每自恨不及蠹魚也。"胡侍被斥爲民後雖一直閒居,卻非常關心國家大事,對前線戰事不利非常不滿。《真珠船·寡敵衆》引南宋韓世忠、岳飛、楊再興等人以寡敵衆之事,發出振聾發聵的一問:"今邊兵乃十不當虜一,何也?"《真珠船·首虜》舉衛青、霍去病等人斬殺敵人數萬人亦未見得如何,"今邊將獲首虜才數十百級,輒動色誇張,以徼崇爵,深可愧也"。《墅談·祖母綠》《墅談·錢寧廖鵬》都是寫宦官被抄家後發現他們所貪所藏有時連國庫都比不上,作者雖未多加評論,但稱之爲"閹奴",足可見對他們的痛恨。《墅談·麻搗》記趙王、韓王治第,用麻搗土,和以石灰泥,以增其堅固性,僅此費錢一千三百餘貫。作者對此深表厭憎,并進一步揭示:"然權戚所費,過趙、韓王者多矣。"此類雜感還有《墅談·剽竊》《墅談·死訴》《墅談·召客》等。其二是贊頌良德善行。胡侍對道德禮數看得非常重,對於那些尊師重禮、講究孝悌者多給予高度贊揚。《墅談·弟事兄禮》記楊津對哥哥楊椿非常恭敬,兄不讓坐,則不敢坐;司馬光對自己的哥哥如對嚴父,作者由此感慨:"今世弟之於兄,多不肯下,並坐並行,恬不爲異,此倫殆於廢矣。可勝嘆哉!"《墅談·座主門生禮》舉自己父親胡汝礪爲戶部侍郎,對曾是其成化二十二年(1468)鄉試考試官的福建建寧府學教授黃伯川行四拜禮,而黃則還以四長揖。作者對他們這種按照禮數來尊敬對方的做法非常感佩,由此發出感歎:"今雖會試座主,門生之禮,亦不能若之矣!"在《真珠船》卷五中,作者連寫三篇關於王翱的文章。《真珠船·二王公不私》寫北宋名相王旦、明朝吏部尚書王翱都不讓自己的兒子參加與寒儒競爭的科舉考試,稱贊他們"亮直不私,令人欽仰"。作者還舉出反例,揭露陶穀和秦檜爲自己的子孫在考試中行方便,斥責他們"寧不有愧於"王旦和王翱?《真珠船·王忠肅娶妾事》寫王翱妻暗地爲其娶妾,半年後告訴王,王大怒不見,要求送回。但妾一直未走,直到王翱84卒,妾衰服往哭,王翱子王竚爲其養老送終。作者對此大加贊賞:"余謂此一事而四美具焉:忠肅公之不惑,張夫人之不妒,妾之貞一,竚之高誼,咸可紀也。"《真珠船·盛允高謫官》通過考訂史料,反駁盛允高被王翱所黜的說法,并說:"王公一代名臣,又嘗自云'吏部豈報恩復讎之地'?橫遭誣衊,特爲辨之。"胡侍連寫三文贊美王翱,還不惜"考《進士登科錄》及《名臣錄》《姑蘇志》",爲王翱辯解,可見其對人品高潔者的欽佩和尊敬,也充分體現了胡侍忠直高潔的人品。

在幾近花甲之年,胡侍對生命的感悟更深,對人生的感悟更多,非常直白地寫了《知足箴》,表達自己的人生態度:

  辱生於不知足,故曰知足不辱;不知足生於多欲,故曰罪莫大於可欲。禍莫大於不知足,寡欲故常足。知足故少事,少事故遠禍。有榮故有辱,不榮何辱？不辱者榮。①

（三）異聞類

胡侍在《〈真珠船〉序》說："余每開卷有得，及他值異聞，輒喜而筆之。"因此，異聞類雜文數量也較多。大凡鬼怪靈異、奇聞異事、秘聞瑣錄都是胡侍記載的範圍。不過此類文章大多非常簡單，三言兩語而已。作者在寫此類文章時是非常看重其真實性的，總是以親見、親聞來交代，或者寫明異聞的來源，很多時候還要加其他典籍來佐證，以取信於讀者。此類文章大多不似雜感類那麽有深意，就是作爲異聞記錄而已。

1. 記鬼怪靈異

胡侍寫鬼的文章，一般不是寫鬼世界，而是寫現實日常中遇鬼之事，或鬼在陽世與人有關之事。《墅談·凶宅》寫幾處住宅都有冤氣而鬧鬼，作者讓主人用"遍徹屋壁，發洩畜滯"的方法治住了鬼。《墅談·許賽》寫沒有兌現給鬼一頭牛的承諾，鬼就作祟致人生病。《墅談·鬼假人》舉了《風俗通》《仇池筆記》中所記載的兩人遠行未歸，有鬼卻向其家人假託說其已死，并以遠行者的私密事爲證，家人信以爲真。後遠行者歸，家人反以爲鬼。胡侍記載此事，是因"不知何物怪鬼，假託如此，足發一笑"。《真珠船·陰譴》寫殷貴對兄長殷富不恭，後死三日，被小鬼拽到城隍廟懲處，殷貴害怕，大呼從此改過，後被送回，起死回生，從此對兄長很恭敬。爲了說明此事是真實的，文末專門注明此事由"殷富及邑人賀郡丞說"。此篇略不同於其他鬼事，其中蘊含著倫理孝悌的思想。

相對於寫鬼之作來說，寫怪物的篇章要多些。文中多突出怪物的"怪"，有的體型超常，有的脾性怪異，有的具有超能力。《墅談·封肉芝》中的"封"和"肉芝"行狀相同，都類似小兒手，吃了後"多力"、"逾月齒髮再生"，作者感歎爲何極類似之物名字卻不同。《墅談·蟹事》引各種文獻記載的螃蟹，有的其廣千里，有的大如小島，有的強悍得能與虎鬥。怪物出現往往預示著不祥之事發生。如"玄鶴"是千歲變蒼，再二千歲則變黑，出現時預示將有兵戈（《墅談·玄鶴》）；"肥遺"是有一首兩身的蛇，也有六足四翼的蛇，也有鳥狀的，出則大旱（《墅談·肥遺》）。有時，怪物出現還預示著朝代的更替，如陳後主時有狐入牀下，陳亡；宋徽宗時有狐登殿，結果徽宗被擄；元順帝時有狐從殿上出，元亡（《墅談·狐妖》）。其實這種記載在中國古代文化中非常常見，胡侍只是記載了其中三則而已。

---

① ［明］胡侍《胡蒙谿續集》六卷，中國科學院國家科學圖書館藏明嘉靖刻本，卷四，第3頁。

2. 記奇聞異事

所謂奇聞異事,就是在平時少見之事、異於常態常理之事,或當時以常規思維所無法理解和解釋的事情,現在看來很多都不是什麼怪事。此類是單純記錄,並無太多寄意,某種程度上也有炫耀見識廣博之意。《墅談·鳥鼠同穴》寫《禹貢》等文獻記載"鳥鼠同穴",人多不信,作者指出了哪座山中有鳥鼠同穴的,還指出有牛蛇同穴的事情。《墅談·水異》記載了一些同壑之水半冷半熱,同井之水半青半黃等奇怪現象。《墅談·異酒》記載了檳榔酒、椰子酒等多種酒,都不是像中原地區用米麵釀製的酒。類似的還有《墅談·松化石》《墅談·石魚》《墅談·泉異》《墅談·胡子崖聖泉》《真珠船·外國人進士》以及《唊卵說》(《續集》卷四)等。有些是作者當笑話來記的:世傳太歲頭上不能動土,然《墅談·太歲》中載,有二人挖出太歲,扔到河裏,後也無恙,作者以此笑話太歲:"太歲不能禍人,而反自掇其禍,是可笑也。"《墅談·男生子》寫蘇州男子孔方懷孕生子,"邸報四傳,靡不駭笑。蘇人至今每羞言之"。有些所記也并不算太奇異,如《墅談·百歲以上壽》記載的是多位百歲以上的老人;《墅談·獄鼠》寫刑部十二獄中鼠大且不畏人,還咬犯人,後作者養二貓,鼠才不爲害。這些都不足爲奇。

3. 記爲官秘聞

胡侍當了多年京官,雖然官職不大,卻是皇帝身邊的近臣,所以對宮廷內的情況有所了解,當作秘聞記載下來。如《墅談·攢盒》記載皇帝所賜甜食的種類,《墅談·賜筵食品》記載皇帝在賜筵時都賜什麼,在不同節日所賜不同的食物,這對於普通人乃至於外地官僚來說,都是非常神秘的,所以作者記載,也有某種炫耀的意思。在《真珠船·禁苑魚獸食》中,作者根據崔傑的説法詳細記載了皇家"動物園"里的動物都怎麼餵食,金魚、山猴、獅子、犀牛、豹、虎每日的食物和食量爲何。奇怪的是,内中記獅子要吃白糖四兩、醋二瓶、花椒二兩二錢。這篇記載有一定的史料價值。

此外,作者也記載了一些爲官時期的事情。如《墅談·權諱》記載寧獻王朱權的"權"字先有避諱,後皇帝不讓避諱,體現出了皇帝對宸濠之變的態度。《真珠船·西翰林》詳細記載了當時在京城很有影響的文學團體"西翰林"的主要人物,因作者就是其中之一,故史料價值較高。《真珠船·夫妻義絕》記載作者幫助鄰郡斷一婿殺翁,而妻被拘的案件。此案因前代就出現過,故胡侍此判對於後世處理這類案件有借鑒意義。

爲官秘聞類的篇章雖不多,卻因多爲胡侍親歷,較有價值。

胡侍生長於寧夏,19歲後才離開,對寧夏的記憶成爲其無法割捨的情結。

因此,在其雜文中,有部分篇章記載内容與寧夏有關。儘管這些篇章都可以歸入上面幾類中,但筆者以爲有必要將其專門列出加以論述。

《墅談·寒具》中的"寒具"就是饊子,也叫環餅,文中所引詩證云:"劉禹錫《嘉話》有《寒具》詩云:'纖手搓來玉數尋,碧油煎出嫩黃深。夜來春睡無輕重,壓褊佳人纏臂金。'"《嘉話》當指唐韋絢編《劉賓客嘉話錄》,一稱《劉公嘉話錄》。從詩中所描述做法來看,確實很類似今天的饊子。只是作者考證寒具自《周禮》中就有記載,也就是楚辭中的"餦餭",因此寒具是不是就是今天的饊子有待進一步考證。《墅談·席萁草》考證席萁草"又堪秣馬,靈夏之野,此物最多"。當指今之芨芨草。《墅談·田州城》反映了當時寧夏地處邊疆所飽受的戰亂之苦。《墅談·原州鎮戎》辯證了固原州成立的歷史,指明"今以固原州爲古原州、鎮戎千户所爲古鎮戎軍者,謬也"。《真珠船·削城角》中說寧夏城(即今銀川市)缺東北角,以示不滿之意,但此說是否屬實,胡侍表示"俟考"。《真珠船·東牆》記載寧夏野沙中所產一種草籽叫東牆,也叫沙米,另訛作"登粟"等多種名稱。《真珠船·統萬城》記載統萬城也叫定遠鎮,也就是前文所述之田州城。關於懷遠鎮的考證,作者認爲《〔弘治〕寧夏新志》所載之懷遠鎮不在寧夏,而在《唐書·地理志》所提到的位屬遼東的"安東上都護府懷遠軍"(《真珠船·懷遠鎮》)。此文史料價值極高,對於糾正今傳之《〔弘治〕寧夏新志》很有幫助。《墅談·塔影》一文,記載了寧夏承天寺塔有塔影,還記載了明朝承天寺塔的其他一些建築,亦很有史料價值。《真珠船·宋僉事女》記載江西按察僉事宋儒是寧夏人,有女善文。其夫鄧輔,成化丁未進士,和胡汝礪是同年。新婚之夜,鄧挑燈微吟:"油凍知天冷。"女對曰:"香消覺夜闌。"後來夫妻二人有了兒子,女卒。臨死前向夫作詩:"崑山片玉本無瑕,女子生來願有家。誰料中途妾薄命,莫教兒子著蘆花。"《墅談·韋州倉》寫韋州倉自來無鼠。

胡侍寫寧夏的這些雜文,豐富了寧夏的歷史、地理、文化等方面的史料,對於明清時期寧夏有關問題的研究大有裨益。

三、胡侍雜文的藝術特色

胡侍的雜文篇數多,内容豐富,涉及面廣,作品能爲後人所喜愛,得益於其在藝術上的成就。

(一) 取材廣泛,内容豐富

《四庫全書總目》將胡侍的《墅談》和《真珠船》都歸入雜家類,主要就是因其內容太雜,上至天文,下至地理,人間百態、花鳥蟲魚都有涉及。文章內容雜,可見作者平時涉獵廣。在《真珠船·西瓜》一文短短 121 字中,所列引證書名就有《爾雅》《本草》《齊民要術》《草木子》、胡嶠《陷虜記》,又引用了文天祥的《西瓜吟》。涉獵廣泛與其好讀書且家藏書甚富有關。在《墅談·積書》中,胡侍說:"近代士大夫積書之富,莫過於尤延之,嗜書之篤亦莫過於尤延之……余博雅雖遠不及延之,而亦頗有嗜書之癖。三世之積書亦不少,辛未之夏,不戒於火,皆為煨燼。迄今勤搜遍括,尚未半於舊藏。"(案:辛未當指正德六年,即 1511 年,時胡侍 20 歲)且對於關中藏書富家將書藏之高閣以飽蠹魚,作者"每自恨不及蠹魚"。好讀書,涉獵廣泛,但也不是有異必錄,有感必發,而是"采而擇之",將"疵纇實繁、魚目混陳"的內容剔除,將"雖非探之龍頷,頗均剖之蚌腹"(《〈真珠船〉序》)的篇章留下,成為《真珠船》《墅談》這樣的雜文集。

(二) 篇制短小,內涵豐厚

胡侍的雜文大多篇幅比較短小,短的有 16 字的《墅談·金史》,長的《真珠船·葵》《墅談·荔支》等也不足 1000 字,絕大部分在一二百字左右。在如此短小的篇章中,往往要寫好幾個同類內容。比如在 78 字的《墅談·泉異》中,作者羅列了咄泉、喜客泉、撫掌泉、笑泉及聞人足音即沸的泉等五種關於泉的異聞。胡侍雜文大部分都屬於這種情況。這種形式非常有利於雜文的"雜",只要有個主題,就可以在此主題下攢聚非常豐厚的類似內容,甚至在以後發現類似內容時可以隨時在文後補入。在《墅談》卷一中,收錄有《讖緯書》,羅列很多讖緯書名;在《真珠船》卷四《讖緯書名》中說:"《讖緯書名》,余嘗載之《墅談》,而遺……"又列舉很多書名,在結尾處,還說:"計尚有之,俟續考也。"可見如果以後再發現此類書,作者還會補入的。《墅談》卷五、《真珠船》卷五均有《無字碑》,前者解釋唐乾陵、豐陵無字碑無字的原因,後者又說:"唐乾陵、豐陵並有無字碑,余嘗疑其故。說載《墅談》中。"後敘另一文獻中所載東晉謝太傅墓碑亦無字的原因。這種前後呼應的方式的確可以增加某一主題下內容的內涵。當然,這也限制了文章向縱深的發展,縱向的剖析總是不夠,異聞的情節也總是太簡單。

(三) 樸質尚實,用語考究

嘉靖朝時,連志怪類的作品都一再強調真實,在結尾處往往都有故事來源的交代,以取信於讀者,作者本人對那些怪異傳聞也常深信不疑,甚至還有理論支持。明代楊儀《〈高坡異纂〉序》中說:"予少日讀書,凡編簡中所載神仙詭怪之說,心竊厭之,一見即棄去,雖讀之亦多不能終其辭。正德、嘉靖間,兩見邑中怪事,始歎古人紀載未必皆妄,天地造化之妙,有無相乘,終始相循,夢想聲色,倏忽變幻,皆至理流行。特其中有暫而不能久、變而不能常者,人自不能精思而詳察之耳,豈可盡謂誕妄哉?"①

胡侍的雜文也是如此,幾乎每篇都要顯示其真實性。要麼是寫清文獻來源,要麼寫清某某人說,要麼說明自己於何處親見,總之是要人相信這是真的,即使是寫鬼、怪也是如此。胡侍所引資料來源有前代正史、《尚書》《汲冢周書》《淮南子》《說文解字》《典論·論文》《文選》《文心雕龍》《齊民要術》《事物紀原》《謚法》《韻府群玉》《藝文類聚》及前人詩集、各地地方志等。無疑,這些資料在作者看來都是真實可信的;還有《博物志》《世說新語》《幽怪錄》《容齋隨筆》《夢溪筆談》《遯齋閑覽》《續搜神記》《吹劍續錄》《捫虱新語》這些小說或類似小說的作品,作者認爲這些同樣是可信的。比如《真珠船·雞鳴度關》引《博物志》燕丹子質秦出逃的故事:燕丹子逃亡到關,學雞叫引得全城雞鳴,賺開關門得以逃脫。作者最後說:"今人但知孟嘗君事。"可見他把燕丹子度關當成真實的事情來記載的。喬世寧在《《墅談》序》中就希望人們把胡侍的《墅談》當真實可信的作品來讀的。

與內容真實可信相應,語言上注重質樸,幾乎所有行文平鋪直敘,不重修飾,但特別突出字詞使用的準確、恰當、精練。如《墅談·祖母綠》寫大的祖母綠罕得,官裏花數千兩銀子買了一枚重四五兩的祖母綠,以爲稀世之寶,結果錢寧私藏有重數斤的祖母綠佛,"蓋內帑所無"。此結語簡潔有力,把宦官錢寧權勢熏天和私欲膨脹的情形凸顯出來。《真珠船·京官騎驢》寫過去的京官常騎驢上朝,且怡然自得,並不覺得丢人掉價,但"今迥不然矣"。這僅五個字的結尾包含了對前朝那些以國事爲重、並不在乎排場和享受者的尊敬,對今之京官騎馬坐轎、前呼後擁現象的無奈和失望。對字詞的使用也非常講究,精心錘煉。如《墅談·無字碑》中寫豐陵的無字碑"韜在石中",一"韜"字,將帝王的韜晦、胸襟、故意賣弄等多重意思包含在內。又如《墅談·忍辱》中,魏國名士張耳和陳餘爲避秦而隱姓埋名到陳國當了監門,陳餘曾被小吏笞打,"餘欲起,耳躡之,使受笞"。"起""躡"二字精微地表現了張耳的持重、陳餘的衝動以及二人的默契。

四、胡侍雜文的不足

胡侍雜文徵引文獻頗多,保存了大量史料,有科學的,有藝術的,有現實生活

---

① [明]楊儀《《高坡異纂》序》,載丁錫根編著《中國歷代小說序跋集》,人民文學出版社1996年版,第127頁。

的,有文學理論的,對後世影響很大。但《四庫全書總目》卷一二七評價《墅談》時説它"徵採龐雜,多及怪異不根之語,未免失實";評價《真珠船》是"徵引拉雜,考證甚疏……又喜談怪異果報之説,皆不免於紕繆",①中肯地指出了《墅談》及《真珠船》的顯著缺點。細究之,胡侍雜文的不足主要有以下兩點:

(一) 直摘他籍,缺乏原創

《四庫全書總目》在評價《墅談》時説此書"皆辨證古籍,兼及時事",②"辨證古籍"是主,"兼及時事"是輔。《〈真珠船〉序》説:"余每開卷有得,及他值異聞,輒喜而筆之。"可見"開卷有得"是主,"他值異聞"爲輔。因此,胡侍雜文的内容大多來自前人的文獻典籍,摘編多而原創性少,類似讀書劄記,故也造成胡侍此類文章的一個弊端。如《真珠船》卷二《地理》一文,分别引用唐吕才《敘葬書》、宋司馬光《葬論》、宋楊萬里《與李侍講書》、宋張栻《題贈地理卷後》、宋羅大經《鶴林玉露》中的言論,僅言"右數説可謂卓識確論,録之以祛沉惑。"卻未對此作詳細説明,雖詳録各家言論,但於學術考證卻未作進一步努力。《墅談》卷二《鬍子崖聖泉》僅録《四川志》及《聞見近録》中對"聖泉"的言論,後附"右二事正同,又皆在蜀地"一句話,再無其他考證或辨析,實爲直摘他集。相同情況如《己字三聲》《翰林知縣》《日月蝕》《封肉芝》等。再如《真珠船》卷三《罰飲》一文,看起來有理有據,實爲胡侍對宋代李薦《罰爵典故》簡單抄録,僅增添三句評論總結話語而已。

(二) 轉引他書,缺乏考證

胡侍多有直摘他人論説性話語,卻未對原書進行考證。如《真珠船》卷五《東牆》一文,"烏丸地宜東牆"一句,胡侍自稱引自《魏書》,查《魏書》未見此載。此語出自《魏書》一説來源於《齊民要術》卷一〇,當是胡侍直引《齊民要術》之説,卻未細加考索,直接轉引而誤。《真珠船》卷五《戰車戰船》一文,胡侍言明引自宋李復《潏水集》及宋洪邁《容齋四筆》,經細校發現,此二書兩文記載有明顯差别。《潏水集》爲李復作品集,《乞罷造戰車》《乞罷造船》兩疏收於其中,爲李復原作。而《容齋四筆》卷六《記李履中二事》僅爲録文,與李復原書存在差異,胡侍引文明顯爲《容齋四筆》所載,卻自言引自《潏水集》,實在不可取。再如《真珠船·倉頡》中,胡侍考證倉頡的身份,一説倉頡爲帝,一説倉頡爲史官。其考證倉頡爲帝時,引索靖《草書狀》曰:"聖皇御世,隨時之宜。倉頡既王,書契是爲。"查《晉書》卷六

---

① [清]永瑢等撰《四庫全書總目》,中華書局 1965 年版,第 1097 頁。
② [清]永瑢等撰《四庫全書總目》,第 1097 頁。

○、《通志》卷一二五、《册府元龜》卷八六一、《西晉文紀》卷二○等均收錄索靖《草書狀》,此處"王"字均作"生",一個字的變化,意義卻實不相同,疑胡侍所用書籍校勘不够精審,而胡氏又失於考證。再者,受時代限制,其考證往往引用前代之小說類作品作爲依據,那麼結論必然不可信。

第四節　胡侍的詩文

作爲"西翰林"的主要成員之一,胡侍詩文之名早著。其詩歌主要收於《詩集》和《續集》(卷一、卷六)中,其文主要收於《文集》和《續集》(卷二至卷五)中。

一、胡侍的詩歌

《詩集》共收各體詩歌382首,《續集》共收79首,胡侍傳世詩歌共461首。

(一) 胡侍詩歌的主要内容

胡侍《詩集》和《續集》中的詩歌,均按四言到七言的不同類型收入各卷中。根據作品的主要内容,可以分爲景物詩、述志詩、咏史詩、敘事詩、贈答詩等幾類。

1. 景物詩

景物詩是胡侍詩歌中數量最多、水平最高的一類。作者善用細膩的筆觸描摹景物,寫得栩栩如生。《詩集·子夜四時歌四首》一組四首詩,抓住春夏秋冬四季的最典型的景物進行細緻入微的描寫,大有六朝樂府吴聲歌曲和李白《子夜吴歌》的意境,自然而甜美。《詩集·春興四首》用一組詩對春天的景致進行描繪;《田園樂四首》細膩的描摹農村景象,清新可喜。這後八首均爲六言詩。《詩集·蠡泉雜咏》用一組非常清新的小詩,描繪"山樓""西圃""丘亭""湖心亭"等十二處蠡泉别業中的小景物,頗有情趣,其中《詩集·墅堂》詩中"只有終南山,相對成賓主"大有李白"相看兩不厭,唯有敬亭山"的情懷。胡侍不僅善於描繪這些小橋流水式的精緻景物,也善於咏唱塞北風光。《詩集·苦寒行》寫在北方的狂風、冰雪等艱苦的環境下,"山人忍冷不出山",目的是"坐待春陽發幽谷"。一旦條件成熟,必將一發沖天,一鳴驚人。《詩集·涼州詞六首贈白將軍》用一組六首邊塞詩渲染了"落日黄河雲倒流,沙場旌旆風悠悠"、"雪山北望雪紛紛,白馬朝馳雪裏雲"等典型的塞北風光,氣勢磅礴,蒼涼古勁。除了這些比較陽剛的詩外,有時作者也寫一些空靈、静謐甚至凄冷的詩。《詩集・宿藍田石門谷》表現了"虛堂清不眠,谷月上石榻。時聞幽澗泉,互與樵歌答"的清幽;《詩集・谿上二首》(其二)表達了"偶坐谿邊石,垂絲倚釣槎。游魚不上釣,戲逐泛來花"的凄清;有"睡涼石上雲,松月回相照。山空人不聞,時有哀猿嘯"(《詩集・石上》)的空寂;更有"空山回古墓,煙樹冷凄迷。不見遼東鶴,惟聞烏夜啼"(《詩集・空山》)的凄冷。

　　胡蒙谿因"議大禮"之事被貶,又遭牢獄之災,後竟被斥爲民,一連串的打擊,使作者的詩風大爲改變,顯得非常沉鬱,寫景詩也變得蒼涼、壓抑,作者心中的凄苦、悲涼之情躍然紙上。《詩集・院陰》作於被貶潞州時,"院陰晝深廳事稀,松蘂歷落鳥驚飛。山風拂簾太嫋嫋,簷雪撲硯還依依"的凄涼,使作者渴望能重回京師的心情更加急迫,"玄冬白日悵遲暮,倚仗看雲歌式微"。成爲白身後,蒙谿子更加痛苦,詩歌更顯凄涼。"葛巾烏几滄洲外,楚峽商霖萬古情"(《詩集・秋雨》),所描繪景物中秋景是比較典型的,"逢秋鴻雁聲偏急,過雨芙蕖色更殷",映襯著作者"苦海扁舟誰住著,佳時休遣鬢毛斑"(《詩集・開福寺秋霽》)的心情更加悲苦。不過,作者的這種情緒隨著時間的推移在逐漸改變,到晚年時,其景物詩就非常平和、淡然了。如果説《續集・觀雪》還有"幽吟罕良晤,悵望轉離索"的愁緒,那麽《續集》中的《過鄠縣楊氏藏春塢》《鄠縣宋明府雨宴》《宿鄠南角谷禪院》《至再用前韻》《興善寺閣觀春雪同石屏玉華青橋三王孫》《永興邸上元燈宴》等詩歌則非常平和,作者都是非常客觀地描繪,"月色近人白,水聲終夜聞"(《續集・宿鄠南角谷禪院》),"禪林響落葉,僧飯出香芹。明發各回首,英英空白雲"(《續集・角谷之遊張進士及二王生許偕而張獨不至再用前韻》),再無痛苦的情緒,更多的是自己平靜中的自得其樂。

　　蒙谿子景物詩不僅寫自然景觀,也描繪事物,且往往托物抒情、托物言志。《詩集・紫騮馬二首》咏寶馬紫花騮的,贊美其"但令橫絶漠,不用取封侯"的品質。《詩集・梅花落二首》寫南國梅花有耐寒之質,現已凋落。凋落的時候,依然是"辭枝疑粉蝶,著鬢似鉛華"般美好。雖然"寂歷下中庭",卻"匪敢怨凋零",而且還有着"寧愁雜雪霰,不忍委泥沙"的高貴品格。作者以梅花落自喻,表達了自己雖遭際貶官斥民的不幸,卻依然有着高潔品質的情感。嘉靖甲申(1524)端午,胡侍獲賜一扇,緊接著就被貶官。後作者無意間看到此扇時,想起了當年皇帝對自己的寵倖,"被恩私"的榮耀,"大官錫宴出逶迤"的春風得意,如今卻與在"茅堂篋笥"的扇子一樣,不禁"北望長吟白髮垂"(《詩集・檢笥得甲申午節賜扇有作》)。作者借扇子來自喻,表達了對自己不被重用的悲歎,對自己重新被啓用的渴望。此類詩歌較多,還有《詩集》中還有《芳樹》《關山月》《獄雪三首》等。

2. 述志詩

蒙谿胡子在貶黜前後思想狀態是截然不同的,之前是意氣風發、積極上進、昂揚向上的,之後則變得非常複雜,這些變化必然體現在詩歌中。貶黜前,胡侍是兵部尚書之子,是大名鼎鼎的西翰林骨幹成員之一,有着"手把五嶽文,口授九州經"(《詩集·昇天行》)的豪氣,更有着遠大的抱負:"大夫不能鍊石補天闕,又不能煎膠上天黏日月。徑須挂席泛滄海,手拉天吳釣鼇骨。不然嘯傲青山隈,日日但酌流霞杯。酒酣鼓腹歌帝力,帝力何有於我哉?丈夫生來貧賤即貧賤,焉能學奴顔婢膝求辟薦。"(《詩集·丈夫行》)

貶黜後,作者的心態變得非常複雜。《詩集·驪山》一詩中,寫了自己出獄後的淒苦生活,時時刻刻都在盼著重新啓用,但是卻始終沒有音信,只能感歎"山河只在眼,那得見神京"。"兩地一年音問絕,相思何日盍朋簪"(《詩集·九日華藏寺過張汝敬讀書處》),在久久未能等來重新啓用的消息後,詩人開始放縱自己,縱情詩酒。"疏慵遮莫人俱棄,潦倒狂歌臥竹根"(《詩集·狂歌》);"秋末擬投蓮社約,肯教爛醉菊花杯"(《詩集·同李四种二登終南天池上院》)。《詩集·醉中》則寫得更加明確:"拄杖時時挂酒壺,任教人笑老狂夫。十年荏苒惟今是,萬里伶俜復故吾。縱飲稍堪酬造物,酣歌殊不負江湖。醉中佳處誰知得,獨坐高齋據槁梧。"把被斥爲民十年的悲苦心情和縱情詩酒的狀態表現得更直接更明顯。即便如此,作者覺得還不夠,在無錢到酒樓喝酒求醉的情況下,正好家醞成熟,於是作者還要"從今日日醉"(《詩集·風雪滿天閉門僵臥適家醞新熟内子勸飲數杯不覺陶然信口嘲謔遂成短句二首》其二),以麻醉自己的神經。當然,蒙谿子也用來其他方式來解脫自己。他經常出入于寺觀廟宇,與僧侶道士等參禪悟道,"……諸塵净不染,五蘊照皆空。色映琉璃似,功看日月同。迷方從此夕,併在玉毫中"(《詩集·賢上人惠角燈》);甚至於遁入空門之念,"別業去兹頗不遠,意將永結空門緣"(《續集·宿草堂寺》)。有時有消極厭世思想,"城寺秋榴熟,芳筵晚見招。擘房甘露途,入口寶珠消。密座林香襲,雕盤海色摇。從知真果樂,轉覺厭塵嚻"(《詩集·華葳寺食海榴作》)。有時有及時行樂的想法,"人生行樂須青春,嗚呼忍使青春誤。花開花落能幾時,舉杯問花花不知。頹然共藉落花臥,隔林叫殺雙黃鸝。今年花雖落,明年還更開。百年瞬息等花落,那得少年還再來。未央殿前烹走狗,富貴功名亦何有"(《詩集·罔極寺後園花下醉歌》)。更多的時候,胡侍表達的是寄情山水之樂,"諸公倘亦厭絲竹,來聽山間山水音"(《詩集·湖心戲招城中諸公》)。他還向陶淵明學習,在《詩集·移居後作》中表達了他要作陶淵明那樣的人的決心,《詩集·讀陶淵明傳》則更體現了作者對陶淵明由衷的贊美和崇拜:"陶公昔罷縣,酣酒任天真。腐鼠空相嚇,神龍不可馴。衡門五柳閉,陋巷一瓢貧。冥滅向千載,清風還激人。"當然,隨著時光的推移,蒙豀子苦悶的心境逐步爲隱居的快樂所取代,《詩集·自得》就很好地表現了作者在終南山上所居的開心快樂:"自得終南住,情緣頓覺殊。酒真堪樂聖,谷亦遂名愚。山晚重重秀,猿秋處處呼。坐來無所晤,一笑鼓龍胡。"同樣,《詩集·豈敢》中也有"露徑徐行藥,雲門深採芝。俗情都掃盡,只是愛吟詩"的自得其樂。

3. 詠史詩

詠史詩在《詩集》和《續集》(卷一、卷六)中數量並不太多。《詩集·金臺篇》中,胡侍借黄金臺詠史,結合燕昭王禮賢納士之事,感歎自己是羈旅之人,已經不是才子了,"我本羈旅人,登臨重徘徊。郭生儻不作,悵恨當誰裁"。《詩集·關中六宮詠有序》含六首詩,分別是《秦阿房宮》《漢未央宮》《唐大明宮》《唐翠微宮》《唐興慶宮》《唐華清宮》。作者在關中六個舊宮殿遺迹面前,感歎往事如煙,往日的繁華宮殿,今日則"陳迹渺茫誰省識","斷碑無主綠苔生","野風吹作楚人灰","壞瓦猶存漢隸真",充滿了虛無的色彩,也是作者對昔日自己的輝煌今日已成過眼煙雲的排遣。《詩集·登未央宮故基》也屬於此類:"漢皇御宇處,落日黍離離。百戰乃雄構,千秋惟故基。斗回迷雉堞,風起想鴻詞。陳迹緬誰究,豪吟空復兹。"即使如後人非常推崇的介子推,如今他的祠堂也已經是"荒祠綿谷外",作者在此歷史遺迹前,也只能"再拜瞻遺像,哀哉仰令譽"(《詩集·謁介子推祠》)了;昔日成就千古功業的韓信,他的廟宇"畫壁餘行像,青山捲戰雲。人言風雨夜,金鼓□常聞",可是這種不甘心又能怎麽樣,如今他的廟還不是已經變成"野廟""荒臺"了嗎(《詩集·過井陘謁韓信廟》)?這些都是胡侍在對歷史遺迹的感歎中所透露出的無奈。

4. 敘事詩

《詩集·辛丑即事十首》是胡侍描寫現實最重要的詩,是他的詩歌突破寫景和抒發自己苦悶情懷的集中體現,是嘉靖年間戰事給國家、百姓造成巨大苦難的真實寫照。詩中有只是虛報功勞,"張皇奏捷頻",卻"祇是營遷轉,誰曾策禦戎"而導致的"哭聲震原野,不遣達宸聰"的情況;有官軍殺人民充功的情況,"寧知首虜級,半是太原民";有官員用將士的死來換取自己家奴功勞的情況,"戰士空死國,家奴皆列侯";也有軍中買賣官爵、無心戰事的情況,"此時諸將領,多仗孔方兄。償債日不足,那存報國情";更有一些無恥之徒,反倒盼著邊疆有戰事,他們可以藉此斂財,"不怕開邊釁,常偷河套營。將軍富駝馬,今日累蒼生"等等。辛丑,即嘉靖二十年(1541),這年虜犯山西,可是官軍"罝罝孫吳略,人人衛霍才。祇能壁門裏,目送虜群回",揭露得非常深刻而直接;同時,作者也發出了對真正保家衛國人才的呼喚:"山西已虛耗,即恐寇關中。誰鎖襟喉路,休教虜騎通。"

《詩集・感事五首》也是如此。第一首與左思的"世胄躡高位,英俊沉下僚"(左思《詠史》其二)一樣,寫的是"黄雀高枝撼腦,朱鳳失意威垂"的情況;第二首是揭露現實中"天道吉凶難準,人言善惡多虚"的情況;第五首更是直言"眼底誰能任目,耳邊只是吠聲"。這組詩歌把明朝宦官專權的可怕現實予以深刻揭露,對於自己的一身才學無處施展感到非常無望,"藝就屠龍焉用",只能"何如只卧東山",寄情山水和世外。如果說《辛丑即事十首》是因事而寫,且事情具體,那麽《感事五首》則是没有把事情寫得明確,寫作時間也很不明晰;《辛丑即事十首》是針對現實中軍隊和邊疆的真實揭露,那麽《感事五首》則更多是針對人事醜惡普遍情況的無限憤慨。與上述詩歌所寫内容較爲沉重不同,《詩集・夏日過美公問疾留飯二首》顯得非常輕鬆,是寫友人間問候并一起用飯之事,充滿了人情味;《詩集・東平王司馬破虜凱歌四章》則充滿了對王師破虜凱旋的歡欣鼓舞和揚眉吐氣之感。

5. 贈答詩

胡蒙谿贈答詩也有多種。

其一爲送别類。《詩集・送胡汝愚令東陽》是作者送胡汝愚到東陽(治今浙江省東陽市)任職的,詩中充滿了期望和鼓勵。《詩集・送羅方伯循矩赴貴州》非常陽光、大氣,"雙旌萬里道,三月五豀行。捫葛緣星棧,看花過錦城";《詩集・賦得湘江送陳伯行僉憲赴楚》則又非常凄涼,"歷歷寒沙竹,依依著淚痕。楚天寥落甚,何待更聞猿"。《詩集・送管汝濟通政還京兼寄陳伯常鄭公佩二通政》一詩中,胡侍對自己被貶後的狀態作了描繪:"故人倘及青門子,爲道新來學種瓜。"京城的朋友們要問我最近如何,就説我近來在學習種瓜,含有濃厚的自我解嘲的意思。晚年送别詩則更顯凄涼,"老懒近來朋輩少,送君無那思依依"(《續集・送張茂參再入中書》)。總體來看,蒙谿子送别詩均就事應景而作,形式内容較隨意,但送别之情真摯,間有對自己的感傷之情。

其二爲題贈類。《詩集・燕城北樓呈劉松石中丞》通過寫景,表達了對劉松石的歌頌之情。《詩集・七才子詩有序》是爲七位去世的才子所寫詩歌,七才子即李夢陽、何景明、鄭善夫、張詩、王謳、常倫、戴欽。作者對這七人非常看重,惋惜他們短命。詩歌描繪了每位才子的情況,贊美其才情和人品。其中第一首《江西提學憲副李公夢陽》介紹了作者和李夢陽的很多交往之事,有可貴的資料價值。第二首寫何景明亦是如此。這七首詩總是結合自己和他們的交往來寫,真實可信,感情真摯,特別是後面三首催人淚下。《詩集・崆峒篇贈白客部貞夫》表達了作者的飛升思想。《詩集・薦福寺燕翟廷獻》體現了作者及時行樂的想法,"長安美酒金叵羅,勸君縱飲君須醉。浩劫由來有廢興,富貴功名等蟲臂。酒酣拂袖嘯起舞,賓客歡呼僕夫睡"。不過題贈類詩歌多誇耀之詞。

其三爲宴飲類。《詩集·正月十三夜同劉士奇薛君采集管汝濟宅食柑有賦》通過吟詠宴飲中的柑子來寫多位友人的情誼；《詩集·宴李伯清園亭》寫宴飲中的歡愉，"層軒敞風竹，曲檻裊雲藤。誰發蘇門嘯，山林興忽增"。宴飲詩多作於被貶斥之前，這和作者當時所處的環境、心態都有緊密的關係。此時正是胡侍在京城廣交好友、意氣風發的時期，因而此類詩歌總體大氣而陽光。

其四爲祝壽詩和輓歌。《詩集·壽少師楊公一清十二韻》是爲楊一清歌功頌德的祝壽詩，《續集·壽許伯誠中丞六十時嘉靖己酉正月四日》是給許宗魯六十大壽的，《續集》中還有《壽谿田馬子》《谿田篇壽馬光祿伯循》二詩，都是給關中著名理學家馬理賀壽的。祝壽詩因其功能之故，語多誇飾。《詩集·傷孫徵君》則是一首輓歌，"誰識高山調，空聞薤里歌……慘澹韓原樹，悲風日暮多"，非常哀婉；有的輓歌情緒要失控得多，"痛哭滇南使，誰招萬里魂"（《續集·輓周御史》），好友的離世，使作者"痛哭"不已，真情實感溢於言表。

其五爲遊戲詩。胡侍有部分詩歌是作者戲作，充滿了生活的情趣。《詩集》中有《人日立春飲法海院戲呈美公》《對雪戲簡舒同年國裳狀元》《戲簡金美之》《下杜訪王惟人不遇戲簡》等，《續集》中有《九日戲簡劉士奇》《戲贈閨人》《代閨人答》等。這類詩歌往往語言明快詼諧，內容通俗易懂，如"不須折簡召，自坐小車來"（《續集·九日戲簡劉士奇》）；《戲贈閨人》《代閨人答》則是作者自說自答，寫詩贈妻子，自己又擬妻子的筆調回復，純屬遊戲，語言充滿了夫妻間的戲謔。

除上述五大類外，胡侍還有數篇"頌"，分別是《詩集》卷一的《石芝頌有序》《鐵柱泉頌有序》，《續集》卷一《銅犀頌有序》。這三篇頌前均有序，正文均以四言寫成，典雅端方，古韻悠長。

（二）胡侍詩歌的藝術特色

1. 意境開闊，氣勢滂沱

胡侍自負詩才，其詩往往意境開闊，氣勢滂沱。《詩集·聞警》表達了對守邊的那些庸才的不滿，對真正的霍去病這樣的人才的渴望，"涇渭材官元不少，可憐誰是霍將軍"。《詩集·帝京篇十章送閻都官公甫還京》是歌行體詩，唐太宗和駱賓王都有《帝京篇》，其中李世民詩亦十首。胡蒙谿此詩與李、駱之詩類似，筆力雄健，頗多壯語。《聞警》《帝京篇十章送閻都官公甫還京》二詩均整體氣勢很大，描繪較多，是胡侍詩歌在意象和氣勢方面都比較有代表性的作品。再如《潞郡德風亭醉歌贈邵大夫經》：

德風古亭天下無，勝概自與他亭殊。雲幔高吹太行雪，臺勢不瞰金龍湖。江陰郡侯州大夫，邀我坐燕亭東隅。是時陰陽催歲徂，北極黯淡風號呼。曾冰塞川雪照野,日没不没將西隅。坐中有美二三子,慷慨盡是高陽徒。豪歌那顧鬼神泣,吐氣但覺煙霞俱。邵侯欺我胡泥途,每作調笑相爲娛。長平之酒滿眼酤,海色冰透玻瓈壺。翠盤珍饈行玉廚,暢飲促膝圍紅鑪。酒酣耳熱投袂起,推牗四顧天模糊。垂雲之石立不動,千山如龍左右趨。邊塵蒼蒼雁塞斷,金鼓東震燕山都。王孫徒跣寘荊棘,國之守將囚爲奴。叢爾逆竪豈足慮,天子未服南單于。四方寧無一猛士,疏賤誰敢干廟謨。君不見邵大夫,龍之額,虎之須。

詩人被貶潞州,正是心中鬱悶之時,恰逢醉酒,以此詩一吐胸中之塊壘。選用了"太行雪""金龍湖""川""雲""海""北極"以及號呼之風、模糊之天等大氣之景,使詩歌讀來酣暢淋漓。其他如《詩集》中的《居庸關漢壽侯祠》《城夜》等詩都有這種特點。

胡侍還模仿李白等人作詩,有意採用古風等詩體,使自己的才氣得以展現。《詩集》中的《苦寒行》《山竹篇》《猛虎行》《將進酒》《丈夫行》《雨雪曲效李長吉》等,這些詩歌都是專門仿作的,風格上都似唐詩,氣勢很大,想像豐富,一氣呵成。如《將進酒》是模仿李白,《雨雪曲效李長吉》從題目即可看出作者是有意仿效李賀。

胡蒙谿寫詩常常不受詩體的控制,七言中夾雜五言,有時有雜言,前文所論《詩集·罔極寺後園花下醉歌》即屬此類。再比如《續集》卷六《海日篇送張憲使叔鳴赴天津》:

張君龍鷺姿,文彩故無匹。西別華山雲,東賓滄海日。滄海浩浩粘雲空,赤日夜吐鯨波中。神烏簸蕩海若避,金光下射冰夷宮。君今掛席陵海嶠,長竿卻把靈鼇釣。耳畔天雞喔喔啼,平看海日應長嘯。君不見謝內史,東遊赤石帆海水,迴句名章海上傳,祗今復有張平子。

詩歌想象豐富,氣勢充沛,五七言夾雜,使作者情感得以更好表達。

還有的詩轉韻很快。如《詩集·鳴雁行寄南寧太守蔣子雲》:"涼秋草枯天雨霜,木葉颯遝玄雁翔。北風厲急關山長,長鳴嗷嗷若有傷。江湖水深多網罟,念爾雲間孤飛翼。"詩歌前四句押同一韻,後二句突然轉韻;前爲平聲韻,後突然轉爲仄聲韻。這種筆法使其詩更加大氣,更有衝擊力。

2. 押仄聲韻,常用疊字

自近體詩產生以來,押仄聲韻的詩就很少,即使這樣,也出現了像孟浩然《春曉》、王維《鹿柴》、白居易《長恨歌》《琵琶行》、柳宗元《江雪》、賈島《尋隱者不遇》等押仄聲韻而名垂千古的絕唱。押仄聲韻也是胡侍寫詩的一個特色。《詩集·憇林寧作》的韻腳是"地""悴""轡""翅""醉""意""至""累"等等,均爲仄聲字;《詩集·贈巢林子》的韻腳是"裏""子""履""水",亦均爲仄聲字。其他如《詩集》中的《謁后稷祠》《仙遊潭》《苦雨》《移居後作》《贈陸元望》《遊黄谷》《江西提學憲副李公夢陽》等均如此。即使到胡侍晚年所寫詩歌,也有很多是押仄聲韻的。如《續集·前洪洞令姚道夫余同年也厭處廛市改築新廬北負古城南望太乙雖不遠闤闠而宛在郊坰命余賦詩寫其幽致》所押韻腳爲"曲""目""竹""欲""菊""腹""速""谷",全部爲仄聲字。《續集》中其他如《登清禪寺遥望渭水》《八月十五夜渭川泛月》《觀雪》等古詩多是如此。在胡侍的四百多首詩歌中,有近五分之一的詩歌押仄聲韻,特别是古體詩多押仄聲韻。由此可見,胡侍寫詩一直比較喜歡仄聲韻。仄聲音調或短促或激迫,給人沒有延綿遲鈍的感覺,表現作者的情真意切則更爲逼切和真實,自有它的特色優點和深厚内涵。

此外,胡侍詩中愛用疊字。如《詩集·馬園餞張汝敬赴試春官》中連用了"戎戎""故故",《詩集·王南皋中丞既柱草廬復惠烏薪命酒獨酌忽而成醉作醉歌行》中連用了"冥冥""幽幽"等疊字。《續集》中,《王將軍祠》《送張茂參再入中書》《興善寺閣觀春雪同石屏玉華青橋三王孫》《壽許伯誠中丞六十時嘉靖己酉正月四日》等多首詩有疊字的恰切運用。疊字的使用,增加了詩歌的美感。

3. 對仗工整,錘煉詞句

《詩集》中《昌平館》《山雨》《居庸關漢壽侯祠》等詩非常合韻律,頷聯、頸聯對仗工整。如"撐庭老木森箇箇,縈階流水清涓涓"(《昌平館》);"谿回峽仄虎豹嘯,巖蒼谷莽蛟龍屯"(《山雨》);"古木蒼藤馴野鶴,石樓丹磴迴秋風。居人香火焚修切,壯士登臨感慨同"(《居庸關漢壽侯祠》),等等。胡侍也非常講究錘煉詞句,通過美妙的詩句,描繪美景。《詩集·登玉泉山望湖亭》中有"斷虹殘日彩,細浪疊風文"一句,描繪了雨後陽光爲殘雲所遮,太陽也是殘的,彩虹也是斷的,風吹細浪,層層疊疊湧來,非常美妙。再如《詩集·溪陂》一詩内有"雲光垂地白,水色漾空青"句,"垂""漾"二字非常形象,刻畫了遠看雲彩接地,水色連天的優美畫卷;"白""青"二字既是顔色,也是鮮明對比,相得益彰。

二、胡侍的文

《文集》收文37篇,《續集》收文31篇。除去《唉卵説》《知足箴》已歸入胡侍雜文外,今傳胡侍文章共66篇(以下提及《文集》和《續集》中的文章只寫篇名)。

(一) 胡侍文的主要内容

胡侍的文雖然不是很多,種類卻比較雜。作者在《文集》和《續集》分卷時就已經按類編排了,但類目太過冗雜。比如《續集》卷三只有五篇文章,可類目卻是《問對辯議解騷》。現據文章內容和文體的一般規律,將其分爲題跋類、議論類、書啓類、碑傳墓志類和其他類。

1. 題跋類

這一類主要是胡侍爲別人的詩文集所寫的序、跋以及爲自己的集子所寫的題辭。《〈真珠船〉題辭》《〈清涼經〉題辭》就是胡侍爲自己的作品集所寫之序。這類文章除了具備普通的序跋文的要素外,作者也往往將其作爲自己文學思想表達的平臺。《刪〈子午山人集〉序》借韓愈等人所論提出了"著作固不貴於徒多也"的觀點,對作文"務存浩富,殆汗馬牛,鶴昂雞眅,以夸流俗"的流弊進行了批判。他認爲,作品太多,就會有"六失":"理難盡美""繕錄告勞""鏤印淹費""賫持不便""覽者生厭""易於佚亡",并說"具茲六失,其得免於覆瓿亦已幸矣,而何傳之敢望"? 因此主張文集要刪減,并最終把周少安托自己刪削的《子午山人集》刪得只剩二卷而已。文貴刪削,古來有之,然而文多會有"六失",此論新穎。在《灞滻風煙詩序送李鴻臚還汾陽》中,作者借只要離情在,即可寫出好文章的意思,提出了"豈必登高方堪作賦乎"的觀點。《跋〈獅山十二詩〉後》對作文寫詩愛學古人湊數,尤其是愛學《盛山十二詩》,寫詩必十二,和者必十人的做法表示了不同的看法。當時巡撫陝西都御史柯相作《獅山十二詩》,應和者也是十人。儘管作者對柯相非常敬重,但對這種俗氣的做法仍表示了批評。胡侍的文學思想雖只是片言隻語,但其中不乏真知灼見,使得其題跋文價值較高。

2. 議論類

胡侍的議論文邏輯縝密,思路清晰,且多爲駁論文。《碑志論》就是對世人寫碑志誇誇其談習氣的反駁、對碑志文寫作要求的論說。如果説《墅談·墓志》考證了墓志的出處,《真珠船·志銘》考證了志與銘的區別,那麽《碑志論》就是辨析碑志文的作用和寫作應遵循的原則。《文辯》是作者針對"世有擯薄文士,至比諸鸚猩"的偏見而發表的辯詞,認爲有"文"才能將自己所思所想發布出去,修辭好,是有水平的表現,并舉李斯寫《諫逐客書》而對國家留住人才起了很大作用來説明有文有德才能有好的結果。文中還對那些"積婁斐以眩真,飾詩禮以發冢,駕訛說以禍世,纂虛錄以騙官"的真正"鸚猩之倫"表示了蔑視。其文論據充分,觀點鮮明,語言犀利,是一篇很好的駁論文。此類議論文還有《赦議》《道學解》等。

3. 書啓類

胡侍的書啓多爲寫給友人的,其中也包括一些序類文章,如《送丁羅江序》《送冀州夏吏目序》《送楊鶴洲先生序》等。這些多爲誇贊對方的,如《與西安吳太守啓》是歌頌吳太守愛民如子的,《報吳邦貞書》是誇贊吳邦貞在平涼的政績的。

有的書啓語言樸素、情感真摯,如《送沅谿子何巨卿參政江西序》敘述了自己與對方及朋友之間的小事,將友情表達得非常濃烈。《報劉致卿書》是向友人進行内心的傾訴。《與馬仲房書》較爲詳細地描繪了自己在京師期間和被斥爲民後兩種迥然不同的生活狀態,語言華美,很有氣勢。

4. 碑傳墓志類

這一類主要包括傳、誄、碑、墓志、壙志之類。前已述及,胡侍對碑志類的文體非常有研究,故其《文集》和《續集》中爲他人所撰墓志銘之類文章很多,大多寫給兩個地方的人:一爲在寧夏的友人或其家屬,一爲在咸寧的鄰里鄉黨。從人物身份看,多爲下層官吏及其親屬,或者是胡侍家人。這都比較符合胡侍被斥爲民後交友圈子的實際情況,更符合胡侍不願巴結達官顯貴的清高人品。大部分墓志銘都寫得比較質樸,不尚誇飾,不過分拔高墓主人的生平事迹。爲家人所寫墓志銘大多情感真摯,十分感人。《季父迪功郎府君墓版文》是寫給季父胡汝翼的,《胡室人黄壙銘并序》是寫給自己的姪女的。《志從弟傳墓并序》是寫給自己的堂弟胡傳的,突出寫了胡傳與當地百姓的深厚感情及其不幸遭遇,表達了自己對家人多短壽的痛心。

5. 其他

胡侍還有一些文章因相似者少而難以成類,但這些文章往往不受束縛,寫得非常灑脱,文學性更高。《罵貓文并序》寫自己家的白雄雞畜養了很久,沒想到被貓給吃了,故專門作文罵貓,從貓饕餮狠愎、不專司抓鼠等方面來罵,最後表示給貓機會,讓其改正,否則"將汝剥汝刳,投諸閫閾之隅,矢溺之潴,俾汝臭腐,化爲蟲蛆,爲群雞餔"。文章頗有趣味,也充分地體現了胡侍的文采。《九祝》是模仿屈原《九歌》而寫的禱神之文,頗有《九歌》之風。《革除忠臣贊并序》是爲因政治原因而被明成祖所殺的方孝孺、練子寧等十二位忠臣寫的贊,在當朝歌頌前代帝王所殺之人,可見作者思想認識的解放和大膽。

(二) 胡侍文的藝術特色

1. 立意注重教化

胡侍的文大多都有一種對政治教化作用的關注。縱觀其所有作品,幾乎無表現男女之情作品。這是因胡侍自幼受父、叔影響,極爲重視禮教所致。給友人的信,是贊其在爲民所做事情上,喜歡用百姓對官吏的態度來表現對友人的贊頌;傳記文中,多喜歡爲忠臣良將唱贊歌。在《志送言贈吳六泉太府》一文中,胡侍用士大夫們對吳六泉贊頌、吳六泉謙遜地回復的一頌一答的方式,贊揚了吳六泉在吏治整頓中的作用、清正廉潔、爲民祈雨、努力使民風淳樸、重視文化教育以化人等功德,從"群大夫"的贊頌中得出結論:"仁斯存矣。"當然,這種風格使他的作品讀來比較刻板。

2. 情感真摯感人

胡侍文中的情感都非常真,但不同的文體表達情感的方式不同。書啓類一般都是敘述生活中的點滴小事以達到感人的目的;墓誌銘,特別是給親人的墓誌銘中的情感大多用呼告,直抒胸臆,"嗚呼痛哉""嗟乎痛哉"是文中常用語。這主要是受文體所限,因墓誌銘類有字數限制,不允許寫多寫長,人物生平事迹不可能詳細敘述,情感更不可能娓娓道來,故直抒胸臆的寫法很受作者的歡迎。

3. 語言樸實尚簡

與雜文一樣,胡侍的文除個別篇章語言華美、講究鋪排外,絕大部分文章語言都很樸實簡練。王兆雲《皇明詞林人物考》卷六曰:"胡侍……詩文簡潔精愨,自成家束。"①這與胡侍文章的文體相關。其文書啓類和碑傳墓誌類佔多數,書啓多致友人,自然比較樸實真切;"銘誄尚實"(《典論·論文》),古已有之。胡侍在《碑志論》中專門強調了碑志等文章的實在性:"意者非分之譽,鬼亦靦顔;無情之辭,後將奚信?而作者無愧色,受者無遜心,觀者無異論,有識之士所深憎也。"既然這種文體強調真實,那麽語言自然要求樸實而不是誇飾。胡侍文篇幅一般都比較短小,四五百字左右居多,語言凝練,特別是用典較多,使語言簡練而含義豐富。

第五節　胡侍著述的歷史地位和影響

胡侍早年就"有文名"②,"與信陽何中舍、譙郡薛考功齊名"。③ 何中舍,指何景明。何景明(1483—1521),信陽人,弘治十五年(1502)進士,曾授中書舍人,爲"前七子"之一。其《大復集》卷二二有《贈張時濟陳伯行胡承之周少安三月三日出城遊宴》、卷二十七有《送胡承之北上》等與胡侍有關的詩歌,可見他們交往甚密。薛考功,指薛蕙。薛蕙(1489—1539),字君采,亳州人,正德九年(1514)進士,曾任吏部考功司郎中,爲當時名士。作爲西翰林的一員,胡侍與多位當時文

---

① [明]王兆雲《皇明詞林人物考》,明萬曆刻本,卷六。
② [明]淩迪知《萬姓統譜》第一册,載《中華族譜集成》,巴蜀書社1995年版,第236頁。
③ [明]張才《胡蒙谿集序》,載[明]胡侍《胡蒙谿文集》四卷,中國科學院國家科學圖書館藏明嘉靖二十五年(1546)刻本。

學名士有交往，提升了他在文學界的知名度。張鐸《刻〈胡蒙谿先生續集〉敘》説："先生鍾秀南服，擢俊西陲。筮仕早年，才名茂顯；服官比部，領秩臚卿。探隱賾之潛墳，發光明之偉什。可謂揚芬藝圃、建隼修逵者也。"①從其《詩集》中就可以看出他與很多當時名人都有詩文書信來往，比如陸元望（《贈陸元望》）、鄭善夫（《七才子詩有序》）、劉天和（《燕城北樓呈劉松石中丞》）等。陸傑，字元望，一字石涇，平湖人，正德九年（1514）進士，曾任兵部主事等，官至工部右侍郎，剛直不阿，直聲震天下。鄭善夫（1485—1523），字繼之，號少谷，又號少谷子、少谷山人等，閩縣高湖鄉（今福建福州郊區蓋山鎮高湖村）人，弘治進士，曾任户部、禮部主事，官至南京吏部郎中，《明史》有傳，著有《鄭少谷集》《經世要談》。劉天和（1479—1545），字養和，號松石，湖廣麻城人，正德三年（1508）進士，曾總制三邊軍務，官至南京户部尚書加太子太保，謚莊襄。

胡侍的詩文在當時影響就較大，爲其詩文集所作序者張才、吴孟祺、孔天胤、張鐸等人皆爲當時名士。趙時春也曾作《胡蒙谿集序》。趙時春（1509—1567），字景仁，號浚谷，平凉人，嘉靖五年（1526）擢進士第一，歷兵部主事，後巡撫山西，文章豪肆，著有《趙浚谷集》十六卷。吴孟祺在《刻胡蒙谿詩文集序》里評價胡侍及其詩文説："蒙谿胡先生，西土豪傑士也。警徹朗邁，玄覽穷觀，性靈殊矣……其訂論以故所爲詩若文，峻整翹秀，閑麗温博，褎然有古作者之風……吾觀蒙谿子之詩之文，璀璨芬葩，眩奪心目，然其澄深沉瀁，要之所自得者多矣。吾欲取而風諸天下，孔氏之教其有興乎。"②張才在《胡蒙谿集序》中贊胡侍的文説："學不泥往，力振古風；文不附時，盡削凡品。孤轅與楚漢同驅，奇標共陳韓並峙。冠冕藝圃，衣被詞人，卓哉一代之言也。"③胡侍的詩後來被多種文獻所徵引。李攀龍《古今詩删》卷二八載其《扈駕郊壇陪祭二首》（其一），《〔嘉靖〕寧夏新志》卷三、《〔萬曆〕朔方新志》卷四收其《鐵柱泉頌有序》1 首，《明詩綜》卷四一收其《宴王御史惟人山亭》《九日同陳魯南文徵仲劉希隱薛君采登海印寺鏡光閣》《送劉德徵守夔府》《涼州詞》（《詩集》題作《涼州詞六首贈白將軍》其一）四首，《列朝詩集·丙集》卷一六收録其《城夜》《辛丑即事》《採蓮曲》（《詩集》題作《採蓮曲四首》其一）三首，《陝西通志》卷九十七載其《阿房宫》（《詩集》題作《秦阿房宫》）一首，《御選宋金元明四朝詩·御選明詩》卷九收其《採蓮曲》（《詩集》題作《採蓮曲四首》其

---

① 〔明〕張鐸《刻〈胡蒙谿先生續集〉敘》，四庫未收書輯刊編纂委員會編《四庫未收書輯刊》，北京出版社 1997 年版，第伍輯第 19 册，第 184 頁。
② 〔明〕吴孟祺《刻胡蒙谿詩文集序》，載《胡蒙谿詩集》十一卷，北京大學圖書館藏明嘉靖二十五年（1546）刻本。
③ 〔明〕張才《胡蒙谿集序》，載〔明〕胡侍《胡蒙谿文集》四卷，中國科學院國家科學圖書館藏明嘉靖二十五年（1546）刻本。

一)、卷五六收其《宴王御史惟人山亭》《九日同陳魯南文徵仲劉希隱薛君采登海印寺鏡光閣》《送劉德徵守夔府》三首。胡侍的文也有被收録、引用的情况。明賈三近《滑耀編》就收録了《文集》卷二中的《駡貓文并序》,《御定淵鑑類函》卷四三六也摘録了《駡貓文并序》的部分内容。

　　胡侍的雜文自問世以來就廣爲傳播,《墅談》不僅有嘉靖本,也有《百陵學山》本,後世還有抄本;《真珠船》不僅有嘉靖本,還有《寶顔堂秘笈》本。《四庫全書總目》卷一二七"《真珠船》八卷""《墅談》六卷"條下均注爲"通行本"。①《四庫全書總目·凡例》曰:"其坊刻之書,不可專題一家者,則注曰通行本。"②可見乾隆朝前《墅談》《真珠船》就已經在社會上廣爲流傳,且被多家書坊所刊刻。喬世寧在《〈墅談〉序》中説:"余以濛溪子窮經修辭三十餘年,詩文若干卷已盛傳於世。是編雖其緒餘,而達識精詣若此,子産、萇弘不必論,近世張華、陸機之徒不多讓也。"③多部當代小説研究著述將《墅談》《真珠船》歸入小説類。其中侯忠義《中國文言小説史稿》在評價《真珠船》時説:"經過多年辛勤耕耘,作者終於在嘉靖戊申(1548)成書,給明代軼事小説留下了一部風格獨特的作品。"④齊裕焜《明代小説史》説:"軼事類、記朝野軼事較爲突出的志人小説有……《真珠船》。"⑤苗壯在其《筆記小説史》中論道:"元代的朝野軼事題材小説,以《輟耕録》爲代表。明代則有《菽園雜記》……《真珠船》……等。"⑥雖然上述幾部專著將《真珠船》歸入小説來研究并不很準確,但用來説明它在明代文學史上的地位和在後世的影響是完全可以的。《墅談》之所以没有得到重視,是因其廣爲傳播的形式是一卷本的16篇文章,掩蓋了真正的六卷本《墅談》的價值。

　　胡侍的雜文對後世的影響很大,常常成爲其他文獻引述的對象。《御定佩文齋廣群芳譜》卷一五爲了説明苦蕒菜的情况,引用了《真珠船》卷二《苦蕒之異》:"唐景龍二年,鄜縣民王上賓家有苦蕒菜,高三尺餘,上廣尺餘,厚二分。"⑦吴裕成《中國的門文化》講到《獄門狴犴》時曾説:"明代胡侍《真珠船》言:'狴犴好訟,今獄門上獸吞口,是其遺像。'將狴犴同吞口等同起來。吞口是我國西南一些地方民間至今仍在流行的門上飾物,人家掛吞口於門楣,用來辟邪。"⑧此處所引狴

---

① [清]永瑢等撰《四庫全書總目》,中華書局1965年版,第1097頁。
② [清]永瑢等撰《四庫全書總目》,第17頁。
③ [明]喬世寧《〈墅談〉序》,載[明]胡侍《墅談》,明嘉靖二十五年(1546)朱氏刻本。
④ 侯忠義、劉世林《中國文言小説史稿》(下册),北京大學出版社1993年版,第158頁。
⑤ 齊裕焜《明代小説史》,浙江古籍出版社1997年版,第154頁。
⑥ 苗壯《筆記小説史》,浙江古籍出版社1998年版,第314頁。
⑦ [清]劉灝《御定佩文齋廣群芳譜》,影印文淵閣《四庫全書》本,臺灣商務印書館1986年版,第845册,第532—533頁。
⑧ 吴裕成《中國的門文化》,天津人民出版社2004年版,第42頁。

狂事乃《真珠船·龍九子》中所載。明梅鼎祚《西漢文紀》卷六《四皓答張良書》引用胡侍《墅談》卷二《張良四皓書》,并對胡侍所引材料進行了辨析。汪砢玉《古今鹺略》卷九全文引用了《墅談》卷五《未下鹽豉》。明徐復祚《花當閣叢談》卷一引用《墅談》卷一《祖母緑》來説明錢寧的貪污腐敗。《搜神記》的作者是"干寶"還是"于寶",《墅談》卷四《干寶》專門進行了辨析,王世貞《弇州四部稿》卷一六七以自家藏書中有"于寶"來駁斥胡侍之説,認爲是"于寶"正確。① 清户部侍郎田雯撰《古歡堂集》卷二二則將胡侍和王世貞之説放在一起來分析,結論是"未知孰是"。② 蓬萊縣知縣沈自南撰《藝林彙考·服飾篇》卷七《裩袴類》中全文引用了《墅談》卷五中《抹胸裹肚》的内容來考證有關女子内衣之事。明顧起元撰《説略》卷二一、清大學士陳元龍《格致鏡原》卷一六、清歸安吴景旭撰《歷代詩話》卷四六均有類似記載。由此可見胡侍的雜文流傳之深之廣。

胡侍作品的弊端,王世貞《弇州四部稿》卷一四八云:"胡承之如病措大習白猿公術,操舞如度,擊刺未堪。"③意即説胡侍的詩歌像病弱的書生,在形式上都很像樣,但是缺乏内涵,缺乏力度。胡侍之時,恰逢前後七子"文必秦漢,詩必盛唐"之復古風盛行,其詩受時代制約,也透露出這一風氣,即模擬痕迹非常重。如其《涼州詞》:"落日黄河雲倒流,沙場旌斾風悠悠。新降胡奴不解語,笛中吹出古涼州。"此詩從意象的選擇來看,頗具北方邊塞特色,但如果與王之涣《涼州詞》及李益《夜上受降城聞笛》相對照,即可看出模擬的痕迹頗重。《墅談》《真珠船》各篇之間無任何關係,編排無任何系統可言,零亂龐雜,查找極爲不便。

胡侍是明代寧夏文學界内地位最崇高的作家,在整個明代文學史上也佔有重要地位,爲豐富明清時期寧夏乃至整個西部地區的文學、文化作出了不可磨滅的貢獻,必將爲後人所永久傳頌。

---

① [明]王世貞《弇州四部稿》卷一六七《説部·宛委餘編十二》,影印文淵閣《四庫全書》本,第1281册,第663—664頁。
② [清]田雯《古歡堂集》,影印文淵閣《四庫全書》本,臺灣商務印書館1986年版,第1324册,第233頁。
③ [明]王世貞《弇州四部稿》卷一四八《説部·藝苑卮言五》,影印文淵閣《四庫全書》本,第1281册,第403頁。

第五章　寧夏明代其他人士著述

有明一代，今寧夏境内文化事業空前發展，人文蔚起，除前述朱栴及其後人、胡氏家族、管律等人外，其他有著述傳世的人士很多，其中有代表性的還有張嘉謨、楊經、楊壽等人。

第一節　張嘉謨及其著述

張嘉謨，明中期寧夏衛（今寧夏銀川市）人，明過庭訓《本朝分省人物考》卷一〇六、《〔乾隆〕甘肅通志》卷三六《人物》有傳。目前關於張嘉謨的研究成果只有胡迅雷《寧夏歷史人物研究文集》中《明代寧夏張氏家族》一文，此文對張嘉謨的家世、生平、著述進行了簡要介紹和評價。但囿於資料，研究不夠深入。

一、張嘉謨的生平

張嘉謨，字舜卿，號城南、城南居士。生於明成化八年（1472）。據《本朝分省人物考》卷一〇六載，嘉謨嘉靖癸巳（1533）卒，終年62歲，據此可推知其生年。

嘉謨"少即耽嗜筆研書史，英奇穎異，不類常兒。弱冠爲衛學生，耕讀自力，志向遠到"。①《〔弘治〕寧夏新志》卷二《人物·科目》、《〔嘉靖〕寧夏新志》卷二《選舉》、《〔萬曆〕朔方新志》卷三《科貢》、《〔乾隆〕甘肅通志》卷三三、《〔乾隆〕寧夏府志》卷一四《人物·科貢》、《〔民國〕朔方道志》卷一八《人物志·選舉》等均載，嘉謨中弘治辛酉（1501）科舉人（《朔方道志》將"張嘉謨"誤作"張嘉謀"）；壬戌（1502）科進士，列第三甲第141名。

---

① ［明］過庭訓纂集《明分省人物考（十一）》卷一〇六，載周駿富輯《明代傳記叢刊·綜錄類36》，（臺灣）明文書局1991年印行，第139册，第736頁。

中進士後，嘉謨"遂即上書請終養，得請歸"。歸里後對父母"色養備至，人稱以孝"。并開館授徒，"一時英髦多出講下"。父親去世後，守孝三年。正德四年己巳(1509)"服闋，授兵部武選司主事"。雖在京爲官，但他深知武選宿弊，"事事躬自檢覈，吏姦不售，選人大快"，①可謂"釐剔宿弊"，②頗有政績。

正德年間，北直隸、山東一帶發生農民起義，聲勢浩大。正德六年(1511)朝廷派兵部侍郎陸完督軍出山東，嘉謨"以才略贊戎務"。起先，官軍採用追擊義軍的戰術，總是尾隨在義軍之後，被牽著鼻子走，義軍反倒勢力更大了，陸完等"功無所成"。於是張給陸獻策曰："當出奇以遏其鋒，審勢以奪其氣。若徒尾其後，是驅賊以自戕也，何損於賊，何益於民？"陸從其議，當起義軍攻濰縣(今山東濰坊市)時，陸"以偏師屬之"。嘉謨"提師行一日，即按兵不進"，義軍"易之，不爲意"。於是張率軍"乘其怠也，即夕疾行掩擊"，義軍大敗，被"斬首二千級"。③正德七年(1512)，起義被平。九月，朝廷論功行賞，"兵部主事張嘉謨陞一級"，④授車駕司員外郎。⑤

因四川又發生農民起義，正德七年(1512)十一月，總制四川軍務都御史彭澤起兵征蜀，"以員外郎張嘉謨主事"。⑥張向彭進言曰："蜀地險阻，用兵爲難。今王師西征，賊心震恐，勢必不支。若順流而下，則荊湖之憂方劇矣。公若分兵屬僕，由漢中取道以扼夔峽，公以大兵取重慶以蹙賊，則成禽矣。"⑦澤深然其策。在嘉謨的輔助下，官軍很快平定了農民起義主力，後又經過一段時間的鬥爭，起義被徹底平息。正德九年(1514)三月，"陞兵部員外郎張嘉謨爲山東按察司僉事"。⑧明制，各省重要地區設整飭兵備的道員，稱兵備道，此官弘治年間遍置各省軍事要衝，監督軍事，可直接參與作戰行動，一般由按察使或按察僉事充任。因此，嘉謨雖爲按察司僉事，卻"兵備濟寧"。⑨

正德十年(1515)七月，"盜發龍扒山礦，傷居民。巡撫山東都御史趙璜奏……移……兵備僉事張嘉謨駐沂州以治之"。⑩朝廷准奏。"明……以按察司副使、僉事分司諸道，曰分巡道。駐沂者曰山東兗州道"，正德十一年(1516)，張

---

① [明]過庭訓纂集《明分省人物考(十一)》卷一〇六，載周駿富輯《明代傳記叢刊·綜錄類36》，(臺灣)明文書局1991年印行，第139册，第736—737頁。
② [清]張金城等修纂、陳明猷點校《乾隆寧夏府志》，寧夏人民出版社1992年版，第442頁。
③ [明]過庭訓纂集《明分省人物考(十一)》卷一〇六，第737頁。
④ 《明實錄·武宗實錄》，(臺灣)中研院历史语言研究所印，1962年出版，卷九二，第1960頁。
⑤ [清]張金城等修纂、陳明猷點校《乾隆寧夏府志》，寧夏人民出版社1992年版，第442—443頁。
⑥ 《明實錄·武宗實錄》，卷九四，第1991頁。
⑦ [明]過庭訓纂集《明分省人物考(十一)》卷一〇六，第737—738頁。
⑧ 《明實錄·武宗實錄》，第2251頁。
⑨ [明]過庭訓纂集《明分省人物考(十一)》卷一〇六，第738頁。
⑩ 《明實錄·武宗實錄》，第2550頁。

嘉謨任東兗道。① 到任後，他實施禁礦，卻不料因此觸及涇府利益，"爲涇府所奏，繫錦衣獄"。② 涇府指藩封涇王朱祐橓（1485—1537），明憲宗朱見深之子、孝宗朱祐樘之弟，弘治四年（1491）八月封王，就藩沂州。而恰在此時，正德十二年（1517）正月，"吏部會都察院考察天下諸司官"，按察司僉事張嘉謨以"不謹"被勒令冠帶閒住。③

獄中，"嘉謨援知府童旭例奏訴"，終於於正德十二年（1517）四月被釋放。④ 童旭例，指正德十一年（1516）十二月，魯王朱陽鑄"忿兗州知府童旭屢禁治其私人，遂誣奏旭不法事。旭亦奏辯"。朝廷下詔遣刑部、錦衣衛會同山東鎮巡官勘問此事，童旭"辭不承服"，後皇帝下旨："旭奏辯明，且干王府人衆，姑存大體……賜書戒飭魯王，旭改別府。"⑤最終結果是朝廷認爲錯在魯王朱陽鑄。張嘉謨以"童旭例奏訴"得釋，表明朝廷對涇王所奏之事并不認可，嘉謨無罪。

雖被釋放，卻被罷官，嘉謨只能返回寧夏鎮城（今銀川市）居住，自號城南居士，"事親教子、授徒力田如素士。蓋二十年不移初志"。⑥ 從今傳幾篇散見的碑記文可以看出，他雖然賦閒在家，卻依然受到寧夏地方官紳的敬重。

嘉靖十二年（1533），嘉謨偶爲詩書壁間云："年來慵懶謝交遊，日接盧醫扁鵲流。可歎明朝更分手，短橋新柳雨聲秋。"人們看見後，對他看淡生死的態度非常驚訝。果然，不久即卧病在牀，七日後去世，⑦享年 62 歲。

嘉謨一生不僅有軍事才能，善屬文，據倪濤《六藝之一録》卷三六六《歷朝書譜》載，他還"好書學，篆隸行草各得其妙"，⑧孫岳頒《御定佩文齋書畫譜》卷四二《書家傳二十一·明三》亦有相同記載，可謂寧夏的一代才子。

二、張嘉謨的家世

據安塞王朱秩炅《節義堂記》載，張嘉謨祖籍四川成都，家住四川成都府成都縣（今四川成都市）循環鄉駟馬橋。天祖張才富，明初"以秀才徵試文，授官知保定之易州。後因他官興事坐累"，謫居寧夏。曾祖父張景春，祖父張恕，"俱耆學

---

① ［清］李希賢等纂《〔乾隆〕沂州府志》，乾隆二十五年（1760）刻本，卷一七，第 7 頁。
② 《明實録·武宗實録》，卷一四八，第 2883 頁。
③ 《明實録·武宗實録》，卷一四五，第 2839—2840 頁。
④ 《明實録·武宗實録》，卷一四八，第 2883 頁。
⑤ 《明實録·武宗實録》，卷一四四，第 2826 頁。
⑥ ［明］過庭訓纂集《明分省人物考（十一）》卷一〇六，第 738 頁。
⑦ ［明］過庭訓纂集《明分省人物考（十一）》卷一〇六，第 139 册，第 738 頁。
⑧ ［清］倪濤《六藝之一録》卷三六六《歷朝書譜》，影印文淵閣《四庫全書》本，臺灣商務印書館 1986 年版，第 837 册，第 778 頁。

蓄德,不慕榮達"。祖母郁氏,十七歲嫁張家,事二親至孝。在丈夫早逝的情況下,"固守窮約,義不食他姓,保育其孤惟謹"。家雖貧,但她"躬造酒醋,畜雞豚,鬻於市,得錢"供嘉謨之父上學,供三個兒子衣食。她堅守婦道,"每爽旦而起,首如飛蓬,不事膏沐",勤苦操持,終於將幾個孩子養大。朱秩炅贊她"年方少艾而氏所天,①能知更二姓與圖大嚼爲可羞惡。雖饑寒迫切,力制其心不爲私欲之所搖奪,惟力勤教子,期於學成,以大其門。語其節,則孤松老柏,鬱鬱乎貫四時而莫之能改也;語其義,則秋霜杲日,皦皦乎燭兩間而莫之能揜也;語其歷窮苦、遭艱辛,則啖荼蓼、茹薑桂,悄悄乎而人莫之能知也。其於厚人倫、益風化、興起乎人心之善爲何如哉!彼代之衣冠偉然、堯言舜趨、號稱丈夫者,猶且朝而爲梁,莫而爲陳,與夫賣國棄君以易富貴者,五緜其搖奪於人欲,故心爲形役,德不能周,千載之下,其視郁氏,寧無少媿哉?"②

張嘉謨伯父張福,叔父張翔,父張翼。翼字沖霄,生年不詳。中成化元年(1465)乙酉科舉人,後入鄉貢進士,官山西岳陽縣(治今山西省古縣岳陽鎮)知縣。③ 正德二年(1507)卒。④ 後以子嘉謨貴,贈官户部主事。⑤ 張翼,《〔乾隆〕寧夏府志》作"張翌",⑥從名與字的關係即可看出"翌"字誤,當因字形相似使然。

張翼自幼"性穎敏異常",家雖貧,"甫識事",其母就"以禮遣其就學鄉校"。中舉後,更加勤於問學,閉門鑽研,"雖隆冬盛暑不少廢置。平居如不能言,於人未嘗妄有所交",以至人多有不識者。成化戊子年(1468)冬,翼"將赴春官",因感於其母勤苦養育之恩,"造長書一首,歷敘母氏矢心不渝、勤苦教養,及其刻苦於學、人不及知之意,約數百言",持之拜請安塞王朱秩炅爲其母作文,是爲今傳之《節義堂記》。⑦ 張翼之做法,使其母之堅守婦道、持家育子之艱辛昭於天下,使其母之美名傳之後世,按當時的觀念,此爲至孝也。也正是他的這種孝義,潛移默化地感染了兒子張嘉謨,使其中進士後卻上書請歸事親,直至父死,守孝三年後才出仕。

胡迅雷《明代寧夏張氏家族》一文中說張氏家族"歷張才富、張景春、張恕、張

---

① 案:"氏"當爲"失"字之訛。
② [明]朱秩炅《節義堂記》,載[明]楊守禮修、[明]管律等纂《〔嘉靖〕寧夏新志》,《續修四庫全書》第 649 册,上海古籍出版社 2002 年版,第 226 頁。
③ [明]胡汝礪編、[明]管律重修、陳明猷校勘《嘉靖寧夏新志》,寧夏人民出版社 1982 年版,第 441—442、135 頁。
④ [明]過庭訓纂集《明分省人物考(十一)》卷一〇六,第 736 頁。
⑤ 范宗興整理《弘治寧夏新志》,第 69、71、74 頁。
⑥ [清]張金城等修纂《〔乾隆〕寧夏府志》,乾隆四十五年(1780)刻本,卷一四《人物·科貢·舉人》。
⑦ [明]朱秩炅《節義堂記》,第 225—226 頁。

翼、張嘉謨五世",①誤。查朱秩炅《節義堂記》,張翼高祖張才富,②當爲嘉謨天祖,因此,自張才富至張嘉謨當爲六世。胡文之誤,可能是因爲《節義堂記》中并未提及張翼曾祖、嘉謨高祖所致。

三、張嘉謨的著述

張嘉謨"詩文敏捷,自成一家",③今有別集和一些散見詩文流傳。

(一) 別集

據《〔乾隆〕甘肅通志》卷三六《人物》、《〔乾隆〕寧夏府志》卷一三《人物·鄉獻》、《〔民國〕朔方道志》卷一六《人物志·鄉宦》載,張嘉謨著有《雲谷集》《西行稿》。另據過庭訓《本朝分省人物考》卷一〇六和朱謀垔《續書史會要》"張嘉謨"條,以及黃虞稷《千頃堂書目》卷二一均載,嘉謨著有《雲巖集》《西行稿》,且前二書還注明"藏於家"。④

由此可見,張嘉謨著有《雲巖集》(或《雲谷集》)、《西行稿》二別集。"藏於家",説明二集均未付雕。惜今均不見傳。

(二) 散見詩文

今傳嘉謨的詩只有前文所述他去世前所作一首。文有《太監宅題名碑》《帥府題名碑》《按察司題名碑》《重修儒學記》《後樂園記》《名賢祠記》等碑記類共六篇,最早全部見於《〔嘉靖〕寧夏新志》卷一至卷三,其中前四篇見諸卷一《寧夏總鎮》,《後樂園記》見諸卷二《寧夏總鎮》,最後一篇見諸卷三《靈州守禦千户所》。《〔萬曆〕朔方新志》卷四《詞翰》收録《按察司題名碑》(題作《按察司題名記》)、《帥府題名碑》(題作《帥府題名記》)、《重修儒學記》(題作《重修儒學記》)、《名賢祠記》(題作《靈州名賢祠碑記》)等四篇,《〔乾隆〕寧夏府志》卷一九《藝文·記》、《〔民國〕朔方道志》卷二五《藝文志·記序》均收録《名賢祠記》,均題作《靈州名賢祠碑記》。

《太監宅題名碑》是作者於嘉靖三年(1524)應時任寧夏鎮守太監李昕之請而

---

① 胡迅雷《寧夏歷史人物研究文集》,寧夏人民出版社1993年版,第129—132頁。
② 〔明〕胡汝礪編、〔明〕管律重修、陳明猷校勘《嘉靖寧夏新志》,第441頁。
③ 〔清〕張金城等修纂、陳明猷點校《乾隆寧夏府志》,第443頁。
④ 〔明〕過庭訓撰《明朝分省人物考》卷一〇六,第739頁。〔清〕朱謀垔《續書史會要》,影印文淵閣《四庫全書》本,台灣商務印書館1986年版,第814册,第834頁。〔清〕黃虞稷撰《千頃堂書目》卷二一,影印文淵閣《四庫全書》本,台灣商務印書館1986年版,第676册,第531頁。

作,希望今後來此任職的太監都能向"安静忠實,收斂親從,雅素澹泊"的李昕學習,能讓自己"身後遺休名,光史簡,耿耿不磨"。要想做到這一點,張嘉謨提出,希望他們不光有此想法,還要"形之於口;形之於口者,不若措之於行",做到"重地方,禁邪妄,愛軍民,恤困苦,安禮度,睦寮好,親正直,遠讒誘,崇樸實,養天和,與守土文武重臣同心協力,始終不二……如此,雖不求知,而人人傳播稱揚,自不能已於後世矣"。在明朝太監把持各地權力且多有負面影響的情況下,此文社會意義很大。

《帥府題名碑》是作者爲寧夏總兵官府所作題名碑。文中用大量篇幅列舉了寧夏歷任總兵官中有功於家國者的事迹,用精練的語言概括了他們的功勞和特點,寄希望於後來之人能向他們學習,揭示了立此碑的意義:有功者,"自有健筆公論爲之標題,以貽不朽";雖爲官一方,"但爲僥倖彌縫之計,則不特邊人非之,清議、國法自不相容。縱能勒名,與不勒者焉能爲有無哉"?此文既有記載寧夏歷任總兵事迹的史料價值,又有昭示後人的教化作用,立意高遠。

《按察司題名碑》作於嘉靖七年(1528),揭示了寧夏按察司副使或僉事在刑(名)、儲(糧)、屯(田)、水(利)等方面的貢獻,比之一般的按察司不同。

《重修儒學記》作於弘治十八年(1505),時任寧夏巡撫劉憲重修儒學,"以嘉謨他日發身是基"而邀請他作此文,詳敘重修經過及意義。

《後樂園記》作於正德十四年(1519),作者以都察院内的後樂園之名而展開對憂樂之説的論述,認爲"夫憂樂之説始於孟軻,而先後之義則范希文之志耳",進而提出了此文的主旨:"故憂者,樂之本;樂者,憂之漸。憂而後樂,其樂乃樂。不憂而先樂,與一於樂而不憂者,皆非也。豈能久於樂而不廢乎哉?"作者在范仲淹"先天下之憂而憂,後天下之樂而樂"的基礎上,進一步闡發了作爲"天子托之,兆民仰之,四夷覬之,君子期之,小人忌之,法度綱紀、百司庶務皆係乎一人之身"的大臣應當怎樣認識和處理憂樂先後關係的問題,思慮深刻,分析透闢,故此篇也代表了張嘉謨思想的最高境界。

《名賢祠記》作於正德十五年(1520),文中討論了名賢的有關問題,介紹了靈州古今之名賢,贊頌了曾任和時任寧夏巡撫的王珣、王時中對靈州的功德。

嘉謨之文,今傳雖只有六篇,但思想内容的特點很鮮明。一是思想認識深刻,有獨到見解。二是體現著作者對家鄉的熱愛和關心,對那些爲寧夏地方做出貢獻者,總是贊頌有加,并希望後來者能爲家鄉帶來更多福祉。三是多帶有揭露和批判的態度,如《太監宅題名碑》中雖贊頌了幾位太監,但他同時説:"孰謂中貴中無盡臣職者乎?但無幾耳!"《按察司題名碑》中,作者對當時寧夏的宗室權貴和地方官員的驕橫予以深刻揭露:"諸宗日益,饗食無窮,尚不自安,遊心分外,稍有未充,形諸音響,介胄紛紜,驕誇冥昧,一有所涖,假藉營謀,干典如從,恬不知忌。"作爲曾經的統治者中的一員,能如此大膽直言批判,難能可貴。藝術上,往往將敘述、描繪、議論緊密結合,打破一般碑記文的套路,將自己的思想認識和情感寄託其中,增强了文章的可讀性;語言精練,句式對仗,很有氣勢。不愧"詩文敏捷,自成一家"之譽。

作爲寧夏的一代名士,張嘉謨以其才華和對家鄉的熱誠,得到了寧夏各級官員和各方人士的敬重,後人爲其樹立"進士"坊,可惜在明萬曆二十年壬辰(1592)的"哱拜之亂"中被燬。①

第二節　楊經及其著述

楊經,明中期寧夏人。

關於楊經及其《〔嘉靖〕固原州志》(本節以下簡稱《固原志》),較早進行介紹的是張維的《隴右方志錄》,該書對楊經的生平,《固原志》的基本內容、著者、編修質量等進行了評述。上世紀八十年代以來,研究逐步深入。朱潔《介紹寧夏明代地方志五種(下)》提要介紹了《固原志》,高樹榆的《寧夏方志錄》《寧夏方志評述》《寧夏回族自治區地方志述評》等論文都對《固原志》有述評性研究。牛春生、牛達生《明代兩種〈固原州志〉及其史料價值》一文對《固原志》的內容價值進行了詳細分析。《稀見地方志提要》《中國地方志總目提要》對《固原志》作了解題性的介紹。胡迅雷《寧夏歷史人物研究文集》中《楊經與〈嘉靖固原州志〉》一文,對楊經的生平及其《固原志》進行了概敘,對此志書中楊經關於固原、平虜守禦千户所豫王城(今寧夏同心縣預旺)地名的由來考證給予積極評價,對楊經關於固原作爲陝西三邊總制駐地的價值不大的論述給予評介。薛正昌《固原歷史地理與文化》第八章《明清固原地方志書與文化》及《地方志書與寧夏歷史文化(下)》《明代寧夏與固原兩大軍鎮的地方志書及其特點》二文都對《固原志》在研究固原文化方面的價值進行了探討。胡玉冰《寧夏地方志研究》第九章《固原市舊志》第一節《府、州、縣級固原地區舊志》對楊經的生平作了扼要介紹,對其著述《固原志》的版本及内容、編修質量、文獻價值等方面進行了詳細論述。對《固原志》的整理出

---

①　[清]張金城等修纂、陳明猷點校《乾隆寧夏府志》,第198—200頁。

版有點校和影印兩種方式。影印本有兩種,一爲《中國西藏及甘青川滇藏區方志彙編》第三輯《甘肅藏區及涉藏方志》據嘉靖刻本影印,一爲中國國家圖書館編《原國立北平圖書館甲庫善本叢書》第三五五册中據嘉靖刻本全文影印收録。點校本有兩種,其一爲牛達生、牛春生點校的《嘉靖萬曆固原州志》合刊本,其二爲《明清固原州志》一書中所收李作斌標點、校注的《明嘉靖固原州志》本。

綜上,目前學界關於《固原志》的版本、文獻價值、歷史評價等方面的研究都已非常深入,但關於編者楊經的生平情況考證過於簡略,對於其散見著述幾乎没有涉及。

一、楊經的生平

楊經,生卒年不詳。寧夏平虜城(今寧夏平羅縣)人。① 《〔道光〕平羅記略》卷七《人物·鄉達》有傳,卷六《選舉·進士》有載。

據《〔嘉靖〕寧夏新志》卷二《選舉》、《〔萬曆〕朔方新志》卷三《科貢》、《〔乾隆〕陝西通志》卷三一《選舉二》、《〔乾隆〕甘肅通志》卷三三《選舉》、《〔乾隆〕寧夏府志》卷一四《人物·科貢》、《〔民國〕朔方道志》卷一八《人物志·選舉》等志書載,楊經中正德丙子(1516)科舉人,"《春秋》魁"②;嘉靖五年(1526)丙戌科進士,列第三甲第78名。據曹金《〔萬曆〕開封府志》卷七載,嘉靖五年(1526),楊經出任開封府(治今開封市)推官。③ 嘉靖十年(1531),又任大名府推官,④卻不料於嘉靖十三年(1534)十二月,因直隸巡按御史李新芳案,被下令"閒住"。

此案起因是李新芳在廣平縣城門被銃手猝然發銃所驚,竟然因此而"怒笞銃手并笞知縣周謐",且藉故將周謐及典史田經交推官楊經鞫訊。"經知獄不就,以新芳怒盛",不敢違其意,便以它事誣周謐、田經。爲此,廣平府知府李騰霄找新

---

① 案:關於楊經籍貫,《〔乾隆〕寧夏府志》卷一四《人物·科貢》進士、舉人目下均載其爲"寧夏儀衛人"。(參見[清]張金城等修纂《〔乾隆〕寧夏府志》,乾隆四十五年(1780)刻本,卷一四)"儀衛"當指"儀衛司",是藩封慶府的侍衛儀仗機構,楊經爲"寧夏儀衛人",不知何意。明張朝瑞萬曆刻本《皇明貢舉考》卷六亦載:"楊經,陝西寧夏儀衛司。"《〔民國〕朔方道志》卷一八《人物志·選舉》中,"進士"條下載爲"寧夏衛人","舉人"條下載爲"儀衛人"。另,王亞勇認爲楊經爲寧夏後衛(今寧夏鹽池縣)人(參見王亞勇校注《平羅記略 續增平羅記略》,寧夏人民出版社 2003 年版,第 174 頁校注[36]),不知何據,疑其將《〔乾隆〕寧夏府志》"儀衛"理解爲"後衛"之誤刻使然。
② [明]胡汝礪編、[明]管律重修、陳明猷校勘《嘉靖寧夏新志》,第 136 頁。
③ [明]曹金《〔萬曆〕開封府志》,萬曆十三年(1585)刻本,卷七。
案:《〔雍正〕河南通志》卷三二(影印文淵閣《四庫全書》本,臺灣商務印書館 1986 年版,第 536 册,第 198 頁)、[清]管竭忠《〔同治〕開封府志》(同治二年刻本)卷二〇開封府推官條均載:"楊經,陝西人。(嘉靖)六年任。"
④ [清]朱燨《〔咸豐〕大名府志》,咸豐三年(1853)刻本,卷一〇《職官》。

芳理論，新芳反誣其爲主使，且"遣推官楊經、秦新民馳府執騰霄"，騰霄集衆自衛，新芳"檄兵備副使楊彝勒兵二千人往捕之"，騰霄等棄城而走，百姓亦奔走，踩踏致死者甚衆。此事越鬧越大，朝廷派員往勘。最後，李新芳被"革職爲民"，騰霄、新民、楊經"閒住"。① 在此案中，楊經在權貴的重壓下被迫做了錯事，受到牽連，其情可憫。

閒住後，楊經具體情況不詳，"後疾卒浚縣"。② 浚縣，治今河南省浚縣，在明朝時屬北直隸大名府管轄。

後人對楊經的人品給予較高評價。據《楊氏家譜》載，楊經"操行純潔，歷官清勤……以負郭田散給綸、緇二弟，有范文正風"。③ 據此也可知，楊經有弟楊綸、楊緇，餘不詳。

二、楊經的《〔嘉靖〕固原州志》

《固原志》由楊經編修，時任總制陝西三邊地方軍務、兵部尚書兼都察院右副都御史王瓊裁正。

（一）《固原志》的文獻著錄

明清時期書目文獻著錄《固原志》較爲簡略，朱睦㮮《萬卷堂書目》卷二載："《固原州志》二卷。楊經。"④《天一閣書目・史部二》："《平涼府固原州志》二卷。刊本。明楊經纂輯。唐龍序。"⑤現當代文獻著錄信息相對而言更豐富些，《隴右方志錄・縣志》《寧夏地方志存佚目錄》《天一閣藏明代地方志考錄》《中國地方志聯合目錄》《稀見地方志提要》《寧夏地方文獻聯合目錄》《中國地方志總目提要》均著錄楊經《固原志》爲二卷，明嘉靖十一年（1532）刻本，且一般都對此志作了提要性介紹。

（二）《固原志》的版本和內容

楊經之所以編纂《固原志》，是因"嘉靖間，夏郡多故，奉母遷固原，旋卜居長

---

① 《明實錄・世宗實錄》，卷一七〇，第3712頁。案：此事〔明〕雷禮萬曆刻本《皇明大政紀》卷二二亦有載，細節方面略有差異。
② 王亞勇校注《平羅記略 續增平羅記略》，寧夏人民出版社2003年版，第182頁。
③ 同上，第182頁。
④ 〔明〕朱睦㮮《萬卷堂書目》，清光緒至民國間《觀古堂書目叢刊》本，卷二，第15頁。
⑤ 〔清〕范邦甸等撰，江曦、李婧點校《天一閣書目 天一閣碑目》，上海古籍出版社2010年版，第187頁。

安"之故。① 固原自明代成化年間(1465—1487)開始陞衛爲鎮,成爲明朝九邊之一,與寧夏鎮平級,且爲陝西三邊總制的駐節地。如果楊經在嘉靖五年(1526)前遷居固原,則其考中進士之事就不會在《〔嘉靖〕寧夏新志》及後來的明清時期的有關寧夏的方志中有記載,因此,他肯定是在中進士後才遷居的。《固原志》中署名"進士楊經纂輯",卷一《文武衙門》"平虜守禦千户所"條中引用有"進士楊經曰"字樣,就更能證明這一點。再根據唐龍嘉靖十一年(1532)所作《〈固原州志〉序》可知,《固原志》在嘉靖十一年(1532)就已經成書并刊刻。因此,楊經編纂《固原志》的時間是嘉靖五年至十一年(1526—1532)間。

《固原志》原刻本傳世很少,僅寧波天一閣等有藏。後此書"散出……曾爲吴興蔣氏傳書堂所收藏,一九三一年又歸前北平圖書館,今存臺灣省"。② 原刻本白口,四周單邊、雙、對、黑魚尾,版框高17.3釐米,寬13.1釐米。前爲唐龍《〈固原州志〉序》,每半頁6行,行11字,共5頁;次爲《目録》三頁;每卷卷首題"明固原州志"及卷數,次行有"進士楊經纂輯"字樣,版心上鎸書名"固原志",中刻頁碼。全書兩卷統一編頁,共106頁,其中上卷共39頁,下卷67頁。每半頁11行,行18字。全書約4.5萬字。是書首頁右下角和末頁左下角均鈐"國立北平圖書館收藏"朱文方印一枚。2013年,中國國家圖書館編《原國立北平圖書館甲庫善本叢書》第三五五册全文影印出版了《固原志》。

內容包括:嘉靖十一年(1532)唐龍《〈固原州志〉序》《目録》、卷一、卷二。卷一包括《創建州治》《城池》《疆界》《山川》《古迹》《土産》《風俗》《文武衙門》《人物》《節婦》等十個子目,卷二包括《前代原州人物》《前代名宦》《詩》《記》《序》《奏議》等六個子目。

(三)《固原志》的評價

1.《固原志》的價值

《固原志》作爲寧夏固原市現存最早的一部志書,對於了解和研究當時固原各方面的狀況提供了大量珍貴資料,價值很大。除一般的史料價值外,突出的還有三點:其一,此志第一次系統地提出了關於"固原"地名的由來,及其與"大原""原州"等地名之間的關係;其二,對於固原的歷史沿革及其重要地位有詳細記載,對於固原設險防守的得失問題進行再思考,"一反方志誇陳之習",可算是"偉識";③其三,關於明成化年間發生的著名的"土達叛亂"事件記載詳細,可補《明

---

① 王亞勇校注《平羅記略 續增平羅記略》,寧夏人民出版社2003年版,第182頁。
② 駱兆平編著《天一閣藏明代地方志考録》,書目文獻出版社1982年版,第175頁。
③ 張維《隴右方志録》,北平大北印書局1934年版,第93頁。

史》記載簡略之不足。

2.《固原志》的不足

關於《固原志》的不足,張維《隴右方志錄》早有所論:"惜分目過簡,不足經紀衆事,於是户口、税課、兵衞、軍實、職官、名宦盡歸入《文武衙門》一目,而前代人物、名宦又復別自爲錄。《名宦》後晉誤爲東晉,列於唐後;北周王盟誤爲後周,列於宋前,尤錯誤之顯然者。"①這些分析非常中肯。此外,諸如文字錯訛,節錄史料有脱訛,資料引用有誤等,可詳參胡玉冰《寧夏地方志研究》第九章第一節《府、州、縣級固原地區舊志》,兹不贅述。

總之,《固原志》全面記載了有明一代固原的政治、經濟、歷史、地理、人文、藝文等內容,直接影響到其後所修的《〔嘉靖〕寧夏新志》《〔萬曆〕固原州志》《〔宣統〕新修固原直隸州志》等志書。雖然這些志書對《固原志》隻字未提,"但事實上,這些舊志在編修時諸多內容實際上都直接承襲了"《固原志》。②

三、楊經的散見著述

明張萱《西園聞見錄》卷五四收錄有楊經關於固原的論述三則,其中第一則最早見於《固原志》卷一《文武衙門》關於環縣、固原的論述,除個別文字略有差異外,內容基本一致。此則內容亦見諸明萬表《皇明經濟文錄》卷四一,題作《環縣》。

其餘二則全文如下:

> 其在固原,火、真諸酋環居州海,生番逼我郊坼而時肆剽掠,熟番受我豢養而陰懷異謀。四通八達,皆虜穴焉。稽之近事:庚寅歲,西虜寇洮河,則兩川悉據,雖合七鎮之兵,懸通侯之賞,竟無以購火酋之首;壬寅夜,北虜寇固原,則諸路分侵,雖寬失事之誅,下擣巢之令,卒無以戡卜酋之兇。所幸南北不合謀,先後不並犯,故我師應援未至顧此失彼,而全秦要區猶得既危復安耳。先臣許論言:總督不駐花馬池,則固原未得息肩。今似不然。計在防河套之虜以安原州,則當嚴花馬之守,抱興、靈之衝;防山後之虜以固蘭、靖,則當增沿河之堡,屯常戍之兵;防海西之虜以安臨、鞏,則當增大將以資彈壓,鼓番人使爲我用。蓋固原恃三鎮爲屏障,三鎮安則固原自安,不然,盜已入室,而復延頸四顧,恐無及矣。

---

① 張維《隴右方志錄》,北平大北印書局1934年版,第94頁。
② 胡玉冰《寧夏地方志研究》,第416頁。

固原衛迤北，地名葫蘆硤口，古城一座，已修完備；魏王古城一座，未經修理，俱各路通寧夏韋州。川原寬漫，地土肥饒，水草便利。周圍數百里餘，内爲土達居住之巢穴，外爲戎虜出没之咽喉，連年侵犯固原、靜安、隆德、會寧、安定等處，出入俱經於此城，緊關要害之地。臣固知陝西該解南方福建、廣東、廣西、雲南不服水草軍人，慮恐南方軍伍空缺，有例不許存留本處。今查得南方前項四處解陝西衛分軍人一萬一千二百餘名，合無一名頂兌一名，陝西造册齎去，南方者不必解來，陝西者不必解去，各將頂兌軍人就彼解發着役，其彼此不解軍人，就行開豁原伍，一以順其南北水土，一以免其萬里跋涉。卻於前項魏王城開設平虜守禦千戶，葫蘆硤口開設鎮戎守禦千户所，俱隸固原衛管轄，照例銓撥官吏，鑄降印信、夜巡銅牌，將前項頂兌各撥二百名守禦；未修城垣并倉場等項，衙門以次開設補修；空閑地土撥爲屯田，以爲耕守之計，五年後方纔納糧。内平虜千户所就近聽寧夏總兵官節制。其餘二千四百餘名駐調固原、平涼，軍少衛分，以固居重馭輕之策。陝西軍人頂兌之外，照舊解原衛，則遠近軍人頗得實用，内外警急皆得應援。①

這兩則内容，因是摘錄，且并未交代清楚寫作時間及相關背景，故詳細情況不知。不過從内容中可看出楊經對當時九邊重鎮之一的固原在軍事上的重要意義、歷史沿革、現實問題的處理等方面的真知灼見。這兩則材料，還牽扯到當時固原乃至於其他省份的軍事調度和部署的問題，很有史料價值。

第三節　楊壽等人的《〔萬曆〕朔方新志》

《〔萬曆〕朔方新志》(本節以下簡稱《萬曆志》)由時任寧夏巡撫崔景榮、楊應聘先後倡導編修，楊壽纂修，黃機、明時儒編輯，其他多人參與編校工作修成。

關於楊壽、黃機、明時儒等人的生平，學界沒有專門的論述，一般都是在介紹《萬曆志》時順帶簡略介紹一下。關於《萬曆志》，目前學界有研究和整理兩種形式。較早進行介紹的是張維的《隴右方志錄》，該書就《萬曆志》的基本内容、著者簡況、編修質量的評價等進行了評述。研究論文主要有朱潔的《介紹寧夏明代地方志五種(下)》、高樹榆的《寧夏方志考》《寧夏方志錄》《寧夏方志評述》《寧夏回

---

① 〔明〕張萱《西園聞見錄》，上海圖書館藏民國二十九年(1940)哈佛燕京學社印本，卷五四，第28—29頁。

族自治區地方志述評》、王桂雲的《銀川方志述略》等概要介紹式的；陳健玲《〈(萬曆)朔方新志〉考》專篇研究了《萬曆志》的基本內容、命名原因、內容和體例以及結構布局方面的特點、史料價值等，對《萬曆志》的論述全面而深入；薛正昌《明代寧夏與固原兩大軍鎮的地方志書及其特點》在與明代寧夏、固原其他志書的比較中簡析《萬曆志》的特點。范宗興等人《方志與寧夏》一書第二章《寧夏歷代修志總覽》和第十四章《志壇人物立志成志》中對《萬曆志》及其纂修者略有介紹；胡玉冰《寧夏地方志研究》第二章《明代寧夏總志》第五節對《萬曆志》整理與研究現狀、編修始末、編修者生平、志書編修方法及內容、版本特點、文獻價值等方面進行了詳細論述，代表着《萬曆志》研究的最新成果。整理方式主要是影印，天津古籍出版社《寧夏歷代方志萃編》、寧夏人民出版社《寧夏地方志叢刊》、蘭州市古籍書店《中國西北文獻叢書》第一輯《西北稀見方志文獻》、海南出版社《故宮珍本叢刊》、中國國家圖書館編《原國立北平圖書館甲庫善本叢書》等叢書影印出版了《萬曆志》；北京圖書館編《地方志人物傳記資料叢刊·西北卷》第19册也部分影印了此志。

一、楊壽等人生平及其編纂《〔萬曆〕朔方新志》的過程

楊壽，寧夏前衛（治今銀川市）人，生卒年不詳。據《萬曆志》卷三《科貢》、《〔乾隆〕甘肅通志》卷三三《選舉》、《〔民國〕朔方道志》卷一八《人物志·選舉》等志書載，楊壽中萬曆三十四年（1606）丙午科舉人，四十一年（1613）癸丑科進士，列第二甲第43名。授户部山西清吏司主事。《〔乾隆〕寧夏府志》卷一四《人物·科貢》載楊壽萬曆三十四年（1606）中舉，但中進士時間卻誤爲"嘉靖癸丑"，①即嘉靖三十二年（1553），當據《萬曆志》改。

黃機、明時儒，二人均爲明萬曆年間寧夏鎮（治今銀川市）人，生卒年不詳。作爲協助楊壽修志的"一二逢掖"，②在《萬曆志》的纂修過程中任編輯，其中黃機爲遥授儒官，明時儒爲儒學廪膳生員。萬曆四十六年（1618），明時儒被選拔爲貢生。黃、明二人其他情況不詳。

關於楊壽等人編纂《萬曆志》的過程，時任寧夏巡撫楊應聘於萬曆四十五年（1617）正月所撰《〈朔方新志〉序》記載非常清楚：最初是由於時任寧夏巡撫崔景榮"念舊章不可以遂湮，近事不可以缺載"，於嘉靖四十一年（1613）楊壽中進士後"假歸"時，"檄道禮延主筆"。楊壽"鼎一二逢掖，開局纂修"。没想到剛修好，崔

---

① ［清］張金城等修纂、陳明猷點校《乾隆寧夏府志》，第472頁。
② ［明］楊應聘《〈朔方新志〉序》，載［明］崔景榮、楊應聘修，［明］楊壽等纂《〔萬曆〕朔方新志》，故宮博物院編《故宮珍本叢刊》第084册，海南出版社2001年版，第198頁。

景榮就"奉簡命入貳樞筦",楊壽"亦以謁選行"。接任寧夏巡撫者即楊應聘,他到任後"訪舊問遺,乃獲君蘽于儒官黃機。機固佐君共襄考訂者。方下所司督鋟諸梓,而君復以司農使事過里門,又間加參續",最終形成了五卷本的《萬曆志》。這裏"君"即指楊壽。楊應聘對楊壽等人的修志水平非常滿意:"君更以鴻裁卓識,構所睹聞,故其上下古今,焕乎鱗次。分綱衍目,爲帙有五……崔公檄修之意……楊君文字足以發之,苟有采風以備惇史,則斯志爲之徵矣。"①楊應聘的序清楚地説明了崔景榮和自己是《萬曆志》的倡導主修人,主要承擔編纂任務者是寧夏人楊壽、黃機、明時儒,且楊壽爲主筆。

時奉敕督理寧夏河西兵糧事務兼本鎮學校的陝西布政司右布政使兼按察司僉事、《萬曆志》修志中的提調趙可教在作於萬曆四十五年(1617)七月的《〈朔方新志〉後跋》中説:"乃詢諸掌故者,夷考其志,與聞萬曆己卯載修所謂《朔方志》者,兹越三紀,且邇兵餘,其事大積。歲甲寅,巡撫都御史長垣崔念往事或遺,近迹宜續,禮延作者纂修。甫就蘽,公膺總樞中密命,詔都御史懷遠楊代任,載加參輯,踰年始成,爰鋟諸梓,命余言敘諸末簡。"②"萬曆己卯"指明萬曆七年(1579),"三紀"指36年,"甲寅"指明萬曆四十二年(1614),"長垣崔"即指崔景榮,"懷遠楊"即楊應聘。

綜上,可以確定,《萬曆志》自萬曆四十一年(1613)開始由崔景榮首倡纂修;四十二年(1614),楊應聘到寧夏任巡撫,又請楊壽對志書文稿進行了一次修訂;萬曆四十三年(1615)定稿付雕,四十五年(1617)七月後正式刊行;後又有補修刊刻,才出現了記載一些萬曆四十五年(1617)之後史事的現象。

二、《〔萬曆〕朔方新志》的文獻著録情況

關於《萬曆志》,張維《隴右方志録》著録最早,當代的《寧夏地方志存佚目録》《中國地方志聯合目録》《稀見地方志提要》《寧夏地方文獻聯合目録》《中國地方志總目提要》等書目文獻多有著録,有的注明有多個版本,有的還有提要。總的來説,對於《萬曆志》的書名各家没有異説。但是編纂者有楊壽、楊壽和黃機、楊應聘和楊壽幾種説法,卷數有五卷、不分卷兩種情況,成書時間有萬曆四十二年(1614)、四十五年(1617)之别,版本有明萬曆四十二年(1614)刻本、明萬曆四十五年(1617)刻

---

① [明]楊應聘《〈朔方新志〉序》,載[明]崔景榮、楊應聘修,[明]楊壽等纂《〔萬曆〕朔方新志》,故宫博物院編《故宫珍本叢刊》第084册,海南出版社2001年版,第198—199頁。
② [明]趙可教《〈朔方新志〉後跋》,載[明]崔景榮、楊應聘修,[明]楊壽等纂《〔萬曆〕朔方新志》,故宫博物院編《故宫珍本叢刊》第084册,海南出版社2001年版,第423頁。

本、清順治十五年(1658)或十六年(1659)刊本(增補本)、抄本等多種。因此,除修纂人、成書時間前文已辨析外,關於此書的卷數、版本等有必要作深入考辨。

三、《〔萬曆〕朔方新志》的版本

傳世《萬曆志》有刻本和抄本兩種形式。

(一) 刻本

刻本都是在明萬曆四十五年(1617)刊本的基礎上,補刻了明末清初的部分內容重印而成的。

根據文獻記載,清順治年間唐采臣補刻了部分內容而成《增補萬曆朔方新志》。此事最早見於直接參與《〔乾隆〕寧夏府志》編輯工作,時爲"戊子科舉人、候銓知縣"的清人王宋雲寫於乾隆四十五年(1780)的《〈寧夏府志〉後序》。序中首先歷數了朔方(寧夏)志纂修所經歷的慶靖王朱㮵、王珣和胡汝礪、楊守禮和管律、楊應聘和楊壽等幾個階段,然後說:"國朝順治初,唐采臣先生以户部主事督餉來此,得遺文數首,因與中丞黃公奏議附刻於後。朔方舊志如是而已。"①唐德亮,字采臣,無錫人,順治九年(1652)進士;黃公,指時任寧夏巡撫黃圖安;"黃公奏議附刻於後"指在《萬曆志》卷五後補刻了黃圖安的與寧夏有關的奏議三篇共27頁。學界一般認爲這就是清順治十五年(1658)《增補萬曆朔方新志》。② 胡玉冰在其力作《寧夏地方志研究》中考證認爲傳世刻本當最早刊刻於清康熙十六年(1677),其依據是傳世刻本卷四第87頁後新增清兵部侍郎韓城高辛胤的《巡撫都御史三韓劉公秉政去思碑記》(本節以下簡稱《去思碑》)成文時劉秉政已經死去,并考證了劉秉政的生平,認爲劉秉政康熙十六年(1677)七月十二日暴殂,進而得出結論:高辛胤的碑記落款時間有誤,"此文出現在"《萬曆志》中,"説明傳世本最早當刊刻於康熙十六年(1677)即劉秉政去世之年"。③

其實,學界認爲的《增補萬曆朔方新志》爲清順治十五年(1658)版,是從黃圖安在任寧夏巡撫的時間和所補三篇奏議的落款時間確定的,這就無法解釋《去思碑》落款時間爲康熙五年(1666)的問題。胡玉冰認爲最早刊刻於康熙十六年(1677),所依據的主要是劉秉政的卒年時間,這顯然是錯誤的。其一,《去思碑》

---

① 〔清〕張金城等修纂、陳明猷點校《乾隆寧夏府志》,第17、943頁。
② 參高樹榆《寧夏方志録》(《寧夏史志研究》1988年第2期)、王桂雲《銀川方志述略》(《銀川市志通訊》1988年第3期)、郭曉明《管窺〈中國地方志聯合目録〉寧夏書目》(《銀川市志通訊》1986年第2期)。
③ 胡玉冰《寧夏地方志研究》,第114—115頁。

中并無劉秉政已經去世的任何明確的説法，去思碑多是用來爲離任的官員歌功頌德的，不能由此得出碑主去世的結論。其二，劉秉政"康熙……十六年（1677）七月十二日暴殂"之記載，出自清劉可書編《范忠貞集》卷九所收洪士銘《天道歌有小序》的序文内容："康熙丁巳七月十二，驟聞閩舊撫軍劉秉政暴殂，於是知有天道，歌以志慨，兼哭范覲公侍郎。"①詩文内容，不應當作史料來作爲論據。其三，查《欽定八旗通志》卷三四〇、《清史稿》卷一九九《范承謨傳》、卷四二一《耿精忠傳》等文獻可知：劉秉政，漢軍鑲藍旗人，順治十六年（1659）五月任寧夏巡撫，康熙五年（1666）十一月任福建巡撫，十三年（1674）革。所謂"革"是因該年靖南王耿精忠反，時任福建巡撫劉秉政從之之故。康熙二十一年（1682），在三藩平定後，劉秉政被押解回京，死於途中。由此可見，"傳世本最早當刊刻於康熙十六年（1677）即劉秉政去世之年"的結論不成立。當然，既然《去思碑》作於康熙五年（1666），劉秉政康熙十三年（1674）從耿精忠反，證明《去思碑》不可能刊刻於康熙十三年（1674）之後。另，刻本《去思碑》不避"胤"字諱，序和後跋均不避"弘""曆"字諱，可見刻本非康熙年之後所刻。綜上，《增補萬曆朔方新志》當刊刻於清康熙五年（1666）至十三年（1674）間。也就是説，傳世《萬曆志》刻本都是清康熙五年（1666）至十三年（1674）間刊刻而非明萬曆刻本。

刻本在故宫博物院、甘肅省圖書館、上海圖書館和吉林大學圖書館等多家圖書館有藏（以下分別簡稱爲"故宫本""甘圖本""滬圖本"和"吉大本"），其中前二家藏本都已有影印本。

1. 故宫本

此本白口，四周雙邊，單黑魚尾，版心題書名、卷次及頁次。前有序四篇，分別爲羅鳳翱《〈朔方志〉序》，每半頁 7 行，行 14 字；楊應聘《〈朔方新志〉序》，每半頁 6 行，行 14 字，序末落款後刻有"楚璞""楊應聘印"白文方印 2 枚；石茂華《〈重修寧夏志〉序》和楊守禮《重修〈寧夏新志〉序》，均爲每半頁 7 行，行 14 字。每篇序版心篇名與序文題目基本一致，下鐫頁碼。後有趙可教《〈朔方新志〉後跋》，每半頁 6 行，行 14 字。序跋均每篇自編頁碼，内容完整。序後爲《〈朔方新志〉目録》2 頁，每半頁 9 行。《總鎮圖説》1 頁，每半頁 8 行，除標題外，均爲雙行小字，行 19 字，後附圖 13 幅。《修志姓氏》1 頁。《纂修〈朔方新志〉檄文》《修志凡例》各 2 頁，每半頁 9 行，行 21 字。

正文共五卷，每半頁 9 行，一般爲行 21 字，雙行小字同。卷一共 46 頁。卷

---

① ［清］洪士銘《天道歌有小序》，載［清］劉可書編《范忠貞集》卷九，影印文淵閣《四庫全書》本，臺灣商務印書館 1986 年版，第 1314 册，第 160 頁。

二共110頁,其中萬曆四十五年(1617)原版99頁,新增12頁,缺一頁。第26、29、39、98頁之後各多加了一頁頁碼編次相同的頁面;第42頁之後連加了三頁,其中第三個42頁和第四個42頁版心頁碼下最底部分別有"又三""又四"字樣;第74頁之後連加了五頁,出現六個74頁,其中第二至六個版心頁碼下分別有"又一"至"又五"字樣。據胡玉冰考證,故宮本第一個29頁當爲第30頁,現有30頁爲31頁,現有第31頁缺,實爲第32頁,現有32頁爲33頁,以此類推。① 這些新增頁碼都有萬曆四十五年(1617)之後的內容,説明《萬曆志》在四十五年(1617)刊行之後又曾補刻的事實。卷三共87頁,其中第"三"頁的頁碼誤刻爲"一"。卷四原版87頁,末尾新增三頁,共90頁,新增內容即《去思碑》。卷五原版57頁,末尾新增27頁,共84頁。卷五新增內容爲黃圖安與寧夏有關的奏議三篇,版式、字體均與前不同,每半頁9行,行20字,版心上鐫"朔方新志卷之五"字樣,頁碼從1—27重新編排。

2001年,故宮博物院編、海南出版社版出版的《故宮珍本叢刊》第084冊全文影印了故宮本。

2.《原國立北平圖書館甲庫善本叢書》本(以下簡稱甲庫影印本)

2013年,中國國家圖書館編《原國立北平圖書館甲庫善本叢書》第三五五冊全文收錄了《萬曆志》。

此本與故宮本大體相同,區別主要有三:一是正文前的內容順序不同。卷一正文之前,甲庫影印本的內容順序爲:羅鳳翺《〈朔方志〉序》、石茂華《重修〈寧夏志〉序》、楊應聘《〈朔方新志〉序》、楊守禮《重修〈寧夏新志〉序》、《纂修〈朔方新志〉檄文》、《修志凡例》、《修志姓氏》、《〈朔方新志〉目錄》、《總鎮圖説》及附圖13幅。二是卷二有一些區別。甲庫影印本卷二共114頁,其中萬曆四十五年(1617)原版99頁,新增16頁,缺第31頁。第26、27、29、35、36、39、75、98頁之後各多加了一頁頁碼編次相同的頁面,且兩個27頁、新增的35和36頁、兩個75頁內容有重複的部分,比故宮本多了第一個27頁、第二個35頁、第一個36頁、第二個75頁各一頁內容。兩個第39頁與故宮本裝訂順序相反。四個第42頁和六個第74頁形式與故宮本同。三是趙可教《〈朔方新志〉後跋》的位置不同。甲庫影印本位於卷四和卷五之間,不知何故,疑爲裝訂錯誤。字迹多有漫漶不清之處。

此本刊印質量很高,總體字迹清晰,疏朗有致。從版式、字體、內容、斷板等情況來看,國家圖書館版與故宮本屬同一版本,只是頁碼裝訂不一致而已。多出來的內容,可能是故宮本漏裝釘了。

---

① 胡玉冰《寧夏地方志研究》,第114頁。

3. 滬圖本

此本亦與故宮本大體相同,區別主要有四:一是前無序,只有《纂修〈朔方新志〉檄文》《修志凡例》《修志姓氏》《〈朔方新志〉目錄》《總鎮圖說》及附圖,所附圖共 12 幅,比故宮本缺《南路圖》。二是卷二與故宮本有差別。此書卷二共 114 頁,其中萬曆四十五年(1617)原版 99 頁,新增 16 頁,缺第 31 頁。也是第 26、27、29、35、36、39、75、98 頁之後各多加了一頁頁碼編次相同的頁面,且兩個 27 頁、新增的 35 和 36 頁、兩個 75 頁內容有重複的部分,比故宮本多了第二個 27 頁(所多內容與甲庫影印本一致,只是裝訂頁碼正好相反)、第二個 35 頁、第一個 36 頁、第二個 75 頁各一頁內容。其他新增的內容與故宮本同。三是卷三第 73 頁重複裝訂。四是卷四第 7—8 頁曹璉《朔方形勝賦》全部句讀過。

此本刊印質量不高,字跡多有漫漶不清之處,多處有斷板情況。從版式、字體、內容、斷板等情況來看,滬圖本與故宮本屬同一版本,多出來的內容,可能是故宮本漏裝訂了。

4. 甘圖本

此本白口,四周雙邊,版式、內容與故宮本大體一致,但二者區別是明顯的:其一,有些字寫法不同。如故宮本石茂華《〈重脩寧夏志〉序》標題"脩"甘圖本作"修"。其二,卷二內容有所不同,故宮本共 110 頁,原版 99 頁,新增 12 頁,缺 1 頁;甘圖本共 113 頁,原版 99 頁,第 66 頁缺,新增 15 頁。其三,個別地方版式不同。如羅鳳翱《〈朔方志〉序》,故宮本版心魚尾下爲"朔方志序"字樣,下鐫頁碼,而甘圖本是魚尾上爲"朔方新志"字樣,無頁碼;《總鎮圖說》故宮本每半頁 8 行,甘圖本爲 9 行。其四,多加頁的標碼方式不同。卷二故宮本第 26、29、39、98 頁之後各多加了一頁頁碼編次相同的頁面,但甘圖本 26、27、35、36、39、75、98 等頁後增加的一頁卻都在相應的頁碼後加"之一"字樣,如 26 頁後的就是"二十六之一"頁,且所加"之一"字樣明顯與原刻本的字體形式不同,更像是後來隨意刻上去或者在刻本上直接用筆寫的;42 頁後所增三頁分別爲"四十二之一""四十二之二""四十二之三"頁;卷二第 74 頁之後連加的五頁故宮本是在版心頁碼下最底部分別用"又一"至"又五"字樣表示,甘圖本則用"之一"到"之五"字樣表示。其五,楊應聘《〈朔方新志〉序》末尾落款後刻"楊應聘印"不同,故宮本爲陰文,甘圖本爲陽文。

相對於故宮本來說,甘圖本脫以下內容:羅鳳翱《〈朔方志〉序》第 1 頁右半頁;卷一第 45 頁的左半頁和第 46 頁,也就是《土貢》脫"紅花歲後"至"人甚稱便"共 36 字,《稅課》9 行 159 字的內容全脫。此外,還有次序裝訂顛倒的現象,如卷二"三十六"頁的內容,卻被編成"三十六之一"頁,中間隔了"三十五之一""三十六"兩頁內容。再如卷二第 29、30 頁內容裝訂顛倒等。

由吳忠禮主編、天津古籍出版社出版1988年版的《寧夏歷代方志萃編》全文影印了《萬曆志》，經請教吳先生，底本即甘圖本。且因條件所限，筆者未能親見此本，以上所論即據影印本。

另，吉大本因條件所限，未能目驗，此不贅述。山東省圖書館藏《萬曆志》存一卷，明萬曆刻本，有王獻唐跋，入選第三批《國家珍貴古籍名錄》，因未能親見，不詳其書。

（二）抄本

抄本有南京圖書館藏本（以下簡稱"南圖抄本"）和甘肅圖書館藏本（以下簡稱"甘圖抄本"）兩種

1. 南圖抄本

全書共五卷，五冊。左右雙邊，有格，版心文字內容均同故宮本。四眼線裝。每冊首頁鈐"南京圖書館藏"朱文方印。卷一正文前的部分與甲庫影印本同，特別是順序、內容、行款等（楊應聘序後的"楚璞""楊應聘印"均抄為白文）。和故宮本的區別主要有四點。其一，卷一第35頁誤裝訂在了第30頁前的位置。其二，卷二共110頁，其中萬曆四十五年(1617)原版99頁，新增12頁，缺第31頁一整頁。第27、29、35、36、39、75、98頁之後各多加了一頁頁碼編次相同的頁面，26頁沒有增加，且兩個27頁、新增的35和36頁、兩個75頁內容有重複的部分（這幾頁有重複部分比故宮本增加的分別是第二個27頁、第二個35頁、第一個36頁、第二個75頁）；第42頁之後直接接43頁，比故宮本少了三頁所增加的內容；六個第74頁中，第二至六個版心頁碼下無"又一"至"又五"字樣，與故宮本不同。第77頁誤裝在第80頁之前。其三，卷三第73頁重複裝訂。其四，卷四最後一頁，即《去思碑》的最後一頁，所抄內容誤為同卷第86頁右半頁

圖10　南京圖書館藏抄本《〔萬曆〕朔方新志》五卷書影（攝自縮微膠片）

前兩行內容（最後二字未抄），即"翰林院編脩南居仁撰《靈州三賢祠碑記》"的最後兩行內容，而不是刻本"廣寧人。時康熙五年九月之吉"等 12 字。

此本抄寫質量較高，字迹清晰端方，除個別地方有誤抄現象和裝訂錯頁外，基本上沒有太大問題，可對校刻本。從行款格式、內容及誤抄部分來看，應該是以刻本爲底本所抄。書中不避"玄""胤""弘""曆"字諱，故抄寫成書時間無法確定。

2. 甘圖抄本

甘肅省圖書館藏有民國三十三年（1944）傳抄本，只有前四卷。版芯高 18.6 釐米，寬 12.2 釐米。正文每半頁 10 行，行 24 字。是書首頁"羅鳳翱序"題下鈐"鴻汀"朱文方印和"張維之印"白文方印各一枚，《總鎮圖說》及卷一末頁、卷二至卷四首頁和末頁等處多鈐蓋有"隴人張維""臨洮張維""臨洮張氏"等白文方印、"鴻汀""還讀我書樓藏書印""臨洮舊族"等朱文方印。卷首有張維題識，內容與《隴右方志錄·萬曆朔方新志》解題同，落款爲"臨洮鴻汀張維題於寧夏寓廬"，鈐"鴻汀"朱文長方印及"隴人張維"白文方印各一枚。是書第一篇序題作《羅鳳翱〈朔方志〉序》，與故宮本和甘圖本均不同，但內容基本一致。其他序、檄文、凡例、修志姓氏、圖說、圖等與刻本基本相同，只是版心均歸入"卷一"，每篇自編頁碼。卷一、卷二每個類目均自編頁碼，其中卷一共 78 頁，卷二共 122 頁；卷三、卷四每卷統一編排頁碼，其中卷三共 76 頁，卷四共 67 頁。《萬曆志》在四十五年（1617）刊行之後又增補的內容抄本均有抄錄，但并沒有抄錄故宮本因增補而重複的內容；卷四末無《去思碑》一文。

抄本抄錄品質較差，有誤字、脫文等現象。如楊應聘《〈朔方新志〉序》落款爲"初璞楊應聘撰"，楊應聘號"楚璞"，顯然抄本誤。《修志凡例》中"建置沿革"，抄本誤作"建治沿革"。《修志姓氏》中提調"張崇禮"，抄本誤作"張宗禮"。也許是因抄寫之故，卷一《天文·分野星宿圖》無，卷二《內治·帝幸》部分脫去。

由中國西北文獻叢書編輯委員會編、蘭州古籍書店 1990 年出版的《中國西北文獻叢書》第一輯《西北稀見方志文獻》第 50 冊（即〇五〇卷）全文影印了此本。

就各圖書館所藏《萬曆志》比較而言，甲庫影印本內容最多，保存最好，問題最少，是最好的本子，筆者所據即爲此本。

四、《〔萬曆〕朔方新志》的主要內容

傳世甲庫影印本《萬曆志》包括以下幾部分內容：前述四篇序、《纂修〈朔方新志〉檄文》《修志凡例》12 條、《修志姓氏》《〈朔方新志〉目錄》《總鎮圖說》（後附

圖 13 幅），正文卷一至卷四，趙可教《〈朔方新志〉後跋》，卷五。

《總鎮圖説》後附 13 幅圖爲《鎮城圖》《南塘》《金波湖》《麗景園》《小春園》《總鎮輿圖》《河西總圖》《北路圖》《南路圖》《河東總圖》《西路圖》《中路圖》《東路圖》等。卷一包括《建置沿革》《天文》（含《分野星宿圖》）、《地理》（含《疆域》《城池》《衛砦》《坊市》《風俗》）、《山川》（含《形勝》）、《食貨》（含《户口》《屯田》《賦役》《水利》《鹽法》《物産》《土貢》《税課》）。卷二包括《内治》（含《帝幸》《藩封》《官制》《宦迹》《兵馬》《錢糧》《公署》《學校》《倉庫》《驛遞》①）、《外威》（含《邊防》《關隘》《烽燧》《俘捷》《款貢》）。卷三包括《文學》（含《科貢》《鄉獻》《流寓》）、《武階》（含《武科》附）、《忠》《孝》《節》《義》《竊據》《叛亂》《壇祠》《寺觀》（含《仙釋》附②）、《陵墓》《古迹》《祥異》《方技》。卷四爲《詞翰》，含頌、製、表類等共 7 篇，賦 2 篇，碑記序説類文章 63 篇，卷末附清康熙五年（1666）高辛胤撰《去思碑》1 篇。卷五爲《詞翰》《遺事》，收詩 193 首，詞 8 首，遺事 7 則，其後附寧夏巡撫黄圖安順治十二年至十五年間（1655～1658）奏議 3 篇。

五、《〔萬曆〕朔方新志》的評價

《萬曆志》作爲明代寧夏最後一部方志，有很高的價值。首先，它保存了大量的史料。根據《纂修〈朔方新志〉檄文》載，此次修志的目的，是自萬曆七年（1579）羅鳳翱修《朔方志》至崔景榮萬曆四十一年（1613）發出檄文，"時經三紀，事歷百端。宦迹迭興，法度紀綱有因革損益之異；風俗遞轉，人情物力有淳漓盈詘之殊"。以及"屯田水利""武備强弱""人文盛衰"等等方面都需要記載。特別是"壬辰之變"的有些歷史事件、人物，"雖或有得失之分，皆可備勸懲之助"，有必要"删繁就簡，録實黜訛"，且要"筆削褒貶"，"務期精核"，以成"一家之言"。從志書來看，這一目的是達到了，它上承《嘉靖新志》，保存了嘉靖十九年（1540）至萬曆四十三年（1615）間寧夏的大量史料，特別是萬曆二十年（1592）的"壬辰兵燹"、萬曆四十三年（1615）的兩次地震等，對於研究這一時期寧夏各方面的情況都有很高的價值。其次，在修志方式上多有創新。《萬曆志》開啓了寧夏修志史上集體編修的先河，打破了過去個人獨自完成志書的慣例，爲提高志書質量奠定了基礎；修志伊始，製定了具有指導意義的《修志凡例》，使編修工作更加理性；在體例上大膽創新，採用表格的形式簡潔明了地表現了不同歷史時期寧夏的建置

---

① 案：正文作"驛遞雜治附"，但無"雜治"正文。
② 案：正文中未標注"仙釋"類目名稱。

沿革和科貢方面的情況。這些創新舉措，使寧夏志書的編寫水平上了一個新層次，對後世修志影響深遠。第三，從文獻學的角度看，志書在前代方志的基礎上，又輯錄了多篇明朝寧夏歷史人物的詩文，對於豐富寧夏古代文學有重要意義。

當然，《萬曆志》的不足之處也是顯而易見的。張維在其《隴右方志錄》中有詳細論述：

> 此志文詞清簡，雅有翦裁。惜其綱目凌亂，《內治》《外戚》《文學》《武階》諸名語非通行。名實亦間不相副，《帝幸》《藩封》而謂之《內治》，《鄉獻》《流寓》而謂之《文學》，已失義類；而《忠》《孝》《節》《義》《方伎》又不入之《鄉獻》，《壇祠》《寺觀》《陵墓》《古迹》亦不入之《地理》，輕重失衡，虛標門目，是亦可謂之不知類也已。至誤以寧夏為夏州；《鄉獻》載宿石、李徹、史祥、史雲、史文忻、楊懷賓、戴休顏，且及於武威之李抱玉；《竊據》《叛亂》載漢之盧芳、十六國之夏元、魏之朔方胡；《古迹》載夏州、宥州、三受降城、得補兒湖城、察罕腦城；《宦迹》列元魏、唐、宋夏州諸刺史節度，又泛及周之南仲、漢之衛青、主父偃；《沿革》盡載兩漢、隋唐朔方郡縣，皆因於《明一統志》之誤。而《祥異》所載附會不經之談，猶其小失也。①

楊壽今傳世有文《重修西夏牛首山寺佛閣記》一篇，見於《〔康熙〕新修朔方廣武志》卷之下《詞翰·傳記》。文無甚特別之處，茲不贅述。

第四節　寧夏明代其他人士散見詩文

有明一代，寧夏還有部分人物的散見詩文傳世。這些著述大多保存於寧夏歷代方志中，少量見諸金石碑刻。在今人搜集整理的集子中，楊繼國、胡迅雷《寧夏歷代詩詞集》《寧夏歷代藝文集》收錄最全并有簡要注釋。此外，唐驤等人編《寧夏古詩選注》，吳懷章《古峽攬勝》，白永金、蘇忠深《中寧詩詞三百首》，胡學祥《寧夏古代風光詩選注》，銀川美術館編著《寧夏歷代碑刻集》等集子分別從不同角度有所收錄。對這些作品和作者，目前還沒有專門的論文研究。

寧夏明代其他人物的著述主要有詩和文兩類。

---

① 張維《隴右方志錄》，第 14—15 頁。

一、寧夏明代其他人物的詩

詩主要集中在嘉靖中期之前,從所要表現的核心內容上來看主要有三種:第一種是記載現實社會事件的,第二種是描繪寧夏風光的,第三種是其他類的。

(一) 記載現實社會事件的詩

明代的寧夏是九邊重鎮之一,常面對元朝殘餘兵力"胡酋"和河套一帶蒙古族的遊牧部落韃靼的威脅,戰爭是常有的事,屯田備戰是軍民生活中的主要内容,因而也成爲詩歌表現的主要對象。這類詩作比較典型的有保勛的《別贈張都閫武》《送歐陽繡衣》、黄綬《南塘宴别南川公》、劉思唐《和南澗中丞公途中口占》《奉和宿平羌堡》《奉和赤木口》、鄭時《奉和宿平羌堡》等。

保勛,生卒年不詳。寧夏衛(今銀川市)人,寧夏衛指揮,累官署都督僉事。明正德六年(1511)任鎮守寧夏總兵官。"博通武略,雅尚儒文,用兵惟務持重,當道咸奇其才"。① 現存詩有《別贈張都閫武》《上曲中丞》《過安邊營憩劉隱士山莊》《贈都閫史公家嗣榮中武舉》《送歐陽繡衣》(四首)、《池上感秋》《和静庵賞牡丹韻》共十首(其中《過安邊營憩劉隱士山莊》《和静庵賞牡丹韻》二首屬寫景詩,下文論及),最早均見於《〔弘治〕寧夏新志》卷八《雜咏類》,《〔嘉靖〕寧夏新志》卷七《文苑·詩》收録《和静庵賞牡丹韻》(題作《次静庵賞牡丹韻》)、《池上感秋》(題作《池上秋感》)。

《別贈張都閫武》是寫給張武的贈别詩,歌頌了張武雷厲風行的作風和對邊疆的貢獻。詩中反映了寧夏地區的很多現實情况,其中不乏"邊城二三年,四時戈槍鳴。黄河困飛輓,沃野無春耕"之類民生凋敝的描繪。作者做過下層軍官,對百姓的疾苦是非常清楚的,他不僅寫民生的凋敝,也寫家人對遠方戍邊遊子的思念:"遊子醉扶何處去,邊人戍向幾時還",只因"殘胡未静寒暄變"(《池上感秋》),還不知要讓多少家庭承受這種離散之苦。作者寫得更多的是"衣塵汗透拂青泥,行役勞勞東復西"(《送歐陽繡衣》其一)的"憔悴行相泣"(《送歐陽繡衣》其二)的邊氓,發出了"心懸民隱知何限"的感慨。長期的軍旅生活,使得作者非常自然地選取北方軍旅生活中的典型事物作意象,因而讀來非常有感染力。保勛的其他詩歌也大多是反映現實生活的。

黄綬,生卒年不詳。寧夏中衛(治今寧夏中衛市沙坡頭區)人。嘉靖元年

---

① 〔明〕胡汝礪編、〔明〕管律重修、陳明猷校勘《嘉靖寧夏新志》,第107頁。

(1522)壬午科舉人，八年（1529）己丑科進士。嘉靖十五年，"實授……黃綬……爲監察御史"，①巡按山東。② 二十六年（1547）五月，"陞……山東道監察御史黃綬爲右侍丞，③《〔萬曆〕朔方新志》亦載其"陞大理寺丞"。④ 黃綬爲官名聲較著，不畏權勢，志載："風裁峻整，名重朝紳。督學北直隸，巡按山東，士仰民懷，清白之聲大著。嘉靖甲辰，大學士翟鑾二子俱登第，物議遽起，綬彈之，有'一鑾當道，雙鳳齊鳴'之句。其不避權勢如此。"⑤卒後鄉人立"文宗柱史"和"進士"牌坊以紀念之，可惜在明萬曆二十年（1592）的"哱拜之亂"中被燬。⑥《〔萬曆〕朔方新志》卷五《詞翰》收其詩《贈中丞南川張公總師全陝》《南塘讌別南川公古風》等二首，其中第二首亦見諸《〔乾隆〕銀川小志·古迹》，題作《南塘宴別中丞南川張公》。二詩雖都是贈答詩，但詩中均表現了寧夏作爲軍事前沿的緊張形勢和軍民一心奮勇殺敵的現實情況，雖然"三邊具敝勞据拮"，但我軍的虎狼之師依然有一往直前的豪氣。如《南塘讌別南川公古風》：

> 年來羽檄紛如雪，廓清雅合當朝傑。紫巖夫子出祚宋，長城倚毗何真切。……飛書移向固原州，甲士如雲朝擁節。星影斜揮劍氣寒，水光浮動旌旗掣。材官騎彍不可留，士女壺漿爭自挈。祖道還誰佐酒巡，品竹彈絲都謝絕。……感兹清問莫縷陳，自古得人爲上策。玆議未訓短晷移，欲行且止難爲訣。賸言閫外重諮詢，豈向尊前惜離別。行矣晚渡黃河隈，百萬貔貅殊義烈。龍旌大發捲胡風，驍騎長驅搗虜穴。揮麈折俘應十萬，濡毫還賦詩三百。壯懷直欲倚崑崙，今日崑崙供大閱。……

"自古得人爲上策"，表現了對指揮有方的軍事人才的渴望和欽佩之情。

劉思唐，生卒年不詳。寧夏鎮（今寧夏銀川市）人。嘉靖十年（1531）辛卯科舉人；十一年（1532）壬辰科進士，位列第三甲第 159 名。由翰林院庶吉士陞山西按察司提學副使。卒後鄉人立"天官大夫"和"進士"牌坊以紀念之，惜其在"哱拜叛亂"中被燬。⑦ 現存詩有《和南潤中丞公途中口占》《奉和宿平羌堡》《奉和赤木

---

① 《明實錄·世宗實錄》，卷一八七，第 3953 頁。
② 案：《〔雍正〕山東通志》（影印文淵閣《四庫全書》本，臺灣商務印書館 1986 年版，第 540 冊，第 524 頁）卷二五之一"巡按監察御史"條下載："黃綬，寧夏衛人。"
③ 《明實錄·世宗實錄》，卷三二三，第 5995 頁。
④ ［明］崔景榮、楊應聘修，［明］楊壽等纂《〔萬曆〕朔方新志》，故宮博物院編《故宮珍本叢刊》第 084 冊，第 297 頁。
⑤ ［清］查郎阿等《〔乾隆〕甘肅通志》，影印文淵閣《四庫全書》本，第 558 冊，第 377 頁。
⑥ ［明］崔景榮、楊應聘修，［明］楊壽等纂《〔萬曆〕朔方新志》，故宮博物院編《故宮珍本叢刊》第 084 冊，第 221 頁。
⑦ ［明］崔景榮、楊應聘修，［明］楊壽等纂《〔萬曆〕朔方新志》，故宮博物院編《故宮珍本叢刊》第 084 冊，第 221 頁。

口》等三首,最早均見於《〔嘉靖〕寧夏新志》卷七《文苑·詩》,《〔萬曆〕朔方新志》卷五《詞翰》及《〔乾隆〕銀川小志·古迹》亦收其詩《奉和宿平羌堡》。現存文《籌邊錄序》一篇,見於《〔嘉靖〕寧夏新志》卷八《文苑·文》。這三首詩均爲和楊守禮而作。楊守禮,字秉節,號南澗子,山西蒲州(治今山西永濟縣蒲州鎮)人,時任寧夏巡撫。嘉靖十九年(1540)冬,楊守禮修築賀蘭山赤木口關成,率孟霁等人前往賀蘭山中祭祀山靈,守禮時做《途中口占》《宿平羌堡》《赤木口》等詩,衆人和之,共得28首詩,總題曰"觀赤木口詩",孟霁寫詩序以紀其事。思唐時亦和之。和詩均反映出當時邊塞寧夏烽火戰事的情況。如《和南澗中丞公途中口占》:

　　鳴笳疊鼓麾諸將,晴日雙旌駐賀蘭。青海遠從天際斷,黃河如在鏡中看。霜風已掃胡塵净,煙火還聞漢戍安。經略於今多上策,遥知西賊膽應寒。

《奉和宿平羌堡》:

　　十月胡霜滿,邊聲出塞多。旌旗明夕照,笳鼓振巖阿。已見三軍飽,仍聞一范歌。行當靖沙漠,羌虜莫言和。

詩歌氣勢充沛,豪情冲天,表現了寧夏軍民誓掃胡虜的決心和氣魄。

此類詩歌比較突出的還有鄭時的《奉和宿平羌堡》。鄭時,生卒年不詳。寧夏左屯衛(今寧夏銀川市)人,鄭廉(時任寧夏左屯衛指揮使)之子,薦陞寧夏遊擊將軍。詩云

　　寒天晴景短,荒塞野煙多。霜氣勍繁弱,星文耀太阿。裁燈賡雅咏,把酒聽高歌。欲剿窮廬盡,誰容暫乞和。

此詩亦爲楊守禮《宿平羌堡》的和詩,反映了當時地方軍人的爲國爲家而戰的豪氣,對當時統治者中身居高位卻總是乞和之人是一種辛辣的諷刺。

此外,此類詩歌及其作者還有:鄭卿,寧夏衛(今寧夏銀川市)人,正德年間曾任都指揮使,歷陞都督同知,陝西鎮守,現存詩《奉和途中口占》一首,見於《〔嘉靖〕寧夏新志》卷七《文苑·詩》;張炌,寧夏鎮(今寧夏銀川市)人,嘉靖十年(1531)辛卯科舉人,現存詩《奉和途中口占》一首,見於《〔嘉靖〕寧夏新志》卷七《文苑·詩》,亦見諸《〔萬曆〕朔方新志》卷五《詞翰·詩》;劉伸,寧夏人,明正德十四年(1519)舉人,現存詩《奉和途中口占》一首,見於《〔嘉靖〕寧夏新志》卷七《文苑·詩》;王業,號對河,寧夏人,明嘉靖二十二年(1543)癸卯科舉人,知山東霑化縣事,現存詩《長城謁監翁司馬》一首,見於《〔萬曆〕朔方新志》卷五《詞翰》;仇恩,寧夏鎮(今寧夏銀川市)人,封咸寧侯,現存詩《奉和途中口占》一首,見於

《〔嘉靖〕寧夏新志》卷七《文苑·詩》；王維垣，靈州（治今寧夏靈武市西南）人，明隆慶二年（1568）貢生，任主事，現存詩《次出塞詩》二首，很有氣勢，見於《〔嘉靖〕寧夏新志》卷七《文苑·詩》；楊拱，寧夏隆德縣人，貢生，現存《姚王墓詩》一首，見諸《〔康熙〕隆德縣志》。

（二）描繪寧夏風光的詩

寧夏自古風光獨特，既是塞北朔漠，有巍巍賀蘭之壯闊，也有長河落日之雄渾，更有飛沙走石之狂飆；又是塞上江南，有小橋流水之旖旎，也有園林連湖之恬靜，更有千里良田之勝景。唐時韋蟾即已有"賀蘭山下果園成，塞北江南舊有名"（《送盧藩尚書之靈武》）的名句，自慶靖王朱㮵改定寧夏八景詩始，文人騷客便以咏寧夏風光為能事，并在各地都形成了八景、十景之類的詩歌傳統。在這些散見的風光詩中，因慶府影響的緣故，吟咏麗景園和金波湖的詩歌非常多，寧夏作家中最有代表性的當數釋靜明。

釋靜明，明初寧夏僧人，與慶靖王朱㮵同時代。現存《麗景園八咏》（分別為《鶴汀夜月》《鳧渚秋風》《桃蹊曉日》《杏塢朝霞》《蓮塘清露》《壁沼煖波》《積翠浮光》《晴虹弄影》）、《金波湖棹歌十首》兩組共18首詩，最早見於《〔正統〕寧夏志》卷下《題咏》，《〔弘治〕寧夏新志》卷八《雜咏類》及《〔嘉靖〕寧夏新志》卷二《遊觀》收錄其《麗景園八咏》之《杏塢朝霞》和《金波湖棹歌十首》之八"畫船搖向藕花西"等二首，《〔乾隆〕寧夏府志》卷二一《藝文·詩》和《〔民國〕朔方道志》卷二九《藝文志·賦詩》亦收錄其《金波湖棹歌十首》之八"畫船搖向藕花西"，文字略有差異。

靜明的這18首詩全部都是寫景詩，描繪麗景園和金波湖的美景。麗景園，慶靖王朱㮵的果園，在今銀川市郊區紅花鄉紅花村；[①]金波湖，"在麗景園青陽門外。垂柳沿岸，青陰蔽日，中有荷芰，畫舫蕩漾，為北方盛觀"。[②] 18首詩中，有的表現出空靈、澄澈之美。如《麗景園八咏》之一《鶴汀夜月》：

   高人無寐坐深更，可愛淒清皓月明。寥唳一聲空廓外，恍如儔約赴蓬瀛。

詩中所用意象、動靜事物的交叉描繪都使人不由得聯想到唐王維的《鳥鳴澗》："人閒桂花落，夜靜春山空。月出驚山鳥，時鳴春澗中。"有的表現出閒適之情。如《金波湖棹歌十首》其一：

[①] 吳忠禮《寧夏志箋證》，第189、192頁。
[②] 〔明〕胡汝礪編、〔明〕管律重修、陳明猷校勘《嘉靖寧夏新志》，第164頁。

> 冉冉芙蕖映翠荷，隨風翻覆動金波。雲收一夜好明月，載酒扁舟聽浩歌。

置身如畫般的美景中，泛舟、飲酒、放歌，好不閒適。還有的表現出佛理禪趣。如《金波湖棹歌十首》其二：

> 景光疑似弱流東，汩汩靈源觸處通。一葉飄搖任來往，茫茫塵世樂誰同？

再如《麗景園八詠》之三《桃蹊曉日》：

> 大造無私發育齊，萬花開處日遲遲。遊人只為尋芳去，苔蘚斕斑已作蹊。

在金波湖中，一葉扁舟，茫茫塵世，使人頓生虛無縹緲之感。"大造"的無私，"苔蘚斕斑"在無聲無息中的變化，都透出深刻的佛理。

藝術上，靜明的詩意境空靈，大多是一種無我之境的表現。詩人更多的是對景物的描繪，而且都平淡沖和，時有淒冷、孤寂之感，亦不乏樂在其中的抒發，但總體上來看自身的情感隱藏較深，因而使其詩更耐人尋味，意蘊悠長。這和作者僧人的身份是一致的。如《麗景園八詠》之六《壁沼漾波》：

> 鑿水如環映彩霞，分明呈出一層花。韶光淑氣相逢日，戲綠金鱗兩兩斜。

再如《金波湖棹歌十首》其九：

> 點點蜻蜓貼水飛，錦鱗紅萼兩相依。忽從撥刺聲中看，颭濕生綃五月衣。

在意象的選擇上，都是典型的麗景園和金波湖的景致，水、沙、清波、紅霞、畫船、柳、芙蕖、蓮、荷芰、紅萼、金鱗、飛鷺、蜻蜓等，這些都是自古有"塞上江南"的美譽和號稱有"七十二連湖"的寧夏水鄉常見的事物，因而使詩歌有了更美的生命力，讀來清新而自然。這些意象與一般寧夏詩歌中呼嘯的風沙、壯闊的黃河、巍巍賀蘭、千里沃野的景致截然不同，是寧夏美景中的另一面，故意義更大。

在表現手法上，典故的使用也較多，且多為化用。如《金波湖棹歌十首》其九中"點點蜻蜓貼水飛"句，就是化用杜甫《曲江二首》中"點水蜻蜓款款飛"句而來。疊字的使用也是靜明詩中的一大特色，如"天色蒼蒼隱映低"(《麗景園八詠·積翠浮光》)句中的"蒼蒼"，"遙天湛湛一長虹"(《麗景園八詠·晴虹弄影》)句中的"湛湛"，"款款歌聲在在聞"(《金波湖棹歌十首》其四)句中的"款款"等，在表現景物的特點、狀態等方面非常貼切。

寧夏的風光詩還有夏景芳的《滄洲》。夏景芳,寧夏鎮(今銀川市)人,明成化四年(1468)戊子科舉人,《書經》魁。現存詩有《滄洲》《恭挽安塞宣靖王》等二首,其中《滄洲》最早見於《〔嘉靖〕寧夏新志》卷二《寧夏總鎮·遊觀》;《恭挽安塞宣靖王》最早見於《〔萬曆〕朔方新志》卷二《藩封》,亦見諸《〔乾隆〕銀川小志·藩封》。《滄洲》一詩在本書第一章第三節《朱氏後人及其著述》中已論及,茲不贅述。另有寧夏衛學生劉鼎咏金波湖的詩:"載酒東湖作勝遊,魚吹桃浪泛蘭舟。杜陵野老今何處,細柳新蒲綠滿洲。"此詩最早見於《〔嘉靖〕寧夏新志》卷二《遊觀》,亦見諸《〔萬曆〕朔方新志》卷五《詞翰》和《〔乾隆〕銀川小志·古迹》,均題作"遊金波湖"。

當然,風光詩中還有一些是寫景抒情的,如駱用卿的《題寧夏》。駱用卿,字原忠(中),號龍山,祖籍浙江餘姚,①寧夏鎮(今銀川市)人。明弘治十四年辛酉(1501)以《禮記》魁中舉,②正德三年(1508)戊辰科進士,位列三甲第 215 名;曾於正德年間任廣州府南海縣(治今廣東省廣州市)知縣,③官至兵部員外郎。現存詩《題寧夏》《別夏城親友》《題韓信廟》三首,其中《題寧夏》最早見於《〔弘治〕寧夏新志》卷八《雜咏類》,亦見諸《〔嘉靖〕寧夏新志》卷一《寧夏總鎮·形勝》。此詩描繪了寧夏風光的美好,嘲笑元昊和赫連勃勃早已灰飛煙滅,并對當朝的四海歸一的形勢進行了歌頌。

再如保勛的《和静庵賞牡丹韻》《過安邊營憩劉隱士山莊》,前者是唱和之作,後者寫山莊的寧静和安逸。《過安邊營憩劉隱士山莊》

> 城上春風啼野鶯,城邊流水石橋橫。紅隨車馬囂塵暗,綠遶門牆野柳平。山展叩詩非俗客,園蔬作飯本人情。石牀一枕黑甜穩,犬吠雞鳴總不驚。

詩歌寫景而意不外露,有種含蓄之美。

(三)其他

除上述兩類相對集中外,其餘寧夏明代其他人物散見的詩歌所要表現的内容多樣且分散,有的咏懷,有的懷古,有的贈答等等。

---

① 朱保炯、謝沛霖《明清進士題名碑録索引》,上海古籍出版社 1980 年版,第 2250 頁。

② 案:駱用卿中舉的情況是根據寧夏地方志記載得出。另據《〔乾隆〕浙江通志》(影印文淵閣《四庫全書》本,臺灣商務印書館 1986 年版,第 522 册,第 568 頁)卷一三七"弘治十四年辛酉科"條下載:"駱用卿,餘姚人,戊辰會魁。"且於陕西中舉。由此更可證明駱用卿祖籍浙江餘姚,户籍寧夏(今銀川市)。又,胡侍《墅談》卷三《喻墨莊謔詩》載:"駱武庫用卿,本餘姚人,以寧夏戎籍,登正德戊辰進士。"

③〔清〕郝玉麟等《〔雍正〕廣東通志》,影印文淵閣《四庫全書》本,臺灣商務印書館 1986 年版,第 563 册,第 157 頁。

朱孟德，寧夏人，明永樂十六年（1418）戊戌科進士，位列二甲第 39 名。任鄭王府審理，善詩文，當時人曾以"太白"稱之。現存詩有《寒食遣興》，見於《〔嘉靖〕寧夏新志》卷七《文苑·詩》；亦見諸《〔萬曆〕朔方新志》卷五《詞翰·詩》，《〔乾隆〕寧夏府志》卷二一《藝文·詩》，《〔民國〕朔方道志》卷二九《藝文志·賦詩》，均題作《西夏寒食遣興》。① 此外尚存《西夏端陽有懷二首》，見於《〔嘉靖〕寧夏新志》卷七《文苑·詩》；亦見諸《〔萬曆〕朔方新志》卷五《詞翰·詩》，題作《西夏端陽有懷二律》。《寒食遣興》：

　　春空雲淡禁煙中，冷落那堪客裏逢。飯煮青精顏固好，杯傳藍尾習能同。錦銷文杏枝頭雨，雪捲棠梨樹底風。往事漫思魂欲斷，不堪回首賀蘭東。

這是一首詠懷詩，抒發了寒食節懷念故鄉的情感，寫得淒清傷感。《西夏端陽有懷》二首也是詠懷詩，從内容上看，當爲晚年致仕回到寧夏後於端陽節懷念當年在京師生活的。

駱用卿的《別夏城親友》最早見於《〔嘉靖〕寧夏新志》卷七《文苑·詩》，其中"山形西限今夷夏，渠利中分古漢唐"句在同書卷一《寧夏總鎮·形勝》中引用。這是一首贈別詩，表達了作者對寧夏的留戀和對親友們的依依惜別的深情。《題韓信廟》最早見於《明詩綜》卷三八，亦見諸影印文淵閣《四庫全書》本《御選宋金元明四朝詩·御選明詩》卷七九。《題韓信廟》

　　逐鹿中原漢力微，登壇頓懾楚軍威。足當蹕後猶分土，心未猜時尚解衣。畢竟封侯符蒯徹，幾曾握手到陳豨。英魂漫灑荒山淚，秋草長陵久落暉。

這是一首懷古詩，對韓信生平進行了評價，表達了作者的惋惜之情。李夢陽認爲這是題淮陰侯韓信廟之絶唱。②

喻賢曾用詩戲謔駱用卿。賢，生卒年不詳，寧夏慶府引禮，乃胡侍從弟胡佑岳父，故當與胡侍同時代而略早。胡侍《墅談》卷三《喻墨莊謔詩》載："駱武庫用卿……人目之爲'駱繩頭'，以'蠻'頭從絲故也。老而無子，寧夏喻墨莊先生賢爲謔詩奇之云：'憑君寄語駱繩頭，一別繩頭又幾秋。不識繩頭從別後，可曾結下小繩頭？'"

此外，夏景芳有輓詩《恭挽安塞宣靖王》，最早見於《〔萬曆〕朔方新志》卷二

---

① 案：《〔民國〕朔方道志》卷二九《藝文志·賦詩》，原題作《西夏寒食遺興》，"遺"字當爲"遣"字誤。
② 〔清〕朱彝尊《明詩綜》，影印文淵閣《四庫全書》本，第 1459 册，第 907 頁。

《藩封》,亦見諸《〔乾隆〕銀川小志·藩封》。此詩是對朱秩炅的憑吊,在本文第一章第三節《朱氏後人及其著述》中已論及,茲不贅述。

二、寧夏明代其他人物的文

文主要集中在嘉靖到萬曆時期。按照體裁來分,可分爲碑記類、墓誌銘和其他三類。

(一) 碑記類

碑記以其特殊的載體形式和對古人社會生活中大事的承載功能,成爲古人著述流傳的很重要的文體,尤其是在寧夏這一邊疆地區,百姓貧困,讀書人鳳毛麟角,常有兵燹之災,使得前人的文獻很難流傳下來。在這種情況下,勒石紀事,撰寫碑記文,是文章得以流傳的重要形式和途徑。

現存寧夏明代其他人物著述中碑記文最有代表性的是楚書的《按察司創建碑》。楚書,字國寶,號高渠,寧夏人,正德十四年(1519)己卯科舉人,嘉靖二年(1523)癸未科進士。七年(1528),任山西"曲沃縣知縣。果毅有偉度,長於應變。撫小弱,治豪猾,吏畏民服。尋擢兵部主事"。① 十二年(1533),大同發生兵變,奉命前往平定。"書觀兵城下,城中俱登陴請曰:'吾輩非殺主帥者,亦無他志,但畏死自保耳。'請書入城。書諭慰之,且言用兵非朝廷意。衆皆望闕呼萬歲。書陳朝廷威德,曉以禍福,令獻首惡。賊平。"② 單騎平叛,足見楚書之膽氣。十三年(1534)十月,由兵部職方司主事陞任尚寶司少卿。十七年(1538)八月,陞任太僕寺少卿。十八年(1539)閏七月,又陞爲右僉都御史巡撫宣府(治今河北宣化)地方。③ 官至都察院右副都御史。卒後鄉人立"都憲"和"進士"牌坊以紀念之,可惜在明萬曆二十年(1592)的"哱拜之亂"中被燬。④ 過庭訓《本朝分省人物考》卷一〇六、《〔乾隆〕甘肅通志》卷三六、《〔乾隆〕山西通志》卷九〇有傳。

楚書今存文只有《按察司創建碑》一篇,見於《〔嘉靖〕寧夏新志》卷一《寧夏總鎮·公署》。此文作於嘉靖六年(1527),是應時任寧夏按察司僉事張履謙之請而作。此文最妙在開頭,作者起筆就說:"成天下事,必先有定見、有定力,而後可與有爲也。何也? 見不定則易爲喜事所嫌。見定矣,而才力不足以充之,則亦多爲劇費

---

① 〔清〕覺羅石麟等《〔乾隆〕山西通志》,影印文淵閣《四庫全書》本,第545冊,第192頁。
② 〔清〕查郎阿等《〔乾隆〕甘肅通志》卷三六,影印文淵閣《四庫全書》本,第558冊,第377頁。
③ 《明實錄·世宗實錄》,卷一六八、二一五、二二七,第3683、4405、4719頁。
④ 〔明〕崔景榮、楊應聘修,〔明〕楊壽等纂《〔萬曆〕朔方新志》,故宮博物院編《故宮珍本叢刊》第084冊,第221頁。

所窘。嫌則疑,疑則不敢爲;窘則拘,拘則不能爲之。二者欲成天下之事,難矣哉!"闡述道理後,筆鋒一轉,開始寫創建按察司的過程,先交代前人不創建的困難所在,再寫張崇德創建所克服的困難,二者一對比,進而得出了結論,張履謙(崇德)就是個有定見、定力的人。文章雖短,但是寫得很有説服力,既有傳統碑文的正常的敘事部分,又有自己關於"成天下事"的見解,夾敘夾議,提升了文章立意的層次。

王業傳世有《中衛美利渠記》,見於《〔萬曆〕朔方新志》卷四《詞翰》,亦見諸《〔乾隆〕中衛縣志》卷九《藝文·記》、《〔乾隆〕寧夏府志》卷一九《藝文·記》和《〔道光〕續修中衛縣志》卷九《藝文·記》,後二志均題作《美利渠記》。此文記載毛鵬、謝莆改浚中衛美利渠之壯舉。寫法雖非常傳統,但是資料性非常强,前面將寧夏的一些漢延渠、唐徠渠等水利設施的歷史交代較多,作爲後面修美利渠的背景材料,使得文章顯得内容厚重。其文語言凝練,善用描寫來表達情感。王業另有《重修清寧觀記》,記載時任寧夏巡撫王崇古重修清寧觀之事。見於《〔萬曆〕朔方新志》卷四《詞翰》,亦見諸《〔乾隆〕寧夏府志》卷一九《藝文·記》。

潘九齡傳世有《鳴沙州重修城隍廟碑記》《霍公冀去思碑記》。潘九齡,寧夏人,正德八年(1513)中舉。據《明實錄·世宗實錄》載,嘉靖十二年(1533)九月,潘九齡被選授爲工科給事中;十七年(1538)八月,調整爲户科給事中;十八年(1539)六月,陞任湖廣布政使司左參議;二十一年(1542)閏五月,被勒令致仕;後任雲南按察使;三十一年(1552)九月,陞任四川右布政使。志載,他"清白著聲。平麻陽寇,却雲南沐國公餽金",①爲時論所重。《〔乾隆〕甘肅通志》卷三六有傳。《鳴沙州重修城隍廟碑記》見於《〔道光〕續修中衛縣志》卷九《藝文·記》。《霍公冀去思碑記》見於《〔萬曆〕朔方新志》卷四《詞翰》,是爲霍冀寫的去思碑,贊頌霍冀的德政給百姓帶來的好處和百姓對他的懷念。

王繼祖有《簽憲汪文輝去思碑記》。王繼祖,字克紹,寧夏衛人。關於王繼祖,《〔萬曆〕朔方新志》卷三《科貢》、《〔乾隆〕寧夏府志》卷一四《人物·科貢》、《〔乾隆〕甘肅通志》卷三三《選舉》均載其爲寧夏人,但《四庫全書·陝西通志》卷五七下卻載其爲咸寧(治今西安市)人。查《明清進士題名碑錄索引》,載其户籍爲陝西寧夏衛,且爲軍籍;鄉貫爲陝西咸寧。②可見王繼祖祖籍陝西咸寧,户籍爲寧夏衛。隆慶元年(1567)丁卯科舉人,二年(1568)戊辰科進士。"授兵部主事,監税山海關。謝絕餽遺。陞武庫司郎中。諸司支費甚繁,繼祖謹出納,明簿記。陞河間知府,政聲爲畿輔最。以直道不容,罷歸。薦起,補南陽知府。抵任

---

① 〔清〕查郎阿等《〔乾隆〕甘肅通志》,影印文淵閣《四庫全書》本,第558册,第376頁。
② 朱保烱、謝沛霖《明清進士題名碑錄索引》,上海古籍出版社1980年版,第226頁。

當歲歉,流移載道。繼祖多方賑濟,全活數萬。"①官至山西副使。《四庫全書·陝西通志》卷五七下有傳。《簽憲汪文輝去思碑記》最早見於《〔萬曆〕朔方新志》卷四《詞翰》,亦見諸《〔乾隆〕寧夏府志》卷一九《藝文·記》。在交代了汪文輝的功勞後,作者發出感歎:"天下無不可革之弊,無不可興之利,患在官不任事耳。"這其實也是代表百姓對於後來的為政者提出了期望,從而提升了碑記的立意。

蒯諫有《香山牧馬碑記》。蒯諫,寧夏人,萬曆十九年(1591)辛卯科舉人,二十六年(1598)戊戌科進士。曾任禮部精膳清吏司主事、兵部武庫清吏司主事。② 此文收於中寧縣黨史縣志辦公室編《中寧碑錄》中。文章作於萬曆三十九年(1611)八月,主要記載慶府馬場形成的過程,引用了很多朝廷和各有司關於此馬場的公文,對於研究慶府在寧夏的有關活動具有史料價值。

李賁有《重修牛首寺碑記》。李賁,寧夏人,隆慶戊辰(1568)恩貢。《重修牛首寺碑記》見於《〔康熙〕新修朔方廣武志》卷之下《詞翰·傳記》。記載嘉靖年間因地震毀壞牛首寺,寺僧和鄉人重修之事。文章記載詳明,史事淵源表述清晰;語言華美,如描繪牛首山之風景:

  茲惟我寧夏西南隅,河東百七十里,以牛首為名,雙峰插雲,取其高也。北則根底賀蘭、黃河,南則聯絡金積、蠡山。前後拱抱,宛若尊卑俯仰;左右擁護,藹如侍衛從隨。仁風清而纖塵不到,月上而石砌玉明,③慈雲出而峰巒增翠,法雨過而崗阜重青。盤旋百折,上擬登天;遙望西瞻,下臨無地。古佛孤燈,日夜香煙不斷;老僧野衲,晨昏禮誦無休。有時而放光山頂,五色呈祥,見之者每以善緣自幸;有時而現燈河曲,天花散彩,遇之者恆以遭際難逢。鐘響半天,空谷傳而狐狸豺狼遁迹;鼓鳴雲表,驚雷過而魍魎魑魅潛消。奇哉此山,真四鎮之靈境,朔方之名剎也!

碑記多尚質樸,似此等描繪者不多見。

此外,周于人、崔謙、吕燁等人也有碑記文傳世。周于人,④寧夏中衛(治今中衛市沙坡頭區)人,萬曆己卯(1579)貢生,"任興文令。振興文教,治邑有聲,陞青州府通判。詩文散見於碑版,有可稱者"。⑤ 有《重修中衛學碑記》傳世,見於

---

① 〔清〕查郎阿、劉於義《〔乾隆〕陝西通志》,影印文淵閣《四庫全書》本,第554冊,第510—511頁。
② 銀川美術館編著《寧夏歷代碑刻集》,寧夏人民出版社2007年版,第114—116頁。
③ 案:疑"月"字前脫一字。
④ 案:周于人,《〔乾隆〕寧夏府志》卷一四《人物·科貢》作"周于仁";《〔乾隆〕中衛縣志》卷六《獻徵表·人物》作"周於人",卷七《選舉表·鄉貢》、卷九《藝文·記》均作"周于人"。
⑤ 〔清〕黃恩錫編纂、〔清〕鄭元吉修纂,寧夏中衛縣縣志編纂委員會點注《中衛縣志》,寧夏人民出版社1990年版,第154頁。

《〔乾隆〕中衛縣志》卷九《藝文·記》,亦見諸《〔道光〕續修中衛縣志》卷九《藝文·記》,記錢通、于翔義於萬曆三十五年(1607)重修中衛學之事。崔謙,明代寧夏人,生平不詳。今存有萬曆四十三年(1615)所撰《重修吉祥寺碑記》一篇,收入中寧縣黨史縣志辦公室編《中寧碑錄》中。吕燁,明代寧夏人,生平情況不詳。今存有崇禎四年(1631)所撰《廣濟茶庵碑記》一篇,收入《同心縣志》,①亦收入銀川美術館編著《寧夏歷代碑刻集》中。②

(二) 墓志銘

現存明代其他人物散見墓志銘全部爲嘉靖到萬曆年間所作,均收入銀川美術館編著《寧夏歷代碑刻集》中。

王業的《明武德將軍龍泉王公墓志銘》作於明嘉靖三十年(1551),爲正千户武德將軍王愈所撰。李微存有《明壽陽和靖王夫人丁氏墓志銘》。③ 李微,生卒年不詳,寧夏人,嘉靖十六年(1537)丁酉科舉人,官至直隸保定府(治今河北省保定市)同知。卒後鄉人立"黄堂司牧"牌坊以紀念之,惜其於明萬曆二十年(1592)的"壬辰兵燹"中被燬。④《明壽陽和靖王夫人丁氏墓志銘》作於明隆慶二年(1568),壽陽和靖王,即第五代慶王朱寘鐇之庶子朱臺濠,封壽陽郡王,諡和靖。此墓志是爲其夫人丁氏所作。馬應麟傳世有《明武略將軍固原千户張公墓志銘》。馬應麟,生卒年不詳,固原(治今寧夏固原市原州區)人,貢生,官至四川江津縣(治今重慶市江津區)丞。此墓銘作於萬曆八年(1580),是爲固原千户張錠所撰。趙性粹作有《明恭人高母王氏合葬墓志銘》。趙性粹,生卒年不詳,號澄齋,固原(今寧夏固原市)人,萬曆七年(1579)己卯科舉人,"授四川鹽亭知縣。歷官揚州府通判、河間府同知、雲南知府"。⑤ 此墓志銘作於萬曆八年(1580)之後(根據文意,萬曆九年的可能性最大),爲時任陝西都司高節之母王氏所撰。賈萬鎰有《明誥封壽陽鎮國將軍禠齋暨配夫人鍾氏合葬墓志銘》。賈萬鎰,號賀蘭山人,生卒年不詳,寧夏人,嘉靖三十七年(1558)戊午科舉人,官至山東青城縣(治今山東省高青縣)知縣。卒後鄉人立"三桂坊"牌坊以紀念他和另外兩人,後燬於

---

① 同心縣地方志編纂委員會編《同心縣志》,寧夏人民出版社1995年版,第636—637頁。案:《同心縣志》將"吕燁"誤作"吴燁"。
② 銀川美術館編著《寧夏歷代碑刻集》,寧夏人民出版社2007年版,第125—126頁。
③ 案:李微,《寧夏歷代碑刻集》作"李徵",誤。
④ [明]崔景榮、楊應聘修,[明]楊壽等纂《〔萬曆〕朔方新志》,故宫博物院編《故宫珍本叢刊》第084册,第221頁。
⑤ [明]楊經纂輯、[明]劉敏寬纂次、牛達生、牛春生校勘《嘉靖萬曆固原州志》,寧夏人民出版社1985年版,第205頁。

萬曆二十年(1592)的"哱拜之亂"。① 此文是嘉靖二十四年(1545)所作。吳過有《明詔封夫人金氏墓誌銘》。吳過,生卒年不詳,寧夏人,隆慶四年(1570)庚午科舉人,官至江西袁州府(治今江西省宜春市袁州區)同知。"尹縣賑饑,多所存活。袁州聞變,爲母棄官。官著廉明,鄉稱孝友。"②卒後鄉人立"鵬搏萬里"牌坊以紀念他,後燬於萬曆二十年(1592)兵燹。③ 墓誌銘作於萬曆二十一年(1593),是爲禰齋副夫人金氏所作。劉世秀有《誥封明威將軍劉公墓誌銘》。劉世秀,生卒年不詳,中衛(治今寧夏中衛市沙坡頭區)人,庠生。此文作於萬曆辛丑年(1601)。此外,蒯諫也有《明奉直大夫涿州知州静齋孟公墓誌銘》,作於萬曆癸丑年(1613),墓主爲靈州(治今寧夏靈武市西南)孟召。

這些墓誌銘均有一定的史料價值,特別是關於慶府家族人物的《明壽陽和靖王夫人丁氏墓誌銘》《明誥封壽陽鎮國將軍禰齋暨配夫人鍾氏合葬墓誌銘》《明詔封夫人金氏墓誌銘》等幾篇對於研究寧夏慶藩繁衍情況很有意義,甚至對於研究整個明代藩封制度也都有一定的史料價值。

(三) 其他

除上述兩類文體裁較爲集中外,其他體裁的文章還有劉思唐的《〈籌邊錄〉序》一篇,是爲楊守禮的《籌邊錄》所作的序。另有黃元會的《忠孝紀略》。黃元會,萬曆間貢士,任山西武鄉縣(治今山西武鄉縣)知縣,"九載清操,一塵不滓。武鄉入名宦,本衛入鄉賢。在武鄉時,擇邑士之雋秀者入署中,與子婿同學同食。中丞魏允中即所選士也。後魏任寧夏巡撫。元會之子籍、女夫焦裕,皆魏推轂登仕途焉"。④ 黃據周哲之事迹作《忠孝紀略》。據《〔乾隆〕寧夏府志》卷一六《人物‧忠》載:"周哲,中衛學生,萬曆二十年,哱拜反,遣僞將王虎攻中衛,參將熊國臣棄城走。"哲招集士庶分城據守,後城陷被執,卻用計殺了王虎,"中衛得全,皆哲之力也。哲事親孝,黃元會作《忠孝紀略》載其事"。⑤ 今惜不傳。

除散見著述外,明代寧夏其他人物也有部分專著,趙誠著有《易經述古》《百一稿》。趙誠,生卒年不詳,寧夏靈州(治今寧夏靈武市)人,貢生,"年分無考"。⑥ 爲

---

① [明]崔景榮、楊應聘修,[明]楊壽等纂《〔萬曆〕朔方新志》,故宫博物院編《故宫珍本叢刊》第084册,海南出版社2001年版,第221頁。
② [明]崔景榮、楊應聘修,[明]楊壽等纂《〔萬曆〕朔方新志》,第310頁。
③ [明]崔景榮、楊應聘修,[明]楊壽等纂《〔萬曆〕朔方新志》,第221頁。
④ [清]黃恩錫編纂、[清]鄭元吉修纂,寧夏中衛縣縣志編纂委員會點注《中衛縣志》,第154頁。
⑤ [清]張金城等修纂、陳明猷點校《乾隆寧夏府志》,第557—558頁。
⑥ [清]楊芳燦監修、[清]郭楷纂修,靈武縣縣志辦公室整理,蘇聞主編,張建華、蘇昀校注《嘉慶靈州志迹‧光緒靈州志》,寧夏人民出版社1996年版,第131頁。

人講孝道,"奉繼母至孝。母歿,朝夕哭奠,齋戒三年如一日"。①《〔乾隆〕寧夏府志》卷一六《人物·孝》、《〔嘉慶〕靈州志迹》卷三《人物·忠孝義烈》、《〔民國〕朔方道志》卷一七《人物志·孝友》有傳。前二舊志所載傳中著録有《易經述古》《百一稿》,《〔民國〕朔方道志》卷三一《志餘下·著作》亦載"明靈州趙誠著"有"《易經述古》""《百一稿》"。②惜今不傳。查後世書目文獻,亦未見著録,疑其未付梓。醫學方面,有張景皋的《難經直解》和方焌的《瘡瘍論》。張景皋,寧夏人,"精太素脈。可生則藥,不可生則斷以日時,百無一失。窮通壽夭,以脈推之,亦無不驗。所著有《難經直解》"。③方焌,寧夏人,"精醫道,尤善於傷寒。所著有《瘡瘍論》"。④《〔乾隆〕寧夏府志》卷一六《人物·方技》和《〔民國〕朔方道志》卷二二《人物志·技藝》有二人小傳并著録其醫書,除此之外,筆者在各種書目文獻中檢索,均無此二書之載,原書亦不見傳。

---

① 〔清〕張金城等修纂、陳明猷點校《乾隆寧夏府志》,第569頁。
② 馬福祥等修、王之臣纂《〔民國〕朔方道志》,載《中國方志叢書》(塞北地方·第二號),臺灣成文出版社1968年版,第1631頁。
③ 〔明〕胡汝礪編、〔明〕管律重修、陳明猷校勘《嘉靖寧夏新志》,寧夏人民出版社1982年版,第149頁。
④ 同上。

下編
寧夏清代人士著述研究

寧夏清代人士著述情況概述

清初，寧夏南北行政建制仍襲明制，在軍政方面仍隸屬陝西都指揮使司和陝西布政司，置寧夏巡撫、總兵，下設若干衛所，三邊總制仍駐固原。經過清初長期激烈的內戰，清廷對全國的統治漸趨穩固。順治二年(1645)，設寧夏分巡道，十四年(1657)，三邊總督移駐陝西。康熙三年(1664)，分陝西布政使司爲陝西左、右兩布政使司。四年(1665)裁撤寧夏巡撫。六年(1667)，改陝西右布政使司爲甘肅布政使司。九年(1670)，寧夏劃歸甘肅巡撫統轄，自此，寧夏長期隸屬甘肅。

雍正二年(1724)，清廷批准川陝總督年羹堯的奏議，裁寧夏衛，改置寧夏府，結束了始於明初而延續了近350年的特殊的軍事衛所建制，置府、州、縣等行政建制。改寧夏左屯衛爲寧夏縣(治今寧夏銀川市興慶區)、右屯衛爲寧朔縣(治今寧夏銀川市興慶區)、中衛爲中衛縣(治今寧夏中衛市沙坡頭區)、平羅守禦千户所爲平羅縣(治今寧夏平羅縣)、靈州千户所和寧夏千户(即明代寧夏後衛)爲靈州直隸州(治今寧夏靈武市)，後曾設新渠縣、寶豐縣，因乾隆三年(1739)地震損毀被裁汰。雍正八年(1730)，花馬池分州添設州同，爲靈州花馬池分州。這種四縣一州的格局，一直持續到清代後期。同治十一年(1872)，新設寧靈廳(治今寧夏吳忠市金積鎮)，直屬寧夏府。寧夏南部地區爲固原州和隆德縣，長期隸屬於甘肅省直隸府。同治十年(1871)，置化平川直隸廳(治今寧夏涇源縣城關)，隸屬平慶涇固化道。十三年(1874)，陞固原州爲固原直隸州(治今寧夏固原市原州區)，其下增設平遠縣(治今寧夏同心縣下馬關鎮)、海城縣(治今寧夏海原縣)、硝河城分州(治今寧夏西吉縣硝河鄉)。府州縣建制的逐步完善，對於加强清廷的統治起到了積極作用。

一、清初連年軍事鬥爭情況下寧夏人物著述的軍旅色彩濃重

明末清初，寧夏和全國其他很多地方一樣，也處於連年複雜的軍事鬥争中。先是李自成領導的明末農民起義軍與明軍的鬥争，緊接著，是清軍入關的殘酷殺戮和百姓的英勇抗争，在寧夏形成了清軍、農民起義軍、前明將士等幾方鬥争的

局面。順治二年(1645),李自成餘部賀珍的部將武大定在固原組織抗清鬥爭,從者甚衆,他們殺死清軍固原總兵,和清軍殊死戰鬥達數年之久。順治三年(1646),清軍寧夏副將王元、馬德等發動暴動,後聯合南部同心豫旺一帶群衆成爲起義軍,鬥爭數年。總體來看,整個順治年間,寧夏都不斷有起義軍對清軍的統治進行反抗,爲追求民族平等而勇敢戰鬥。

康熙十二年(1673),吳三桂起兵反清,三藩之亂就此開始。陝西提督王輔臣亦隨吳反叛,攻佔定邊、花馬池等地,一時間寧夏南部和東部均淪爲叛軍的勢力範圍。在征討叛軍的過程中,提督陳福又因兵變被殺,寧夏籍天津總兵趙良棟臨危受命,被擢陞爲寧夏提督。良棟急赴寧夏,捕殺兵變首惡,鎮定嘩卒,穩定了地方。後清軍平定了寧夏叛亂。趙良棟在寧夏練兵三年,成一勁旅,在平定三藩關鍵的康熙十八年(1679),軍中出現猶疑不進的情緒,趙良棟以近花甲的高齡,上書請戰,率所部五千人馬獨出一路,攻克密樹關,恢復徽州,戰略陽,破陽平;進四川,不十日取成都,可謂神速。後直撲雲南,在滿漢清軍十餘萬圍攻昆明九個月不下的情況下,良棟獨率寧夏幾千軍馬,奪新橋,復取得勝橋,打開了攻佔昆明城的缺口,對平定雲南起到了關鍵性的作用。良棟也官至雲貴總督,被譽爲清初第一良將。在平定三藩之亂的過程中,寧夏湧現了一大批著名的將領,他們後來不斷成長,在各地身居要職,手握兵權。其中比較著名的有四川提督馬際伯、雲南提督張國梁、湖廣提督俞益謨、湖廣提督馬寧、固原提督馬見伯等。在征川、征滇的過程中,寧夏以五千將士勇往直前,功勛卓著,也使寧夏武士名揚天下。

在清廷平定三藩、統一臺灣之後,北伐噶爾丹成爲又一場重要的戰爭,歷時八年之久。在這場戰爭中,寧夏是清軍西翼的戰略基地,起到了很重要的作用。特別是第三次率軍親征的過程中,康熙在寧夏駐扎日久,以寧夏爲籌集軍需、組織最後剿滅噶爾丹的大本營,從寧夏共徵集運出軍糧一萬多石,調出駱駝一千六百多峰,馬騾一萬五千多匹,固原軍隊也被大量調集。此次戰役以噶爾丹自殺、清軍大獲全勝告終。征戰中,七十多歲在寧夏養老的趙良棟曾被重新啓用暫行統領寧夏之兵,也曾於江南治病期間被康熙咨詢用兵之策;因押運糧草有功的俞益謨後被擢陞爲大同總兵;固原三將孫繼宗、田峻、王能後來分別任甘肅、廣西、安西總督。

此外,順治十六年(1659),名將劉芳名就曾"加左都督領兵,征海寇。時賊犯崇明,芳名……擊之,奪船拔幟,擒獲偽將"。① 康熙年間平定准格爾部策妄阿拉布坦及雍正年間西北用兵的過程中,寧夏健兒也多次征戰,寧夏成爲重要的兵源

---

① [清]張金城等修纂、陳明猷點校《乾隆寧夏府志》,第447頁。

地和戰略基地。

寧夏人自古尚武,朱栴評寧夏土居之人"性勇,銳於戰鬥";①管律也曾説:"寧夏,勤武之地。"②《〔乾隆〕寧夏府志》載,寧夏風俗"强梗尚氣,重然諾,敢戰鬥……工騎射……習射獵……性勇幹……剛果質直,重信義,勇戰鬥"。③僅康熙年間,寧夏就名將輩出,"以武節奮功名、秉旄鉞者,一郡常數十人"。④除前述著名人物外,《〔乾隆〕寧夏府志·人物》還記載清朝建國至乾隆四十五年(1780)間行伍出身的主要官員,如雲南道御史朱廷翰,兩廣總督、兵部尚書趙弘燦,襄陽總兵師帝賓,甘肅提督江琦,大同總兵官馬覷伯,四川巡撫、湖北巡撫、兵部尚書馬會伯等有傳者50餘位,其他官至都司、遊擊乃至總兵、提督者120餘位,武進士99位,武舉近500人。這還不包括南部固原地區。他們恰逢國家需人之際,英雄用武之時,因而很容易建功立業,出人頭地,且常常是父子相沿,兄弟相續,有明顯的家族特色。如趙良棟、趙弘燦、趙弘燮父子,師帝賓、師懿德父子,馬際伯、馬見伯、馬覷伯兄弟及馬際伯子馬紀師、馬紀勛兄弟等一家人,俞益謨、俞汝欽、俞汝亮、俞汝翼父子、叔侄等等,他們往往一人奠定家族基業,爲後人打下基礎,從而推動整個家族和更多人物發展。

整個清代前期,寧夏南北軍事人才輩出。這些人才中很多人都"好吟咏","工詩文",使寧夏的軍旅著述頗爲可觀。這類著述大體有兩種情況:一爲有關軍旅內容的,一爲武職人員所作其他內容的。當然,這兩種情況往往會交叉。

武職人員的著述很多都反映戰事等軍旅內容,這和作者的生活、經歷、關注點息息相關。趙良棟雖爲武將,但憑藉真摯的感情駕馭、透闢的邏輯分析、語言的凝練靈活,使其《奏疏存藁》既有很强的可讀性,也有重要的史料價值。書中對整個征戰的過程,將帥在具體戰役中的用兵策略和計謀,大小戰役的敵我拼殺和戰力分析等都非常詳細,實爲兵書。特別是其征川、征滇的翔實記載,可補正史之不足,糾某些史料之偏頗。書中有近一卷的內容都是關於寧夏的,非常珍貴。因全文都是給當朝皇帝的奏疏,可信度非常高。俞益謨編集的《辦苗紀略》,詳細記錄了作者會同欽差席爾達等人於康熙四十二年(1703)十一月至康熙四十三年(1704)正月間在鎮筸(今湖南省鳳凰縣)鎮壓紅苗的始末。其中有戰事當地的詳細地圖,有關於戰事的各種文移,有當地民俗風情的透徹分析,有關於埋伏、哨探等帶兵打仗的操作要略27則,有自己所部參與戰事的人員名單和

---

① 吳忠禮《寧夏志箋證》,寧夏人民出版社1996年版,第22頁。
② 〔明〕胡汝礪編、〔明〕管律重修、陳明猷校勘《嘉靖寧夏新志》,第51頁。
③ 〔清〕張金城等修纂、陳明猷點校《乾隆寧夏府志》,第107—112頁。
④ 同上,第112頁。

馬步戰守數目,對後世處理苗務有很高的借鑒價值,也是冷兵器時代很好的軍事教科書。俞益謨《孫思克行述》主要記載振武將軍孫思克一生的主要事迹,突出了這位清初良將的英勇和功績,文中還有大量的篇幅描寫戰爭的過程和條件的艱苦。益謨還修訂了《路程》《便覽》二書。這兩部書古已有之,但錯誤太多,益謨積三十餘年之功,親自測量,認真修訂而成,對於出行和行軍都意義重大。

　　武職人員的著述涉及戰事等軍旅內容以外的情況也有很多,它們更多的是詩文集或單篇著述。可惜這些詩文集基本都已散佚,單篇詩文在其他文獻中得以保存。朱廷翰爲明末舉人,有文武才,善騎射,清初任巡按山西監察御史,著有《宣雲奏議》等。武進士岳咨,曾任都司,著有《韉綫詩稿》,有《金塔登高》《賀蘭秋興》二首散見詩歌傳世。武進士王綏,官至江南提督,好讀書、撫琴、賦詩,著有《一嘯軒集》《琴譜小編》,有《黃沙古渡》《廢壘寒煙》二首散見詩歌傳世。浙江處州遊擊、勇健營遊擊張燦,工詩善射,有詩《賀蘭僧舍》傳世。武舉魏元勛,有詩集《移山草》。廣西潯州副將趙秉鐸,著有《耐翁編年詩集》。乾隆時期武生魏繼相,有詩《南園春曉》傳世。寧夏滿營協領景琪,著有《僑西懷舊詩稿》,今有《過平羌堡》《過三關》二首詩傳世。上述詩文集都已散佚,疑其大部分都未刊刻,或流傳不廣。詩文集雖不存,但卻非常鮮明地反映出寧夏清代武職人員的文學愛好和精神追求,反映出他們尚武之外,崇文的一面。從散見篇什看,武職人員的詩文更有氣勢,更宏闊,更有豪邁之情。

　　值得一提的是俞益謨《青銅自考》,這是清代寧夏武職人員惟一傳世的詩文集。全書十二卷,書中既有題奏條議、咨呈移會、檄行文告、啓集尺牘,也有傳記引集、序祝祭文,更有詩詞對聯。有純粹的軍事類內容,如專門訓練士卒射箭、使用鳥銃、擺隊布陣之法的(卷五《特揭操兵法則》);有暢敘友情的書信,特別是很多篇章用樸素的語言、點滴的瑣事表達真摯的感情(卷八《致張亮公》);有人物傳記,歌頌忠孝節義之人,敘述義理可彰之事,《兩義君傳》就是典型,此文被《〔康熙〕新修朔方廣武志·傳記》《〔乾隆〕中衛縣志·藝文編》《〔乾隆〕寧夏府志·藝文》《〔道光〕續修中衛縣志·藝文編》《〔民國〕朔方道志·藝文志》等文獻收錄,較有影響;也有書寫閒情逸致的詩詞,吟咏各種事物,或借物抒懷,或寫景抒情,都非常別致有韻味,特別是祭奠前輩名將的《祭勇略趙將軍文》《祭振武孫將軍文》,都是以氣馭文的長詩,內容詳實而情感充沛,評價中肯而認識到位,體現了作者的才情和思想。

　　總之,特殊的歷史時期,特殊的戰略地位,特殊的民俗風情,特殊的人文傳統,造就了清代寧夏人物著述的軍旅特質。

二、經濟社會的發展促進清代寧夏人物著述向多樣性發展

清初,政治局勢相對穩定,爲寧夏的經濟恢復發展提供了必要的客觀條件,特別是農田水利得以迅猛發展。積弊極深的軍屯制被廢除,原有的大批軍人轉而爲自耕農,勞動力得到了一定程度的解放,災年從其他地方移民到北部一帶開墾,官府給予優惠政策,幫助解決牲畜、工具等,生產得以更好地發展。水利建設很受重視,順治年間疏浚過唐渠和漢渠,後來又開鑿了惠農和昌潤兩條幹渠,開闢耕地萬頃。靈州、中衛等地舊有河渠都予以疏浚,灌溉面積大增。在治水實踐的不斷積累下,地方官吏關於水利建設的文獻也很多。《〔乾隆〕寧夏府志》卷八《水利》不僅記載了大小幹渠開鑿情況及其支流、水利工程、用水制度,還收錄了水利同知王全臣的《上撫軍言渠務書》、巡撫楊應琚的《浚渠條款》,以及張金城的相關論述,旨在爲後來者留下相關資料,以資借鑒。

北部發展引黃灌溉,南部固原地區則大力發展牧業,雍正年間設置了六個軍馬場,也發展旱作農業。就整個清代來看,固原地區的種植業逐漸取代了牧業和農牧兼營經濟,牧業逐漸降至次要地位。當然,因自然條件的限制,農牧業收成無法和北部地區相比。其他物產方面,花馬池等地的鹽業發達,中衛的枸杞、羊皮、釀酒,靈州的陶器,固原的皮毛、胡麻油、乳製品等初級加工的農牧業產品也很豐富。商業較爲發達,各種集市按商品種類分立,各有固定場所;外來客商很多,"山西商民會館""陝西會館"都有建立,固原地區更有四川會館;在花馬池城、橫城堡、石嘴子及部分賀蘭山口設有與蒙古牧民通商市口,蒙漢互市活躍。清代整個寧夏地區陸路有五條驛道,還有若干官衢通道,水路主要是靠黃河,埠頭、渡口很多,非常繁忙,古渡成爲文人筆下描繪寧夏的典型意象之一。

隨著康熙朝各項主要戰事的結束,全國基本都進入了穩定的發展期,寧夏也不例外,文教事業也有所發展。康熙年間,"大凡書香世族子弟,莫不閉户潛修,爭自琢磨,上應聖天子右文隆武之制。間有孤寒,不能延師肄業者,上命督撫大臣飭令郡邑有司,設立義學……啓迪童蒙……定爲有司考成賢否一則……師資公給……一切孤寒無告之人,咸得奮志攻書……稍讀《詩》《禮》,明倫曉義……教化興行……"①雍正三年(1725),改此前一直沿用明代留下的學宮爲府學,此後各地州縣學也逐步興盛,社學、義學紛紛建立,銀川書院等一批書院也有了很好

---

① 〔清〕俞汝欽《餘慶堂捐建義學義田記》,載〔清〕俞益謨、高巍纂修《〔康熙〕新修朔方廣武志》卷下,甘肅省圖書館藏清康熙五十六年(1717)刻本。

的發展,促進了文教事業的長足進步。據統計,清代寧夏地區中進士者共 36 名,舉人、貢生更多。文人數量的增多,爲繁榮地方文化、文學奠定了基礎。寧夏地方志事業也有了極大的發展,且一改明代方志多由個人著述爲官修,編纂出了《〔乾隆〕寧夏府志》等 20 餘種地方志,全面系統地反映了有清一代寧夏的社會總貌和文化成就,也承載了寧夏地方人物的大量詩文,爲留存寧夏的歷史文化遺產做出了貢獻。

經濟社會各項事業的發展,爲人物著述奠定了物質基礎,也提供了豐贍的素材。首先是方志的編纂成果豐碩。清代寧夏的地方志共有 21 種,一般都由官府牽頭,組織一批人編纂,纂修人當然是地方主官,但地方文士參與很多,帶動了他們的著述實踐,提高了他們的創作水平。總體來説,首推《〔乾隆〕寧夏府志》,"在明清寧夏總志中,《寧夏府志》編修體例最完善、編輯水平最高、内容最豐富"。① 該志卷帙宏闊,共計 22 卷,相當於明代傳世的四部主要方志卷數的總和,反映了當時寧夏經濟社會發展的方方面面,是"百年戰事的側影",也是"一代盛世的實録"。② 此志纂修是時任知府張金城,參訂爲時任寧夏府及所屬各州縣行政官員,六位編輯全部爲寧夏人,四位校正全部爲寧夏在學廩生,繕寫三人也全部爲寧夏在學庠生。編輯之首楊浣雨是乾隆三十六年(1771)辛卯科進士,截取知縣。《〔民國〕朔方道志》評價其"沉潛理學,名利澹如,著書甚富",誇讚他所秉筆的《寧夏府志》"窮源竟委,考核精詳"。③《〔康熙〕新修朔方廣武志》於康熙五十六年(1717)正式刊行,是寧夏現存唯一一部獨立成書的鄉級方志,對廣武營的屯田、賦役、水利、宦迹、兵馬、糧餉、人物等方面都有詳細記載,體例基本完備,有較高的史料價值。此志的編修人員十二人中,除監刻者生平不詳外,其餘均爲寧夏人。由於清代官員任職須在外地的特殊規定,方志的主修人一般都不是本地人,所以《〔乾隆〕中衛縣志》《〔道光〕續修中衛縣志》等編修較爲完備的地方志,纂修者均非寧夏人,但是每種方志都有寧夏人參與。如《〔乾隆〕鹽茶廳志備遺》就有十七位當地讀書人參與編輯工作,《〔宣統〕新修固原直隸州志》有二十九人參與了志書的編修工作。方志的編修,保存了鮮活的史料,挖掘了地方文化,記載了先民的智慧,促進了文教事業的發展,也豐富了寧夏地方人士著述的内容。

天下黄河富寧夏。寧夏農業的發展,主要得益于水利事業的興修。雖然水

---

① 胡玉冰《寧夏地方志研究》,第 146 頁。
② 〔清〕張金城等修纂、陳明猷點校《乾隆寧夏府志》,第 949、954 頁。
③ 王之臣《〈朔方道志〉序》,載馬福祥等修、王之臣纂《〔民國〕朔方道志》,《中國方志叢書》(塞北地方·第二號),臺灣成文出版社 1968 年版,第 818、3 頁。

利建設工程的記載、政策、制度等文獻的話語權主要體現在外來官員的著述中，但身處寧夏的文人士子還是用他們的詩文記錄和歌頌水利工程的建成和水利設施給人民帶來的福祉。俞益謨《青銅自考》卷九《劄水利何都閫》還曾設想在寧夏的漢渠、唐徠渠上架高橋拱，往來行駛小舟，以供運遞。此說雖未實現，卻也是基於寧夏水利便利的思考。李品鬵有《千金渠碑記》，贊頌俞益謨出資爲家鄉修千金渠（原名石灰渠）的義舉。雷起潛有《募化六塘嶺穿井疏引》，倡議捐資於廣武六塘嶺頂打井引泉，方便人畜飲水。《〔乾隆〕寧夏府志》卷八"水利"類目是專門用一卷内容來記載河西、河東、中衛三個灌溉區的所有幹、支渠的分布、長度、灌溉畝數及修建歷史、相關制度等；卷一九收録明代有關水利的碑記文六篇；卷二十收録清代興修渠道的碑文十三篇。楊浣雨之《長渠流潤》是一首古風，藉助寧夏八景詩題，寫寧夏引黄之渠的歷史和現狀，規模和貢獻，將咏史寫今融爲一體，緬懷前人，歌頌循良，贊美當時在寧主管水利事務且做出貢獻的水利同知王全臣與兵部侍郎通智等，内涵厚重。明代舊有八景中漢渠春水、良田晚照就是引黄灌溉的美景；後朱栴所改八景中漢渠春漲、月湖夕照基本承接了上述二景；至乾隆年間改定的"朔方八景"中，"長渠流潤""南麓果園""連湖漁歌"等都表現的是水利事業給寧夏帶來的美景。《〔乾隆〕寧夏府志》内收録了大量以美景爲題描寫寧夏水利建設事業的詩文。後來寧夏各地尤其是北部地方的靈州、平羅、中衛等地的方志中都有一二景是與此有關的，成爲人物著述中的一個特色。

　　文教事業的發展，也體現在人物著述中。銀川書院的落成，是寧夏教育事業的一件大事，多有文人詩文志之。路談《銀川書院碑記》記時任寧夏知府顧光旭擴建銀川書院之事，歌頌了趙本植、顧光旭等人的功績。語言凝練，交代清晰，敘述詳而不冗，評價切而不誇。王瀚傳世有《屋渠渠行銀川書院落成賦》，此賦在形式上更類似於詩，歌頌銀川書院之雄偉壯麗。以《銀川書院落成》爲題作詩者還有柳焭、任岳宗、崔之燦、王德榮、王三傑、陳作棟、張志顯、張均等八人。這種以同題詩紀一事的詩題還有《文昌閣新成有白燕來巢詩以紀瑞》多首，其中寧夏人兩首。記載興辦學校的還有很多。楊士美有《永康社學碑記》，記載中衛知縣黄恩錫修建永康社學之事，于三公《重修棗園社學記》寫中衛棗園社學建立的過程。

　　隨著康乾盛世時期社會的發展，寧夏產生了一批人才。他們多在仕途上有發展，著述多爲公牘文。趙弘燦、趙弘燮均官至封疆大吏，《康熙朝漢文硃批奏摺彙編》共收録趙弘燦摺子67篇，趙弘燮791篇。趙弘燦另有散見詩文傳世。俞德淵官至兩淮鹽運使，有《默齋公牘》二卷傳世，另著有《默齋文稿》（一作《默齋存稾》）、《館課存稿》《詩古文家言公牘》今不見傳，有數篇散見詩詞傳世。張煦雖生活在清代後期，但也曾任幾省巡撫，傳世只有《致鄂督張香濤書》一文，是駁斥張之洞的,較有氣勢,語言樸素,很有感染力。此外,還有康熙年間拔貢劉宏毅在詩歌創作方面多有探索,著有《詩論十則》;和尚潤光工詩文,著有《澡雪集》已佚,傳世有詩歌《和陳二猷遊山》《遊賀蘭山絕句》二首,追求無我境界,重在自然的描繪;乾隆年間進士、知縣張志濂所作《張孝子傳》,孝子形象非常鮮明突出。

三、思想的總體守舊和清後期的總體沒落背景下的著述情況

　　清王朝定鼎北京後,又經過40年的征服戰爭,國家統一,社會漸趨穩定。爲鞏固政權,經濟上採取了恢復生產的一系列措施,國力日漸強盛,社會繁榮。在思想領域,推行儒家思想文化,尊孔崇儒,興學重教。特別推崇朱熹,陞朱熹爲孔廟第十一哲,重用信奉理學的官員,考試取材四書五經,使宋代理學成爲清代的官方哲學。清王朝控制社會文化思想的一種方式就是編書。康熙時有《康熙字典》《淵鑒類函》《佩文韻府》《古今圖書集成》《全唐詩》等;乾隆時編成《四庫全書》,成爲我國古代文化典籍的集大成者;康雍乾時期大力倡導全國編纂地方志,各省都有通志,全國有《大清一統志》,而且每隔一段時間就重修。通過編書,將儒家思想、程朱理學貫穿其中,進而對知識分子進行潛移默化的影響。在提倡文化興盛的同時,又實行嚴酷的思想控制,對書籍進行查閱挖改、違禁銷毀等措施,給傳世文獻造成了巨大的災難。有的書被禁燬的理由非常荒唐,如俞益謨的《青銅自考》被乾隆禁燬的理由是:"並無違礙……止抬頭款式未合,及字句偶失檢點,此等乃常有之事,不足深責……但原書既經繳出,自應銷毀。"[①]思想控制的另一種更嚴厲的手段是大興文字獄,有些文人稍有不慎即滿門抄斬。嚴酷的文化統治導致乾嘉學派的興盛,學者們多鑽入故紙堆中,皓首窮經,考據注釋。但即使這樣,當時全國的學術思想、社會思潮仍然是很活躍的。清初三大家的反宋明理學和啓蒙思想,清中葉漢學家的無徵不信和求真務實,桐城派、神韻説、格調説、肌理説、性靈説之間的論爭,各種文學形式成就的取得,都對整個思想界和文化界產生了深遠的影響。

　　但是,作爲邊鄙的寧夏似乎死水一潭,在思想上異常沉悶,幾乎不受外界新思潮、新理論的影響,非常保守。方志的纂修大力宣揚程朱理學,忠孝節義的內容廣泛充斥其間,節婦、烈女佔據大量篇幅。相比明朝來說,出現了研究經學的著述,但都是替聖人作闡發,且無所發明。謝王寵的《愚齋反經錄》,歷時十餘載,

---

① [清]昆鋼《欽定大清會典事例(八)》卷一一二,臺灣新文豐出版股份有限公司1976年版,第6563—6564頁。

著述十六卷,都在爲傳統的理學作進一步的闡釋,陳陳相因,并無新奇。俞益謨的《道統歸宗》,許體元的《春秋傳敘》《周易彙解衷翼》雖散佚,我們無法知道其思想上的主旨,但在後世幾無影響來看,應該也沒有什麼新意。即使出現有劉德炯重刻他人書刊,也選擇的是明代理學家馮從吾的《關學編》(《重刻〈關學編〉序》)。其他人士無論是詩文創作,還是梓刻編集,都并沒有多少自己的思想,也沒有超出官方所提倡的認識,更沒有對外界新思想、新學説的引進和闡發。至於清代各種文學樣式都取得較大成就的情況,在寧夏仍然像明代一樣,沒有什麼變化,人物著述除了詩文外,小説、戲劇竟然沒有一篇(部),更別説講唱文學之類。

　　清前期和康乾盛世時期,寧夏人因軍事上的備受重視和生產的不斷發展,在社會上到處焕發出昂揚的精神狀態,人物著述中也充滿了豪氣、大氣和向上之氣。但軍事上的重視所帶來的問題也逐漸顯現,清朝幾次用兵新疆,作爲後備區域,徵發糧草、兵夫是寧夏的主要任務,加之清中期以後,西北回族反清形勢嚴峻,清政府在寧夏的軍事力量保有很多。這種特殊的情況造成清政府在寧夏"諸凡建設,或因或創,於武備尚詳,而文治獨略",①而武將往往肆意橫行,欺壓百姓。隨著吏治的敗壞,水利設施日漸廢棄,無人督修;生產條件的破壞和自然災害,土地兼併嚴重,帶來寧夏生產發展的減緩和停滯。加之民族關係變化,回民多次起義,反清鬥爭風起雲湧,鴉片戰爭後不斷對外賠款帶來的深重負擔,使寧夏的社會動蕩,人口鋭減,民不聊生,已經完全失去了清初和康乾盛世時的昂揚奮發的狀態。

　　清中期以後這一時期,寧夏人的著述屈指可數。典型代表當數趙尚仁,雖中舉人,卻因生計所迫,只能在署甘肅提督張俊之府設帳。有詩集《半部論語齋初草》《龍見井中歌有序》等著述傳世,內容既有對歷史咏歎而言志的,也有對景物描繪而抒情的,更有對新事物吟咏以贊美的。詩意清新,文有氣勢,在整個19世紀寧夏文人著述的行列中佔據著領先的位置。此外,道光間諸生趙飛熊著有《西園草》,已佚,當爲詩集,有詩《大悲閣望筆架山》傳世;光緒間廪生辛潤身嗜讀書,好吟咏,著有詩文集《緑窗集》;恩貢英元,爲寧夏滿營鑲黄旗防禦,兼教生徒,著有《鵾蟬微吟草》《集益堂小草》《静修日記》等。這幾位雖都進學,卻都爲社會底層人士,作品集除《半部論語齋初草》抄本傳世外,其他已散佚,疑其均未刊刻,實爲憾事。

---

①　[清]左宗棠《請陝甘鄉試分闈並分設學政疏》,載[清]葛士濬《皇朝經世文續編》卷五三,上海久敬齋,清光緒二十七年(1901)鉛印本。

與明代相同,清朝寧夏文人傳世著述中也有數量較多、水平較高的寫景類詩文,且此類詩文多是寫寧夏八(十、十二)景的。寧夏八景詩,古已有之,至慶王朱㮵進行了删修,清順治年間寧夏都御史黄圖安又重新提出了八景的名稱,到《〔乾隆〕寧夏府志》編定時,又專門改定爲"朔方八景"。有府城倡導,各地也效仿,紛紛提出本地之風景名勝,靈州有八景,韋州有四景,中衛有十(十二)景,平羅亦有八景,等等。朱適然傳世有八景詩《山屏晚翠》《河帶晴光》,王德榮有《河帶晴光》(洪河如激箭)(一曲河如帶)二首,八(十、十二)景詩中較優秀的還有栗爾璋、王賜節、王永祐、任鈞氂、王都賦、任景昉、鄭秉鎮、魏修德、王宋雲、尹光宗、王三傑、趙廷桂等人的部分作品。八(十、十二)景詩因其對象、題目固定,唱和之作多,故反映作者才思水平有餘,體現真情實感不足,作爲地方志反映地方名勝風情自有其價值,但作爲文學作品則價值有限。這些寫景詩之所以能够傳世,就是因爲地方志所載,才不至於散佚。寫景詩除以寫地方名勝爲主的八(十、十二)景詩外,還有其他一些描繪寧夏風光的詩作。清初知縣劉芳猷工詩與古文,著有《澄菴集》《歸田詩草》,惜不傳。傳世散見著述有詩六首,分別爲《野望》《過普濟庵贈石屏上人》《朔方》《邊城》《絶塞》《雨餘登無量臺》,寫得氣勢充沛、意境闊大,極具塞北特色,意象典型,情景交融,是難得的寫朔方的佳作。此外,李若樾的《老君臺》、魏殿元的《登古佛泉閣》、王家瑞的《偕同人乘雪遊賀蘭山》、胡秉正的《咏賀蘭山》《曉渡黄河》《林皋道上口占》《登高台寺》四首、史師朱的《賀蘭聳翠》、魏繼相的《南園春曉》、岳鍾仙的《登文昌閣》等寫景佳作,也都描繪了寧夏風光。

　　總之,清代寧夏人士著述較明朝而言,數量更多,流傳也較廣,非常可觀,爲豐富、繁榮祖國的文化、文學事業做出了應有的貢獻。

第一章　趙良棟及其後人著述

趙良棟，寧夏鎮（治今寧夏回族自治區銀川市興慶區）人，清初良將，戰功赫赫，爲後世所重。

關於趙良棟，史料記載頗爲豐富。張玉書《趙擎之七十壽序》是作者作爲良棟多年的朋友，根據自己的親身經歷和感受概括了趙將軍一生主要事迹所作之文，時良棟在世，且看過此文，故可信度非常高。錢儀吉《碑傳集》卷一四收有張玉書所撰《誥授光禄大夫勇略將軍總督雲貴兵部尚書兼都察院右副都御史世襲一等精奇尼哈番謚襄忠趙公良棟墓誌銘》（本章以下簡稱《墓誌銘》，引用採用隨文夾注）和嚴虞惇所撰《特進光禄大夫兵部尚書兼都察院右副都御史勇略將軍趙公神道碑銘》（本章以下簡稱《神道碑銘》，引用採用隨文夾注），作爲同時代人所撰趙良棟生平事略，是非常珍貴的史料。《〔乾隆〕銀川小志·鄉獻》有簡略記載，《〔乾隆〕寧夏府志》卷一三《人物·鄉獻》有傳，《〔民國〕朔方道志》卷一六《人物志·鄉宦》内容基本同於《〔乾隆〕寧夏府志》。袁枚《勇略將軍趙襄忠公傳》勾畫了趙良棟一生主要事迹，[①]特别是抓住了傳主在征川、征滇中的功績，有詳有略，對其人品也有較爲中肯的分析，只是此文文學性更强些。昭槤《嘯亭雜録》卷九的《趙勇略》傳文内容多同於袁枚之文。魏源《聖武記》卷二《藩鎮》中對趙良棟在征滇中所起關鍵性的作用體現得非常明顯。《清史列傳》卷七、《清史稿》卷二五五收有趙良棟本傳，均詳叙其生平大事。此外，《清聖祖實録》《康熙起居注》《平定三逆方略》等文獻中對於趙氏的記載甚多，李元度《國朝先正事略》卷一一《趙襄忠公事略》也對良棟生平有記載。上述史料是我們研究趙良棟生平的主要依據。

另，《趙氏家譜》作爲研究趙良棟及其後人的重要文獻資料，有着其特殊的意義。該譜共三册，成書於乾隆丙子（1756）夏二月，趙良棟之孫趙之垣編撰，現藏於寧夏博物館，保存基本完好。此譜對趙氏家族記載詳實，内容主要有《御製祭

[①]　[清]袁枚《小倉山房文集》卷六，載[清]袁枚著、王英志校點《袁枚全集》，江蘇古籍出版社1993年版，第113—115頁。

文》、趙良棟事略、史官任蘭枝撰《勇略將軍趙襄忠公傳》以及趙氏家族成員的相關情況，包括趙良棟曾祖父、祖父、父、本人、子、孫、曾孫、玄孫、來孫、弟孫的相關情況，但令人疑惑的是趙良棟第五子趙弘熺不在家譜之中。

關於趙良棟的研究，目前學界多關注其生平，特別是這位將軍在平定寧夏叛亂和吳三桂反叛過程中的英勇善戰和歷史功績。王重民、楊殿珣編《清代文集篇目分類索引·碑傳甲》引袁枚《勇略將軍趙襄忠公傳》作爲史料來源研究良棟生平。商鴻逵《康熙平定三藩中的西北三漢將》一文詳敘張勇、王進寶、趙良棟三漢將在恢復陝、甘、川、滇戰鬥中所起的作用。文韜《清初名將趙良棟論略》一文對勇略將軍的一生，尤其是他在平定吳三桂叛亂中的主要活動和作用進行了論述。吳忠禮《趙良棟（附：趙弘燦、趙弘燮）》一文論述趙良棟的生平經歷，並對趙良棟之子弘燦、弘燮作簡要介紹。① 曾文俊有文《趙良棟生平事略》，介紹了趙良棟一生主要事迹。② 郭松義《趙良棟傳》對良棟一生的經歷進行了較爲詳細的考述，③對其爲人進行了簡單評價。中央民族大學趙樹興的碩士學位論文《趙良棟與吳三桂叛亂研究》，比較詳盡地研究了趙良棟的生平，分析了他的爲人，解讀了他和其他同時代的朝臣的是非恩怨。馬建民《清初寧夏籍名將趙良棟家世考》一文對趙良棟的生平事跡、家世情況作了詳細考證，尤其是對趙良棟家世的考證，目前最爲詳細。也有研究成果涉及趙良棟的著述，如《明清以來寧夏歷史人物著述考——以朱栴等人爲例》一文是寧夏大學研究生刁俊於2007年4月發表的碩士論文，其中羅列了趙良棟《奏疏存藁》的文獻著錄情況。

當然，作爲西北名將，趙良棟的生平事迹也往往成爲通俗讀物的取材對象。早在1980年，高樹榆就曾在《寧夏日報》的"歷史人物與寧夏"欄目中撰文《趙良棟》，簡述趙良棟一生主要事迹。④ 張懷武《歷史名人與寧夏》中有專文《清初第一良將趙良棟》，用通俗的歷史讀物的形式介紹了趙良棟的生平。《寧夏古今名人故事》一書中有《清初第一良將趙良棟》一文，以小故事的形式簡要介紹了趙良棟的一生。《清初第一良將趙良棟》一文主要介紹趙良棟事跡。⑤ 周建忠《以史

---

① 吳忠禮《趙良棟（附：趙弘燦、趙弘燮）》，《寧夏史志研究》1988年第4期，第16—23頁。（案：此文後以《清初名將趙良棟（附：趙弘燦、趙弘燮）》爲題，收入吳忠禮《朔方集（上）》，寧夏人民出版社2011年版，第288—301頁）

② 曾文俊《趙良棟生平事略》，載徐夢麟主編《寧夏文史選編》，寧夏人民出版社1993年版，第137—144頁。

③ 郭松義《趙良棟》，載何齡修、張捷夫主編《清代人物傳稿》上編第七卷，中華書局1994年版，第153—161頁。

④ 高樹榆《趙良棟》，《寧夏日報》，1980年8月13日。

⑤ 《清初第一良將趙良棟》，《華興時報》，2008年5月29日。

爲鑒話用人》一文講述趙良棟英勇善戰及康熙皇帝善待忠臣趙良棟的事跡。① 穆野《清初寧夏名門趙良棟家族》一文介紹趙良棟生平及其後人情況,包括子趙弘燦、趙弘燮、趙弘煌、趙弘煒;孫趙之垣。② 其實趙良棟有子五人,五子趙弘熺,且三子趙弘煜,而非趙弘煌。這說明趙良棟作爲歷史名將,已經通過通俗讀物的形式深入人心,影響深遠。

綜上,關於趙良棟的生平,史料豐富,研究成果斐然。但關於《奏疏存藁》,卻沒有深入的研究;趙良棟的後人趙弘燦、趙弘燮等雖官居高品,卻鮮有研究者。

第一節　趙良棟的生平

趙良棟,字擎之,號(或曰字)西華。

關於趙良棟之字號,史料記載不一致。其一是不署字號,如《〔乾隆〕銀川小志·鄉獻》、昭槤《嘯亭雜錄》卷九、《清史列傳》卷七等。其二是署"字擎宇",如《甘肅通志》卷三〇《名宦》、卷三六《人物》,《〔乾隆〕寧夏府志》卷一三《人物·鄉獻》,《清史稿》卷二五五等。其三所署字號較爲多樣。如袁枚《勇略將軍趙襄忠公傳》署"字西華",③張玉書所撰《墓志銘》署"字擎之,號西華",嚴虞惇所撰《神道碑銘》署"字擎之,別字西華",李元度《國朝先正事略》卷一一《趙襄忠公事略》署"字擎宇,一字西華"等。④ 辨析上述材料不難發現,張玉書與嚴虞惇皆爲良棟同時代人,張之《墓志銘》說:"余忝交公久,素悉公……嘗私竊歎羨……余雖不敏,敢不據所見聞撮拾其梗概而敘次之?"張也曾在良棟七十壽慶時作過《趙擎之七十壽序》。⑤ 嚴虞惇《神道碑銘》是依據良棟子"宏燦等所撰事狀"作,且嚴氏曾與良棟"相周旋,悉知"趙氏"忠勇大節,歷官制軍勝敵之略,與其生平慷慨質直、強毅不撓之氣,未嘗不景仰歎慕,以爲古之名將所不及"(《神道碑銘》)。因此,良棟字擎之,一字西華或號西華當最可信。《神道碑銘》中還專門提到了"別字",并未言及"擎宇"。故字"擎宇"之說,不知所自,後世因陳,不足信。

---

① 周建忠《以史爲鑒話用人》,《共產黨人》,2010 年第 4 期,第 53—54 頁。
② 穆野《清初寧夏名門趙良棟家族》,《新消息報》,2012 年 7 月 2 日。
③ 〔清〕袁枚《小倉山房文集》卷六,載〔清〕袁枚著、王英志校點《袁枚全集》,江蘇古籍出版社 1993 年版,第 113 頁。
④ 〔清〕李元度《國朝先正事略》,清同治刻本,卷一一。
⑤ 〔清〕張玉書《張文貞集》,影印文淵閣《四庫全書》本,臺灣商務印書館 1986 年版,第 1322 册,第 488 頁。

一、趙良棟的生平分期

趙良棟生於明天啓元年(1621)十月二十七,卒於清康熙三十六年(1697)三月初四,終年七十七歲。其一生大體可以分爲四個階段:

(一) 從戎前的成長階段,明天啓元年(1621)至清順治元年(1644)24歲前

明天啓元年(1621)十月,趙良棟出生於陝西延綏安邊堡(治今陝西省定邊縣新安邊鄉)。其先世世居陝西,但具體地方史料記載卻不一致。張玉書撰《墓志銘》載:"先世自陝西綏德衛遷居安邊,逮公官寧夏,因家焉。"嚴虞惇《神道碑銘》所載與此基本相同。《甘肅通志》卷三〇《名宦》載爲"延綏安邊堡人",卷三六《人物》又載爲"榆林衛安邊堡人"。①〔乾隆〕寧夏府志》卷一三《人物·鄉獻》卻又記爲"自定邊徙家焉"。②《清史稿》卷二〇二則説"先世居榆林"。③

其實,"先世自陝西綏德衛遷居安邊"、"延綏安邊堡人"和"先世居榆林"都是因延綏鎮治所的變遷而産生的不同的説法而已。根據《明史》卷一七八載,"初,延綏鎮治綏德州,屬縣米脂吳堡悉在其外。寇以輕騎入掠,鎮兵覺而追之,輒不及,往往得利去"。明成化年間,余子俊"徙鎮榆林,增衛益兵,拓城置戍,攻守器畢具,遂爲重鎮。寇抄漸稀,軍民得安耕牧焉"。④ 延綏鎮從綏德州徙榆林時,榆林衛就轄安邊。《〔乾隆〕·陝西通志》載:"成化間,余子俊移綏延鎮於榆林莊,置榆林衛,分東中西三路爲守……西路堡十,有龍州、鎮靖、鎮羅、靖邊、寧塞、柳樹澗、安邊、磚井、定邊、鹽場。"⑤可見綏德衛、安邊堡、榆林衛均爲延綏鎮所轄,只是後來延綏徙治榆林後,往往被叫做"榆林鎮"或直接用"榆林"代稱。如《明史》卷九一載,成化七年(1471),"延綏巡撫都御史余子俊大築邊城。先是,東勝設衛守在河外,榆林治綏德"。⑥ 這裏榆林指延綏,且《明史》這種代稱多見,可證"榆林"代指"延綏"是較爲普遍的。因此,"先世居榆林"當指延綏,也就是其治所綏德衛,故"先世自陝西綏德衛遷居安邊"、"延綏安邊堡人"都是正確的。《〔乾隆〕寧夏府志》所説"自定邊徙家焉","定邊",據《〔乾隆〕·陝西通志》卷三載,本

---

① 〔清〕查郎阿等《〔乾隆〕甘肅通志》,影印文淵閣《四庫全書》本,臺灣商務印書館1986年版,第558冊,第164、378頁。
② 〔清〕張金城等修纂、陳明猷點校《乾隆寧夏府志》,第448頁。
③ 趙爾巽等《清史稿》卷二五五,中華書局1976年版,第9773頁。
④ 〔清〕張廷玉等《明史》,中華書局1974年版,第4737頁。
⑤ 〔清〕查郎阿、劉於義《〔乾隆〕陝西通志》,影印文淵閣《四庫全書》本,第551冊,第247頁。案:此處"綏延"當爲"延綏"之誤。
⑥ 〔清〕張廷玉等《明史》,中華書局1974年版,第2237頁。

來是明延綏鎮西路"定邊、鹽場、磚井、安邊、柳樹澗五堡,屬靖邊道。本朝裁靖邊道,屬榆林道。雍正九年,併五堡置定邊縣,屬榆林府"。① 也就是說,雍正九年(1731)年後安邊隸定邊縣,故"自定邊徙家"亦正確。總之,良棟在入籍寧夏前是安邊堡人。

良棟出身軍户,父親曾任明海州參將,家庭的熏陶,使他"少倜儻",②不勤於文而著力於武。《墓誌銘》載:"公少工舉子業,顧倜儻有大志,不屑束縛章句,遂仗策從戎。"《神道碑銘》亦載:"公少倜儻,有大志。讀書不事章句,好觀古人忠孝節俠事。嘗慨然曰:'大丈夫當爲國家出死力,定禍亂,安用儒生呫嗶爲?'"連他本人也説:"予生長邊方,少攻呫嗶之暇,留心武備。"③這些都爲他後來成爲清初第一良將打下了堅實的基礎。

(二) 征戰中的成名階段,清順治二年(1645)至康熙十四年(1675),25—55歲

順治二年(1645),25歲的趙良棟投英親王阿濟格師,隨其入關中。不久轉隸陝西總督孟喬芳標下,以武勇受知於孟,④授署潼關守備。後隨總兵劉芳名征戰秦州、鞏昌,擊走叛將賀珍、武大定;討平寧夏叛亂,陞寧夏屯田水利都司,并因此自安邊堡徙家寧夏(治今寧夏銀川市興慶區),從此成爲寧夏人。

順治五年(1648),甘肅爆發了由丁國棟、米喇印領導的回民起義,良棟隨孟喬芳平叛,"單騎擒……丁國棟"(《墓誌銘》),此役後因功於七年(1650)擢高臺(治今甘肅省高臺縣)遊擊,十二年(1655)去任。⑤ 十三年(1656),又征戰雲南、貴州,任雲貴督標中軍副將。康熙元年(1662),"積功授都督僉事,充雲南廣羅總兵官"(《墓誌銘》)。廣羅鎮初設,軍旅草創,各方面都需要從頭開始。良棟振肅綱紀,恩威並用,伐叛柔服,動合機要,很快就建威消萌,使地方安寧,烽火不警。這些征戰,把良棟驍勇善戰、治軍嚴謹、治理地方才能突出的特點都充分地體現了出來。

---

① [清]查郎阿、劉於義《〔乾隆〕陝西通志》,影印文淵閣《四庫全書》本,臺灣商務印書館1986年版,第551册,第99頁。

② [清]李元度《趙襄忠公事略》,載《國朝先正事略》,清同治刻本,卷一一。

③ [清]趙良棟《奏疏存槀·敘》,載四庫未收書輯刊編纂委員會編《四庫未收書輯刊》,北京出版社1997年版,第貳輯第25册,第282頁。

④ [清]袁枚《小倉山房文集》卷六,載[清]袁枚著、王英志校點《袁枚全集》,江蘇古籍出版社1993年版,第113頁。

⑤ 案:據《〔乾隆〕甘肅通志》(影印文淵閣《四庫全書》本)卷二九"高臺營遊擊"條:"趙良棟,榆林人。順治七年任。苗成龍,奉天人。順治十二年任。"可見良棟於順治七年(1650)至十二年(1655)在高臺營遊擊任。

在滇黔期間，良棟原受轄於經略洪承疇，接著又歸平西王吳三桂指揮，①當時，吳三桂專制，滇南所補用官吏詔部臣不得掣肘，調良棟任貴州比喇（平遠）鎮總兵，令進剿水西。據《墓誌銘》載：＂是時，公方丁外艱，力辭，不許。四年，水西平，乃聽終製。＂《神道碑銘》載，吳三桂調良棟至貴州進攻水西，＂時公已丁外艱，力辭，不允。墨縗即戎，水西平，乃聽終製。再丁内艱。服除，八年（1669），補大同總兵官，加左都督。＂丁外艱，同＂丁父憂＂，即＂遭逢父親喪事＂；丁内艱，即丁母憂，＂遭逢母親喪事＂。② 良棟服闋起復後就離開了滇黔，擺脱了吳三桂的控制，袁枚認爲這是良棟＂知三桂有異志，以疾辭＂廣羅總兵之擢，＂三桂大怒，欲劾誅之，總兵沈應時爲巽詞以解免＂。③《〔乾隆〕寧夏府志》卷一三、《嘯亭雜録》卷九、《國朝先正事略》卷一一都有類似的記載。查《聖祖實録》可知，良棟任廣羅總兵和平遠總兵都有吳三桂推薦的成分，④從《墓誌銘》和《神道碑銘》可知，良棟力辭是因丁外艱而不願出兵征水西土司，康熙四年（1665）後得以歸寧夏是因丁憂服除而已，諸家言良棟知三桂有異志乃誇大其詞。準確地説，當爲良棟因丁外艱和丁母憂并由此徹底離開滇黔，不再受制於吳三桂，萬幸没被捲入反叛之事，後來才能成就一代英名。

康熙八年（1669）三月，良棟補山西大同總兵官。到任後，他＂考核軍政，嚴而不私，弊爲之盡革＂（《神道碑銘》）。十一年（1672）十二月，調任天津總兵官。＂天津素稱盜藪，旗丁、鹽販通行囊橐，白晝大都攫人而奪之金，吏莫敢訶問。公至，則申法製，立程約，張設耳目，窮治根柢，務在鋤强暴以惠孤弱。於是奸宄屏迹，部告無事＂（《神道碑銘》）。在天津三年多，趙良棟盡職盡責，＂重畿輔以抑豪强＂（《奏疏存藁》卷三《控辭雲貴總督疏》，以下凡引用《奏疏存藁》，只注雍正七年刻本卷數及篇名），爲地方安定做出了貢獻。

在仗策從戎的三十年中，良棟南征北戰，屢立戰功，因驍勇善戰而逐漸成名，受到了張勇、洪承疇、吳三桂等人的青睞；多年在多地任總兵官，也鍛練了他在地方總攬軍事全局的能力，提升了他把握全局的素質，增進了他與下屬的相互了解與情誼，這些都爲他日後的輝煌戰績做好了全面的鋪墊。

（三）戎馬中的輝煌階段，清康熙十五年（1676）至康熙二十年（1682），56—61 歲

康熙十二年（1673）十一月，吳三桂起兵叛亂，拉開了歷時八年三藩之亂的序

---

① 郭松義《趙良棟》，載何齡修、張捷夫主編《清代人物傳稿》上編第七卷，中華書局 1994 年版，第 153 頁。
② 《漢語大詞典》第一卷，漢語大詞典出版社 1986 年版，第 142—143 頁。
③ ［清］袁枚《小倉山房文集》卷六，江蘇古籍出版社 1993 年校點版，第 113 頁。
④ 《清實録·聖祖實録》，第一册第 121、130 頁。

幕。一時朝野震動,西北震動,陝西提督王輔臣亦起兵響應,連陷陝甘州郡,煽動寧夏兵變。康熙十四年(1675)十二月二十二日,寧夏提標兵變,繼任陝西提督陳福遇害。十五年(1676)正月,靖逆將軍甘肅提督侯張勇向朝廷推薦:天津總兵官趙良棟曾隨自己征剿,著有勞績,精明歷練,才略過人,可補寧夏總兵官缺。清廷立即下旨:"寧夏要地,職任宜重。其總兵員缺,著改爲提督,即以趙良棟陞補,令其兼程速赴。"①

接旨後,良棟立即著手準備,他深謀遠慮,并沒有把立即到寧夏鎮定譁卒當成大事,而是考慮如何收寧夏官兵之心,將來訓練成可用之勁旅,且指出問題的要害首在"月餉及時"并提出了解決的辦法(卷一《籌兵慮餉疏》)。爲了能在寧夏迅速打開局面,他舉賢不避親,在越例提出所帶官兵名單中包含了自己的族姪(卷一《坐名題帶將備疏》)。爲了讓朝廷放心自己,良棟在入朝陛見時,對康熙"詞語慷慨,忠義激發,請移家口居京師,使得專意擊賊。上爲之動容,特賜第宅、銀米、貂裘、鞍馬、弓矢之屬"(《神道碑銘》)。陛見後,他立即動身,星夜趕往寧夏。良棟知道自己的使命,不爲外界所干擾。在路過定邊時,"諜報賊兵由甜水河來劫餉。左右請少卻,公叱之。晨夜兼趨,搶入橫城。賊不意公卒至,遂宵遁"(《神道碑銘》)。一路上,良棟見官兵敗散,屯堡荒廢,便沿路曉示,招撫官兵各歸原汛,"宣布聖天子德威。反側自安,流離漸集",②很快控制了局勢。他連上《密陳地方情形疏》《招撫河東地方疏》《糾參蔢營將疏》《審度進勤機宜疏》《招撫河南一帶地方疏》《設法擒縛元兇疏》《特參貪劣營弁疏》《特參浮冒行糧疏》(均見卷一)等多道奏疏,"宥脅從以廣皇仁,殲渠魁而申國法",將殺陳福之首惡熊虎等四人誅殺,餘不問;"劾貪殘,汰老弱",③從二月自京師出發,到八月使寧夏地方軍務走上正軌,良棟雷厲風行,作風硬朗而合度。康熙對這位新任提督非常滿意,在奏疏後批示:"覽卿奏,查挈首惡正法,安靖地方,具見籌畫周詳。"(卷一《題報擒斬元兇疏》)

良棟不僅安靖地方,更要將寧夏官兵訓練成勁旅,"日操月練,士飽馬騰,數千甲冑皆成勁旅",④爲國家所用。到康熙十八年(1679),他"在任三載,威信大行"(《神道碑銘》),已經做到了上下一心。其間,他還和一些主要將領帶頭捐錢打造盔甲器械(卷一《捐造盔甲器械疏》),爲南征做好了準備。

此時,全國的戰事向著有利於清廷的方向發展,王輔臣、耿精忠、尚可喜等盡

---

① 吳忠禮、楊新才主編《清實錄寧夏資料輯錄》,寧夏人民出版社 1986 年版,第 40 頁。
② [清]趙良棟《奏疏存藁·敘》,載《四庫未收書輯刊》,第貳輯第 25 册,第 282 頁。
③ 同上。
④ 同上。

降，吳三桂已去世，湖廣基本平定，到了收復漢南、巴蜀，以圖進軍滇黔的時候了。"但當討論進兵時，卻出現了困難。首先是西北的軍事統帥撫遠大將軍圖海，心存猶豫。甚至連一向作戰勇敢的靖逆侯張勇和提督孫思克，也以兵馬未精、糧餉難繼爲理由，要求緩師"。① 在這種情況下，良棟堅決要求進兵，"創復陝入川之議"，②并於康熙十八年（1679）五十九歲時上疏要求自帶五千兵馬獨擋一路（卷一《自陳進兵獨當一路疏》），得到了康熙的許可。兵貴神速，作爲四路之一，他帶本部軍馬，冒著陰雨泥濘，克服各種艱險，破密樹關，攻下徽州（卷一《攻克密樹關恢復徽州報捷疏》），收復略陽，於十一月拿下了陽平關，打通了進入四川的門户。康熙十九年（1680）正月，在經歷了白水壩激戰、石峽溝大捷等艱苦的戰鬥後，良棟一路克取成都。之後又收復了雅州、敘州各府縣，及象嶺、建昌等衛所。短短三個多月時間，他們快速挺進，連戰連捷，取得了輝煌的戰績，得到了康熙的嘉獎，寧夏提督趙良棟也被封爲勇略將軍。正月三十日，又被授爲兵部尚書兼都察院右副都御史、雲貴總督，獲得了莫大的榮耀。

在清軍剿平四川，準備進攻雲南時，吳軍卻大舉反撲巴蜀，不過很快爲趙勇略和王奮威（進寶）合力擊潰。至康熙二十年（1681）九月，勇略將軍率軍由雅州經建昌，渡過金沙江，入雲南武定府，進軍昆明城下，與先期圍困昆明八個月的清軍會合。見城久攻不下，出於對清廷大軍耗費巨大、雲南百姓明春無糧斷無生理的考慮，他非常焦慮，上破城三策：一是"自新之路宜開"，凡投誠之人不可再分散爲奴；二是"急請近城扼要爲切務"，不可將包圍圈擴得太大，應逼近城下；三是"壕墻當嚴當慎"，不可使城内城外在圍城的情況下還進行交易（卷七《備陳三事蚤期蕩平疏》）。他還自告奮勇，願帶兵爲前部，攻打昆明外圍。

十月二十二日夜，勇略將軍親率官軍一萬人敗吳軍於南壩，佔玉皇閣，與吳軍形成在新橋對峙的局面。吳軍用重炮防守，良棟攻佔受阻，且吳軍不容良棟扎營立穩腳跟，反晝夜攻襲，使官軍傷亡很大。二十五日夜，趙勇略分兵一面從正面攻新橋，一面在上游暗渡河，兩面夾擊，連破吳軍，"奪取新橋、土橋，追殺過雙塔、東寺、西寺，直至三市街，復取得勝橋，逼城安營"（卷七《恭報克復雲南省城疏》）。至此，昆明城外圍已攻破，剩下的只有直接攻城了。官軍大軍遂合圍了昆明。在絕望的情況下，吳世璠自殺，城破，也宣告吳三桂叛亂結束。"自取南壩至破城，凡六日"。③ 在圍城九月才破昆明的最後決戰中，趙勇略起到了決定性的作用。

---

① 郭松義《趙良棟》，載何齡修、張捷夫主編《清代人物傳稿》上編第七卷，中華書局1994年版，第154頁。
② ［清］趙良棟《奏疏存藁·敘》，載《四庫未收書輯刊》，第貳輯第25册，第282頁。
③ ［清］張金城等修纂、陳明猷點校《乾隆寧夏府志》，第449頁。

在這短短的五年時間里，良棟經歷了人生最輝煌的階段。首先是軍事才能得到了充分的展現，以僅有的五千人馬，立下了不世之功，不愧清初第一良將。其次是加官進爵，光宗耀祖，封勇略將軍，有勇有謀，在河西四漢將中比王進寶之"奮威"、孫思克之"振武"更高一層次。官拜兵部尚書、雲貴總督，雖然實質上是虛職，卻也無比榮耀。第三是贏得了康熙皇帝的認可，雖因性格爲人所不容，卻在康熙的重用和寬容下最終贏得了世人的尊敬。

（四）立功後的屈抑階段，康熙二十一年（1682）至康熙三十六年（1697），62—77歲

雲南平定後，良棟奉旨進京陛見，於康熙二十年（1681）十二月二十七日自曲靖（治今雲南省曲靖市）動身，旋即被解除雲貴總督之職。此次進京是朝廷要調查敘州、建昌失陷之事的。二十一年（1682）六月，王進寶亦被詔進京。九月初一，康熙帝就建昌等地失陷良棟與進寶相互攻訐之事做出裁決，以息事寧人的態度將二人相互攻訐的奏摺發回。

良棟西北人，生性耿直，不善官場潛規則，見到不順眼的事，必有所發，因此易得罪人。在征川過程中與王進寶不睦，又奏劾將軍吳丹，在雲南又常頂撞大將軍貝子彰泰。彰泰是滿洲親貴，吳丹爲大學士明珠內姪。因此，良棟也被參劾，一番議敘後，僅被授予鑾儀衛鑾儀使之職。

二十二年（1683）四月，良棟上《請敘入川官兵功績疏》，懇切陳述自己所帶朔方軍在川征戰中的功績，提出現在官兵所受之屈抑："……部議保寧一路官兵功加十等，成都一路官兵功加一等，豈成都爲省會，又係先取，反不如保寧？而十等一等若是之懸殊耶？"（卷七《請敘入川官兵功績疏》）他還進一步提出，保寧一路的官兵已經因敘功食俸、陞官沾恩兩年，而同時同事的成都一路官兵竟然沒有一例沾恩。同日，他又上《請敘平滇官兵功績疏》，詳細陳述了自己所帶官兵如何在大軍圍困昆明九個月不下的情況下，經過艱苦的戰鬥，數日就攻下外圍，迫使城內投降的經過後，指出現在官兵所受不公正待遇："竊思官兵者，皆係皇上之官兵；賞罰者，皆係皇上之賞罰。聖明之前，理難欺掩。今湖廣官兵從優議敘，加十三等矣；而臣下官兵直入取城，竟未議敘。"（卷七《請敘平滇官兵功績疏》）在趙良棟的據理力爭下，"議政王大臣等議覆：鑾儀衛使趙良棟奏攻克成都、雲南省城二次功績未經優敘兩疏，查趙良棟因不急救建昌，以致建昌等處陷賊，功罪相抵，無庸再敘。其標下官兵交與兵部，仍令照例議敘。從之"。[①] 不久，良棟以病告

---

① 《清實錄·聖祖實錄》，第二冊第114頁。

休回到寧夏調理。

此後，良棟又多次上疏陳述自己的功績，二十五年（1686）夏，"上念公克雲南時恪守法紀，廉潔自持，優詔嘉獎，復將軍、總督原銜。二十七年（1688），入朝自訴戰功并隨征將士多屈抑。得旨，授騎都尉世職"。① 三十年（1691），噶爾丹侵擾邊境，朝廷調西安將軍尼雅翰等赴寧夏防禦，不過要求他凡軍事必須與趙勇略商量。三十二年（1693）三月，因寧夏總兵暫時離汛，命良棟暫管寧夏鎮兵。三十三年（1694）六月，命良棟率寧夏火器營兵二百赴土喇防禦噶爾丹。三十四年（1695）三月，良棟復自訴其功績最多，爲大將軍圖海、彰泰所隱蔽，康熙雖駁其疏，卻敕部優敘。四月，部議授二等精奇尼哈番世職，康熙最後下詔確定爲一等（卷八《恭謝世恩疏》）。同年秋，"就醫江南，賜御舟給驛"（《墓志銘》）。三十五年（1696），康熙欲征噶爾丹，咨以軍事。後乞留京師，康熙考慮到他年老家貧，賜白銀二千兩，令歸里。玄燁後來逐步恢復對趙良棟的敘功和封賞，其實是已經承認了這位將軍多年來所受的屈抑。

康熙三十六年（1697）三月四日，一代名將趙良棟"以疾薨于寧夏里第"（《墓志銘》），享年七十七歲，葬於"城東張鎮堡渠東"（今銀川市興慶區掌政鎮）。② 時康熙親征噶爾丹至寧夏，"命皇長子臨其喪，賜祭葬如例，諡襄忠"。③ 而且，對於良棟妻、子的安排，玄燁都有考慮，他説："聞趙良棟存日，與總兵官王化行不相能。朕至寧夏，務爲其妻子區處，使之安生，斷不使受害於其仇也。"④ 雍正八年（1730），良棟入祀賢良祠。乾隆三十二年（1767），弘曆"念良棟征剿吳逆時，茂建勳績，其一等子爵，特予世襲罔替"；⑤ 四十七年（1782），詔晉良棟爲一等伯，準世襲罔替。

雲南平定後，勇略將軍倍受屈抑，作爲征戰雲南的功臣，"雖然在攻破滇城的戰鬥中，出力最大，'厥功最著'"，⑥ 但在戰爭結束開始敘功時卻沒有得到多少封賞，其中有這位西北將軍自身的性格原因，但更多的還是因爲朝廷內外的妒忌和壓制，且他冒犯了首崇滿洲的原則，因而惹怒了朝廷，受到了不公正的待遇。在良棟一次次的辯解和上疏後，清廷終於逐步給予他公正的評價和獎勵，使他的功勞和名聲隨著逐步陞級的封賞而名垂青史。

---

① ［清］李元度《趙襄忠公事略》，載《國朝先正事略》，清同治刻本，卷一一。
② ［清］張金城等修纂、陳明猷點校《乾隆寧夏府志》，寧夏人民出版社1992年版，第123頁。
③ 王鍾翰點校《清史列傳》，中華書局1987年版，第460頁。
④ 吳忠禮、楊新才主編《清實錄寧夏資料輯錄》，第71頁。
⑤ 王鍾翰點校《清史列傳》，第460頁。
⑥ 郭松義《趙良棟》，第158頁。

二、趙良棟的評價

勇略將軍卒後，康熙皇帝對他有評價："趙良棟偉男子也。行間著有勞績，但性躁心窄，每與人不合。有時奏事朕前，亦言語粗率。朕保全功臣，始終容之。後有疾，朕嘗遣賜藥食。彼所奏，無不准行。此特欲有疾者喜悅而速愈耳。今聞奄逝，朕殊爲惻然。"①康熙的這段話，加之賜趙良棟"勇略"將軍，基本概括了趙良棟的特點。因康熙站在滿人統治者的角度，有些價值評判則失之偏頗。

（一）勇

良棟是西北悍將，"勇"是其第一特點。主要體現在兩方面：一是勇猛，指良棟作爲武將，自身武功高強，英勇善戰。他出身軍戶，"狀貌魁岸，持論慷慨，音吐如鐘"，②自幼習武；後以"武勇受知於"孟喬芳；曾單騎擒起義軍首領丁國棟；年過七旬還在帶兵打仗，勇武異常。二是勇氣、膽氣、心理上的英勇。在良棟看來，沒有膽氣的兵不可能英勇作戰。在被委任爲寧夏提督還未到任，他就上疏說："臣思寧夏官兵兩番失利，人心渙散可慮，兵膽摧挫難收。若不善加安撫其心志，從容訓練其膽氣，終難爲用。"（卷一《籌兵慮餉疏》）兵尚且如此，將就更不用說了，以此即可看出良棟之勇氣和膽氣。經過良棟三年訓練的五千人馬，在征川、征滇的過程中所表現出的英勇，爲時人所欽服。特別是白水壩一戰，爲後人所稱頌。

> 過高山深菁數十重，晝夜兼行，抵白水壩。時康熙之十八年除夕也。壩爲川江上流，與昭化唇齒，俗號"鐵門坎"。賊防守尤力，沿江立營，爲石囤木柞，張炮。公下令曰："元旦渡江大吉，違者斬！"黎明，公騎驃馬，率麾下五千人，橫刀渡江。江淺，爲萬馬騰簸，波濤盡立，呼聲震天。賊連發炮傷數十人，無敢回顧者，賊大驚曰："此老將軍軍令如山，不可抗也。"……頃刻抵岸。斬賊將郭景儀等，獲器械、旗幟，馬匹無算。餘賊奔竄。③

（二）略

"略"在良棟身上有三種體現：一爲作戰中的策略、智慧，也就是常説的用

---

① 吳忠禮、楊新才主編《清實錄寧夏資料輯錄》，第71頁。
② [清]張玉書《趙擎之七十壽序》，載《張文貞集》，影印文淵閣《四庫全書》本，第1322冊，第489頁。
③ [清]袁枚《小倉山房文集》卷六，載[清]袁枚著、王英志校點《袁枚全集》，江蘇古籍出版社1993年版，第113—114頁。

"計"。如在昆明城外圍的戰鬥中，良棟就明攻新橋，暗中渡河，再兩面夾擊，獲得大勝。張玉書《趙擎之七十壽序》夸良棟作戰很講策略："或不當正道攀崖而進，以出賊後；或不事舟楫浮江而濟，以突賊衝。或力戰數日夜不息；或一晝夜潛行數百里而賊不知。"①這種作戰中的策略乃"小略"。二爲在整個戰局中的戰略，大戰中的方向，這是"大略"。他被授寧夏提督後，未至寧夏即已提出練就寧夏可用之兵的策略；在西北諸將對征川議而不決時，他率先上疏分析形勢，請求出戰并願獨當一路；征川過程中他上疏提出兵分兩路、多用步卒、滿洲兵爲國之根本應做休養等大的征戰方略（卷二《條陳收川方略疏》）；在包圍昆明九個月不下的情況下，他上破城三策（卷七《備陳三事蚤期蕩平疏》），并因此很快攻下昆明。良棟的"大略"條陳，多被康熙採納，在征戰中也多變爲現實，足見其見識和謀略。三爲治理地方軍務的"經略"。在寧夏，他用了三年時間就將軍備廢弛的地方軍練成勁旅，爲以後的征川滇打下了堅實的基礎，雖只有萬餘人，卻攻堅克難，無往不勝。每攻克一處，他立即安撫地方，處理各種事務，使當地軍民安定，不在戰亂中蒙受更大損失。在處理一些具體事件上，他非常細心，處理得當，爲上級和軍民所誠服。如在參奏遊擊李目和毛盛生二人貪污後，康熙要求他"嚴提究擬"，良棟則認爲自己參，再自己審，似乎不妥，請朝廷派人來審，或者會同地方官審（卷一《題請會審貪官疏》）。正因良棟不僅有"勇"，更有"略"，才會在康熙朝取得輝煌的功績。

（三）仁

勇略將軍雖爲武將，卻不嗜殺戮，深受中國傳統文化中"仁政"之影響。他非常重視民心，嚴禁士兵搶掠，就是希望獲得民心。在還未征川時，他上疏朝廷："四川處萬山之中，地險人愚，首要得其民心，禁其搶掠……餘孽不難撲滅，而民心一失，大費人力。"（卷二《條陳收川方略疏》）在寧夏兵變提督陳福被弑的問題上，他根據實際情況，只誅首惡四人，餘不問；在征川、征滇的過程中，他總不忘給皇帝上疏要重招撫而輕殺戮，如《奏疏存藁》卷二共收 24 篇奏疏，其中就有《恭報僞鎮官兵歸誠疏》《請敘投誠以廣招徠疏》《題請投誠官兵俸餉疏》《題請安插投誠官兵疏》《續報招撫僞鎮官兵疏》《續報招撫并請土司號紙印信疏》《遣員招撫逆渠疏》《招撫建昌敘州馬湖文武疏》等八篇是關於招撫的；在包圍昆明所上破城三策中，就有給城內投誠者自新之路，不能盡行分散爲奴的非常仁義的一條，并因此得罪大將軍貝子彰泰；對待降將，他也是真心待之，李芳述投誠後被任命爲總兵，

---

① ［清］張玉書《張文貞集》，影印文淵閣《四庫全書》本，第 1322 册，第 489 頁。

并在後來成爲康熙朝有名的大將,都與良棟的全力舉薦有關(卷三《獎薦僞員以勵後效疏》、卷四《永寧復敗逆賊大破勁敵疏》);在攻打昆明城的過程中,他攻破城池外圍防線,在城破的時候卻約束部下不進城擾掠,故有"毓榮統緑旗兵下雲南,廉清不逮趙良棟"之説;①當他聽説彰泰有意搜山洗谷時,非常憤怒,立即面見彰泰責問,并表示要"具稿奏劾",這才使彰泰有所顧忌,使雲南人民免受災難。② 對待對手他以仁義待之,對待部下更是仁義備至,他戎馬"五十餘年,大小戰數百,未嘗敗衄。行軍有紀律,所過秋毫無犯;御下嚴而有恩,觸法者雖小必罰;有才略,堪任使,輒疏薦之;甘苦與士卒共"。③ 他"好觀《通鑑》",很講"禮","家居聞知縣呼騶過門,便拱立,喚家人子弟齊起,曰:'父母官過,敢不敬乎?'"④良棟之爲人爲政,可謂"仁"者矣。

(四) 戇

良棟之爲人,袁枚説他"本秦人,性戇,氣陵其上。首創取蜀之計,將軍吴丹、王進寶等咸嫉忌。吴故大學士明珠從子,怙寵而貪,公尤輕之。每論事,輒不合"。⑤ 戇(音撞),《漢語大字典》釋作"迂愚而剛直"。⑥ 結合袁枚所述良棟"戇"之事例,可以理解良棟之"戇"即正直而認死理。良棟參奏吴丹後,康熙希望二人和好,以團結爲重,但良棟卻又上疏痛陳吴丹的不是(卷五《遵奉上諭回奏情由疏》)。因爲他認爲錯就在吴丹,所以就一定要堅持這樣説,即使是皇帝從中調解也不行。爲了説明不救永寧是王用予、吴丹的錯,他寫了七千多字的《指參不救永寧疏》,詳細説明事情的經過,仔細分析王、吴的狡辯和錯誤所在,終於使朝廷認定吴丹有罪而革職;在平定雲南後受到屈抑,良棟多次上疏要求認定自己的功績,最終康熙雖然責其器量偏狹,但仍然爲其從優敘功。

在良棟之"戇"的問題上,應辯證看待。一方面,良棟的正直、堅持真理確實值得肯定,他的執著、認死理也體現了一種堅韌不拔的精神、不向錯誤言行低頭的品質。但另一方面,良棟的迂愚也使其不能容人,往往容易因此而耽誤大事。

總之,良棟一生戎馬五十餘年,參與了清初統一全國的戰鬥,又作爲平定吴三桂叛亂中西北悍將中的一員,立下了不世之功,有勇有略,軍事才能卓著;

---

① 趙爾巽等《清史稿》,中華書局 1977 年版,卷二五六,第 9802 頁。
② 郭松義《趙良棟》,第 158 頁。
③ [清] 李元度《趙襄忠公事略》,載《國朝先正事略》,卷一一。
④ [清] 袁枚《小倉山房文集》卷六。
⑤ [清] 袁枚《小倉山房文集》卷六。
⑥ 《漢語大字典》三卷本,第 2373 頁。

在任地方將領和征戰中殺伐有度，治理有方，與民"秋毫無犯，有古良將風"，①又體現了其出色的政治才能；性戇，又使其成爲個性鮮明的歷史人物，并隨著時代的發展而爲後世所稱道，可謂得民心者。"國初良將，論者以良棟爲最"，②此言不虛。

勇略將軍去世後，曾與其同時在另一路征川、時已授大同總兵官、後爲湖廣提督的寧夏同鄉俞益謨有詩盛贊趙良棟，姑錄之：

古今惟有三不朽，德言與功相并耦。全則爲聖偏亦賢，其餘碌碌安能久。時人顛倒論英雄，吹毛索瘢上下手。抑知身後論方眞，不逐流俗毁譽口。將軍騎尾下大荒，有猷有爲復有守。皇清定鼎即服官，歷任遊參皆不苟。西撫甘涼靖諸番，南平滇黔殄群醜。功著名立才愈彰，奸藩萌逆來結誘。豈知英雄具幾先，掛冠奔喪不染垢。服闋起用鎮雲中，力排豪強血欲嘔。衝繁天津甫藉公，西夏羽檄急如颮。大帥厎凶勢傾危，群寇密邇聲嗎藪。特擢將軍爲提臣，剿撫由卿不掣肘。彼時延慶與平蘭，紛紛充斥皆賊有。將軍單騎入銀城，聲色不動將凶杻。平慶蘭鞏勢不張，三秦始爲國家走。繼而逆藩焰未消，蜀粵助惡相結紐。人人爭畏蜀道難，幾回入川皆驚取。將軍建策獨當先，視彼嵯峨若培塿。裹糧轉戰走陰平，八日能將成都否。東援王師南破賊，十大戰功居八九。父子戮力相後先，試問前有橫陣斗。天子灑翰褒元勳，特錫雙綾並二卣。謀勇兼優益存誠，勇略金印大如吼。將軍感泣思報恩，奮翼重將健翮抖。建昌城下猛虎奔，關索嶺頭巨雷首。奪橋建瓴注滇城，扼吭搤喉如刈韭。十年大憝一旦消，百萬殷頑皆俛歆。功成樞相受褒封，總制六詔攝龜鈕。未幾優詔入神京，功成身退歸畎母。樂閑養重效郭公，跨驢遨遊侔韓叟。痌瘝切膚慰鄉人，鄉人戴之若父趣。瞻星就醫赴江南，謝客杜門自眇眇。時以靖塞召將軍，卧牀忙將征帆剖。余方奉命護軍糧，郵亭先將兵機叩。將軍倚枕問時宜，慷慨余以勝負後。將軍起坐亟稱奇，連浮大白仰捫岳。余感將軍一日知，憾昔未隸軍前牖。從此馬首各西東，一夕邂逅悉子丑。余以特擢鎮雲中，瞻仰遺筆在北聊。名動重譯震大千，年逾古稀饒中壽。賀蘭山下將星沉，邱傳蓋棺未登右。聖主輟膳泣股肱，賢王臨第親酬醻。將軍全始復全終，堪居從古忠臣負。諸桂翩躚邁等倫，武文早已佩兩綬。將軍之德遍寰區，功在社稷下不。若以立言論將軍，薦賢藏牘心無怍。前後奏章史館存，陸宣武惠堪並

---

① [清]鄂爾泰等《〔雍正〕雲南通志》，影印文淵閣《四庫全書》本，第569冊，第656頁。
② [清]張金城等修纂、陳明猷點校《〔乾隆〕寧夏府志》，第449頁。

友。不朽三事一身兼,良史千秋識名某。余心景仰式徽型,遣員列脯與絮酒,挽歌鄙俚陳哀情,將軍歆只幸格受。①

第二節　趙良棟的《奏疏存藁》

《奏疏存藁》是勇略將軍惟一的傳世文集。

一、《奏疏存藁》的文獻著録

《奏疏存藁》流傳廣,版本多,著録廣泛。

最早見諸文獻記載的是《〔乾隆〕寧夏府志》卷一三《人物·鄉獻》:趙良棟"所著《奏疏存稿》八卷"。②《〔民國〕朔方道志》卷三一《志餘下·著作》也承此説:"《奏疏存藁》八卷,清寧夏趙良棟著。"③《中國科學院圖書館藏中文古籍善本書目·史部·詔令奏議類》、④《中國古籍善本書目·史部·詔令奏議類》和《中國古籍總目·史部·詔令奏議類·奏議之屬》(卷數爲六卷)均有類似記載且明確爲清康熙刻本,《中國古籍總目》還點明中國國家圖書館和吉林大學圖書館有藏。

有的文獻著録書名爲《趙襄忠公奏疏存稿》,如《清史稿》卷一四六《藝文志二·詔令奏議類》:"《趙忠襄奏疏存稿》六卷。趙良棟撰。"⑤趙良棟謚號"襄忠",因此"忠襄"當爲"襄忠"之誤。《販書偶記·詔令奏議類》:"《趙襄忠公奏疏存稿》六卷。關中趙良棟撰。康熙間刊。"⑥張宗茹、王恒柱編纂《山東師範大學圖書館館藏古籍書目》更明確載此書爲"清康熙六十年(1721)趙氏家刻本"。⑦另有著録爲抄本的。如《天津市人民圖書館善本書目》、⑧《清華大學圖書館藏善本書

---

① 〔清〕俞益謨著,田富軍、楊學娟點校《青銅自考》,上海古籍出版社2012年版,第552—553頁。
② 〔清〕張金城等修纂《〔乾隆〕寧夏府志》,清嘉慶三年(1798)刊本,卷十三第26頁。
③ 馬福祥等修、王之臣纂《〔民國〕朔方道志》,載《中國方志叢書》(塞北地方·第二號),臺灣成文出版社1968年版,第1632頁。
④ 中國科學院圖書館編《中國科學院圖書館藏中文古籍善本書目》,科學出版社1994年版,第135頁。案:中國科學院圖書館現已更名爲中國科學院國家科學圖書館。
⑤ 趙爾巽等《清史稿》卷一四六,中華書局1976年版,第4279頁。
⑥ 孫殿起撰《販書偶記(附續編)》,上海古籍出版社1999年版,第158頁。
⑦ 張宗茹、王恒柱編纂,李伯齊審定《山東師範大學圖書館館藏古籍書目》,齊魯書社2003年版,第490頁。
⑧ 《天津市人民圖書館善本書目》,天津人民出版社1961年版,第21頁。

目・史部・詔令奏議類》,以及《明清以來公藏書目彙刊》等。①

還有著録書名爲《先襄忠公奏疏存藁》的,如《中國古籍善本書目・史部・詔令奏議類》載:"《先襄忠公奏疏存藁》八卷,清趙良棟撰,清雍正趙之垣刻本。"②《中國古籍總目・史部・詔令奏議類・奏議之屬》基本同,只是明確廣西桂林圖書館有藏。③

從上述文獻著録可知,關於作者基本没有異説;就書名、卷數、版本形式、刊刻時間等差異較大。

二、《奏疏存藁》的版本

《奏疏存藁》多次修補重刻傳抄,形成了多個版本:就形式而言,有刻本和抄本之分;就卷數而言,有六卷本和八卷本兩種;就産生時間而言,有康熙三十五年、康熙四十八年、康熙五十一年、康熙六十年、雍正七年刻本,清抄本等;就分册而言,有六册、八册、十二册之分;就書名而言,文獻著録和原書所署有《奏疏存藁》《奏疏存稿》《趙襄忠公奏疏存稿》《先襄忠公奏疏存藁》的幾種不同寫法。梳理各種版本,可以確定趙良棟《奏疏存藁》一書有六卷本和八卷本兩個版本系統。六卷本書名均爲《奏疏存藁》,是在康熙三十五年(1696)刻本的基礎上遞修而成。八卷本書名均爲《先襄忠公奏疏存藁》,雖然此系統爲趙良棟之孫趙之垣編輯刊刻,但所有正文均爲趙良棟所作,且主體内容與六卷本一致,"藁""稿""藁"爲異體字關係,故根據最能體現趙良棟本意今傳世最早之康熙四十八年(1709)刻本將此書定爲《奏疏存藁》。八卷本系統又有刻本和抄本之分,抄本源自刻本。

(一) 六卷本系統

1. 清康熙三十五年(1696)刻本(以下簡稱康熙三十五年刻本)

《奏疏存藁》最早成書於清康熙三十五年(1696)并已刊刻。根據康熙四十八年刻本趙弘燦等《勇略將軍總督雲南貴州等處地方軍務兼理糧餉兵部尚書兼都察院右副都御史世襲一等精奇尼哈番襄忠公奏疏存藁後序》(以下簡稱《奏疏存藁後序》)載:"見有手定《奏疏存藁》六卷,剞劂於江南就醫之日。蓋亦檢點行笥,録其攜存者耳。"④"江南就醫之日"指良棟在揚州、江寧就醫(卷八《欽召赴京恭

---

① 《明清以來公藏書目彙刊》,北京圖書館出版社 2008 年版,第 17 册,第 418 頁。
② 《中國古籍善本書目・史部》,上海古籍出版社 1993 年版,第 387 頁。
③ 《中國古籍總目》,中華書局、上海古籍出版社 2009 年版,第 3607 頁。
④ [清]趙弘燦等《奏疏存藁後序》,載四庫未收書輯刊編纂委員會編《四庫未收書輯刊》,北京出版社 1997 年版,第貳輯第 25 册,第 530 頁。

陳下悃疏》），時康熙三十四年（1695）。且《奏疏存藁》良棟自《敘》作於"康熙三十五年歲在丙子孟春上元前二日"，①符合一般刻書規律。此本今惜不傳，但從今傳世刻本來看，都應該是在此本基礎上修補或重刻而成。

2. 清康熙四十八年（1709）刻本（以下簡稱康熙四十八年刻本）

此本中科院國家科學圖書館、北京大學圖書館、中國國家圖書館，以及吉林大學圖書館均有藏。

中科院國家科學圖書館藏本共六卷，6 冊 1 函，四眼線裝，每半頁 9 行，行 20 字。字體爲規範的宋體字，行款疏朗有致，非常美觀。版高 20.5 釐米，寬 14 釐米。單黑魚尾，大黑口，四周單邊。每卷卷端題書名"《奏疏存藁》"及卷數，卷尾題"《奏疏存藁》卷之×終"字樣。正文版心上鐫書名"奏疏存藁"，中鐫卷數和頁碼；所有前序和後序版心上鐫篇名簡稱，中鐫頁碼。每篇獨立成篇的碑文、祭文、前序、總目、各卷目錄、每卷正文，以及後序均自編頁碼，順序排列。第一冊前收《欽賜勇略將軍兵部尚書兼都察院右副都御史雲貴總督一等精奇尼哈番謚襄忠趙良棟碑文》（以下簡稱《欽賜碑文》）和《御製祭文》。次爲趙良棟《敘》，敘文後刻有"趙良棟印"陽文方印和"臣心如水"陰文方印。次爲康熙四十八年（1709）"己丑秋七月既望，舊治門人宜賓樊澤達"所撰《勇略將軍總督雲貴大司馬襄忠趙公疏藁序》。樊澤達，字昆來，宜賓人，康熙乙丑（1685）進士，官至翰林侍讀，提督廣東學政，工詩，有《敬業堂稿》《江山雜咏十三集》三十二卷等著述。次爲李濤和丁易序各一篇。李濤，字紫瀾，號述齋，山東德州人；丁易情況不詳。再次爲李來章作於康熙四十八年（1709）之《趙襄忠公奏疏存藁敘》。李來章，字禮山，襄城（治今湖北省襄陽市襄城區）人，曾創連山書院，授兵部主事，監北新倉。後引疾歸。年 68 卒。所著有《禮山園文集》八卷、《連陽八排風土記》八卷等。各序

圖 11　中科院國家科學圖書館藏清康熙四十八年（1709）刻本《奏疏存藁》書影

---

① ［清］趙良棟《奏疏存藁·敘》，載四庫未收書輯刊編纂委員會編《四庫未收書輯刊》，北京出版社 1997 年版，第貳輯第 25 冊，第 286 頁。

後爲《總目》和卷一《目錄》及正文。第二至五册分別收卷二至卷五《目錄》及正文。第六册前爲卷六《目錄》及正文，後爲趙弘燦、趙弘燮、趙弘煜、趙弘煒兄弟四人所作《奏疏存藁後序》，文後刻有"趙弘燦印"陽文方印和"天英"（弘燦字）陰文方印。從弘燦等兄弟後序內容可知，時弘燦爲兩廣總督，弘燮爲直隸巡撫，弘煜爲揚州知府，可見序文當作於康熙四十七年（1708）之後。從多篇前序及趙氏兄弟後序寫作時間可知，此本當刊刻於清康熙四十八年（1709）。

中科院國家科學圖書館藏康熙四十八年刻本所用爲白麻紙，無內襯，保存完好。每册書衣右上角鈐"守且（祖）琴齋藏書之印"朱文方印，左題"趙忠襄公奏藁"字樣和卷數。"忠襄"當爲"襄忠"之誤；"奏藁"當爲"奏疏存藁"之省寫。是書每卷正文首頁右下角均鈐"中國科學院圖書館藏"和"東方文化事業總委員會所藏圖書印"朱文方印各1枚，每卷正文末頁左下角均鈐"東方文化事業總委員會所藏圖書印"白文方印一枚。

四庫未收書輯刊編纂委員會編、北京出版社1997年版《四庫未收書輯刊》第貳輯第25册全文影印之《奏疏存藁》即爲中科院國家科學圖書館所藏四十八年本。

北京大學圖書館藏本與中科院國家科學圖書館藏本內容一致，不同點在北大本《御製碑文》前二頁缺，第一册的前幾頁、第六册的最後幾頁損毀比較嚴重。其他的地方也略有損毀，但總體完好，基本不影響閱讀。是書第一册首頁右下角鈐"國立北京大學圖書館""大學堂藏書樓之章"朱文方印各1枚，在《御製祭文》首頁右下角鈐"巴陵方氏傳經堂藏書印"朱文方印，《總目》首頁下鈐"芸聲室珍藏善本之章"朱文方印、"巴陵方氏功惠柳橋甫印"白文方印，末頁鈐"國立北京大學圖書館"朱文方印。第二至五册每册首頁鈐"國立北京大學圖書館""大學堂藏書樓之章""方功惠藏書印"朱文方印各1枚，每册末頁鈐"國立北京大學圖書館"朱文方印。首頁版框下有白文方印2枚，李濤序第5頁、卷一正文第2頁版框下有陰文印各1枚。其中，"巴陵方氏傳經堂藏書印""芸聲室珍藏善本之章""巴陵方氏功惠柳橋甫印""方功惠藏書印"均爲方功惠所有。方功惠（1829—1897），清著名藏書家。字慶齡，號柳橋，清湖南巴陵（今湖南岳陽）人，以父蔭任廣東監道知事，官至潮州知府。"藏書逾二十萬卷，尤以明賢集最富……室名有'碧琳瑯館'、'方氏書庫'、'方家書庫'、'知止堂'、'佐伯文庫'、'傳經堂'等。"[①]著述有《碧琳瑯館珍藏書目》四卷，《碧琳瑯館集部書目》《碧琳瑯館藏書記》一册等。其藏書爲後人所賣，有部分捐贈京師大學堂，今存北京大學圖書館。可見此書原爲方功惠所藏。

---

① 梁戰、郭群一《歷代藏書家辭典》，陝西人民出版社1991年版，第21—22頁。

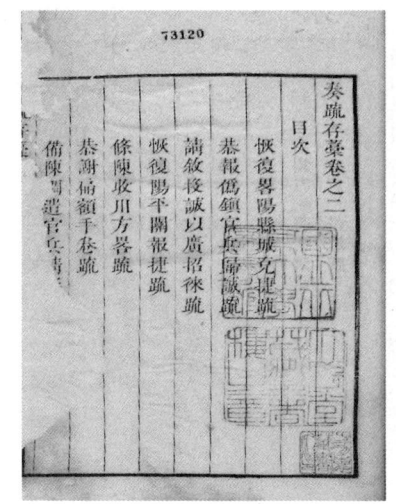

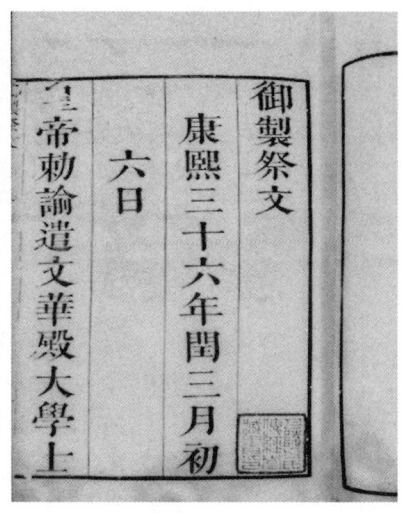

第一章 趙良棟及其後人著述 245

圖12 北京大學圖書館藏清康熙四十八年(1709)刻本《奏疏存藁》書影

　　國家圖書館藏康熙四十八年刻本與北京大學圖書館藏康熙四十八年刻本同。第一頁鈐有"北京圖書館藏"朱文方印1枚,已做成縮微膠捲。
　　吉林大學圖書館藏康熙四十八年刻本四冊一函,刻本,線裝,是個殘本,缺卷五、卷六,書高30釐米,寬18.3釐米。版心鐫"奏疏存藁"字樣。冊一89頁,冊二83頁,冊三75頁,冊四78頁。無總目。每卷正文第一頁均有陽文"東北人民大學圖書館藏書印",經大致校對,與中科院國家科學圖書館內容一致,雖有輕微蟲蛀,但不影響閱讀。
　　3. 清康熙五十一年(1712)刻本(以下簡稱康熙五十一年刻本)
　　此本北京大學圖書館有藏。共六卷,12冊2函,四眼線裝。第一冊首頁右下角鈐"燕京大學圖書館"朱文方印1枚。是書字體、行款格式等與康熙四十八年刻本完全一致,只是在內容方面略有差異。差異主要有兩點:
　　其一,較康熙四十八年刻本多了序文4篇,分別爲趙良棟原敘後多了陳元龍《趙襄忠公奏疏序》(以下簡稱陳序)1篇,落款爲"康熙五十一年歲次壬辰陽月之望,賜進士及第光祿大夫巡撫廣西等處地方提督軍務兵部左侍郎兼都察院右副

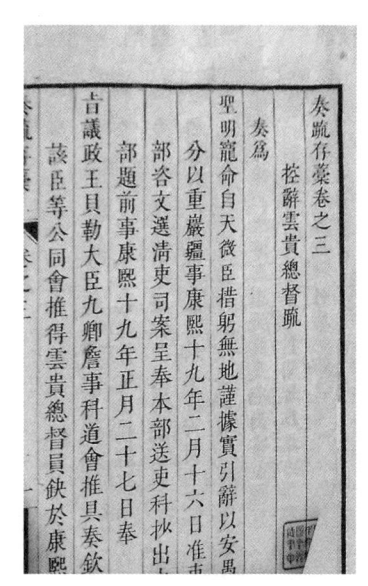

圖13 吉林大學圖書館館藏清康熙四十八年(1709)刻本《奏疏存藁》書影

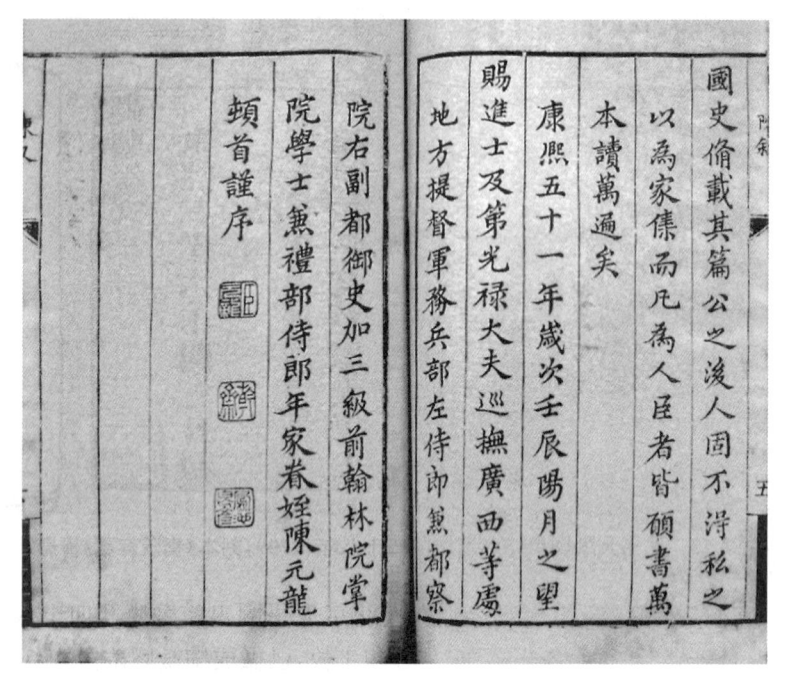

圖 14　北京大學圖書館藏趙良棟清康熙五十一年(1712)刻本《奏疏存藁》書影

督御史加三級前翰林院掌院學士兼禮部侍郎年家眷姪陳元龍"。陳元龍(1652—1736)，字廣陵，號乾齋，浙江海寧人。康熙二十四年(1685)進士，授編修，直南書房，歷任工部尚書、禮部尚書。以太子太傅、大學士致仕。謚文簡。著有《愛日堂文集》《愛日堂詩集》等。在李濤序後多了魯璦《趙襄忠公奏疏存藁敘》，落款為康熙五十年(1711)"辛卯歲上巳日西江新城後學魯璦"。魯敘後為徐昂發《趙襄忠公奏疏存藁敘》(以下簡稱徐序)。徐昂發，字大臨，江蘇昆山人。康熙三十九年(1700)進士，改翰林院庶吉士。散館，授編修。充福建鄉試副考官，遷提督江西學政。昂發以文酒自豪，亦工駢體文，尤長於考證。著有《畏壘山人詩集》四卷、《畏壘筆記》四卷等。李來章敘後為顧嗣協《趙襄忠公奏疏存藁敘》(以下簡稱顧序)，落款為"廣東廣州府新會縣知縣門下晚學生顧嗣協"，查《〔雍正〕廣東通志》，"顧嗣協，江南長洲人，歲貢"，康熙四十六年至五十一年任廣州府新會縣知縣。① 從幾篇序文落款時間可以肯定，此本為清康熙五十一年(1712)刻本。

其二，卷六正文所收內容中，比康熙四十八年刻本少了一篇《指參不救永寧疏》，且這篇的題目在《總目》、卷六的目錄中都保留。相應的，正文中的頁碼也重

---

① ［清］郝玉麟等《〔雍正〕廣東通志》，影印文淵閣《四庫全書》本，臺灣商務印書館 1986 年版，第 563 冊，第 257 頁。

新編排。也就是說,康熙四十八年刻本《指參不救永寧疏》在卷六從第44頁開始,被拿掉後,下一篇《請敘入川官兵功績疏》的頁碼就由原來的從66頁開始變成從44頁開始。《指參不救永寧疏》被刪的原因,疑爲趙弘燦等人覺得這篇太尖銳,將趙良棟與王進寶、王用予、吳丹甚至朝廷某些大員的矛盾暴露無遺,對於勇略將軍的爲人及他人會產生負面影響,故此剔除。但是在剔除的過程中,遺漏了《總目》和卷六目錄中的相應內容。

4. 清康熙末年刻本

此本現藏中國國家圖書館,六卷6冊,全書首、末頁均鈐"北京圖書館藏"朱文方印1枚,保存完好。此書字體、行款格式等與康熙五十一年刻本完全一致,只是在細微處略有差異。差異主要有兩點:

其一,在康熙五十一年刻本刪掉了《指參不救永寧疏》的基礎上,將其題目從《總目》、卷六的目錄中刪除,并將各目錄中後面的內容依次前提。

其二,卷六後趙弘燦兄弟《奏疏存藁後序》落款由康熙五十一年刻本的4人增加到了5人,增加了"弘熺"的名字。

從上述差異處可以看出,此本當在康熙五十一年刻本的基礎上修補完成;趙弘熺康熙五十三年(1714)中舉,已經成年,將其名字補刻於《奏疏存藁後序》落款處非常符合常理,故此,此本應看作是康熙五十一年刻本的修補本。另,此書并不避"弘曆"之諱,未增加序,未提及雍正帝的有關內容,且弘燦、弘燮分別於康熙五十六年(1717)和六十一年(1722)去世,書中均未提及。綜上所述,此本當刻於康熙五十一年(1712)至六十年(1721)之間,即刊刻時間在康熙五十一年刻本和康熙六十年刻本之間,具體年份不確,故此本可稱康熙末年刻本。

此外,中國國家圖書館藏有5冊本《奏疏存藁》,明顯是個殘本,只有第二至六卷。書衣有"趙襄忠公奏疏存藁"字樣。筆者目驗一至三冊,也就是卷二至卷四,文字、行款格式與四十八年、五十一年刻本同,卷首都有"奏疏存藁卷之×",卷尾有"奏疏存藁卷之×終"。卷二正文首頁、卷四末頁鈐有"北京圖書館藏"朱文長方印。書根下標注"樂、射、御",很明顯是按照"禮、樂、射、御、書、數"來編排的。其餘兩冊蟲蛀嚴重,殘破不堪。缺卷一。因第一冊不存,卷六未能目驗,此書版本情況無法確定,但爲六卷本系統無疑。

(二) 八卷本系統

1. 刻本

(1) 清康熙六十年(1721)刻本(以下簡稱康熙六十年刻本)

台灣中研院史語所傅斯年圖書館、山東師範大學圖書館均藏,書名《先襄忠公奏疏存藁》》,"藁"與此前刻本之"藁"不同,爲異體字關係,爲便於敘述,以下統作"藁"。

傅斯年圖書館藏是書八册八卷,華口,單黑魚尾,四眼線裝,四周雙邊。書高29釐米,寬17.8釐米。版高20.5釐米,寬13.8釐米。封面無字,保存基本完好,有蟲蛀情况,但不影響閱讀。册一到册八分别爲102、74、70、74、69、64、64、105頁。册一前有《御製祭文》3頁、《御製碑文》4頁,每半頁5行,行15字,版心上分别鎸"御製祭文""御製碑文",下鎸頁碼。各自編頁碼,順序排列。次有兩篇手書"後識"6頁,第一篇每半頁6行,行15字;第二篇每半頁9行,行20字。版心上鎸"襄忠公奏疏存藁",中鎸"後識",下刻頁碼,統一編頁,順序排列。次爲七篇序和趙良棟自序25頁,再次爲《先襄忠公奏疏存藁目録》8頁,最後是卷一正文。册二至册八分别對應卷二至卷八正文。從第一篇序到卷八均爲每半頁9行,行20字,版心上鎸"襄忠公奏疏存藁",中鎸類目或卷數,下刻頁碼,序、總目、正文各卷自編頁碼,順序排列。每卷卷端上題"先襄忠公奏疏存藁卷之×",次行下刻"冢孫之垣謹校刊"。各卷尾所刻不一,其中卷一題"奏疏存稿卷之一終","稿"字與其他各卷不同;卷三題"先襄忠公奏疏存藁卷三終",卷五題"先襄忠公奏疏存藁卷之五",其餘均題"先襄忠公奏疏存藁卷之×終"。正文每卷首頁多鈐長方形陽文"史語所收藏珍本圖書記"印和篆刻"國立中央研究院歷史語言研究所圖書之記"陽文方印。

第一册所收七篇序分别爲陳序、李濤序、徐序、汪份《趙襄忠公奏疏存藁序》(以下簡稱汪序)、顧序、李來章序、張大受《趙襄忠公奏疏序》(以下簡稱張序)。汪份(1655—1721),字武曹,長洲人。康熙癸未(1704)進士,授編修。五十二年授爲檢討。爲文詞氣雄邁,著有《遹喜齋集》及《河防考》十卷。張大受(1660—1723),字日容,號匠門,嘉定籍長洲人。康熙三十九年(1700)授爲湖廣沅州總兵官,四十八年(1709)中進士,五十一年(1712)授翰林院檢討。師從朱彝尊。擅長詩、古文、駢體文,風格清新,著有《匠門老屋集》三十卷。趙良棟《自序》與康熙四十八年刻本《敘》主要敘述内容同,但用詞差别較大。與六卷本不同的是,八卷本所有序字體均爲刊刻,序後無印記。而且,八卷本的序顯然是從六卷本中有選擇的保留了5篇,增加了汪、張序。

第一册還收録兩篇"後識",皆無標題。第一篇内容同康熙四十八年刻本的《奏疏存藁後序》,依據版心所標類目名稱"後識"和文末落款"長男弘燦敬識并書"可將此文稱爲"趙弘燦《後識》";第二篇依據版心和落款"康熙六十年歲在重光赤奮若秋九月朔旦冢孫刑部山東清吏司郎中特命署理光禄寺卿事之垣熏沐百拜恭紀并書"可將此文命名爲"趙之垣《後識》"。兩篇《後識》均爲手書,其中趙之垣《後識》無行格。趙弘燦《後識》文末刻有"弘燦私印"陰文方印和"襄忠冢孚"陽文圓形印記各一枚。"冢孚"即嫡長子。趙之垣《後識》文末刻有"之垣私印"陰文方印和"襄忠冢孫敏恪長子"陽文方印各1枚。敏恪,之垣父、良棟長子弘燦謚。張序中説:"敏恪長子之垣今任刑部郎中管光禄寺卿。"可見二印均爲趙之垣所有。冢孚、冢孫是趙之垣刻意强調自家這一支作爲勇略將軍衆多後輩中長子長孫的榮耀和地位。

與康熙四十八年刻本的《奏疏存藁後序》相校,趙弘燦《後識》在主體内容、手書字體、行款格式等方面均同。區别在於以下幾點:一是二本版心命名不同,前者版心爲"敍",後者則爲"後識";二是如上文所述,標題不同;三是内容略有差異,對於《奏疏存藁》的卷數,《奏疏存藁後序》認爲是"六",趙弘燦《後識》則爲"八",當然這和二版本卷數正好是對應的;四是因《奏疏存藁後序》"忠君報國"之"國"字降一字抬寫,趙弘燦《後識》則没有如此處理導致數行文字位置不完全一致;五是落款不同,前者爲趙弘燦、燮、煜、煒四人,後者則只有趙弘燦,原因當是康熙四十八年刻本爲弘燦以兄弟四人名義刊刻,而六十年刻本則是趙之垣以勇略將軍長房長孫的名義刊刻,故只留自己父親的名字,當然,此序本就是趙弘燦所撰並書,如此落款也無可厚非;六是如前所述,印章不同。

與六卷本系統相較而言,八卷本只有總目,各卷前均無分目。八卷本正文不僅分卷與六卷本不同,還多了《恭辭房屋銀兩疏》《再瀝愚誠疏》《特參降弁冒功疏》《乞骸歸里疏》《剖明心跡疏》《辭敍功績疏》《懇辭恩榮疏》《遵旨明白回奏疏》等内容,且恢復了《指參不救永寧疏》。其中《剖明心跡疏》是趙良棟於康熙三十四年(1695)75歲時所作,從十四個方面向康熙皇帝陳述自己在征川、征滇過程中的功績和戰事結束後所受的屈抑,敍述詳盡,邏輯清晰,分析透徹。全文近三萬字,是《奏疏存藁》中最長最有分量的一篇雄文,可算是趙勇略文章的代表作。

當然,傅斯年圖書館所藏八卷本雖與六卷本系統多有差異,但正文主體内容基本相同,均爲趙良棟所撰,即使書名定爲《先襄忠公奏疏存藁》,有"冢孫之垣謹校刊"之説,仍應看作《奏疏存藁》之重刻本。依據趙之垣《後識》落款時間爲康熙六十年(1721),可確定此本爲《奏疏存藁》康熙六十年刻本。

山東師範大學圖書館所藏《趙襄忠公奏疏存藁》八卷,藏書號:z227/24:55。雖然書不對外開放,筆者未目驗,但請在該校任教的中國古典文獻學專業博士鑒定,書名、前序、正文卷數及内容、後識、"冢孫之垣謹校刊"等内容均同傅斯年圖書館藏本,故基本可以確定此本爲康熙六十年刻本。

(2) 清雍正七年(1729)刻本(以下簡稱雍正七年刻本)

此本廣西壯族自治區桂林圖書館有藏,八册,四眼線裝。書高29.5釐米,寬

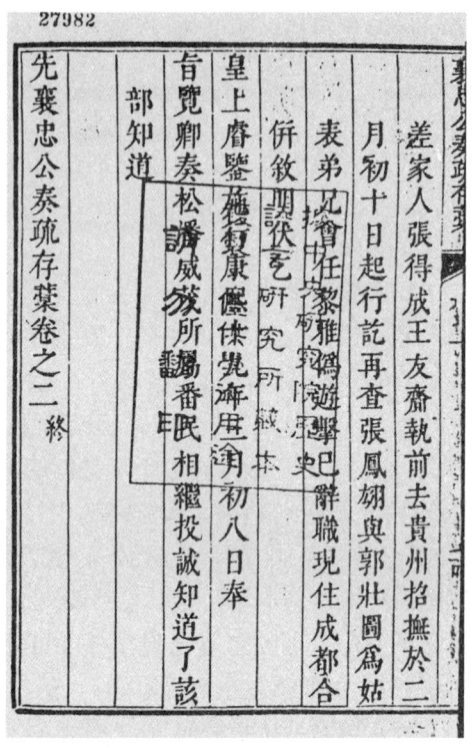

圖 15　台灣中研院史語所傅斯年圖書館藏趙良棟康熙六十年（1721）刻本《奏疏存藁》

17.9釐米。封面題有手寫體書名"《先襄忠公奏疏存稿》"，每册書書根處題有"趙襄忠公奏疏存稿"字樣，編號"一"至"八"。每卷首頁鈐有"廣西壯族自治區第一圖書館藏書"朱文方印。

此本和傅斯年圖書館所藏康熙六十年刻本不同之處有以下兩點：

一是兩篇後識裝訂位置不同。傅斯年圖書館藏本後識位於《御製祭文》《御製碑文》之後，桂林圖書館藏本則位於正文卷八之後，即全書之末。根據一般規律，位於書末更合理，疑傅斯年圖書館藏本在刊刻後或者後人整理過程中裝訂錯誤。

二是桂林圖書館藏本在陳元龍等人七篇序後、趙良棟《自序》前多刊刻了一篇雍正七年（1729）唐執玉《趙襄忠公奏疏序》（以下簡稱唐序）。唐執玉，（1669年—1733年），字益功，江蘇武進（治今江蘇省常州市武進區）人。康熙四十二年（1703年）進士，曾任鴻臚寺卿、奉天府府丞、大理寺少卿、禮部侍郎，雍正七年（1729）署直隸總督，後任刑部尚書，雍正十一年（1733年）春，二次署直隸總督，於是年卒于任，年六十五。《清史稿》卷二九二有傳。① 此序9行20字，文中"聖

---

① 趙爾巽等《清史稿》卷二九二，中華書局1977年版，第10316—10317頁。

祖"均三抬。頁碼獨立於前七篇序而獨立編排，共4頁。序中凡從"真"之字如"鎮""滇"等一般都缺最後一筆避諱，顯係避雍正皇帝諱，但不避"弘"字諱。

因上述原因，故桂林圖書館藏本册一100頁、册八111頁（其中正文105頁，《後識》二篇共6頁），此外，桂林圖書館藏本其他内容與傅斯年圖書館藏本完全相同。

依據唐序落款時間及避諱情況可以確定，桂林圖書館藏本爲清雍正七年（1729）刻本。

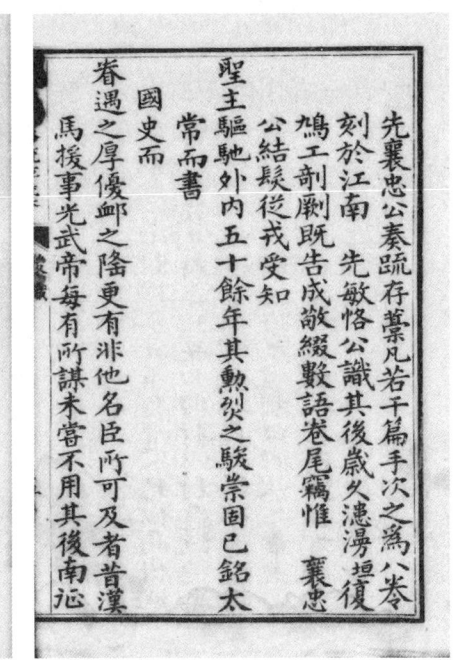

圖16　廣西壯族自治區桂林圖書館藏趙良棟康熙六十年（1721）刻本《奏疏存藁》

再細校之，桂林圖書館藏本除唐序外，字體形態與傅斯年圖書館藏本完全一致，但很明顯，後者印製非常清晰，墨跡没有浸洇，前者則字跡模糊，浸洇明顯。可見傅斯年圖書館藏本印製要先於桂林圖書館藏本。另，桂林圖書館藏本唐序字體雖基本與同書其他内容類似，但呆板笨拙，不似其他内容字形靈動美觀，顯係另刻補入，且印製字跡清晰，墨跡没有浸洇。因此，依據常理可以確定，桂林圖書館藏雍正七年刻本是在康熙六十年刻本原板基礎上，又補刻了唐序，一起印製裝訂，成爲我們今天所見之桂林圖書館藏本的形態。當然，也可能是趙氏後人在雍正七年（1729）只補刻印製了唐序，與自家留存的原已成書之康熙六十年刻本裝訂在一起傳世，相比康熙六十年刻本傳世較少，也許這正是造成下文所述之清抄本均抄自康熙六十年刻本而非雍正七年刻本的原因,只是這不太符合常理,可能性較小。但無論怎樣,我們都可以確定,雍正七年刻本是康熙六十年刻本之修補本。

2. 清抄本

(1) 清華大學圖書館藏清抄本(以下簡稱清華抄本)

《先襄忠公奏疏存藁》八卷,八册二函。是書高 25.5 釐米,寬 17 釐米,四眼線裝。正文每半頁 9 行,行 20 字。青色書衣,素紙抄寫。從筆體來看,應由多人抄寫,同册中也有不同人抄寫的情況,字體清楚。第一册有蟲蛀情況,但基本保存完好。

册一第一頁鈐有"鳴野山房""豐華堂書庫寶藏印"朱文方印各 1 枚,每卷首頁均鈐"國立清華大學圖書館藏"朱文方印。"鳴野山房"乃沈復燦印。豐華堂主人爲楊氏父子,豐華堂藏書歷經兩代人,數十年窮搜極訪,其特藏稱雄一方。父楊文瑩(1838—1908),字雪漁,錢塘人。咸豐十年(1860),太平天國軍攻入杭州城,楊家舉家自焚,文瑩投水倖免。光緒三年(1877)進士,授編修。文瑩擅長書法,爲杭州近代著名書法家。存有詩作數百篇,編入其《幸草堂詩集》中。其子楊復(1866—?),字見心。光緒二十六年(1900),杭州郡紳創辦杭州藏書樓。光緒二十九年(1903)浙江巡撫與學政議定,將藏書樓擴建爲浙江藏書樓,即今之浙江圖書館前身。宣統元年(1909),浙江巡撫奏准將浙江藏書樓與浙江官書局合併,改稱浙江圖書館,楊復改任創辦圖書館事務所。楊復的讀書處名"豐華堂""讀書亭",楊家藏書主要鈐"豐華堂"印。1921 年以後,楊復因大量購書,入不敷出,欠債累累。1929 年夏,第一次售書給清華大學,《先襄忠公奏疏存藁》因此藏於該校。清華購得豐華堂藏書 47546 册,其中宋刊 7 册,元刊 27 册,明刊 4859 册,抄本 2161 册,其他有日本刊本、稿本、名人批註校本等,許多是孤本。抗日戰爭期間,這批書遭到不同程度的破壞,《先襄忠公奏疏存藁》得以倖免,實屬萬幸。綜上,清華抄本先爲沈復粲收藏,後歸楊復所有,最後爲國立清華大學購得,收藏至今。

每册書書根處有"趙襄忠公奏疏"字樣;且每册均有編號,分別爲卷二"石",卷三"絲",卷四"竹",卷五"匏",卷六"土",卷七"革",卷八"木",顯然是按照古代八音"金、石、絲、竹、匏、土、革、木"的順序排列,卷一磨損,應爲"金"。

此本避乾隆弘曆、道光旻寧諱,"弘"缺最後一筆,"寧"避諱成"寕",可確定此本最早抄寫於道光年間。

經仔細核校可知,清華抄本抄録的是康熙六十年刻本,原因有四。其一,除了個別地方裝訂順序有所區別外,抄本和康熙六十年刻本内容基本一致。其二,

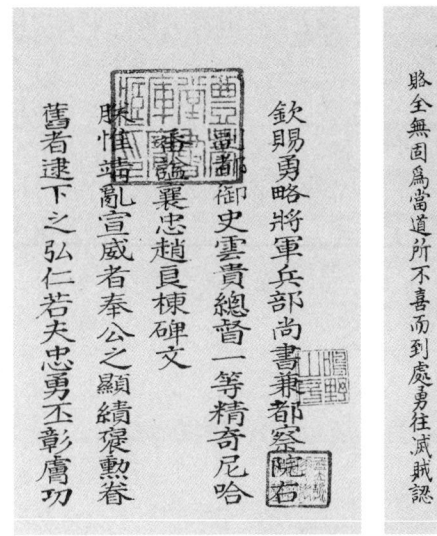

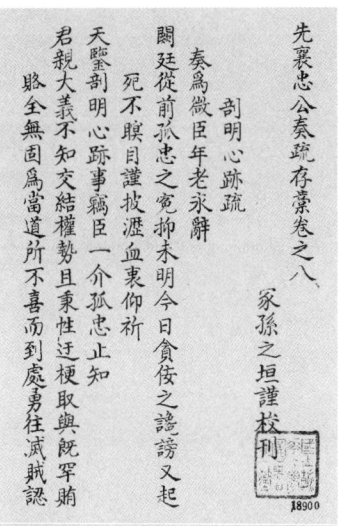

圖 17　清華大學圖書館藏趙良棟清抄本《奏疏存藁》書影

前序中沒有唐序,這是康熙六十年刻本和雍正七年刻本的根本區別。其三,刻本有明顯錯誤的地方,抄本也出現錯誤。如康熙四十八年刻本卷二《恢復略陽縣城克捷疏》:"臣以勝兵直下,不暇他顧,遂於二十七日戌時抵略陽,見城內大火燭天……""燭",康熙六十年刻本和抄本均作"觸",顯誤。康熙四十八年刻本卷六《報明三路進兵夾剿逆賊疏》載:"臣同懷忠將軍海潮龍率寧夏總兵趙弘燦自峨眉入山,走金口,越過關山、大象嶺,""入"康熙六十年刻本和抄本均作"八",查相關文獻,並無八山之說,顯誤。康熙六十年刻本卷一末頁題"奏疏存稿卷之一終",不同於其他卷末所題,清華抄本也是如此。其四,康熙六十年刻本每卷前無目錄,抄本也是如此。因此,清華抄本當抄康熙六十年刻本。

雖然清華抄本抄自康熙六十年刻本,但也有裝訂順序不同等問題:《御製碑文》與《御製祭文》的順序不同,刻本《御製祭文》在前,抄本《御製碑文》在前;康熙六十年刻本位於第四篇的趙之垣《後識》抄本移到了趙良棟《自序》之後、總目錄之前;是書卷一、卷二、卷三、卷四、卷七、卷八首頁上題"先襄忠公奏疏存藁卷之×",卷五、卷六卻題"趙襄忠公奏疏存藁卷之×"字樣。顯然,裝訂順序是後人無意間或根據自己的理解所爲,卷五、卷六卷端將"先襄忠公"抄作"趙襄忠公"更能說明抄本抄寫時代已遠離康熙六十年(1721)。

(2) 天津圖書館藏清抄本(以下簡稱天圖抄本)

天津圖書館藏清抄本《先襄忠公奏疏存藁》,八册八卷。每半頁 9 行,行 20 字,花口,四周雙邊,單黑魚尾,保存完好。正文版心上題名"襄忠公奏疏存藁",

中有卷數和頁碼。全書基本爲一種筆體所抄，字跡娟秀工整。每卷卷端題"先襄忠公奏疏存藁卷之×，冢孫之垣謹校刊"，卷尾卷一題"奏疏存稿卷之一終"，卷五題"先襄忠公奏疏存藁卷之五"，其餘均題"先襄忠公奏疏存藁卷之×終"。全書首頁即《御製碑文》首頁天頭倒鈐方印"直隸××××"，首行中間鈐方印"善本鑑定"，下鈐"天津圖書館藏""天津特別市市立第二圖書館藏書之章"方印，均爲朱文。每卷首頁下鈐"天津圖書館藏""天津特別市市立第二圖書館藏書之章"朱文方印，卷末最後下鈐"天津特別市市立第二圖書館藏書之章"朱文方印。這些印記均爲天津圖書館在不同時代不同名稱時所鈐，"善本鑑定"印應爲該館鑑定古籍善本時所鈐。

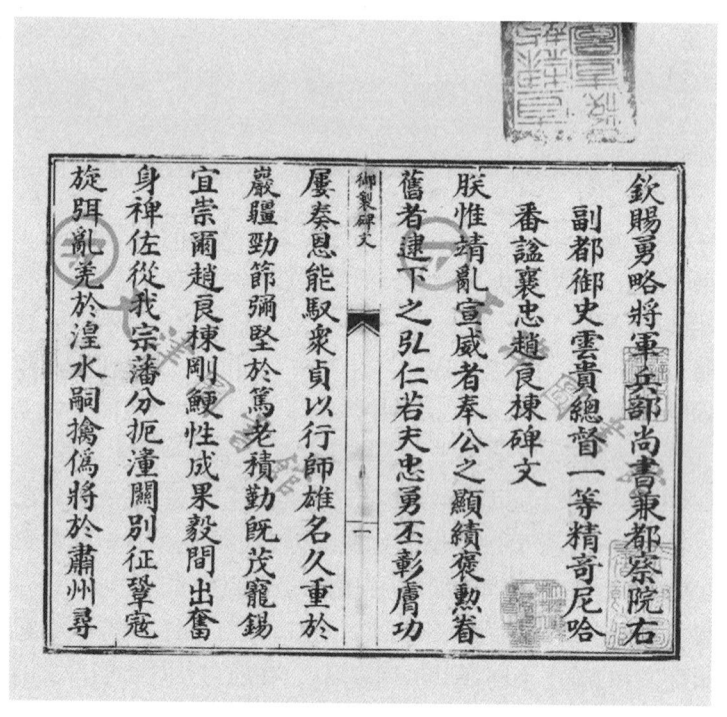

圖 18　天津圖書館藏趙良棟清抄本《奏疏存藁》書影

前序部分排列順序與清華抄本完全一致。除了個別字詞有差異外，從內容看，天圖抄本和清華抄本一致，且上述清華抄本抄自康熙六十年刻本的四個原因，天圖本同。另，清華抄本鈐有鳴野山房印，與天圖本所鈐印記相比較而言，清華本似爲先出，因此，天圖本是直接抄自康熙六十年刻本，還是錄自清華本，無法確定。但天圖本係八卷本系統則無疑。

同清華抄本一樣，天圖抄本也避弘曆、旻寧諱，"弘"缺最後一筆，"寧"避諱成

"寧",只是抄本中避"弘"字諱並不嚴格,很多地方並没有避諱。結合是書所鈐印有"直隷"字樣,可確定此書爲清抄本,且最早抄寫於道光年間。

此外,筆者通過"高校古文獻資源庫讀者檢索系統"查得南京大學圖書館藏《趙襄忠公奏疏存藁》六卷,刻本,綫裝,十二册,典藏號:05648;國立台灣大學圖書館藏《奏疏存藁》六卷;美國國會圖書館藏《趙襄忠公奏疏存藁》,康熙六十年刻本;美國哥倫比亞大學東亞圖書館藏有綫裝《奏疏存藁》刻本。上述古籍因條件所限,筆者未能目驗,具體情况不詳。

在目前筆者所見版本中,桂林圖書館所藏雍正七年刻本内容最全,保存完整,刊刻精良,是《奏疏存藁》所有版本中最善者,筆者所據即爲此本。

三、《奏疏存藁》的主要内容

《奏疏存藁》收録了趙良棟自康熙十五年(1676)被委任爲寧夏提督後至三十五年(1696)最後一次進京向皇帝陳述平噶爾丹之策二十年間的部分奏章,正如作者在《奏疏存藁·敘》中明確説:"於卧病呻吟之日,檢點從前章奏,當戎馬倥傯之際,十存二三。"這些上疏多爲作者生前"手定"(《奏疏存藁後序》),少量爲趙氏後人所補。綜合各版本内容和合理排序情况,《奏疏存藁》凡八卷 126 篇,卷一 21 篇,卷二 22 篇,卷三 18 篇,卷四 15 篇,卷五 14 篇,卷六 16 篇,卷七 14 篇,卷八 6 篇。前有欽賜碑文、御製祭文及作者自序各 1 篇;次爲陳元龍等人的序,各版本所有他人序及後跋類總計 12 篇。全書約 20 萬字。

就正文内容來看,平定寧夏叛亂、征川、征滇爲主要内容,康熙二十年(1681)平定雲南後奏疏較少。這些奏章大體是按照時間先後順序編排的,雖有個别篇章先後有顛倒,也是因必須向朝廷解釋現實問題所致。分卷并無嚴格標準,大體是爲了篇數和總體篇幅的均衡而定。

是書所收雖全部爲奏疏,非常真實全面地反映了作者二十年戎馬生涯的主要情况和所有重大事件。這些奏疏大體可以分爲以下幾類:

第一類是關於戰事的。書中所涉及的時間段,正是作者戎馬生涯中最輝煌的階段,大小戰事非常多,大的戰略部署需要向最高指揮者康熙皇帝彙報,如卷二《條陳收川方略疏》、卷七《備陳三事蚤期蕩平疏》;大小戰役需向朝廷題明報捷,如卷二《恢復陽平關報捷疏》、卷四《永寧復敗逆賊大破勁敵疏》等;戰事過程中對待投誠納款者的政策問題需要朝廷明確的,如卷二《題請投誠官兵俸餉疏》、卷四《僞將軍歸誠差人齎繳印劄疏》《投誠文官降等授銜疏》等；征戰中隨時向皇帝報明自己及所帶官兵行蹤和行程安排的，如《報明略陽起行日期疏》《恭報入川進剿日期疏》《成都起行進剿日期疏》《報明官兵無糧撤出銅河疏》《報明官兵渡江疏》《報明入滇日期疏》《報明已抵雲南省會疏》《報明量帶官兵赴省疏》《報明前赴曲靖疏》《題報起程進京日期疏》《題明先後進京日期疏》等。這一類是良棟奏疏中數量最多的。

第二類是陳述事情的。有陳述地方事務的，如良棟剛到寧夏時，看到凋敝破敗的景象和廢弛的軍備而向朝廷陳明情況所作的《密陳地方情形疏》等。有題參庸將劣弁、題補戰功卓著者的，如卷一《特參貪劣營弁疏》、卷三《題補松潘建昌兩鎮疏》等。有陳述官兵功績希望朝廷論功行賞的，如良棟所帶"朔方軍"及其他所屬部隊在平川、滇的過程中戰功卓著，卻在戰後沒有被敘功授賞，良棟多次爭取，曾上《請敘入川官兵功績疏》《請敘平滇官兵功績疏》等，終使朝廷對這些將士從優敘功。有陳說自身冤抑的。趙良棟自從建昌失守後，曾上疏《尊奉上諭回奏情由疏》陳述情況；在征川、征滇後回到京師敘功，卻被降爲鑾儀衛鑾儀使，一直鬱鬱寡歡，上《乞骸歸里疏》；後前往江南就醫，年老體衰，又遭御史龔翔麟題參，因此康熙三十四年上《剖明心跡疏》《遵旨明白回奏疏》，這兩篇奏疏篇幅較長，尤其是《剖明心跡疏》，近三萬字，此時良棟已75歲，不僅回顧自己一生軍旅生涯，更是將自己的冤抑陳明，可謂良棟陳情的巔峰之作。

第三類是上疏謝恩的。勇略將軍自提督寧夏後，日漸爲康熙所倚重，各種賞賜不斷，加之康熙皇帝認爲他"雖係武弁，通達文義"，①常賜他弓馬、書籍等物，備極榮耀，故多篇謝恩疏就和諸多重大戰役所上奏章以同等重要的地位被選入《奏疏存藁》。如卷一《恭謝銀米疏》、卷二《恭謝匾額手卷疏》、卷三《恭謝欽賜弓馬疏》、卷四《恭謝欽頒〈四書解義〉疏》、卷七《恭謝欽賜〈書經解義〉疏》等。

總之，《奏疏存藁》既是趙良棟半生戎馬的真實記載，也是康熙朝平定三藩之亂的一些重要事件的詳實記錄，內容豐富，史料性強。

四、《奏疏存藁》的價值

古代奏疏作爲公文的一種，常由幕僚或下級代筆，并不能完全體現出署名官僚的水平和個性。但《奏疏存藁》完全由良棟本人撰寫，可以視爲其本人作品，因

---

① ［清］愛新覺羅玄燁《聖祖仁皇帝御製文集》，影印文淵閣《四庫全書》本，臺灣商務印書館1986年版，第1298册，第113頁。

而價值很高。

在四十八年和五十一年刻本《奏疏存藁·敘》中,良棟直言:"其間行軍用兵,克賊製勝,疆域之險易,兵法之奇正,伸紙直書,祇期達意,而不旁咨一人,絕未假手一字。言之不文,行烏能遠?然直抒胸臆之言,荷聖天子優容嘉納,得以少盡寸長,展其報效。"嚴虞惇也盛贊他説:"公學問通達,才思警敏,每奏兵事,皆躬自操牘,不假手於幕客。曰:'軍國大事,非他人可代也。'"(《神道碑銘》)且當時勇略將軍上疏均爲本人親自執筆,時人通識也,李來章在其《趙襄忠公奏疏存藁敘》中説:"來章嘗聞公於大小章奏,皆手自削草,不假捉刀。"并以自己的閲讀感受來證明:"今讀《存稿》,明白洞達如話家常,皆從肝膈流出,絕無文士書生經營粉飾之習。殆亦《出師》二表之流亞歟!"就連康熙也贊他"雖係武弁,通達文義"。這就使《奏疏存藁》作爲一代良將,歷經平定寧夏、征川征滇之見證者的文集有了更大價值。

首先,《奏疏存藁》的史料價值很高。三藩之亂,史料可謂夥矣,但這些資料更多的是清廷編製的國家層面的史料,關注的是全國的大局,西部戰局只是其中的一部分;具體到王進寶、趙良棟兩路入川、進滇則更是不會記載詳明;再具體到趙良棟一路的戰略、戰術,每一場戰事,則很少會涉及。但在這場持續多年的戰爭中,良棟憑藉五千朔方軍,攻徽州,戰略陽,打寧羌,克成都,在西部戰局中起到了不可替代的作用。尤其是在進滇後攻打昆明城的戰事中,衝鋒陷陣,數日而打下了幾十萬大軍圍攻八個月未下的昆明城外圍,在攻克雲南的戰鬥中起到了關鍵的作用。這其中的戰略決策、戰事經過,《奏疏存藁》都有詳細的記載,對於戰事中滿漢清軍的關係、各路將軍的矛盾、敵我形勢的分析、戰爭給人民帶來的災難等等都有涉及;加之有很多奏疏後附有康熙皇帝的批復,是史家據實評論的最原始資料,是後世反思歷史、認識問題的最基本依據,史料價值很高。同時,趙良棟作爲清初良將,在歷史上有較大影響,是一位很有個性的人物,對其如何認識、如何評價,《奏疏存藁》作爲其本人親筆所撰奏疏、手定文集,無疑是最直接、最重要、最有説服力的史料。另外,《奏疏存藁》自良棟提督寧夏始,其中有近一卷的內容完全是關於寧夏地方的,還略提及了一些關於回族的情況,如"固原一帶地方多係回民,而叛將單繼唐原是回籍"等(卷一《審度進剿機宜疏》),對於研究寧夏的歷史文化、民族關係等也有一定的史料價值。

其次,《奏疏存藁》的軍事意義很大。勇略將軍作爲康熙朝有名的河西四將之一,其最輝煌之處莫過於軍事上的成就。主要體現在兩個方面。一是軍事思想。在治軍方面,良棟對於整飭隊伍、強軍固本的一個綱領性的認識,那就是兵不扣餉,馬不虛報。他説:

營伍不扣兵餉，不發官馬，兵自強，馬自壯，官自清而法自行，其營中老弱庸懦、應名不見餉之兵自難容留，而居閒精壯好漢自必踴躍投兵。如此則營伍兵威自振，人心自服，加以智勇之將，三軍合力，何敵不克，何地不到，何功不成。（卷七《竭效愚忠疏》）

此説雖簡單，卻道出了治軍的本質問題。中國古代軍隊中吃空餉的現象比比皆是，兵不足額，馬不夠數，加之軍官經常以各種理由克扣軍餉，往往造成軍士嘩變，何談戰鬥力，更不用説軍人常有父死子替、兄終弟及等所造成的老弱庸懦充斥、戰鬥力低下的問題。他還注重軍紀嚴明，對百姓秋毫無犯，"嚴禁官兵，不許搶掠。即雞犬不許驚動"（卷一《用奇破險渡江疏》），從道義上和行爲上讓軍民信服，提升戰鬥力。良棟用此法治軍，帶出了著名的朔方軍就是明證。在對敵方面，他不嗜殺戮，以招撫爲主，戰、撫並用，常常不戰而招降對方。二是用兵之法。良棟用兵特點可概括爲"速""奇""勇"。"速"即兵貴神速，"十日之内，五破關隘，晝夜轉戰，馳驅千有餘里，所向披靡，勝獲無算。高山密箐，履若坦途；惡石大江，視猶平地。兵機迅速，敵號爲神"（李濤《趙襄忠公奏疏存藁序》），連朝廷都稱讚他"轉戰千里，未及浹旬"（《欽賜碑文》）。"奇"即出奇制勝。良棟善用奇兵取勝，在渡白水江時，他"遍詢鄉民"，找到了敵人防守的軟肋而渡江（卷一《用奇破險渡江疏》）；在攻克成都時，就是出奇兵，以迅雷不及掩耳之勢攻至城下，迫使守城人員投誠；在攻克昆明城外圍時，良棟就是用一面主攻，一面從上游渡水夾擊的奇兵而獲勝的。"勇"即鼓舞士氣，勇猛殺敵。在遇到"山險崎嶇、陰雨泥濘"（卷一《攻克密樹關恢復徽州報捷疏》）的困難時，士卒都奮勇向前。在平定寧夏之亂時，他"以不殺爲心，盡留從騎，獨入城中……反側遂安"（樊澤達《勇略將軍總督雲貴大司馬襄忠趙公疏藁序》）。良棟之膽氣，成爲士卒奮勇的標桿。在攻佔白水壩一戰中，就因他看到軍士面對敵人在白水壩的堅固防守和險惡地形有畏難情緒時鼓勵士卒："爾我激奮前來，原爲仰報朝廷，尚不用命，更待何時！"於是將士們"奮不顧身，爭先勇往。溺水砲傷者固有，而勇敢之氣，喊聲震天，滿江皆兵。逆賊膽落，不能抵敵，大敗奔山"（卷二《白水壩浮水過江敗賊報捷疏》）。良棟的軍事思想，在今天看仍不過時，很有指導意義，很值得學習。其一生征討，"大小數十餘戰"（《欽賜碑文》），戰法多有不同，這對於今日之軍事，亦多有可資借鑒之處。

第三，《奏疏存藁》的文學性很強。良棟雖爲武將，所作均爲奏疏，但這些文字文學水平較高，讀來頗具感染力。主要體現在以下三個方面：其一，感情真摯。中國古代文論歷來強調，"詩者，志之所之也，在心爲志，發言爲詩。情動於中而形於言，言之不足故嗟歎之，嗟歎之不足故永歌之"（《毛詩序》）。李來章説他的奏疏堪比諸葛亮之前後《出師表》即在於此。如在《奏疏存藁·敘》中，勇略將軍直言：

其如性情迂直,學問粗疏,惟思散金錢而酬士死,佩一劍以答君恩,不知附衆詭隨。孤蹤孑立,絕無黨援,所恃者聖明之知遇,所藉者三軍之用命。歷官一生,家無長物。召忌招尤,非止一時一事。孰意事定謗起,幾蹈不測。賴聖天子弘恩,洞燭幽微,曲賜矜全,特昭曠典。綸音屢下,優賚頻加,天翰詩字匾額、龍袍袞裓、天冠寶刀、上馴撒袋御用等件;錫以世職,俾子孫奕世永沐殊恩;又加以忠臣、純臣、老臣之天語。而五十餘年竭力疆場之一身,與忠勤自矢,仰答君父之寸衷,悉蒙睿鑒,然已老病難支矣。叨荷俞旨,准歸田里。當漠北多事,奉命遠出邊庭,時年已七十有四。後乞就醫江南,更蒙俞允,屢邀存問,再蒙召見,面聆西征方略,優賚頻加。誠千古人臣未易得之榮寵,鏤心刻骨,圖報無極。

這段文字雖多有向帝王獻媚之語,然敘事抒情相結合,真摯感情溢於言表,感人至深。其二,分析透闢,邏輯性強,極有説服力。在《備陳三事蚤期蕩平疏》中,良棟希望城破之日不要將百姓盡數爲奴。他認爲,如果逼百姓太緊,會引來激變,且百姓被迫脅從吳三桂父子反叛,也是處於水深火熱之中,如果將百姓妻女一概入營爲奴,則城爲空城,地爲空地,歷年戰爭又有何用。他的嚴密分析,據理力爭,使康熙皇帝下旨,同意良棟所言三事,成爲清軍攻打昆明的基本政策。其三,語言簡練,用語很活。良棟因對問題看得透徹,故語言表述往往一語中的,因而顯得非常簡潔,特別是《奏疏存藁·敘》,一般是一詞一句即涵蓋一件大事。而且,他的語言活泛,常用口語、俗語等,增强了文章的可讀性,這是一般幕僚儒生代筆之奏疏中程式化語言所不具備的。如表達百姓苦不堪言之意,勇略將軍直接説"民之流離不堪言矣"(卷三《題請川蜀司道疏》);表達地勢險要,他則説"大渡河、象嶺最險最要"(卷三《招撫建昌五衛地方疏》);在表達處理不當會毫無收穫時,他説:"待事極生變,水盡鵝飛,或於灰燼處尋尸,無對證處問信,究有何益?"(卷七《備陳三事蚤期蕩平疏》)口語化的語言簡潔而準確,俗語表達形象而生動。

第三節　趙良棟的家世情況及其後人著述

因趙良棟的功績,其家人多有封贈,特別是其子孫有多人爲官,有兩人成爲封疆大吏,其家族也成爲康乾時期的望族。

一、趙良棟的家世情況

趙良棟曾祖趙繼先,字肇祖,號鴻業。生於明正德乙亥年(1515)十月初九,卒於明隆慶壬申年(1572)九月初三,享年68歲。曾任綏德衛指揮僉事,封明威將軍,以曾孫貴,誥贈榮祿大夫,又贈光祿大夫。妻范氏(1536—1601),封恭人,以曾孫貴,誥贈一品太夫人,享年65歲。

良棟伯祖趙邦佐,娶妻邱氏。無嗣。

祖父趙邦佑,字屏翰,號維之。享年53歲。① 以歲貢授教諭,封將仕郎。以孫貴,誥贈榮祿大夫,又贈光祿大夫。妻曹氏(1564—1595),封恭人,以孫貴,誥贈一品太夫人,享年31歲。

良棟父趙淮,字源遠,號景山。生於明萬曆己卯年(1579)九月初二,卒於清康熙癸卯年(1663)八月二十四,享年85歲。出生地為陝西延安府綏德州安邊堡,以武生從戎,官柴溝守備,再任強兵守備,題陞海州參將(《墓誌銘》),未任,以疾辭歸。以子貴,誥封榮祿大夫,又封光祿大夫。妻張氏(1591—1668),以子貴,誥封一品太夫人,享年79歲。

良棟姊趙氏,適參將梁友蒼子,餘不詳。

勇略將軍原配郭氏(1627—1699),繼配李氏(1621—1688)、白氏(1629—1664),俱封一品夫人。另有妾李氏。

良棟有子五人。

長子趙弘燦(1655—1717),字天英,號密菴。母李氏。良棟率師平寧夏時,弘燦已為蔭生,居京城(卷一《恭謝銀米疏》)。康熙十九年(1680)二月,弘燦奉康熙旨與另一使臣一起到四川看望父親(卷三《恭謝欽賜弓馬疏》)。四月,擢寧夏總兵官,率軍隨父一起征川。二十年(1681)三月,與吳軍戰於馬湖,吳軍潰逃,便率軍追至鳳凰村,再追至觀音崖,攀懸崖襲擊守崖吳軍,大獲全勝,斬三百餘級。五月,兵之榮經縣。六月,隨良棟大軍奪關山、象嶺,收復建昌,直殺至雲南城下下寨,後參加攻取昆明城外圍的戰鬥。雲南收復後,授左都督。二十二年(1683),調任川北總兵。二十四年(1685)三月,弘燦上疏奏以川北水土蒸濕,兼發瘧疾,希望能到別處為國效力,遂調真定(治今河北省正定縣)總兵。二十七年(1688),任浙江黃巖(治今浙江省台州市黃巖區)總兵官。三十七年(1698),調任

---

① 案:根據《趙氏家譜》所載,趙邦佑生於明嘉靖壬戌年(1562)正月二十日寅時,卒於明萬曆甲寅年(1614)三月初五日戌時。

江西南贛(治今江西贛州市)總兵。三十八年(1699)，陞浙江提督；四十二年(1703)，調廣東提督。四十六年(1707)，以兵部右侍郎都察院右副都御史總督兩廣。其間，因廣東米價騰貴，作爲兩廣總督不據實陳奏，罪當革職，康熙下旨，降五級留任。五十五年(1716)正月，入京陛見，康熙專爲其作《兩廣總督趙宏燦陛見來京》詩一首："鎮撫封疆多歷年，滇黔百粤凱歸驂。當時馬革抒誠切，近日龍光錫慶綿。萬里宣風梅嶺表，三台擁節桂江邊。優隆主眷酬耆舊，芸閣宸章賜綺筵。"①此詩也是對弘燦一生主要經歷的概括。陛辭時，"奏言久處炎海，年事就衰，請移近地自效"。② 十月，陞兵部尚書。次年三月初五，在回京就任途中，病卒於武昌，終年63歲。五月，諡"敏恪"。③ 著有《永思堂詩集》。④ 娶妻蘭氏(1658—1706)，陝西富平人，封一品夫人；又彭氏(1653—1693)，貴州大定人，贈一品夫人；又陳氏(1673—1708)，江南揚州人，贈一品夫人；又賈氏(1679—?)，直隸正定人，封一品夫人；又陳氏(1685—1755)，直隸正定人，封一品夫人；又亢氏(1694—1715)。

次子趙弘燮(1656—1722)，字亮工，⑤號里菴，清順治十三年(1656)三月生，母郭氏。初任直隸完縣(治今河北省順平縣)知縣，"有循聲"。⑥ 再遷直隸南路捕盜同知。康熙三十四年(1695)十一月，康熙諭内閣："南路捕盜同知趙弘燮居官既優，其父趙良棟向在行間著有勞勩。趙弘燮其超擢爲天津道。"⑦三十六年(1697)，良棟卒，弘燮丁父憂。三十八年(1699)，服未除即補授直隸巡道。旋即丁母憂。四十年(1701)，再補天津道。次年陞山東按察使。四十二年(1703)，任山東布政使，適逢"山東饑，弘燮奏請賑濟，躬自巡察，全活甚衆"。⑧ 十二月，襲一等精奇尼哈番。⑨ 次年二月，揭報前任劉皚虧空庫項。朝廷查實，劉皚論罪。

---

① [清]愛新覺羅玄燁《聖祖仁皇帝御製文集》，影印文淵閣《四庫全書》本，臺灣商務印書館1986年版，第1299冊，第624頁。
② 趙爾巽等《清史稿》卷二五五，中華書局1976年版，第9777頁。
③ [清]嵇璜、劉墉等《皇朝通志》，影印文淵閣《四庫全書》本，臺灣商務印書館1986年版，第644冊，第647頁。
④ [清]趙氏後人《趙氏家譜》，寧夏博物館藏本。案：此說恐不可信。趙弘燦名門之後，將門虎子，成名較早，久鎮巖疆，官至兩廣總督、兵部尚書，《趙氏家譜》中載"著有《永思堂詩集》行世"，如此重要之內容，[乾隆]《寧夏府志》卻不見載。封疆大吏之詩集，"行世"豈能以稿本、抄本？必是刊行，但其他書目文獻均未著錄，此書今不見傳，豈非怪事？
⑤ [清]張金城等修纂、陳明猷點校《乾隆寧夏府志》，寧夏人民出版社1992年版，第454頁。案：張玉書《趙擎之七十壽序》作"亮公"，見[清]張玉書《張文貞集》。
⑥ [清]張金城等修纂、陳明猷點校《乾隆寧夏府志》，寧夏人民出版社1992年版，第454頁。
⑦ [清]愛新覺羅玄燁《聖祖仁皇帝御製文集》，影印文淵閣《四庫全書》本，臺灣商務印書館1986年版，第1298冊，第484頁。
⑧ [清]張金城等修纂、陳明猷點校《乾隆寧夏府志》，第454頁。
⑨ [清]官修《皇朝文獻通考》，影印文淵閣《四庫全書》本，臺灣商務印書館1986年版，第637冊，第877頁。

十月,陞河南巡撫。在任期間,"去政之病民者數十條。而採備河柳積弊累民,改請捐俸官辦,豫人尤感頌弗衰。"① 康熙皇帝作《河南巡撫趙弘燮陛見求訓旨故作截句一首賜之》詩贈弘燮:"宣布撫安在己廉,剛柔率屬要溫謙。中州民俗多忠厚,務使和平莫太嚴。"② 四十四年(1705)十一月,弘燮被調補直隸巡撫,③他"創立西沽浮橋,奏廣解額,置義學田新左衛。"五十四年(1715)三月初六,康熙皇帝下旨:"趙弘燮簡任直隸巡撫已屆拾年,勤勞供職,實心任事,旂民輯睦,頗有起色,文武鼓勵,盜案稀少。京畿重地,趙弘燮著加總督職銜,仍管巡撫事務。"④ 直隸巡撫加總督銜自此始。六十一年(1722)六月十八日,卒於官,諡肅敏,享年67歲。康熙帝有詩《輓總督趙弘燮》:

  四十餘年撫近京,旗民稱善政和平。保全終始君恩重,奄逝悲凉衆涕盈。不畏刁頑持法紀,久司鎖鑰務精明。官方仍在歸泉壤,節鉞空懸攬轡情。⑤

弘燮雖承襲一等精奇尼哈番,却不似趙良棟廉潔自持。雍正元年四月,胤禛下旨:"皇考御極六十餘年,用人之道,嘉善奬能,不吝爵賞,宥罪赦過,率多矜全。如勇略將軍趙良棟,乃心王室,忠勇素著,始終宣力。皇考待以隆恩異數,超越等倫。其子趙弘燮承襲餘廕,位任封疆,不思竭力報稱,惟圖利偷安,以致事務廢弛,庫帑虧空,皇考不忍遽加罷斥,寵遇如初,格外優容,冀其改悔。"⑥ 弘燮因貪污,其子趙之璧替父還賬,被父連累。

據《趙公宏燮墓志銘》載,弘燮"配吳氏,誥贈一品夫人。繼康氏,有子曰之璧(壁)。次靡氏,有女二人。次賈氏,撫一子曰之增"。⑦《趙氏家譜》載:吳氏(1663—1687),滿洲正紅旗人,贈一品夫人,享年25歲。康氏(1675—1747),直隸蔚縣(今河北省蔚縣)人,封一品夫人,享年73歲,撫育繼子之璧如己出。靡氏(《趙氏家譜》作"糜氏")生卒年不詳,生女二,長適户部郎中張星煇七子江蘇巡撫張渠,次適刑部尚書張廷樞次子詹事府右春坊右中張允緒。賈氏生平不詳。

三子趙弘煜,字旭升,⑧號旭菴。母白氏。生於順治十三年(1656)十月二十二日,卒於雍正十三年(1735)三月初五日,享年80歲。卒葬於寧夏漢延渠之東。

---

 ① [清]張金城等修纂、陳明猷點校《乾隆寧夏府志》,第454—455頁。
 ② [清]愛新覺羅玄燁《聖祖仁皇帝御製文集》,影印文淵閣《四庫全書》本,第1299册,第362頁。
 ③ [清]宋犖《西陂類稿》,影印文淵閣《四庫全書》本,臺灣商務印書館1986年版,第1323册,第482頁。
 ④ 中國第一歷史檔案館編《康熙朝漢文硃批奏摺彙編》第六册,檔案出版社1985年版,第84頁。
 ⑤ [清]愛新覺羅玄燁《聖祖仁皇帝御製文集》,影印文淵閣《四庫全書》本,第1299册,第634頁。
 ⑥ 《清實錄·世宗實錄》,第七册第131頁。
 ⑦ [清]錢儀吉纂《碑傳集》,北京大學圖書館藏光緒十九年(1893)刻本,卷六八,第21頁。
 ⑧ [清]張玉書《趙擎之七十壽序》,載《張文貞集》,影印文淵閣《四庫全書》本,第1322册,第489頁。

康熙十九年(1680)八月時，弘煜就已隨兄弘燦"同赴軍中，宣力左右"(卷四《恭謝聖恩寵眷疏》)。後任內閣中書(《墓誌銘》)。康熙四十七年(1708)至五十三年(1714)，任揚州府知府。娶趙氏(1664—1689)，封恭人，享年26歲。又李氏(1663—1714)，封恭人，享年52歲。又楊氏，生卒年不詳。又徐氏，生於康熙三十三年(1694)五月十八日。子四。之堯、之至，李氏出；之堂，楊氏出；之坦，徐氏出。女三，長適遊擊葉應福，次適平涼府張自毅，次適同治李延坦。

四子趙弘煒，五子趙弘熺，良棟卒時均尚幼。弘煒，良棟妾李氏康熙二十四年(1685)所生，字遠功，號大業，"年未及壯，許侍禁廷"。①告病回籍。乾隆二十年(1755)卒，享年71歲。娶宗室女，繼娶周氏，生子夭亡。

五子弘熺，康熙五十三年(1714)甲午科舉人，曾任四川新繁縣(治今四川省成都市新都區)知縣。②《趙氏家譜》不載，不知何故。

良棟有女三人。長適舉人、揀選知縣强振猷，次適候推副將郁起雋，次適一等侯、江南提督張雲翼(《墓誌銘》)。

勇略將軍有孫13人：趙弘燦子趙之垣、趙之均、趙之壇、趙之坊、趙之垛、趙之壁(過繼給趙弘燮)、趙之城(無嗣)；趙弘燮子趙之壁，另撫育一子趙之增；趙弘煜子趙之堯、趙之至、趙之堂(無嗣)、趙之坦。另有趙弘煒一子夭亡。

趙之垣，弘燦長子，字翼宸，號容齋。康熙二十二年(1683)臘月初二日生。貢生，母彭氏。康熙六十一年(1722)，以郎中署直隸巡撫，朝廷之意在使其料理其叔弘燮在任時庫帑虧空等"一切未完事件，蓋不欲其生平行事一朝破露，遂罹國法，傷其先人名節耳"。③但之垣才力不濟，居官庸劣，於雍正元年(1723)二月被革職，發回原籍。乾隆十八年(1753)九月初八日卒，享年71歲。娶妻張氏(1685—1715)，生秉鉞。又妾陳氏，生秉鏐，二子俱早亡，無子。女三，長適五經博士孔繼溥，張氏出；次適建延道李星聚，妾陳氏出。另一女不詳。

趙之均，字平原，號可齋，康熙三十三年(1694)十二月初四日生，母賈氏，卒於乾隆二十年(1755)五月十三日，享年62歲。曾任雲南副使道，雍正三年(1725)至十年(1732)任湖北襄陽道。雍正八年(1730)為湖廣總督邁柱所參，後"因失察荊關書役加征革職"。④乾隆元年(1736)，趙之均揀選廢員，二年(1737)九

---

① ［清］趙弘燦等《奏疏存藁後序》，載《四庫未收書輯刊》，第貳輯第25冊，第531頁。
② ［清］張金城等修纂、陳明猷點校《乾隆寧夏府志》，第484頁。案："趙弘熺"《乾隆寧夏府志》作"趙宏喜"，良棟子在取名時最後一字均從"火"，另據〔乾隆〕甘肅通志》(影印文淵閣《四庫全書》本)卷三三可知"趙宏喜"即"趙弘熺"之誤。
③ 《世宗憲皇帝上諭內閣》，影印文淵閣《四庫全書》本，第414冊，第64頁。
④ 秦國經主編《清代官員履歷檔案全編全三十卷合集》(上冊)，華東師範大學出版社2008年版，第536頁。

月補山西蒲州府知府。乾隆帝評價其"中平也,還去得,但恐氣局略小些",①可以看出趙之均資質平平,但乾隆帝仍念趙氏昔日功績,給與知府一職。娶胡氏,康熙三十二年(1693)十一月二十八日生,卒年不詳。又呂氏,生秉鑑。又薛氏,生秉鋭。

趙之壇,字宸獻,號敬齋,康熙三十四年(1695)九月二十日生,母陳氏。卒年不詳。由貢生遞捐知府即用。雍正九年(1731)五月内,趙之垣奏往帶之肅州協辦糧運事務。乾隆元年(1736)六月,任鎮遠府知府。但乾隆皇帝評價:"中平,不十分滿意。因原係知府,故以事簡缺用。"②曾任《貴州通志》修輯官員,擔任采輯之責。後出居涇陽(治今陝西省涇陽縣)。娶高氏,無出。又黄氏,生秉鐘、秉釗二子。

趙之坊,字倫表,號謙齋。康熙四十二年(1703)年四月十三日生,母賈氏。貢生。在陝西捐知府即用。雍正三年(1726),趙之垣奉旨清理趙弘燮任直隸總督的虧空案,爲湊足錢數,趙之垣"向胞弟趙之坊處那借銀一萬一千兩,趙之城處那借銀叁萬兩"。③可見趙之垣、趙之坊、趙之城三兄弟均爲趙弘燮之子。雍正四年(1726)六月内查漢拖護渠工效力,工程事竣,署陝西總督劉於義給咨赴部。十二年(1734)八月,補授河南汝寧府知府,雍正皇帝評價:"中平少年。做着看,未必能勝此任。中中。"④後趙之坊果不能勝任,《清代官員履歷檔案全編全三十卷合集》載:"革,降二等賞給職銜。"⑤娶施氏,生於康熙年間,卒於雍正年間,生秉鉅。妾劉氏,生秉錦。

趙之埰,字惠疇,號恕齋,康熙四十四年(1705)閏四月十七日生,卒年不詳。母陳氏。出居涇陽(治今陝西省涇陽縣)。貢生,曾任刑部郎中。乾隆十三年(1748)十月補授山東東昌府(治今山東聊城)知府,乾隆二十三年(1758)十二月任湖北德安府(治今湖北安陸)知府,乾隆皇帝評價:"中上,似有出息。但恐過伶些。"後又評其"妥當。中材。"⑥趙之埰在趙良棟孫子輩中做官最穩妥,算是在孫子輩當中皇帝評價最高的一人。娶張氏,生秉鐸。又陳氏,生秉鈐、秉鑰、秉鏞三子。女三,長適貢生袁守鈿,次適庠生王元潮。

趙之壁,⑦字東辰,號恒齋,弘燮子。康熙四十八年(1709)十月初三日生,卒

---

① 秦國經主編《清代官員履歷檔案全編全三十卷合集》(上册),華東師範大學出版社2008年版,第536頁。
② 同上,第358頁。
③ 中國第一歷史檔案館、葉志如編選《雍正三年參劾年羹堯案史料・都察院左都御史能泰等爲趙之垣呈訴歷受年羹堯冤抑事奏本》,《歷史檔案》1986年第2期,第12頁。
④ 秦國經主編《清代官員履歷檔案全編全三十卷合集》(上册),第228頁。
⑤ 同上。
⑥ 秦國經主編《清代官員履歷檔案全編全三十卷合集》(上册),第6頁。
⑦ 案:"壁",《〔乾隆〕寧夏府志》卷一三《人物・鄉獻》等史料作"璧",誤。趙良棟孫輩名最後一字均從"土",故"壁"字是。本書中凡引用史料誤作"璧"字逕改,不再出校。

於乾隆四十二年(1777)六月二十六日,享年 69 歲。卒后,葬於河西寨新塋。母陳氏。《趙氏家譜》載:"之壁,過繼給二房。"之壁本弘燦之子,後過繼給弘燮,故《〔乾隆〕寧夏府志》卷一三《人物·鄉獻》和《〔民國〕朔方道志》卷一六《人物志·鄉宦》小傳均載其爲弘燦子。康熙六十一年(1722)九月襲一等精奇尼哈番。因其父弘燮在任時虧空庫項,之壁未能按時繳納,雍正五年(1727)二月,甘肅巡撫石文焯奏請革其職,但雍正"念趙良棟昔日功勳,格外施恩及其後裔。著將趙之壁從寬免革職銜,其應追銀兩亦著免追,留與伊等養贍",以示朝廷優眷功臣之至意,而且令其他所有承追督催各官亦不再查參之壁,仍令其襲世職。① 乾隆二十七年(1762),擢兩淮鹽運使。三十三年(1768),革職,尋卒。書法有造詣。娶關氏,生於康熙五十六年(1717)三月二十三日,卒於乾隆二年(1737)三月十五日,享年 21 歲。繼娶孫氏,生於康熙五十八年(1719)十二月初五日,卒於乾隆七年(1742)十月二十七日,享年 24 歲。又方氏,生於康熙四十七年(1708),卒於乾隆五十年(1785)十二月二十七日,享年 78 歲。有子二,秉錕,方氏出;秉銃,孫氏出。女二,長適壬申恩科舉人黃元鋐,次適庠生石麟,俱關氏出。

趙之城,生於康熙年間,卒於雍正年間。餘不詳。聘胡氏,聞夫喪,過門守節而終。

趙之堯,字翌文,號協亭,生於康熙二十三年(1684)十一月初六日,母李氏,卒於乾隆十九年(1754)十二月二十四日,享年 71 歲。出居江南。歷官山西太原縣、貴州石阡府。娶高氏,生於康熙三十一年(1692)十一月初八日,卒於乾隆十五年(1750)十一月十八日,享年 59 歲。生秉鍠、秉鎮二子。②

趙之至,字敷文,號曉亭,生於康熙四十年(1701)正月二十七日,母陳氏,卒年不詳。候選州同。娶梁氏,康、雍年間人。妾某某,生二子秉某、秉某。又妾某某,生三女。長適張姓男子,次、三俱適陸姓男子。

趙之堂,號涉亭。生於康熙四十九年(1710)八月二十三日,母楊氏,卒年不詳。娶馬氏,無子。

趙之坦,字安文,號履亭,生於康熙五十五年(1716)正月十三日,母徐氏,卒於乾隆年間。庠生。娶張氏,生於康熙年間,卒於乾隆三年(1738)十一月二十三日。繼娶徐氏,承繼一孫曰嬴。

---

① 《世宗憲皇帝上諭內閣》卷五三,影印文淵閣《四庫全書》本,第 414 冊,第 548 頁。
② 案:根據《趙氏家譜》載,之堯名下二子是秉鍠和秉鎮,但在詳細記載時,"子二,秉銓、秉鎮俱高氏出",誤。之堯、秉鍠、秉鎮出居江南,秉銓并未出居江南,故秉鍠和秉鎮是之堯之子。

表三 趙良棟後人基本情況表

世次	名	字	號	生卒年	妻室情況	子女情況	母親	父親	官職履歷
五世	弘燦	天裳	密菴	1655—1717	蘭氏、彭氏、陳氏、賈氏、陳氏、元氏	之垣、之均、之壇、之坊、之採、之壁、之城、（過繼弘燮）、女四	李氏		康熙二十二年（1683），調任川北總兵；二十四年（1685）任真定總兵，二十七年（1688）任浙江黃巖總兵官；三十一年（1698）任江西南贛總兵，三十八年（1699）陞浙江提督；四十二年（1703）任廣東提督；四十六年（1707）以兵部右侍郎、都察院右副都御史總督兩廣
	弘燮	亮工	理菴	1656—1722	吳氏、康氏、陳氏	之壁（弘燦子）、女二	郭氏	趙良棟	初任直隸完縣知縣，再遷直隸南路捕盜同知。康熙三十四年（1695）十一月升為天津道，三十八年（1699）補授直隸巡道。四十年（1701），再補天津道。次年陞直隸山東按察使。四十二年（1703），任山東布政使。四十三年十月，陞河南巡撫
	弘煜	旭升	旭菴	1656—1735	趙氏、李氏、楊氏、徐氏	之堯、之至、之堂、之坦、女三	白氏		康熙十九年（1680）八月，弘煜隨兄弘燦"同赴軍中"，宣力左右，後任肉閣中書。康熙四十七年（1708）至五十三年（1714），任揚州府知府
	弘煒	遠功	大業	1685—1755	宗室女、周氏	絕	李氏		年未及壯，許侍禁廷
	弘焯	不詳	不詳	不詳	不詳	不詳	彭氏		康熙五十三年（1714）甲午科舉人，曾任四川新繁縣知縣
六世	之垣	翼辰	容齋	1683—1753	張氏、姜陳氏	秉鉞、秉鏞、女三		趙弘燦	康熙六十一年（1722）歷官戶部員外刑部中署直隸巡撫通政使司左副都御史鴻臚寺少卿曾任雲南副使，雍正三年（1725）至十年（1732）任湖北襄陽道。後"因失察荊關書役加征革職"。雍正八年（1730）為湖廣總督邁柱所參，趙之均被選廣元（1736），山西補（1737）九月
	之均	平原	可齋	1694—1755	胡氏、呂氏、薛氏	秉鑑、秉銳	賈氏		

續 表

世次	名	字	號	生卒年	妻室情況	子女情況	母親	父親	官　職　履　歷
六世	之壇	良獻	敬齋	1695—？	高氏、黃氏	秉鐘、秉釗	陳氏	趙弘爍	由貢生遞捐知府即用。雍正九年(1731)五月，趙之垣奏任帶之肅州協辦糧運事務。乾隆元年(1736)六月，任鎮遠府知府。曾任《貴州通志》修輯官員，擔任采輯之責
	之坊	倫表	謙齋	1703—？	施氏、妾劉氏	秉鉅、秉銷、女一	賈氏		雍正四年(1726)六月內查漢拖護渠工效力，工程事竣，署陝西總督劉於義給咨赴部。十二年(1734)八月，補授河南汝寧府知府
	之埰	惠疇	恕齋	1705—？	張氏、陳氏	秉鐸、秉鈴、秉鏞、女三	陳氏		乾隆十三年(1748)十月補授山東東昌府知府，乾隆二十三年(1758)十二月任湖北德安府知府。官至刑部郎中
	之壁	東辰	栢齋	1709—1777	關氏、孫氏、方氏	秉鋸、秉鈖、女二	陳氏		由戶部員外郎歷任府道，乾隆二十七年(1762)陞兩淮鹽運使，乾隆三十三年(1768)革職，後又爲長蘆鹽運使
	之城	不詳	不詳	康熙—雍正年間	胡氏	絕	元氏	趙弘煜	不詳
	之堯	翌文	協亭	1684—1754	高氏	秉鍠、秉鎮	李氏		歷官山西太原縣、貴州石阡府
	之至	皷文	曉亭	1701—？	梁氏、妾某氏、某氏	秉某、秉某、女三	李氏		候選州同
	之堂	不詳	涉亭	1710—？	馬氏	絕	楊氏		不詳
	之坦	安文	履亭	1716—乾隆年間	張氏、徐氏	繼孫曰瀛(秉鋭子)	徐氏		庠生

续表

世次	名	字	號	生卒年	妻室情況	子女情況	母親	父親	官職履歷
七世	秉鈫	載庚	不詳	1712—1734	徐氏	承繼一子曰溥（秉鑰子），女二	張氏	趙之垣	不詳
	秉鑰	北門	不詳	1720—1750	王氏	繼孫其樸（曰溥子）	陳氏	趙之垣	不詳
	秉鑑	朗亭	不詳	1713—1744	康氏、姜某氏	曰源，女一	呂氏	趙之均	不詳
	秉鋭	穎超	不詳	1715—1780	王氏	繼孫其標（曰溥子）	薛氏	趙之均	不詳
	秉鐘	豐山	不詳	雍正年間—？	張氏	不詳	黄氏	趙之壇	雍正癸酉科舉人
	秉釗	省度	不詳	1730—？	馮氏	曰濂	黄氏	趙之壇	不詳
	秉鉅	建中	不詳	康熙年間—？	王氏	曰沆	施氏	趙之坊	不詳
	秉錦	不詳	不詳	不詳	不詳	不詳	劉氏	趙之坊	不詳
	秉鐸	不詳	不詳	1723—？	武氏	曰泰，曰渤，曰濬	張氏		不詳
	秉鈴	不詳	不詳	1730—？	王氏	繼子曰浩（秉鑰子），女一	陳氏	趙之琛	不詳
	秉鑰	不詳	西亭	1736—？	馬氏、姜方氏	曰漢、曰濂、曰瑧、曰浩，女一	陳氏	趙之琛	不詳
	秉鑲	不詳	不詳	乾隆年間—？	某氏、姜陳氏	繼子曰濂（秉鑰子），女一	陳氏		不詳

續表

世次	名	字	號	生卒年	妻室情況	子女情況	母親	父親	官職履歷
七世	秉鈀	沖漢	霖邨	1730—1773	李氏、俞氏	曰洵、曰顥	方氏	趙之壁	武生，后捐監生，曾任雲南府晉寧州知州。
	秉鈗	侍臣	筠邨	1740—1778	李氏、王氏、姜王氏	曰澍、曰瀛、曰泌	孫氏	趙之壁	應襲一等子爵
	秉鏵	西來	飛穰	1717—？	胡氏	不詳	高氏	趙之堯	不詳
	秉鎮	藩長	不詳	1719—？	吳氏	不詳	高氏	趙之堯	不詳
	秉銓	伯衡	不詳	1720—1782	馮氏	曰漢	不詳	不詳	不詳
	秉某	不詳	不詳	乾隆年間—？	不詳	不詳	不詳	趙之至	不詳
	秉某	不詳	不詳	不詳	不詳	不詳			不詳
八世	曰源	宗本	不詳	1740—1784	朱氏	映樞	不詳	趙秉鑑	不詳
	曰謙	不詳	不詳	不詳	不詳	不詳	不詳	趙秉釗	不詳
	曰沆	不詳	不詳	不詳	不詳	不詳	不詳	趙秉鉅	不詳

續表

世次	名	字	號	生卒年	妻室情況	子女情況	母親	父親	官職履歷
八世	曰秦	不詳	不詳	不詳	不詳	不詳	不詳	趙秉鐸	不詳
	曰渤	不詳	不詳	不詳	不詳	不詳	不詳		不詳
	曰濆	不詳	不詳	不詳	不詳	不詳	不詳		不詳
	曰漢	不詳	不詳	不詳	不詳	不詳	馬氏		不詳
	曰灤（過繼給秉鋪）	不詳	不詳	不詳	不詳	不詳			不詳
	曰溥（過繼給秉鉞）	濬川	松泉	1755—1810	沈氏、吳氏、杜氏、王氏、張氏	其楷、其模、其標		趙秉鐍	不詳
	曰漾	不詳	不詳	不詳	不詳	不詳	方氏		不詳
	曰浩（過繼給秉鈐）	不詳	不詳	不詳	不詳	不詳			不詳
	曰洵	晉川	金浦、硯農	1748—1798	宋氏	爲松、女二	李氏	趙秉錕	庠生
	曰灝	不詳	不詳	不詳	不詳	不詳	俞氏		不詳
	曰涵	不詳	不詳	不詳	不詳	不詳		趙秉錕	不詳
	曰瀛（過繼給之坦）	不詳	不詳	不詳	不詳	不詳	王氏	趙秉銃	不詳

续 表

世次	名	字	號	生卒年	妻室情況	子女情況	母親	父親	官職履歷
八世	曰泌	巨川	思泉	乾隆年間—？	孫氏	其椿、其楨	李氏	趙秉鉞	應襲一等伯爵，原任福建中協。
	曰漢	不詳	不詳	不詳	不詳	不詳	馮氏	秉銓	不詳
	映樞	不詳	不詳	不詳	不詳	不詳	朱氏	曰源	不詳
	其楷	不詳	不詳	不詳	不詳	不詳	杜氏		不詳
	其模（過繼給秉鑰）	不詳	不詳	不詳	不詳	不詳	王氏	趙曰溥	不詳
	其標（過繼給秉銳）	不詳	不詳	不詳	不詳	不詳	張氏		不詳
	為松	不詳	不詳	不詳	不詳	不詳	宋氏	趙曰洵	不詳
九世	其椿	不詳	介嚴	1793—1810	張氏	繼孫福堅（延根子）	孫氏	趙曰泌	承襲伯爵，在蘭省效力
	其楨	不詳	樹庭	1799—1841	繆氏	延根	孫氏		承襲一等伯爵。原任浙江嚴州協鎮江西南昌城守營協鎮河南河北鎮總兵

续表

世次	名	字	號	生卒年	妻室情況	子女情況	母親	父親	官職履歷
十世	延垠	子鶴	菊坪、小庭	1820—？	陸氏、馬氏、梁氏、妾房氏	福墀、福堅	總氏	趙其楨	承襲一等伯爵，御前頭等侍衛，補授陝西定邊協副將署理漢中河州鎮總兵
十一世	福墀	丹巖	幼庭	1842—？	原氏、董氏	永銘	陸氏	趙延垠	不詳
	福堅（過繼給其椿）	不詳	不詳	不詳	不詳	不詳	房氏	趙延垠	不詳
十二世	永銘	不詳	不詳	不詳	不詳	不詳	董氏	趙福墀	不詳

趙良棟曾孫以及其他後人中除趙延烺外,均無所建樹。延烺,字子鶴,號菊坪,又號小庭。生於嘉慶二十五年(1820)六月十七日,卒年不詳。承襲一等伯爵,御前頭等侍衛,補授陝西定邊協副將署理漢中河州鎮總兵。娶陸氏,浙江嚴州協標千總陸殿標之次女,生於嘉慶二十五年(1820)八月二十日,卒於道光二十二年(1842)六月十四日,享年23歲。生子一福墀。繼娶馬氏(1821—1862),山西介休縣人,原任河南睢州知州馬恕之女,生於道光元年(1821)二月二十日,卒於同治二年(1863)二月二十日,享年43歲。又娶梁氏,生於道光十四年(1834)十一月十九日,前署甘肅循化同知梁邦俊之女,山西太平縣人。妾房氏,生於道光二十二年(1842)二月二十二日,生子一福堅,出繼介巖公。

良棟另有族姪趙彝鼎,曾隨良棟自天津趕赴寧夏平叛(卷一《坐名題帶將備疏》)。餘不詳。

二、趙弘燦、趙弘燮的著述

勇略將軍雖文武雙全,有文集傳世,但其後人在著述方面卻無甚建樹。良棟後人今傳世著述有趙弘燦、趙弘燮的奏摺,主要收錄於中國第一歷史檔案館所編《康熙朝漢文硃批奏摺彙編》中(以下凡引用《康熙朝漢文硃批奏摺彙編》,只標明册數和目錄所定標題)。①

《康熙朝漢文硃批奏摺彙編》共收錄趙弘燦摺子67篇,內容主要有以下幾類。一爲謝恩摺。有謝皇上賞賜的,如《兩廣總督趙弘燦奏謝賞賜鹿肉魚乾摺》(二册);有謝皇上垂問關心的,如《兩廣總督趙弘燦奏謝欽賜鹿肉條且蒙垂問摺》(七册)等。二爲請安摺,如《兩廣總督趙弘燦奏請聖安摺》(六册)。三爲上貢物品摺,如《兩廣總督趙弘燦奏爲恭進內庭所需洋鋼摺》(五册)、《兩廣總督趙弘燦奏進香橙荔枝等物摺》(六册)。四爲恭賀摺,如《兩廣總督趙弘燦奏賀六旬萬壽摺》(四册)。上述幾類奏摺意義不大,一般只是恭維之詞。五爲奏請陛見摺,如《兩廣總督趙弘燦奏請陛見摺》(五册)、《兩廣總督趙弘燦奏請覲見摺》(六册)。這類奏摺有一定意義。因爲但凡封疆大吏奏請陛見,實質是有些事情不便於上奏,需要當面陳請,或當面和皇上交流,以期獲得更多的信息。六爲奏事摺。這一類非常重要,在奏摺中往往反映出很多實在的問題和情況,甚至關乎國家和某些地方的命運。趙弘燦的奏事摺涉及內容比較廣,有報告地方氣候及收成等的,如《兩廣總督趙弘燦奏報粵省歲熟情形摺》(四册)、《兩廣總督趙弘燦奏報雨水米

---

① 中國第一歷史檔案館編《康熙朝漢文硃批奏摺彙編》(1—8册),檔案出版社1984—1985年版。

價摺》（五冊）；有上陳地方鹽政及提出對策的，如《兩廣總督趙弘燦陳兩廣鹽政積弊並整頓辦法摺》（一冊）；有彙報軍務的，如《兩廣總督趙弘燦奏報官兵剿捕英德等縣劫夥情形摺》（四冊）；有關乎外交的，《兩廣總督趙弘燦奏報續到澳門船隻並遵旨西洋人無照不許處境摺》（七冊）。當然，也有一摺中含有多個內容的。如《廣東提督趙弘燦奏報地方雨調歲豐並請安摺》（一冊）爲奏事請安摺，《兩廣總督趙弘燦奏謝陞授總督並陳兩廣地方情形摺》（一冊）爲奏事謝恩摺，《兩廣總督趙弘燦奏請聖安並遵旨恭進西洋煙酒摺》（二冊）爲請安進貢摺，《兩廣總督趙弘燦奏報雨澤並進土特產摺》（五冊）爲奏事進貢摺。

趙弘燮被收錄的摺子數量非常多，共計791篇。這是因爲弘燮爲直隸總督（巡撫），距京城非常近，遞送方便。其奏摺大體有以下幾類。一爲謝恩摺，如《直隸巡撫趙弘燮奏謝御賜果子羊雞摺》（三冊）、《直隸巡撫趙弘燮奏謝硃批諄切訓示摺》（三冊）、《直隸總督趙弘燮奏謝御批垂憐老病摺》（八冊）等。二爲請安摺，如《直隸巡撫趙弘燮奏請萬安摺》（三冊）、《直隸巡撫趙弘燮奏爲聖駕行幸哨鹿恭請聖安摺》（三冊）。三爲恭賀摺，如《直隸巡撫趙弘燮奏賀元旦新禧摺》（四冊）。上述奏摺也同樣意義不大。四爲奏事摺。趙弘燮的奏事摺很多，所奏大多爲公事。舉凡地方雨雪、收成、各類災害、政治事件等均爲其奏事摺的主要內容，如《河南巡撫趙弘燮奏爲訪得鄰省麥收分數及雨水蝗蝻情形摺》（一冊）、《直隸巡撫趙弘燮奏報秋災並設粥廠賑濟災民摺》（一冊）、《直隸巡撫趙弘燮奏報拿獲朱三太子案內人犯摺》（一冊）。此外，趙弘燮還有幾篇私事摺，如《直隸巡撫趙弘燮奏請誥封外祖父母事摺》（一冊）、《河南巡撫趙弘燮奏陳展限赴直隸巡撫任緣由摺》（一冊）等。因河南是大省，直隸乃京畿之地，是京城的最後一道屏障，故朝廷關注，所上奏摺也就更多些。五爲舉薦摺，如《直隸巡撫趙弘燮奏爲保舉通州知州並中軍員缺等情摺》（一冊）、《直隸巡撫趙弘燮奏請特陞年希堯爲大名道摺》（三冊）。六爲參劾摺，如《直隸巡撫趙弘燮奏參失察飛蝗之寶坻知縣摺》（四冊）、《直隸總督趙弘燮奏參不職河員摺》（八冊）。與趙弘燦一樣，趙弘燮也有些奏摺兼有幾重意思的。如《直隸巡撫趙弘燮奏請萬安並陳地方事宜摺》（三冊）爲奏事請安摺，《直隸巡撫趙弘燮奏謝飲賜御廚珍品並報口內豐收摺》（三冊）是謝恩奏事摺，《直隸巡撫趙弘燮奏請聖安並進陝西花鷹摺》（三冊）是請安進貢摺。

就弘燦、弘燮奏摺來看，因很難分辨此摺出自幕僚、下屬之手，還是他們本人所寫，故無法進行評價。即使偶有奏摺從語氣、內容、筆迹等方面可以看出是本人親筆，也并不類似於乃父之奏章有文采，有感情，故不詳敘。

趙弘燦今傳世文章還有《重修寧夏衛海寶塔記》，最早見於《〔乾隆〕寧夏府志》卷二〇《藝文・補遺》。文章先述海寶塔的維修歷史，再說塔因康熙年間地震造成部分損毀，社會各界都積極創捐維修，最後，作者希望維修好的海寶塔能作爲康熙六十大壽的禮物。

三、趙之壁的著述

趙之壁有《平山堂圖志》傳世。

關於對《平山堂圖志》的研究主要分爲以下三方面。其一，對趙之壁生平的研究。如陸寧、馬建民的《清代寧夏籍兩淮鹽運使趙之壁生平與事迹考述》。[1] 其二，對《平山堂圖志》的成書過程、特色及其價值進行相關的研究。如吳曉揚的《〈平山堂圖志〉成書與特色》《〈平山堂圖志〉文化價值的探析》《〈平山堂圖志〉研究》。[2] 其三，對《平山堂圖志》中所收錄的名勝圖進行研究。如王少浩的《觀看之道：〈平山堂圖志〉中的地景塑造與政治權力》，[3]以及許浩、王安康、陳濤的《〈平山堂圖志〉中的揚州園林版刻圖像研究》等。[4]

《平山堂圖志》文獻多有著錄。《皇朝續文獻通考》：“《平山堂圖志》十卷，趙之壁撰。”[5]《八千卷樓書目·史部·地理類》還注明是"日本刊本"。[6]《越縵堂書目·史部·地理類》記載更詳細："《平山堂圖志》，四册，清趙之璧（壁），乾隆間自刻本。"[7]

《平山堂圖志》傳世有四種版本。其一爲乾隆三十年（1765）刻本，現藏於南京圖書館，十卷，附《名勝全圖》一卷。半頁10行，每行21字，左右雙欄，單魚尾。《中國佛寺史志彙刊》全文影印了此本。此本有序無跋，且各卷次編排順序爲《序》《凡例》、卷首（《宸翰》《名勝全圖》）、卷一至卷二（《名勝上》《名勝下》）、卷三至卷九（《藝文》）、卷一○（《雜識》）。其二爲光緒九年（1883）歐陽利見重刻本，現藏於南京圖書館，十卷，卷首一卷。該版本相較於乾隆三十年（1765）刻本增加了歐陽利見的跋文。《中國方志叢刊》全文影印了此本。其三爲光緒二十一年

---

[1] 陸寧、馬建民《清代寧夏籍兩淮鹽運使趙之壁生平與事迹考述》，《寧夏社會科學》2017年第2期，第196—201頁。

[2] 吳曉揚《〈平山堂圖志〉成書與特色》，《小說月刊》2018年第3期，第160—161頁。吳曉揚《〈平山堂圖志〉文化價值的探析》，《青年時代》2018年第12期，第6—7頁。吳曉揚《〈平山堂圖志〉研究》，北方民族大學2018年碩士論文。

[3] 王少浩《觀看之道：〈平山堂圖志〉中的地景塑造與政治權力》，《南京藝術學院學報》（美術與設計版）2017年第1期，第89—93頁。

[4] 許浩、王安康、陳濤《〈平山堂圖志〉中的揚州園林版刻圖像研究》，《廣東園林》2019年第1期，第30—35頁。

[5] ［清］劉錦藻撰《皇朝續文獻通考》卷二六七，清光緒三十一年（1905）鉛印本，第4827頁。

[6] ［清］丁立中《八千卷樓書目》卷八，民國十二年（1923）鉛印本，第13頁。

[7] 張桂麗《越縵堂書目箋證》，中華書局2013年版，第62頁。

(1895)六一頭陀心悟重訂本，現藏於日本早稻田大學圖書館。六一頭陀(1821—1895)，清代佛教居士，本名魏耆，字剛己，別號六一頭陀，湖南邵陽人。早稻田大學圖書館網站對《平山堂圖志》有介紹：《平山堂圖志》，全四册，版高 28 釐米；光緒二十一年(1895)重訂本；書衣有一份不完整題簽，且有蟲蛀損毀情形；裝幀形式爲唐裝(册頁裝)；内容與乾隆三十年(1765)刻本同。其四爲日本天保十四年(1843)官板本，現藏於日本早稻田大學圖書館、中國國家圖書館。《中國名山勝迹志叢刊》全文影印了此本。早稻田大學圖書館對該志書的基本形態、版本等有相關介紹：《平山堂圖志》，全四册，版高 25 釐米；該書是島田三郎舊藏昌平叢書之一，是六然堂所藏天保十四年(1843)版重刊本，封面題書名"官板平山堂圖志"。該書裝幀形式爲和裝。從内容看，《凡例》《序》、目録、卷首(《宸翰》《名勝全圖》)與乾隆三十年(1765)刻本略有不同，卷一至卷一○基本相同。①

《平山堂圖志》以附近山水爲經，以平山堂左右祠寺及園亭各勝爲緯，全書共分爲五門：宸翰、圖、名勝、藝文、雜識，前有序、凡例。序爲趙之壁自撰，他在序中簡要介紹平山堂，然後敘述編纂此書的緣由。凡例則介紹了《平山堂圖志》名稱的緣由，並交代了此書的成書過程，敘述内容以及與舊志的區别。宸翰一門，收録清世祖、聖祖、世宗三代皇帝對平山堂及其附近景色的御製詩、題詠等。名勝全圖一門，共收録四幅圖，分别爲：《蜀岡保障河全景》《由城闉清梵至蜀岡三峰再由尺五樓至九峰園圖》《迎恩河東岸圖》《迎恩河西岸圖》。正文的卷一(《名勝上》)、卷二(《名勝下》)爲名勝一門。這兩卷以名勝爲綱，收録各書所載的有關該名勝的記載，全都加上書名，並且在後面附案語，共計五十二處名勝。正文卷三至卷九爲藝文一門。其中卷三(《藝文一》)主要輯録宋、清兩朝與平山堂相關的賦文。卷四(《藝文二·詩一》)主要輯録唐、宋、元、明時期與平山堂相關的詩。卷五(《藝文三·詩》)、卷六(《藝文四·詩三》)主要輯録清朝時期與平山堂相關的詩。卷七(《藝文五·詩餘》)主要輯録宋、元、清時期與平山堂相關的詞。卷八(《藝文六·記一》)主要輯録宋、明時期與平山堂相關的記。卷九(《藝文七·記二》)主要輯録清朝時期與平山堂相關的記、序與銘文。卷一○爲雜識一門，其主要從歷代詩話、筆記、史志中輯録有關平山堂的方言、詩話、軼事遺聞等。

四、《趙氏家譜》

《趙氏家譜》，抄本，趙氏後人編。共三册，保存基本完好，現藏於寧夏博物

---

① 詳參陸寧、馬建民《清代寧夏籍兩淮鹽運使趙之壁生平與事迹考述》，《寧夏社會科學》2017 年第 2 期，第 196—201 頁。

館。是書第一册内容依次爲：之垣序、之壁序，一世（繼先），二世（邦佐、邦佑），三世（淮）、《景山公戰功事蹟》，四世（良棟）、《襄忠公戰功事蹟》、史官任蘭枝撰《勇略將軍趙襄忠公傳》《御製祭文》、《欽賜勇略將軍兵部尚書兼都察院右副都御史雲貴總督一等精奇尼哈番謐襄忠趙良棟碑文》，五世（弘燦、弘爕、弘煜、弘煒）。第二册内容依次爲：六世（之垣、之堯、之均、之壇、之至、之坊、之埰、之壁、之城、之堂、之坦），七世（秉鉞、秉鑑、秉鋭、秉鍠、秉鎮、秉鑰、秉銓、秉鉅、秉鐸、秉鐘、秉鈐、秉錕、秉釗、秉鑰、秉銃、秉某、秉鏽）。第三册内容依次爲：八世（曰源、曰洵、曰溥、曰泌），九世（其椿、其楨），十世（延烺），十一氏（福墀）。

該書前有趙之垣序，述家族之由來，記製家譜之由；次有趙之壁序，有"乾隆歲在丙子（1756）夏六月朔九月孫之壁百拜述"之落款，可見此家譜當爲趙之垣生前首倡並修，趙之壁於乾隆二十一年（1756）續修，"第歷年復久，族盛丁繁，自應續行添注，於是增帙手書"，並定下規矩："向後五年考敘一次，每十世裝成一函，藏之家廟。"此後，趙氏後人不斷續寫。據所載内容看，最晚爲十一世延烺之妻馬氏生於道光元年（1821）二月二十日，卒於同治二年（1863）二月二十日。由此可見，該家譜編修時間至遲當在乾隆十八年（1753）趙之垣去世前就已開始，最後定稿時間不會早於同治二年（1863）。

趙良棟及其後人是明清時期寧夏歷史上除朱栴王族外最顯赫的家族，出了三位封疆大吏，另有一位署過巡撫，良棟的兒子輩五人都做過官，且一等精奇尼哈番世襲罔替，使趙氏家族多年保持著較高的地位。雖然良棟後人從其孫輩開始式微，家族逐漸衰落，但趙氏家族，特別是趙良棟在歷史上曾做出過突出貢獻，其功績早已載入史册，爲後人所敬仰。

第二章　曾畹及其著述①

曾畹，寧夏籍寧都人，清初作家。

關於曾畹，史料記載頗多，多爲簡略的介紹，如裘君弘編的《西江詩話》卷一〇、曾國藩、劉坤一等修的《〔光緒〕江西通志》》卷一六九、曾燠《江西詩徵》卷六六、張維屛《國朝詩人徵略》初編卷四、徐世昌《晚晴簃詩匯》卷五二等都有記載，這是我們研究曾畹的主要依據。另外，曾畹本人的詩文集，以及他與同時代作家交往的詩文中也留下了較多的資料，爲我們瞭解曾畹提供了方便。然而對其字號、籍貫、經歷、著述等的記載，有些資料有誤。

最早的介紹是來自與曾畹同時代的陳維崧（1625—1682），他在《篋衍集》中記載："曾畹，字庭聞，江西寧都人，孝廉。著《金石堂詩集》。"②此後，一些詩選也多有介紹，如沈德潛編《清詩別裁集》卷五："曾畹，初名傳燈，字楚田，後更名畹，字庭聞，江西寧都人。"③裘君弘編《西江詩話》中介紹："曾畹，字楚田，先名傳燈，字庭聞，寧都曾侍郎應遴長子也。爲詩有奇氣，嘗游寧夏，遂舉順治甲午陝西鄉試。錢牧齋因序其弟青藜傳燦詩，並及之云：'兄弟皆雄駿自命，而其行藏則少異。庭聞脱屨越嶠，挾書劍、攜妻妾，走絕塞數千里，行不齎糧。俄而試鎖院，登天府，簪筆荷橐，取次在承明著作之庭。'"④曾國藩、劉坤一等修《〔光緒〕江西通志》》卷一六九載："曾畹，字庭聞，寧都人，原名傳燈。弱冠過吳門，師事詹事徐汧、庶吉士張溥，深器許之。父都諫應遴，同楊廷麟、劉同升守吉贛，隨侍軍中。既而兵潰，奔命汀、閩，久之走并、涼，出長城絕塞，著籍寧夏，更名畹。中順治十一年陝西鄉試，計偕來京師，名公卿聞其至，皆喜曰：'王仲宣乃能入鄴乎？'竟延致之。"⑤曾燠《江西詩徵》卷六六："畹，字庭聞，原名傳燈，寧都人。明太常卿應遴子，隨侍軍中，守吉贛，屢著方略。

---

① 本章爲寧夏師範學院安正發先生撰。
② ［清］陳維崧輯，劉和文點校《篋衍集》，安徽師範大學出版社2015年版，第71頁。
③ ［清］沈德潛編《清詩別裁集》，上海古籍出版社2013年版，第179頁。
④ ［清］裘君弘《西江詩話》卷一〇，載《續修四庫全書》第1699册，上海古籍出版社1998年版，第605頁。
⑤ ［清］曾國藩、劉坤一等修《〔光緒〕江西通志》》卷一六九，載《續修四庫全書》第660册，上海古籍出版社2002年版，第268頁。

後奔汀、閩,歷并、涼,著籍寧夏,更今名。順治十一年舉人,以省母歸卒,著有《金石堂集》。"①張維屛《國朝詩人徵略》初編卷四據《江西詩徵》記載:"曾畹,初名傳燈,字楚田,後更名畹,字庭聞。江西寧都人。順治十四年舉人。有《金石堂集》。明太常應遴子,隨侍軍中,守吉贛,屢著方略。……後奔汀、閩,歷并、涼,著籍寧夏。以省母歸,卒。"②言"順治十四年舉人",誤,應爲"順治十一年舉人"。徐世昌《晚晴簃詩匯》卷二七:"曾畹,原名傳燈,字庭聞,寧夏籍寧都人。順治甲午舉人。有《金石堂集》。"③又《晚晴簃詩匯》卷五二:"曾畹,字楚田,寧夏人。"柯愈春《清人詩文集總目提要》:"崇禎十五年副貢,曾隨父與楊廷麟等守吉安,抵禦清軍,兵敗避入福建長汀。後離閩北上,出長城,入寧夏,更今名。"④當然,其中有些記載以偏概全,如籍貫和著述名稱等,下文在具體分析時將予以辨析。

關於曾畹的研究,目前學界的研究尚不夠充分,尚未有專著,論文有三篇,即安正發、李拜石的《曾畹交遊考》《曾畹流寓寧夏考論》《錢謙益兩篇詩序考辨——以〈曾青藜詩序〉〈曾庭聞詩序〉爲中心》。對曾畹的交遊作簡略介紹,對曾畹落籍寧夏的背景、過程及在寧夏的活動作梳理,以及錢謙益對曾氏兄弟的評價等。

另外,一些學者在論及"易堂九子"或其他相關問題時對曾畹有些研究,主要有趙園的《明清之際士大夫研究》⑤和《易堂尋蹤——關於明清之際一個士人群體的敘述》⑥,將曾畹作爲時代變革時期的另類來看待。馬將偉的《易堂九子研究》詳細梳理了文獻記載時將曾畹與曾燦混同的一些問題,如寄籍陝西和《金石堂詩》的歸屬等。⑦

第一節 曾畹的生平

曾畹(1622—1678),字楚田,原名傳燈,後更名畹,字庭聞。

一、曾畹的名、字和籍貫

因曾畹改過名和字,因此,史料記載有詳有略。

---

① [清]曾燠《江西詩徵》卷六六,載《續修四庫全書》第1689册,上海古籍出版社2002年版,第435頁。
② [清]張維屛《國朝詩人徵略》,中山大學出版社2004年版,第79頁。
③ 徐世昌《晚晴簃詩匯》卷二十七,中華書局1990年版,第914頁。
④ 柯愈春《清人詩文集總目提要》,北京古籍出版社2001年版,第143—144頁。
⑤ 趙園《聚合與流散》,中國文聯出版社2009年版,第17—18頁。
⑥ 趙園《易堂尋蹤——關於明清之際一個士人群體的敘述》,江西教育出版社2001年版,第21—22頁。
⑦ 馬將偉《易堂九子研究》,社會科學文獻出版社2013年版,第78頁,第507頁。

其一是詳細列出原名、字和現名、字,如沈德潛編《清詩别裁集》卷五:"曾畹,初名傳燈,字楚田,後更名畹,字庭聞,江西寧都人。"裘君弘編的《西江詩話》:"曾畹,字楚田,先名傳燈,字庭聞。"①

其二是介紹原(初)名,如曾國藩、劉坤一等修《〔光緒〕江西通志》卷一六九:"曾畹,字庭聞,寧都人,原名傳燈。"②曾燠《江西詩徵》卷六六:"畹,字庭聞,原名傳燈。"③錢仲聯等主編的《中國文學大辭典》:"曾畹,清詩人,初名傳鐙,字庭聞。"值得注意的是,徐世昌《晚晴簃詩匯》在兩處的介紹不同,也可以理解爲互見。如《晚晴簃詩匯》卷二七:"曾畹,原名傳鐙,字庭聞,寧夏籍寧都人。"把"傳燈"寫成了"傳鐙"。《晚晴簃詩匯》卷五二:"曾畹,字楚田,寧夏人。"錢仲聯等的《中國文學大辭典》即沿襲其"傳鐙"之誤。④

其三是介紹名、字。如陳維崧《篋衍集》:"曾畹,字庭聞。"⑤曾畹更名和字是隨父抗清失敗,遠走西北,更名入籍寧夏,考中舉人。因此,他的《曾庭聞詩集》《曾庭聞文集》以及與曾燦、曾炤兄弟三人的詩選《金石堂詩》中的《曾庭聞詩》六卷都署名寧夏曾畹庭聞。

曾畹生於江西寧都,後入籍寧夏,並以寧夏籍考中舉人。因此,曾畹將寧都和寧夏稱爲自己"生長、羈旅於其間"⑥的兩個地方。他與父曾應遴、弟曾燦隨楊廷麟等抗清,失敗後遠走他方。著籍寧夏一事,前文所引資料都曾論及。另外,錢謙益在《曾庭聞詩序》中說得更加具體:"申酉間,庭聞杖策出門,流跡京口。遂跨洞庭渡沔漢,過南陽至西嶽,載橐寶雞,驅馬雲棧,客于漢南藩邸。轉徙朔方,登賀蘭山,飄然有孟皮投筆、幼安避地之思。計其十餘年間,茹草實、冒風雪,閱歷變故,崎嶇道阻,百險百奇。"⑦宋實穎也在《曾庭聞文集序》中說:"曾子自南贛走吳楚,入函谷,度雲棧,由天漢至於夏州,去家幾萬餘里。"⑧以上對曾畹隨父抗清失敗後十多年間到處奔波與主要活動及地點都做了具體概括。

---

① [清]裘君弘編《西江詩話》,《續修四庫全書》第1699册,上海古籍出版社2002年版,第605頁。
② [清]曾國藩,劉坤一《光緒江西通志》,《續修四庫全書》第656册,上海古籍出版2002年版,第268頁。
③ [清]曾燠《江西詩徵》卷六六,載《續修四庫全書》第1689册,上海古籍出版社2002年版,第435頁。
④ 曾畹弟兄六人的名字分別爲:燈、燦、煌、煜、輝、炤。字皆從"火",可見"鐙"乃誤字。
⑤ [清]陳維崧輯,劉和文點校《篋衍集》,第71頁。
⑥ [清]曾畹《送寧夏中丞憲評劉公序》,見《曾庭聞文集》,載《朔方文庫》第73册,國家圖書館出版社2018年版,第535頁。
⑦ [清]錢謙益《曾庭聞詩序》,見《曾庭聞詩一集》,載《朔方文庫》第73册,國家圖書館出版社2018年版,第150—151頁。
⑧ [清]宋實穎《曾庭聞文集序》,見《曾庭聞文集》,載《朔方文庫》第73册,國家圖書館出版社2018年版,第518頁。

二、曾畹的生平分期

曾畹生於明天啓二年（1622），卒於清康熙十七年（1678），終年五十七歲。其一生大體可分爲三個階段。

（一）成長階段，明天啓二年（1622）至清順治元年（1644），23歲前。

明天啓二年（1622）曾畹出生於江西寧都。據曾畹《辛亥五十初度》："學易曾無過，知非倏五旬。浮生困僮僕，賴佛報慈親。瓔珞旐檀閣，醍醐瑪瑙春。入山深未得，亦自遠風塵。"辛亥爲康熙十年（1671），此時他五十歲，正在天目山出家當和尚。可知曾畹生於明天啓二年（1622）。

少時在寧都讀書，與魏禧等爲同學。魏禧《曾庭聞文集序》記載："予與庭聞爲童子時同學，庭聞天資甚魯，終日讀不盡十行。長省尊大夫于京師，數過吳門，與吳中名士游，其文斐然一變，而庭聞之名盛於東南。"①後因父親曾應遴在外做官，曾畹因省親遊學吳門，師事徐汧、張溥。

崇禎十五年（1642），參加復社虎丘大會。據杜登春《社事始末》："壬午之春，又大集虎阜。維揚鄭超宗先生元勳、吾松李舒章先生雯爲主盟。桐城方密之先生以智、伊弟直之其義，孫振公先生中麟、合肥龔孝叔先生鼎孳、溧陽陳百史先生名夏、宋其武先生之繩、江右曾庭聞先生傳燈，武林登樓諸子如嚴子岸先生灝、嚴子問先生津、嚴子餐先生沆、吳錦雯先生百朋、陸麗京先生圻……"②

1642年，妻子去世。曾畹在《祭繼室康氏文》中說："壬午（1642）鰥於室，十三年未有伉儷。"③

（二）曾畹隨父抗清，失敗後流跡各地。順治二年（1645）到順治十年（1653），24歲到33歲。

錢謙益在《曾庭聞詩序》中簡略提到曾畹"申酉間，庭聞杖策出門，流跡京口。遂跨洞庭渡沔漢，過南陽至西嶽，載橐寶鷄，驅馬雲棧，客於漢南藩邸。"④申酉指甲申、乙酉，分別是1644年和1645年，到曾畹客漢南的順治十年（1653），大約十年時間。

曾國藩、劉坤一等《〔光緒〕江西通志》卷一六九載："曾畹……父都諫應遴，

---

① ［清］魏禧《曾庭聞文集序》，《曾庭聞文集》，載《朔方文庫》第73册，第521頁。
② ［清］杜登春《復社始末》，載四川大學圖書館編《中國野史集成》27（先秦—清末），巴蜀書社1993年版，第636頁。
③ ［清］曾畹《祭繼室康氏文》，見《曾庭聞文集》，載《朔方文庫》第73册，第657頁。
④ ［清］錢謙益《曾庭聞詩序》，見《曾庭聞詩一集》，載《朔方文庫》第73册，第150—151頁。

同楊廷麟、劉同升守吉贛，隨侍軍中。既而兵潰，奔命汀、閩，久之走并、涼。"①張維屏《國朝詩人徵略》初編卷四據《江西詩徵》記載："曾畹，……明太常應遴子，隨侍軍中，守吉贛，屢著方略。……後奔汀、閩，歷并、涼。"②

順治二年(1645)，曾畹隨父楊應遴抗清失敗後，流跡浙閩。

這年，與唐德亮在杭州相識。唐德亮在《曾庭聞詩序》中説："予識庭聞於乙酉西子湖濱，煙高風瀝，終日以文辭見，非是則與山水之音相吞吐，與談天下事。"③

順治六年(1649)，在建陽、南平等地，有下江南的計劃。

順治七年(1650)，安家京口，即鎮江。此後兩年多時間即以京口爲中心，在周邊遊歷，到過檇李、維揚、宣城、廣陵、武昌、洞庭湖、赤壁、蕪湖等地。

順治十年(1653)，入秦，到漢中吳三桂幕府，年底唐德亮以户部主事到寧夏，曾畹準備離開漢中到寧夏。曾畹入秦可能就是爲了去吳三桂處，吳三桂曾得到曾畹父應遴的幫助，對畹兄弟多有關照。曾畹在《平西親王六帙徵詩序》中説："畹先大人與親王相厚，善畹，獲以故人子謁王漢中。甲午又獲與王女夫胡擎天同舉陝西省試。"④"獨畹不得負羈曳從王沾天子升斗之禄，豈自違其遇哉。蓋讓於德能，自以爲於時未可用。王豐功偉績垂三十年，其燦然臚列史册者，大書百十不能盡，雖天下至愚極賤之人皆能言之，何必畹。"⑤雖得到吳三桂的賞識，但其幕府人才濟濟，曾畹在此似不能發揮自己所長，遂有後來赴寧夏之舉。

是年冬，唐德亮(字采臣)以户部主事的身份理餉寧夏，曾畹作《漢中寄唐采臣》表達投奔老友的意願。其中有"亂後重相見，窮途信累君。猶憐江左淚，化作隴西雲。"鄧漢儀《詩觀》初集卷八選此詩，並注曰："庭聞此時客平西藩幕也。"⑥即是説曾畹在漢中是在平西王吳三桂幕府，或許在此並不如意，遂想投奔好友唐采臣。曾畹在給丁辰如的芥園寫的《芥園記》即中説："辰如從大帥劉公芳名客西夏，余因度支唐公德亮客西夏。"⑦就是曾畹來寧夏投奔好友唐德亮，並入籍考取舉人。唐德亮在《重修東嶽廟記》中説："癸巳冬，予奉命司餉西夏，驅車過固原……乙未孟夏而竣餉事，還過固原。"⑧即順治癸巳(1653)冬作爲户部主事奉命司餉寧夏，並於順治乙未(1655)孟夏完成使命回京，來回均路過固原。

---

① ［清］曾國藩、劉坤一修《〔光緒〕江西通志》，載《續修四庫全書》第 656 册，第 268 頁。
② ［清］張維屏編撰，陳永正點校《國朝詩人徵略》，中山大學出版社 2004 年版，第 79 頁。
③ ［清］唐德亮《曾庭聞詩序》，見《曾庭聞詩一集》，載《朔方文庫》第 73 册，第 159 頁。
④ ［清］曾畹《平西親王六帙徵詩序》，見《曾庭聞文集》，載《朔方文庫》第 73 册，第 567 頁。
⑤ 同上，第 568 頁。
⑥ ［清］鄧漢儀《詩觀》初集卷八，載《四庫全書存目叢書補編》第 39 册，齊魯書社 2001 年版，第 294 頁。
⑦ ［清］曾畹《芥園記》，《曾庭聞文集》，載《朔方文庫》第 73 册，第 579 頁。
⑧ 葉超等纂，邵敏、韓超校注《〔民國〕固原縣志》，載《寧夏珍稀方志叢刊》，上海古籍出版社 2018 年版，第 617 頁。

（三）落籍寧夏，考中舉人。後屢上公車不售，晚年曾一度出家天目山爲僧。順治十一年（1654）到康熙十七年（1678），33 歲到 57 歲。

順治十一年（1654），曾畹到寧夏，以寧夏籍身份中舉。宋琬有《賀曾庭聞舉孝廉》：“誰言才子竟蹉跎，天馬西徠萬里過。名姓在秦張禄貴，文章入洛陸機多。漢庭佇奏凌雲筆，羌笛争傳出塞歌。隴上梅花憑驛使，好將雙鯉下黄河。”對曾畹易名中舉表示祝賀。中舉後，到京師準備參加禮部試，有贈同年、吴三桂女夫胡擎天詩《京師送胡擎天歸漢中藩邸》：“齊年君最少，不第且先歸。馬蹴風雲去，山銜雨雪飛。南宫何歲月，西棧自光輝。亦羡棄繻者，朝朝在帝京。”

順治十二年（1655），從京師返回贛州，又北上過吴門到山東濟南、曲阜等地。本年，娶繼室康氏。曾畹在《祭繼室康氏文》中説道：“乙未（1655），京師依太乙胡公，公與外舅同旆遼左，有兄弟死生之德，而毅然以汝備我内室。”①

順治十三年（1656）返回寧都，在江西、福建等地遊歷，年底到達無錫。隨後一年多在杭州、蘇州、福建等地遊歷。

順治十五年（1658），赴京應試，返回途中遊歷曲阜、孔里、泰山、臨淄和濟南等地。同年，唐采臣去世。曾畹作《西木關哭唐采臣》“交歡二十載，關塞一依君。揮手忽流涕，不知生死分。茂陵他日詔，滄海舊時墳。獨雁鳴何處，青山若解聞。”表達哀思。

順治十六年（1659），曾畹經吴門、杭州回到贛州，在贛前後三年時間，與周令樹、方文等有交往。

康熙元年（1662），攜梁豁婦秦氏自贛移居寧夏。吴偉業贈詩《送贛州曾庭聞孝廉移家寧夏》：“十年走馬向天涯，回首關河數暮鴉。大庾嶺頭初罷戰，賀蘭山下不思家。詩成磧里因聞雁，書到江南定落花。夜半酒樓羌笛起，軟裘冲雪踏鳴沙。”②

繼室康氏留贛。曾畹《祭繼室康氏文》：“壬寅（1662），挈汝與梁豁之婦，皆西行，而汝之親戚以汝有今女子之娠，阻汝於贛。”③

康熙二年（1663），自寧夏赴京，爲來年的考試準備。康熙三年（1664），落第，自京經陝西返回寧夏，在家滯留兩年多時間。

康熙五年（1666），自寧夏經秦州赴京應考，康熙六年（1667），考試落第，南返經山東曲阜、濟南和江南蘇州等地。

本年冬，秦氏死於寧夏。曾畹三年後作有《秦氏死丁未夏州冬不知何月日，

---

① ［清］曾畹《祭繼室康氏文》，《曾庭聞文集》，載《朔方文庫》第 73 册，第 657 頁。
② ［清］吴偉業著、李學穎集評標點《吴梅村全集（上）》，上海古籍出版社 1990 年版，第 471 頁。
③ ［清］曾畹《祭繼室康氏文》，《曾庭聞文集》，載《朔方文庫》第 73 册，第 657 頁。

庚戌立冬日禮懺以薦之》。①

康熙七年（1668），從吳中經閩回到贛，第二年（康熙八年，1669）初，回到寧都。魏禧作有《曾庭聞文集序》云："曾庭聞自萬里歸，己酉（1669）正月，會酒於三巘，盡歡。墾風千尺，倒上吹墻屋，洶洶有聲，雨雪雜下。庭聞盡出其所爲古文，使余論定。庭聞之文句，格法昌黎，而蒼莽勃萃，矯悍尤多秦氣。予與庭聞爲童子時同學，庭聞天資甚魯，終日讀不盡十行。長，省尊大夫于京師，數過吳門，與吳中名士游，其文斐然一變，而庭聞之名盛于東南。近二十年則出入西北塞外，嘗獨身攜美人騎馬行萬餘里，最好秦中風土，至以寧夏爲家，而庭聞名在西北，其文又一變。庭聞間歸，相見予於山中，毛衣革鞯，雜佩帨，帶刀礪，面目色黃黝，鬚眉蒼涼，儼然邊塞外人。回視向者與予咿唔筆研間，及細服緩帶爲三吳名士時，若隔世人物。嗚呼，庭聞之文多秦氣，何足異也？"②

康熙九年（1670），科考再次失利，僕人逃跑並盜走所有財物和行李。曾畹受到很大打擊，遣走所有的奴婢和僕人，到天目山出家。曾畹《庚戌都門早發》詩有"只爲僕夫困，長年罷第歸"，自注曰："家人偷逃凡十餘次，己亥、庚戌會試兩遭之。"嚴沆《曾庭聞三集詩敘》中亦說："僕夫竊其貲逃去，曾子憤甚。歎歲年之已邁，危功名之不立。不顧家，一向東南道取馳至天目山，求藥師老人者而參禮焉。"③

康熙十年（1671），曾畹五十歲。離開天目山，六弟炤在徐州病亡。兩年後的康熙十二年（1673），科考再次失利，自京經山東南下到蘇州。

康熙十三年（1674），在蘇杭，因母去世回贛州。《〔光緒〕江西通志》卷一六九《列傳·寧都州》中說曾畹"乙卯、丙辰間，江右被寇，與弟燦省母歸。"④

康熙十六年（1677），與顧炎武有交往，顧炎武作《與曾庭聞書》，其中提到自己著述情形："一生所著之書，頗有足以啓後王而垂來學者，《日知錄》三十卷已行其八，而尚未愜意。《音學五書》四十卷，今方付之剞劂，其梨棗之工，悉出於先人之所遺，故國之餘澤，而未嘗取諸人也。君子之道，或出或處，君年未老，努力加餐。"⑤周可真《顧炎武年譜》將此文系於1677年。⑥

康熙十七年（1678），曾畹卒。曾燦作《歲暮言懷用陸放翁貧堅志士節病長高人情爲韻》，其中有："共此深宵坐，勞勞鄉國情。七當少陽數，淹及吾父兄。今予

---

① 〔清〕曾畹《曾庭聞詩》第三集，載《朔方文庫》第73冊，第512—513頁。
② 〔清〕魏禧著，胡守仁等校點《魏叔子文集》，中華書局2003年版，第400—401頁。
③ 〔清〕嚴沆《曾庭聞三集詩敘》，《曾庭聞詩集》，載《朔方文庫》第73冊，第416頁。
④ 〔清〕曾國藩、劉坤一等修《〔光緒〕江西通志》卷一六九，載《續修四庫全書》第六〇冊，第268頁。
⑤ 〔清〕顧炎武撰，華忱之點校《顧亭林詩文集》，中華書局1983年版，第66頁。
⑥ 周可真《顧炎武年譜》，蘇州大學出版社1998年版，第462頁。

爲六十,豈不是餘生。"并在"七當少陽數,淹及吾父兄"下注:"吾父以四十七,吾兄以五十七捐棄館舍。"由前文曾畹《辛亥五十初度》知道其生於天啓二年(1622),又從曾燦詩注其五十七歲卒,則在康熙十七年(1678)。但是,曾燦在《祭徐楨起文》中説到:"嗚呼！先生往矣,記予丁巳哭吾長兄於五狼,庚申哭叔子於真州,辛壬癸甲之間,知己凋喪,落落如晨星。"①丁巳爲康熙十六年(1677),未知哪種説法準確。詩作於康熙二十二年(1683),時曾燦六十歲。《祭徐楨起文》作年據文中哭魏禧於庚申,後接"辛壬癸甲",則在康熙二十三年(1684)之後。兩者相較,説父兄的"七當少陽數,淹及吾父兄"及注可能更接近事實。

第二節 曾畹著作情況

現留存于世的曾畹著作有上海圖書館藏《曾庭聞詩集》三集、《曾庭聞文集》和國家圖書館等機構藏《過日集》後附的《金石堂詩》中的《曾庭聞詩》六卷。兩種分别收録在《朔方文庫》第 73 册(國家圖書館出版社 2018 年版)和《四庫禁毁書叢刊》第 166 册(北京出版社 2001 年版)中。

一、文獻著録

陳維崧《篋衍集》記載:"曾畹,著《金石堂詩集》。"②《國朝耆獻類徵·曾燦傳》認爲曾畹"集名《金石堂詩》",《國朝詩人徵略》《晚晴簃詩匯》《中國文學大辭典》認爲曾畹集名《金石堂集》。

文獻記載的名稱較多,無論是《金石堂詩》《金石堂集》,還是《金石堂詩集》,其實都是指《寧都三曾詩》,即鄧之誠《清詩紀事初編》所説"燦嘗刻兄畹詩八卷(應爲六卷),弟炤詩一卷,合己作六卷(應爲八卷),爲《金石堂集》,附於《過日集》之末。"馬將偉《易堂九子研究》也以"爲曾燦所輯其兄弟三人之詩作"。③

事實上,《金石堂詩》又稱《寧都三曾詩》,乃曾氏三兄弟詩的合集,包括曾畹《曾庭聞詩》六卷、曾燦《曾青藜詩》八卷、曾炤《曾麗天詩》一卷,共十五卷。因此,

---

① [清]曾燦《祭徐楨起文》,見《六松堂集》,載《豫章叢書》集部一〇,江西教育出版社 2007 年版,第 520 頁。
② [清]陳維崧輯,劉和文點校《篋衍集》,第 71 頁。
③ 馬將偉《易堂九子研究》,社會科學文獻出版社 2013 年版,第 507 頁。

陳維崧《篋衍集》中既説曾畹著《金石堂詩集》，又説曾燦著《金石堂詩集》。① 孫殿起《販書偶記》中將曾氏兄弟三人的詩集就記爲《寧都三曾詩》，只是曾麗天的"天"誤寫作"夫"了。②

二、版本情況

《曾庭聞集》四卷，曾畹著，包括詩三集，文一集。清刻本。上海圖書館藏，孤本。四周雙邊，白口，單黑魚尾。詩集半頁十二行，行二十二字。目録和正文的版心均標明《曾庭聞詩》某詩體，第幾集等字樣。第二集内缺一頁，據篇首目録缺詩九首，依《金石堂詩》可補二首。文集半頁十行，行二十二字。亦缺一頁，篇名不詳，僅有篇末數行文字。詩集、文集記事最晚均至康熙十三年(1674)。

該版本留存極少，蓋因乾隆時被列爲禁書而毀，如乾隆四十四年四月初八日，江蘇巡撫楊魁奏繳新書十四種，又重複應毁書二百四十九種。其中就有《曾庭聞集》二部。乾隆四十六年六月十四日，兼管浙江巡撫陳輝祖奏繳四十五種，其中有《曾庭聞詩集》，並注明"詩内有紕謬處"。

現上海圖書館藏《曾庭聞集》，内有"王金鉐印"、"湛廬"、"湛廬藏書記"、"王培孫紀念物"、"上海圖書館藏"等印章。王金鉐字藹士，號湛廬，仁和人，貢生，候選教諭，生平不詳。家湖墅，好藏古書。"湛廬藏書記"印章爲清代著名篆刻家、"西泠八家"之一的錢松(1818—1860)所刻。據邊款"湛廬藏書記。甲寅歲刻於未虛室，叔蓋"，甲寅爲咸豐四年(1854)，推知這枚印章刻於1854年。

從"王培孫紀念物"印章可知，該書後來爲王植善所有。王植善(1871—1952)，字培孫，乳名大寶，江蘇嘉定(今屬上海)人，爲近代著名教育家，好收藏圖書。曾任南洋中學校長。據顧廷龍《檢理王培孫先生藏書記》載："上海王培孫先生好收藏圖籍，曾以四十年之積聚，儲之南洋中學圖書館，内容之豐富，素爲海内所仰重。先生湛深史學，一以網羅放佚舊聞爲主，故所收多罕見之典籍。""一九五二年夏，學校當軸擬改書樓爲禮堂，以舊文化圖書非中學生所切需，將使藏書發揮更大之作用，徵得先生同意，決定呈獻政府。復經陳君子彝建議，謂先生藏書與合衆圖書館所儲性質相類，最宜同庋，以便學者參考，因於呈獻上海市人民政府文化局時，請撥交本館保管，當荷照準。遂於一九五二年十一月十二日下午開始移運，翌午而畢，計三百七十籃，但以爲時迫促，後先凌亂，本館極四十日之

---

① 馬將偉《易堂九子研究》，社會科學文獻出版社2013年版，第78頁。
② 孫殿起《販書偶記》，上海書店1992年版，第849頁。

力,檢理甫竣。其後陸續有所補送,即次第收存而整理之。廷龍檢理之餘,綜核先生所藏,以史籍爲最富,亦最有裨於實用。次爲方志,又次爲佛經。而明末清初別集與詞曲、雜劇,亦頗多珍本。先生治擘之徑途,亦於此可徵。"①指明王培孫先生藏書既富又精,以及捐書的細節等。

從印章及後來的收藏過程看,此本曾爲王金銛藏書,後來因故爲王培孫所有,藏于南洋中學圖書館。1952年王培孫將藏書捐給政府。由於其藏書與合衆圖書館(上海圖書館前身之一)性質類似,故而移交到合衆圖書館,後來就成爲上海圖書館的藏書。圖書館爲感謝王培孫先生的捐贈功德,特意刻"王培孫紀念物"印章來銘記和感謝。

《金石堂詩》中的《曾庭聞詩》六卷,曾畹著,清康熙刻本。四周單邊,白口,單黑魚尾。半頁12行,行24字。與《曾青藜詩》八卷、《曾麗天詩》一卷合稱《金石堂詩》(又稱《寧都三曾詩》),附在曾燦選編的《過日集》之後,内容未超出《曾庭聞集》三集詩所收的範圍。是按照五言古、七言古、五言律、七言律、五言絕、七言絕分卷,每卷内按時間先後排列,收詩最晚爲康熙十年(1671)所作。該詩集屬於曾燦的長子曾尚侃選編《寧都三曾詩》(即《金石堂詩》)的組成部分。據曾燦《金石堂詩敘》,《金石堂詩》的編成,是在曾炤(1639—1671)去世後、曾畹尚健在之時。而《過日集》的四篇序中,沈荃序作於康熙十一年(1672),龔鼎孳、施閏章、陳玉璂序作於康熙十二年(1673)。據此可以推測,六卷《曾庭聞詩》成書於康熙十二年或稍後,清康熙間曾氏六松堂刻本。該刻本國内很多收藏機構如國家圖書館、上海圖書館、北京大學圖書館等都有收藏。

從兩種版本詩集的内容看,六卷本《曾庭聞詩》是選集,所選的詩未超出《曾庭聞詩》三集的範圍,且個別詩句的文字稍有差別。

三、主要内容及成書經過

(一)《曾庭聞集》的主要内容

《曾庭聞集》含詩三集、文一集。詩每集内依據分體、編年的方式編排,有《五言古》《七言古》《五言律》《七言律》《五言絕》《七言絕》,但各體詩在每集内次序不一。

《曾庭聞詩》第一集爲泗州施端教選,選詩截至順治十六年(1659)。内容包括詩序三篇,分別是錢謙益、唐德亮和熊文舉作。目錄,按詩體分,每體前均有"《曾庭聞詩》目錄,第一集"字樣。詩作分體及數量依次爲:五言古18題21首,

---

① 顧廷龍《顧廷龍全集·文集卷》,上海辭書出版社2015年版,第225—226頁。

五言絶21題22首,五言律126題163首(補2題3首),七言古5題5首,七言絶17題18首,七言律47題55首。每體題下均署"寧夏曾畹庭聞著,泗州施端教匪莪選"。

《曾庭聞詩》第二集爲合肥龔士穊定,選詩從順治十六年(1659)到康熙八年(1669)。内容包括三篇詩序,分別爲龔鼎孳、彭士望、任璣作;目録,按詩體分,每體前均有"《曾庭聞詩》目録,第二集"字樣;詩作分體及數量依次爲:五言古29題37首,七言古3題3首,五言律86題126首(有7題缺頁不知首數),七言律60題75首,五言絶17題18首,七言絶47題58首。每體題下均署"寧夏曾畹庭聞著,合肥龔士穊伯通定"。

《曾庭聞詩》第三集爲餘杭嚴沆定,選詩從康熙九年(1670)至康熙十三年(1674)。内容包括嚴沆序一篇;目録,按詩體分,每體前均有"《曾庭聞詩》目録,第三集"字樣,值得注意的是,此集目録爲後來補抄,非原刻印;詩作分體及數量依次爲:五言古13題32首,五言律108題199首,七言古2題2首,七言律11題12首,七言絶12題26首。每體題下均署"寧夏曾畹庭聞著,餘杭嚴沆顥亭定"。

《曾庭聞文集》正文前有宋實穎、魏禧、李明睿三篇序。文集未有目録,正文有序、記、書、誌銘、告文、祭文、書後等七類,每一類前都有"《曾庭聞文集》,寧夏曾畹庭聞著"字樣,每一篇的題目下均署有"曾畹"。

文集分序、記、書、誌銘、告文、祭文、書後七類,具體有《送寧夏中丞憲評劉公序》《慶陽詩序》《送姚大夏南歸序》《壽朱秀才序》《送米紫來理刑贛州序》《山東鹽運司使魏公蠲課序》《代宗主五經博士募修萊蕪祖廟序》《嘯碧堂唱和詩後序》《梁溪高母張孺人壽序》《江蘇佟方伯壽序》《平西親王六秩徵詩序》(附《乞言事略》)《劉止一詩序》《刻修城記碑陰》《芥園記》《一草亭記》《寧都曾氏記》《欽賞銀彝記》《蓮花山僧田碑記》《浮藍渡三墓碑記》《答李屺瞻書》《答吳四書》《答人》《與閩縣家公望孝廉書》《寄豐城家如日孝廉書》《與嚴顥亭書》《寄田西家周野進士書》《寄某縣令書》《奉答魏宰相書》(附《魏宰相書》)《皇清誥封夫人張氏墓志銘》《祈夢告呂仙文》《辛亥秋七月告張睢陽令公文》《祭鄧伯勉先生文》《祭袁茂林先生文》《祭繼室康氏文》《書張仲子自銘後》《書思子亭記後》,計37篇。

(二)《曾庭聞集》的成書經過

關於曾畹詩集的刊刻,任璣於康熙八年(1669)冬月寫的《曾庭聞二集詩序》中説:"戊戌(順治十五年,1658),刻其一集詩。至長安,都人士咸有劉槎翁、李崆峒之目。余索數十卷置案頭,皆爲同人遠近取去,甚則片紙無存。己亥(順治十六年,1659),庭聞同下第,同舟南下,困約道路。有所作,一字不叶宫商,必沉吟終夕,不安不止。間於理有硋隔,亦欲人求□意想之外,余竊嘆以爲不可及。然庭聞皆擲去,謂不足存也。辛丑(順治十八年,1661),余從奉新北上,庭聞送之江渚,自以爲僕馬窘困不行。余倖一第,急招庭聞入關。庭聞乃盡遷徙其家於西夏。西夏去余里二千里,庭聞往往獨騎馬來余家宿,余爲之伎飲唱和。每詩成,庭聞不愜自意,又擲之。或留連數日,一事不就,片言不合,輒掉臂騎馬去。同年李屺瞻戲之曰:'君性幾於閨豎,而氣勢則介冑士也。'庭聞亦自笑以爲知言。今秋(指康熙八年,1669),余薄游江上,庭聞又家吳趨,至則出其二集詩示予。"①彭士望也説:"寧都曾庭聞好遠遊,……所至則必見之於詩。詩文必本于杜,其五言近體及古詩,高者已據古人之席,次亦爛燦琳琅,自成格調。流傳海內,爲名鉅人所賞識,而庭聞意中嗛然不自以爲足。每萬里歸,必于易堂九子勤勤較定,至一言一字之未協,不憚十反以求至當,而後繕書以彙於其集。"②嚴沆爲其第三集詩的序有這樣的記載:"庚戌之夏,曾子庭聞貽書及我,告以出世之志,于時兩目幾盲未及省答也。今年(1671)相見湖上,方袍芒履,骨相洒然,余深異之。既出其第三集詩示我,吾又異焉。"③可以看出,曾畹詩集似於不同時期分別刊刻的。

從現存詩集文集的版式看,或許其詩文集最後又經重新刻印,若果真如此,其早年的部分詩文未在現存集內收錄也就好理解了。因此,就有知情人士説道:"庭聞舊刻,有《蓮山問天》製藝,爲楊維斗、周介生、朱雲子、錢吉士所評品,價重南金。鼎革以來,乃專攻詩賦、古文,今雖厄于南宫,嬉笑怒駡皆成文章,乃天欲老其才而大用之。"④其所説的《蓮山問天》製藝,不見於其文集內。而且,還發現收錄於《詩觀》《江西詩徵》中的兩首詩《同劉石生曉發櫟陽》《鷄頭關》亦未在其詩集內。

四、藝術特色

曾畹的詩文反映了明清易代之際曾畹的經歷和思想,在新的時代他的人生際遇和對仕途與詩文創作的追求,具有一定的時代特徵。曾畹詩文的藝術特色,正如其弟曾燦在《金石堂詩敘》中所説:"伯子詩且三變:邊草塞霜多秦涼氣者爲一曹,歌鐘冶服青闈紅樓之作爲一曹,入山求道以還爲一曹。按其前後,知其詩即以知其人也。"⑤就是説,在不同時期曾畹詩文的藝術特色是不同的。

---

① [清]任璣《曾庭聞二集詩序》,載《朔方文庫》第73册,第292—295頁。
② [清]彭士望《曾庭聞二集詩序》,載《朔方文庫》第73册,第286—287頁。
③ [清]嚴沆《曾庭聞三集詩敘》,載《朔方文庫》第73册,第413頁。
④ [清]李明睿《曾庭聞文集序》,載《朔方文庫》第73册,第531頁。
⑤ [清]曾燦《金石堂詩敘》,《禁毁四庫全書叢刊》據國家圖書館藏康熙刻本影印,北京出版社1997年版,第166册第422頁。

第一,慷慨悲壯,有英雄氣概。曾畹現在留存的詩都是入清之後,具體大概是在順治六年(1649)之後,像《建陽即事》:"每見歸帆落,遊人欲斷魂。蹉跎悲骨肉,奔走老乾坤。霜澗寒魚集,江村暮鳥喧。殘年留滯久,況復近黄昏。"是在抗清失敗流落到福建建陽,作爲遊子有家難回,特別是到年末的黄昏,更是感慨萬端,倍感凄涼。而到關中所作往往根據具體的情境,抒發自己的壯志和英雄情懷。如《癸巳宿稠桑》:"遂有關中氣,居然大國風。河流三輔北,山勢二陵東。喪亂頻年異,興亡此日同。吾生餘涕淚,臨眺意無窮。"《經漢光武白水村》:"莽莽春陵起大風,漢家鼙鼓萬山雄。誰從洛北收朱鮪,再向河西服竇融。"在前往寧夏的途中,有《渡臨涇》:"踸踔還騎馬,臨川且泛舟。不知秦塞遠,但覺月臨秋。"《出塞過青銅峽》:"高原無樹影,大壑走春深。候雁傳烽戍,飛飛統萬城。"這正如錢謙益所指出的:"其詩能以山川之形勝,發天地之高涼,非老師宿儒所可及。"①曾畹志存高遠,年輕氣盛,又加之"每詩成,庭聞不愜自意,又擲之"②的創作態度,故詩作常爲人所稱道。"庭聞作詩宏富,稍示一二,高亮悲壯,偪似少陵。夫中原文獻,大漠風雲,古名臣將相之所戰争經營,庭聞得之,遊覽憑弔,懷往悼來,千奇萬變,宜其詩之鏗鈞蕭瑟,耀采陸離,而不可測量也。"③"庭聞游寓秦川,登甲午賢書,來都門,予得讀其所爲詩,沉鬱頓挫,直追少陵。既連不得志於禮闈,其業益進。觀其出塞諸篇,音調悲壯,猶《車轔》《駟驖》之遺響也。"④"戊戌,刻其一集詩。至長安,都人士咸有劉槎翁、李崆峒之目。"⑤劉崧(1321—1382),字子高,初名楚,江西泰和人。其詩雅正而頗有情致,是明初江西有影響的詩人。李崆峒即李夢陽,爲明"前七子"之首,甘肅慶陽人。其時慶陽與寧夏都屬於陝西,因此,曾詩的秦風特色就與李夢陽類似了。都人士將曾比作劉槎翁、李崆峒,正是説其詩具有鮮明的地域色彩。

第二,豔思藻句,顯兒女之情。龔鼎孳《曾庭聞二集詩序》:"予論近代詩,格調高老,當屈指庭聞第一。已聞庭聞去故鄉,挾吴姬置諸塞下,乃匹馬絶大漠,並長城,歷秦、晉、燕、趙之墟。每磧草邊沙,冰棱雪暗,時煙火斷絶,夜無幕廬,則枕卧馬腹下以爲豪,然所至輒有旗亭觴咏之樂。嗚呼,可謂奇矣。而其詩多爲情至之語。豔思藻句與悲壯之聲雜出,蓋視初集又一變也。"確實在第二集詩中多有所謂"豔思藻句",從詩作題目如《發三原出西夏同無錫姬人》《閨詞》《閨情》《有所思》《己亥西湖憶無錫姬人》等就可以此時期這類詩作較多。任璣作於康熙八年

---

① [清]錢謙益《敘庭聞詩序》,載《朔方文庫》第73册,第151—152頁。
② [清]任璣《曾庭聞二集詩序》,載《朔方文庫》第73册,第294頁。
③ [清]熊文舉《敘庭聞詩》,載《朔方文庫》第73册,第168—169頁。
④ [清]龔鼎孳《曾庭聞二集詩序》,載《朔方文庫》第73册,第273—274頁。
⑤ [清]任璣《曾庭聞二集詩序》,載《朔方文庫》第73册,第292頁。

(1669)的《曾庭聞二集詩序》記載："今秋,余薄游江上,庭聞又家吳趨,至則出其二集詩示予。所載多懷閨人、寄情狹邪、悼死生、感離合之作。當是時,吳姬、秦女左右抱,彈琴、吹笙、擫箏、挾瑟,抗手而高歌,聲動梁屋。固自不知爲絲竹,爲聲詩也。爰受而梓之,使天下人讀庭聞一集詩,知英雄之色如此;讀二集詩,知庭聞兒女之情又如此。"①可以説,曾畹四處漫遊,妻妾都常不在身邊。他順治十一年(1654)以寧夏籍考中舉人,直到康熙元年(1662)才將家搬到寧夏。而當時繼室康氏有孕在身,其親屬阻擋留在了故里江西寧都,曾畹攜無錫秦氏前往寧夏賀蘭草堂安家。故在詩文中多有懷念甚至悼念之作,如《憶亡内》《悼亡》《祭繼室康氏文》等。

第三,雄駿慓悍,生方外之思。嚴沆《曾庭聞三集詩敘》:"今年相見湖上,方袍芒履,骨相洒然,余深異之。既出其第三集詩示我,吾又異焉。"②自庚戌(康熙九年,1670)下第,上天目山出家,雖未剃度,但仍念佛很長時間。此期的詩體現出佛家思想,一些佛教術語也常出現。如《悼蘇州老僕》:"爲説西方好,生前不肯知。定然隨惡趣,何用更留碑。濁惡諸天刹,莊嚴七寶池。人身縱難得,急切辦歸期。"而在《先君諱日奉挽羯磨師》:"只履西方去,他生定見師。何當圓寂日,是我薦亡時。積雪鐘聲隔,封龕臘夜遲。蓮花趺坐好,寶樹亂風吹。"也表達了同樣的觀念。其他如:"諸經翻刻就,取次注楞伽。"(《褚家堂戴岵瞻廷尉樓坐》)

其文與詩相仿,也是隨着不同的階段而有所變化。宋實穎説:"自壬午(1642)至甲午(1654),又十有三年,余計偕過都下,聞秦中有曾子畹者始舉於鄉,傳其古文、詩歌,悲壯頓挫,有冰車鐵馬之聲。"③將詩與文放在一起來論述。魏禧在《曾庭聞文集序》指出:"庭聞之文、句格法昌黎,而蒼莽勃萃,矯悍尤多秦氣。……近二十年則出入西北塞外,嘗獨身携美人,騎馬行萬餘里,最好秦中風土,至以寧夏爲家,而庭聞名在西北,其文又一變。"④這種文風的變化與前面所指出的詩風變化有其一致之處。而李明睿注意到"庭聞之文,學韓而鄙柳,不襲南豐,其所懷來,實本《史記》。蓋《史記》麗潤而清紆,後來韓得其髓,而歐承之。今之八大家雖云並美,然實豫章爲多,又皆歐門人也。三蘇無論,即王、曾亦屬其門下士。庭聞以韓、王、歐爲雁行之友,以文孫而繼文祖,自闢乾坤,光大南豐之業,此何如力量? 較之沉鬱頓挫、步步欲繩祖武者大不侔矣"。⑤是從文風的淵源來論述曾畹文的特點與成績的。

---

① [清]任璣《曾庭聞二集詩序》,載《朔方文庫》第 73 册,第 294—296 頁。
② [清]嚴沆《曾庭聞三集詩敘》,載《朔方文庫》第 73 册,第 413 頁。
③ [清]宋實穎《曾庭聞集序》,載《朔方文庫》第 73 册,第 517 頁。
④ [清]魏禧《曾庭聞文集序》,載《朔方文庫》第 73 册,第 521 頁。
⑤ [清]李明睿《曾庭聞文集序》,載《朔方文庫》第 73 册,第 530—531 頁。

第三節　曾畹家世情況

　　根據相關材料就曾畹的家世、流寓寧夏的經歷、交遊及其著述在清代的著錄情況等作一介紹。

　　曾畹，祖籍山東嘉祥，爲曾子後裔，至第十五世西漢末年以新莽亂自嘉祥南渡，遷居江西寧都。具體流傳情況已較難釐清。有確切記載的可追溯到曾畹的祖父曾建勳。下面就曾建勳以來曾氏的家世略作介紹。

　　祖父曾建勳，副室劉氏，生子應迨。繼室陳氏，生應遴，即曾畹的父親。曾燦在《先大母陳氏太安人行狀》寫道："先大母太安人陳氏，大父職方公諱建勳繼室也。先是，大父副室劉生子應迨。及四年，生先大夫應遴。"①

　　祖母陳氏"生大明隆慶己巳年（1569）五月二十日辰時，殁順治丁酉年（1657）六月初九日，享年八十九"。②

　　伯父曾應迨，貢生，生子男傳璋、傳珽、傳玟，女適歲貢生蘇衡儁、邑庠生王錫、溫應明。傳璋，庠生，生子曰成。③

　　父親曾應遴（1601—1647），字無擇，號二濂、韋菴，江西寧都人。④"公既仕久之，遂自號曰韋庵。"⑤ 方以智《曾少司馬墓志銘》曰："公諱應遴，字無擇，本號二濂，慕營道之濂溪也。其號韋菴者，自以天性弦急，見事不能忍，常自矯艾，故佩韋焉。"⑥"公生萬曆辛丑四月十一日午時，殁永曆丁亥十一月二十五日寅時。娶溫氏，封安人，側室楊氏。子六人：傳燈、燦、煌、煜、輝、炤。女四人。"⑦邱邦士《兵部右侍郎曾公家傳》："曾公應遴，字無擇，寧都縣人。崇禎七年賜進士出身，授刑部浙江司主事，轉兵部職方司員外郎，以員外郎改授兵科給事中。"曾燦在《先大母陳氏太安人行狀》也說其父："官兵部右侍郎，兼都察院右僉都御史。"⑧

---

① ［清］曾燦《先大母陳氏太安人行狀》，曾燦《六松堂集》，載《豫章叢書》集部一〇，江西教育出版社2007年版，第520頁。
② 同上，第521頁。
③ 同上，第520頁。
④ ［清］邱邦士《兵部右侍郎曾公家傳》，《邱邦士文集》卷十五，《四庫禁毁書叢刊集部》第52册，上海古籍出版社1997年版，第419頁。
⑤ 同上，第422頁。
⑥ ［清］方以智《曾少司馬墓誌銘》，《浮山文集前編》卷九，《續修四庫全書》集部第1398册，上海古籍出版社2002年版，第341頁。
⑦ 同上，第343頁。
⑧ ［清］曾燦《先大母陳氏太安人行狀》，曾燦《六松堂集》，第521頁。

曾應遴崇禎七年(1634)進士，初授刑部主事，轉兵部職方員外，改兵科給事中，轉工科出督江西廣東兵餉，入掌兵科。值李自成起，公上疏論兵事有遠見，但因朝政傾軋，終無所補。甲申春，解職歸。去二十餘日而京師陷。唐王時起太常卿，與楊廷麟等共事。清兵破吉安後圍贛州，楊廷麟、萬元吉守危城，應遴與仲子燦動員閩地山澤間兵數萬赤日徒行二百里馳援，尋戰敗，衆散。未幾，病卒。著有《樞垣言事》《篆草焚餘》行世。《〔光緒〕江西通志》卷一六九有傳。

曾畹(1622—1678)，曾應遴長子，原名傳燈，字庭聞。寧夏籍寧都人。弱冠過吳門，師事徐汧、張溥，深器重之。計偕來京師，名公卿聞其至，皆喜曰王仲宣能入鄴乎，競延致之。詩文脱稿輒誦持去，名盛于東南。崇禎壬午(1642)鄉試不遂，抑置副車。南明時，曾隨父與楊廷麟等守吉安抵禦清軍，屢著方略。兵敗避入福建長汀。後離閩北上，出長城，著籍寧夏，更名畹。順治十一年(1654)中陝西鄉試。乙卯、丙辰間，江右被寇，與弟燦省母歸，未幾復出，卒於五狼。① 工于詞章，重信用，守諾言，著《曾庭聞集》，詩三卷，文一卷。另有《金石堂詩》（又名《寧都三曾詩》）收《曾庭聞詩》六卷。《國朝詩人徵略》初編卷四、《晚晴簃詩匯》卷二七、卷五二、《〔康熙〕江西通志》卷九四、《〔光緒〕江西通志》卷一六九等有介紹。曾畹生子男俲、俶，女適鎮國將軍甲子舉人朱由撰男之璐。②

曾燦(1624—1688)，原名傳燦，字青藜、止山，自號六松老人，應遴仲子。少負詩名，與同學魏禧、魏際瑞、魏禮、彭士望、林時益、李騰蛟、丘維屏、彭任等稱"易堂九子"。清順治二年(1645)，楊廷麟力保吉安、贛州，燦奉父應遴命往福建招集山間十萬遊勇，以策應廷麟。不久，父病逝，吉安、贛州相繼失守。燦服喪畢，爲避禍而遠走吳地，於著名的天界寺落髮爲僧，師事覺浪大師。還遠遊閩、浙、兩廣。龔太常鼎孳，應遴舊同榜，愛其兄弟特甚，勸燦就功名，弗應。母及祖母思燦成疾，燦始歸，奉祖母命娶妻，築六松草堂。躬耕事親，數年不出門。後僑居江蘇二十餘年，客游燕市以卒。③ 燦爲文觀察鋭利，氣勢盛大，明白透徹，且清真淡泊，其詩詞則多反映風土民情，鄉土氣息濃郁。著有《六松堂詩文集》十四卷，並選海内名家詩二十卷號《過日集》並行於世。其生平事略《清史稿·文苑傳一》、《〔康熙〕江西通志》卷九四、《〔光緒〕江西通志》卷一六九均有載。曾燦生子侃、倪。④

曾煌，貢生，生子倬、倫，女一。⑤

---

① [清]曾燦《祭徐楨起文》，曾燦《六松堂集》，《豫章叢書》集部一〇，第521頁。
② [清]曾燦《先大母陳氏太安人行狀》，曾燦《六松堂集》，載《豫章叢書》集部一〇，第521頁。
③ 趙爾巽等《清史稿》卷四八四，中華書局1976年版，第13318頁。
④ [清]曾燦《先大母陳氏太安人行狀》，曾燦《六松堂集》，第521頁。
⑤ 同上。

曾煜，廩生，以曾畹次子俶爲後。①

曾煇，庠生，生女一。② 煇專攻製舉業。

曾炤，字麗天，原名傳炤，應遴幼子。《文學曾麗天墓志銘》："麗天者，其字也，名傳炤，于兄弟行居最季，以崇禎己卯歲二月二十三日生於皇考少司馬公之官舍。生五歲，公官轉遷至兵科都給事，……明年，公歸里。又三年，公卒。……所居並易堂先後得從咸齋、勺庭兩先生游。稍長爲文字，咸齋必目曰：此雋才也。十七歲始爲縣諸生，……司理周君引爲同道，然麗天志獨在科舉，欲執其文復取先人之名第者數載。麗天年三十八歲更值鄉試……是時周司理已爲府太原，遣書招致麗天，麗天亦欲改而就國子監試，行及徐州，病作，遂死。是爲庚戌歲九月十有五日。明年喪始歸於縣。麗天娶婦湯氏，兵尚書湯公來賀之叔女。"③曾炤生子僑、俊。

曾畹後代名聲不顯，似未有成就突出者。

---

① ［清］曾燦《先大母陳氏太安人行狀》，曾燦《六松堂集》，第521頁。
② 同上。
③ ［清］邱邦士《文學曾麗天墓誌銘》，《邱邦士文集》卷一三，《四庫禁毀書叢刊》集部第52冊，北京出版社2000年版，第400頁。

第三章　俞益謨及其族人著述

　　俞益謨,字嘉言,號澹菴,別號青銅。生於清順治十年(1653),卒於康熙五十二年(1713),①終年 61 歲。寧夏廣武營(今寧夏青銅峽市)人,官至湖廣提督。有文武才。論文才,他不但與當時的很多著名文人及達官顯貴諸如詩詞清麗、工書法的禮部尚書韓菼,工書法、文章的編修查昇,保和殿大學士兼刑部尚書吳琠等有詩文交往,而且有《孫思克行述》一卷、《辦苗紀略》八卷、《青銅自考》十二卷、《〔康熙〕新修朔方廣武志》(以下簡稱《廣武志》)二卷等多部著述傳世,另有《道統歸宗》《投贈瓊集》《投壺廣義》《上諭直解訓戎簡本》《路程》《便覽》等多種著述散佚。論武略,他出身行伍,累官至從一品的湖廣提督,"其談兵料敵勝負,言無不應。一時趙勇略、王奮威諸宿將並稱其智能"。②卒後被譽爲"一代名將,千古文人"。③

　　關於俞益謨及其家族人物,《廣武志》《〔乾隆〕寧夏府志》《〔乾隆〕中衛縣志》《〔道光〕續修中衛縣志》《〔民國〕朔方道志》等寧夏舊志均有記載,尤其是《廣武志》對俞氏家族的文事武功記載詳明。目前學界關於清代廣武俞氏家族人物著述研究成果多集中於俞益謨及其著述上。主要有三種情況:一爲關於俞益謨生平、家世、著述的研究類論文,二爲對其《廣武志》進行專題研究的,三爲對其著述進行整理出版的。較早對俞益謨開展研究的是曾文俊,他的文章《俞益謨生平事略》對俞益謨的生平進行了專門研究。胡迅雷《清代名將俞益謨》《清代廣武俞氏家族》二文對俞益謨的生平、爲家鄉所做主要貢獻、著述及俞氏家族人物基本情況進行了比較全面的研究。徐莊《明清時期寧夏版本經眼錄》對《青銅自考》《辦苗紀略》的版本情況作了介紹。吳懷章編著《古峽攬勝》一書中對俞氏家族人物

---

　　① 案:據《康熙朔方廣武志》的校注者吳懷章先生所述,他從俞益謨墓碑上抄下了俞氏的生卒年:生於清順治癸巳年十一月二十六日(1654 年 1 月 14 日)午時,卒於康熙癸巳年三月廿二日(1713 年 4 月 16 日)辰時。此説可參吳懷章編著《古峽攬勝》,寧夏人民出版社 1996 年版,第 31 頁。亦可參[清]黎宗周撰、王基續撰《青銅君傳》,內蒙古自治區圖書館藏清康熙五十二年至五十六間刻本。
　　② [清]張金城修、[清]楊浣雨纂、陳明猷點校《乾隆寧夏府志》,寧夏人民出版社 1992 年版,第 456 頁。案:"趙勇略"指清代名將勇略將軍趙良棟,"王奮威"指奮威將軍王進寶。
　　③ [清]俞益謨、[清]高嶷纂修,吳懷章校注《康熙朔方廣武志》,寧夏人民出版社 1993 年版,第 159 頁。

介紹較多,且選錄了俞氏家族人物詩文多篇。近幾年,筆者與俞益謨研究課題組的其他成員發表了多篇題涉俞益謨生平、家世、著述、詩文、《青銅自考》的版本等方面的文章。① 關於《廣武志》的研究,高樹榆的《寧夏回族自治區地方志述評》有提要介紹,馬力《〈朔方廣武志〉與俞益謨其人》、吳曉紅《康熙〈朔方廣武志〉考》都對《廣武志》的基本情況進行了研究。胡玉冰的《寧夏地方志研究》第七章《吳忠市舊志》第一節《青銅峽市(康熙)〈新修朔方廣武志〉》對《廣武志》的編修者、志書史源、編修質量、文獻價值等進行了詳細論述。對俞益謨的著述進行整理出版的主要有羅振玉在其輯錄的《史料叢刊初編》第九冊中收錄了《孫思克行述》,題作"振武將軍陝甘提督孫公思克行述",李新達曾對《孫思克行述》進行標點並發表在《清史資料》第二輯上;吳懷章校注的《〔康熙〕新修朔方廣武志》、田富軍、楊學娟點校的《青銅自考》等。對俞益謨著述的整理,為學界開展相關研究奠定了基礎。另外,楊繼國、胡迅雷《寧夏歷代詩詞集》《寧夏歷代藝文集》收錄了俞益謨、俞汝欽等俞氏家族人物的詩文,並作了簡要注釋。白永金、蘇忠深《中寧詩詞三百首》收錄俞益謨詩四首,胡學祥《寧夏古代風光詩選注》收錄俞氏家族人物詩詞十二首。值得一提的是,《寧夏古今名人故事》一書中有《一代儒將俞益謨》一文,以通俗語言簡要介紹了俞益謨的生平和主要貢獻。可見俞益謨作為歷史名人,已經深入人心,影響深遠。

第一節　俞益謨的生平

俞益謨祖籍直隸河間府(今河北河間縣),"自始祖伏四公,從明藩封護衛關中,授西安前衛指揮使司,遂居咸寧(咸寧即今西安市)"。② 祖上的功德,使後來的俞益謨以稱自己為關中人而自豪。《青銅自考敘》後落款就自稱"關中俞益謨",在其主要著述《青銅自考》和《辦苗紀略》每卷卷首都有"關中俞益謨"字樣。

---

① 田富軍《清代寧夏籍湖廣提督俞益謨著述考》,《寧夏社會科學》2005 第 2 期;田富軍《清代寧夏籍湖廣提督俞益謨生平考》,《寧夏大學學報》(人文社會科學版)2005 年第 6 期;楊學娟、田富軍《清代寧夏籍湖廣提督俞益謨家世考》,《寧夏社會科學》2008 第 3 期;馬麗、田富軍《清代寧夏籍湖廣提督俞益謨〈青銅自考〉卷十一校勘劄記》,《西夏研究》2010 年第 3 期;田富軍、葉根華《"試罷吳鉤學詠詩"——清代寧夏籍湖廣提督俞益謨詩詞的思想內容探析》,《寧夏大學學報》(人文社會科學版)2011 年第 5 期;田富軍、葉根華《寧夏籍湖廣提督俞益謨散文創作簡論》,《寧夏社會科學》2012 年第 6 期;田富軍《清代寧夏籍湖廣提督俞益謨〈青銅自考〉版本論略——兼論臺灣抄本的價值》,《圖書館理論與實踐》2012 年第 11 期。

② 〔清〕俞益謨、〔清〕高嶷纂修,吳懷章校注《康熙朔方廣武志》,第 156 頁。

志載,俞益謨青少年時期就卓爾不凡,"壯魁岸,多勇力,挽强善射……少英敏……能詩文……"。① 十五歲入庠,"康熙壬子(一六七二年)武科解元,連捷癸丑(一六七三年)進士"。② 中進士後便"在家候銓"。③

康熙十二年(1673),吳三桂起兵反清。十四年(1675),俞益謨正式從軍,從提軍陳福,平朱龍、陳江之亂,授柳樹潤守備。從王奮威進寶,征平川蜀。於征川時,曾署順慶(案:治今四川省南充市)通判,權郡守事。④ 因在征漢、蜀等地時有功,二十年(1681)加一十七等,授左都督,任達州(治今四川達縣)遊擊。⑤ 二十七年(1688),任廣西鬱林營參將。三十二年(1693),陞任總督江南(指江蘇、安徽兩省的合稱)、江西軍務部院軍門中營副將。⑥ 三十五年(1696),因進剿噶爾丹,俞益謨進京陛見康熙,"荷蒙賜晏,賞給緞匹……委護運軍糧。至拖籠,又蒙皇上錫之袞衣",⑦同年十二月又進京陛見(《青銅自考》卷一康熙三十六年《遵例自陳》,本章以下凡引用《青銅自考》内容,只在文中標明卷數和篇名),爲就任大同總兵官打下了基礎。

康熙三十六年(1697),俞益謨任大同總兵。同年二月,康熙再次親征噶爾丹,曾駐蹕大同,俞益謨偕山西巡撫倭倫等人前往行宫朝見。⑧ 當時俞因上任途中偶染風寒,卧牀不起,康熙派人到寓所問候,又賜御筆綾字一幅,俞感恩不盡,强支病體到行宫叩謝。康熙又面命:"回去靜養,重感難醫,不必遠送。"隨後又命御醫林鴻到俞寓所診治(卷一《謝賜醫藥御書》)。這使得剛上任的俞益謨受寵若驚。三十七年(1698)二、三月間,御駕幸五臺山,俞前往覲見,並"蒙賞給攝授黄綾、茶碗、數珠,兼推上用食品……復蒙聖諭……好生操練兵馬"。對於皇上的這種恩寵,俞益謨"敢不益加冰兢,勉盡職守,以矢犬馬竭厲,以答聖眷優隆"(卷一《謝賜綾碗數珠》)。

在征討噶爾丹期間,俞益謨親眼目睹了振武將軍孫思克的英武。孫思克卒後,俞寫了《孫思克行述》(以下簡稱《行述》)。

康熙四十一年(1702)二月,皇帝巡行山西五臺縣射虎川時,俞益謨偕山西巡

---

① [清]張金城修、[清]楊浣雨纂、陳明猷點校《乾隆寧夏府志·人物·鄉獻》,第 455—456 頁。
② [清]俞益謨、[清]高熊纂修,吳懷章校注:《康熙朔方廣武志》,第 51 頁。
③ [清]俞益謨《青銅自考》,北京大學圖書館藏康熙四十六年(1707)餘慶堂刻本,卷一,第 9 頁。
④ [清]黄恩錫纂修,范學靈主編《乾隆中衛縣志》,寧夏人民出版社 1998 年版,第 163 頁。
⑤ [清]俞益謨、[清]高熊纂修,吳懷章校注《康熙朔方廣武志》,寧夏人民出版社 1993 年版,第 157 頁。
⑥ [清]趙宏恩等《[乾隆]江南通志》,影印文淵閣《四庫全書》本,臺灣商務印書館 1986 年版,第 510 册,第 252 頁。
⑦ 案:"袞衣"指古代上公穿的衣服,繡有龍形,龍首向下,與天子龍袍有别。
⑧ 《清實録·聖祖實録》,第二册,第 930 頁。

撫噶禮等人再次朝見。① 由於俞在大同總兵官任上"因時製宜，疏陳興革，悉合宸衷"，②康熙嘉之，同年二月十二日欽賜御書"焜燿虎符"匾額，③"並臨子昂詩條。又命臣等環立近侍，目睹御筆神書……欽命皇太子、衆皇子賜臣對聯……更蒙天恩，賜臣孔雀翎帽、貂皮褂袍……諭臣再加勉力做好官……令臣等進房子裏空處站立，莫令人馬擠著"。④ 子昂，據《俞都督益謨墓志銘》（本章以下簡稱《墓志銘》）所載"臨米趙字"可知，⑤當指趙孟頫（字子昂）。康熙的異數，對俞益謨來說，恩寵之極。之後，俞在家鄉廣武城建立了"焜燿虎符"牌坊。⑥

俞益謨在任大同總兵官時，一改軍政廢弛之狀，大力整頓軍務，興利除弊。"清心矢志，訓將練兵，期以鎮靜地方"（卷一康熙三十六年《遵例自陳》），"凡當興革，剴切陳奏，咸蒙俞允"。⑦ 在到任的兩個多月裏，就連續四次上書指陳大同"馬倒兵疲、不成營伍"（卷一《請速揀選要缺》）的弊病，提出了合理的整治措施，使汛防得以整頓。如：大同馬兵多，步兵少，但實際各種防務需要的步兵多。對此，他提出了《省馬增步》這一"以利操防，設營立官、征守攸賴，餉不煩加"（卷一《省馬增步》）的絕妙條陳。此後又多次上書提請整治汛防。同時，俞益謨注重人才的選用和培養，對"諳練營伍、才技優長、馭兵有方、熟習邊情"（卷一《題請召見揀補》）的能員，他上書保舉推薦，對不稱職的官員則"大破情面，痛加甄別……密行訪察"（卷一《特參溺職》），一一予以參劾。另外，他還有針對性地製定了一些規矩，如《扣餉之禁》《領餉之規》，甚至還有也適用於百姓的《申律禁賭》，詳細規定了軍民參賭、聚賭、提供場所和出首後的懲治、獎勵辦法（卷五）。俞益謨治軍成績得到了康熙的高度評價："（俞益謨）擢用總兵，實心任事，和輯兵民，居官甚優。"（卷一康熙四十一年《遵例自陳》）

康熙四十二年（1703）正月，湖廣總督郭琇摺奏湖廣提督林本植所部標兵"於城内公行焚劫"。康熙"思湖廣兵丁驕縱，若不用一才能者統轄之，安能除其惡習"，⑧遂將林本植解職，將"矯健，且久於用兵"⑨的俞益謨補授湖廣提督，"提督湖廣全省軍務，統轄漢、土官兵兼軍衛土司，控制苗、彝，節製各鎮總兵官，左都督

---

① 《清實錄·聖祖實錄》，第三册，第106頁。
② ［清］俞益謨、［清］高嶷纂修，吳懷章校注《康熙朔方廣武志》，第55頁。
③ 同上，第13頁。
④ ［清］俞益謨《青銅自考》，北京大學圖書館藏，康熙四十六年（1707）餘慶堂刻本，卷一，第45—46頁。
⑤ ［清］俞益謨、［清］高嶷纂修，吳懷章校注《康熙朔方廣武志》，第158頁。
⑥ ［清］俞益謨、［清］高嶷纂修，吳懷章校注《康熙朔方廣武志》，第13頁。
⑦ 同上，第158頁。
⑧ 《清實錄·聖祖實錄》，第三册，第139頁。
⑨ 同上，第164頁。

加六級"。① 命其速馳驛赴任,"標下兵弁中有深信者,並令酌量帶去。其帶去兵弁,悉以職名奏聞"。②

俞益謨於康熙四十二年(1703)正月二十一日從大學士馬齊等人處奉旨後,於二月初八日正式帶領高一靖等親信官兵,晝夜馳驛,於二十七日抵湖南常德,鎮定嘩卒。自是,俞益謨在湖廣"宣播恩威。安撫肅清……整飭訓練,三年有成,而全楚官兵,有勇知方"。③

俞益謨就任後立即著手整頓軍務。他根據湖廣實際上書康熙,開了保題之例,可以在本省,也可在外地直接要人,並特受康熙之旨意:"若伊有深知之人,亦著保舉具奏。"(卷二《請開保題之例》)保舉高一靖等一批能員任職,參掉了一批不稱職的庸員。他工作效率極高,僅康熙四十二年的有一段時間,幾乎是一天一道奏摺,向朝廷請示一些大的事情。他制定了一系列規章制度,革除了很多痼疾,使楚省"地多險阻,氣尚粗浮,感小恩而昧大義,輕功令而重黨同"(卷二《請嚴飭楚兵驕悍》)的風氣大爲改觀。俞益謨不辭勞苦,兢兢業業,恪盡職守,"荷簡畀之隆恩,不遑自逸,拮据綢繆,誰謂非常留勝業;受節鉞之重寄,豈可憚勞,經營圖度,欣逢諏吉得良時"(卷一二《提署大堂聯》)。康熙誇獎他説:"俞益謨自簡任以來,實心效力。覽奏楚省官兵積弊,無不悉陳。前任官員,未有如此行者。"(卷二《請嚴飭楚兵驕悍》)俞益謨的上述努力,爲平定苗亂奠定了很好的基礎。

康熙四十二年(1703)七月,俞益謨上書,請求巡視鎮筸(今湖南省鳳凰縣)。十一月初四日奉旨出兵撫剿紅苗,於四十三年(1704)正月十八日回到常德。是役俞益謨戰功顯赫,攻下了紅苗天險天星寨,斬首千餘級。四十三年(1704),他根據撫剿紅苗的始末編集完成了《辦苗紀略》,於四十四年(1705)刊行。

康熙四十五年(1706)二月,刑部議覆康熙四十一年(1702)十二月二十二日夜湖廣"提標兵丁搶掠當鋪"一案(即由俞益謨後來處理的原湖廣提督林本植所部標兵"於城内公行焚劫"案),提出:千總陳國相並未拔刀抵拒噪兵,俞益謨狥隱不行報參及報參不實,降二級調用,加級紀録不准抵消。康熙皇帝認爲:俞益謨到任後,雖未對犯案兵丁嚴加懲治,但"提督俞益謨居官好,且在事發之後到任,著降二級,從寬留任"。④ 對此,俞益謨上書承認自己溺職而未行報參,但也解釋了實際情況:陳國相當時確實拔刀抵拒,後俞益謨自己還在教場傳集標下

---

① [清]俞益謨、[清]高巖纂修,吴懷章校注《康熙朔方廣武志》,第58頁。
② 《清實録·聖祖實録》,第三册,第139頁。
③ [清]俞益謨、[清]高巖纂修,吴懷章校注《康熙朔方廣武志》,第158頁。
④ [清]愛新覺羅玄燁《聖祖仁皇帝聖訓》,影印文淵閣《四庫全書》本,第411册,第460頁。

將備賞賜了陳國相,只是在報參其他參與鬧事者時沒有把陳國相的事情詳加分析,況且當時康熙也有從寬處理的聖旨,所以導致刑部做出了這樣的決定(參卷三《謝恩並懇矜諒》)。

康熙四十六年(1707)二月,兵部等衙門議奏"湖廣土司田舜年一案",認爲"提督俞益謨將奉旨審理事件不行詳察具題,應……降一級,罰俸一年",①康熙從議。同年,他出版了其最主要的著作《青銅自考》。四十七年(1708)閏三月十五日,上《湖廣提督俞益謨奏陳所屬苗民情況及撫剿之法摺》,針對紅苗自明朝以來"負固不服,今仍劫掠我民人牲畜",甚至哄拿官兵、多次出現命案的情況和此類事情發生後官府又軟弱推委的現象,詳細陳述了自己撫剿並用的策略和具體做法。② 同年夏四月辛酉,"上以紅苗無大罪,不許"。③

康熙四十八年(1709)九月,偏沅巡撫趙申喬參劾俞益謨"抽調衡協兵丁三十五名,以致營伍空缺"④等事。康熙對此非常重視,認爲"今天下兵丁額數缺少,而空名食糧者甚多,所關者大",⑤立即下旨"著俞益謨明白回奏"。⑥ 十一月,俞益謨回奏進行了解釋,並提出不能與趙申喬同省辦事,乞賜罷斥。十二月,康熙下旨:"著吏部尚書蕭永藻、都察院左副都御史王度昭前往,與該督(案:指湖廣總督郭世隆)會審具奏。"⑦四十九年(1710)正月,俞亦上疏參劾趙申喬"每事苛刻,反直爲曲",希望康熙將自己和趙申喬"俱行解任聽審"。康熙認爲巡撫和提督互相參劾,"有乖大體……必致貽誤地方",命二人離任候審。⑧ 七月,兵部議覆會審結果,認爲俞、趙"所參俱實",應將二人革職。康熙下旨:"俞益謨著休致,趙申喬著革職留任。"⑨從此,俞益謨便卸甲歸田,回到了家鄉寧夏廣武,開始了自己的晚年生活。

在任湖廣提督七年多的時間裏,俞益謨很受康熙皇帝賞識和恩寵,"安撫肅清後(案:指前述"湖廣提標兵丁搶掠當鋪"一案),歷疏驕悍之弊,請開保題,凡百章奏,悉合宸衷",⑩"所薦一時豪俊,多至提鎮者。一切條奏,上咸嘉納。廷臣公薦,才兼文武,堪應總督之任"。⑪ 這些評價是很中肯的,俞益謨的很多題奏條

---

① 《清實錄·聖祖實錄》,第三册,第291頁。
② 中國第一歷史檔案館編《康熙朝漢文硃批奏摺彙編》,檔案出版社1984年版,第913—927頁。
③ 趙爾巽《清史稿》卷八,第273頁。
④ 《清實錄·聖祖實錄》,第三册,第382頁。
⑤ 同上,第407頁。
⑥ 同上,第382頁。
⑦ 同上,第392—394頁。
⑧ 同上,第398頁。
⑨ 同上,第410頁。
⑩ [清]俞益謨、[清]高嶷纂修,吳懷章校注《康熙朔方廣武志》,第158頁。
⑪ 同上,第55頁。

陳，因不符合當時的慣例或規定，兵部議奏不准，但康熙皇帝卻很尊重俞益謨的意見。例如卷二《題補標營將備》《題補本標將備》，卷三《題調辰沅靖協都司》《題補衡州副將》《題補調任參遊》等。對於俞益謨的文采，康熙也很賞識，曾於康熙四十四年(1705)閏四月初九日賜予自己選編的《古文淵鑑》一部(卷三《謝賜〈古文淵鑑〉》)，顯示出對俞益謨的眷顧。四十三年(1704)二月，俞益謨擬帶領手下將弁捐款打造盔甲(卷二《題明捐造盔甲》)，四十四年(1705)七月，他又擬捐款修理寧夏城垣地臺垛口(卷三《謝恩並報捐修銀兩》)，都被康熙通過國庫或其他的方式給予解決，並將所捐銀兩退還。這兩次捐款之事既體現了俞益謨的高風亮節，也體現了康熙對下屬特別是俞益謨的關愛。

康熙五十二年(1713)三月，皇帝六十大壽，諭示：年六十以上獲罪官員，凡來京慶壽者，俱著給予恢復原品，並分別賜宴於暢春園正門前。俞益謨聞訊後，驚喜萬分，立即動身赴京賀壽。康熙念其功名，特授榮禄大夫，並封其妻張氏爲一品夫人，分別贈其曾祖父、祖父、父親爲榮禄大夫，曾祖母、祖母、母親爲一品夫人。①

不料正逢賜宴時，俞益謨突然病逝寓所，終年六十一歲。據《墓誌銘》載："癸巳……某日抵都，某日赴闕請安。仰蒙顧問，呈進方物，叨賜光納。大慶之日，猶得隨班拜舞。不期奉召賜宴，偶爾違和，不能躬赴，仍邀聖眷，頒賚袍褂、靴帽，筵宴果品到寓，時……已溘然逝矣。"②

俞益謨卒後，歸葬於廣武城西南六里之蔭子山。③廣武士紳兵民懷念其功績，在青銅峽神禹洞側，建有"青銅君祠"。④好友黎宗周撰、王基續撰有《青銅君傳》傳世，對俞益謨的一生有詳盡的記載。

俞益謨從戎服官二十餘年，慷慨好施，扶危濟困，"生平不蓄私囊，所得俸金，隨在整軍裝，犒士卒，建衙署，修教場，崇整文武聖廟，更以所餘，瞻顧鄰里鄉黨，浚渠設塾，在在有記"，⑤受到當地士民的愛戴。壬申、癸酉(康熙三十一年、三十二年，1692、1693)關内大祲，百姓多有逃亡之内地者，俞益謨盡力周濟逃亡的鄉人。他還資助寧夏武舉戴國瑾，幫助程睿、楊鳴吾等人，不忍心忠勤淹没自解俸橐、仁及枯骨、不掩劉伯玉之功等事，都體現出了俞提督的高貴品質，詳見《青銅君傳》。

---

① [清]俞益謨、[清]高嶷纂修，吴懷章校注《康熙朔方廣武志》，第145—150頁。
② 同上，第155—156頁。
③ 同上，第81頁。
④ 同上，第78頁。
⑤ 同上，第55—56頁。

第二節　俞益謨的《青銅自考》

《青銅自考》是俞益謨的詩文集，也是其代表作。

一、《青銅自考》題解

在《〈青銅自考〉敘》中，俞益謨首先解釋了"青銅"的含義，是因"吾廬"在"青銅之峽"，便"因之爲號"，後通過主客問答的方式詳細闡述了"自考"的來歷：

> 其《自考》云何？余少寡學，無所見聞，偶爾蝸涎留壁、鴻爪印沙，僅以驗一己之居恒臧否、職修勤怠，非敢持此以問世，竊附著作之林而妄冀夫立德、立功、立言之選也……余之所爲《自考》者，自筮仕至於今日，積經三十餘年：蜀巓之蠶叢鳥道、粵嶠之瘴雨蠻烟、六朝金粉之墟、燕趙悲歌之域，迄於雲夢洞庭之廣野，沅芷湘蘭之奧區，嘔歎坦蠆不一塗，茶苦蔗甜不一境。居偏禆而爲稟奉，叨節鉞而爲設施。敬慎之奏颺者幾何章，咨檄之詳核者幾何事？或寫返心於尺牘，或拈俚咏於芳時，好醜異態，喜愠殊情……余曰："吾無德以遺子孫，安能必子孫爲書中之蠹？第吾桑榆漸逼，報效無能，惟俟異日歸來，相與二三知契，秋霽春融，招尋青銅之上，睹黃河之委迤，洗胸中之塊壘。浮白方豪，佐觴無政，手把茲帙，朗誦臨風。覺其事爲我事，言爲我言，我無失其爲我，斯厚幸矣！"

王基在《青銅自考·跋》中認爲《青銅自考》書名中的"青銅"是因爲"我俞大將軍澹葊公育寧夏之廣武城"，廣武有青銅峽，"公爲童子時，臨於斯，眺於斯，若於青銅有夙契焉者。筮仕後因以'青銅'爲號"。所謂"自考"，王基引俞益謨的話給予了明確的説明，大意與《〈青銅自考〉敘》同。

綜上所述，《青銅自考》取名之意在於："青銅"是俞益謨的別號，"自考"是作者通過記錄自己的經歷來考察自己的"一己之居恒臧否、職修勤怠"，抒發自己的情感，表達自己對山林隱逸嚮往的人生追求。

二、《青銅自考》的主要内容

《青銅自考》收錄的内容絕大部分是俞益謨在康熙三十六年(1697)任山西大

同總兵後至康熙四十九年(1710)休致前的作品,也包括少量的在任山西大同總兵前的作品。是書凡 12 卷,1160 篇(首、幅)(含北大抄本後補 47 篇),35 萬多字(含北大抄本後補 2 萬多字):前有《〈青銅自考〉敘》1 篇;卷一至卷三爲題奏條議,卷一 29 篇,卷二 30 篇,卷三 36 篇(含北大抄本後補 6 篇);卷四爲咨呈移會,43 篇(含北大抄本後補 7 篇);卷五爲檄行文告,55 篇(含北大抄本後補 3 篇);卷六至卷七爲啓集,卷六 135 篇,卷七 144 篇;卷八至卷九爲尺牘,卷八 147 篇,卷九 142 篇(含北大抄本後補 20 篇);卷一〇爲傳記引集,30 篇(含北大抄本後補 4 篇);卷一一爲序祝祭文集,43 篇(含北大抄本後補 5 篇);卷一二爲詩詞對聯,325 首(幅)(含北大抄本後補 2 首)。後有王基手書《跋》。全書以文體分類排列,每類作品大體又以時間先後爲序。

三、《青銅自考》的文獻著錄

《青銅自考》在《廣武志・鄉賢志》《〔乾隆〕中衛縣志・獻徵表》有關俞益謨的小傳中都有述及。自乾隆年間被列爲禁燬書,故最早書目著錄見諸姚覲元《清代禁燬書目(補遺)》:"《青銅自考》,無撰人姓名。"①陝甘督院勒爾咨會禁書二十七種中有《青銅自考》。②《國粹叢書》第二集《銷燬抽燬書目　禁書總目　違礙書目　奏繳咨禁書目合刊・禁書總目》亦有載。孫殿起《清代禁書知見錄》著錄則更清楚些:"《青銅自考》十二卷,寧夏俞益謨撰,康熙間刊。"③後雷夢辰《清代各省禁書彙考》、王彬《清代禁書總述》等則考證較詳。

《青銅自考》在當代各種書目的記載大體有兩類。一爲普通總目類,著錄該書的書名、卷數、版本、作者簡介、類別等基本情況,如《續修四庫全書總目提要・史部・政書類》《清人別集總目》;有的甚至對版式有簡單描述,並注明館藏地,如《中國古籍善本書目・集部》《稿本中國古籍善本書目書名索引》《中國古籍善本總目・集部・清別集》均載該書九行二十字、白口、四周雙邊,注明藏於北京大學圖書館。當然,也有對該書內容不了解而分類錯誤的,如《清史稿藝文志拾遺・史部・金石類》將《青銅自考》收入金石類,顯然是編者沒有見到原作,只注意到"青銅"二字而誤編。另一類是各大圖書館的古籍善本書目,如《中研院史語所善本書目・集部・別集類》《北京大學圖書館藏古籍善本書目・集部・別集類》,通過這些書目我們不但能知道版本的基本情況,而且可以清楚地知道館藏地,按圖

---

① 姚覲元《清代禁燬書目(補遺)》,商務印書館 1957 年版,第 114 頁。
② 同上,第 323 頁
③ 孫殿起《清代禁書知見錄》,商務印書館 1957 年版,第 89 頁。

索驥，即可目驗版本，詳考內容；當然，也有把版刻年鑒定錯誤的，如《中國科學院圖書館藏中文古籍善本書目·史部·政書類》將所藏《青銅自考》版刻年確定爲"清康熙四十六年刻本"，①應該是編者按照《〈青銅自考〉敘》和《青銅自考·跋》所屬時間來確定的，誤，下文詳細論及。

綜合諸家著錄，關於《青銅自考》的著者沒有異說。《青銅自考》較通行的是康熙四十六年刻本，十二卷。至遲到清乾隆四十四年（1779）《青銅自考》就已成了禁毀書。

四、《青銅自考》的版本

《青銅自考》有刻本和抄本兩種形態。

（一）各版本基本情況

1. 清康熙四十六年（1707）餘慶堂刻本，北京大學圖書館藏（以下簡稱"北大本"）

是書 12 卷，2 函 12 册，版框高 20 釐米，寬 13.5 釐米，四眼線裝，半頁 9 行，行 20 字，花口，四周雙邊，單白魚尾，版心上鐫書名，中鐫卷次。前有俞益謨《〈青銅自考〉敘》，敘後有"俞益謨印"陽文方印一枚、"癸丑進士光禄大夫嘉言之章"陰文方印一枚；後有王基手寫體《跋》，"跋"字下有陽文隨形章一枚，"跋"後有陰文方印二枚，一爲"王基之印"，一爲"夢漁"。王基，字夢漁，俞益謨友，曾爲俞益謨《辦苗紀略》作序，且《辦苗紀略》各卷正文首頁都題"瀨上夢漁王基參定"。② 版刻時間據《敘》《跋》所題康熙四十六年確定。全書每冊書封面鈐"燕京大學圖書館章"陽文方印，每卷正文首頁右下角都有"燕京大學圖書館"一陽文方印。第四卷 89 頁前半頁中間空隙有一豎排的約 1 釐米×6.5 釐米紅色花紋和 1 釐米×3.8 釐米的藍色印迹，第六卷 32 頁的前半頁中間文字上面有一豎排的約 1 釐米×5 釐米和 1 釐米×3.5 釐米的藍色印迹。第六卷 5—58 頁都用紅筆句讀過。全書《敘》《總目》《跋》自編頁碼，內容分卷編頁碼。其中，第一、二卷，第四至七卷爲目錄連同正文按順序統一編頁碼，卷七出現"又四"頁編碼，即有兩個 4 頁，從第"五"頁往後編碼正常；第三卷、第八至十二卷目錄和正文各自編頁碼，十二卷出現"又三十二"頁編碼，即有兩個三十二頁，從第"三十三"頁往後編碼正常。

---

① 中國科學院圖書館編《中國科學院圖書館藏中文古籍善本書目》，科學出版社 1994 年版，第 159 頁。

② ［清］俞益謨編集《辦苗紀略》，北京大學圖書館藏，康熙四十四年（1705）餘慶堂刻本。

北大本書名頁鎸"餘慶堂編輯"和"本堂藏板"字樣。俞益謨纂修的（康熙）《朔方廣武志》中有《餘慶堂捐建義學義田記》一文，是俞益謨子俞汝欽所撰，記述了作者奉父命捐資建義學的經過。據此可知，"餘慶堂"即俞氏家族的堂號，《青銅自考》屬家刻本。

是書卷一〇第 54、55、56、61、66 共五頁位置裝訂了卷九同頁內容，北京出版社 2001 年版《四庫禁燬書叢刊》集部第 17 册、上海古籍出版社 2010 年版《清代詩文集彙編》第 190 册全文影印的《青銅自考》就是以北大本爲底本的。遺憾的是因是書缺五頁，《四庫禁燬書叢刊》影印時發現了這個問題，故將 61、66 兩頁略去未影印，而《清代詩文集彙編》卻將這裝訂錯了的五頁內容影印，並將版心"卷之九"改爲"卷之十"後仍按原內容依序裝訂，十分不嚴肅。

2. 中國科學院國家科學圖書館藏餘慶堂刻本（以下簡稱"中科院本"）

中科院本是北大本的修補本，在版刻上和北大本的區別在於：

其一，卷六 54 頁左上角有斷板的情況，裂紋明顯。

其二，卷五增加了 87—93 頁共七頁內容，補充了《酌定護解餉鞘則例》一文，相應的在該卷目錄中補充了篇名。

其三，修正了北大本的一些字詞錯誤。如：卷五北大本《扣餉之禁》"尚不足贍養家口、辨備草料"句中"辨"字誤，①中科院本更正爲"辦"。此類例證很多，此不贅述。②

---

① 馬麗、田富軍《清代寧夏籍湖廣提督俞益謨〈青銅自考〉卷十一校勘劄記》，《西夏研究》2010 年第 3 期，第 81—88 頁。

② 中科院本修訂北大本錯字還有：北大刻本卷三《謝賜古文淵鑑》"臣率屬郊迎至署，公設香案"句中，"公"字誤，中科院刻本更正爲"恭"。卷四中北大刻本《查訊標兵噪搶——咨楚督部院郭》"……兵丁噪搶一案乃前任提督林任內事也，蒙部駁結者"句中，"結"字誤，中科院本更正爲"詰"；北大本《安插晉兵營房——咨楚督部院喻》"是否可行，本提督未敢經遂，故有請商之舉"句中"經"字誤，中科院本更正爲"徑"；中科院本《潛除土司條議》"土司比照紅苗量納糧稅以昭恭順之節"句中，"昭"北大本作"照"，顯然是中科院本更正確。卷五《傾誠告誡》中，北大本該文標題和正文都將"誡"字誤作"誠"，中科院本做了修正；《檄調仍操》"爲照秋時治兵，藉獮講武，王製昭然"句中，"昭"北大本作"照"，中科院本予以更正。卷七《復安徽張臬司》"某仰照暉於疇昔，尚未伸枘葉之觸；辱噓暖於今滋，先分椒花之惠"句中，北大本衍"尚"字，中科院本刪此字。由此中科院本這一行就由 20 字變成了 19 字。《致山西賽學使》"繡庭與艾虎而爭奇，疇雲彩迷無色；冰壺映冰心以鑒照，直教筒精一斑"句中，"與"字北大本作"映"，中科院本予以更改，使其不與下文"映"字重複。卷八《寄趙範宇》"以求免於蚊負之誚耶"句中，"蚊"北大本作"蛟"，中科院本予以更正。卷九《致山西噶撫軍》"深以得托老先生絣幪爲快"句中，"絣幪"北大本作"拼幪"，誤，中科院本更改正確。卷一〇《忠武周都督傳》"崇禎十三年庚辰"句中，"庚辰"北大本作"己卯"，查崇禎十三年爲庚辰，中科院本更改正確；"賊欲掘地轟城，墜火燒其窟穴；垣堞或傾，囊土補其缺陷"句中，"囊土"北大本作"土囊"，根據句義中科院本更改正確。卷一二《偕友菊飲感懷》"層金疊玉鋪三徑"句中，"鋪"北大本作"舖"，中科院本予以更正；"駐軍五寨司登高視壘"中，"寨"字北大本作"塞"，"五寨司"爲地名，《青銅自考》卷一二中多次出現，中科院本更改正確。

另：卷一〇《粵產四種藥物小引》"余鎮粵時，間與二三方士論廣中藥材"句中，中科院本將北大本"二三"改爲"三三"，不知何故。從文意來看，當爲誤改。

其四，删掉了北大本原版上的一些墨迹。如北大本卷九目錄第 4 頁最後有 3 篇文章名爲墨迹所塗，其中兩篇仍可以看得很清楚爲《復甘肅李提臺》《復鎮筸雷鎮臺》，查正文無此三文，當爲製版時誤刻，中科院本無此痕迹；再如北大本卷七目錄"又四"頁前半頁最後兩行無内容，整行爲墨迹所塗，中科院本無此痕迹。此二處當爲再版時做了處理。

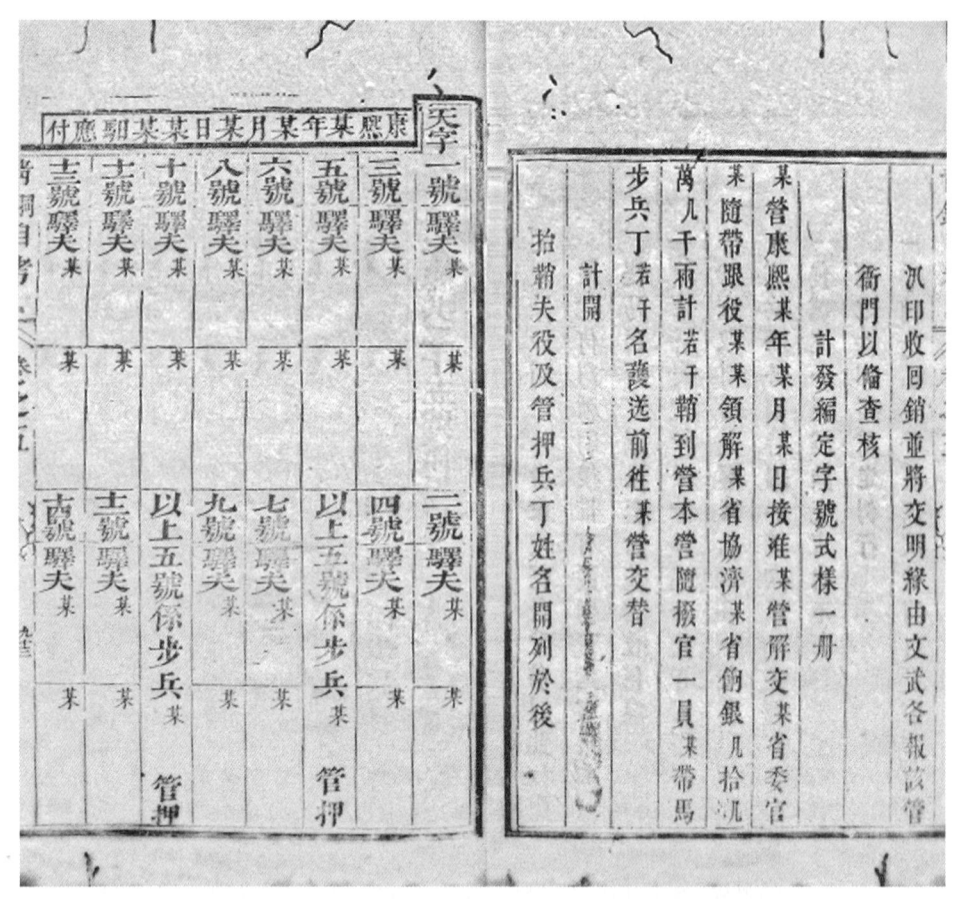

圖 19　中國科學院國家科學圖書館藏餘慶堂刻本俞益謨
《青銅自考》卷五《酌定護解餉鞘則例》

另外，中科院本没有像北大本卷四和卷六中那樣的紅色或者藍色的印迹，無句讀，亦無裝訂錯誤。每卷正文首頁鈐有陽文方印二枚：一爲"中國科學院圖書館藏"，另一爲"東方文化事業總委員會藏圖書印"，每卷正文末頁有陰文方印"東方文化事業總委員會藏圖書印"印記。除此之外，中科院本都與北大本相同。

刻本除北大圖書館和中科院國家科學圖書館藏本外，另有美國哥倫比亞大學東亞圖書館藏本。因條件所限，筆者未能親見。查中國國家圖書館中華古籍善本國際聯合書目系統可知，該館所藏《青銅自考》十二卷，"框 19.5×13 公分"，"康熙四十六年(1707)俞益謨'敘'，封面鐫'本堂藏板'，鈐'餘慶堂'印"，"10 冊（3 函）"。從系統提供的書影和上述基本資料可知，該書應與北大本或中科院本中的某一版本同。該書可能已經遺失兩卷和《跋》，因為按照該館對書目的登記，不會只登記《敘》而不登記《跋》，並且沒有必要把原書的十二卷 12 冊重新裝訂為 10 冊，至於稱"十二卷"，只是按照書的內容或者總目推斷出來的。是書部分或全部有句讀。

施廷鏞《清代禁毀書目題注　外一種》著錄："余見一本，書面上題'餘慶堂編輯'，下為'本衙藏板'，前有康熙四十六年王春之序，計十卷。題'關中俞益謨嘉言甫著'。係一文集。"①此著錄中，"衙"當為"堂"字誤。施廷鏞所見當為刻本，不知此書現藏何處。施廷鏞還眉批："清華藏本前有總目，計十二卷。"查《清華大學圖書館藏善本書目》，不著錄《青銅自考》，不知所説據何。

柯愈春《清人詩文集總目提要》載："《青銅自考》十二卷，俞益謨撰。益謨字嘉言，號澹庵，寧夏中衛人……此集康熙四十六年刻，中國國家圖書館藏。北京大學圖書館藏有清鈔本。"②查線裝書局《中國古籍善本總目》和書目文獻出版社《北京圖書館善本書目》，③筆者也親到國家圖書館古籍館查尋，均無中國國家圖書館藏《青銅自考》記録，不知所説何據。

3. 北京大學圖書館藏清抄本（以下簡稱"北大藏抄本"）

是書 12 卷，每卷分 2 冊，共 24 冊，4 函，半頁 9 行，行 20 字。素紙抄寫，四眼線裝。北大圖書館將版刻年據清康熙四十六年(1707)俞益謨《〈青銅自考〉敘》和王基《跋》確定為康熙四十六年，誤（下文論及）。前有俞益謨《〈青銅自考〉敘》，後有王基《跋》。每冊首頁、末頁均鈐有"國立北京大學藏書"陽文方印一枚。相對於中科院本，北大藏抄本缺卷七第 44 頁的後半頁和第 45 頁的前半頁，補充了詩文 47 篇（首）。北大抄本中間筆迹有差異，頁碼標識時有時無，而且有無頁碼標識，一般都是變換抄寫者（筆體有變化）時出現，應是文章字數較多，抄寫由多人分工，每人負責抄寫一部分，時有疏漏所致。北大藏抄本有多處抄寫錯誤後在錯字旁邊又將正確的字補抄的現象。卷一〇第 68 頁最後二行未抄，疑為抄手所

---

① 施廷鏞《清代禁毀書目題注（外一種）》，北京圖書館出版社 2004 年版，第 88 頁。
② 柯愈春《清人詩文集總目提要》，北京古籍出版社 2001 年版，第 400 頁。
③ 北京圖書館《北京圖書館善本書目》，書目文獻出版社 1987 年版。案：北京圖書館 1998 年更名中國國家圖書館。

漏，因爲從第69頁開始字體有變化。卷九《復克恭孫二府》第4—8行行末有28字的脱文，部分字迹潦草，書寫水平低劣。

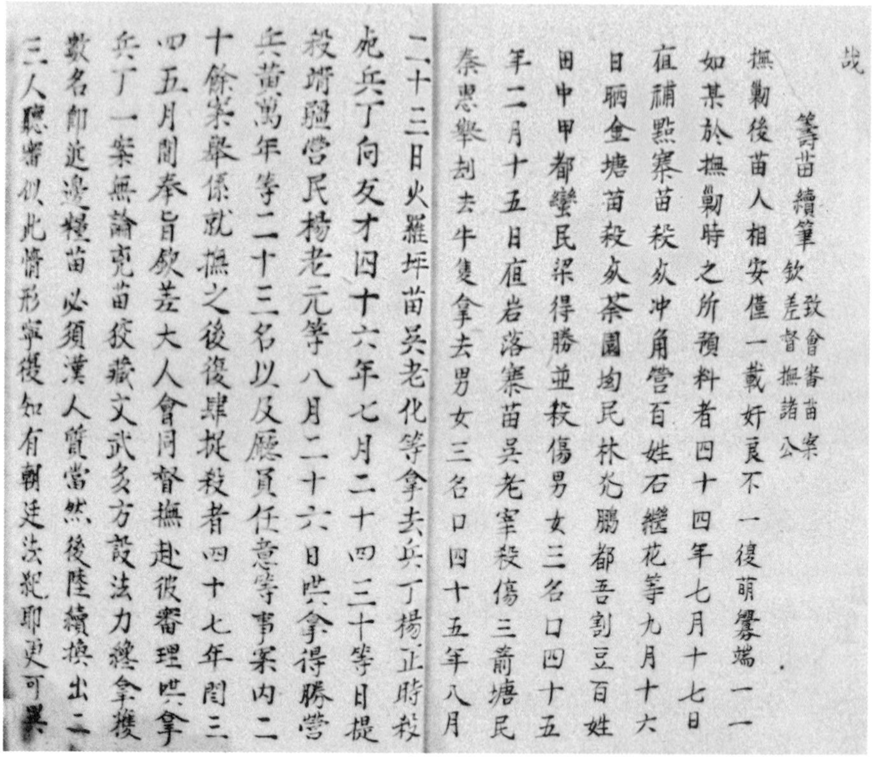
戕
籌苗續筆　欽差督撫諸公致會省苗案
撫勦後苗人相安僅一載奸頑不一復萌釁端一
如某於撫勦時之所預料者四十四年七月十七日
苴補點寨苗殺夃沖角營百姓石繼花等九月十六
日硐金塘苗殺夃茶園坳民林尤鵬都吾劄豆百姓
田中甲都蠻民梁得勝並殺傷男女三名口四十五
年二月十五日苴岩落寨苗吳老窜殺傷三裔塘民
秦思舉刦去牛隻拿去男女三名口四十五年八月
二十三日火羅坪苗吳老化等拿去兵丁楊正時殺
死兵丁向友才四十六年七月二十四三十等日提
殺塘汛營民楊老元等八月二十六日哄拿得勝營
兵黃萬年等二十三名以及屢買任意等事案內二
十餘案舉係就撫之後復肆捉殺者四十七年閏三
四五月間奉旨欽差大人會同督撫赴彼審理哄拿
兵丁一案無論究苗狡藏文武多方設法力纔拿獲
數名即逃邊穫苗必須漢人質當然後陸續換出二
三人聽審似此情形寧復知有朝廷法紀耶更可畏

圖20　北京大學圖書館藏清抄本俞益謨《青銅自考》書影

4. 臺灣中研院歷史語言研究所傅斯年圖書館藏清抄本(以下簡稱“臺藏抄本”)

10卷32册，半頁9行，行20字，素紙抄寫，金鑲玉綫裝。臺藏抄本《〈青銅自考〉敘》、每卷目録與正文首頁多鈐有陽文“道光乙未顧瀛藏書印”“紅蕤吟館吴氏藏書”“家住姑蘇台下”“淵如”“娱園藏書”印記，《〈青銅自考〉敘》、每卷正文末頁均鈐有陽文“隴西李氏所藏百漢印齋印存”印章；每册的首頁空白處鈐長方形陽文“史語所收藏珍本圖書記”印和篆刻“國立中央研究院歷史語言研究所圖書之記”陽文方印。相對於北大藏抄本而言，臺藏抄本缺卷七《啓集》、卷一〇《傳記引集》《總目》《跋》，其餘基本一致，特别是補抄刻本所没有的内容與北大抄本一致。每卷分若干册，以25頁左右爲度(部分超過30頁)；但是在分册的時候有把一篇文章分到兩册的情況。臺藏抄本前後筆體一致，顯係一人所抄，字體工整。臺藏抄本少數篇目有句讀。

第三章　俞益謨及其族人著述　309

圖 21　臺灣中研院歷史語言研究所傅斯年圖書館藏清抄本《青銅自考》書影

表四　《青銅自考》中科院刻本、北大抄本、臺灣抄本卷冊對照表

類目	中科院本卷別、冊別	北大藏抄本卷別、冊別	臺藏抄本卷別、冊別	北大藏抄本、臺藏抄本有中科院本無的篇目	中科院本頁數合北大藏抄本、臺藏抄本後補頁數
敘	敘 第1冊	敘 第1冊	敘 第1冊		9
總目	總目 第1冊	總目 第1冊	缺		2（臺藏抄本缺）
題奏條議	卷一 第1冊	卷一 第1—2冊	卷一 第1—2冊		60
	卷二 第2冊	卷二 第3—4冊	卷二 第3—5冊		80
	卷三 第3冊	卷三 第5—6冊	卷三 第6—9冊	《請旨入覲》《降革土司例》《請更失鞘處分》《軍政自陳》《軍政謝恩》《特參違例擅兵備弁》	78＋30

续 表

类目	中科院本卷别、册别	北大藏抄本卷别、册别	台藏抄本卷别、册别	北大藏抄本、台藏抄本有中科院本无的篇目	中科院本页数合北大藏抄本、台藏抄本后补页数
咨呈移会	卷四 第4册	卷四 第7—8册	卷四 第10—14册	《记名同签》《民苗仇债免拟疏防》《参陷兵隐讳镇备》《奸民恣肆应否题报》《奸民诱拿应否分别议处》《凶苗捉人武职例无参处》《凶苗潜匿发兵协拿》	94+30
檄行文告	卷五 第5册	卷五 第9—10册	卷五 第15—18册	《城苗捉杀起衅》《严饬训练》《谕练军实》	93+7
启 集	卷六 第6册	卷六 第11—12册	卷六 第19—21册		82
	卷七 第7册	卷七 第13—14册	缺		79（台藏抄本缺）
尺牍统集	卷八 第8册	卷八 第15—16册	卷七 第22—24册		83
尺 牍	卷九 第9册	卷九 第17—18册	卷八 第25—27册	《复戴汝兆》《致谢管蕴赤》《致雁平李梅崖》《致都察院于振甲》《复神木王绪光》《复太原孙太守》《致原任甘藩司》《致同社友生》《复赵镇台昆仲》《致雍二玉》《致毛平阳》《致王云从》《祝施逸园》《复冯象周》《复雁平李东菴》《致河间吴协守》《复云从王镇台》《复克恭孙二府》《致叶兰亭》《致王梦渔》	85+13
传记引集	卷一〇 第10册	卷一〇 第19—20册	缺	《重建悬常德提署御书坊额恭纪》《圣水泉记》《漱砚记》《筹苗续笔——致会审苗案钦差督抚诸公》（台藏抄本缺）	72+13（台藏抄本缺）

續表

類目	中科院本卷別、冊別	北大藏抄本卷別、冊別	臺藏抄本卷別、冊別	北大藏抄本、臺藏抄本有中科院本無的篇目	中科院本頁數合北大藏抄本、臺藏抄本後補頁數
序祝祭文集	卷一一第11冊	卷一一第21—22冊	卷九第28—30冊	《路程便覽序》《靈棋經序》《祭原任浙閩制軍劉太翁文》《祭臺灣王鎮臺文》《祭太原馬鎮臺夫人文》	66+10
詩詞對聯	卷一二第12冊	卷一二第23—24冊	卷一〇第31—32冊	《祝劉太翁八裹榮壽五言古》《己丑春仲遊桃源洞即事》	61+2
跋	跋第12冊	跋第24冊	缺	7(臺藏抄本缺)	

説明：抄本後補内容皆位於刻本每卷之末，且按整理表中的篇目排序《詩詞對聯》後補内容在抄本中位於《強唫詩集》之《題贈孝女徐氏閨秀爲繼母刲骨》後）。北大藏抄本缺卷七44頁的後半頁和45頁的前半頁

（二）四種版本之間的關係

1. 北大本與中科院本

中科院本是在北大本原版基礎上增加了幾頁内容（一篇文章）、修訂了個別字詞而成的，可以説中科院本是北大本的修補本。

2. 北大藏抄本與臺藏抄本

比勘二抄本，臺藏抄本較北大藏抄本缺《總目》《跋》和整兩卷内容，其餘基本一致，特别是補抄刻本所没有的内容與北大藏抄本總體相同。

臺藏抄本是殘本，北大藏抄本是足本，特别是臺藏抄本缺刻本卷一〇《傳記引集》一整卷，無北大藏抄本後補的《重建懸常德提署御書坊額恭紀》《聖水泉記》《潑硯記》《籌苗續筆——致會審苗案欽差督撫諸公》等四篇文章，故臺藏抄本在中科院本基礎上後補内容爲43篇（首）。另外，臺藏抄本卷五《酌定護解餉鞘則例》"天字一號"至"地元黄字號仿此續刻"等二百五十七字（恰好是一整頁）臺藏抄本脱，北大藏抄本有。所以，可以肯定北大藏抄本不會源自臺藏抄本。

第三，臺藏抄本也不是源自北大藏抄本。臺藏抄本和北大藏抄本後補部分各有多處字詞錯誤，經校勘，二本各有正誤。如北大藏抄本卷九目録將"復鎮篁

雷鎮臺"和"致鎮篳雷鎮臺"兩個"雷"字抄作"霜",臺藏抄本作"雷",對校刻本,北大藏抄本誤。北大藏抄本後補內容數處有較多脫文,臺藏抄本未脫。如北大藏抄本卷九第 18 册(臺灣抄本卷八第 27 册)《復克恭孫二府》第 4、5 行每行最後各脫五字,第 6—8 行每行最後各脫六字,而臺藏抄本卻非常完整。再者,北大藏抄本是足本,如果臺藏抄本是抄自北大藏抄本,它沒有必要漏掉卷七和卷一〇而抄後面的內容,並且將從卷七開始往後各卷的目錄頁和正文頁的卷次改掉,使其由卷七至卷一二變成卷七至卷一〇。

3. 北大藏抄本、臺藏抄本均源自中科院本並後補部分內容

首先,北大藏抄本、臺藏抄本和中科院本共有的部分,三者基本相同,且具體內容、位置、行款格式都相同。比較特殊的例子如：中科院本卷六第 24 頁第 8 行爲 19 字,卷六第 44 頁第 8 行爲 21 字,二抄亦如此；中科院本卷七 19 頁 15 行删北大本所衍"尚"字,使這一行變爲 19 字(見前中科院本修訂北大本錯字注),北大藏抄本同。

其次,比勘北大藏抄本、臺藏抄本和中科院本,凡異文之處,一般都是二抄本誤。例如：中科院本卷一一《〈上諭直解訓戒簡本〉序》："今大學士臣陳廷敬,昔任兩浙巡撫,奉行講解,猶恐頑蒙未盡通曉,乃輯爲《直解》一書以便愚俗,請旨報可"句,"任""請"北大藏抄本分別作"在""講",根據文意,北大藏抄本誤；中科院本卷五(臺藏抄本第 15 册)《咨訪利弊》："營有陋規,作何剔釐；營有悍卒,作何驅除；奉行案件,何者宜遵,何者宜止。""宜止"之"宜",臺藏抄本作"以",從上下文可以看出,臺藏抄本誤,就連在臺藏抄本上直接作句讀者也在"以"字上用淡墨寫了"宜"。

第三,凡是中科院本不妥之處,二抄本都一一從之,這是二抄本均源自中科院刻本的最有力的證據。例如：中科院本卷九(臺藏抄本卷八第 25 册)目錄《答寧國黃參戎》,"答"字三本均作"復",正文標題均作"答"。再如中科院刻本卷八(臺藏抄本卷七第 22 册)目錄《上席宗伯》後中科院本脫《上留李提軍》,二抄本亦脫,三本正文均有此文。此類例證很多,茲不贅述。

總之,北大本於康熙四十六年刻出後,中科院本後對其進行了修補再版,北大藏抄本、臺藏抄本抄錄了中科院本並補充了部分內容。

(三) 四種版本成書時間

1. 北大本成書於康熙四十六年(1707)。俞益謨《〈青銅自考〉敘》後落款爲"時皇清康熙四十六年,歲在丁亥王春之上元穀旦",王基《跋》後落款爲"時康熙四十六年,歲在丁亥上巳之吉",由此及考全書內容可以肯定,北大本刊刻於康熙

四十六年(1707)。

2. 中科院本成書於清康熙末至雍正年間

中科院本是在北大本的基礎上修訂成書並於卷五後補《酌定護解餉鞘則例》一文,考此文當爲俞益謨在康熙四十三年(1704)至四十五年(1706)因黄梅縣停前驛、桃源縣新店驛兩次失鞘案被罰俸後所製定(參卷三康熙四十六年《軍政自陳》),應與卷三抄本後補《請更失鞘處分》作於同時或稍早,《請更失鞘處分》落款時間爲"康熙四十六年五月十二日",《酌定護解餉鞘則例》當作於康熙四十六年六月之前。故中科院本成書最早應在康熙四十六年(1707)。中科院本早於北大藏抄本、臺藏抄本,亦只避康熙諱而不避乾隆諱,成書最晚應在雍正十三年(1735)。

3. 北大藏抄本和臺藏抄本成書於清康熙末至雍正年間

二抄本成書年代最早應在康熙四十八年(1709),最晚在雍正十三年(1735)。

首先,刻本的體例是按類分卷,卷內分目,同一類目內大體以成文先後順序排列。北大藏抄本和臺藏抄本後補篇章均按此體例,分別位於《題奏條議》《咨呈移會》《檄行文告》《尺牘》和《序祝祭文集》等相應類目各卷的最後。一至三卷都是《題奏條議》,按時間先後編,所補內容就位於第三卷最後。北大藏抄本卷一二(臺藏抄本卷一〇)爲詩詞對聯,所補《祝劉太翁八袠榮壽 五言古》和《己丑春仲遊桃源洞即事》二詩,雖不在該卷最後位置,卻在《强唫詩集》的最後位置,符合刻本的編排體例。臺藏抄本所缺北大藏抄本卷一〇《傳記引集》後補內容也符合此例。

其次,二抄本後補內容除個別篇目是在刻本刊行前所撰未收入刻本而補抄外,絕大部分是在康熙四十六年(1707)刻本刊行後俞益謨還在湖廣提督任時所撰。如卷三《特參違例擅兵備弁》一文中有"康熙四十七年二月十四日題。本月十六日奉旨"等字樣;卷四《凶苗潛匿發兵協拿》有"康熙四十七年八月初七日准貴部院咨"等字樣;北大藏抄本卷一一第22册(臺藏抄本卷九第30册)《祭原任浙閩制軍劉太翁文》是在閩浙總督劉兆麒去世後爲其所寫,考劉兆麒卒年爲康熙四十七年(1708),此文當作於康熙四十七年(1708);北大藏抄本卷一二(臺藏抄本卷一〇)《己丑春仲遊桃源洞即事》的"己丑"當指康熙四十八年(1709)。考俞益謨離任時間爲康熙四十九年(1710)正月,因其與偏沅巡撫趙申喬爲抽調兵丁事宜互相參劾,康熙認爲巡撫和提督互相參劾,"有乖大體……必致貽誤地方",命二人離任候審①,同年七月,康熙下旨:"俞益謨著休致,趙申喬著革職留

---

① 《清實錄·聖祖實錄》,第三册,第398頁。

任。"①所以二抄本後補内容最晚產生於康熙四十八年(1709)。

第三,考二抄本内容,避康熙諱而不避乾隆諱。卷五《酌定護解餉鞘則例》"照數編立天、地、元、黄字號……將宇、宙、洪、荒字樣接續編列"句中,"元"字當爲避康熙皇帝名玄燁之"玄"字諱,且文中不止一次出現這種情況。卷三《降革土司例》"是又我皇上弘慈盛德所不忍出也"句,以及此文中多次出現的人名"田弘天",均不避乾隆皇帝名弘曆之"弘"字諱。可見二抄本成書最晚應在雍正十三年(1735)。

(四)四種版本比較

刻本屬家刻,版刻品質很高,除王基《跋》爲行書外,其他都是規正的宋體字,字體端正大方,結構嚴謹。因年代久遠,北大本和中科院本都有個別地方字迹脱落和破損的情況,紙質發脆,顔色發黄,中科院本各卷都有蟲蝕的情況,但基本不影響閱讀。二本至今保存基本完好。從内容上來説,校勘謹嚴,尤其是中科院本,經過修補後,很少出現錯誤。

北大藏抄本是各本中惟一的足本,雖抄寫字迹一般,紙張顔色發黄,但因襯紙裝訂,總體保存完好,基本没有破損的情況。是書雖有很多錯字,但抄寫態度嚴謹,一旦發現錯誤就在旁邊予以修改,或在錯字上覆紙改正,基本上保持了刻本的原貌,除了將卷七44頁的後半頁和45頁的前半頁漏抄和卷一〇第68頁最後2行漏抄外,再無大的脱漏。

臺藏抄本破損、字迹脱落嚴重,有些書頁損毁過半,現已被以金鑲玉方式修復。即使這樣,臺藏抄本爲一人所抄,字體工整,至今看仍然非常精美。

臺藏抄本相對於刻本和北大藏抄本來説,問題很多,抄寫時隨意性較大:

一是脱、衍和誤抄較多。凡抄本一般都會有字詞誤寫,此乃常見問題,不足爲怪。但是臺藏抄本很多地方明知誤抄而不予更正。刻本卷八目錄中多篇題目後有"二首"二字,臺藏抄本卷七第22冊一概未抄。同樣的還有刻本卷一二(臺藏抄本卷一〇第31冊)目錄中《咏水仙子》後的"五言排律"四字、《答黎秀才》後的"七言古"三字等。因爲每行字數是固定的,臺藏抄本前面漏抄了或多抄了,後面便加"其""也"等湊數或隨意脱去一字。如卷四《參陷兵隱諱鎮備》"假令凶苗捉殺百姓之時該汛防官一面具報各憲"句,臺藏抄本前脱"令"而在"之時"後衍"而"字。再如卷五《諭練軍實》"此豈本軍門意在從禽故爲,是自好勞苦耶?殊不知簡戎至要,實寓於斯"句,臺藏抄本"自"字後衍"自"字,於是將後面的"實"字脱去以防多字,隨意性比較大。這點不如北大藏抄本嚴肅。

---

① 《清實録·聖祖實録》,第三冊,第410頁。

二是錯行、漏行較多。臺藏抄本錯行較多,特別是在目錄中經常出現。例如卷一〇第 31 册(刻本卷一二)目錄將《美人蕉》和《雙烈挽章》次序顛倒。有時發現前面抄錯,過幾行後又補抄。如卷八第 25 册(刻本卷九)目錄《致謝山陝汪學院》漏抄,錯兩行後補抄,並依刻本脱"致"字,此據正文標題補。卷五第 15 册目錄"補遺"部分不按前面上下兩排排列的形式抄,而是改爲單排,將"補遺"部分 6 行中的 5 行次序弄錯。還有一種錯行的情況是不按刻本原文位置抄,刻本原文空白處,臺藏抄本將後面的内容整體前移,後發現錯行,便把前行的内容抄一處將空白補齊。卷六目錄上下兩排排列,"祝壽"部分第一行下半部分是空白,臺藏抄本卻將後面的内容往前補抄,後面只能將整體前移内容中的"祝陝西李提軍"又抄一遍。漏行現象也有,更不可思議的是發現漏行後又從前面隨便抄一行以湊足行數。例如卷六第 19 册目錄,臺藏抄本漏抄了"致山西齊方伯、致直隸于撫軍　二首"後的"致臨鞏囊方伯、致辰沅張鎮台"一整行,在頁末發現少了一整行,便在上排最後將其前一行的"致甘肅喀撫軍"又抄了一遍,出現了重複的情况,下排又重抄"致寧夏葉鎮臺",始終未將所漏内容補上。

三是偶有錯頁、脱頁現象。古籍因裝訂而出現錯頁現象很正常,但一般不會出現半頁裝訂錯頁次的情况。臺藏抄本卷八第 24 册(刻本卷九)將 61 頁的後半頁裝在了 59 頁後半頁的位置,將 62 頁的前半頁裝在了 61 頁後半頁的位置。出現這種情況大概是因書紙破損嚴重,必須進行修復,而臺藏抄本全文無頁碼標識,在以金鑲玉的方式修補的時候將某些已破爲兩半的書頁位置裝錯了。另,前述卷五《酌定護解鉤鞘則例》脱一整頁,不知何故。

從收藏角度來說,北大本、中科院本和北大藏抄本均不及臺藏抄本,臺藏抄本被多人收藏過,鈐有多枚收藏印。其中,藏書印"淵如"當爲孫星衍所鈐。孫星衍(1753—1818),字淵如,①乾嘉年間著名藏書家。《中國人名異稱大辭典》(檢索卷)、《歷代名人室名別號辭典》載名號"淵如"的藏書家惟孫星衍一人。遍查孫星衍《孫氏家藏書目》内外編、《孫氏祠堂書目》《平津館鑒藏書籍記》《廉石居藏書記》等著述,都不著録《青銅自考》。一則是因爲是書在當時已成爲禁書,再則是此書年代太近,無法和宋元本相比,没有録到善本書目裏。查林申清《明清著名藏書家　藏書印》,孫星衍兩方"淵如"印雖都與臺藏抄本"淵如"印迹不同,②但按照黃永年的説法,此書收印"收得並不全,並非某家的藏書印只有這幾顆,不見於此書的千萬不要認爲是僞物"。③ 因此,基本可以斷定"淵如"印即爲孫星衍所

---

① [清]張紹南《孫淵如先生年譜》,載《藕香零拾》,中華書局 1999 年版,第 489 頁。
② 林申清《明清著名藏書家　藏書印》,北京圖書館出版社 2000 年版,第 142 頁。
③ 黃永年《古籍版本學》,江蘇教育出版社 2005 年版,第 40 頁。

有。另外,"娛園藏書"印當爲許增所鈐。《歷代名人室名別號辭典》著錄:"娛園,許增藏,娛園爲藏書室名,清人。"①又《中國人名異稱大辭典》(綜合卷)載:"許增(1824—1903),字邁孫,號榆園、娛園……清仁和(今浙江杭州)人……喜勘訂書籍……收藏甚富。"②二書所載名號"娛園"的藏書家惟許增一人。故"娛園藏書"印當爲許增所有。"道光乙未顧瀛藏書印""紅荔吟館吳氏藏書""家住姑蘇臺下""隴西李氏所藏百漢印齋印存"不知何人印記。根據著錄臺藏抄本的《中研院史語所善本書目》的出版時間可知,③最晚1968年此書已被中研院史語所傅斯年圖書館最終收藏,並鈐"史語所收藏珍本圖書記"和"國立中央研究院歷史語言研究所圖書之記"等印。

臺藏抄本保存了多枚藏書家的印記,對於研究版本學有重要價值。其一,藏書印多,考索這些藏書印可以研究臺藏抄本的流傳脈絡及相關情況。其二,此書經多位收藏家收藏,輾轉流傳,其中蘊含着很深的歷史內涵,有史料價值,是研究藏書史和版本學的有力支撐。其三,這些藏書印均爲陽文,章型各異,印文精美,刻法不同,可供印章愛好者研究,爲研究藏書印者提供資料。

總之,《青銅自考》現存四種藏本中:北大本最早;中科院本最精;北大藏抄本最全,可以彌補刻本之不足;臺藏抄本以其文物價值高,且後補內容可以參校北大藏抄本而依然有其可貴之處。

五、《青銅自考》的禁燬原因

《青銅自考》在清乾隆年間屬於禁燬書。但遍查其內容,既無反清思想,也不犯清人的忌諱,更不是誨淫誨盜類的作品。或曰是否與康熙四十九年(1710)俞益謨、趙申喬互相參劾後俞益謨休致有關。這種可能性幾乎没有,因爲康熙五十二年(1713)俞益謨還參加了康熙皇帝六十大壽慶典,並被封爲榮禄大夫,其妻、曾祖父(母)、祖父(母)、父(母)皆受封,④不會據此禁燬《青銅自考》的。

據《欽定大清會典事例》卷一一二吏部九十六《處分例·舉首詩文書劄》載,乾隆四十四年(1779),皇帝諭:"據李湖奏武陵縣生員鄧大廷呈繳前任湖廣提督俞益謨刊刻《青銅自考》一書請銷毀查辦一摺。閱其書,係俞益謨將伊歷任奏疏

---

① 池秀雲《歷代名人室名別號辭典》,山西古籍出版社1998年版,第808頁。
② 尚恒元、孫安邦《中國人名異稱大辭典》(綜合卷),山西人民出版社2002年版,第472頁。
③ 臺灣中研院歷史語言研究所編印《中研院史語所善本書目》,1968年版。
④ [清]俞益謨、[清]高嶷纂修,吳懷章校注《康熙朔方廣武志》,第145—150頁。

及文、移、書、啓彙集而成,並無違礙。即該撫簽出處所,亦止抬頭款式未合,及字句偶失檢點,此等乃常有之事,不足深責……且刻出距今七十餘年,其人物故已久,何必復行追究乎?但原書既經繳出,自應銷毀,亦不必輾轉深求,致滋紛擾。著傳諭李湖不必查辦。"① 據此,結合上文雷夢辰《清代各省禁書彙考》所著錄《青銅自考》被禁燬於乾隆四十四年(1779)六月四日後,可以肯定:《青銅自考》因格式等原因被乾隆皇帝宣布應銷毀,成爲禁燬書。

六、《青銅自考》的價值

《青銅自考》是研究俞益謨的最直接最重要的材料,同時對於研究清代的政治、軍事特別是研究康熙對一些歷史事件的態度等都有重要的史料價值。例如在研究清康熙年間土司田舜年案時,《青銅自考》就有很多史料;在研究孫思克時,俞益謨的文章就有很多資料可用。《青銅自考》中也有一些知識性的短文,比如《粵產四種藥物小引》《漢壽亭侯辯》《苗源》等都具有史料和考據的價值。

《青銅自考》文字較富有文采,詩文文學水平較高:政論文語言犀利,邏輯性強,分析透闢;散文語言質樸,情真意切,感人至深;詩歌文采斐然,意境深遠,耐人咀嚼。俞益謨文學作品在寧夏的方志中引用廣泛,諸如《廣武志》《〔乾隆〕寧夏府志》《〔乾隆〕中衛縣志》《〔道光〕續修中衛縣志》等都有摘錄。

此書是在俞益謨本人在世時就已經刊刻發行的,所以內容都是最原始最真實的。對於校正後來的《廣武志》《〔乾隆〕寧夏府志》《〔乾隆〕中衛縣志》等史料中關於俞益謨本人基本情況和詩文收錄情況都很有用。

第三節 俞益謨其他著述的總體情況

俞益謨的著述除《青銅自考》外,傳世還有《孫思克行述》《辦苗紀略》《廣武志》等。

一、《孫思克行述》

《行述》一卷,七千餘字,是俞益謨單篇作品中篇幅最長的一篇,也是敍述最

---

① 〔清〕昆鋼《欽定大清會典事例(八)》卷一一二,臺灣新文豐出版股份有限公司 1976 年版,第 6563—6564 頁。

詳實、最有文采的一篇，較之《清史稿》所載孫思克的情況更爲豐富具體。

《行述》經羅振玉整理後在《史料叢刊初編》中全文收錄。《中國叢書綜録·子目·史部·傳記類》對《行述》有著録。《北京圖書館古籍善本總目·史部·傳記類》載："《孫思克行述》不分卷，清俞益謨撰，清抄本，一册。十行二十二字，無格。"①《中國古籍善本書目·史部·傳記類一》著録内容基本相同，並注明在北京圖書館（中國國家圖書館）藏。《清史稿藝文志拾遺·史部·傳記類》所載内容基本上是依據上述書目綜合而成的。

孫思克（1628—1700），清漢軍正白旗人，字藎臣，順治間授刑部理事官。隨軍由湖南進征貴州雲南。康熙間擢甘肅總兵，以防禦蒙古功，加右都督。王輔臣隨吳三桂反，陷蘭州。思克與王進寶、張勇等復蘭州、攻平涼，所向克捷。征噶爾丹，俘獲無算。官之甘肅提督，加太子少保、振武將軍，卒諡襄武。乾隆四年（1739）定封一等男。《清史稿》卷二〇二有傳。

《行述》一文，羅振玉在輯《史料叢刊初編》時所加題目爲"振武將軍陝甘提督孫公思克行述"。國家圖書館所藏的清抄本《孫思克行述》，前三頁缺，《史料叢刊初編》本《行述》開篇也注明"前闕"，可知原作題目應該是無法知道的，清抄本"孫思克行述"一題也應該是後人在整理古籍時根據作品結尾所標題目確定。羅振玉之所以以"振武將軍陝甘提督孫公思克行述"爲題，主要是根據内容，特别是原文末尾處述及孫思克薨後有"特進榮禄大夫、太子少保、振武將軍、左都督兼管陝西甘肅提督事務、加六級"等内容所加。查《四庫全書》《清史稿》《聖祖仁皇帝實録》及其他相關史書，孫思克授甘肅提督，無授陝甘提督或陝西提督之記載，"左都督兼管陝西甘肅提督事務"當爲俞益謨誤記。

之所以寫作《行述》，俞益謨在文中做了交代，是因爲孫思克有許多高尚的品格，諸如威望高，性至孝，生平無聲色貨利之嗜，善用人，不貪功，對人和藹，胸懷寬廣，老成持重，愛民如子等，這些品質集於孫思克一身，實在是難得。"古人有一於此，則膾炙人口，傳爲盛事，而公則擅數者而兼之。他日鴻章鉅筆，載諸史乘，千百世而下自有定論。而予忝列門牆之下，知公既詳且真，謹記其實，詞質無文，以備史官采擇焉。"②

《行述》通過記述孫思克一生的主要事迹，突出了孫思克的英勇和輝煌。文章先總述孫思克的智勇過人；次詳細交代了孫思克任甘肅總兵官期間先以武力

---

① 北京圖書館編《北京圖書館古籍善本總目》，書目文獻出版社1987年版，第451頁。案："不分卷"當爲"一卷"之誤。

② 羅振玉輯刊《振武將軍陝甘提督孫公思克行述》一卷，國家圖書館藏本《史料叢刊初編》第九册，第26頁。

征服彝亂民、後以文治安定地方，突出了孫思克的以民爲本、注重興教化、選人才和以誠待人；再次寫王輔臣叛應吴三桂時，孫思克以其卓越的軍事才能和愛民如子的情懷剿撫並用，以奇兵制勝，幫助大將軍圖海破平涼，並多次出戰平定叛亂；再次以康熙的嘉獎寫孫思克多次平定彝民叛亂和治理甘肅的歷史功績；再次詳細交代了孫思克不顧年邁，在戈壁惡劣的條件下征服噶爾丹的功勳；再次不厭其煩地寫康熙皇帝對孫思克的恩寵和禮遇；最後寫孫思克的死及對他的歷史評價。文章情感真摯，感人至深。善於選取典型事件生動地表現人物；襯托手法運用得好；常以細節塑造人物；句式整齊，四六並用。在質樸中顯出文采，文質達到了完美的結合。

查落款稱"賜進士出身、鎮守山西大同等處地方掛印總兵、左都督、門生俞益謨"，且文中有"今年春正月，遂具疏以老病辭"之語，此後就寫到孫思克病卒的過程，以及作者對振武將軍的評價等内容，並明確孫思克卒於康熙三十九年（1700）二月。文中所敍"今年"指康熙三十九年（1700），再結合文章總體内容，可以確定，《孫思克行述》作於康熙三十九年（1700）。

《行述》主要以抄本和鉛印本兩種形式行世：

（一）抄本。中國國家圖書館藏，登記情況："原件收藏：北京圖書館。原件狀況：原件有汙迹。"10 行 22 字，前三頁缺，第 2 頁右下角有一印章，第 4 頁文中有"國立北平圖書館收藏"的印章。

（二）鉛印本。有兩種：其一，《行述》收於《史料叢刊初編》第九册，署"上虞羅振玉校録"。鉛印線裝本，一卷，1924 年版，著者據卷末題，文章前後都有"北京圖書館藏"之印章。全書 27 頁，12 行 23 字，文前注明"前闕"。其二，《行述》收於《東方學會叢書・史料叢刊初編》，羅振玉校録，鉛印線裝本，一册，1912 年版，書名據卷端題。此版本除無"北京圖書館藏"之印章外，其餘與第一種同。

相比較而言，當以羅振玉校録的《史料叢刊初編》1924 年版鉛印線裝本爲佳。

二、《辦苗紀略》

《辦苗紀略》主要記録了清康熙四十二年（1703）十一月至康熙四十三年（1704）正月俞益謨會同欽差席爾達、湖廣總督喻成龍、偏沅巡撫趙申喬等在鎮筸（今湖南省鳳凰縣）鎮壓紅苗的歷史。所謂紅苗，是苗民中的一部分。"歷代封建統治者爲了方便於他們的統治，便根據苗民婦女的服飾（男子的服飾一般與漢人没有顯著區别）的不同，分苗民爲白苗、黑苗、青苗、紅苗和花苗……"[①]

[①] 馬少僑編著《清代苗民起義》，湖北人民出版社 1957 年版，第 4 頁。

最早著錄本書的是清代沈初等《浙江採集遺書總錄》,且附有簡要題解。《四庫全書總目·史部·雜史類存目三》亦有著錄題解。清嵇璜、劉墉《皇朝通志》卷九九,光緒十一年重修《湖南通志》卷二四八《藝文志四·史部·地理類二·邊防》,《四庫采進書目·浙江省第七次呈送書目》,賀長齡、魏源等編《清經世文編》卷七七《兵政八》,嚴如熤《苗防備覽》卷二一《藝文志下》等均有著錄,部分内容著錄有誤。1997 年,徐莊《明清時期寧夏版本經眼錄》對《辦苗紀略》的版本情況作了介紹。

《辦苗紀略》書名的來歷。俞益謨在《辦苗紀略自序》中說:"夫苗何以言'辦'也?曰'撫'之、'剿'之之事也,而不直言'撫''剿'者,奚以故?曰'撫'者,天子之大恩;'剿'者,天子之大法。總統鉅公(案:指此次撫剿紅苗時的最高指揮官席爾達)等一稟廟謨,爲之布德宣威,凡所招徠、誅斬,悉曰天子貸之、殺之,初未嘗謂政自己出也。矧余爲謅贊、爲驅馳,皆以奉令承教於總統鉅公者,而顧貿貿出於此乎?是故"撫""剿"云者,天子命師、大帥奉行之名;"辦"之云者,余一人所效之力,猶曰辦勸是事者也。"

《辦苗紀略》主要記錄了俞益謨撫剿紅苗的始末,"是編特紀余一人從事撫剿巔末,不暇旁及"(《辦苗紀略·凡例》)。全書凡八卷,共收詩、文、圖等 205 首(篇、幅):卷一爲地形圖 5 幅(《辰州府圖》《苗地情形圖》《苗寨全圖》《天星寨圖》《滿漢營壘圖》)、《苗寨圖說》一篇,以及交代基本情況的《苗源》《鎮筸傳邊錄》《民苗起釁由》等三篇文章;卷二爲采議,主要收錄了遊擊、守備等軍官對撫剿紅苗的認識、建議等,凡 23 篇;卷三爲康熙對此次撫剿紅苗所下的諭旨和欽差席爾達、總督喻成龍、巡撫趙申喬以及俞益謨等人有關此次撫剿紅苗起程、回汛的奏疏,凡 15 篇;卷四爲李芳述等人得勝回汛的上疏和喻成龍等人有關撫剿紅苗善後事宜的上疏,凡 7 篇;卷五爲撫剿期間的來往咨移 27 篇;卷六爲咨文 14 篇;卷七爲軍檄 30 篇,告示 4 篇,要略 27 則;卷八爲此次撫剿紅苗文武官員名單、馬步戰守數目和俞益謨致他人書劄等,共 10 篇,以及此次撫剿期間俞益謨、謝瑛、王基等多人互相唱和詩集,總其名曰《軍行偶拈》,共收詩歌 39 首。前有手書"序"三篇:一爲俞益謨《辦苗紀略自序》,文末有陰文"西夏俞益謨印"和陽文"字嘉言號澹菴"方印二枚;二爲王基《序》,前有陽文橢圓印一枚,文末有"王基之印"和"夢漁"陰文方印二枚;三爲謝瑛《辦苗紀略序》,文末有陰文"謝瑛之印"和陽文"修五"方印二枚。

《辦苗紀略》中俞益謨的一些上疏、咨移和軍檄後選入《青銅自考》並補充了部分内容,另有《撫剿紅苗記》《苗源》《民苗起釁由》《撤兵曉諭苗人示》(《青銅自考》作《曉諭苗寨》)、《嚴禁取贖示》(《青銅自考》作《嚴禁取贖》)、《戒苗條約》和

《〈辦苗紀略〉自序》等 7 篇文及《軍行偶拈》中的 12 首詩收入了《青銅自考》。《撤兵曉諭苗人示》《戒苗條約》也收入嚴如熤《苗防備覽》卷二一《藝文志下》,其中《撤兵曉諭苗人示》題作"曉諭苗人告示"。作者所撰關於行軍中的一些操作規範的《要略》部分,被輯入賀長齡、魏源等編《清經世文編》卷七七《兵政八》中,①題作"行軍策略",可以起到資料互見、相互校勘的作用。相對於古代兵書類文獻不同的是,此前的兵書多注重總體戰略思想的闡述,戰術方法上的分析,謀略管理上的宣揚,兵將素質的論述等,而俞益謨所撰《要略》部分,相當於古代部隊行軍打仗的具體行爲規範,包括行軍安營、警戒樵汲、哨探埋伏、遊擊分敵、安置傷病等具體的行動,是研究古代行軍打仗的重要資料,有很高的軍事研究價值。

《辦苗紀略》對於研究清代苗民起義和清政府對苗民的政策等相關情況有很重要的史料價值,也是研究俞益謨生平的重要材料。

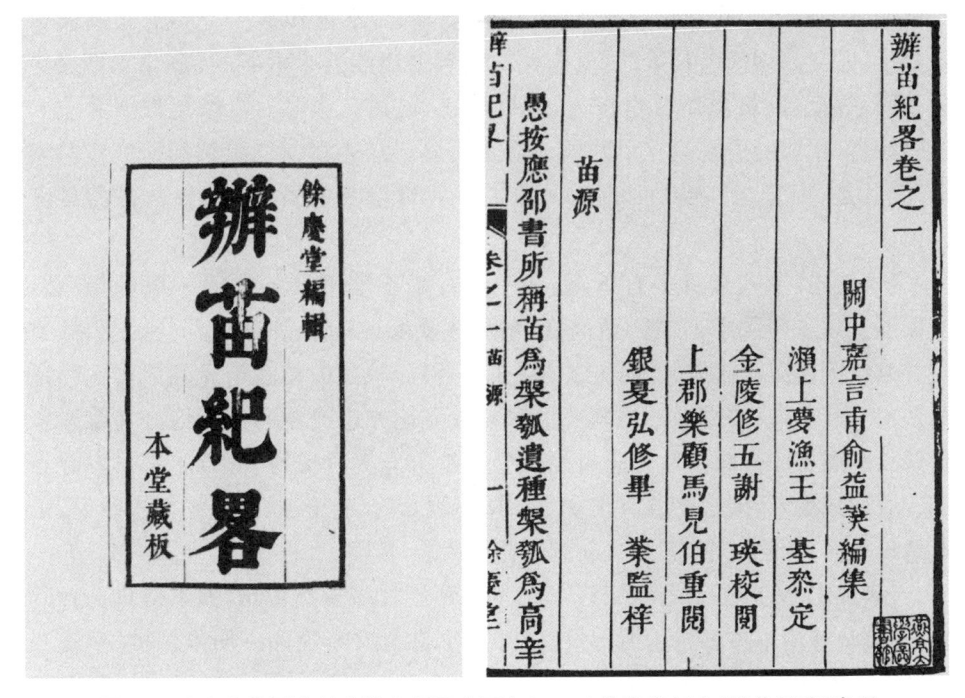

圖 22　北京大學圖書館藏清康熙四十四年(1705)餘慶堂刻本《辦苗紀略》書影

《辦苗紀略》成書於清康熙四十三年(1704),刊行於清康熙四十四年(1705),從書前俞益謨的《辦苗紀略自序》落款爲"皇清康熙四十三年歲在甲申三月上巳之吉"和王基的《序》落款爲"皇清康熙四十四年歲在乙酉三月上巳之辰"可以清

---

① [清]賀長齡、魏源等編《清經世文編》卷七七《兵政八》,中華書局 1992 年版,第 1899 頁。

楚地看出來。現有清康熙四十四年(1705)餘慶堂刻本,爲俞氏家刻本。線裝,八卷,2函16册,8行20字,四周單邊,單黑魚尾,版心上鐫書名,中鐫卷次及類目名,下有頁碼及堂號。北京大學圖書館藏。

三、《〔康熙〕新修朔方廣武志》

康熙四十九年(1710),俞益謨休致返回故里後,看到廣武地方"以孳生蕃衍,人文蔚起,多有可志者;且因革利弊,虞後無稽,特爲另志,以記事也",①便召集地方士紳,積極主持創修廣武地方志書,並親自負責志書的總裁和鑒定工作,其子俞汝欽負責志書的主要編輯工作。就在通過多人的努力志書即將完成付諸刊刻的時候,康熙五十二年(1713)俞益謨突然去世。康熙五十六年(1717)俞汝欽爲完成其父遺志,"安敢惜其費而忘其言;委其志,不董其事乎"?② 於是將志書補充了《貤封》、編修俞長策的《墓志銘》、雷起潛康熙五十六年的《募化六塘嶺穿井書引》等篇目,將志稿敬付梓人,並做序言,是爲《〔康熙〕新修朔方廣武志》。"新修"者,相對於俞益謨在世時所成志書言耳。該志爲我們瞭解和研究當時寧夏,尤其是廣武地區各方面的狀況提供了大量珍貴的資料,具有重要的參考價值。

《廣武志》今人書目多有著錄。《中國古籍善本書目·史部·地理類》載:"(康熙)《朔方廣武志》二卷,清高巘、俞益謨纂修。清康熙刻本。"③並注明該書藏甘肅省圖書館。張維《隴右方志錄》亦有著錄,只是因作者未見到原書而誤錄爲佚書。其他如《中國地方志聯合目錄》《稀見地方志提要》《寧夏地方文獻聯合目錄》《甘肅省圖書館藏地方志目錄》《中國地方志總目提要》等方志書目對此志都有著錄或提要,但在著錄時出現了一些錯誤,詳參胡玉冰《寧夏地方志研究》第七章第一節《青銅峽市(康熙)〈新修朔方廣武志〉》。

《廣武志》康熙五十六年(1717)刻本現藏於甘肅省圖書館,孤本傳世。1957年,甘圖曾據刻本抄錄爲兩册傳世。1965年,該館又有油印一册本傳世,寧夏回族自治區圖書館也曾據甘圖抄本油印。1988年,由吳忠禮主編、天津古籍出版社出版的《寧夏歷代方志萃編》影印收錄了1957年抄本。今較通行的是吳懷章校注、寧夏人民出版社出版的《康熙朔方廣武志》。只是此書出版前,吳氏並沒有

---

① 〔清〕俞益謨、〔清〕高巘纂修,吳懷章校注《康熙朔方廣武志》,第1頁。
② 〔清〕俞益謨、〔清〕高巘纂修,吳懷章校注《康熙朔方廣武志·(新修)朔方廣武志序》,第9頁。
③ 《中國古籍善本書目》編輯委員會編《中國古籍善本書目·史部》,上海古籍出版社1993年版,第844頁。

看到《青銅自考》，沒能通過它來校勘《廣武志》，故《廣武志》中的一些脫文等問題沒有得到處理。

甘圖藏《廣武志》抄本二卷二册。前有俞汝欽《新修朔方廣武志序》，每半頁5行，行12字。但内容嚴重殘缺。上卷正文每半頁8行，行18至20字不等。共38目，具體爲《城池邊墩圖》《天文星宿分野圖》《地理疆域志》《城池志》《建置沿革志》《坊表志》《風俗志》《山川志》《形勝志》《户口志》《屯田志》《賦役志》《水利志》《宦迹志》《兵馬志》《官俸志》《糧餉志》《邊墩志》《塘墩志》《隘口志》《邊外水頭志》《公署行署志》《演武教場志》《廣武倉廠志》《學校志》《文武科貢監志》《鄉賢志》《武階志》《忠志》《孝志》《節志》《義志》《古迹志》《祥異志》《廟宇寺觀志》《橋閘志》《瑩墓志》《物産志》。下卷正文每半頁8行，行20字，爲詩文43首（篇）。其中，詩22首，傳記9篇，賦1篇，記志1篇，募引1篇，俞長策《俞都督益謨墓志銘》（本節以下簡稱《墓志銘》）1篇，貤封8道。

《廣武志》作爲寧夏現存惟一一部鄉級志書，翔實地記述了廣武的地理風貌和屯田戍守的情況，對於研究當時寧夏軍屯經濟等方面的情況有一定的史料價值，也爲後來的地方志書，如《〔乾隆〕寧夏府志》的編纂提供了一定的資料。志書中以絕大部分篇幅記載了俞氏一門的文武功德，對於研究俞益謨及其家族是非常珍貴的材料。

四、俞益謨其他著述

俞益謨還有些單篇奏摺散見於《康熙朝漢文朱批奏摺彙編》中，主要有《湖廣提督俞益謨奏謝賞賜肉品摺》和《湖廣提督俞益謨奏陳所屬苗民情況及撫剿之法摺》。前一摺爲俞益謨於康熙四十七年（1708）二月十五日所上。主要内容是康熙賜俞益謨遮鱸魚條和乾鹿肉條、細鱗魚，益謨感到無比的榮耀，上疏謝恩的。後一摺爲俞益謨於康熙四十七年（1708）閏三月十五日所上。針對紅苗自明朝以來"負固不服，今仍劫掠我民人牲畜"，甚至哄拿官兵、多次出現命案的情況和此類事情發生後官府又軟弱推委的現象，俞益謨詳細陳述自己撫剿並用的策略和具體做法。爲了說明這是自己多年總結出的經驗，文後附了自己的《康熙四十二年十二月内撫剿紅苗書示稿》（以下簡稱《書示稿》）。此摺分析透徹，邏輯性極强，很好地體現了俞益謨政論文的一貫文風。

《湖廣提督俞益謨奏陳所屬苗民情況及撫剿之法摺》後附《書示稿》，内含三篇文章：《致總統總督公書》《戒苗條約》和《撤兵曉諭苗人示》。《致總統總督公書》是俞益謨針對康熙四十二年十二月撫剿苗民期間總統席爾達、總督喻成龍等人看重苗民的歸誠和繳械而致書勸阻的。俞認爲：當前苗民在大軍壓境的情況下被迫前來歸誠，但他們卻不交出此前擄掠的邊民，這是苗民耍花招的表現，"狡苗就撫，猶是從前欺餂故智"。這樣無法向被掠的內地人民交代。所以方今之計，首先要"勒獻陷民"，讓歸誠的苗民先交出被俘的邊民，這樣他們假意歸誠的心思被看透後，就會真心歸誠。本文言簡意賅，觀點鮮明，分析入理，思路清晰，也是一篇有代表性的政論文。

另外，《〔光緒〕湖南通志·武備七·苗防四》收錄了《俞益謨致督撫書》和《戒苗條約八款》。《俞益謨致督撫書》，節選自《致總統總督公書》。《戒苗條約八款》節選自《戒苗條約》，但文字有異：如將"拿人"改爲"虜人"，將"拿"改爲"挐"，將"你""你們"改爲"爾""爾等"等。有脫文一處：第五條"爾等順苗，軍器既繳，不許再製"後脫"大兵退後"四字。

上述單篇作品中，《戒苗條約》見諸《青銅自考》卷五，也見諸《辦苗紀略》卷八；《撤兵曉諭苗人示》見《辦苗紀略》卷七；《致總統總督公書》不見諸《青銅自考》，收入《辦苗紀略》卷八，題爲《致總統督撫諸公箋》。

由於俞益謨是寧夏人，故寧夏的一些方志中也收錄了他的一些作品。如：《〔乾隆〕中衛縣志·藝文》和《〔道光〕續修中衛縣志·藝文》都收錄其文《兩義君傳》和詩《過大清閘》；《廣武志》收錄其詩《咏百八塔有小引》《廣武八景詩》(八首)、《過大清閘》十首，文《兩義君傳》《適可園記》《重修廣武關夫子廟碑記並銘》《重修牛首山正頂説法臺并製藏經碑記》四篇；①《〔乾隆〕寧夏府志·藝文》收錄了俞益謨文《兩義君傳》和詩《過大清閘》；《〔民國〕朔方道志·藝文志》收錄了俞益謨文《兩義君傳》和《廣武八景詩·西天古刹》，另收錄了編修俞長策撰寫的《墓志銘》。

此外，俞益謨的《道統歸宗》在《廣武志·鄉賢志》《〔乾隆〕中衛縣志·獻征》和《〔道光〕續修中衛縣志·獻徵》等寧夏方志中有著錄。根據《青銅君傳》載："政閒事簡，公(案：指俞益謨)讀書自娛。及觀《西銘》《原道》諸篇，恍然有得，由是究心程朱之學，博延師儒，辨天人之合一，體知行之同歸，凡所張施，悉準於道，出詞吐氣，雅雅彬彬，儼一醇儒氣象矣。"由此可以確定，《道統歸宗》約作於康熙二十二年(1683)俞益謨任四川達州遊擊時，其主要內容當是對程朱理學的闡發和理解。另據《青銅自考》卷一一《〈投贈瓊集〉敘》《〈投壺廣義〉序》《〈上諭直解訓戒簡本〉序》《〈路程〉〈便覽〉序》記載，俞益謨還有《投贈瓊集》《投壺廣義》《上諭直解訓戒簡本》《路程》《便覽》等著述，其中《投贈瓊集》收錄俞益謨入仕以來三十多

---

① 案：《重修牛首山正頂説法臺并製藏經碑記》中"正頂"《廣武志》作"正項"，此據《青銅自考》卷一〇改。

年中收集的他人所贈"古近體""名咏佳什"(《〈投贈瓊集〉敘》)若干首,故當爲益謨所編詩集;《投壺廣義》是對投壺的禮制"推經義而廣之"(《〈投壺廣義〉序》),闡明射禮的意義,希望引起重視的;《上諭直解訓戎簡本》是俞益謨在湖廣提督任上,針對康熙九年實施教化的"御製十六條"和陳廷敬對這十六條所輯的《直解》一書,結合自己任廣西鬱林參將時給兵士的解讀內容《直解訓戎簡本》,重新修訂而付梓的一册書;《路程》《便覽》古已有之,但錯誤很多,益謨積三十餘年,凡自己所走過的地方,都親自"繩牽咫步,不爽毫釐"(《〈路程〉〈便覽〉序》),認真修訂而成書的。可惜這幾部著述今均不見傳。

綜上所論,俞益謨的著述是非常豐富的,作爲一名武將,能寫出如此多的作品,實屬不易,俞長策稱其爲"一代名將,千古文人"真可謂名副其實。

第四節　俞益謨的詩文

在俞益謨的多種著述中,詩文是主體,也最能體現他的創作成就。

一、俞益謨的詩詞

俞益謨現存詩詞 131 首,其中《青銅自考》卷一二收錄詩 124 首(含北大抄本比刻本多出的 2 首),詞 5 首;《廣武志》收錄俞益謨詩歌《咏百八塔有小引》和《過大清閘》2 首(《過大清閘》亦見於《〔乾隆〕寧夏府志》《〔乾隆〕中衛縣志》和《〔道光〕續修中衛縣志》)。大體説來,這些詩詞按思想內容可以分爲四類,即寫景類 44 首、咏物類 28 首、行軍詩 17 首和其他贈答酬唱壽悼類 42 首。

(一) 俞益謨詩詞産生的原因

俞益謨在詩詞的創作上取得了一定的成就,有一百餘首詩詞傳世,首先得益於他對詩文的愛好。他曾言:"余童時即喜聲韻,《三百》《楚辭》,時時雜置案頭","每讀魏晉漢唐以下諸詩,神躍然欲往,恨不獲與古人相周旋。"(卷一一《投贈瓊集序》)後來成爲一名武將,以建立武功爲最主要的追求,但是"念切文治"(卷四《捐送寧庠書籍》),"性好讀書,政事之餘,手不釋卷",[1]"雅近文士。能詩文,軍

---

[1]　〔清〕俞益謨、〔清〕高嶷纂修,吳懷章校注《康熙朔方廣武志》,第 56 頁。

中每手草露布,詞理可觀";①堅持文武不偏廢,"春日遲遲正好趨庭問詩禮,陽光旦旦且仿步武學箕裘","欲酬聲價頻舞劍,還顧鬚眉且讀書"(卷一二《題子居宅聯》),"好賢不用時彈鋏,經世端須夜讀書"(卷一二《春聯》),俞益謨還自言其創作是"試罷吳鉤學詠詩"(卷一二《偕友菊飲感懷》),也常常在公事之餘邀友人一起唱和。這的確是難能可貴的。

其次,俞益謨在詩詞創作上有自己的見解和理論。詩人有意將《青銅自考》卷一二加入一別名"強唫詩集",這大概是詩人自謙之詞,但也説明詩人對自己這些詩作的態度。他認爲作詩要下功夫,"效孔氏之趨庭,自有禮詩督課"(卷八《致黔中曹年兄》)。這和他的人格取向也相同,他曾借其仰慕之人羊祜之事來教訓兵丁學詩禮,説:"羊祜之輕裘緩帶,儒將風流,人所欽慕。彼爲將帥者,尚欲其翩翩儒雅,況兵丁子弟而使之不能説禮敦詩,以陶鎔其獷悍之氣,恐無是情理也。"(卷四《營兵子弟考試》)他始終懷著"立德、立言、立功"的理想(《〈青銅自考〉敘》),認爲"古今惟有三不朽,德言與功相並耦;全則爲聖偏亦賢,其餘碌碌安能久"(卷一一《祭勇略趙將軍文》)。相比較而言,他更喜歡"字字沉鬱"的詩,願意模仿"聊作效顰",深沉之情感溢於言表(卷八《答黎今用茂才》);也推崇"磅礴灝瀚""雄放渾堅"的詩賦,英雄氣概噴薄而出(卷九《劄會同周廣文》)。正是因爲有濃郁的興趣,又有一定的理性認識,作爲武將的俞益謨才能完成30餘萬字的《青銅自考》及其他著述,也才能留下這些詩詞。

第三,詩人十分注重主動融入到文人墨客中。他和當時名流韓菼、查昇和吳㻛有詩文來往,這三人曾爲俞益謨的父親受到皇帝的封賞崇祀鄉賢而作同題詩《爲鄉賢俞君輔頌》。②他跟當時的一些編修、修撰、狀元和秀才等也保持著書信來往,有的還同時寄送詩文,如卷八《致家寧世編修》《致戴編修》《致胡修撰》《致叢編修》《謝胡狀元》《答黎今用茂才》、卷七《致戴狀元翰苑》和卷九《慰鄭茂才不第》二首等。他還時常不忘聯繫年輕時在故鄉結社的文友(卷八《寄廣武衆社友》、卷九《致同社友生》),鼓勵他們在文社要努力讀書,甚至還致信給八大山人(卷九《致八大山人》)。康熙四十四年(1705),康熙帝賜他御編《古文淵鑑》一部(卷三《謝賜〈古文淵鑑〉》),這也可以作爲康熙帝對其文學才能的肯定的一種證明。

(二) 俞益謨詩詞的主要内容

1. 傾注在古迹與美景中的感懷——寫景詩

俞益謨戎馬一生,經歷豐富。在故里寧夏廣武度過其青少年時期,十九歲中

---

① [清]張金城修、[清]楊浣雨纂、陳明猷點校《乾隆寧夏府志》,第456頁。
② [清]俞益謨、[清]高嶷纂修,吳懷章校注《康熙朔方廣武志》,第98—99頁。

解元,二十歲中武進士,二十二歲便開始了其從軍生涯,直至其五十七歲時休致回鄉,其官職歷多方,經歷非常豐富。多年的經歷爲其提供了充分的寫景詩素材,加之作者酷喜調弄筆墨,每到一處勝景、見一方古迹,便要寫下詩歌。因此,這一類詩歌在俞益謨的詩詞創作中數量最多,其中也不乏佳作。

寫景詩大概可分爲兩類:第一類爲借景咏懷詩,往往描寫某處勝景或古迹而表達自己的理想抱負和理性思考,偶爾也表現出一點對隱逸悠閒鄉村生活的嚮往。如他春日偶遊白雲寺,信步登翠嶺,看著"春樹含煙留野鳥,桃花逐水引扁舟"這樣的"東山佳景",耳邊聽見幽眇的古寺鐘聲,於是發出了"茶罷偶吟詩一首,人生得此更何求"(卷一二《春日遊白雲寺》)的感歎。《冒雨投靖邊寺》中對"沽酒有錢無可覓,隔溪猶望野人耕"這樣無人侵擾的"世外情"透露出欣喜。當然,據筆者看來,作者的這種看似對隱逸悠閒鄉村生活的嚮往並不强烈,甚至讓人覺得並不真實。他更多地只是偶然一想,仿佛一種思維慣例,更多地只是停留在一種"羨君多逸志"(卷一二《春日冒雪過陳秀才書舍》)之上。他是汲汲於世的,懷著一種建功立業的理想,戎馬一生。"十載從戎戀戰鞍,枕戈卧月敢言難。有懷諸葛攻心計,不學王陽畏石盤"。他感到"報國常時愁劍老,思親遠在怯春寒。天涯虛捧毛生檄,幾度躊躇未掛冠"(卷一二《登北巖寺感懷》)。儘管有時對這種"十年客宦"的生活不滿,但"牢騷誰有不平事,都向黃花甕裏收"(卷一二《九日偕鄧廣文馬都閫王陳二校尉登翠屏山》);滿懷著對皇帝隆恩的報答之心,儘管自己"六載煙荒苦未閒",但他仍然感到"勤勞尚愧奠河山"(卷一二《遷吳東再度鬼門關》),仍然發自內心地感歎"聖世百靈咸效順,微臣藉得慶安瀾"(卷一二《湖中即事》),時刻都懷著"無可報君恩終日乾乾亦唯是進思盡忠退思補過,有懷愜士望矢天旦旦只期於出堪問世入堪問心"(卷一二《雲中鎮署大堂聯》)的心態。其實,俞益謨對古迹的不斷吟咏便很能説明問題,如《清浪灘吊伏波祠》《祭風臺謁武侯祠》《謁羊公祠》等詩中,馬援、諸葛亮、羊祜就是他的崇拜偶像,對他們的熱烈贊美正是詩人建功立業雄心壯志的熱切表現。

這一類借景咏懷詩還有如《野寺》《九日泊衡陽江上》《咏懷古迹綠珠渡》《下甕子灘》《過桃源洞未及尋》《湖中即事》《咏赤壁》《題仙棗亭》《題呂仙睡像》《晴川閣》《浮玉巖》《遊花石板塘有感》等。其中《登岳陽樓》較有代表性:

> 年來十五兩經過,蹕足登樓感慨多。兵氣銷殘餘戰壘,詩思岑寂聽漁歌。榮枯有定洲前草,翻覆無憑水面波。只此君山常不改,玻璃盤內漾青螺。

這首詩當寫於詩人任湖廣提督期間,寫十五年內兩次登上岳陽樓,感慨頗多。站在岳陽樓上,看到戰爭過後戰壘的兵氣銷殘,耳邊聽著漁人的互答歌聲,詩人不禁產生了哲思:湖渚中草的榮枯自有其規律,水波的翻覆卻無法由著自己,抬頭而望,只有這與岳陽樓遙遙對望的君山(在湖南洞庭湖口,又名湘山)的倒影,千百年來,就像一粒青螺一樣蕩漾在洞庭湖中,永不改變。耳聞目睹,詩人感到人事的榮枯和翻覆,也讓讀者感受到一種深刻的歷史滄桑感。詩歌多次用對比的手法——兩次登樓的對比、戰爭和戰後景象對比、洲前草和水面波的對比等——強化了本詩所包蘊的情感,使詩意更加深遠。

第二類是較爲純粹的寫景詩,這類詩作主要是描寫景色。詩人往往用細膩的筆觸進行描繪,展示美麗的景色。如《登黃鶴臺》:

> 黃鵠磯頭黃鶴樓,無邊景色望中收。爲傳仙客蹤曾駐,翻教詞人詠不休。珠斗低臨漁岸火,練雲遙抹漢江秋。亙今亙古長如是,一點輕舫一點鷗。

詩歌開門見山地寫詩人登上黃鶴樓,無邊美景盡收眼底。頷聯用典寫傳說黃鶴樓上曾有仙人來過,引起了無數詩人不斷的歌詠。頸聯用優美的筆觸,描寫北斗星和江上漁火交相輝映,天上的雲朵像畫筆輕抹在漢江的秋色裏,從而引出尾聯所表現的詩人的感歎:這黃鶴樓下的景色大概從古至今都是這樣吧:扁舟一點,鳥影輕掠。全詩立意清新,意境空明,語言簡潔,描繪傳神,不禁令人想起孤帆遠影、落霞孤鶩的優美畫卷來。詩人用字斟酌,特別是"抹"字頗妙,把練雲在秋江之上的情態表現得十分自然而鮮明。

在寫景時,詩人往往用誇張的手法和奇特的想像來表現自己所見到的特別景象和名勝古迹。如用"萬丈珠簾披霧落,千層雪浪湧星來"來描繪瀑布(卷一二《白兔亭觀瀑》);用"朝霞隱現三千界,宿雨晴明百二山"來描寫《佛圖夜雨》之景,寫勾漏洞如仙境般的幽靜景色,仿佛"不復是人間"(卷一二《遊勾漏洞》)。其他如《蘆洲歸雁》《鳳巖觀瀑布偶題》《柳眼》《過大清閘》等皆屬此類。其中最突出的代表應該爲組詩《渝城八景之四次李淩蒼韻》的四首詩和組詩《廣武十二景》十二首,其中《廣武十二景》描寫了"紫金曉霧""蘆溝晚霞""地湧浮圖""青銅鎖秀""花石松紋""西天古刹""濃柳鶯歌""映流槐陰""二螺聯燈""長城環原""閣繪萬佛"和"中洲朱柳"等廣武美景,表現出了詩人對自己家鄉的熱愛。

2. 寄意於物——咏物詩

俞益謨寫有一部分咏物詩,其所咏之物多爲日常所見,如碧桃、春雪、蠟燭、燕子、芭蕉、水仙、菊花、荷花和明月等,也偶有咏特別之物的如"韝鷹"(卷一二《咏和秦滋稼》)。詩人在這些詩作中表現出了好爲議論的性格,借物明志、借物咏懷。

如咏碧桃,突出其"羞從芳杏同争豔,卻與幽蘭可共陪"(卷一二《咏碧桃》)的品格。寫新春飛來的燕子,贊美其"棲止羞隨凡鳥同"(卷一二《迎新燕》)。對芭蕉頗爲喜愛,曾"遍樹芭蕉伴索居",不僅一次地贊歎其美"堪入王維四景畫"(卷一二《送芭蕉次韻》),更看重其"玉骨絶塵舒屈抱,清標高潔自芬菲","羞隨桃李呈嬌豔"(卷一二《答秦滋稼咏芭蕉兼索詩》),寄寓著人格寫照和人生追求。咏扇子,表現的是"揮動成薰風,掃除天下熱"(卷一二《夢中咏牙柄扇應製》)的遠大志向。見一並頭蓮,便想到知音,歎其"榮枯相依"(卷一二《咏並頭蓮拈得一先》)。看到春雪紛飛,湧上心頭的卻是"天憐此地民生苦,遍散飛綿濟世貧"(卷一二《咏春雪》)的對民生的關懷,使人不禁聯想起杜甫的《茅屋爲秋風所破歌》。對一平常日用之蠟燭,詩人對其照亮黑夜帶來光明表示感激,説"人事無伊應半廢,天工賴汝補全多",但同時又理性地思考,"只教陪伴西窗客,莫築銀缸陷蝶蛾"(卷一二《咏蠟燭限韻》),充滿了辯證的思考。此外《菊影》《燈下菊影》《水中菊影戲爲回文》《初春新月》《春日新月和秦韻》《咏荷花》《咏水仙子五言排律》等詩歌皆屬此類。

其中兩篇寫杏、柳,造語精工。《賦杏煙》:

> 依稀桃柳葉蓁蓁,豔杏綻成笑口新。傍道花紅時逐馬,幽村酒緑欲留賓。瑞凝碧樹開曉色,光映遠山入暮塵。膏雨欣逢二月候,滿園重贈十分春。

《賦柳煙》:

> 麗日真堪載酒過,長堤新柳正婆娑。露凝弱線青含雨,風偃柔條緑泛波。娜娚輕揚開翠袖,空濛淡蕩鎖鶯歌。灞橋萬樹今如舊,客寄他鄉人若何。

用"煙"字語杏、柳,詩句注重語言的雕飾,用字的鍛煉,對仗精準,文辭華麗,將杏柳之態描摹殆盡。比如《賦杏煙》中"傍道花紅時逐馬,幽村酒緑欲留賓"一聯,紅緑之色相間,顏色鮮明,增加了美感。

3. 表現在行軍和戰鬥中的壯志——行軍詩

益謨是清康熙時期的一員武將,早年跟隨勇略將軍趙良棟、奮威將軍王進寶平過吳三桂謀反,後曾跟隨康熙皇帝征過噶爾丹,又親自指揮部隊多次鎮壓過紅苗起義,從康熙十四年(1675)開始,直到康熙四十九年(1710)休致回鄉,35年的戎馬生涯,使俞益謨有着豐富的軍旅生活。"龍精發彩文昌座,豹略闡幽武庫書"(卷一二《雲中鎮署大堂聯》),因而,他的行軍詩數量較多,而且藝術上也較爲可觀。

詩人的行軍詩有一少部分寫於任山西大同總兵時期。《春日巡塘遇雪答董刺史秦滋稼次韻》表現的是在一個春寒料峭的初春之日去巡視塘汛,雖然天氣寒冷,但詩人仍然有春風得意之感——"春風滿袖總攜歸"。康熙三十五年(1696)康熙帝再次親征噶爾丹,俞益謨參加了運輸糧草等工作並立功,在西征凱旋途中作《丙子隨駕凱旋入獨石口馬上賦此聊以志事》,詩中洋溢著對皇帝和聖恩的感戴以及建立功業的雄壯抱負:"扈蹕豈辭經瀚海,酬恩端欲定天山。聖明威德超千古,但看長歌入漢關。"

大部分表現行軍生活的詩作寫於其擔任湖廣提督時期。詩人曾於康熙四十二年(1703)至四十三年(1704)年隨同欽差席爾達等撫剿紅苗,其間寫了多首行軍詩。這些詩有的寫行軍路上的艱險和生活的清苦,如表現將士們夜渡辰龍關(位於今常德與懷化的交界地沅陵縣境内),"捫將石磴迷高下,緣乏藤蘿費躋攀。歷落馬蹄行樹杪,依稀星斗掛巖間",但是仍然立志要平定蠻亂,使天下共遵王道,"車書一統遵王道,何用崛嶔障百蠻"(卷一二《夜渡辰龍關》)。有的寫雄壯的軍容。詩人駐軍五寨司(今湖南省鳳凰縣),登高看見"萬帳"軍容,於是立志道:"但須指顧清蠻窟,豈待成擒獻凱歌。"(卷一二《駐軍五寨司登高視壘》)有的表示對皇恩的感念。如《軍中長至賀聖》《軍中積雪》表現的是詩人和將士們對皇帝的關懷、恩澤的感激,"士感君恩重挾纊,知煩塵念惜征衣"(卷一二《軍中積雪》)。在攻圍紅苗的最後據點天星寨時,寫下《攻圍天星寨諭苗歸誠》。等撫剿取得成功後,詩人熱烈地歌頌凱旋的歡樂,"露布飛馳達未央,軍容喜起馬騰驤。壺漿夾道歡聲湧,旌旐迎風淑氣揚"(卷一二《還軍五寨逢元旦》),"載道壺漿歌且泣,今朝衵席看還師"(卷一二《苗平奏凱》),對"天威自足傾南服"(卷一二《和趙副帥頌苗納款》)、"萬年有道干戈息,豈特蠻煙靖楚疆"(卷一二《還軍五寨逢元旦》)的情況表示欣喜。

行軍詩中,《五寨司軍行曉發》較有代表性:

　　戈甲森森湧似潮,肅然萬衆馬嘶驕。收將灶火曉初出,踏破岑雲障已消。自古相傳多戰壘,於今一蹴殄氛妖。不須銅柱標餘烈,從此謳歌沐聖朝。

旭日初昇,軍隊休息了一晚上之後繼續行軍,詩人看見如潮水般的隊伍,萬馬齊嘶,軍容又是那樣整齊肅穆,頓時一種雄心壯志湧上,感到雲散霧開,立志要"於今一蹴殄氛妖",平定蠻苗。詩人渴望立下千秋的功業,但卻不需要像傳説中的伏波將軍馬援那樣立下"銅柱"以彪炳史册,而是要讓普天之下的人民都感沐朝廷的恩德。一首詩中,所表現的內容豐富,幾乎涉及了俞益謨行軍詩所寫內容的各個方面。

4. 夾雜在交際和交流中的心緒——贈答酬唱壽悼詩

這類詩作內容比較駁雜,其中包括贈答酬唱、送別、宴飲、祝壽、悼亡等各種內容,因此類詩作都和人際交往有關,而且藝術上也較其他類遜色,因此筆者將其歸爲一類而論。

其中祝壽類有《祝唐節母朱大人六十》《壽蘭亭葉年兄》《壽蘭亭葉年兄兼送之任全州》《祝劉太翁八袠榮壽五言古》等。悼亡類如《哭昌言兄》《雙烈挽章》《挽烈婦遲門馬孺人》等。這些詩多是應命之作,詩中充滿了歌頌和粉飾之詞,藝術上也平平。

詩人還常常組織或參加宴飲活動,並以詩志之。如《偕友菊飲感懷》《春雨連綿偕高觀一衛束卿諸子酌酒擬用玉樓句拈得第四》《飲大總制石公府》《春日百可園射飲即事二首》和《冬日遊河泷山霜林讌射即席賦紀》等。這些宴飲詩大多是描寫宴飲食物的豐盛,場面的歡樂,表達對主人的感謝之情。如《飲大中丞劉公府》描寫"華筵"的情狀:"華筵開豸府,芳節近花朝。雨霽香塵軟,風輕細柳嬌。重茵填翡翠,四座擁豐貂。射耦從容列,觴籌次第銷。兵廚珍色色,馬幨韻瀟瀟。共訝青雲遏,慢須黃鶴招。主情隆似岱,客興湧於潮。既醉何妨甚,盡教銀蠟燒。"

贈答酬唱壽悼詩中值得一提的是其中的一些贈答酬唱、送別的詩作,大都表現詩人的志向和感懷,在藝術上也有一定的可觀之處。如:

> 昔年鏖戰爭先登,寶槊縱橫鐵馬騰。孔明揮扇南氛息,鄧艾縋兵西晉興。愧我數奇空附驥,至今猶臥通川嶒。仰望屋樑見落月,低頭每教離索增。秋來忽得雲中書,古調蒼涼何聲弘。有才淪落雖堪歎,丈夫所貴在時乘。君不見請纓弱冠自古稱,又不見投筆從戎有仲升。胡爲乎遑遑欲入蓮花幕,飛鳳反爲鞲上鷹。(《答黎秀才七言古》)

本詩作於俞益謨任四川達州營遊擊期間,當時,俞益謨三十歲左右,正當而立之年,詩中感歎自己壯志未酬,告誡黎秀才"有才淪落雖堪歎,丈夫所貴在時乘",迅速抓住機會,一定能建立功業。再如《答枯禪居士》中自己對世事的看法:"功業浮沉悲寶劍,世情冷落歎浮雲。班超有筆休輕擲,廊廟於今盡重文。"

詩人有一些描寫友誼、懷念朋友的詩作,如:"開械猿鶴共徘徊,十載心情對濁杯。夢裏空迷尋友路,花前猶憶是君來。"(卷一二《答劉鄂韡》)看到菊花,就想起他正在四川的朋友董刺史(卷一二《對菊憶董刺史》)等等。《秋夜飲別董刺史》和《敘舊寄劉雲如》(二首)等也表達了類似的情感。

俞益謨還有五首詞。其中《踏莎行‧踏青詞》《踏莎行‧冬日對翠屏山》分別寫遊覽鳳凰山和翠屏山所見所感;《如夢令‧酬秦滋稼元宵帽燈詞》寫元宵節看燈之景象,言辭帶有一點戲謔之意;《如夢令‧新柳詞》二首,把新發之柳比成佳人,寫其春來梳妝打扮,妖嬈多姿。從數量可以看出作者在詞的領域明顯是淺嘗輒止,而且這些詞作在藝術方面亦無足觀。

（三）俞益謨詩詞的特色

在俞益謨所處的康熙詩壇,活躍著諸如"南朱北王"之稱的朱彝尊、王士禛和有"南施北宋"之稱的施閏章、宋琬等人,還有趙執信、查慎行、彭孫遹、宋犖、顧景星等眾多的詩人。當時的詩壇主將王士禛高舉"神韻説"的大旗,繼錢謙益而成爲詩壇正宗,開創了神韻詩派,其成員著名的有吳雯、洪昇、宗元鼎等。朱彝尊開創了浙西詞派,在詞方面取得了傑出的成就,在詩方面也卓然成家。當時康熙詩壇的整體風格,必然對俞益謨的詩詞創作產生影響,反之,俞益謨也是整個康熙詩壇的一分子,也豐富了清初詩壇的整體創作。

縱觀益謨的詩歌,表現出以下特色:一是詩歌關注民生,關注現實,即使在寫景、咏物等各類詩歌中也表現的是對現實生活的看法、表現情懷和抒寫壯志,在這一點上類似宋琬。二是視角較爲特别。俞益謨作爲一員武將,總是以他這一身份觀物體情,在詩歌的選材上也受到這一視角的影響,這使得他與當時其他文官士大夫的詩有區别。例如,他將爲朝廷拼命作戰而無法獲得心靈和肉體上自由的將士比喻成韝鷹,在詩詞中很多時候都是使用戈甲、馬嘶、凱歌等軍人所熟悉的意象來表現自己的情志。俞益謨對行軍生活的描寫爲這一時期的詩壇的詩歌題材添了一筆清晰的與衆不同的色彩,擴大了康熙詩壇詩歌所表現的世界。同時,他的詩歌主要寫於他參加撫剿紅苗時期,這些作品和他的《辦苗紀略》《青銅自考》裏的一些文章爲這一歷史事件提供了支撐,爲我們更全面地瞭解清朝政府與紅苗的關係史提供了親歷者生動的見證。三是總體來説詩歌用語簡單通俗,曉暢易懂。

要之,儘管他詩歌中佳作確爲少數,成就的確無法跟當時詩壇和整個中國文學史上的主流詩人相比;但毫無疑問,這樣一位武將的業餘詩歌不僅是康熙詩壇繁榮的一個旁證的實例,也爲這康熙詩壇的繁榮做出了寧夏籍文人墨客的貢獻,在康熙年間乃至於整個有清一代寧夏古代文學史上佔有十分重要的地位。

二、俞益謨的文

在俞益謨的所有著述中,《青銅自考》(以下篇目統計以北大藏抄本爲準,引文以中科院本、北大藏抄本和臺藏抄本相校取其善者)收録了其一生所作大部分作品,計1160篇(首、副),其中有文548篇;《辦苗紀略》共收録署名或未署名爲俞益謨的文(除去和《青銅自考》重複者,51 篇;《行述》記述孫思克一生的事迹,爲一長篇散文;《廣武志》屬方志性質,其中署名俞益謨的散文已全部收入《青銅自考》中;《道統歸宗》今不見傳;另有散見的奏摺 2 篇。綜上,俞益謨文至今傳世 602 篇。在《青銅自考》中,作者已經將他們分爲"題奏條議""咨呈移會""檄行文告""啓集""尺牘""傳記引集""序祝祭文集"等類別,收在相應的卷内。因此,我們將這些文按俞益謨自己的歸類分爲如下幾類。

(一) 題奏條議類

所謂題奏,一般指上奏皇帝的奏章、文書;所謂條議,一般指分條陳述意見的奏疏或文書。可見,題奏條議皆爲上奏皇帝所行的奏疏或文書。俞益謨爲總兵、提督等官,其題奏條議多爲軍陣事宜,内容大抵涉及以下幾個方面:一是軍事戰略戰術。在整治軍紀、平定苗叛、行軍打仗的過程中,俞益謨就某些重要的戰略、戰術問題,提出自己的意見,及時上奏皇帝。如《青銅自考》卷一《請移汛防》《省馬增步》、卷二《請巡箄邊形勢》、卷三《湖北巡視》,《辦苗紀略》卷三《恭報率師回常疏》等篇。二是選人用人。選人用人事關重大,加之康熙帝允諾俞益謨有保題保舉特權,因此此類奏疏頗多。如卷一《請速揀選要缺》、卷二《請開保題之例》《題補荆參九守》、卷三《題補靖伍都司》等。對於庸懦無用的官員,俞益謨也及時參奏。如卷一《軍政特參溺職》、卷二《特參衰病戀職》、卷三《特參廢弛將備》等篇。三是軍政自陳。按定例,武職官員五年一次考選軍政,應向朝廷定期述職。如卷一《遵例自陳》、卷三《軍政自陳》等篇。四是謝恩慶賀。如卷一《到任謝恩》《謝賜醫藥御書》《慶賀平定沙漠》、卷三《謝恩並報捐修銀兩》等篇。五是報告其他個人事項。如卷一《請假遷葬》、卷三《患瘡奏明疏》《病癒奏聞疏》等。

題奏條議作爲當時公文的類别,程式較爲固定。一般爲首句點明所奏之事主題,然後詳敘所奏請之事的緣由、依據、意見,最後落款時間。且幾乎每一篇都有康熙皇帝的批語,或者引用康熙在其他奏摺中的批語。這些批語有的非常明確地表明了康熙的態度,反映出皇帝對俞益謨意見的重視。如卷二《密題起程撫剿》的批語事關康熙對紅苗的政策和態度,《請定親丁食糧額數》中多次引用皇帝批語,反映出了康熙的一些傾向。

(二) 咨呈移會類

所謂咨呈,是舊時公文的一種,用於下級對上級或平行機關之間;所謂移會,也是舊制官府文書的一種。俞益謨咨呈移會類文主要是與當時行政、軍事部門之間商議軍政事宜、提出意見建議的。如卷四《會除營堡積弊咨山西撫院噶》,即爲俞益謨與山西撫院噶禮商議"請除積弊以副功令、以實營伍事";卷四《改正兵名年貌呈兵部》,則爲俞益謨爲湖廣提督時,見"楚營兵册,多有不系本姓本名,年貌籍貫均不相符者",因此請兵部"通檄各營,概將頂食名糧之兵,盡行更正本名本姓、眞實年貌籍貫,另造清册,至日具文匯送本部",并將此事呈明兵部。再如,卷四《賞功鼓勵苗兵咨鎮箪總鎮雷》,則是因盛華哨苗把洪老肉密報苗情有功,因此"特遣委署沅協中軍都司牛射斗齎持本提督捐賞花紅銀牌、銀兩,以示鼓勸",并將此事咨會鎮箪總兵官的。

(三) 檄行文告類

所謂檄行文告,與今日之通告、告示、規定相似,主要内容大多爲通告兵士事項、申明某項紀律。如卷五《申講上諭》,康熙帝特頒上諭"十六條"通行各省,"令所在官司傳集兵民講解,使得移風易俗,治化歸醇"。俞益謨因感"十六條""義理深廣,講者不能解明意旨",聽者也不能一時領悟,因此將自己所著闡發上諭的《訓戒簡本》一書,"照發各營將領並專城守備,勤加講解"。又如同卷《指弊嚴禁》,爲嚴禁克扣,切指錮弊,以除積習,以昭功令,俞益謨針對"借造齎奏銷領結季報各項文册,指稱各衙門掾吏員役需索陋費,任意扣克以爲舊規"等六種情形,製定嚴規,令"閫屬將弁等官一體知悉",以期"盡行禁絶"。再如卷五之《曉禁鑽營》《戒苗條約》《禁學官閒人》《嚴禁賭博》《行查告示》等,皆是此類。

(四) 尺牘雜啓類

作者在《青銅自考》中就已將啓作了詳細的分類:一是迎賀,多爲歡迎、祝賀新任官員的溢美之辭,如卷六之《上兩江范制軍二首》《致湖廣喻制軍》《致寧夏葉鎮台》等。二是復賀,則爲自己新任某地,對他人迎賀的答復之辭,如卷六之《致粵東李提軍》《致曲靖陸鎮臺》《致彝陵王鎮臺》等。三是祝壽,爲慶祝他人壽辰的慶賀之辭,如卷六之《祝粵西李提軍》《祝勇略趙將軍》《祝川提岳母太夫人》等。四是節日期間的相互問候慶賀之辭,《青銅自考》卷七按元旦、端陽、中秋、冬至等節日分別編輯。五是雜啓,《青銅自考》卷七收録雜啓 26 篇,内容較雜,如《辭劉雲如》寫與劉雲如"遠別之中更增一番遠別,知交萬里,系我離衷"的辭別之情。又如《鶯書》是作者本人爲兒子"結婚姻之好",向親家寫的一封書信。所謂尺牘,即今日書信、信劄之謂也。作者在《青銅自考》卷九中將其分爲"公務尺牘""謝候贈答""規箴慰候"等。

俞益謨的尺牘雜啓等書信大部分都是寫給"撫軍""提軍""鎮臺"等官員的,模式化傾向嚴重,内容多爲恭維敷衍之詞,反倒是一些標題爲不加官銜而直書收信人姓名的雜啓、尺牘寫得感情真摯、用語自然、文風流暢,頗爲可觀。這類作品大約有 50 篇,內容多爲追憶往昔、感歎今日、陳說友誼、敘寫交情的。如《寄陸潛如》"回憶當年聚首之時,載酒擁姬,酣歌狂飲,一值機鋒,捧腹傾倒,不平間值衝髮嗔呼,嘻笑怒罵",對往昔的快樂懷念不已。俞益謨也在這些書信中和摯友討論某些問題,會心處十分歡喜,如《致李梅鄰》中敘自己"染恙貪眠廿餘日","忽於前月廿六,得接密函,始知山鬼伎窮,皆由白日朗照。今再啓手教讀之,欣喜欲狂,不覺纏綿之二豎子亦畏盛威遠遁矣"。有時作者在書信中解釋誤會,解決分歧(卷八《致趙範宇》)。有時用書信表達極度的思念(卷八《致張亮公》)。這些人與作者交情較深,因此作者敢於在書信之中陳說其真切的感情。

(五) 傳記引類

1. 人物傳記

人物傳記主要是寫忠孝節義之人,敘義理可彰之事,在其文中具有重要的地位,代表了其散文的風格和成就。代表作品有《忠武周都督傳》《兩義君傳》和《行述》等。《忠武周都督傳》乃作者"訪求故實,折衷刪定"而成,記錄明末周遇吉事。周遇吉,遼東錦州衛人,明末著名將領,在抗清和鎮壓農民起義中有重要影響,《明史》有傳。作爲康熙武臣,俞益謨只摘取周遇吉鎮壓農民起義這一方面的事迹,冠名"忠武"。《兩義君傳》記述作者兩位鄉人之義事,突出表現了張文淵"急友之難,忘其身危"和朱雲章"銜友之恩,畢生圖報"的感人事迹。二文篇幅不長,敘事簡略,栩栩如生地塑造出一位忠武英勇的周都督和兩位鄉間義士的形象。《行述》7000 多字,是俞益謨單篇作品中篇幅最長的一篇,也是敘述最翔實、最有文采的一篇,較之《清史稿》卷二〇二所載孫思克的情況更爲豐富具體。

2. 碑紀文

俞益謨一生戎馬,追求事功,實心任事,政績突出,曾被康熙帝親自誇揚數次,多次受到康熙帝接見賞賜,并曾特書"焜耀虎符"四字匾額褒獎。作者對皇上的"異數殊恩"感到十分榮耀,也異常感激,於是建牌坊以懸之,如《建懸雲鎮堂前御書牌坊恭紀》《摹拓御書石刻後恭紀》《重建懸常德提署御書坊額恭紀》等均載其事。俞益謨歷仕多年,每到一個新任職所,他定重整武備,修葺設施,使軍政面貌煥然一新。他的碑記文也多爲此而寫,如《鼎建雲中鎮署資事堂碑記》《重修雲中小教場碑記》等。當聽說雲中四牌坊關係民生,如今卻塞隘,作者就"通而重爲新之"(卷一〇《重修四牌坊暨通逵道碑記》)。作爲武將,俞益謨對武聖關羽非常崇敬,曾多次在任職地重修關夫子廟,並作《重修雲中武成王廟碑記》《重修廣武關夫子廟碑記》《募修柳樹澗關夫子廟跋》等。

這些碑記文大多用詞文雅，內容大體相同，主要記敍修建緣由、規模設置、修建過程、竣工時間等。但每篇卻角度不同，立意不同，不是泛泛地記載事件本身，而是通過紀事來體現作者的人生態度、價值觀念和對一些問題的思考。雖爲碑記，俞益謨卻將其寫得一波三折，饒有趣味。《重修牛首山正頂說法臺並製藏經碑記》寫作者開始時厭惡僧梵，欲以僧梵道宇庇寒士、棲窮民，如今卻喜爲捐俸，還要寫文昭示後人。這樣的一種看似矛盾的態度，引起讀者的思考。作者於是從小時經歷娓娓敘來，年輕時厭惡僧道奔走城市，與四民相競逐，敘至"庚辰秋杪"，自己回鄉遷葬父母，登牛首山，遇含樸、印臺二僧修葺大殿。二僧言："吾托迹空山，歷有年所，誠不欲以清淨芒鞋復沾人間泥水耳！"作者"嘉其志，高其行"，故捐金造殿。運用對比的手法，寫作者態度的變化，以引人深思。

3. 遊記

俞益謨遊記文較少，但都比較精緻。比較典型的是《適可園亭記》，作者用如詩的筆觸描繪了適可園亭的美，揭示出"適可園亭"名字的來歷，"無心而遇之爲'適'，事不求備之謂'可'。人情不見其'適'者，由於不見其'可'。無往不'可'，則無往不'適'"，表現出文人的情趣追求。《聖水泉記》則寫作者聽說湖南桃源有一處小有名氣的溫泉，便抽空率領友人僚屬同去親試一番。文章先寫眼中所見之泉，次敘入泉親身所體驗之感，接著，大贊此泉有十二種妙處，遂命名之曰"聖水泉"。《潊硯記》記沅州明山上所產之石硯非常之美，而且異常難得，因而越發珍貴。作者還將此硯和別的名玉石相比，說明此寶過去人多不知，是因爲沒有遇到明時盛世，以此來歌頌時代之聖明。

4. 小引

"小引"是作者向人們介紹某事或某物並闡明自己態度的短文。俞益謨寫《崇祀鄉賢乞言小引》"只緣先父以興論入鄉賢門"，他便搜集父俞君輔的事迹材料寄給"戴編修""叢編修"等名人騷客，"乞言名公"（卷八《上陳地官》）的。《文昌宮募緣小引》是因文昌宮牆壁坍圮，因此替文昌宮發起募緣倡議，希望大家捐金作功德。《粵産四種藥物小引》記載粵産三七、山羊紅、錦地羅、木腰子等四種名貴藥物，"世之蓄此四物者，仍疑方書未備而不盡其用，因梓其方以告之"。作者還因此感發出哲理："天下可寶之物，猶天下可寶之才也；天不虛生，亦不多生；天不秘其用，亦不褻其用。惟遇合有時，奇功斯展，乃有以見所用之宏、奏效之捷耳！"《勾漏葛仙米小引》向人們介紹廣西北流市勾漏洞因葛洪而命名的"葛仙米"的美味。

(六) 序祝祭文類

序文大多記述刊刻或寫作是書的緣由，闡明書名的意義、作者的態度和觀點。如《〈太上感應篇圖説〉重刊序》記作者的好友謝瑛重刊《太上感應篇圖説》的緣由,並辨明感應之説非只黄老之言,"吾儒恒言之矣"。《〈辦苗紀略〉自序》釋自己所述《紀略》一編"言"辦"而不言"撫""剿"之因。《投壺廣義》序》則重在説明"投壺"這種流傳不衰的遊戲與禮樂的聯繫。又如《〈適可吊譜〉序》,敍"舊日南北諸吊譜,率多舛錯不清,好尚偏狃",因此"取前人標識,推廣論列而位元次之,名曰'適可吊譜'",然而作者之意又非僅爲"吊譜"這種遊戲,"非謂足系已放之心,聊藉此以消侈妄之想可也","此實作者之本意也"。還有些序文往往爲了專門闡明一種觀點,立論鮮明,剖析嚴謹,語言犀利,令人信服。《打圍原委》介紹"打圍"之戲的戲法,但醉翁之意不在酒,作者以戲論軍政、講道理,文章闡説有序,層層剖析,把打圍之"原委"一一辨明。《禽荒戒》則訓誡士兵不可"嗜殺以戕生",要"教民而利物",對比分析,利害分明,説服力强。《漢壽亭侯辯》是較爲特別的一篇文章,帶有學術考辨的意味。文章辨明關羽乃"漢壽縣之亭侯"也。再如《建立雲中義學説》,闡發了作者建立雲中義學的要義,使人心服口服。

祝壽文與哀祭文往往寫的極其莊重,並多誇大之語、華麗之辭,以極其情。男子的壽祭文,主要突出其忠勇孝義和作者的敬佩之心、哀挽之情。如給山西巡撫倭倫的祝壽文就表現其愛民如子、體恤將士、善於籌畫經營的品質(卷一一《壽山西倭撫軍序》二首);《壽寧夏葉鎮臺序》則主要突出葉蘭亭功績有成、忠孝爲本的特點;當年的部下、後任臺灣總兵的王元死後,俞益謨以自己對他的瞭解突出寫了其"才之長以濟志之遠、學之博以成行之高"的特點和剛正不阿的爲人(卷一一《祭臺灣王鎮臺文》)。寫給女性的祭文,則對她們予以熱烈的褒獎和贊揚:張母梅太夫人温惠寬仁、大義素明、識力堅定,可爲"百世典型"(卷一一《祭張母梅太夫人文》);佟母李太夫人爲"閨閣宗師、香奩女丈夫"(卷一一《祭佟母李太夫人文》)等。

(七) 兵書類

這類文只在《辦苗紀略》中有一類,統稱"要略"。主要講行軍策略,是從"探哨""山谷行營""申嚴夜劫""立表""謹防""卡瞭""申明樵牧""傳令整暇""埋伏""遊兵""臨敵布置""餘兵擄獲""安置傷兵""騰營伏路""得勝戒嚴""受降謹備"十六個方面對戰役的全過程中策略進行了詳細的闡述,集中展示了俞益謨的軍事思想。如在山谷行營時,提出"捲簾陣",主張步步爲營;又如"行兵之道,貴知地利,地利不明,萬難出奇設伏。所到之處,管營務將官先將彼處山川險易形勢繪成圖本,山山水水不可混淆,更不可巧飾點綴以圖壯觀","賊不可輕追,即追,必須分兵三路,一路從中前追,兩路於左右山上架梁而行,則賊雖狡,不能爲也。大凡我兵進退,非架梁不可",等等。

(二) 俞益謨文的藝術特色

俞益謨的文雖多,但有很多内容是"泛泛應酬"(卷八《寄寧世代謝》)而已。他曾言:"第思文章一道,最難於言,苟非聲氣素孚,必不能珠聯璧合。"(卷八《寄寧世代謝》)儘管如此,其文還是取得了一定的成就,在藝術上大致有以下較爲突出的特點:

1. 以情馭文,感染力强

俞益謨文的最大特色在於感情十分真摯,而且善於以情馭文,增强感染力。在祝祭文和書信中,作者常常直抒胸臆。當摯友、親家永寧參將王邦達去世,作者直接呼告:"嗚呼慟哉!我公其竟死耶!以公之才可以勿死,以公之德可以勿死,以公之品概氣度可以勿死!"(卷一一《祭永寧參將邦達王親家文》)有時,作者通過日常瑣事的敘述來表現真摯的感情。在《致安籠劉雲如》中,連續提出了幾個問題:"兩世兄學業日進,今俱在任所否?婚姻早已完聚否?近來幾經恭喜,兒女又添幾人,可得與聞否?"真正的關心總是從生活最細微的問題開始的。又如《致葉蘭亭》,作者是一個時時不忘事功、一生期待"立德、立功、立言"(《〈青銅自考〉敘》)的人,然而面對荒涼之境,朋友之母遽然而逝,作者回想當年意氣飛揚,而如今心血枯索,無奈之情、生死之感、故土之思油然而生,對自己全身心投入官場夤緣產生了疑問,對人生命題產生了深刻的思索。全文以情馭文,氣貫如虹,一瀉而下,感染力極强,讀之令人生悲,是難得之佳作。

2. 精於選材,形象鮮明

俞益謨在創作人物傳記時,非常注重選材和詳略。在《忠武周都督傳》中,作者詳述周遇吉馳援山西,在朔州與李自成力戰,又記周都督死後將士堅持巷戰,周夫人劉氏率領侍婢殺敵焚身的悲壯場景,卻對周遇吉抗清的事迹一字不提。作者這樣寫一是出於政治立場考慮,二則就是選材的手段。通過選擇和裁剪,一個恥於投降、忠勇無敵、身先士卒、以身報國的英雄形象呼之欲出。在《行述》中,作者遴選了孫思克一生中有代表性的一系列事件,突顯了這位振武將軍的幾大功績。在詳敘大事件的間隙,作者也以概敘的手法穿插了一些小事來表現孫思克的高貴品質。爲了突出人物,作者還不厭其煩地寫康熙皇帝對孫思克的恩寵和禮遇。選材典型,詳略得當,把一個具有雄才偉略的振武將軍形象栩栩如生地表現給讀者。

3. 描繪精巧,風致盎然

俞益謨善於通過寫景狀物來表現作者的情趣和感受,描寫精緻,有小品文的風味,風致盎然,顯得十分精美。在《致安籠劉雲如》中,作者描繪了優美的"整暇堂":"衙署之東,有空地一段,長可八十弓,寬可三十步;地勢頗高,九夏多風,城外之山川村舍盡在望中。某捐錢三千,構草堂三間,蘆柵三楹,額曰'整暇堂'。堂後一池,大方半畝。池中有臺,廣盈一丈,捐錢三千,造草亭一間,外作板橋於草堂,相接池中,栽荷數莖,周圍遍以竹籬,遍插桃柳。亭西一塘,大可三畝,鰲魚五百頭,置一小艇,或垂釣,或搬罾,需則取之,不需則已。每晨習射於整暇堂前,或操兵,或教子,各有定期。退休於一草亭中,或讀史,或危坐,興盡則起,聽鶴看鹿,聊適閒情,曬書澆花,消遣長晝。"描寫錯落,語言簡潔,歷經雕琢,玲瓏剔透,追求一種簡潔自然的情趣,透露出精雅的美學風範,無疑爲生花妙筆。再如《適可園亭記》:

> 無心而遇之爲適,事不求備之謂可。人情不見其適者,由於不見其可。無往不可,則無往不適。此"適可園亭"之所以名也。
>
> 園適可,地不求廣;亭適可,構不求精。適有洳,可小沼;適有水,可修鱗。適因高就下,可爲壑爲陵。花適滋,足四時;樹適種,集鳴禽。竹百個,蕉四楹。徑以砭砌,檻以周循。可以坐嘯,可以行吟,可以衆賞,可以獨臨。適青皇之在御,任群芳之鬥綺;適白帝之徂秋,寥闊而非寂岑。適獸炭之添紅,瑤階積玉;適火雲之絢赤,湘簟凝冰。適而雨淅可聽,適而風涼可乘,適而夕陽留照,適而霽旭初升。適牙籤而涵香氣,適漪漣而漾星辰。席陰可弈,據石可琴。適簾青之映草色,適屐綠之染苔痕。適新荷之高張,碧筒可捲;適蛙吹之競作,廣樂雜陳。客恣情而靡倦,主有興而未醺。晶盤高潔,枝影縱橫。移樽洗盞,脫烏披襟。忘夜漏之既永,忽銀漢以斜傾。茶鐺欲歌,童僕欠伸。客適其適,莫能主顧;主適其適,不復留賓。即朝朝之繼至,但日日以如新。去不相邀,來不厭頻。適醉而醉,適醒而醒。既有所適,自有所存;隨遇而足,此之謂"適可主人"。①

簡短的文字就把"適可園亭"之"適可"描繪得淋漓盡致,文辭雅潔,具有晚明小品文精緻玲瓏的品格,表現出文人高雅的情趣追求。

4. 說理透徹,邏輯性强

俞益謨說理類的的文論述透闢,層次清晰,思路嚴謹,邏輯性强。作者善於運用賦體結構方式:主客辯難,申主抑客。這種結構方式的說理文有多篇。針對建立義學的問題,有人提出"此無與鎮帥,何乃爲此迂闊事?""兹學之設,將胥

---

① [清]俞益謨《青銅自考》卷一〇,北京大學圖書館藏康熙四十六年(1707)餘慶堂刻本。

披堅執鋭者,從事誦讀乎"？"訓者將以用之,公將世守雲中,俟其長而用之乎"？"訓不及兵,而及兵之子弟,迂甚,遠甚"。"今以兵之子爲士,得毋敬仲之言非歟"？作者面對此五問或質疑,一一反駁,隨著反駁者觀點的深入,作者的理由也愈加分明、深刻,終於使提問者和質疑者心服口服（卷一○《建立雲中義學説》）。《漢壽亭侯辯》選擇了一個極小的角度進行論述,先説"侯"的等次,次説"侯"的名稱,再次説"漢壽亭侯"的正確理解,最後提出了"吾徒"不能稱關公爲帝,而應稱"公"、稱"侯"或稱"夫子",層層剖析,結論令人信服。

俞益謨的一生處於康熙時代,當時盛行的"經世致用之學對文學有影響,尤其對散文影響極大",①散文整體內容偏重經世救國,崇實致用,在傳記文裏多用小説筆墨,散文大致回到了講求"載道"的唐宋古文傳統上,並對"道"及其他方面作了修正和擴展。當時號稱"古文三大家"者有侯方域、魏禧、汪琬,他們都比俞益謨要年長一些,魏禧以觀點卓越、析理透徹見長,汪琬寫人狀物筆墨生動,侯方域繼承韓、歐傳統,融入小説筆法,"以小説爲古文辭",②流暢恣肆,委曲詳盡。這些主流的文風無不對俞益謨的文起了深刻的影響。可以説,俞益謨的文是清初文壇影響下的產物,也反過來豐富了清初文壇的場域。

俞益謨的其他文如《苗源》《撫剿紅苗記》等,儘管文學價值要稍遜許多,但作爲重要史料,尤其是在康熙時期對苗民族關係、民族政策的研究方面有重要價值。再者,俞益謨文集中多收入他和清初名人喻成龍、八大山人以及其他一些文人墨客之間的來往文牘、書信,對於文學史的研究也有一定的作用。另外,作爲一介武臣,俞益謨文的成就儘管不十分顯著,但仍然十分可觀;對於寧夏地方古代文學來説,俞益謨無疑佔有重要地位。

第五節　俞氏族人及其著述

俞氏家族基本情況《青銅君傳》《廣武志》中記載頗詳,《〔乾隆〕中衛縣志》《〔乾隆〕寧夏府志》和《〔道光〕續修中衛縣志》亦多有載。綜合上述文獻及《青銅自考》《辦苗紀略》和其他資料,可以很清楚地梳理出俞氏家族的基本情況。

---

①　馬積高《清初經世致用之學對散文的影響》,《中國文學研究》1995年第2期,第73頁。
②　〔清〕汪琬《跋王於一遺集》,載《四庫全書存目叢書·集部》第227冊《鈍翁前後類稿》卷四八,齊魯書社1997年版。

俞益謨曾祖俞大河，以曾孫貴，贈榮禄大夫，卒葬青銅峽河灣。曾祖母曹氏，贈一品夫人。俞大河生子二，長天義，次天誠。俞天義即益謨祖父，以孫貴，贈榮禄大夫，卒葬青銅峽膠泥沙灘。祖母張氏，贈一品夫人。二叔父俞君佐，早殤；三叔父俞君宰，字勳宇，庠生。順治年間隨征效力，督運有功，官授雲南永昌軍民府（治今雲南省保山縣）同知。

俞益謨父俞君輔，生年不詳，卒於康熙二十六年（1687）（卷一《請假遷葬》）。字勋宇，寧夏衛學庠生，因俞益謨之功，贈榮禄大夫。俞君輔品德高尚，在鄉人中很有威望。《墓志銘》載，他"列弟子員，學行兼優，鄉人德之"；①"懷賢德"，重情義，在妻子趙氏中年早逝後，"誓以不續，終其身"。② 這在封建社會是很不容易的。爲人"敦孝悌，説詩書，遵聖道，黜異端，解紛排難，焚券濟貧，卻金示義，捐資勸墾，倡議浚渠"。③ 順治二年（1645），盜賊乘隙入掠廣武城，搶劫耕牛數十頭而去。君輔"念切民本，忿不顧身，匹馬操弧，要而奪還失主"，而爲民稱頌。爲此，廣武營遊擊李子玉專門在廣武城郊"備得勝鼓吹，簪花披紅迎歸，以旌賀之"。④ 對待子女，俞君輔"以忠義勵勉"，鼓勵俞益謨在朱龍叛亂寇及門庭時"自請出征"。俞益謨在後來能官至湖廣提督，皆俞君輔"訓教所致"。⑤ 另外，我們從俞君輔的很多事迹可以看出他的高尚品德，如"卻王家聘，暮夜饋金，還顧輿夫，散放多銀"⑥等。雖然上述事迹已難詳考，但足可以看出俞君輔之爲人。正因爲如此，在俞君輔死後"蓋棺十年，閫鎮紳士兵民，景行思德，録實呈公，用彰懿行，以光俎豆……以事上聞，奉旨崇祀鄉賢"。⑦ 爲此，俞益謨將其父事迹專門刊刻成册，向名公鉅卿"乞言"（參見卷八《上陳地官》及其以後 12 篇文章、卷一○《崇祀鄉賢乞言小引》）。當時，清廷在朝公卿名士爲俞君輔崇祀鄉賢事做詩文數百章，今傳有大學士吳琠、禮部尚書韓菼、翰林院編修查昇等人詩各一首。⑧

俞君輔原配夫人趙氏，以子俞益謨的功名，贈爲一品夫人。俞益謨妻張氏，俞汝欽之母，以其夫功名封爲一品夫人。俞益謨副室秦氏，俞汝亮之母。根據《皇清旌表貞節誥贈恭人鄉諡□□顯妣秦慈君墓志》（中國國家圖書館藏拓片題名爲"俞益謨妻秦慈君墓志"。"慈君"，嫡母之謂。稱妻爲慈君，大謬。另，《寧夏

---

① ［清］俞益謨、［清］高嶷纂修，吴懷章校注《康熙朔方廣武志》，第 157 頁。
② 同上，第 68 頁。
③ 同上，第 53 頁。
④ 同上，第 68 頁。
⑤ ［清］俞益謨《青銅自考》，《四庫禁燬書叢刊》（集部第 17 册），北京出版社 2000 年版，第 27 頁。
⑥ ［清］俞益謨、［清］高嶷纂修，吴懷章校注《康熙朔方廣武志》，第 68—69 頁。
⑦ 同上，第 53—54 頁。
⑧ 同上，第 98—99 頁。

歷代碑刻集》將此墓命名爲《清俞益謨母秦氏之墓》，將"俞汝亮"誤作"俞益謨"①），秦氏，山西太原人，生於康熙二十二年（1683），卒於乾隆八年（1743）五月十四日。康熙三十六年（1697）嫁給俞益謨作副室，生子一，即俞汝亮。被"旌表貞節誥贈恭人"。②俞益謨另一副室安氏，生於康熙二十六年（1687），卒於乾隆十二年（1747）。

俞益謨有子俞汝欽、俞汝亮。俞汝欽，一名俞汝敬，字念兹。康熙三十八年（1699）中武科舉人，亞元。曾自備鞍馬隨父參加過康熙四十二年（1703）撫剿鎮筸紅苗的戰事。官南河，功授按察司副使。③《〔乾隆〕寧夏府志》作"俞如欽"，④誤。《〔乾隆〕中衛縣志》《〔道光〕續修中衛縣志》均有載。

俞汝欽事迹主要有四：

一、編輯刊刻《廣武志》。《廣武志》是俞益謨在世時提出纂修並已基本成形，但"志尚未刊"，⑤俞益謨就已去世。五年以後的康熙五十六年（1717），俞汝欽"與諸先生謀"，⑥補充了一些内容，諸如俞長策的《俞都督益謨墓志銘》《貤封》、雷起潛的《募化六塘嶺穿井疏引》、俞汝欽的《積慶祠堂設立祭田志》《餘慶堂捐建義學義田記》和《神禹洞鼎建殿宇聖像碑記》等，再如類似把俞益謨在世時不同意將其妻張氏夫人事迹錄入"孝志"，但刊刻時又補錄了的情況等，⑦"敬付梓人"，⑧才有我們今天看到的翔實記述了廣武的地理風貌、屯田戍守和廣武俞氏一門的文武功德情況的《廣武志》。

二、建立廣武義學。志載，廣武"營壘汛守，非郡非邑，因無義學"。⑨俞汝欽根據俞益謨的囑託，"建義學一所，揀置義田若干"，⑩延師設帳。義學設立數年，廣武地方"漸有成名上進之士"。⑪爲此，俞汝欽專門寫了《餘慶堂捐建義學義田記》。⑫《〔乾隆〕中衛縣志》、《〔道光〕續修中衛縣志》均有載。

三、鼎建青銅峽神禹洞殿宇。相傳青銅峽中神禹洞乃大禹治水時曾留宿過而得名。根據俞益謨生前囑託，俞汝欽於1716年春覓匠市材，在接連神禹洞口

---

① 銀川美術館編《寧夏歷代碑刻集》，寧夏人民出版社2007年版，第160—161頁。
② 〔清〕俞汝亮《俞益謨妻秦慈君墓志》，中國國家圖書館藏拓片和寧夏博物館藏石。
③ 〔清〕俞益謨、〔清〕高嶷纂修，吴懷章校注《康熙朔方廣武志》，第51頁。
④ 〔清〕張金城修、〔清〕楊浣雨纂、陳明猷點校《乾隆寧夏府志》，第525頁。
⑤ 〔清〕俞益謨、〔清〕高嶷纂修，吴懷章校注《康熙朔方廣武志》，第9頁。
⑥ 同上，第9頁。
⑦ 同上，第69頁。
⑧ 〔清〕俞益謨、〔清〕高嶷纂修，吴懷章校注《康熙朔方廣武志》，第9頁。
⑨ 同上，第133頁。
⑩ 同上，第133頁。
⑪ 同上，第134頁。
⑫ 同上，第132頁。

處"建豎大殿三楹,階下翼以齋宿,僧舍六間,莊嚴聖像",並立了其他一些塑像,點綴了些景物,"遠觀近仰,於朝雲夕照間,隱然天開圖畫,卓哉"!覓神禹洞主持,供其衣缽,在"洞前古津,捐造渡船一隻……以濟往來"。①爲此,俞汝欽專門寫了《神禹洞鼎建殿宇聖像碑記》。②正因爲俞汝欽的修建廟宇,使得"青銅禹迹"成爲當時寧夏中衛的名勝之一。③關於俞汝欽建神禹洞殿宇並"禹洞"成爲名勝古迹一事,《〔道光〕續修中衛縣志》有記載。1717年,後來成爲御史的翰林院庶吉士栗爾璋(案:《〔乾隆〕中衛縣志》和《〔道光〕續修中衛縣志》均作栗爾章,誤。此據《〔乾隆〕寧夏府志》和《四庫全書》)"自中衛歸,舟泛峽口謁禹廟",有詩《青銅禹迹》並序紀其事:"銅峽中間兩壁蹲,何年禹祠(《乾隆寧夏府志》作"廟"④)建山根。隨刊八載標新迹,疏鑿千秋有舊痕。憑溯源流推遠德,采風作述識高門。黃河永著安瀾頌,留取豐功萬古存。"⑤此詩《乾隆寧夏府志》有載,但不載序及詩中小注。

四、整修慶遠橋。當時,廣武城西北角舊有土木草束結構橋一座,舊呼"黃行橋",跨大渠,爲廣武通都要路。由於該橋年久失修,每行車馬重載,常掉於渠中,鄉民時加葺墊,頗爲民累。俞汝欽視此情況,欣然捐銀一百零八兩重修大橋,"以石鋪底,券石洞二空於上,永濟行旅"。當地士民感德於懷,祝願該橋慶遠流長,遂易名"慶遠橋"。⑥

從上述四事可以看出,俞汝欽作爲鄉紳,在廣武地方的公益事務上還是作出了很大貢獻的。

除上述事迹中所列作品外,俞汝欽還有一些詩文傳世。《辦苗紀略》卷八收錄了俞汝欽的詩《頌凱》,歌頌俞益謨等撫剿紅苗大獲全勝。廣武營東郊有俞氏莊園等產業,名寶田莊。康熙五十六年(1717),俞汝欽建寶田莊門樓,題額曰"都可觀"並做《都可觀賦》。還有《積慶祠堂設立祭田志》等文章。此外,有《咏新月巖》《咏白電峰》等詩作。可見,俞汝欽的作品不但數量較多,而且種類也較全,在著述上還是有一定成績的。

俞汝亮,武學生,生卒年不詳。屬"前經報部有名現在自備鞍馬隨征"參加康熙四十二年(1703)撫剿鎮筸紅苗戰事人員。⑦"乾隆三年(1738)震災,汝亮捐衣

---

① 〔清〕俞益謨、〔清〕高嶷纂修,吴懷章校注《康熙朔方廣武志》,第129頁。
② 同上,第126頁。
③ 〔清〕張金城修、〔清〕楊浣雨纂、陳明猷點校《乾隆寧夏府志·人物·鄉獻》,第104頁。
④ 同上,第839頁。
⑤ 〔清〕黄恩錫編纂,〔清〕鄭元吉修纂,寧夏中衛縣縣志編纂委員會點注《中衛縣志》,寧夏人民出版社1990年版,第353頁。
⑥ 〔清〕俞益謨、〔清〕高嶷纂修,吴懷章校注《康熙朔方廣武志》,第79頁。
⑦ 〔清〕俞益謨編集《辦苗紀略》卷八,北京大學圖書館藏,康熙四十四年(1705)餘慶堂刻本。

貲六千有奇贍鄉里。"①因此善舉，朝廷敘功，將其補寧夏鎮標前營守備。

另外，俞益謨副室安氏生有一子，具體情況已不可考。

俞益謨堂兄俞皋謨，俞君宰之子，寧夏衛學生員，早逝。妻陳氏（卷九《謝甘肅齊撫軍請旌表》）。

俞皋謨有子俞汝翼，字在兹，生卒年不詳。由捐納爲例監生。康熙六十一年（1722）任河南府偃師縣（治今河南偃師市）知縣，雍正三年（1725）任河南祥符縣（治今河南省開封縣）知縣。② 據《大清一統志》載：俞汝翼辦事果決，敢於向陳規陋俗挑戰，康熙年間"授偃師知縣，下車即革邑中陋規"；他能力很強，處理公事乾淨利落，可謂"剖決詞訟，案無留牘"；他愛民如子，關心百姓疾苦，能夠爲百姓之事奔波受累，有一年鬧饑荒，他親自到上級專管此事的藩司那裏，面陳洛、偃、鞏、孟、登五縣的艱難困苦，使得這五縣得以賑濟；他非常注意爲書生創造條件，注意"興復兩程書院"，讓有志之士有地方讀書。正是俞汝翼的這一系列的作爲，使他在百姓中享有崇高的聲望，在他當了四年知縣調離偃師到祥符縣時，"送者絡繹於道"。③

俞汝翼有詩《牛首山和前賢壁間韻》："磴敧從緩步，徑僻鎖寒煙。雪霽群峰出，崖虛半月懸。僧偈聞般若，吾心覺冷然。一聲疏磬寂，遮莫是西天。"④此詩《〔道光〕續修中衛縣志》和《〔乾隆〕中衛縣志》均題作"登牛首山和壁間韻"，内有多處異文，但《廣武志》已專門做了校注，此不贅述。

另外，《辦苗紀略》卷八收録了俞汝諧的詩《頌凱》，且此詩步前一首由俞汝欽所寫同名詩歌的韻。俞汝諧是否爲俞益謨家族的人，已無從考證。《廣武志·學校志》還提到例監生有俞汝明、俞汝賢、俞汝弼、俞維翰等，不知和俞益謨家族有何關係，已無從考證。

綜上所述，俞益謨一家可謂清代廣武地方最爲顯赫的家族。當時，廣武城中建豎有諸多如"焜耀虎符""忠孝傳家""徽流四世"和"令緒三傳"等俞氏家族的坊表牌樓，反映了俞氏家族的名望和顯赫地位。

---

① ［清］張金城等修纂《〔乾隆〕寧夏府志》，清嘉慶三年（1798）刊本，卷一六，第28頁。
② ［清］王士俊《〔雍正〕河南通志》，影印文淵閣《四庫全書》本，第536册，第370頁。
③ ［清］官修《大清一統志》，影印文淵閣《四庫全書》本，第477册，第307頁。
④ ［清］黄恩錫編纂，［清］鄭元吉修纂，寧夏中衛縣縣志編纂委員會點注《中衛縣志》，第357頁。

第四章 黎宗周、謝王寵、俞德淵、趙尚仁及其著述

康熙至光緒年間，今有文集傳世的寧夏人還有黎宗周、謝王寵、俞德淵、趙尚仁。

第一節 黎宗周及其《青銅君傳》①

《青銅君傳》在《廣武志》卷上《武階志》有著録，爲俞益謨的傳記。過去學界一般都認爲此傳不傳，實際藏於内蒙古自治區圖書館，當爲孤本傳世。

一、黎宗周的生平

黎宗周是《青銅君傳》最早的作者。黎宗周，目前所能查到的資料甚少。《青銅君傳》題有"西夏西音黎宗周紀實"，文末王基稱呼宗周爲"黎生"。王綜康熙三十五年（1696）臘月所做《青銅君傳·敘》曰："黎子爲都督鄉中遺老，知其事甚悉，爰立爲傳，進于都督。"在該傳正文後，黎宗周説："周當公束髮之時，已許馳驅，及今豁齒之年，猶能珥筆。"可見在康熙三十五年（1696）左右黎氏完成此傳時已是"豁齒之年"，故有"遺老"之謂。查《青銅自考》卷八《尺牘統集》所收《答黎今用茂才》一文中黎今用致信益謨，希望追隨益謨做幕僚。同卷《致郭表兄》中，益謨表達了對此事的歡迎態度："倘蒙踐約來川，吾其雞黍以待，真可謂他鄉遇故知矣。慶幸之私，曷可言喻！"②此時俞益謨在四川達州遊擊任上，約爲康熙二十年（1681）至康熙二十七年（1688）間。康熙三十五年（1696）十二月，俞益謨與諸人

---

① 本節內容參見田富軍、葉根華《康熙年間孤本〈青銅君傳〉考述》，《寧夏社會科學》2018年第6期。
② ［清］俞益謨著，田富軍、楊學娟點校《青銅自考》，上海古籍出版社2012年版，第412頁。

縱論清朝對噶爾丹用兵之事，預言噶爾丹戰敗必死的可能性極大，自認爲此預言將來可備查，"遂顧謂黎西音曰：'爲我筆記之'"。① 可見此時黎子仍爲益謨幕僚。再查《青銅自考》卷九《尺牘》所收《致慰黎古處喪兄》，以及卷一二《強唫詩集》所收《答黎秀才七言古》，可知康熙四十六年（1707）前黎宗周已去世。

綜上，黎宗周，字西音，又字今用，秀才，寧夏人，俞益謨同鄉。清順治、康熙年間在世，與俞益謨年紀相仿而稍長，康熙四十二年（1703）至四十六年（1707）間卒。俞益謨金蘭之好，且多年作爲益謨幕僚隨其左右。黎古處者，宗周之弟。

二、《青銅君傳》的成書過程

《青銅君傳》主要記述俞益謨一生的事蹟。是書前有康熙三十五年（1696）時任提督江西全省學政、按察司副使王璥所做《敘》。王璥，字孝齋，陝西蒲城人，康熙九年（1670）庚戌科進士。《敘》曰："麟閣紀功，將假手于太常，或不俟此家乘爲也。第二十年慘淡經營之事，有隱而不及知者，無論今日之學問事功，非復當年之吳蒙，即今茲之道貌德躬，亦異當年之英毅。"所謂"二十年"，當指傳主俞益謨自康熙十四年（1675）正式從軍至康熙三十五年（1696）此敘寫作完成二十年左右的時間。可見，該傳的目的就是要以親歷者和身邊人的角度，對俞益謨人生歷程和功績進行詳盡記載，讓"慘淡經營之事"和"隱而不及知者"爲衆人所知。但康熙刻本《青銅君傳》的成書卻經過了一個較爲長期的過程，是由黎宗周、王基等多人參與共同完成的。

王璥《青銅君傳·敘》述及黎宗周做此傳的情況。張國卿康熙三十七年（1698）做有《續序》。張國卿，字君錫，奉天（治今遼寧瀋陽）人，②隸屬鑲紅旗，一說爲霸州（治今河北霸州）人，③監生，官至開封府知府，長蘆鹽運使司。《續序》中說："黎子續建節出征事於前《傳》，後求予弁之，謂予與公共事而目見之也。"可見黎宗周所記主要爲俞益謨前半生事蹟，且分兩次：一次是康熙三十五年（1696）前，一次在康熙三十六年（1697）俞益謨任大同總兵官後至三十七年（1698）暮春期間。《續序》中也稍有遺憾地指出黎宗周此傳"固亦撫實之意，但公新膺節鉞，建豎必多，其足傳者尚未艾也"。《青銅君傳》文末"黎宗周曰"部分，宗周自己也明確說明此傳爲"續三十六年未盡之傳，爲百千萬祀攸定之評"。所謂"新膺節鉞"和"三十六年"，均指康熙三十六年（1697）俞益謨由兩江督標中軍副

---

① ［清］俞益謨著，田富軍、楊學娟點校《青銅自考》，上海古籍出版社 2012 年版，第 509 頁。
② ［清］李衛等《〔雍正〕畿輔通志》卷六〇，影印文淵閣《四庫全書》本，第 505 冊，第 411 頁。
③ ［清］官修《大清一統志》卷一五一，影印文淵閣《四庫全書》本，第 477 冊，第 57 頁。

將陞任山西大同總兵一事，黎宗周所"紀實"俞益謨生平事蹟，也當止於這一時段。

黎宗周所作《青銅君傳》得到了俞益謨本人的肯定。王綜《敘》中記載，黎宗周將所作《青銅君傳》呈給俞益謨本人，"都督輾然笑"。王基在該傳中也記載，俞益謨於康熙五十二年(1713)進京觀見之際，仍將該傳"貯之行篋"，可見其本人對該傳也是十分肯定和珍惜的。黎宗周所作《青銅君傳》完成後，王綜、張國卿二人分別做《敘》《續序》，至此，也即至張國卿《續序》完成的康熙三十七年(1698)，黎宗周《青銅君傳》即已成書。待王基修改、續寫黎宗周《青銅君傳》已是俞益謨卒後。王基，生卒年不詳，康熙年間人，當與俞益謨年紀相仿，字夢漁，曾爲俞益謨《辦苗紀略》《青銅自考》作序跋。在《辦苗紀略·序》中，他自稱"瀨上布衣"；①在《青銅自考·跋》後，他自稱"江左布衣"。② 俞益謨曾說與王基"百粵一遇，十載心交"。③ 由此可見，王基當爲江東吳越一帶人氏。關於瀨上，查《中國古今地名大詞典》："瀨水，古水名。又稱溧水、陵水。即今江蘇省南部荊溪溧陽市境内河段。"④《肇域志·南直隸·南京應天府·溧水縣》："溧陽縣西北四十里，水名瀨水，古瀨渚，縣得名疑此。吳音訛瀨水爲溧水，秦置溧陽，以其在此水之北，故名。而溧水又溧陽析置，故亦以名云。"⑤再查《景定建康志》卷一九《諸水》"投金瀨"條有"溧陽瀨上"之說。⑥《六經圖考》傳世有清康熙元年(1662)瀨上潘氏禮耕堂本，潘氏即潘寀鼎，《江南通志》卷一二四《選舉志》載："潘寀鼎，溧陽人。"⑦綜上可見，瀨上當在溧陽，或者爲溧陽某地的別稱，故王基當爲溧陽人。

作爲俞益謨好友，至完成此傳的康熙五十二年(1713)，王基自認爲受益謨"國士之知者餘二十年，左右承教者且十年"(《青銅君傳》)，可見俞、王二人在康熙三十二年(1693)俞益謨任兩江督標中軍副將時就已交好，四十二年(1703)俞益謨陞任湖廣提督後，王基一直追隨俞益謨左右，一起參與過康熙四十二年(1703)十一月至康熙四十三年(1704)正月撫剿紅苗的戰事，在攻打天星寨最關鍵的時刻，俞益謨曾"令友人王基卜其兆"，⑧在俞提督眼裏是將王基作爲朋友對待的，不是一般的下屬。與俞氏關係密切的王基，經歷過俞提督整頓湖廣軍務的

---

① ［清］俞益謨編集《辦苗紀略·序》，北京大學圖書館藏康熙四十四年(1705)餘慶堂刻本。
② ［清］俞益謨著，田富軍、楊學娟點校《青銅自考》，第 633 頁。
③ 同上，第 399 頁。
④ 戴均良等編《中國古今地名大詞典》，上海辭書出版社 2005 年版，第 3276 頁。
⑤ ［清］顧炎武《肇域志》第一冊，上海古籍出版社 2004 年版，第 6 頁。
⑥ ［宋］周應合《景定建康志》，影印文淵閣《四庫全書》本，第 489 冊，第 101 頁。
⑦ ［清］趙宏恩等監修，黃之雋等編纂《〔乾隆〕江南通志》，影印文淵閣《四庫全書》本，第 510 冊，第 672 頁。
⑧ ［清］俞益謨著，田富軍、楊學娟點校《青銅自考》，第 514 頁。

各項事務，經歷過益謨與時任偏沅巡撫趙申喬互參的是是非非，經歷過俞嘉言被解職休致的全過程。康熙四十九年（1710），俞益謨休致返回故里時，甚至想爲王基在故里"築室置產，晨夕素心爲老友"（《青銅君傳》）。俞、王二人可謂"傾蓋如故"。① 因此，王基對俞益謨非常瞭解。作爲雅好詩文的俞益謨，能讓王基爲自己的《辦苗紀略》《青銅自考》作序跋，説明對夢漁的文章水平之肯定和信任，這就爲王基續寫《青銅君傳》奠定了基礎。

王基"續筆"黎宗周《青銅君傳》是受俞益謨囑託。俞氏既然十分重視《青銅君傳》，自然在自己解職回家後希望有人能將此傳續完，而對自己非常瞭解又有文采、又是自己看重的，自然就是王基。所以在王基返回武陵時"握手唏嘘，似有欲言未吐者"（《青銅君傳》）。在入京慶賀康熙皇帝六十大壽時卒，"以是《傳》屬余續成"，其中之意，希望王基將該傳續寫完成應當是俞益謨自己的意思。受知遇之恩的摯友臨終囑託，夢漁於康熙五十二年（1713）"夏仲，濡淚書"（《青銅君傳》），完成了對黎宗周《青銅君傳》的續寫。

王基完成續寫後，俞益謨曾經的下屬俞禮、張禎等人將該傳刊刻成書。俞禮，生卒年不詳，俞益謨康熙四十二年（1703）至康熙四十三年（1704）撫剿紅苗時曾任湖廣提標中營守備。張禎，生卒年不詳，寧夏人，撫剿紅苗時曾任湖廣提標千總，康熙四十三年（1704）"准以署守備管湖廣永定營中軍守備事"，②至遲康熙五十六年（1717）《廣武志》刊刻時就已陞任"湖廣永州鎮標左營遊擊"，③康熙五十八年（1719），任山西平陽營參將（案：《山西通志》原作"張正"，④當爲"張禎"避雍正諱改）。二人均長期追隨俞益謨，也得到了俞益謨的重用和提拔。故《青銅君傳》卷首"仝梓"人俞禮、張禎均稱"沐恩"。從二人生平可以看出，張禎康熙五十六年（1717）陞任遊擊，按照清朝武將任職一般規律，從守備到都司，再陞任遊擊，約需四五年，故王基續寫完成的《青銅君傳》由二位守備刊刻於康熙五十二年（1713）至五十六年（1717）之間，康熙五十二年（1713）當年刊刻的可能性最大。

綜上，《青銅君傳》的成書經過了一個較爲長期的過程，是由黎宗周、王基等多人共同參與完成的，黎宗周完成了約康熙三十七年（1698）之前俞益謨生平的撰寫，形成了《青銅君傳》的前半部分。王基於俞益謨死後，對該傳進行了全面的續寫，於康熙五十二年（1713）當年或此後不久，由俞禮、張禎等人刊刻成書。目前所見内蒙古圖書館藏《青銅君傳》即爲此刻本。

---

① ［清］俞益謨著，田富軍、楊學娟點校《青銅自考》，第 399 頁。
② 同上，第 62 頁。
③ ［清］俞益謨、高嵲等纂修《〔康熙〕新修朔方廣武志》卷上《武階志》，甘肅圖書館藏清康熙五十六年（1713）刻本。
④ ［清］覺羅石麟等《〔乾隆〕山西通志》，影印文淵閣《四庫全書》本，第 544 册，第 769 頁。

三、《青銅君傳》的版本

《青銅君傳》除見諸《廣武志》外，後世文獻只有《內蒙古自治區線裝古籍聯合目錄》（以下簡稱《聯合目錄》）的《史部·傳記類》有載。

《青銅君傳》不分卷，刻本，白口，四眼線裝，保存基本完好。後面書衣已失。書高26釐米，寬15.1釐米。全書版高20.2釐米，寬13.5釐米，四周雙邊，單黑魚尾。版心上鐫書名"青銅君傳"，下刻頁碼；書後《續序》部分版心除鐫書名"青銅君傳"外，黑魚尾下還鐫"後序"二字。

是書共分三部分：前有《敘》，共7頁，每半頁6行，行12字。落款爲"康熙三十五年臘月既望賜進士出身提督江西全省學政按察司副使年家眷弟王綜頓首拜題"，落款後刻有"王綜之印"陽文方印，首頁上題"敘"，下鈐"內蒙古圖書館藏書"漢蒙朱文方印。中爲主體部分，共48頁，每半頁8行，行20字。主體部分首頁上題"青銅君傳"，下題"西夏西音黎宗周紀實、江左夢漁王基續筆，提標中營守備沐恩俞禮、永定營守備沐恩張禎仝梓"，具體內容前居中

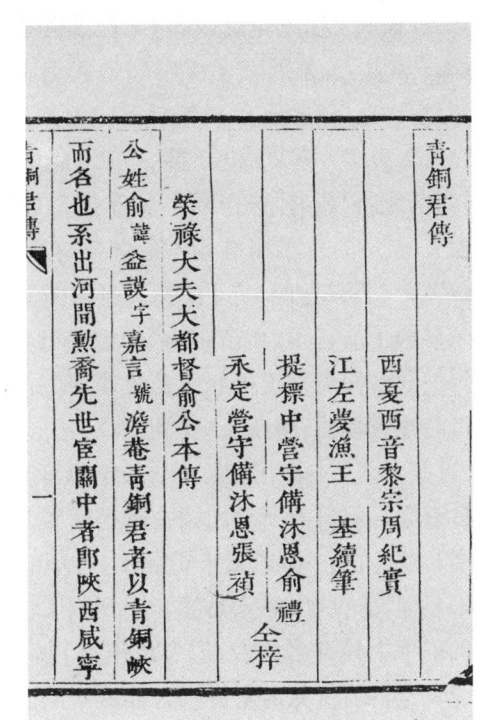

圖23　內蒙古自治區圖書館藏清刻本《青銅君傳》書影

又題"榮祿大夫大都督俞公本傳"。後爲《續序》，共5頁，每半頁7行，行17字。落款爲"康熙戊寅暮春開封府尹年家眷弟三韓張國卿君錫氏頓首拜言"，落款後刻有陰文方印"張國卿印"、陽文方印"君錫"。從目前所見內蒙古圖書館藏本來看，《青銅君傳》全書行文流暢，脈絡清晰，線索突出，詳略得當，風格一致，歷敘俞益謨之家世、生平、宦績等。傳末有"黎宗周曰"和"夢漁王基曰"兩段文字，記載了立傳的緣由、過程以及作者對傳文的評價等。

《聯合目錄》將該書列于"史部·傳記類"，考訂作者爲"黎宗周撰，王基續撰"，[①]

[①] 何遠景主編《內蒙古自治區線裝古籍聯合目錄》，北京圖書館出版社2004年版，第313頁。

並據卷首序確定版刻時間爲"清康熙35年(1696)"。① 《聯合目錄》對於該書的分類和作者的考訂大致不錯,但對於版刻時間確定有誤。《青銅君傳》的成書時間應當爲康熙五十二年(1713)當年或此後不久,至遲不會晚於康熙五十六年(1717)。

另外,《廣武志》卷上載,"門人馬見伯"等將俞益謨生平事蹟"紀實編次,梓有《青銅君傳》",②查《〔乾隆〕中衛縣志》《〔乾隆〕寧夏府志》《〔道光〕續修中衛縣志》《〔民國〕朔方道志》等均未提及此事。馬見伯,生卒年不詳,字衡文,一字樂顧,③寧夏人,康熙三十年(1691)武進士。曾隨俞益謨多有征戰。累官太原、天津總兵官。康熙五十八年(1719)授固原提督。後統兵平藏回,卒於軍。入祀名宦。《〔乾隆〕寧夏府志》卷一三《人物·鄉獻》、《清史稿》卷二九九有傳。俞益謨《辦苗紀略》題有"……馬見伯重閱",《辦苗紀略》卷八還收錄了馬見伯《平苗頌凱》一詩,頌揚撫剿紅苗"從來未有事,今日始開天。巍巍功與德,照耀在簡編"。④《辦苗紀略》亦題"瀨上夢漁王基參定",可見王基與馬見伯當熟識,且同時參與了俞益謨《辦苗紀略》的編集刊刻。作爲俞益謨長子,俞汝欽也曾與見伯等共同參與俞益謨撫剿紅苗之事,與見伯熟識。汝欽於康熙五十六年(1717)在世時主導編輯《廣武志》並刊刻,時見伯亦在世並官至總兵,該志所載見伯等梓有《青銅君傳》一事距康熙五十二年(1713)《青銅君傳》最後成書僅時隔四年,當不會有誤。但目前所見內蒙古圖書館藏《青銅君傳》卻並未題馬見伯之名,且《〔乾隆〕寧夏府志》等志書未載此事,合理的解釋是:《青銅君傳》成書過程中見伯並未參與,非撰者;亦未具體參與刊刻工作;只是見伯時官居顯位,作爲俞益謨昔日的部下中較有名望者,倡導或出資刊刻,故《廣武志》有此載。當然,還有一種可能就是目前所見內蒙古圖書館藏康熙五十二年(1713)左右刻本《青銅君傳》刊刻後,至康熙五十六年(1717)之間,馬見伯等人見此刻本版式不統一(如魚尾前後略有不同),略顯粗疏,又重新校定刊刻。但此說只是猜測,是否如此待考。

四、《青銅君傳》的價值

(一)版本價值

《青銅君傳》刊刻於清康熙後期,距今逾300年,保存基本完好,是典型的善

---

① 何遠景主編《內蒙古自治區線裝古籍聯合目錄》,北京圖書館出版社2004年版,第313頁。
② 〔清〕俞益謨、高嶷等纂修《〔康熙〕新修朔方廣武志》卷上《武階志》,甘肅圖書館藏清康熙五十六年(1713)刻本。
③ 〔清〕俞益謨編集《辦苗紀略》,北京大學圖書館藏康熙四十四年(1705)餘慶堂刻本。
④ 〔清〕俞益謨編集《辦苗紀略》卷八。

第四章　黎宗周、謝王寵、俞德淵、趙尚仁及其著述　351

本。對於豐富清初乃至於整個中國古籍刻本武庫有一定價值。截至目前，此書從之前一般認爲的散佚到發現，疑其孤本傳世，文物價值和版本價值都很高。

(二) 史料價值

其一，提供了俞益謨研究的最直接的史料。俞益謨是清代寧夏籍名人，文才武略，著述頗豐。作爲武將，官至湖廣提督，他幾乎經歷了康熙朝所有大的戰事，深得康熙皇帝青睞，對他的研究，從某種程度上就是對康熙朝戰事縮影的研究。此前對其研究主要依靠俞益謨《青銅自考》《辦苗紀略》等著述和部分地方志中的零星記載，缺乏較爲詳盡系統的史料。《青銅君傳》用詳細的史料和系統的記述，填補了這方面的空缺，對於俞益謨的研究是不可多得的文獻資料。特別康熙三十六年(1697)前的史料，筆者之前曾撰文考述，卻未盡詳細，但《青銅君傳》記載詳實。其他如壬申(康熙三十一年，1692)、癸酉(康熙三十二年，1693)關內大祲俞益謨周濟鄉人、資助寧夏武舉戴國瑾，以及幫助程睿、楊鳴吾，不忍勤淹沒自解俸槖、仁及枯骨、不掩劉伯玉之功等事，皆爲以前所未見，對於認識俞益謨思想觀念和性格特點具有很好的補充作用。

其二，是研究清前期寧夏廣武俞氏家族的重要史料。清初寧夏廣武俞氏家族屬地方望族，益謨三叔父俞君宰順治年間官授雲南永昌軍民府(治今雲南省保山縣)同知；益謨父俞君輔爲寧夏衛學庠生，在鄉人中很有威望，死後崇祀鄉賢；益謨長子汝欽，康熙三十八年(1699)中武舉亞元，南河功授按察司副使，編輯刊刻《廣武志》；益謨侄子汝翼，康熙六十一年(1722)任河南府偃師縣(治今河南偃師市)知縣，雍正三年(1725)任河南祥符縣(治今河南省開封縣)知縣。當時，廣武城中建豎有諸多如"焜耀虎符""忠孝傳家""徽流四世"和"令緒三傳"等俞氏家族的坊表牌樓，反映了俞氏家族的名望和顯赫地位。此前研究這一家族主要依靠《廣武志》，康熙刻本《青銅君傳》不僅對俞益謨生平事蹟進行了十分詳盡的敘述，對俞氏家族祖上的記載是前所未見的；所載俞益謨有子四人也是前所未見的。

其三，可與相關史料互參。俞益謨傳世的《孫思克行述》《辦苗紀略》《青銅自考》《廣武志》等著述中的資料，很多都可以在《青銅君傳》中得到印證。如《廣武志》多處記載俞益謨著有《道統歸宗》一書，《〔乾隆〕中衛縣志》等志書亦有著錄，今惜不傳，《青銅君傳》載，益謨"政閒事簡……讀書自娛。及觀《西銘》《原道》諸篇，恍然有得，由是究心程朱之學，博延師儒，辨天人之合一，體知行之同歸，凡所張施，悉準於道，出詞吐氣，雅雅彬彬，儼一醇儒氣象矣"，揭示了益謨著《道統歸宗》之緣起，評價了該書之特色。查《青銅君傳》所載康熙三十六年(1697)以後之事,《青銅自考》一般都有記載,可互校。除俞益謨著述外,《青銅君傳》所載平定朱龍、陳江之亂,康熙親征平定噶爾丹,撫剿紅苗等重要歷史事件的細節,爲同時代人所記,均可與正史相互印證,對相關史實具有較高史料補充價值。如《青銅君傳》記載,康熙欲御駕親征噶爾丹之時,群臣對此多持不同態度,大部分人並不支持,"上意親率六師討平西虜噶爾旦,庭臣咸以遠涉絕塞,難必成功建言。上遣使召勇略將軍趙良棟還京,趙老成宿將,時方就醫江南。出征人員聞趙將至,知其夙具骨鯁,強諫敢言,意其必能諫止北征",益謨往見良棟,勸其勿諫,並陳述朝廷出征必勝之道十條,噶爾丹防禦之三策。後康熙果親征平定了噶爾丹。此事趙良棟《奏疏存藁》卷八《欽召赴京恭陳下悃疏》同樣有簡要記載,可互參。另外,《青銅君傳》所載史事,也可作爲第三方資料,印證其他文獻內容。如康熙十八年(1679)俞益謨隨王進寶征川。該傳載,"所至,他人縱極淫掠,公獨嚴禁所部不得攫取民間一絲一粒"。此載爲益謨與黎宗周親歷,可信度很高,而這恰恰可以印證趙良棟在《奏疏存藁》卷八《剖明心跡疏》及其他奏疏中多次陳述王進寶馭兵不嚴,到處殺搶所言不虛,對於評價相關涉事歷史人物很有幫助。

(三) 藝術價值

《青銅君傳》經過黎宗周、王基等人的多次創作,文詞質樸,精於選材,詳略得當,曉暢生動,展現和塑造了仁厚知禮、機智善謀、富有才幹、宦績突出的俞益謨形象,具有一定的藝術價值。尤其是在於選材上,從俞益謨豐富的人生經歷當中擇取精要,做到該詳則詳,當略則略,張弛有度,體現了作者較強的駕馭能力。比如,對於英勇挽救蕭應秀、劉體義一事:

> 建威將軍吳丹調征瀘州,輔遊擊蕭應秀往。蕭所統不滿百人,渡瀘未成,列賊衆萬餘,驅象直衝駐防,遊擊繳應善、周龍及投誠總兵謝泗等,臨陣大潰。公方奮呼而前,值蕭應秀墜馬僵昏,公率七騎持滿待敵,賊不敢近,蕭得登舟先渡,公率二人踞岸坐,賊望而辟易。然瀘州巴陷,進退無據,公騎騾馬渡江,賊濟而躡後。行未里許,見蕭無馬,二卒披之不能前。公奮勇轉戰,殺賊數人,奪馬予蕭,得免難。再里許,守備劉體義病劇,臥地不能起,賊衆逼近,公迫之,劉泣曰:"君往矣,勿爲我留。"公欷曰:"居平而友,急難而棄,非夫也。"挈劉上馬,自以單騎殿後,經兩晝夜,收拾散亡,待罪統帥。將吏戰士咸直之曰:"非俞守備,蕭、劉且虜矣,孰叢是咎,而令殿軍者雁罪乎?"疏上,衆坐失機,公獨以功免議。

此事記載詳細,從一言一行之中體現了俞益謨的勇敢、仁義。又如平定噶爾丹前與趙良棟臥談記載也十分細膩,體現了俞益謨的深謀遠見。對於"他人不敢言者公能言之,他人不能行者公力行之",則簡略列舉了上疏的幾個事例,用語簡潔,點到為止,所謂"一二事以例其餘者"。如幫助程睿一事:

> 公在粵西時,有鉅賈程公睿者,任俠輕財。宦斯土者,悉賴其濟。有言于公請善程者,公拒之曰:"友其義則可,望其濟則不可。大丈夫當濟人,乃望人濟耶?"越十年,程以事至京師,窘甚且病,狼狽難堪,遣人求救於公。公慨予之千金。未幾,程竟死,公亦不責其家以償。

寥寥數筆,但言簡義豐,勾勒描繪了一個不求人濟而慷慨濟人的人物形象,儼然有大丈夫風範,甚至帶著一點俠客氣魄,令人稱奇。這些事蹟對於一名武將來説,看似與其武功不甚相干,但作者卻費心於此,其背後體現的實際上是作者的價值取向,反映了作者對於儒將風流的一種仰慕。這些事蹟的記載,塑造了俞益謨仁愛、俠義的儒雅形象,使俞益謨形象更加豐滿,有血有肉,更具有了穿透歷史和人心的人格魅力。

第二節　謝王寵及其《愚齋反經錄》

謝王寵(1671—1733),寧夏人。曾在雍正六年(1728)陞遷五次,官至正三品,在全國範圍內都屬罕見。

關於謝王寵及其著述,寧夏舊地方志《〔乾隆〕寧夏府志》卷一三《人物·鄉獻》有傳,《〔嘉慶〕靈州志迹》卷三《人物·鄉獻志》和《〔民國〕朔方道志》卷一六《人物志·鄉宦》小傳所載內容基本同《〔乾隆〕寧夏府志》。寧夏鹽池縣文管所藏有《皇清通議大夫宗人府府丞致仕觀齋謝公暨元配淑人王氏合葬墓誌銘》(本節以下簡稱《墓誌銘》)①,對其生平、家世情況記載頗詳。目前學界研究成果並不多,主要有:張樹彬《惠安堡出了個謝王寵》一文,以《墓誌銘》所載內容為主體,結合其他史料敘寫了謝王寵的生平。因作者對原碑文有些內容理解有誤,故部分內容有失偏頗。寧夏大學刁俊的碩士學位論文《明清以來寧夏歷史人物著述考——以朱栴等人為例》中簡介了謝王寵的生平,羅列了書目文獻對《愚齋反經錄》的著錄情況。靳希《〈四庫全書總目〉存目寧夏地區作者考辨——以〈周易

---

① 案:《寧夏歷代碑刻集》收錄此文(銀川美術館編著《寧夏歷代碑刻集》,寧夏人民出版社2007年版,第152—154頁),釋文、標點多有待商榷。

彙解衷翼〉、〈愚齋反經録〉爲例》一文對謝王寵的生平、籍貫、《愚齋反經録》的學術貢獻等進行了考辨,多有新見。另外,《寧夏古今名人故事》一書中有《勤政爲民的謝王寵》一文,以比較通俗的文字,輔以鄉間傳説,講述了謝王寵的生平。可見,學界關於謝王寵的生平研究有一些成果,對於其著述《愚齋反經録》的内容、版本等方面基本没有研究。因此,有必要對謝王寵的生平、家世及其著述進行全面的梳理研究。

一、謝王寵的生平

謝王寵,生於康熙十年(1671)辛亥二月十二日巳時(《墓誌銘》)。字賓于,號愚齋,又號觀齋。關於謝王寵的字、號,史料記載不一。《墓誌銘》載:"公諱王寵,字賓于,號觀齋。"清官修《皇朝文獻通考》卷二二六《經籍考》載:"謝王寵……字愚齋。陝西人。"①《四庫全書總目》卷九十八《子部八》亦載:"國朝謝王寵……字愚齋。陝西人。"②但張金城等修《〔乾隆〕寧夏府志》卷一三《人物·鄉獻》則説:"謝王寵,字賓于。"③《〔嘉慶〕靈州志迹》卷三《人物·鄉獻志》、④《〔民國〕朔方道志》卷一六《人物志·鄉宦》也持"字賓于"之説。⑤《説文》:"寵,尊居也。""賓,所敬也。"⑥"賓于"一詞出於《易·觀卦》:"觀國之光,利用賓于王。"《正義》釋"觀國之光"義曰:"以居近至尊之道,志意慕尚爲王賓也。"釋"利用賓于王"義曰:"居在親近而得其位,明習國之禮儀,故宜利用賓于王庭也。"⑦五代時後晉有孟賓于,字國儀,連州人。⑧居近至尊,爲王尊用,王寵也;居近至尊,明習國之禮儀,即被"賓于"王庭也。因此,"王寵""賓于"之義一也。根據古人名與字之間互爲表裏的一般關係,可知謝王寵字賓于比較符合常理。而且,古人的號中經常出現"居士""齋""翁"等字,"愚齋"爲號更貼切些。"觀齋"之説只見於《墓誌銘》,且古人有多個號很正常,當信從。

謝王寵生於寧夏靈州惠安堡(今寧夏鹽池縣惠安堡),"幼孤貧好學,冬月藉

---

① 〔清〕官修《皇朝文獻通考·經籍考》,影印文淵閣《四庫全書》本,第637册,第312頁。
② 〔清〕永瑢等《四庫全書總目》,乾隆武英殿刻本,卷九八《子部八》。
③ 〔清〕張金城等修纂、陳明猷點校《乾隆寧夏府志》,寧夏人民出版社1992年版,第457頁。
④ 〔清〕楊芳燦監修、〔清〕郭楷纂修,靈武縣縣志辦公室整理,蘇聞主編,張建華、蘇昀校注《嘉慶靈州志迹·光緒靈州志》,寧夏人民出版社1996年版,第124頁。
⑤ 馬福祥等修、王之臣纂《〔民國〕朔方道志》,載《中國方志叢書》(塞北地方·第二號),臺灣成文出版社1968年版,第787頁。
⑥ 〔漢〕許慎撰、〔宋〕徐鉉校定《説文解字》,中華書局1963年版,第151、130頁。
⑦ 〔唐〕孔穎達《周易正義》,中國書店1987年據嘉業堂本影印,卷五,第26頁。
⑧ 臧勵龢等編《中國人名大辭典》,中州古籍出版社1993年版,第556頁。

草讀書"。① "幼尊父訓,誦習《孝經》"(《愚齋反經錄》卷六《〈孝經述朱錄〉序》。本節以下凡引用《愚齋反經錄》內容只列卷數和篇名)。母親也鼓勵他多讀書,不要爲貧困所累,"人家生子,患不能讀書。貧,非所慮也"(《墓志銘》)。在家人的幫助下,他發奮讀書,終於在康熙四十一年(1702)考中壬午科舉人;四十五年(1706)中丙戌科進士,列第三甲第190名。關於謝王寵中進士、舉人之事,《〔乾隆〕甘肅通志》卷三三《選舉》,《〔民國〕朔方道志》卷一八《人物志·選舉》均有載,《〔乾隆〕寧夏府志》卷一三《人物·鄉獻》和《〔嘉慶〕靈州志迹》卷三《人物·鄉獻志》在王寵的本傳中也都記載詳明,但《〔乾隆〕寧夏府志》卷一四《人物·科貢》和《〔嘉慶〕靈州志迹》卷三《人物·科貢附》卻只有關於王寵中進士的記載,没有中舉人之載,不知何故。

中進士後,王寵被選爲翰林院庶吉士。康熙五十一年(1712),授爲檢討。"甫踰月,即告歸"(《墓志銘》)。回到家鄉惠安堡後,他"讀書樂道,訓子弟,化鄉人。如是者十餘年,若將終身焉"(《墓志銘》)。十餘年讀書訓子、苦練内功的積累,爲他後來出仕奠定了堅實的基礎。

雍正元年(1723),皇帝聞謝王寵之名,"特旨召見。問所讀何書,寵以性理對,即命講《太極圖説》"。② 從講解中,雍正看出了王寵的才能,立即讓他補山西雁平道。八月,他正式到任。③ 在任期間,他"訪求利病,善政累累"。④ "向蒞此土者,率以兵餉飽私囊。"(《墓志銘》)謝王寵則一改以往"兵餉半由晉南州撥解道庫,路既遥遠,外費頗繁"(《墓志銘》)的積弊,由藩庫移取,官民稱便。他不光除積弊,也非常重視教育教化。雁平道官署"舊有習射堂,公改講學處,政暇即集諸生會文講書。教書必先從小學入門"(《墓志銘》),爲士子們在科舉考試中取得好成績做出了貢獻。由於有政績,且爲人有操守,雍正五年(1727),時任山西巡撫德明上奏,説他到任後訪得雁平道謝王寵"爲人執拗,伊任内之事尚能辦理。居官操守好,凡伊屬員皆奉公守法,於地方尚屬有益之官"。雍正則硃批:"謝王寵不失爲端方正直之人,若不迂腐,則甚可任用。"⑤即使認爲他迂腐,雍正皇帝還是開始逐步對謝王寵大用。六年(1728)春,補光禄寺少卿。四月,以侍讀學士署日講起居注官。⑥ 五月,署國子監(漢)祭酒事。⑦ 六月,又陞爲順天府府尹,仍署

---

① 〔清〕張金城等修纂、陳明猷點校《乾隆寧夏府志》,第457頁。
② 〔清〕張金城等修纂、陳明猷點校《乾隆寧夏府志》,第457—458頁。
③ 〔清〕覺羅石麟等〔乾隆〕山西通志》,影印文淵閣《四庫全書》本,第544册,第749頁。
④ 〔清〕張金城等修纂、陳明猷點校《乾隆寧夏府志》,第458頁。
⑤ 《世宗憲皇帝硃批諭旨》,影印文淵閣《四庫全書》本,第424册,第32頁。
⑥ 〔清〕鄂爾泰《詞林典故》,影印文淵閣《四庫全書》本,第599册,第625頁。
⑦ 〔清〕法式善著、涂雨公點校《陶廬雜録》,中華書局1959年版,第47頁。

國子監祭酒。① 九月,陞爲都察院左副都御史,仍兼管順天府府尹事。一年中陞遷五次,實屬罕見。

根據《清實錄·世宗實錄》卷九五載,雍正八年(1730)六月,"以左副都御史謝王寵爲宗人府府丞"。② 關於王寵爲宗人府丞的時間,《〔乾隆〕寧夏府志》卷一三《人物·鄉獻》、《〔嘉慶〕靈州志迹》卷三《人物·鄉獻志》和《〔民國〕朔方道志》卷一六《人物志·鄉宦》均載爲"辛亥七月",即雍正七年(1729)七月。據《墓志銘》載,因王寵"夙患腿疾,步履多艱。天子愛惜保全,以宗丞事簡,可以調養,於辛亥秋月調補"(《墓志銘》)。辨析以上史料不難發現,《〔嘉慶〕靈州志迹》和《〔民國〕朔方道志》均襲自《〔乾隆〕寧夏府志》,《〔乾隆〕寧夏府志》是清乾隆四十五年(1780)刊刻完成,距謝王寵調任宗人府府丞已過去50年,且爲寧夏地方志,考證難免有誤。《墓志銘》是原衷戴根據謝家人提供的《行述》所作,在時間的表述上是否精準無法確認。且根據《墓志銘》所載,謝王寵是爲了調養腿疾才任宗人府府丞的,後"又緣日久未痊,恥祿養虛縻,陳請引退",於雍正十年(1732)離任的。依照王寵的性格,豈有調理三年多才覺"日久"的道理。再反觀之,《〔乾隆〕寧夏府志》所載之"辛亥七月",極有可能是來自謝家所供材料。《清實錄》則有一套非常嚴格的編修程序,所依據的基本史料是起居注、時政記、日曆等,研究清史,《清實錄》是最爲基本的史料之一。故當信從實錄所載。

雍正十年(1732)夏四月,"吏部等衙門議奏,宗人府府丞謝王寵自陳有疾,懇賜罷斥。應照例准其休致"。③ 雍正皇帝准奏,王寵致仕。在離任時,他曾題聯曰:"臣心似水,未能應物有方,想寶鑒當年尚慚磨瑩;聖德□天,自揣報恩何地,但焚香清夜可質旦明。"(《墓志銘》)抒發了自己的忠君報國之志。

致仕後,王寵回到祖籍寧夏,繼續著書立説,完成多部著述。

清雍正十一年(1733)癸丑歲十一月二日辰時,謝王寵"卒於寧夏私第","享年六十有三"(《墓志銘》)。《〔乾隆〕寧夏府志》《〔嘉慶〕靈州志迹》《〔民國〕朔方道志》等寧夏舊志所載謝王寵傳中關於他卒年七十三歲的説法,當爲誤記。

二、謝王寵的家世情況

謝家"世居寧夏河東惠安堡"(今寧夏鹽池縣惠安堡)(《墓志銘》)。

謝王寵曾祖謝萬庫,娶妻張氏。

---

① 〔清〕李衛《〔雍正〕畿輔通志》,影印文淵閣《四庫全書》本,第505册,第400頁。
② 《清實錄·世宗實錄》,第二册,第278頁。
③ 《清實錄·世宗實錄》,第二册,第555頁。

祖父謝一蘭，庠生，贈通儀大夫。祖母李氏，贈淑人。

父謝延詔，字(號)弱軒，贈通儀大夫。延詔非常重視對謝王寵孝道的教育，在兒子七歲時，就給他口授《孝經》云："汝讀是書，一生做人根基立矣。"(《墓誌銘》)母安氏，"明大義，內治頗嚴"(《墓誌銘》)，贈淑人。

王寵兄弟五人，他排行老三。長兄謝王予；仲兄謝王錫，庠廩；四弟謝王嘉，太學生；五弟謝王鼎。兄弟五人非常和睦，即使早已分家，卻仍在一鍋裏吃飯。

謝王寵元配王氏，王來賓之女，在王寵29歲時就已去世，贈淑人。王寵去世後，家人將夫婦二人合葬一墓。繼娶牛氏，牛保銀之女，贈淑人。

謝王寵有子五人。長子謝豐，癸卯副貢。次子謝升，雍正七年(1729)己酉欽賜舉人。《清實錄·世宗實錄》卷八七載，雍正七年(1729)冬十月，皇帝有旨，準大學士、尚書、侍郎、都御史、副都御史各大員有子孫在京闈及本省鄉試中未經中式、年二十以上者，可各舉文理通順、可以取中者一人上報，其中包括"副都御史謝王寵子謝升"，"賜舉人，准一體會試"。① 八年(1730)庚戌科進士。任戶部湖廣司額外主事，官至雲南府(治今雲南省昆明市)知府。二子俱王氏生。三子謝旌，歲貢生。四子謝旅，太學生。五子謝實，太學生，過繼給王寵四弟謝王嘉爲後，故《愚齋反經錄》每卷首頁編校者中謝實才稱"姪"。此三子俱牛氏生。女二：一許字，未嫁卒，王淑人出；一適張映標，牛淑人出。《墓誌銘》載：王寵卒時，"其孤允公官京師"；王寵扶李振宗靈柩到京，"五子允符俾由通州船載回籍"。與王寵五個兒子的情況相對照，允公當指謝升，允符當指謝實，允公允符當爲字或號。

王寵有孫謝定志，餘不詳。

三、謝王寵的《愚齋反經錄》

《愚齋反經錄》是謝王寵所輯以《四書》內容爲主多種儒家經典的闡釋集。所謂"反經"，作者說："予何爲而有是《反經錄》也？蓋因經學之失其真傳，而爲異學所亂也。孟子曰：'君子反經而已矣。經正則庶民興，庶民興斯無邪慝矣。'""反經"的目的是想通過編輯自己"尋繹數十年，仿佛略見大意"的"大經"之"明簡易曉"讀本，使得"後之學者開卷瞭然，得其大指，窮經讀書，路逕不差。則大經漸明，是非一定。雖有異說，不足以惑之矣"(《〈愚齋反經錄〉總序》)。一言以蔽之，經歸正道。

---

① 《清實錄·世宗實錄》，第二冊，第162頁。

（一）《愚齋反經錄》的文獻著錄

寧夏舊志多有記載。《〔乾隆〕寧夏府志》卷一三《人物·鄉獻》載："謝王寵……所著有《反經錄》。"①《〔嘉慶〕靈州志迹》卷三《人物·鄉獻志》和《〔民國〕朔方道志》卷一六《人物志·鄉宦》及卷三一《志餘下·著作》著錄基本相同。清《皇朝通志·藝文略》和《皇朝文獻通考·經籍考》均著錄謝王寵此書共十六卷。《四庫全書總目·子部·儒家類存目（四）》載："《愚齋反經錄》十六卷。陝西巡撫採進本。國朝謝王寵撰。"②後有詳細題解。孫毓修編《涵芬樓秘笈》在陝西省呈送書目中有載。《中國科學院圖書館藏中文古籍善本書目·子部·儒家類》著錄頗詳："《愚齋反經錄》十六卷。清謝王寵撰。清刻本。十一册一函。卷一至四：論語尊注解意。卷五：小學大學中庸兩孟指要。卷六：孝經述朱錄。卷七：忠經擇要集注廣義。卷八：明倫錄。卷九：理學入門錄。卷一〇：知性錄。卷一一：尋孔顏樂處。卷一二：易學指要。卷一三：善利圖説補。卷一四：學要錄。卷一五：治要錄。卷一六：荒政錄。"③

上述文獻著錄對於卷數、著者、著者籍貫等基本情況都没有異説，書名《反經錄》當爲《愚齋反經錄》的簡稱。

（二）《愚齋反經錄》的版本情況

《愚齋反經錄》十六卷，傳世只有清刻本一種版本，中科院國家科學圖書館有藏。是書11册一函，其中1—10册每册一卷，順序排列；第11册收錄卷一一至一六。四眼線裝。版高19釐米，寬12.2釐米。單黑魚尾，四周雙邊。版心上鐫書名"反經錄"，下鐫卷數頁碼。總序、目錄、每篇前序、每卷正文均各自編頁碼，順序排列。《〈愚齋反經錄〉總序》每半頁6行，行12字；各卷前序多爲每半頁6行，行14字；正文每半頁8行，行20字，雙行小字同。白麻紙，保存完好。前有《〈愚齋反經錄〉總序》，根據內容來看，當爲作者自序。次爲《〈愚齋反經錄〉目錄》。正文十六卷，每卷卷端題本卷篇名，下題"關西謝王寵愚齋輯，郇陽年姪陳偁儀、秀水後學錢受祀仝校，男豐、升、旌、旂手受，姪實正字"。一至一〇卷、第11册正文首頁右下角均鈐"中國科學院圖書館藏"和"東方文化事業總委員會所藏圖書印"朱文方印各一枚，末頁左下角均鈐"東方文化事業總委員會所藏圖書

---

① ［清］張金城等修纂、陳明猷點校《乾隆寧夏府志》，第457—458頁。
② ［清］永瑢等《四庫全書總目》，卷九八，第834頁。
③ 中國科學院圖書館編《中國科學院圖書館藏中文古籍善本書目》，科學出版社1994年版，第216—217頁。案：中國科學院圖書館即今之中國科學院國家科學圖書館。

印"白文方印一枚。

此書不著刊刻年月。從内容來看，所收各篇當非作於一時。卷八《〈明倫録〉序》云："余歸里後，翻閲群書，擇其明白易曉者録成一編。"卷一六《〈荒政録〉序》云："余自壬辰歸里後，邊地連年荒歉。"壬辰，指康熙五十一年（1712）。《〔乾隆〕寧夏府志》卷一六《人物·義》"姚進福"條載："姚進福，靈州惠安堡人……康熙五十二年歲大荒。"①可見此二文當作於康熙五十一年（1712）至雍正元年（1723）之間。夏明方《救荒活民：清末民初以前中國荒政書考論》認爲王寵之《荒政録》"約作於乾隆朝或之前"，②時間概念太過籠統。再查《墓志銘》，記載明確：康熙五十一年（1712）作者回籍後，"著《孝經述朱録》《忠經擇要》《明倫録》《善利圖説補》《理學入門》《荒政録》《學要》《治要》《四書遵注指要》"（《墓志銘》）；③雍正十年（1732）致仕回到寧夏後，"家居年餘，著《知性録》《尋孔顔樂處》……《易學指要》"。且"皆藏於家，未敢付梓"（《墓志銘》）。作者也曾自述，作《愚齋反經録》是在"尋繹數十年，仿佛略見大意"（《〈愚齋反經録〉總序》）的情況下所輯。由此可以肯定，謝王寵在雍正十一年（1733）去世前，編輯完成了《愚齋反經録》並作《〈愚齋反經録〉總序》，正式成書。另，書中多有避"弘"字諱處，刊刻於乾隆四十五年（1780）的《〔乾隆〕寧夏府志》對《愚齋反經録》有著録，故此書刊刻於乾隆年間無疑，當斷爲清乾隆刻本。

《四庫全書存目叢書·子部》第 29 册全文影印了中科院國家科學圖書館所藏清乾隆刻本，并附《四庫全書總目》提要内容。

（三）《愚齋反經録》的内容及編輯體例

前有作者《〈愚齋反經録〉總序》，述著書目的及主要内容。

卷一至四爲《〈論語〉尊注解意》。所謂"尊注解意"，作者解釋説，《論語》的注解，"聖言渾淪，注意精微廣大。從來講説紛紛，總不如朱子的確。予是以不揣固陋，取注中精要之語，分疏一二句"。即對朱熹《論語集注》再進行解意，使其精要處更明白曉暢。因此，正文中總是先羅列《論語》章名，在其下陳述朱熹注解的精要之語，陳述時將自己的"解意"貫穿其中。王寵的解意有多種形式：一曰注關鍵字之音義，指出其關鍵之處，闡釋其用法妙處；二曰用更通俗的話串文意，揭示原文和朱注之精要内容；三曰在朱注基礎上進行闡發；四曰加案語，對朱注進行評論；五曰對一些時論進行評論，多爲駁斥。

---

① ［清］張金城等修纂、陳明猷點校《乾隆寧夏府志》，第 577 頁。
② 夏明方《救荒活民：清末民初以前中國荒政書考論》，《清史研究》，2010 年第 2 期，第 25 頁。
③ 案：《四書遵注指要》之"遵"，《愚齋反經録》作"尊"，當以"尊"爲是。

卷五爲《〈小學〉〈大學〉〈中庸〉〈孟子〉指要》。此篇是對朱熹《小學》及《四書》中的《大學》《中庸》《孟子》朱注中的主旨、要點進行講解的。每部分都先總結核心思想，再解釋核心內容，然後闡釋各部分主旨和核心内容之間的關係，《孟子》部分還講解了孔孟之道的傳承關係。總體來看，講解非常透徹。

卷六爲《孝經述朱錄》，是在朱熹《孝經刊誤》的基礎上詳細解釋，以此來彌補康熙《孝經衍義》"其爲書浩博，童蒙猶未易讀"（卷六《〈孝經述朱錄〉序》）的問題，作爲由朱熹《孝經刊誤》通向康熙《孝經衍義》的階梯。體例上"章次依朱子《孝經刊誤》，有刪去者悉遵原本不錄。"先頂格引用《孝經》原文，其他人的評論注釋均另起一行低兩格，王寵本人的解釋和評論另起一行低三格加"寵按"字樣。這樣顯得層次清晰，便於閱讀理解。

卷七爲《忠經擇要集注廣義》，是對漢馬融著、鄭玄注《忠經》有選擇的闡釋、廣義的。體例是：先摘錄部分原文，次爲總括形式的解釋，然後是廣義。廣義就是摘錄一些名家如陳平、程子、朱子等人的解釋，摘錄的内容王寵往往都加按語。此篇和《孝經述朱錄》一樣，頂格錄馬融鄭玄原文，另起一行低一格對原文進行概括性的解釋，如果是作者自己的按語，另起一行低兩格來體現。這一卷謝王寵自己的認識比較多，按語都是評價性的話。

卷八爲《明倫錄》，是作者"歸里後，翻閱群書，擇其明白易曉者錄成一編，以便省閱，庶於倫常有小補焉"（卷八《〈明倫錄〉序》），是謝王寵通過輯錄而成的一篇作品。全文先總論五倫，再分論父子（包括子侍父母之義和父教子之義）、君臣、兄弟、夫婦、朋友。體例上先摘錄某些名家的原文，體現倫常的某種理念；再用名家如朱子的、晏子的話來闡釋；最後是作者的按語，表達自己的理解和認識。

卷九爲《理學入門錄》。作者撰此文的目的是對朱熹的著述進行解釋，讓後學者很容易登堂入室，充分理解理學的本質。全文首先引用朱熹等人的語言解釋如何學理學，其後錄《仁説圖》和朱熹的《仁説》《心説》以及汪世德的《朱子學譜》，闡釋如何學理學。所輯錄皆爲朱熹理學的精華。

卷一〇爲《知性錄》。此文包括兩部分，前一部分含理氣、太極、性命、性、人物之性、氣質之性、心、意志氣、道理德、仁義禮智、誠、忠信、忠恕、恭敬、道統等内容，集中引朱熹、程子、張子等人的論述，目的是給初學者或者研究者集錄資料。後一部分是《理學》的贊、箴、銘，主要有西山真氏的《心經贊》、朱子的《敬齋箴》、南軒張氏的《主一箴》、西山真氏的《夜氣箴》、臨川吳氏的《自修銘》，以及《和銘》等多篇，目的仍是資料集錄。

卷一一爲《尋孔顔樂處》。本卷共四頁，引用了孔子的"飯疏食，飲水，曲肱而枕之，樂亦在其中矣。不義而富且貴，於我如浮雲"和"賢哉回也。一簞食一瓢飲,在陋巷,人不堪其憂,回也不改其樂"兩段話,集朱子、程子等人對這兩段話的闡述,再以"寵按"表達自己的見解,闡明孔子和顏淵的人生樂趣。故命名爲"尋孔顏樂處"。

卷一二爲《易學指要》。此文由兩部分組成,第一部分是"《易》之爲教並讀《易》之法",輯録了很多前人關於《易》的論述和學習《易》應當知道的一些方法。結尾處以"寵按"的形式,具體闡述了作者本人關於如何學習《易》的方法。第二部分是《易理》,輯録了很多關於闡述"易"就是變化、消長等方面的論述,以供後來者學習之用。

卷一三爲《善利圖説補》。由三部分内容組成:首先輯録了明萬曆癸丑陝西提學副使新安洪翼聖的《馮少墟先生〈善利圖〉序》,其次輯録了長安馮從吾的《善利圖》和《善利圖説》,最後是作者自己對《善利圖説》所作的《補説》。所謂《補説》,實乃謝王寵又將馮從吾和朱子、程子等人的一些論述組織起來,稍加注解而成。

卷一四至一六分别爲《學要録》《治要録》《荒政録》,内容都比較簡短。《學要録》闡述君子當"學"主敬(主要是修九容)、思誠(主要是慎九思)、明善(主要是明五倫)、復性(主要是盡五常)等内容。《治要録》闡釋君子當"治"什麽,包括治心、治身、治家、治鄉、治國、治天下等幾部分。《荒政録》闡釋對荒政的認識,包括備荒和救荒兩部分,其中加入了作者自己的見解。

《愚齋反經録》總體内容豐富,輯録了很多傳統的儒家經典文獻,匯集了性理學説中的核心内容,梳理了該學説的要旨、本質,對初學者和深入研究者有一定的輔助作用。

(四)《愚齋反經録》的評價

《四庫全書總目》卷九八對《愚齋反經録》評價爲"皆陳因之説,無所發明"。① 此説基本公允。謝王寵傾盡畢生心血,經多年而成此著,卻多爲輯録,雖時加"寵按"以闡述自己的觀點,最終還是没能突破前人之説,提出自己新的見解和認識。即便如此,此書還是有一定價值的。

首先,作爲清代寧夏人所輯之一種内容豐富的著述,《愚齋反經録》爲研究謝王寵生平、思想提供了珍貴的第一手資料,也爲研究清初朝廷大力倡導程朱理學在知識分子中的反響提供了實證。同時,此書豐富了清代寧夏人著述的内容,爲研究清代寧夏地方文獻提供了難得的文本。

---

① [清]永瑢等《四庫全書總目》,中華書局1965年版,第834頁。

其次,該著述有一定的現實意義。一方面,作者輯錄此書的目的是想通過"明簡易曉"的闡述,讓"後學者開卷瞭然",容易把握經典的主旨和學習方法,因此,作爲教學用書有一定的價值。另一方面,輯錄此書,作者是針對"今之讀《四書》者,不過借爲應試本頭,以取富貴利達"(《〈愚齋反經錄〉總序》),而不是把儒家經典作爲提高自身修養的經典來學習的不良社會現象進行批判的,使經典歸於正道,真正保存傳統典籍中的正心誠意、修齊治平,提升士階層認識和承擔社會責任,有很強的針對性和現實作用。

第三,《愚齋反經錄》抄錄了馮從吾的《善利圖》《善利圖説》全文,以及《馮少墟先生〈善利圖〉序》,并點明爲"萬曆癸丑陝西提學副使新安洪翼聖"所作,爲馮從吾的《善利圖》《善利圖説》保存了一個抄本,在文獻學上有一定的價值。

第四,書中所收《荒政錄》,内容上雖多襲自前人,没有陳述康熙、雍正年間的備災、救災的有關政策和做法,卻仍能提示當政者關注荒政,也反映出了康熙五十一年左右寧夏地區所發生的嚴重荒歉的現實(《〈荒政錄〉序》)。同時,此文也是研究中國古代荒政問題的很好的文獻,我們通過此文可以了解時人對"荒政"概念的認識,從而爲定義"荒政"這一術語提供一定的文獻依據。

謝王寵另"著有《雁平從政錄》一書,大有倉積貯數,多計備軍儲"(《墓志銘》)。今不見傳。王寵今還有文《商庠處士贊之先生墓志銘》傳世,作於清康熙五十年(1711),墓主爲周調鼎,字贊之,康熙年間人。此文收於銀川美術館編《寧夏歷代碑刻集》,釋文題作"謝玉寵"撰,[①]誤。

四、謝王寵的評價

謝王寵是一位正直得近乎迂腐的好官,也是一位善於斷案的高手,更是一位潛心鑽研、身體力行於理學思想的儒生。

(一) 正直的近乎迂腐的好官

王寵爲人非常正直,在他任山西雁平道時,時任山西巡撫的德明説他執拗,雍正則夸他是正直端方之人。有時候這種正直都已近乎迂腐。雍正曾説:"昨謝王寵密奏,言朕用各省督撫應當選擇等語。朕從前以伊爲國家有用之人,其才識可及趙申喬。由今觀之,甚屬庸鄙糊塗。伊並不知朕心,不過爲迂濶之論,以塞

---

① 銀川美術館編著《寧夏歷代碑刻集》,第 144—145 頁。

進言之責耳。"①胤禛之所以這樣説他,就因他雖然説希望皇帝要認真選擇各省督撫,卻無法回答皇帝的提問:現任哪個選擇的不好,你覺得哪個可以爲督撫。可見他只是迂闊之論,而没有真正推薦或者參奏合適的與不稱職的督撫,這才招致雍正不滿。儘管迂腐,王寵還是一位好官。正因爲他的正直執拗,其下屬才都奉公守法。他能一歲而五遷,可見朝廷和大多數官員對他還是認可的。

(二) 心繫百姓、善於斷案的高手

王寵"性儉樸,恬於勢利"(《墓志銘》),因而能不懼達官貴人,心繫百姓,出於公心,斷案公平,爲人所折服。剛到雁平道任,"百姓攀泣訴者日有七八十紙",他"詳察正僞,不出票,不差役,但懸牌限日,令自來候質。隨到案即審結"(《墓志銘》),顯示出了很高的斷案能力。大同鎮過去因民田馬廠地界不明,百姓常常爲此争訟。王寵親自到實地查看,很好地劃分了界限,從此再無紛争。忻州有片地不適合種植作物,過去這裏數百家百姓都以煎鹽爲生。不想來了位不肖州牧,"夥同富户包攬尚利"(《墓志銘》),斷了百姓的生路。王寵知道後,立即向巡撫反映,終於使州牧得到了處理,百姓回歸了原來的生活。在任順天府尹期間,他將過去多年未結的舊案盡行處理,"百姓怨訴,公一訊立雪,毫無瞻顧,一府肅清"(《墓志銘》)。他站在百姓的立場上,充分運用自己的斷案智慧,將過去積案斷處得合理合法。正因他爲民做主,在離開山西時,"遠近童叟,各持斗粟雞酒來别,皆痛哭流涕……出即遮道攀留,至不得行"。更有人要到京城求朝廷讓王寵繼續留任,"雖受苦累,無怨悔"。王寵感歎道:"向蒞此土者,率爲民俗刁健難,以愚之涼德而百姓愛戴若此也,可見天理自在人心,未嘗一日而泯。"(《墓志銘》)受到百姓衷心的愛戴,更反映出他心繫百姓、爲民做主的高貴品質。

(三) 潛心鑽研、身體力行於理學思想的儒生

謝王寵在授爲檢討後不久告假回家,直到雍正元年(1723)被重新起用,十年多的時間都在鑽研理學。爲雍正講《太極圖説》,"上大喜",②可見其潛心理學,學問已達到了一定水平。他所著《愚齋反經録》十六卷,十餘萬字,皆爲傳統儒家經學,而又以程朱理學爲宗。雖無多少自己見地,可他是真誠地信奉、推崇這些思想的。不僅如此,他還將其作爲自己的行爲準則,不折不扣地踐行。在署國子監祭酒事時,"太學藏書散失,寵疏請武英殿發書四十五部,復自捐俸購經,分給

---

① [清] 愛新覺羅胤禛《世宗憲皇帝上諭內閣》,影印文淵閣《四庫全書》本,第 415 册,第 149 頁。
② [清] 張金城等修纂、陳明猷點校《乾隆寧夏府志》,寧夏人民出版社 1992 年版,第 458 頁。

諸生誦讀"。① 他不僅在從政期間對公事盡心盡責，顯示出了自己的忠君，也更在乎自己的孝行。在讀書求學時，他曾向惠安別駕李振宗請教學習，李卒後數年，王寵考中進士，進京做官時還不忘"扶柩至京師"，并讓自己的兒子將李的靈柩"船載回籍"（《墓誌銘》）。這一做法既體現了王寵的尊師之情，又全了李別駕喪事之禮。王寵非常注重"悌"，兄弟五人早已分家，卻仍在一起生活，特別是他"通籍後，仍同爨"。他說："吾賴先人積德，得邀一命，不忍獨享也！"（《墓誌銘》）他在《愚齋反經錄》卷八《明倫錄》末尾有一段類似於跋的文字中說："余著《明倫錄》，蓋欲行之，非徒知之已也。每於日夜，頻自點檢，覺此中有多少不慊心處。《書》曰：'非知之艱，行之維艱。'豈其然乎？孔子曰：'所求乎子以事父，未能也；所求乎臣以事君，未能也；所求乎弟以事兄，未能也；所求乎朋友先施之，未能也。'大聖人且然，而況吾輩乎！"作者總是在反思自己在行動上是不是真的踐行了理學對一個儒生的要求。這種誠心信奉并付諸行動的精神，非常可貴。作者輯《愚齋反經錄》十六卷，包含了《〈論語〉尊注解意》《孝經述朱錄》《忠經擇要》等十餘種書，且每一種書都重在闡述主題，擇其要旨，其目的是爲了教授學生初學經典時，把握真經，認識真道，不爲其他異說所左右，在思想認識上同朝廷所倡導的性理之學相一致。可見，王寵在講學授徒的過程中，也是在踐行理學思想。

　　王寵的一生，貴在其正直的爲人，恬淡的性格，堅定的信念，執著的追求。也貴在他生活簡樸，不懼權勢，一心爲民，斷案入神的從政智慧。但其作爲一位徹頭徹尾的"衛道士"，盲目尊崇，排斥異說，因循守舊，思想僵化，應予以辯證的認識。

第三節　俞德淵及其族人著述

　　俞德淵，寧夏平羅人，官至兩淮鹽運使。爲官清正廉潔，秉公執法，爲時人所推崇，特別是時任江蘇巡撫林則徐"於時彥少所推許"，獨稱贊他"體用兼賅，表裏如一"。②

　　關於俞德淵及其著述，陶澍《陶雲汀先生奏疏》《陶文毅公全集》多有俞德淵事迹，魏源《淮北票鹽志略》等文獻中關於俞德淵在兩淮鹽法方面的記載頗多，

---

① ［清］張金城等修纂、陳明猷點校《乾隆寧夏府志》，寧夏人民出版社1992年版，第458頁。
② ［清］李元度《俞陶泉都轉事略》，載《國朝先正事略》卷五四，嶽麓書社1991年版，第1276頁。

第四章　黎宗周、謝王寵、俞德淵、趙尚仁及其著述　365

《清史稿》卷三八四《列傳一七一》、《清史列傳》卷七六《循吏傳三》、《重修兩淮鹽法志》卷一三八《職官門・名宦傳下》均爲其作傳。甘熙《白下瑣言》卷五、姚瑩《識小錄》卷八、姚永樸《舊聞隨筆》卷二有小傳。寧夏舊地方志《〔道光〕平羅記略》卷七《人物・鄉達》和《〔民國〕朔方道志》卷一六《人物志・鄉宦》，其他地方志《甘肅新通志》卷六五《人物志・鄉賢下》、《續纂揚州府志》卷八《宦迹》，以及《重刊續纂宜荆縣志》卷五之二《荆溪名宦志》亦有小傳。葛士濬《皇朝經世文續編》卷九《學術九》、卷四二《户政十九》、卷四三《户政二十》共收俞德淵文章八篇，王定安《重修兩淮鹽法志》卷一五八《雜記門・藝文六・書牘》收三篇《默齋公牘》所選文章，林則徐《雲左山房文鈔》卷四收其爲俞德淵所做墓誌銘，賀長齡《耐庵文存》卷四《紀略》收其爲俞德淵所作紀略，李元度《國朝先正事略》卷五四《循良》收其爲俞德淵所作小傳。

目前學界研究成果甚尠，主要有：胡迅雷《清代平羅俞氏家族》一文中以多半篇幅論述了其生平和主要功績，并簡要梳理了俞氏家族的情況；徐莊《明清時期寧夏版本經眼錄》對廣東中山圖書館藏俞氏《默齋公牘》的版本情況作了介紹；刁俊碩士論文《明清以來寧夏歷史人物著述考——以朱栴等人爲例》中簡要介紹了俞德淵的著述情況；吕超及景永時合作的《清代寧夏籍兩淮鹽運使俞德淵生平事迹考述》對俞德淵生平事迹作簡要概述；另，吕超碩士論文《寧夏籍名宦俞德淵考》一文，對俞德淵的生平、思想、政績以及著作多方面進行了考述，值得一提的是，此文有關《寧夏俞氏族譜》及俞壽祺的資料都是難得一見的，對筆者的整理研究工作產生了極大的幫助。另外《寧夏古今名人故事》一書中有《勤政廉儉的俞德淵》一文以通俗的文字簡要介紹了俞德淵的生平。因此，有必要對俞德淵的生平、家世及其著述進行全面的梳理研究。

一、俞德淵的生平

俞德淵，生於乾隆四十三年(1778)十一月初九日，卒於道光十五年(1835)十二月甲戌，終年58歲。

（一）俞德淵的字號

俞德淵，字原培，號陶泉，又號默齋。關於俞德淵的字、號，史料記載不一。《寧夏俞氏族譜》，載"德淵公，字原培，號陶泉"。①《寧夏俞氏族譜》載陶澍《皇清

---

① ［清］俞思益《寧夏俞氏族譜》，清同治七年(1868)抄本。

誥授中議大夫兩淮鹽運使顯祖考陶泉府君行述》（本節以下簡稱《行述》）其中稱："府君姓俞氏，諱德淵，原名登淵，字原培，號陶泉，晚號默齋。"①《平羅春秋》認爲"字原培，號陶泉，默齋主人"。② 林則徐在其《中議大夫兩淮都轉鹽運使司鹽運使平羅俞公墓志銘》（本節以下簡稱《墓志銘》）中曾説俞德淵"字源培，號陶泉"。③ 李元度《俞陶泉都轉事略》（本節以下簡稱《事略》）載："俞君德淵，字陶泉。"④姚瑩在其《俞都轉》載："俞德淵，字陶泉。"⑤《清史稿》卷三八四載："俞德淵，字陶泉。"⑥《清史列傳》《甘肅新通志》《續纂揚州府志》《白下瑣言》等記載均爲"字陶泉"。《〔民國〕朔方道志》卷一六《人物志·鄉宦》載："俞德淵，字陶潛。"⑦因《寧夏俞氏家譜》爲俞德淵之姪俞思益編纂，且《行述》原文載"不孝承重孫俞光昱、不孝孤子俞葆素泣血稽顙謹述"，"同館友人陶澍頓首拜填諱"，可知，《行述》實爲俞德淵的兒子俞葆素和孫子俞光昱撰寫，由陶澍整理。故對於父親的字、號定謹慎書寫，故名"德淵"字"原培"更可信。考俞德淵爲《養默山房詩稿》寫的序署名"嘉慶庚辰季秋下浣陶泉俞德淵題於荆溪官署"可知俞德淵號"陶泉"，因此可以斷定《朔方道志》中號"陶潛"當爲音誤。此外，俞德淵還自號"默齋"，這在他的《默齋公牘·寄裕魯珊同年》（本節以下凡引用《默齋公牘》，只隨文標注卷數篇名）中有記載："自道光五年首邑卸事後，回思前事，動觸危機，因改號'默齋'以自儆。"

（二）俞德淵的生平分期

俞德淵一生大體可分爲三個階段。

1. 第一階段（1778—1817），讀書求學期

俞德淵自幼"壹志向學"，⑧弱冠之年入縣學，"幼時家貧甚，拆屋材爲試資。舉秀才，不克"（《墓志銘》）。後"錢塘王侍郎爲平羅令，重其文，歛之，入闈一試而捷。又十年成進士"（《墓志銘》）。即嘉慶十二年（1807）中丁卯科舉人，二十二年

---

① ［清］俞思益《寧夏俞氏族譜》，清同治七年（1868）抄本。
② 何子江、萬青山《平羅春秋》，寧夏人民出版社 2005 年版，第 258 頁。
③ ［清］林則徐《中議大夫兩淮都轉鹽運使司鹽運使平羅俞公墓志銘》，載《默齋公牘》卷下，中國科學院國家科學圖書館藏清同治九年（1870）平羅留餘堂刻本。
④ ［清］李元度《俞陶泉都轉事略》，載《國朝先正事略》卷五四，嶽麓書社 1991 年，第 1276 頁。
⑤ ［清］姚瑩《中復堂合集·識小錄》卷八，近代中國史料叢刊續輯第六輯，（臺北）文海出版社 1974年，第 2375 頁。
⑥ 趙爾巽等《清史稿》卷三八四，中華書局 1977 年版，第 11668 頁。
⑦ 馬福祥等修、王之臣纂《〔民國〕朔方道志》，載《中國方志叢書》《塞北地方·第二號》，臺灣成文出版社 1968 年版，第 799 頁。
⑧ ［清］董國華《俞盛初先生墓志銘》，載［清］徐保字《〔道光〕平羅記略》、［清］張梯《〔道光〕續增平羅記略》，王亞勇校注，寧夏人民教育出版社 2003 年版，第 253 頁。

（1817）中丁丑科進士，選爲翰林院庶吉士。

2. 第二階段（1818—1825），仕途成長期

被選爲庶吉士三年後散館，嘉慶二十四年（1819）閏四月，"著以知縣即用"。① 八月，經掣籤，授安徽廣德州建平縣（治今安徽省郎溪縣）知縣。② 但查《清史稿》卷三八四《俞德淵傳》和《墓志銘》《事略》等史料，均無俞德淵就任建平縣知縣之記載，且均載其由庶吉士散館後改江蘇荆溪知縣。"二十四年散館名在二等第三名，改知縣，九月選授安徽建平縣，奉旨調補江蘇荆溪縣知縣。"（《行述》）德淵善於治訟，剛到荆溪，"遮訴者百十輩。逾年，前訴者又易名來控，一見即識之，群驚爲神"。③ "荆溪三官堂僧被殺，隸誣繫屠者，出血衣爲證。君疑焉，引實密室，訊得實，釋之。卒獲正凶。"（《墓志銘》）因有廉能，調長洲（治今江蘇省蘇州市）。"令長洲時，海門人王有素以鬥殺人抵死，讞定矣。至省呼枉。君請覆檢，檢無傷痕，案得平反。"（《墓志銘》）因爲官好，甚得民心。道光三年（1823），任蘇州督糧同知。時"吳中雨不止，田禾蕩然。君言備荒先聚糧。吳民素鮮蓋藏，江西湖廣早稻以六月熟，其值方賤，莫若就糴於鄰省。乃亟請大府貨帑十餘萬金，糴楚米歸以平糶"（《墓志銘》）。在他的努力下，蘇州糧米未出現大的波動，百姓順利度過荒年。爲了備荒，他還採用報價制度，招用老成持重者管理其事，豐年藏而荒年出，使地方鎮靜，百姓安居樂業。爲此，朝廷在其知縣任上加知州銜。四年（1824），俞德淵在蘇州數月，便釐清積案八十餘起，修水利，堵決口，上陳關於海運三十條，得到了朝廷的採用。

3. 第三階段（1826—1835），仕途高峰期

史載，道光六年（1826），清廷初行海運，"以德淵董其役，章程皆出手定"。④ 德淵本來可以在海運事業上大幹一場，後卻因母喪回家丁憂。其母赫氏，"道光五年十月二十四日卒"。⑤ 可見《清史稿》道光六年（1826）之事所載不確，疑在時間上爲泛指。道光八年（1828），守喪期滿，擢常州知府，調江寧。道光十年（1830），兩淮鹽法大壞，國庫虧空很大。宣宗授陶澍爲兩江總督，命尚書王鼎、侍郎寶興赴江南會議改革。當時議者多主張罷官商鹽，歸場灶科稅。俞德淵具議數千言，陳述鹽歸場灶的三種方法及其實行中的九難，而且，鹽法中所形成的積弊並非硬性革除即可解決，它還牽扯到鹽商的利益，一些靠鹽運生活的人的

---

① 《清實錄·仁宗實錄》，第五册，第710頁。
② 秦國經《清代官員履歷檔案全編》（第25册），華東師範大學出版社1997年版，第406—408頁。
③ 趙爾巽等《清史稿》卷三八四，第11668頁。
④ 同上。
⑤ 〔清〕董國華《俞盛初先生墓志銘》，載〔清〕徐保字《〔道光〕平羅記略》、〔清〕張梯《〔道光〕續增平羅記略》，王亞勇校注，寧夏人民教育出版社2003年版，第254頁。

穩定問題。德淵認爲，"利與害相因，言利之道，必並其害"（《墓志銘》），關鍵是怎麽趨利避害。德淵提出，要想妥善解決這個問題，"則宜先定章程。清竈僉商、改官易制諸事，非三年不能就緒。此三年中，額課未可長懸也，場鹽未可停售也，各岸食鹽未可久缺也"。① 此議深受陶澍認可並報請朝廷采納。陶澍因此頗爲賞識俞德淵并薦其擢兩淮鹽運使。

在出任兩淮鹽運使的五年中，他以規勸爲主要手段，教育鹽商遵守法度；常常親自帶人細加查訪，革除弊端。爲了治理鹽政，他不懼上司，據理力争，以將差事辦好爲原則。當時，陶澍爲兩江總督，兼理鹽政，德淵在與其討論鹽政時，"語多齟齬不合，陶公抗聲争之，侍者變色，牕紙皆震。君從容辯説，卒如君言"（路德序）。體現了其在兩淮鹽政工作上的真知灼見和管理能力。

正因爲俞德淵在鹽政上的突出才能與貢獻，"十五年冬，陶公入覲，薦公大可用，上亦嘉之。將晉用"（《事略》）。可惜就在此時，道光十五年（1835）十二月，德淵卒於官，終年58歲，葬於"平羅縣東鄉正閘堡昌潤渠之陽"（《墓志銘》），清廷追授其爲"中議大夫"（《墓志銘》）。當德淵的死訊傳至其宦迹所歷的荆溪、長洲、江寧時，"士民……皆流涕，請祀各屬名宦祠"（《事略》）。

（三）俞德淵的評價

俞德淵爲官節儉清廉。其在鹽運使任五年，力崇節儉，妻子常衣布素，揚州華侈之俗爲之一變。林則徐也稱贊其"爲宦幾二十年，旁無滕侍，家絶綦縞之飾。禄俸所入不私積生産，於鄉黨所乏無不給，於寮友之急難無不赴也"（《墓志銘》）。當朝尚書黄鉞托陶澍爲自己的兒子黄中民謀一"優差"時，俞德淵説："優差以待有功，中民無功，不可得。"陶澍説他已經答應了黄尚書，然而俞德淵非但堅持不允，還聲稱："以德淵辭可也。"由此，陶澍"益賢之"（《事略》）。德淵不僅自己做到清廉，而且對家人和屬下要求都是極嚴格的，以防他們利用自己的名義在外做不法之事。俞德淵去世後，路德應俞德淵的弟弟和侄子之請爲其作傳，想搜集一些關於他的軼事，詢其弟，其弟少泉曰："吾助兄理家務，凡公事皆不與聞。"又詢之於其子侄，皆云："吾兄弟隨侍讀書，足不出塾門，凡官僚議政及研鞫庶獄，均嚴禁不得竊聽。雖在官廨，猶家居也。"再問下屬，則説"吾儕日侍門庭，但奉令而已，實不知其所以然"（路德序）。

俞德淵做事剛正勤謹。他嚴守中國古代知識分子的做人規範，處處高標準地遵循社會對一位官吏的道德要求。賀長齡在其《兩淮都轉平羅俞君言行補遺》

---

① 趙爾巽等《清史稿》卷三八四，第11668頁。

（以下簡稱《言行補遺》）贊他"君之居官也恪，即胥吏白事，不衣冠不見也。盛暑讞獄，危服坐堂皇，浹汗竟日。異時，君方有所推鞫，瘧忽作，舉體震掉，事未竟，不止也。①處事與人爲善，在處理鹽務時總是先出告示，後才嚴格執法。爲官則兢兢業業，直到把自己累病。路德在其《呈護制軍林少穆師》文後評價他說："昔人以鹽官爲樂，若君之作運司，非惟處膏不潤，直如重負在背，行泥淖之中，步步防其傾跌，遑敢休息。自有運司以來，未有況瘁如君者矣，欲不病也，得乎？作此書時，病勢已篤，猶區畫周詳，公私兼盡如此。蓋用心熟者，雖極困頓危苦時，亦斷斷不能粗疏也。"也正因爲此，李元度《國朝先正事略》將其傳歸入《循良》中，《清史列傳》將其歸入《循吏傳三》中。時人爲書楹帖贈之："至性至情得天者厚，實心實政感人也深。"（《言行補遺》）

俞陶泉才力優長，爲時人所重。林則徐、賀長齡、陶澍是清中後期之名臣，更是俞德淵在江南一帶任職時的上司、地方大員，他們都對德淵另眼看待，"有疑事必咨於君。諸公議論未決者，待君一言而定；或君不在坐，他人有所陳稟，則曰'俟與俞君商之'"（路德序）。"凡用人、行政必以諮君，數言輒定訖，事罔不如所慮。使人必當其材，兼能役其心，故事皆辦集。"（《言行補遺》）他在鹽法上的貢獻尤其大，縱觀《默齋公牘》一書，絕大多數篇章都是論述鹽政的，且路德多評價其"簡明""懇切動人""苦心區畫""曉鬯"，他的鹽政策略，對當時的清政府在兩淮地區的財政收入起到了很大作用。因此，《清史稿》才評價他"佐陶澍治淮鹽，尤濟時之才"。②

二、俞德淵的《默齋公牘》及其他著述

俞德淵公務之暇，勤於寫作，著有《默齋公牘》《默齋文稿》（一作《默齋存稿》）等。孫殿起《販書偶記續編》著録較爲詳細："《默齋公牘》二卷。清平羅俞德淵撰，盩厔路德評選。道光庚子冬刊，同治庚午平羅留餘堂重刊。"③〔民國〕朔方道志》卷三一《志餘下•著作》亦有簡要記載。

（一）《默齋公牘》的版本

《默齋公牘》傳世版本有兩個，都爲清刻本，道光二十年刻本藏於廣東省中山圖書館，同治九年重鐫本在中科院國家科學圖書館、四川大學圖書館均有藏。

---

① ［清］賀長齡《兩淮都轉平羅俞君言行補遺》，載《默齋公牘》卷下，中國科學院國家科學圖書館藏清同治九年（1870）平羅留餘堂刻本。
② 趙爾巽等《清史稿》卷三八四，第 11672 頁。
③ 孫殿起《販書偶記續編》，上海古籍出版社 1980 年版，第 94 頁。

1. 清道光二十年（1840）刻本（本節以下簡稱"中山道光刻本"）

是書現藏廣東省中山圖書館。刻本，二卷2冊，四眼線裝。版高16.5釐米，寬11.4釐米。白口，四周雙邊，無魚尾，無界行。版心上鐫書名及類目（序、目錄、卷上、卷下、附錄），下鐫頁碼。全書內容均爲每半頁9行，行22字。字體是比較方正的宋體字，版刻清晰，比較美觀。書衣頁上爲"道光庚子冬鐫"字樣，中爲書名"默齋公牘"，下刻"平羅留餘堂藏版"字樣。"留餘堂"，據徐莊考證，俞德淵之侄俞思益編《寧夏俞氏族譜》有"先母杜太恭人生益於平羅縣頭閘留餘堂"之語，①可見"留餘堂"是平羅俞氏家族的堂名，故此刻本爲家刻本。此書上冊末頁，下冊首、末頁下均鈐"廣東省中山圖書館圖書"朱文方印，此外，別無印記。

是書上冊前爲路德序，無標題，落款爲"道光二十年秋九月年愚弟鰲屋路德拜敘於宏道書院之清谷草堂"，共4頁。第一頁左半頁和第二頁的右半頁缺。接下來是全書目錄，共3頁。接著就是卷上正文，共45頁，第一頁右半頁缺。下冊

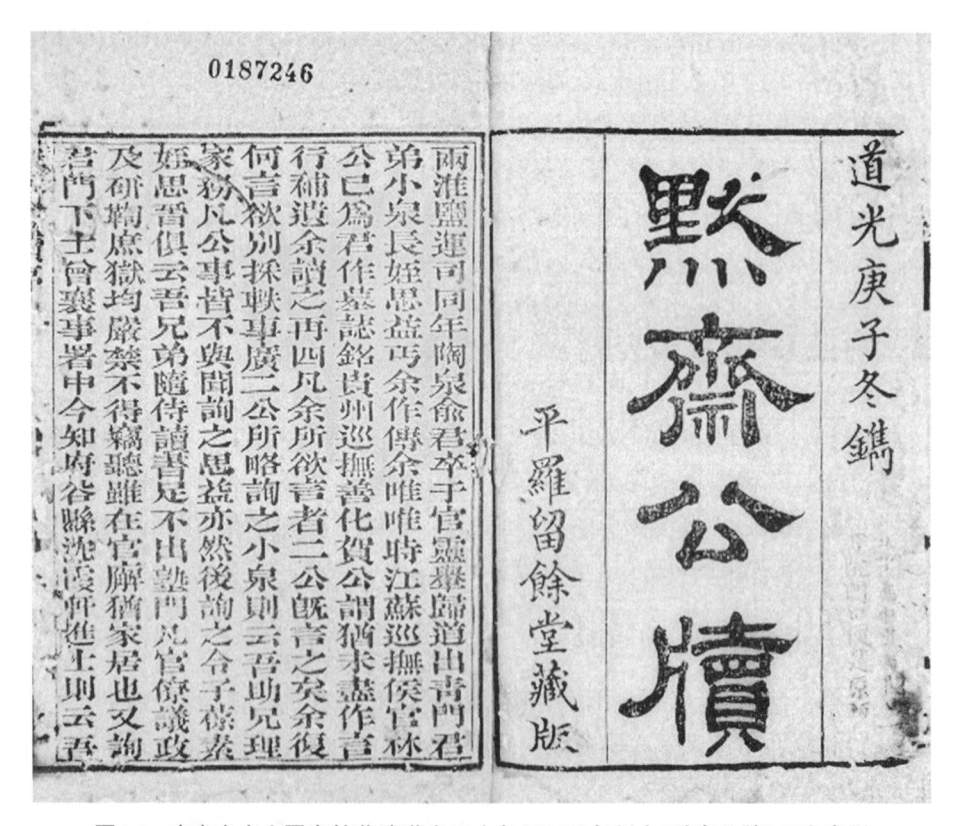

圖24　廣東省中山圖書館藏清道光二十年（1840）冬刻本《默齋公牘》二卷書影

① 徐莊《明清時期寧夏版本經眼錄》，《固原師專學報》1997年第2期，第61頁。

前爲卷下正文共 55 頁,首頁上題"默齋公牘卷下"字樣,下刻"平羅俞德淵陶泉稿　盩厔路德閏生評選"。因卷上首頁缺,故由卷下首頁可推知卷上首頁形式同。路德(1785—1851),字閏生,號鷺洲,陝西盩厔終南鎮北堡(今周至縣終南鎮毓興村)人。嘉慶十四年(1809)進士,授翰林院庶吉士,歷户部湖廣司主事,官至軍機章京。後潛心治學,曾主關中乾陽、宏道、象峰、對峰各書院。著述有《仁在堂示集》等多種,還有評改釐定他人著作多部。正文後爲附録八頁,收林則徐撰《墓志銘》和賀長齡撰《言行補遺》。全書分路德序、《目録》、卷上正文、卷下正文、《附録》等部分,均各自編頁碼,順序排列。正文中都有路德評點。評點有四種形式:一爲句讀,二爲文中夾注,三爲圈點,四爲篇末點評。

是書除缺三個半頁外,蟲蝕處較多,但基本不影響閱讀。

從路德序中可以看出,作者是在整理俞德淵遺物時,搜其"遺書,得公牘稿數册……是册成於鈔胥之手,頗多舛譌。余逐加讎校,擇其有關政術者,録爲二卷,附録林、賀二公作,以存君之梗概"。分析這段話不難看出,德淵生前已將自己的公牘文稿收集成册,托人抄寫留存,只是並未刊印。從這個意義上説,《默齋公牘》至遲在道光十五年(1835)就已成書。後經路德讎校、選編,加附録兩篇,再加以評點,遂成今傳世之中山道光刻本《默齋公牘》。

2. 清同治九年(1870)重鐫本(本節以下簡稱中科院同治刻本)

現藏中國科學院國家科學圖書館的同治刻本,二卷二册一函,四眼線裝。版框同中山道光刻本。白口,單、黑魚尾,四周雙邊,無界行。全書內容均爲每半頁 9 行,行 22 字。版心上鐫書名,魚尾之下鐫卷名(序、目録、卷上、卷下、附録)及頁碼。序、目録、卷上、卷下、附録以及新增附録《俞陶泉都轉事略》均各自編頁碼,依序排列。對校中山道光刻本附録以及四川大學藏中科院同治刻本附録,可知是本附録將後附之《俞陶泉都轉事略》的第二頁左半頁和第三頁的右半頁裝訂在了林則徐所撰《墓志銘》的相應位置。相應地,中科院同治刻本《墓志銘》中就缺了這兩個半頁內容。書衣頁上爲"同治庚午重鐫"字樣,中爲書名"默齋公牘",下刻"平羅留餘堂藏板"字樣。上册書衣、下册首頁天頭均鈐"滿鐵北支經濟調查隊資料□"橢圓形朱文印,印上有朱文編號"昭 16123"。朱文編號上有墨色數字編號,上册爲"59335",下册爲"59336"字樣。卷上正文首頁下鈐"中國科學院圖書館藏"朱文方印一枚,另有"江陰金武祥印"白文方印一枚;卷下正文首頁亦鈐有"江陰金武祥印"白文方印一枚。金武祥(1841—1924)清末藏書家、詩人,原名則仁,字溎生,號粟香,又號菽香等,江蘇常州府江陰縣(治今江蘇省江陰市)人。曾入兩廣總督曾國荃、張之洞幕府。收集古畫古董甚多,並勤於研究。著述有《粟香齋叢書》《江陰藝文志》《陶廬五憶》等多種。

圖 25　中國科學院國家科學圖書館藏清同治九年(1870)
　　　重鐫本《默齋公牘》二卷書影

圖 26　四川大學圖書館藏清同治九年(1870)庚午重鐫本《默齋公牘》二卷書影

現藏於四川大學圖書館的也爲清同治九年(1870)重鐫本(本節以下簡稱川大同治刻本)，其從外形、裝幀、版式、内容目驗可知與中國科學院國家科學圖書館藏版本爲同一版本，其原書内容排序、頁碼等與中科院藏本完全相同，值得注意的是其附錄頁碼順序排列恰當，無缺頁、錯訂情況。是書書衣上印"四川大學圖書館藏書"圓形藍文印，此外別無印記。

兩版本區別主要有以下幾點：

其一，中科院同治刻本、川大同治刻本《附錄》後增了李元度《俞陶泉都轉事略》3頁内容，且頁碼獨自編排，并未續前附錄内容頁碼。其二，缺頁、錯訂情況：中山道光刻本所缺頁碼，中科院同治刻本都完好。中科院同治刻本經與李元度《國朝先正事略》卷五四所收《俞陶泉都轉事略》相對校，可知中科院同治刻本將後附之《俞陶泉都轉事略》的第二頁左半頁和第三頁的右半頁裝訂在了林則徐所撰《墓志銘》的相應位置。相應地，中科院同治刻本《墓志銘》中就缺了這兩個半頁內容。川大同治刻本完全無缺頁、錯訂的情況，可據此補足所缺内容。其三，將二本對校，發現有個別字句不同之處。如卷下第22頁第10行第三字，中山道光刻本爲"呼"，中科院同治刻本爲"喚"。中科院同治刻本在下册末頁左下角刻有"道光庚子冬鐫原板存陝西省城關中書院門口刊字鋪"字樣，當爲提醒後人書板收藏地。其四，版式差異明顯。中科院同治刻本版心爲單黑魚尾，中山道光刻本無魚尾；中科院同治刻本雖總體四周雙邊，但5—9頁及其他個別頁碼右半頁右側單邊。其五，字形有差異。對校二本，雖文字內容同，大部分文字寫法相同，但依然有很多字形差異明顯。最典型的是中科院同治刻本書衣爲重新刊刻，上爲"同治庚午重鐫"字樣，中爲書名"默齋公牘"，下刻"平羅留餘堂藏板"字樣，雖版式相同，但字形差異明顯，特別是中山道光刻本的"版"字，中科院同治刻本刻爲"板"。

中科院同治刻本除下册末尾數頁因蟲蝕有個別字無法識別外，大體保存完好，而無法識別字迹可依據川大同治刻本進行補足。

就版本比較而言，中科院同治刻本及川大同治刻本爲重鐫本，補充了新內容，缺頁情況也較道光本少，且保存比道光本完好，但是筆者並未得到川大同治刻本全本，故以中科院同治刻本作爲底本，其中所缺內容據川大本補。

（二）《默齋公牘》的内容

《默齋公牘》中科院同治刻本前有路德序，後有《附錄》三篇，分別爲林則徐《墓志銘》、賀長齡《言行補遺》及李元度《俞陶泉都轉事略》。正文共分上下兩卷。卷上是書信13篇，爲上行文或平行文；卷下是曉諭公示類，共18篇，是下行文。卷上和卷下各篇大體又在各自類別內按照作文時間先後順序排列，時間早的在前，時間晚的在後。

上卷收錄俞德淵的書信，主要分爲"致大吏及僚友書"和"致屬吏及友人書"（路德序）兩類。其中"致大吏及僚友書"7篇，分別爲《致潘太守》《呈蔣勵堂節相》《致同年某公》《復陸心蘭方伯》《復趙菊言方伯》《詳陶制軍宮保》《呈護制軍林少穆師》，主要是德淵給上司及同僚闡述工作事宜的。從書信中可以看出，德淵"先事籌畫、動中機宜，盡其所欲言，不言其所不知。婉而不媚，直而無忤，屬屬乎其忠也"（路德序）；"致屬吏及友人書"6篇，分別爲《寄裕魯珊同年》《致王竹嶼》《致前徐州守張丹邨》及《呈賀耦耕師》3篇，此類書信也主要是談與公事有關的內容，從中可以看出他"設身處地，知彼知此，不疆以所難爲，亦不徇其所欲得，懇懇乎其周且至也"(路德序)的做人和爲官本色。

卷下主要是德淵在任上所作的各類曉諭與示。從內容上看，有關於海運的，如《酌擬海運未盡事宜》《酌擬交兑新運事宜》等；有關於社會安定的，如《諭荆溪縣紳耆》《禁添設茶館示》《禁賭博示》《禁機匠匪徒人等聚集滋事示》等；有關於鹽務的，如《禁鹽厮質押官件示》《禁江船夾帶示》等。這些"勸諭士民及一切條教號令"顯示出德淵"周攬氓俗，怵惕於懷，中夜彷徨，每食忘味"(路德序)勤政爲民、兢兢業業的爲官狀態。

從這些文章可以看出，德淵做事總是"將興一利，必思其終；將除一弊，必究其始。使人懷德畏罪，莫敢齟立，雖欲自外於君而不可也"(路德序)。充分體現了德淵高貴的品格和強大的人格魅力。

(三)《默齋公牘》的藝術特點

1. 内容集中

《默齋公牘》所錄文體雖多樣，有書信、呈文、曉諭、告示等，但就內容而言卻較單一，大多集中於談政務。《致潘太守》談改河道之事，對於潘太守改河道之法表示贊許，認爲是"深費苦心""卓見不撓，縷細剖稟"，但也表明自己的擔憂，"未知宿民有無後言，倘至動工之時趨民上控，故作聳聽之詞，終煩憲慮"後提出了自己的想法，"已經齟齬於前，當思和解於後。苟可於事有濟，固不妨委曲求全"；"與其以我防人，不如使人爲我用，轉移之術尤不可不預爲之圖也"。路德評價爲"圖慮極精"。《呈蔣勵堂節相》主要論吳縣、長洲、元和三縣紳户和民户折米價值長短不齊之弊以及俞德淵自己的一些看法，提出自己的兩條建議：各憲之諄切諭飭；將來折價時量爲減讓。路德評價其"洞見幽隱"。《復陸心蘭方伯》雖爲致友人的信，但他從鹽務、貢院經費、秋時下河一帶受災與收成情況三個方面回信，實仍爲對政務的見解與建議。《呈賀耦耕師》共三封。賀長齡(1785—1848)，字耦耕，①號西涯，湖南善化人，與俞德淵甚爲友善。三封信均談鹽務，其他基本不涉及。雖第三封信中涉及關於"仁"與"熱腸"之論，其目的主旨、用意依舊在於對鹽務的評價與看法。

當然，既爲信件，也偶有談及友情及其他内容的，但所佔筆墨不甚多。《致王

---

① 案："耦耕"，《皇朝經世文續編》收俞德淵與賀長齡的三封書信標題中"耦庚"。羅汝懷《皇清故兵部尚書雲貴總督善化賀公傳》載："公諱長齡，字耦庚。"唐鑑撰《皇清誥授榮禄大夫前兵部尚書兼都察院右都御史雲貴總督耦庚賀公墓志銘》載："公姓賀氏，諱長齡，字耦庚。"此二文均載於《耐庵文存》。《清史稿》卷三八〇載："賀長齡，字耦耕。"陶澍《復賀耦耕太史書》也作"耦耕"。《復賀耦耕太史書》載《陶文毅公全集》卷四一《文集》。考賀長齡主修的《遵義府志》序文結尾處鈐有"耦耕"朱文方印，可確定"賀長齡，字耦耕"(〔清〕賀長齡《遵義府志》，道光二十一年(1841)刻本)。

竹嶼》是俞德淵給友人王竹嶼的一封回信,信的伊始,他對王竹嶼以"數十紙"之筆墨關心自己的鹾務,表達對自己的殷殷垂念,以及指出自己"賦性耿直,每易招尤"的個性表示了自己的感激,認爲這是"忘形之交"的表現。《致前徐州守張丹邨》是一封回復友人"承詢鹾務情形"的信。信的前面以寥寥數語簡單表達自己對張丹邨的"關愛情殷"的感動。信的最後也以寥寥數語提到了自己二十七歲的侄子和兒子的情況。《呈獲制軍林少穆師》是俞德淵給林則徐的信件,開篇簡敘德淵自己病情,并提請假相關事宜。友情及其他私人之事在文中只是點綴,政務才是信件的核心,可以看出德淵一心爲公的循吏性格。

2. 情感真率

《致同年某公》開門見山、直言不諱地拒絕了與其有"同譜之誼"的某公請托"祭産訟事",僅"平日自守硜硜,最不樂請托之事"一句足見其真率之性情,同時也可看出俞德淵是個秉公辦事、不徇私情的人。《諭荊溪縣紳耆》一文,本來是一篇催糧派款的公文,但是作者寫得很是實在,并充滿親和力。所以路德說"懇切動人"。《諭江寧府諸生》寫因諸生中有不講秩序者,有健訟好鬥者,俞德淵對此深惡痛絕,故出示曉諭。語言懇切樸實,正如路德所說:"勤勤懇懇,如父兄之訓子弟,語皆從至性中出,使聽者且感且愧,自覺其非此之謂,寬而有制。"《禁添設茶館示》本應該是朝廷對百姓的命令,但德淵卻苦口婆心,諄諄教誨,更易使百姓接受,也更能體現出他愛民如子的品格。《札各屬》中,俞德淵據實情敘寫,字裏行間表達出對於書差侵害百姓的痛恨之心,并言明"書差供役衙門,憑權藉勢,擾害善良",且提出"切切以書差爲本署之人,稍存迴護",這種絕不徇私舞弊的行爲,體現了俞德淵對百姓的真切關懷。文尾"激發天良,從新振作,既自居於不敗,又造福於無窮,本司實有厚望焉!"既是對於此事所涉及的大小官員的勸誡,同時也是俞德淵內心真實的呼喊。總之,讀德淵之文,總能感受到其語氣凝重,有儒家知識分子的悲天憫人之情懷和勇於擔當的胸襟,感人至深。

3. 邏輯性强

德淵之文,不僅情感上真摯,語氣上懇切,而且總配以嚴謹的分析,將問題的實質剖析得非常到位,使人信服。在《呈賀耦耕師》(其一)中,首先提到揚州鹽弊:"江船腳私,糧船夾帶,以及川、蘆、閩、粵"各類私鹽充斥,導致官引滯銷、商力疲憊。對於解決這一鹽弊問題,所謂的"減價敵私"與賀長齡來信中提到的翻清查與裁剪窩價等方法,俞德淵均一一進行分析并否決:"減價敵私之說,言之似覺可聽,其實終歸無濟。蓋官鹽成本重於私鹽者不啻倍蓰,其何能敵?如欲以官敵私,則必國家不徵課而後可。""清查本無可翻,即從而翻之,亦與現辦事體毫無裨益。""至於裁減窩價,正爲招徠新商,新商之所以不來,在官鹽無利,官鹽無利由私鹽日多,全與窩價無干。窩價減,則成本輕於新商,何不利焉?爲此論者乃局外人耳!"他認爲最好的解決辦法是"非合數省大吏之權大加震動,又合地方營縣聯成一家,不分畛域,斷不足以收緝私之效。若舍此而別求探本之論,雖殫精竭慮,實難期捷獲之功也"。分析細緻入微,路德評其"如扁鵲胗脈,盡見五臟癥結",也非常切實可行。《致同年某公》中,俞德淵不僅拒絕了某公的請託,並進行了詳盡的分析,說明自己拒絕的理由:其一,自己"平日自守硜硜,最不樂請託之事";其二,某公雖對自己情深意長,"若以同年之故,暗中致書,爲之關說,父老聞之,其謂我何";其三,與某公"對壘者非他人,乃同宗骨肉也。處人骨肉間而偏袒以求勝,此心何以自安"?不僅如此,俞德淵還假設自己如果答應某公的請託,可能會出現幾種情況:其一,如果某公獲勝,假如有一天自己故地重遊,某公以"同年之故喜而迎之,貴族以偏護同年之故隨而詈之,當何辭以自解邪"?其二,請託之事本須機密,但往來書信必用驛遞,"欺人之不知抑亦難矣。且既已宣之於口、筆之於書,而復欲欺人之不知是與自欺其心何異"?如果"貴族聞之,竟執此以反詰,閣下何以自白?更何以爲淵代白邪"?其三,某公來信說"某與某有師生之誼,夤緣關說","安知彼不曰某與某有同年之誼、夤緣關說乎"?層層分析,鞭辟入裏。不惟如此,俞德淵還對某公曉之以理、動之以情地分析"貴族控産一事"的意義:"第思祖宗之製祭產,所以收宗睦族也。因祭產之故而至於結訟不休,已失睦族之本意矣。"所以他建議某公心平氣和地解決此事,不要隨俗流之見。可謂慮事周詳,用心良苦。

另,《默齋公牘》中所選文章,有八篇亦見於清葛士濬《皇朝經世文續編》。其中卷上《寄裕魯珊同年》一文,見於《皇朝經世文續編》卷九《學術(九)》;卷上三篇《呈賀耦耕師》見於《皇朝經世文續編》卷四二《户政十九》,分別題作《上賀耦庚制府書》《呈賀耦庚師》《再呈賀耦庚師》("庚"當爲"耕"字誤);卷上《復趙菊言方伯》《致前徐州守張丹邨》《復陸心蘭方伯》、卷下《諭淮商》見於《皇朝經世文續編》卷四三《户政(二十)》,其中《致前徐州守張丹邨》在《皇朝經世文續編》中題作《致前徐州守張丹村》。《皇朝經世文續編》一百二十卷,清葛士濬輯。《皇朝經世文續編》自成書以來,版本較多,筆者校勘所用爲清光緒二十七年(1901),上海久敬齋,鉛印本。清王定安《重修兩淮鹽法志》卷一五八《雜記門·藝文六·書牘》收錄三篇《默齋公牘》所選文章,分別是《致前徐州守張丹邨》(題作《俞德淵致前徐州守張丹村書》)、《呈賀耦耕師》(其二)(題作《俞德淵上賀中丞熙齡書》)、《復趙菊言方伯》(題作《俞德淵復趙菊言方伯書》)。另,林則徐《雲左山房文鈔》卷四收錄其爲俞德淵所作《墓志銘》,題作《兩淮都轉陶泉俞公墓志銘》;賀長齡《耐庵文存》卷四收錄其爲俞德淵所作《言行補遺》,題作《兩淮都轉平羅俞君言行紀略》;

李元度《國朝先正事略》卷五四收其《俞陶泉都轉事略》一文。較《默齋公牘》而言,選入《皇朝經世文續編》《重修兩淮鹽法志》《雲左山房文鈔》《耐庵文存》《國朝先正事略》中的文章還是有些差異。尤其是附錄中這三篇文章,《雲左山房文鈔》中的《墓志銘》較原書《墓志銘》多兩句話,其一"揚郡數被水,君前後倡捐巨萬,擔粥於市以食餓夫。其惠政與爲令時無異"。此爲俞德淵官揚州時事迹,查《言行補遺》《事略》及其他書所爲其作的傳時,幾未發現有此類似記載,唯《行述》中有記載"揚屬數患水,府君前後倡捐巨萬,日煮糜粥數十鑊,肩於市以食餓夫,愛民惠政與爲守令時無異"。① 考《陶泉公入名宦祠詳文并事實册》,②載"道光三年辦理蘇州水災,道光十一年、十三年督辦揚州水災,或出私錢散給餅餌,或請公項分設粥廠,或倡捐輸,伸窮黎自冬徂春,均資接濟生全甚衆,在人耳目"。③ 可見,此條可作爲俞德淵居心仁厚,務實爲民的重要證據。其二"歸葬"下有"於平羅縣東鄉正閘堡昌潤渠之陽",此處爲俞公墓所在地的記載。雖祗多這兩句話,但俱爲補充俞德淵事迹的重要資料。關於《言行補遺》,《耐庵文存》的載文校《默齋公牘》語詞調整較大,僅筆者初步統計,有十處字、詞或句《默齋公牘》有,而《耐庵文存》無。《事略》爲同治重鎸本新加內容,道光刻本並無收錄,故《國朝先正事略》對於校勘文字起了巨大作用。

《默齋公牘》內容雖只有兩卷,卻承載了俞德淵的政務之見,特別是他殫精竭慮、終日苦思且用自己的實踐來證明了是有效的關於海運、鹽政的見解,有些已經上升爲清廷的國家政策。同時,從此書中可以看到一位爲國家和百姓盡心操持的中國古代循吏良吏形象,雖爲公牘,卻有着刻骨的感人力量。因此,此書不僅是重要的史料,更有很大的教育功能,也有很高的文學價值。

俞德淵另著有《默齋文稿》(一作《默齋存橐》)。據〔民國〕朔方道志》卷一六《人物志·鄉宦》載:"俞德淵……著有《默齋文稿》。"④同一志書卷三一《志餘下·著作》載:"《默齋存橐》,清平羅俞德淵著。"⑤而且,卷三一同時著錄有《默齋公牘》,并無《默齋文稿》《默齋存橐》並列的情況,且《行述》載"府君所著刊行者《默齋文稿》《館課存稿》,餘著《詩古文家言公牘》,文字凡若干卷藏於家"。其中祗提及《默齋文稿》,故疑《默齋文稿》《默齋存橐》實爲一書,只是著錄時有一處文字錯誤而已。惜此書今不見傳。另《館課存稿》《詩古文家言公牘》二書同樣不見

---

① 〔清〕俞思益《寧夏俞氏族譜》,清同治七年(1868)抄本。
② 同上。
③ 同上。
④ 馬福祥等修、王之臣纂《〔民國〕朔方道志》,載《中國方志叢書》(塞北地方·第二號),臺灣成文出版社1968年版,第799頁。
⑤ 同上,第1632頁。

其他文獻著録,更未見傳。

俞德淵今傳世散見著述有碑記、序文、詩詞等。其中碑文《重修文昌閣碑》,最早見於《〔道光〕平羅記略》卷八《藝文》。此文作於嘉慶年間,且此閣重修竣工於嘉慶二十年(1815)乙亥,根據常理,在此閣竣工之年完成此碑文的可能性最大。時德淵爲舉人,尚未榮登進士。碑文記載平羅文昌閣在嘉慶年間兩次修繕的過程,對於主要的捐資人、董其事者都給予了贊頌。此文語言簡潔,乾净利落。《王忠烈公祠碑記》載於《重刊續纂宜荆縣志》,爲俞德淵任荆溪縣知縣時所作。俞德淵到任荆溪後,發現無專門的祠堂供奉王忠烈公行儉,"以南門外舊白糧坊頽廢弗治",捐資修建,廟建在南門外,爲荆溪做下一件大事。道光四年,俞德淵應荆溪士人所請,爲忠烈祠作詩一首。另還有《宜荆兩邑在城義倉碑記》一文同載《重刊續纂宜荆縣志》。序文有俞德淵爲謝元淮詩稿所作序文,載於《養默山房詩稿》。文章高度評價了謝元淮的爲人及詩歌創作,對於謝元淮人生經歷作簡要説明並謙遜地表達對於謝詩的喜愛與期待,願"盥手而俟之"。① 另還有俞德淵爲《傷科彙纂》所作之序。散見詩詞有:《俞德淵次韻》組詩四首,載《雲臺新志》卷第四《山水上》。② 詞作《菩薩蠻》載《聽秋聲館詞話》,此詞有序與補記。③

三、俞德淵的家世及其族人著述

俞德淵先世爲安徽無爲州(治今安徽無爲縣)望族,明代遷甘肅寧夏,後遷平羅,爲平羅縣人。胡迅雷《清代平羅俞氏家族》中説俞氏"歷俞天申、俞灝、俞百川、俞世隆、俞德淵五世"。④ 此説當誤。林則徐爲俞德淵所作《墓志銘》中曰:"曾祖天申,祖灝,父世隆。"董國華所作《俞盛初先生墓志銘》中亦云:"祖考諱天申……天申生灝……是爲百川公,先生考也……百川公生先生。"⑤這裏的"先生"指墓主俞世隆,胡迅雷誤爲"五世",是將俞灝與俞百川誤爲兩人所致。除此之外,考《寧夏俞氏族譜·世系》,俞德淵一輩爲四世。由此可知,平羅俞氏自俞天申至俞德淵歷四世。

曾祖俞天申,"篤行好善,多陰德"。⑥

---

① 〔清〕謝元淮《養默山房詩稿》,《續修四庫全書》第 1511 册,上海古籍出版社出版 2002 年版,第 604 頁。
② 〔清〕謝元淮總修,許喬林纂輯《雲臺新志》,清道光十六年(1836)刻本。
③ 〔清〕丁紹儀撰《聽秋聲館詞話》,《詞話叢編》第 49 種,中華書局 1986 年版,第 2597—2598 頁。
④ 胡迅雷《寧夏歷史人物研究文集》,寧夏人民出版社 1993 年版,第 150 頁。
⑤ 〔清〕董國華《俞盛初先生墓志銘》,載〔清〕徐保字《〔道光〕平羅記略》、〔清〕張梯《〔道光〕續增平羅記略》,王亞勇校注,寧夏人民教育出版社 2003 年版,第 252—253 頁。
⑥ 同上,第 252 頁。

祖父俞灝，字（號）百川，"經術淹通，潛志未顯"。① 其繼室杜氏。餘不詳。

父俞世隆，字盛初，生於乾隆九年（1744）正元初七，卒於嘉慶十五年（1810）十月三十日。俞世隆雖敏慧，但因其父"晚家甚貧"，而早歲棄讀經商於平羅。又因後母杜氏年事高，缺定省，遂徙居平羅邑東鄉。俞世隆從商有信義，口碑甚好，"平易不欺，尤能擇交遊，重然諾，介介取予之間"，且"爲人宅心寬，處事慎，操貨殖之業而躬儒者之範"。② 他不僅經商有道，教子亦有方："教諸子有法度，童稚時命習揖讓之禮，就外傳於下塾，時考其勤怠，嗣以食。"③不惟如此，俞世隆還是個孝子，被當地人譽爲"孝友"："以父早背，事後母至孝。家貧，每從市歸，攜蔬釀博堂上歡。母終，朝夕依墓側，寒暑靡輟。"④俞世隆先娶唐氏，早卒，以德淵官贈安人，晉贈宜人。

母赫氏，生於乾隆二十一年（1756）十一月初六日，卒於道光五年（1825）十月二十四日，以德淵官封太安人，晉封太宜人。她事後姑盡孝，撫前室女有恩，督促諸子學習，操持家務，縫縫補補，辛勞異常。遇到年景不好時，自己帶著孩子們吃粗食，卻將先熟之麥做出飯給丈夫吃。當德淵爲官後，她仍親自到市場買菜做飯，而且不隨德淵到其爲官地生活，怕拖累兒子。每年她都遣子至治所察看俞德淵當官的情況，并鼓勵他在外好好做官，做好了官也就相當於在家裏盡了孝。⑤ 赫氏可謂明理賢惠之人。

德淵兄弟五人，皆赫氏出，德淵行二。長兄俞德涵，道光五年，在平羅縣知縣徐保字勸捐義粱的過程中，"捐粱二百石，爲閤邑冠"⑥；三弟俞德源，四弟俞德洌，皆寧夏縣（治今寧夏銀川市）庠生；五弟俞德清。女二人，分別嫁莊傑、張惢。德淵兄弟間感情很深厚，德淵在外爲官，身邊沒有媵侍，其弟常年照顧他，當他"嘗病臥館中，其弟爲抱持臥起，月餘不倦。及官江寧，弟年四十餘矣，猶左右侍奉如曩時"（《言行補遺》）。

俞德淵妻安氏，餘不詳。子三：長子思震，即光昱父，係過繼，娶楊氏；次子葆素，平羅縣學生，娶趙氏；三子仲誠，殤。女一，適同縣捐職金汝礪。孫三：思震出者光昱；葆素出者光晫、光旭。孫女二：思震出者一，葆素出者一。餘不詳。

---

① ［清］董國華《俞盛初先生墓志銘》，載［清］徐保字《〔道光〕平羅記略》、［清］張梯《〔道光〕續增平羅記略》，王亞勇校注，寧夏人民教育出版社2003年版，第252頁。
② 同上，第253頁。
③ 同上。
④ ［清］徐保字《〔道光〕平羅記略》、［清］張梯《〔道光〕續增平羅記略》，王亞勇校注，寧夏人民教育出版社2003年版，第184頁。
⑤ ［清］董國華《俞盛初先生墓志銘》，載［清］徐保字《〔道光〕平羅記略》、［清］張梯《〔道光〕續增平羅記略》，王亞勇校注，第253頁。
⑥ ［清］徐保字《〔道光〕平羅記略》、［清］張梯《〔道光〕續增平羅記略》，王亞勇校注，第242頁。

《行述》

俞德淵有姪俞壽棋,"字介眉,平羅人。同治甲戌進士,任江西宜黃縣知縣。循聲卓著,大寮恒器重之"。① 壽棋有弟"思恒,任廣西岑溪、永淳等縣;思益,任廣東陵水、從化、乳源等縣。均廉能有聲"。② 查路德序,俞德淵有長姪俞思益。既然思益有兄俞壽棋,怎能稱"長姪"? 查《清代朱卷集成》載俞壽祺"派名思謙,字季眉,號考叔,行二,通行六"。③ 又載"胞兄,思益,字集生,虞貢生。欽加知府銜,廣東補用軍民府,前任陵水縣知縣,歷署從化、乳源縣事,督辦潮州新關稅務,誥授朝議大夫。思震,字東生,例贈登仕郎,出嗣胞伯陶泉公,績學,早逝"。④ 可知思益為俞壽祺之兄的可信度較高。

俞氏族人中有著述傳世者僅俞思益一人。俞思益(1803—?),字集生,號仰伯。廩貢生,誥授朝議大夫。道光十九年(1839)掣簽廣東。二十一年(1841)奉委管理軍需米局,兼辦木排事宜。二十四年(1844)奉委署理韶州府經歷事。二十六年(1846)春二月,署韶州乳源縣事;秋七月,代理廣州府從化縣事。咸豐七年(1857)任瓊州府陵水縣知縣,九年(1859)督辦潮州新關稅務,十年(1860)捐陞同知。同治六年(1867)欽加知府銜。著有《寧夏俞氏族譜》。其生平仕履參見《寧夏俞氏族譜·集生年譜》。

俞思益及其《寧夏俞氏族譜》近年始有關注和研究,呂超2014年碩士學位論文《寧夏籍名宦俞德淵考》、田富軍2014屆博士學位論文《寧夏明清人士著述研究》均有所涉,俞氏後人俞行芳2015年成書的《重修寧夏俞氏族譜》將此書廣東本和寧夏本影印、整理、增修,但未公開出版。趙和平編著的《默齋拾遺:俞德淵史籍及研究》(寧夏人民出版社2017年版)對族譜進行了整理研究,資料豐贍。

《寧夏俞氏族譜》不分卷。原稿成書於清同治七年(1868),抄本,素紙抄寫,每半頁9行,行25字。據俞思益自序載:"共繕書若干卷作為譜底,分給五房子孫各藏一本。"故此譜當有五種,傳世兩種:一種現藏廣東省中山圖書館(簡稱廣東本),書末有"廣東人民圖書館圖書"陽文方印一枚;另一種藏寧夏平羅縣俞氏後人俞行學家(簡稱寧夏本)。二本當為族譜初次修成後,抄寫兩份,一存俞思益廣東寓所,一存寧夏平羅家中。從二本行款、字體可知出自一人之手,故原稿當基本一致。因均為抄本,故文字略有差異,可互校。廣東本保存基本完整,從內

---

① 馬福祥等修、王之臣纂《〔民國〕朔方道志》,載《中國方志叢書》(塞北地方·第二號),臺灣成文出版社1968年版,第803頁。
② 同上。
③ 顧廷龍主編《清代朱卷集成》第36冊,臺北成文出版社1992年版,第287頁。
④ 同上,第288頁。

容判斷當有缺頁。原書116頁。即爲家譜，家族後人補寫實爲常事，故廣東本自俞思益編定後其族人不斷補充內容。從世譜內容可知，上起自高祖俞天申，下迄八世孫"敦"字輩，族譜最後記載時間爲俞敦廉卒年，即民國丙寅年（1926）十一月。寧夏本則破損嚴重，殘缺不全，漫漶不清。從殘本來看，未見後人補寫情況，由此可見俞氏家族平羅一支後人皆平平。因寧夏本爲殘本，故以廣東本爲優。

《寧夏俞氏族譜》廣東本前有目錄，有他序一篇、跋一篇、自序一篇，分別爲清同治七年（1868）番禺高學耀撰《寧夏俞氏族譜序》，同年番禺金保基撰《寧夏俞氏族譜跋》及清俞思益撰《寧夏俞氏族譜自序》。後按凡例、祠規、世譜、世系、墓志銘、詳冊、補遺、行述、家傳、年譜的順序編排。墓志銘包括2篇，爲清董國華撰《盛初公暨赫太宜人墓志銘》以及清吳其濬撰《鑑堂公墓志銘》；詳冊爲清朱桂楨撰《陶泉公入名宦祠詳文并事實冊》；補遺爲清賀長齡爲俞德淵所作《兩淮都轉平羅俞君言行補遺》；行述爲清陶澍爲俞德淵作《皇清誥授中議大夫兩淮鹽運使顯祖考陶泉府君行述》；家傳包括俞思益爲其父所作之傳，其妻安恭人傳（因原書缺頁，不知撰者姓名），俞思益爲俞思震之妻楊孺人所作之傳；年譜爲俞思益爲自己所撰《集生年譜》，記載起自嘉慶八年（1803）其出生，至同治六年（1867）其65歲之間事。

《寧夏俞氏族譜自序》中載，俞氏舊譜因遭水患而不見傳。明朝初年，寧夏俞氏祖先宦遊甘肅，家於寧夏。清初，族中之人將親支名派、嘉言善行記錄下來，形成初見譜系之本。同治元年，此本毀於戰亂。后俞思益多次返回寧夏，收集墓誌銘等資料，編成族譜。據高學耀《寧夏俞氏族譜序》及金保基撰《寧夏俞氏族譜跋》知，此譜當成書于清同治七年（1868）正月十五日前，正月十五日高學耀序成，正月十六日金保基跋成，分別附於原書前後。今傳本《寧夏俞氏族譜》跋位於他序之後，自序及正文前，當爲後人裝訂錯誤。

《寧夏俞氏族譜》是研究寧夏平羅籍名宦、兩淮鹽運使俞德淵及其侄俞思益生平事跡的重要資料，是研究寧夏平羅俞氏家族的重要史料；對於校勘《〔道光〕平羅記略》《〔道光〕續增平羅記略》有很重要的意義。《寧夏俞氏族譜》原稿係寧夏人俞思益所著，豐富了寧夏文人著述的種類。

第四節　趙尚仁及其詩文

趙尚仁，清末寧夏人，有《半部論語齋初草》（本節以下簡稱《初草》）等著述傳世。孫遜《趙尚仁及其遊賀蘭山遺詩十九首》(本節以下簡稱孫遜文)、①段懷君《靈武舉人趙尚仁》二文就其生平作了較爲詳細的論述，孫遜文後還附有趙尚仁咏賀蘭山詩歌十九首。然而關於趙尚仁詩文的思想內容及藝術特色學界卻鮮有論及。

一、趙尚仁的生平

趙尚仁，字壽山，靈州(治今寧夏靈武)人。

據《〔民國〕朔方道志》載："趙尚仁，字壽山，靈州舉人。"②《嘉慶靈州志迹》後附《〔光緒〕靈州志》"舉人"條中載："趙尚任，光緒甲午。"③孫遜文中稱趙尚仁"號壽山"。④可見關於趙尚仁名、字、號尚有爭議。查《初草》後所附自序類的一段文字中，作者自稱"仁鄉井下士"；慕壽祺在《初草》扉頁題注和書後題詩小序中稱"趙壽山孝廉"和"趙壽山同學"；潘宗岳、雷應龍在《初草》詩卷後題詩的題目中均稱"趙壽山先生"。根據舊時人自稱名、尊稱他人字的習慣，以及名與字之間一般有關聯的特點，可知"尚仁"爲名，"壽山"爲字，取"仁者樂山"之意也。至於"趙尚任"，查《〔民國〕朔方道志》卷一八《人物·選舉》，光緒甲午(1894)科舉人靈州只有趙尚仁一人，⑤故"趙尚任"與"趙尚仁"實爲一人，"趙尚任"當爲"趙尚仁"同音之誤。

趙尚仁生卒年不詳，清同治、光緒年間在世。

首先，趙壽山《初草》中有《同吳心齋遊賀蘭山》律詩二首寫同吳心齋遊賞賀蘭山的情義。吳復安(1872—1920)，字心齋，寧夏人，光緒癸巳(1893)科舉人。民國七年(1918)續修《〔民國〕朔方道志》，復安充任編輯。⑥ 從詩文內容來看，兩人相互欣賞，有共同的愛好，喜歡飲酒"對客斟"，"相逢一曲琴"，並"各有留題在上方"。吳復安亦有詩句"獨步青雲舒驥足，杏林先占一枝春"作于趙尚仁中舉之時，⑦是祝壽山平步青雲、前程似錦的。由此可見吳、趙關係很好。慕壽祺在《初草》書後題詩

---

① 孫遜《趙尚仁及其遊賀蘭山遺詩十九首》，《寧夏文史》第五輯，寧夏回族自治區文史研究館 1989 年編，第 94—106 頁。案：孫遜即孫鴻書，曾任寧夏回族自治區文史館副館長。此文亦見於孫鴻書《征雁留蹤》，中國文化出版社 2011 年版，第 158—169 頁。
② 馬福祥等修、王之臣纂《〔民國〕朔方道志》卷之十七，載《中國方志叢書》(塞北地方·第二號)，臺灣成文出版社 1968 年版，第 820 頁。
③ 〔清〕楊芳燦監修、〔清〕郭楷纂修，靈武縣縣志辦公室整理，蘇聞主編，張建華、蘇昀校注《嘉慶靈州志迹·光緒靈州志》，寧夏人民出版社 1996 年版，第 329 頁。
④ 孫遜《趙尚仁及其遊賀蘭山遺詩十九首》，《寧夏文史》第五輯，寧夏回族自治區文史研究館 1989 年編，第 95 頁。
⑤ 馬福祥等修、王之臣纂《〔民國〕朔方道志》，載《中國方志叢書》(塞北地方·第二號)，臺灣成文出版社 1968 年版，第 858 頁。
⑥ 同上，第 822 頁。
⑦ 吳復安《贈趙壽山登科》，《青銅峽文史資料》第一輯，青銅峽市政協文史資料研究委員會 1988 年，第 70 頁。

小序中說，此詩卷是趙尚仁"所贈"手稿，慕本人"藏之已四十餘年"。可見慕、趙關係非同一般。慕壽祺，字子介，號少堂，甘肅鎮原人，生於清同治十三年（1874，一說生於同治十一年），卒於民國三十七年（1948），著名史學家，著有《甘寧青史略》《求是齋群粹錄》等。趙尚仁生前與慕壽祺、吳復安交好，當與慕、吳二人年紀相仿。其次，趙尚仁為光緒甲午（1894）科舉人。再次，慕壽祺作於民國二十八年（1939）的小序說《初草》詩卷手稿其已獲贈四十餘年，說明此詩卷當成書於1899年之前，時作者在世。最後，《〔民國〕朔方道志》載趙尚仁"惜年未三十而卒"，[1]卒後葬於靈州城外（《初草》後附慕壽祺所題白話詩其一之夾注）。綜上，依常理推斷，趙尚仁生年當不早于清同治元年（1862），卒年當不晚於光緒末年（1908），故其清同治、光緒年間在世。

志載，趙尚仁"性沉静。家貧力學，一燈一榻，寒暑弗輟，諸子百家靡不涉獵"。[2]當時清廷還未廢除科舉，他在《初草》後自序中說："今朝廷仍以詩賦取士，凡習舊業者，莫不爭自濯磨。"寒窗苦讀，使趙尚仁很早就考中舉人，只因英年早逝，未能榮登進士榜。作為封建社會的讀書人，他和千千萬萬的舉子一樣，一直非常努力，追求功名，他曾多次歌頌那些建功立業的英雄，更是抒發自己報效國家的壯志豪情，"男兒馬革裹尸還"（《半部論語齋初草·賀蘭山懷古》其一，以下凡引用《初草》之詩只注篇名），"飛翔九萬里，獻瑞帝王穀，濟早作霖雨，遍為蒼生福"（《龍見井中歌有序》）。

《初草》詩卷後慕壽祺題詩小序中提到趙尚仁曾在"張府設帳"。"張府"，指張俊之府。張俊（1841—1900），字傑三，原籍固原州（治今寧夏固原市原州區）。歷任西寧總兵、喀什噶爾提督，署甘肅提督，後入京充武衛中軍統領兼北洋五大軍翼長。卒諡壯勤。《清史稿》卷四〇二有傳。光緒八年（1882）七月，"進兵金積堡，俊以州吳忠堡地方秀麗，遂家焉"。[3]故此"張府"當在吳忠堡（今吳忠市利通區），"處於堡内的西南，並附有一處花園，即人們通稱的張府花園"。[4]趙尚仁受聘在張府設帳，既解決生計問題，也在暗自"濯磨"，發奮讀書。雖有閑暇時漫步於花園中的舒心，"幽齋寂寞惜芳晨，九十韶光滿目新"（《園中散步》其一），感受春光的美好，但更多的是"肯任浮生半日閒"（《書齋有感》其一），為的是"不信吾身謫市闌"（《書齋有感》其二），將來能"承歡彩服舞斑斕"（《書齋有感》其一），居

---

[1] 馬福祥等修、王之臣纂《〔民國〕朔方道志》，載《中國方志叢書》（塞北地方·第二號），第820頁。
[2] 同上。
[3] 〔清〕楊芳燦監修、〔清〕郭楷纂修，靈武縣志辦公室整理，蘇聞主編，張建華、蘇昀校注《嘉慶靈州志迹·光緒靈州志》，第325頁。
[4] 孫遜《趙尚仁及其遊賀蘭山遺詩十九首》，《寧夏文史》第五輯，寧夏回族自治區文史研究館1989年編，第97頁。

於廟堂之上，報效國家。"可惜有才偏不壽"(《初草》後附潘宗岳《題趙壽山先生詩卷七律》)，使他不能像慕壽祺那樣後來有幸經歷風起雲湧的革命戰爭年代，無法創造人生的輝煌，殊爲憾事。

趙壽山不僅擅長詩文，其書法也很出名。慕壽祺在《初草》書後題詩小序中贊其書法"筆姿秀極"，《〔民國〕朔方道志》評價其"書法尤秀潤"，[①]雷應龍贊其"書法堪追趙松雪"。"趙松雪"即趙孟頫(1254—1322)，字子昂，號松雪道人，浙江吴興(今浙江湖州)人。元初著名書法家，其書風以遒媚、秀逸見長。表明趙尚仁之書風秀麗圓潤似趙體。

二、趙尚仁的著述

(一)《半部論語齋初草》

《半部論語齋初草》之名，蓋因趙尚仁有書齋名爲"半部論語齋"，取半部論語治天下之意，以言其志。前已述及，此詩卷當成書於光緒二十五年(1899)之前。他在書後小序中説："仁鄉井下士，於唐、宋、元、明、國朝諸家詩集未嘗寓目，何敢率爾言詩。然性又好爲苟難，即不妨以好爲苟難作消遣。謹將平日消遣之作節録數闋，自覺不直一噱，乞我善詩之君子有以教之云。"作者謙稱"消遣"之作，實多爲述志之佳篇。共有歌行、律詩、絶句等各體詩歌49首，其中七言詩有47首，五言詩有2首。作者自稱"節録數闋"，可見《初草》當爲趙尚仁之詩歌選集。從詩選中先有反映光緒二十一年(1895)左右轟轟烈烈的"河湟事變"的《聞官軍收復河湟》，再收光緒二十三年(1897)的《丁酉六月遊賀蘭山》的次序來看，疑《初草》所選詩歌是按照每首詩寫作的先後順序編排的。

《初草》有稿、抄本流傳於世。

第一種，爲手稿本。孫遜曾説："十數年前，曾見到一個高28公分，寬11公分的長卷，是一帙詩稿。署名'半部論語齋初草'。詩卷以小楷正書寫出，有趙孟頫之風。字體有力，端莊圓潤，靈秀俏麗。詩卷後除有作者的跋而外，還有甘肅名儒慕壽祺(少堂)和……雷應龍等人的跋識和題詩。"[②]可以看出，孫遜曾親見此書，從字體描述可以確定，此書爲趙尚仁手稿。書後有趙尚仁自序，次爲慕壽祺民國二十八年(1939)"重陽前三日"於蘭州所題詩二首及小序，再次爲潘宗岳《題趙壽山先生詩卷七律》，最後爲雷應龍民國三十年(1941)十二月于金積(今屬

[①] 馬福祥等修、王之臣纂《〔民國〕朔方道志》，載《中國方志叢書》(塞北地方·第二號)，第820頁。
[②] 孫遜《趙尚仁及其遊賀蘭山遺詩十九首》，《寧夏文史》第五輯，第94頁。

寧夏吳忠市利通區）所題《題趙壽山先生詩卷》《題趙壽山先生遊賀蘭山懷古詩卷》二詩。雷應龍（1893—1973），又名金龍，字本天，寧夏吳忠金積鎮人，曾於1954—1958年任吳忠（河東）回族自治州（區）（今寧夏吳忠市）人民委員會委員，①1958—1966年歷任吳忠回族自治州、金積縣（今寧夏吳忠市利通區金積鎮）政協委員會副主席，寧夏回族自治區政協常委。著有《潛園詩話》《書法精薈》《董福祥軼事》等。② 這些題跋中，慕壽祺說此詩卷爲"寧夏趙壽山同學在張府設帳時之所贈也……藏之已四十餘年矣。每一展玩，愛如拱璧。爰題白話詩"二首；潘宗岳題詩中有"縱觀遺墨有餘香"之句；雷應龍《題趙壽山先生遊賀蘭山懷古詩卷》詩中有"詩句猶同墨迹傳"之句，詩序中有"龍生也晚，與先生莫睹。董校長席珍執此卷示予……愛玩不釋。玆於其取回，因賦七律二章以志景仰"的記載。另，此詩卷前有慕壽祺題注："此係寧夏趙壽山孝廉墨迹，送寧夏省城民衆教育館妥慎收藏。俾衆觀之盼切。慕少堂注。時年六十有七。"慕壽祺67歲時，當爲1939年或1941年。這些題跋和題注，再一次充分證明，此詩卷爲趙尚仁手稿本。此稿本流傳過程爲：作者親手"節錄"後，贈與慕壽祺，慕收藏多年，時常"展玩"；後潘宗岳借讀，題詩書後，董席珍得書後又示于雷應龍，作爲寧夏人，雷對此書愛惜不已，亦欣然題詩書後；此後，慕壽祺將此書贈予"寧夏省城民衆教育館"，成爲該館正式藏書。慕所言"寧夏省城民衆教育館"當爲"寧夏省省立省垣民衆教育館"，成立於1940年，其前身爲"寧夏省省立民衆教育館"。③ 後又更名爲"省立實驗民衆教育館"，曾和寧夏省立圖書館混合館舍，稱爲寧夏介壽圖書館。解放後，更名爲"寧夏省立銀川市人民教育館"並與寧夏省立銀川市人民圖書館合併。1953年，更名爲銀川市文化館，並與圖書館分開。④疑在此時，《初草》作爲圖書歸寧夏省圖書館，也就是後來的銀川市圖書館。此後，又因銀川市圖書館與寧夏回族自治區圖書館經歷了合併、分開的歷程，自治區圖書館亦有2008年搬遷至今址新館的過程，今在上述二館均未查到《初草》手稿本。孫遂"十數年前"時即上世紀七十年代所見手稿本因未明言館藏地，故此本今不知所終。

第二，抄本。每半頁9行，行21字，雙行小字同。版心有頁碼，共13頁。正文內容及書前題注、書後題識均與手稿本同。全書字體統一，並無詩卷內容與他人題識題詩之別，顯係一人所抄；書尾有"以上共寫三仟柒佰肆拾捌字"字樣，很明顯，這是抄書人統計所抄字數以計算工錢的。由此可見，此本爲以手稿本爲底

---

① 《吳忠文史資料》第一輯（吳忠回族自治州專輯），政協吳忠市委員會2000年編，第266—267頁。
② 吳忠市地方志編纂委員會編《吳忠市志》，中華書局2000年版，第630、626—627、934頁。
③ 張復興主編《銀川市群衆藝術館館志》，寧夏人民出版社1993年版，第1頁。
④ 詳參李景華、索冰《銀川市圖書館七十年紀事》，寧夏人民出版社1999年版。

本或祖本的抄本。中國西北文獻叢書編輯委員會編、蘭州古籍書店 1990 年出版的《中國西北文獻叢書》第六輯《西北文學文獻》第一九卷全文影印了此本。

雷應龍《題趙壽山先生詩卷》有"先生著作傳身後,合許他年鏤版藏"之説,可見《初草》詩卷並未刊印。孫遜從《初草》中選録《賀蘭山懷古》《賀蘭山懷古七律》(10 首)、《同吴心齋遊賀蘭山》(2 首)、《和壁間韻》《閒步僧寺》《丁酉六月遊賀蘭山》(4 首)等 19 首詩歌附于其文《趙尚仁及其遊賀蘭山遺詩十九首》之後,①楊繼國、胡迅雷主編的《寧夏歷代詩詞集》亦收録了這 19 首詩歌。②

(二) 趙尚仁的其他著述

趙尚仁《龍見井中歌有序》一文最早見於《〔民國〕朔方道志》卷二八《藝文志·頌歌》,《寧夏歷代藝文集》全文收録,題作《龍在井中歌》。因《寧夏歷代藝文集》在此文後説明是選自《〔民國〕朔方道志》,故"在"字當爲"見"字誤。據《〔民國〕朔方道志》卷一《天文志·祥異附》載,光緒十九年(1893)"靈州東門外井中青龍見",二十二年(1896)"靈州城内東北井中黄龍見"。③ 趙尚仁作《龍見井中歌有序》,當是因當時靈州龍見井中,時人議論紛紛,莫辨禍福。趙尚仁則有感而發,作歌以言志。

《龍見井中歌有序》共 672 字,文章前爲正文,是"歌"的部分,表現自己"本是天上種,終非井中物,所興或非時,甘受泥蟠屈"的苦悶,抒發生不逢時、懷才不遇的情懷;同時也對未來充滿期望,期盼自己入仕後能大展宏圖、有所作爲,爲國家和蒼生造福。後爲"序",首先肯定"龍者,四靈之長,陽德之精。能屈能伸,能幽能明。小則如蠶蠋,大則涵天地。乘雲而興,因風而舉"的本性和潛能。次又列舉歷代龍見井中的記載,時人對龍在井中所預示的祥異的不同看法。最後對這種"神靈變化之物而潛伏幽處"到底是妖孽還是祥瑞發出質問,表達了自己"爲悲其遇"的情懷,相信井中之龍是"暫屈泥蟠而將獲大伸"的,實是爲自己和類似於自己的暫被埋没者的伸張和發明。

雷應龍《題趙壽山先生詩卷》中有"偏安世局傷《南渡》"之句,且文中夾注:"壽曾作《南渡將才論》。"顯然趙尚仁曾作有《南渡將才論》,是當時朔方名文,今惜不傳。

三、趙尚仁詩歌的主要内容

趙尚仁傳世詩歌 49 首,均收録于《初草》中。這些詩歌内容較爲豐富,既有

---

① 孫遜《趙尚仁及其遊賀蘭山遺詩十九首》,《寧夏文史》第五輯,第 100—106 頁。
② 楊繼國、胡迅雷主編《寧夏歷代詩詞集》,寧夏人民出版社第 2011 版,1945—1952 頁。
③ 馬福祥等修、王之臣纂《〔民國〕朔方道志》,載《中國方志叢書》(塞北地方·第二號),第 66 頁。

對歷史咏歎而言志的，也有對景物描繪而抒情的，更有對新事物吟咏以贊美的。總體來看，趙尚仁詩歌的思想内容大致可分爲三類。

(一) 咏史言志詩

咏史詩是中國古詩中的重要類型之一，也是詩人借古喻今、抒發情志的主要手法之一。寧夏雖小，卻有赫連勃勃在此征戰，建立夏國；也有西夏定都興慶府(治今寧夏銀川市興慶區)，雄踞近 200 年。巍巍賀蘭，"元昊宮殿遺墟，斷甓殘甍，所在多有"；①朔方古鎮，自古兵家用武之地，歷史遺迹既多，自然成爲詩人吟咏的題材。趙尚仁的咏史懷古詩是其詩作中最主要的一類，多以賀蘭山及其周邊地區歷史遺迹爲主。在《賀蘭山懷古》中，詩人歷敍了發生在這片土地上連綿不休的爭戰，表達了對赫連勃勃、元昊這些異族人物稱王稱霸的蔑視，歌頌那些正統王朝的"名臣勇將共千古"。對於勇士們"同此秋草没膏漫，凄風肯使朽骨寒。山凹鬼哭陰燐暗"的場景，作者"對此能無生辛酸"，"浩歌懷古增悲哀"，内心充滿了不平和凄涼。《賀蘭山懷古七律》組詩十首，均通過歷史古迹和英雄人物的懷古，表達"莫論英雄成敗事"的感慨，同樣嘲諷了那些昔日不可一世的帝王，今日卻"繼遷塚上雕盤月，拓跋營頭虎嘯風"，那些昔日裂土封疆的人物今安在，"割據雄圖今已矣"，國家還是統一了，割據只是暫時的。與此相對，對於爲國爲民的韓琦、范仲淹等英雄，詩人歌頌他們有"汗血功"，多少年來，"烽堠一千三百所，受降遺迹説韓公"。這種鮮明的對比，體現着作者一心想爲國爲民建功立業的大志。趙尚仁深受儒家文化薰陶，時刻關心國家大事，對把這種壯志情懷"説與癡僧總未知"的情況，他批判他們的膚淺，諷刺了那些只知道觀賞風景，不知道關心政事的世人。此類詩歌還有《和壁間韻》《銅爵臺》《酒務泉》等，多體現著作者對歷史和歷史人物的思索與感悟。

當然，作者有時面對歷史無情，"江山翻覆"，只留下"涓涓石眼泉如乳，簇簇峰腰草長茸"(《賀蘭山懷古七律》其十)的場景，是非常感傷的。在《過磁州題曹阿瞞疑塚》中，"懷古愴英雄，令我生辛酸"真切地抒發了詩人的情懷。一代梟雄曹操即使狡猾奸詐、謀略深遠，也逃脱不了"斷碣蒼鼠竄，狐穴夜猿蟠"的凄涼結局，作者在諷刺"奸謀多自敗，留與後人觀"的同時，也隱含了對自身命運的感傷：曹操這樣的梟雄尚且如此，而況"天涯一稗官"的自己呢！人生盛衰，沉浮若現，亦不過如此罷了。這種感傷，雖有些歷史虛無主義的色彩，但作者還是能超脱於物外，當看慣了功名利祿、殺伐征戰後，"黄粱大夢今朝覺"，便"偶來小憩松陰下，

---

① ［清］張金城修、［清］楊浣雨纂、陳明猷點校《乾隆寧夏府志》，寧夏人民出版社 1992 年版，第 86 頁。

正是茶香酒熟時"(《丁酉六月遊賀蘭山》其二),回歸現實,享受生活的美好了。

有些詩歌並非咏史懷古,而是作者直接抒發懷才不遇、壯志難酬的苦悶。"學成文武藝,貨與帝王家",古代讀書人視入仕爲官爲目的,趙尚仁也不例外。他日夜磨礪,希望自己立下赫赫功勳,報效國家。"男兒壯志裹尸還,肯任浮生半日閒。學劍不成書亦棄,慚無長策濟時艱。"(《書齋有感》其一)詩人直抒胸臆,表達了征戰天下、絕不虛度光陰的美好願望。但生逢亂世,學文學武均報國無門,其苦悶可想而知。在《題盧生睡像》組詩中,尚仁面對盧生睡像的歷史遺迹,感歎古往今來多少人都在做着追求功名利祿的黃粱美夢。詩人既有"戀公侯"的雄心壯志和抱負,希望自己可以名垂後世,又有"笑煞盧生睡像留"的故作灑脫,實則是糾結萬分的矛盾心理,這種既想功成名就又深怕世事幻滅的糾結情懷是伴隨詩人一生的。

對於現實生活,作者詩歌中也有表現。光緒年間的"河湟事變",詩人雖錯誤地站在統治階級的立場上歌頌官軍對回、撒拉族人民起義的殘酷鎮壓,但可以看出尚仁是關注現實生活的(《聞官軍收復河湟》)。《兼過耶穌堂》反映出古今"西人"來華情况的天差地別,過去是外國來朝,是"入夢金身來佛國,駝經白馬返神洲"和平友好的傳教活動;而現在則是侵略,是"今日商艦羅海汊,滿天螻蟻蕩輪舟"的經濟侵略,諷刺和揭露了西方列強名爲建耶穌教堂傳教,實爲軍事和經濟侵略的本質。關注現實生活,實質上曲折地反映出了作者的人生志向和價值取向。

(二) 寫景抒情詩

趙尚仁的寫景詩有些是單純描繪自然風光,從中體現作者對自然界的贊美之情。《園中散步》描繪春天張府花園中的"野鳥爭喧初暖樹,園花空度可憐春"美景,這種美景"到眼園林都入畫,江南風景自依稀",想江南風景也不過如此,作者對塞上江南的贊美之情溢於言表。較多的還是描繪賀蘭山之勝景,這類詩歌大都與詩人遊歷賀蘭山有關。賀蘭山是寧夏北部地方最大的山,峰巒雄偉,連綿起伏,自古就有"賀蘭晴雪"之美景,也是寧夏文人吟咏最多的山景。尚仁常遊此山,縱情山水,"名山獨據三邊勝,流水相逢一曲琴。滿把俗塵抛世外,且持雄劍學龍吟"(《同吴心齋遊賀蘭山》其一),抛開世俗之念,仗劍遊玩,宛如神仙。又如《丁酉六月遊賀蘭山》其一:

薰風鎮日未停騑,直送斜陽入翠微。野鳥爭投林下宿,殘雲猶傍馬頭飛。千巖暝色迷蘿徑,一味涼飈逗葛衣。松寺果園遥指處,支藤驀蓦老僧歸。

詩歌造語平實,設色淡雅,"送""爭""飛"等動詞擬人擬物,更是爲詩歌增添色彩,情致悠閒,給人以清新淡雅之感。

作者詠賀蘭山,常有空冷、清寂之美,"松泉淅瀝餘清響,雲樹微茫辨列星"(《丁酉六月遊賀蘭山》其四),大有摩詰"清泉石上流"(王維《山居秋暝》)之境。這種清冷之感,總是伴着"僧寺""孤僧""梵刹""禪林""道士"出現,體現出作者內心深處淒冷、孤傲的一面,恰與其熱衷功名、積極進取的另一面形成鮮明對比,反映出詩人人格的複雜性。

壽山偶有詩歌並不寫景,而是直接抒情。《春思》寫遊子思婦之情,將遊子思婦對照來寫,"韶光容易老,遊子鬢多霜。陌上繁華盛,閨中日月長",使春思之情更好地得以表現。《望崆峒山》二首則直接抒發詩人對修養身性的認識和一心向佛的情感。

(三) 咏物詩

咏物詩多表現對西洋文明的稱頌,這是趙尚仁詩作中不可忽視的一部分。倘若說上面幾類詩作或多或少帶些感傷的情懷的話,那麽,《火輪車》《火輪船》《電報》《電燈》等幾首則純粹是詩人對西洋文明的熱情贊美。受傳統大國觀念的禁錮和鴉片戰爭的影響,一般中國知識分子對西洋外來新事物多抱有懷疑和敵視的態度,尤其是深處内地寧夏人,少有對"洋"事物稱贊者。趙尚仁走南闖北,對這些新事物除了覺得非常新奇外,用詩歌對它們進行細緻的描繪,特別是對這些事物給神州大地所帶來的革新和改變進行熱情的謳歌。他稱贊火車的快速,"兩行修綆直如弦,周歷全球八十天。旅夢若尋途遠近,儂曹便是地行仙"(《火輪車》其一);贊美新式輪船的平穩迅捷,"萬里滄波平若砥,長驅不倩一帆風"(《火輪船》其一),"滄洲破浪駕長風,大冶洪爐鼓太空"(《火輪船》其二);歌頌電報傳遞資訊對人力的解放和便捷,"朝發山陬夕海濱,郵程驛路苦征人。邊風漫滯雲中雁,從此天涯若比鄰"(《電報》其一);更由衷地贊歎電燈給人類帶來的光明和美好,"電燈光彩絕新奇,人力應將造化移。燭是照天釭是月,三千世界盡玻璃"(《電燈》)。作者對這些外來文明非但不排斥,反而樂見其成,大加贊賞,在詩人眼裏,"人力應將造化移",這些西洋文明代表人類的進步和文明。這些都鮮明地體現出趙尚仁思想上的進步性。

《渠上柳》《灘上羊》是兩首傳統的咏物詩。《渠上柳》是作者從生活出發,通過細緻、敏鋭的觀察和體悟,細膩地描繪了西北邊城長渠柳樹的風姿;《灘上羊》則多用典故,稱贊羊這一西北地方常見動物自古以來在人們生活中的重要作用。

四、趙尚仁詩文的藝術特色

趙壽山詩文數量雖不多，但詩味十足，文風獨特。

（一）意象典型，意境開闊

作爲寧夏人，趙尚仁詩文所選意象充分體現着地方特色，有巍峨的賀蘭山（阿蘭），有羊群散步的"灘"，有濤濤的黃河，也有舒緩的長渠，還有典型的有關寧夏的歷史人名和地名"赫連""元昊""韓范""赤木""青銅""朔方"等，表現出物換星移、世事滄桑的情境，使詩文讀來大氣磅礴，氣勢充沛。其他西北地方典型意象還有"蒿蓬""蒿萊""莽榛""沙場""殘甓斷壁"等。這些典型的意象，結合作者對人生際遇的思考和世事變遷的感歎，所表現出的"阿蘭突兀接青空，夏國山河並眼中"（《賀蘭山懷古七律》其八）的雄偉壯闊，"千金難買枯骨回，枯骨童童沙場堆"（《賀蘭山懷古》）的沉鬱悲涼，造就了詩歌總體上的蒼涼基調，使作品充滿了歷史的厚重感，意境開闊，意蘊豐富。

（二）情感豐富，清新自然

壽山詩文情感豐富，不同詩歌常表現出不同的情感。有"黃昏散步入空冥，貝葉香風説佛經"（《丁酉六月遊賀蘭山》其四）的閒適枯寂；有"一樣春風碧柳枝，長渠繚繞競丰姿"（《渠上柳》其一）的欣喜纏綿。有時體現出"赫連之都元昊宅，巋然宮闕聳雲巔"（《賀蘭山懷古》）的蕭瑟淒涼；有時透露著"卓午煙輕還煮茗，繩牀徙倚樹陰濃"《丁酉六月遊賀蘭山》其三）的安謐閒靜。情緒激動時，他更會慷慨激昂地高歌："地不降兮宫沼，時不逢兮唐虞。運掉不靈怯天衢，仰臂伸頸長歎吁。"（《龍見井中歌有序》）不僅如此，作者還善於將情感融入普通事物，表達豐富的感受，特別是詩人遊覽賀蘭山滾鐘口，仄徑、青松、泉水、青草，眼之見耳之聞無不愜意，"一切景語皆情語"，經過趙尚仁之筆，一切也都詩意盎然了。尚仁也很善於運用通俗的詞語來表達真切深刻的感覺。"煮茶煙""懶坐禪""看不盡""山叟笑"等詞眼看似平淡，但卻顯得非常恰切，清新自然。

（三）多用典故，對比鮮明

古詩用典，旨在"據事以類義，援古以證今"（劉勰《文心雕龍·事類》）。趙尚仁詩文中也大量使用典故，"癡僧""黃粱美夢""三旨"等，是批判那些不關心國家大事、只知道做夢或做事沒有自己建樹的讀書人，同時也表達了自己想建功立業、卻不能報國的心情。"伊誰仗劍抉銀河？萬里邊陲淨洗戈"(《賀蘭山懷古七律》其五)，是化用西夏國相張元《咏雪》"五丁仗劍決雲霓，直取銀河下帝畿"的詩句，顯示出不可一世的豪邁氣概，加深了詩歌的意蘊，韻味無窮。咏物詩中，作者更喜用典，以增強詩歌的厚重感和趣味性。《灘上羊》其一中"北海節旄思典屬，金華仙迹幻黃郎"，前一句是用蘇武牧羊之典，後一句用記載黃初平(赤松子)曾在放羊時隨道士到金華山洞中修煉道法後成仙之事；其二中"英雄五羖譏牛口，怪異千秋説井羵"用了百里奚和季桓子的典故，秦穆公用五張黑色公羊皮從楚國换來了百里奚，季桓子穿井得到怪物羵羊。用典，不僅使詩歌語言高度凝練、含蓄，給讀者以巨大的想像空間，而且使詩歌的意境更加深刻，耐人尋味，增强了詩歌的表現力和感染力。尚仁詩歌還善於通過用典來對比，如"牧豎踏平元昊宅，耕夫犁種赫連邱"(《賀蘭山懷古七律》其四)，又如"筆架高撐銀漢表，花門埋没碧墳中"(《和壁間韻》)，元昊宅昔日的繁盛和今日的衰敗，赫連勃勃時期的繁榮也已消失，就連"花門回鶻"的强盛也埋没在墳中了。通過强烈的對比，進一步增强詩歌的表現力，達到了震撼讀者的效果。

五、趙尚仁的評價

趙尚仁作爲清末寧夏才子，其才氣和作品在當時就備受好評。慕壽祺在《初草》書後題詩小序中贊壽山"詩意清新"；吳復安《贈趙壽山登科》詩中贊其"姍姍仙骨認君身，元氣淋漓邁俗塵"。① 後人讀其詩作，也都給予較高評價。潘宗岳在《題趙壽山先生詩卷七律》中贊道："名噪騷壇迥異常，蕭條身後亦堪傷。蘭成詩賦騰前藻，靈武山川戀故鄉。"這首七律詩中的贊美之情或有誇大，但詩人的才華與名氣已得到認可，這是毋庸置疑的。雷應龍在《初草》題詩後序中也稱贊趙尚仁"詩句清新"；其《題趙壽山先生詩卷》評價趙尚仁"大雅音容久渺茫，尚留詩卷錦城囊……壯歲文名冠朔方……人才共羨習襄陽"，趙尚仁的詩文在朔方大地產生較大的影響，智慧能與一代高僧道安大師和東晉著名史學家、文學家習鑿齒相比；雷應龍另一首《題趙壽山先生遊賀山懷古詩卷》中説："松柏奇峰插碧天，壯遊探勝有鄉賢。""鄉賢"即指趙尚仁，他正當壯年遊歷賀蘭山，可惜"年華不與蘭山壽"，但詩歌和書法很好，一定會千古流傳。

在今傳世明清時期寧夏人的詩詞中，慶靖王朱㮵共38首，安塞郡王朱秩炅共16首，胡侍共440餘首，釋靜明共18首，俞益謨共130餘首，其他詩人均爲散

---

① 吳復安《贈趙壽山登科》，《青銅峽文史資料》第一輯，第70頁。

見篇什,一般不超過10首。在這幾位傳世詩詞較多的詩人中,朱栴、朱秩炅、釋靜明詩詞內容均與寧夏有關;胡侍詩作雖多,但內容幾乎與寧夏無關;俞益謨詩詞中與寧夏有關者主要是《廣武十二景》(12首)、《咏百八塔有小引》《過大清閘》等10餘首。相比較而言,趙尚仁傳世詩歌49首,其中內容直接與寧夏有關的29首。因此,單從數量論,趙壽山是明清時期寧夏人中傳世詩歌內容與寧夏有關者中僅次於朱栴的第二人,其在寧夏地方文化史和文學史上的地位可見一斑。

　　自清康乾盛世之後,寧夏文壇日漸式微,細查《〔道光〕平羅記略》《〔民國〕朔方道志》《〔民國〕重修隆德縣志》《〔民國〕固原縣志》等志書,乾隆年之後寧夏作家較著名者有俞德淵、英元、錫慶、楊毓芳、辛潤身、李蘊華等人,可以說,在19世紀的一百年中,寧夏文壇能小有成績者屈指可數。再細查以上作家,除俞德淵《默齋公牘》和李蘊華散見作品外,其他人物著述今均不傳,無法確知其內容和藝術水準,且俞德淵爲官員,常年在外做官,其以死板的公牘文爲主的《默齋公牘》對當時寧夏文壇的影響和貢獻有限。相比較而言,趙尚仁的詩文則顯得彌足珍貴,《初草》中的短歌微吟,《龍見井中歌有序》的大氣磅礴,均使其在整個19世紀寧夏文人著述的行列中佔據著領先的位置,支撐着寧夏本土作家在這一時期的藝術創作,給寧夏文壇留下了一筆寶貴的財富。

第五章　寧夏清代其他人士著述

清代,寧夏人除趙良棟、俞益謨、謝王寵、俞德淵外,有文集者很多,但今均不見傳,傳世多爲舊地方志中所載散見詩文。

第一節　張煦及其家族人物著述

張煦(1826—1895),字鬳如,號南浦、南坡。甘肅靈州(治今寧夏靈武市)人。清朝名臣,歷任陝西、湖南、山西等省巡撫。

作爲清代主管過數省軍政、民政的寧夏籍地方大員,關於其基本情況的研究成果卻不多。目前研究專文有:胡迅雷先生根據《〔民國〕朔方道志》所撰《清代名臣張煦》一文,簡要勾勒了張煦生平,介紹了其《致鄂督張香濤書》一文;楊學娟、田富軍所撰《清代寧夏籍名臣張煦生平考》,對張煦生平進行了詳細考證;東方既白(蘇昀)《晚清名臣張煦述略》對張煦的生平及其《致鄂督張香濤書》一文作了論述。此外,牛濟於2011年9月所著《張煦張贊元父子年譜》一書,利用薛允升的《張公南浦墓志銘》(本節以下簡稱《墓志銘》,寧夏靈武市博物館藏石,惜已殘破)、《〔光緒〕靈州志》等文獻及寧夏靈武張氏家譜手抄本編製了張煦年譜,多有新見。

一、張煦的生平

(一)張煦的籍貫和生年

張煦,靈州(治今寧夏靈武市)人,生於清道光六年(1826)。
《〔民國〕朔方道志》載:"張煦……靈州人。"①《張煦列傳》:"張煦,甘肅靈州

---

① 馬福祥等修、王之臣纂《〔民國〕朔方道志》,載《中國方志叢書》(塞北地方·第二號),臺灣成文出版社1968年版,第805頁。

人。"①《清代官員履歷檔案全編》(以下簡稱《檔案全編》):"張煦,現年五十八歲,係甘肅靈州人……九年(案:指光緒九年,即 1883 年)二月奉旨補授陝西按察使。當即具摺謝恩……現在(案:指同年 9 月)到京。"②又載:"張煦,現年六十一歲,係甘肅靈州人……十二年(案:指光緒十二年,即 1886 年)奉旨調補山西布政使……四月(案:指光緒十二年四月)交卸陝西臬司篆務。現在到京。"③據此,可以推算出張煦生於清道光六年(1826)。但刑部尚書薛允升的《墓誌銘》卻載:"公諱煦……甘肅靈州人。"並明確説張煦"生於道光二年(1822)七月初二日,春秋七十有四"④。《張煦張贊元父子年譜》亦採用《墓誌銘》之説。

從上述史料可以看出,張煦爲甘肅靈州人。靈州在清時屬甘肅省寧夏府,即今寧夏回族自治區靈武市。但關於張煦的生年各家説法卻非常不統一。筆者認爲,薛允升雖與張煦"同官秋曹十餘年,知公(案:指張煦)有素",⑤但《墓誌銘》畢竟是"光緒二十四年二月"所寫,⑥且按照常理,《墓誌銘》中張煦的生卒年當爲張煦家人提供,並不準確。相反,《檔案全編》爲清宮廷檔案,是根據張煦在世時本人所提供的履歷編寫的,根據兩次記載所推算出的張煦的年齡一致,在清代嚴格的官員任命的程式中,不可能把即將任命爲一省按察使和布政使這樣高官的年齡弄錯的。所以《檔案全編》可信度更高。因此我們可以確定,張煦生於清道光六年(1826)。

(二) 張煦的字號

張煦字翕如,號南浦、南坡。

《〔民國〕朔方道志》載:"張煦,字南浦。"⑦《〔光緒〕靈州志》:張煦,字南浦。⑧《清代職官年表》:"張煦……南坡。"⑨根據該書體例,南坡是張煦的字或者號。《墓誌銘》:"公諱煦,字翕如,號南浦。"⑩《陝西省志·人物志》:"張煦……字

---

① 清國史館《清國史·新辦國史大臣傳·張煦列傳》,中華書局 1993 年版,第 191 頁。
② 秦國經《清代官員履歷檔案全編》(第四册),華東師範大學出版社 1997 年版,第 150、151 頁。
③ 同上,第 497—498 頁。
④ 〔清〕楊芳燦監修、〔清〕郭楷纂修,靈武縣縣志辦公室整理,蘇聞主編,張建華、蘇昀校注《嘉慶靈州志迹·光緒靈州志》(甘圖藏本),寧夏人民出版社 1996 年版,第 358—360 頁。
⑤ 同上,第 360 頁。
⑥ 同上。
⑦ 馬福祥等修、王之臣纂《〔民國〕朔方道志》,載《中國方志叢書》(塞北地方·第二號),第 805 頁。
⑧ 〔清〕楊芳燦監修、〔清〕郭楷纂修,靈武縣縣志辦公室整理,蘇聞主編,張建華、蘇昀校注《嘉慶靈州志迹·光緒靈州志》(甘圖藏本),第 325 頁。
⑨ 錢實甫《清代職官年表》,中華書局 1980 版,第 3212 頁。
⑩ 〔清〕楊芳燦監修、〔清〕郭楷纂修,靈武縣縣志辦公室整理,蘇聞主編,張建華、蘇昀校注《嘉慶靈州志迹·光緒靈州志》(甘圖藏本),第 358 頁。

南坡。"①牛濟《張煦張贊元父子年譜》則認爲:"張煦,字靄如、蘭浦、南坡,號南浦。"②可見張煦的字號各家説法不一。筆者認爲,張煦字靄如比較可信。其一,薛允升與張煦一起爲官十餘年,平時用字或者號稱謂張煦,作爲刑部尚書的薛允升,不可能不知道,故其説比較可信。其二,張煦名"煦","煦"字意爲"日出時的霞光",③"靄"字意爲"雲霧貌……雲霧氣"。④ 根據古人名與字之間有名字相應、互爲表裏關係的一般規律,張煦字"靄如"是可信的。一般來説,古人的號有幾個是比較正常的,據《墓志銘》,張煦號"南浦"比較可信。《清代職官年表》根據《清實録》製成,故張煦號"南坡"也是可信的。至於《〔民國〕朔方道志》《〔光緒〕靈州志》所説,皆屬後人訛傳,不足爲信。

(三) 張煦一生主要事迹

志載,張煦"起家儒素",⑤"少篤學,目不窺園",⑥因而很早就"由拔貢生中式",24 歲時"道光二十九年己酉科舉人",28 歲時"咸豐三年癸丑科進士"。⑦ 同年五月,被咸豐帝召見,著分部學習。從此,張煦就步入仕途,開始了 42 年的官宦生涯。

從咸豐三年(1853)考中進士到同治六年(1867)14 年間,張煦一直在刑部供職,歷任主事,直隷、湖廣等司主稿兼總辦、秋審處行走、秋審處坐辦、貴州司主事、雲南司員外郎、充律例館提調、奉天司郎中等職,兩次京察一等。⑧ 志載,張煦"服官郎署,以經術讞獄,當事知其能,俾總司秋審……不懈益虔,縋幽刳隱如燭照,數訝吏警囚服,海内無冤獄"。⑨

靄如雖然于同治六年(1867)九月就被任爲貴州鎮遠府知府,但因"黔中大亂,楚蜀道梗,不克往",⑩且"撚逆竄擾直隷,署總督大學士官文疏請留煦襄治軍事……畿甸肅清,復請開缺以道員留直隷補用",⑪但是吏部認爲應該仍回到鎮

---

① 陝西省地方志編纂委員會《陝西省志·人物志》(中册),陝西人民出版社 2005 版,第 749 頁。
② 牛濟《張煦張贊元父子年譜》,陝西人民教育出版社 2011 年版,第 1 頁。
③ 漢語大字典編輯委員會《漢語大字典》(縮印本)湖北辭書出版社、四川辭書出版社 1992 版,第 930 頁。
④ 漢語大字典編輯委員會《漢語大字典》(縮印本),第 1699 頁。
⑤ [清] 楊芳燦監修、[清] 郭楷纂修,靈武縣縣志辦公室整理,蘇聞主編,張建華、蘇昀校注《嘉慶靈州志迹·光緒靈州志》(甘圖藏本),寧夏人民出版社 1996 年版,第 358 頁。
⑥ 同上,第 325 頁。
⑦ 秦國經《清代官員履歷檔案全編》(第四册),華東師範大學出版社 1997 年版,第 150 頁。
⑧ 同上,第 150、497—498 頁。
⑨ [清] 楊芳燦監修、[清] 郭楷纂修,靈武縣縣志辦公室整理,蘇聞主編,張建華、蘇昀校注《嘉慶靈州志迹·光緒靈州志》(甘圖藏本),寧夏人民出版社 1996 年版,第 358 頁。
⑩ 同上,第 358 頁。
⑪ 王鐘翰點校《清史列傳》,中華書局 1987 年版,第 4669 頁。

遠府任上，同治七年（1868）九月，朝廷批准了吏部的決定，張煦才真正離開京城，直到同治八年（1869）十二月，才抵達貴州鎮遠府（今貴州省黔東南苗族侗族自治州一部分）知府任。

張煦抵達鎮遠府任的問題，史料記載並不一致。《清國史》和《清史列傳》都記載："（同治）八年，抵黔，鎮遠淪於賊，奉檄權思南。"①《墓誌銘》載："鎮遠尚爲賊踞，大吏檄公權思南。"②根據這三則史料原意，鎮遠府因同治八年（1869）還被張秀眉的苗民起義軍所控制，所以張煦没有到鎮遠府治所；也因爲鎮遠府不在清政府的控制之下，所以才又委任張煦爲思南府知府。這三則史料記載皆誤。同治八年（1869），清軍已經於正月"二十七日，督隊直薄鎮遠府城……立將鎮遠府衛兩城克復"③，張煦在這一年十二月是完全可以上任的。另，作爲更權威的《檔案全編》載："（同治）八年十二月到任，旋調充軍需局提調，（同治）九年，克復平越（案：即平越直隸州，治今貴州省福泉市）、剿平荔波（治今貴州省荔波縣）等處賊巢案内保奏賞戴藍翎。八月，署思南府知府。"④張煦不但到了鎮遠府任上，且因爲有功，被朝廷重用到了没有城郭的思南府。

張煦署思南府（今貴州省銅仁市部分地區）知府，正值席寶田率湘勇大舉圍攻張秀眉苗民起義軍的重要時期，因"思南故無城郭"，張煦便在菁深林密、距郡四十里的荆竹園"部署壯丁，分守要隘，乘便出擊"，不但打了勝仗，"復以計鉤致其黨，使爲我用"，這一帶的苗民起義就平定了。⑤ 顯示出張煦不但有一定的軍事指揮才能，而且撫剿並用，可堪大任。

同治十年（1871）八月，張煦"署貴陽府知府"，一年後被"調補貴陽府知府"。⑥ 因貴陽是首郡，責任自然不比别的府，所以他克服了"在西南萬山中，瘠苦爲天下最。兵事甫定，悍苗驕卒，良莠廬處，民志懔懔"⑦等等諸多困難，"嚴緝捕以詰奸暴，密保甲以安良懦，機牙四張，奸宄惕息"，⑧終於使地方安定，百姓生活逐步穩定。張煦不僅注意治理地方，在朝廷平定苗民起義的最後一年裏，他也積極配合，"於攻克永威兩州（案：指永寧州，治今貴州省關嶺布依族苗族自治

---

① 清國史館《清國史・新辦國史大臣傳・張煦列傳》，中華書局1993年版，第191頁。王鐘翰點校《清史列傳》，中華書局1987年版，第4669頁。
② ［清］楊芳燦監修、［清］郭楷纂修，靈武縣縣志辦公室整理，蘇聞主編，張建華、蘇昀校注《嘉慶靈州志迹・光緒靈州志》（甘圖藏本），寧夏人民出版社1996年版，第359頁。
③ 《清實録・穆宗實録》，中華書局1987版，第六册第536頁。
④ 秦國經《清代官員履歷檔案全編》（第四册），華東師範大學出版社1997年版，第150頁。
⑤ 王鐘翰點校《清史列傳》，中華書局1987年版，第4670頁。
⑥ 秦國經《清代官員履歷檔案全編》（第四册），華東師範大學出版社1997年版，第150—151頁。
⑦ ［清］楊芳燦監修、［清］郭楷纂修，靈武縣縣志辦公室整理，蘇聞主編，張建華、蘇昀校注《嘉慶靈州志迹・光緒靈州志》（甘圖藏本），寧夏人民出版社1996年版，第359頁。
⑧ 同上。

縣。威寧州,治今貴州省威寧彝族回族苗族自治縣)並剿平股匪、收復八寨等城案內保奏",①由之前的戴藍翎得以賞換花翎,獲得了極大的榮耀。同治十二年(1873),張煦又因"克復清黃等城、疏通驛路"等地方表現很好,被加鹽運使銜。② 此處"清黃等城",根據《清實錄·穆宗實錄》記載:同治十一年春正月,"黔省……清平、黃平、重安等城克復,驛路業已疏通……"③當指清平縣(治今貴州省凱里市)和黃平州(治今貴州省黃平縣)。

《檔案全編》載:光緒元年(1875),適逢朝廷每三年一次對外官考核的"大計",張煦被保薦卓異,本有機會陞遷,卻因母親去世,他必須丁母憂。不過等張煦在光緒三年(1877)五月服闋起復的時候,朝廷還是恩准他在貴陽府知府任內卓異,加一級,仍回貴州補用。張煦於光緒四年(1878)六月回到貴州,同年十二月就署理貴西道,在光緒六年(1880)正月和光緒七年(1881)二月兩次署理貴州按察使。在此期間,他還曾充己卯科(1879)文武鄉試監試和委辦善後局兼稽查釐金局事務,此後又會辦善後局事務。光緒八年(1882)三月補授貴東道。在丁母憂起復後的6年間,張煦歷任多種職務,得到了鍛煉,爲他任各省高官奠定了堅實的基礎。

經過在刑部和貴州的歷練,張煦的才能逐步得到顯現,"天子亦稍稍知公才,將大用矣"。④ 光緒九年(1883)二月,補授陝西按察使。同年九月,58歲的張煦到京陛見光緒皇帝,被召見2次,顯示了光緒皇帝對張煦的恩寵。

張煦原本在刑部多年,有豐富的辦案經驗,在任陝西按察使期間,秉公執法,明察秋毫,辦理了很多疑難案件。志載,當時陝西浦城(今陝西蒲城縣)發生了一件大案,震動京都。有一人姓楊,人稱楊孝子,他親手殺了仇人後到官府自首,辦案人員覺得案件很簡單,沒有進行深入的調查,就"以故殺擬抵刑"來判決。張煦發現了疑點,細加查訪,搞清了案情:此前楊孝子"母爲仇毆,隳其妊死,叔某救之亦死。孝子幼而貧,憤欲報仇,蔑爲申理,蓄匕首十餘年",終於手刃仇人。張煦"廉得其冤,出之獄"。這種爲貧苦人伸張正義的做法,使"鄉民益感泣頌神明也"。⑤

光緒十一年(1885)十一月,張煦由正三品的按察使陞遷至從二品的廣東布

---

① 秦國經《清代官員履歷檔案全編》(第四冊),華東師範大學出版社1997年版,第151頁。
② 同上。
③ 《清實錄·穆宗實錄》,中華書局1987版,第七冊第334頁。
④ [清]楊芳燦監修、[清]郭楷纂修,靈武縣縣志辦公室整理,蘇聞主編,張建華、蘇昀校注《嘉慶靈州志·光緒靈州志》(甘圖藏本),寧夏人民出版社1996年版,第359頁。
⑤ 同上。

政使。因爲"陝西巡撫鹿傳霖以煦治獄平允,留蕆秋讞",①張煦並沒有到廣東布政使任。光緒十二年(1886)二月,"調補山西布政使",但他上摺子聲明"俟辦理秋審完竣即行赴京陛見",直到同年四月才到京覲見皇帝,②足見張煦做事善始善終,十分敬業。

任山西布政使時,在人事和財賦上多有建樹。《墓志銘》載,"十一年,太原汾水溢入城,壞民居無數。公至,則愼選官紳,籌賑築堤",③使百姓受益。此處"十一年"當指光緒十一年(1885),誤。據《山西自然災害史年表》記載,光緒十一年(1885)"山西全省正常偏澇,年景豐稔"。④而且這一年張煦爲陝西按察使,不可能到山西太原救災。另查,光緒十二年(1886)"六月,因暴雨,汾河驟漲,沖決太原金剛堰大壩及護城堤,洪水由大南門入城……六月下旬,大雨如注,晝夜不停,汾水暴漲,涉及文水等縣……秋七月,太谷大雨三晝夜不止……"使得太谷、祁縣、平遥等多地村莊田園被淹,⑤這與張煦在同年4月後到山西布政使任時間吻合,故此處"十一年"當爲光緒十二年(1886)之誤。光緒十三年(1887),因"協濟甘肅新餉,敘功,賞給頭品頂戴"。⑥給從二品官賞頭品頂戴,足見朝廷對張煦財賦工作的肯定。

光緒十四年(1888),陞任陝西巡撫,加兵部侍郎銜,正式步入了地方大員的行列。此時第二次鴉片戰爭結束已近30年,太平天國運動也已過去20餘年,中國半殖民地半封建社會程度進一步加深,人民生活在水深火熱中。張煦到陝西巡撫任後,遇到的是"秦中兵燹後,繼以大祲,民病官困"的局面,他"裁一切冗費,奏除科場積弊,士民翕然"。⑦面對"公司凋瘵,府藏支絀"的情況,針對"官吏習爲華侈,誅求無藝,民氣日弊"的問題,張煦"滌除封靡,綜核名實,革除陋規,上下肅然"。在陝西的這些作爲,使他在百姓中樹立了很高的威望,在他調任湖南巡撫的時候,"攀然泣送者,數百里不絕"。⑧

光緒十五年(1889)十二月,張煦被調爲湖南巡撫。在湖南,他以實幹見長。志載,"三湘號難治甲諸行省,公不動聲色,消患未萌,閭閻安諸"。然而,面對"自海禁大開,疆場之事日益以瘁……時勢艱阻,俛首無濟"的局面,張煦只能保證自

---

① 王鐘翰點校《清史列傳》,中華書局1987年版,第4670頁。
② 秦國經《清代官員履歷檔案全編》(第四册),華東師範大學出版社1997年版,第498頁。
③ 〔清〕楊芳燦監修、〔清〕郭楷纂修,靈武縣縣志辦公室整理,蘇聞主編,張建華、蘇昀校注《嘉慶靈州志·光緒靈州志》(甘圖藏本),寧夏人民出版社1996年版,第359頁。
④ 張傑《山西自然災害史年表》山西省地方志編纂委員會辦公室1988年版,第285頁。
⑤ 温克剛主編、劉慶桐卷主編《中國氣象災害大典·山西卷》,氣象出版社2005年版,第489頁。
⑥ 清國史館《清國史·新辦國史大臣傳·張煦列傳》,中華書局1993年版,第191頁。
⑦ 同上。
⑧ 〔清〕楊芳燦監修、〔清〕郭楷纂修,靈武縣縣志辦公室整理,蘇聞主編,張建華、蘇昀校注《嘉慶靈州志迹·光緒靈州志》(甘圖藏本),寧夏人民出版社1996年版,第359頁。

身的廉静,他希望通過自身的努力和影響,來"得人心而集事",①的確爲亂世之忠臣。湖南巡撫任間,正值光緒皇帝親政,洋務運動在全國開展,其主要代表人物張之洞調任湖廣總督。對於張之洞辦新廠、進口機器、辦兩湖書院等做法,張煦不以爲然,寫了《致鄂督張香濤書》予以批評。② 敢於直接寫信批評地位比自己高、在同一行省共事的湖廣總督,其爲人耿直,不畏權勢可見一斑。張煦以"因長沙地濕,得臂痛疾,疏請開缺",光緒皇帝不同意,調山西巡撫。③

光緒十八年(1892)十一月,張煦到山西巡撫任。在山西,煦"爲政以德",愛民如子。剛到山西,"甫下車,邊外大旱,千里赤民死亡略盡。公竭力籌撫,轉粟數千里,經萬山中以饋饑黎"。④ 張煦不僅愛民,而且更愛國。他剛剛把救災的事情基本解決,"而遼禍亟,海内驛騷。公選士厲兵,勗以忠義,俾入援畿輔。外籌供億,内塵吏職,不遑寢食"。⑤ 面對甲午戰爭後國家所面臨的困境,光緒二十年(1894)冬十月,光緒皇帝命張煦挑選勁旅數千,派得力將領統帶,保衛京畿,張煦立即派總兵賀星明訓練了一支晉軍赴京,聽候調遣。

雖然張煦愛國愛民,爲風雨飄零的清政府之股肱之臣,但是依然有人在給他所作小傳裏貶低他:

……頗木訥,而拘墟無識。甲午日朝事棘,煦亟乞休。左右咨其故,曰:"吾恐日人窺三晉。"曰:"中尚隔直隸,何便及晉?"曰:"洋兵駕火車,日馳二千里,苟入榆關,兩日至太原矣!"蓋不知火車有軌道,以爲猶飛艇之類。其昧若此。⑥

沃丘仲子對張煦的這段記述,是否屬實現已無法考證,但《近現代名人小傳·出版説明》的評論卻可見一斑:"……由於著者思想認識存在局限,所記部分人物或評論褒貶不當,未及本質,或紀事彰隱無度,失之不察……"⑦

光緒二十一年(1895)三月,"會言事者微及公(案:指張煦),上知公深,特詔入

---

① [清]楊芳燦監修、[清]郭楷纂修,靈武縣縣志辦公室整理,蘇聞主編,張建華、蘇昀校注《嘉慶靈州志迹·光緒靈州志》(甘圖藏本),寧夏人民出版社1996年版,第359—360頁。案:校注本標點有誤處,筆者根據文意徑改。
② 馬福祥等修、王之臣纂《〔民國〕朔方道志》,載《中國方志叢書》(塞北地方·第二號),臺灣成文出版社1968年版,第1430—1432頁。
③ [清]楊芳燦監修、[清]郭楷纂修,靈武縣縣志辦公室整理,蘇聞主編,張建華、蘇昀校注《嘉慶靈州志迹·光緒靈州志》(甘圖藏本),寧夏人民出版社1996年版,第325頁。
④ [清]楊芳燦監修、[清]郭楷纂修,靈武縣縣志辦公室整理,蘇聞主編,張建華、蘇昀校注《嘉慶靈州志迹·光緒靈州志》(甘圖藏本),寧夏人民出版社1996年版,第360頁。
⑤ 同上。
⑥ 沃丘仲子《近現代名人小傳·近代名人小傳》,北京圖書館出版社2003年版,241頁。
⑦ 同上,2頁。

覿,以塞群疑。既至,如對數四,恩禮有加,命還任"。① 同年四月,張煦回到山西。"迨和議(案:指《馬關條約》)告成,公疾深矣。"②八月初十日③去世,終年70歲。

關於張煦卒年卒月,薛允升《墓誌銘》記載是"光緒二十一年初十月,以疾薨於位"。④"初十月"當爲"初十日"之筆誤。據《清實錄·德宗實錄》載:光緒二十一年(1895)八月甲申,按照慣例給予張煦恤典。八月甲申日是八月十六日,即卒後六天朝廷給予恤典如例。

光緒二十四年(1898)二月,張煦葬于陝西長安鳳棲原(今西安市長安區韋曲東韋村之東原)。《〔光緒〕靈州志》所載"葬于咸寧之鳳樓原卯首酉趾",⑤"鳳樓原"之"樓"字當爲"棲"字誤。張煦葬于西安,是因爲其家人"扶喪歸西安,將啓公(案:指張煦)配文夫人之匶,蜀地而合葬焉"的過程中,"關中民聞公(案:指張煦)薨,咸巷哭",並爭相前往弔祭,希望張煦能葬於陝西。⑥張煦因在陝西任過巡撫,且在百姓中威望高,故留葬於西安。胡迅雷《清代名臣張煦》認爲張煦葬於山西,誤。⑦

張煦死後,朝廷對他的貢獻給予充分肯定,取消了他任內的一切處分,還賜予《御製張公南浦祭文》,封賞張煦爲光禄大夫,其妻文氏爲一品夫人,⑧以極大的榮耀對張煦以蓋棺論定。

二、張煦的著述

張煦雖一生官至高品,但在著述方面卻少有建樹。今傳其著述有四:其一爲中國第一歷史檔案館所藏七百餘件奏稿,⑨其二爲監修的《〔光緒〕山西通志》,其三爲民國二十四年(1935)重印《山西通志》時補入的《序》,四爲《致鄂督張香濤書》。但仔細辨析上述內容可知,《〔光緒〕山西通志》前《纂修職官》中"鑒定"者

---

① 〔清〕楊芳燦監修、〔清〕郭楷纂修,靈武縣縣志辦公室整理,蘇聞主編,張建華、蘇昀校注《嘉慶靈州志迹·光緒靈州志》(甘圖藏本),寧夏人民出版社1996年版,第360頁。
② 同上。
③ 牛濟《張煦張贊元父子年譜》,陝西人民教育出版社2011年版,第169頁。
④ 〔清〕楊芳燦監修、〔清〕郭楷纂修,靈武縣縣志辦公室整理,蘇聞主編,張建華、蘇昀校注《嘉慶靈州志迹·光緒靈州志》(甘圖藏本),寧夏人民出版社1996年版,第358頁。
⑤ 同上,第360頁。
⑥ 〔清〕楊芳燦監修、〔清〕郭楷纂修,靈武縣縣志辦公室整理,蘇聞主編,張建華、蘇昀校注《嘉慶靈州志迹·光緒靈州志》(甘圖藏本),寧夏人民出版社1996年版,第358頁。
⑦ 胡迅雷《寧夏歷史人物研究文集·清代名臣張煦》,寧夏人民出版社1993年版,第60頁。
⑧ 〔清〕楊芳燦監修、〔清〕郭楷纂修,靈武縣縣志辦公室整理,蘇聞主編,張建華、蘇昀校注《嘉慶靈州志迹·光緒靈州志》(甘圖藏本),寧夏人民出版社1996年版,第356—357頁。
⑨ 牛濟《張煦張贊元父子年譜·序》,陝西人民教育出版社2011年版,第7頁。

最後一名爲張煦,每卷首均署張煦"奉旨監修",但事實上他是光緒丙戌(1886)歲"任布政使,曾見其體例、考證之精,而日望其書之成也"。等到光緒壬辰(1892)"奉命移撫斯地,而全書適以告成,幸得列名簡端"。也就是說,此志的編修張煦根本沒有參加,只是因其爲山西巡撫,故列名於此官修志書前而已。另外,七百餘件奏稿因目前無整理本,筆者未能窺其全貌,無法論述,且待以後再論。

張煦《山西通志·序》以主要篇幅概括了從明代以來山西志書的發展簡史、後敘《〔光緒〕山西通志》的成書過程和體例編訂的成因等。敘述簡潔,概括性強。

《致鄂督張香濤書》見於《〔民國〕朔方道志》卷二八《藝文志·書傳》。張之洞(1837—1909),字孝達,號香濤,時任湖廣總督。此間,他進口機器,開辦煉鐵廠、槍炮廠,設織布、紡紗、繅絲、製麻四局,創辦兩湖書院,籌修盧漢鐵路等。從文意來看,時任湖南巡撫張煦作此文是回應張之洞輕信傳聞,對湖南政務中的細枝末節之事過度干預,連續發文對張煦指手畫腳的。此書信是下級對上級的,但卻措辭激烈、語言尖刻:

致鄂督張香濤書
湖南巡撫　張煦(靈武)

公自命爲國家理學名臣,才大望重,當爲海內所欽仰,鄙人敢不敬服?然而好大喜功,惑於浸潤,往往言不顧行,病在才優,於德無鎮静功夫,以致遇事張皇,虎頭蛇尾,言入即行,既行復悔。若再加以涵養,庶爲完人。

至於楚人多謡,原無足怪。以八百里洞庭遥隔,何能事事信之傳聞?而公一耳聞之,料以爲實,六百里加緊文件一日數至,殊堪驚駭。迨開函捧讀,迥非大臣經國之談,均係謡言無根之事,連篇累牘,真令人閱之應接不暇,難以酬答。

弟服官四十餘年,洊至今職,豈毫無知識耶?皇上不以弟爲不肖之臣,尚假以重任,公何不諒之甚也。弟老矣,求退不遑,豈能竟日作書史,與公爭筆墨之長短乎?

古之人耕則問僕,爨則問婢,名有攸分,事有專責。公則憑空結撰,以虛無縹緲之言責之巡撫,未免不近人情之甚。

且傳言何地無之,即尊處亦復不少。有人言,公違眾議,遽拆橋以運機器,①百姓攔阻者數百人。公見事難成,連夜賠修,百姓始散。公無面目見城中百姓與他父老,私往荆州,匝月方歸,官民皆爲擾累者。又有人言,公之上房失火被焚,什物、書籍爲之一空,見客之衣、會客之地皆無存者。又有人

---

① 案:"拆",原作"折",據文意改。

言,武當事起,公倉皇失措,扎調通省之兵,據地為自守計,以致邊境空虛者。又有人言,公奏買機器,動帑數十萬金,皆成廢物,而藩庫為之一空者。又有人言,公建兩湖書院,大工未成,遽移湖南學政送諸生肄業。生等皆為寒士,行李、川資多出告貸,閒至鄂久候,并無著落,竟有無面歸家者。諸如此類,指不勝屈。此皆好大喜功、言不顧行之明證也。

弟姑聽之耳,初未嘗一言奉聞。公何好親細事?此後,刑名責之臬司,吏治責之藩司,公但督事成功而已。至巡撫應辦之事,弟當自行料理,無煩過慮;空言無補之書,亦無煩再施,則受賜多矣。公若恃才傲物,以勢凌人,人縱甘而受之,是豈海內君子所望於公者歟?

弟深願公為良臣、純臣,不願公為才臣、能臣,公再三思而審度之為幸!

此文首先總括性地提出了張之洞的問題在於"好大喜功,惑於浸潤;往往言不顧行,病在才優,於德無鎮靜功夫"上;接下來直接指出總督聽信謠言對自己的指責非常不近人情;然後筆鋒一轉,反羅列關於張之洞的傳言,"且傳言何地無之,即尊處亦復不少";最後,張煦提出了自己對張之洞的看法,希望他成為"良臣、純臣",而不是"才臣、能臣"。文章較有氣勢,語言樸素,邏輯性強。

三、張氏家族其他人物及其著述

張煦"曾祖繼賢,本身曾祖習賢,祖駿翮,考松年……妣氏王"。① 張煦父張松年,字壽山,州拔貢,清道光十一年(1831)辛卯科舉人,狄道(治今甘肅省臨洮縣)學正。志載,張松年因"淡於仕進,歸里授徒,以德行為先。常謂:'士不敦品,雖學富五車,亦糟粕耳'"。② 松年有文《精忠廟碑記》,見載於《〔光緒〕靈州志·藝文志》(甘圖藏本)。該文記載了賀邦直父子在大家的幫助下籌建岳飛廟的事情。文簡而敘述清晰。

張煦妻文氏,生子張體元,候選郎中;生三女,長女嫁吏部主事昆明人錢濡珊,二女嫁秦安府(治今甘肅秦安縣)知府、安定(治今甘肅定西市安定區)人康敉,三女嫁貴州通判、會稽(治今浙江紹興)人梁長生。張煦側室章氏,光緒九年(1883)生子張贊元,③清末留學日本法政學校,並加入同盟會,被委任為同盟會陝

---

① 〔清〕楊芳燦監修、〔清〕郭楷纂修,靈武縣縣志辦公室整理,蘇聞主編,張建華、蘇昀校注《嘉慶靈州志迹·光緒靈州志》(甘圖藏本),寧夏人民出版社1996年版,第358頁。
② 馬福祥等修、王之臣纂《〔民國〕朔方道志》,載《中國方志叢書》(塞北地方·第二號),臺灣成文出版社1968年版,第821頁。
③ 〔清〕楊芳燦監修、〔清〕郭楷纂修,靈武縣縣志辦公室整理,蘇聞主編,張建華、蘇昀校注《嘉慶靈州志迹·光緒靈州志》(甘圖藏本),寧夏人民出版社1996年版,第360頁。

甘支部事務，爲《夏聲》雜志主要撰稿人，民國曾任陝西省政府委員和參議等職，1939年9月去世。張煦有孫4人：張體元長子張柄，二品蔭生，次子張權，"令卜吉"；①張贊元長子張謀，次子張凱。胡迅雷先生所記張煦孫張柄權，誤。② 張贊元有女二人：長女張榕，又名張榆陽；次女張琦，又名張慧珠。餘不詳。

張煦從28歲考中進士後步入仕途，經過長達42年的宦海生涯，歷三代皇帝，長於治獄；爲三省巡撫，才技優長。張煦爲官於中國多事之秋的近代時期，雖然思想保守，鎮壓過貴州苗民起義，但卻恪守中國古代官吏爲民請命的節操，薛允升評價其"節鉞三秉，艱屯迭致。始終一節，以殁其世"，③是非常中肯的。

第二節　作品集亡佚的清代寧夏人及其散見詩文

清代寧夏人所著作品集除俞益謨《道統歸宗》等著述、俞德淵《默齋文稿》（一作《默齋存槀》）已亡佚外，另有多人作品集亡佚，傳世多爲其散見詩文。

一、劉芳猷的著述

劉芳猷，生卒年不詳，清初寧夏（治今寧夏銀川市）人，字巨卿，贈太子太保、諡忠肅、左都督、寧夏總兵劉芳名之兄。《〔乾隆〕寧夏府志》卷一三《人物·鄉獻》載其爲"山西潞安丞"。④《〔民國〕朔方道志》卷一七《人物志·學行》有相同記載。查《〔乾隆〕山西通志》卷一五二《列女（四）》，在潞安府長子縣（治今山西省長子縣）有烈女趙興梅之事，"署縣事劉芳猷勒石表其墓"；再查同書卷一七二《陵墓（一）》，在潞安府長子縣有烈女興梅之墓，乃"康熙十一年知縣劉芳猷竪石"。⑤ 辨析這三則史料可以確定，劉芳猷曾於康熙年間在山西潞安長子縣任過職。後被誣罷歸。

---

① ［清］楊芳燦監修、［清］郭楷纂修，靈武縣縣志辦公室整理，蘇聞主編，張建華、蘇昀校注《嘉慶靈州志迹·光緒靈州志》（甘圖藏本），寧夏人民出版社1996年版，第360頁。
② 胡迅雷《寧夏歷史人物研究文集·清代名臣張煦》，寧夏人民出版社1993年版，第60頁。
③ ［清］楊芳燦監修、［清］郭楷纂修，靈武縣縣志辦公室整理，蘇聞主編，張建華、蘇昀校注《嘉慶靈州志迹·光緒靈州志》（甘圖藏本），寧夏人民出版社1996年版，第361頁。
④ ［清］張金城等修纂、陳明猷點校《乾隆寧夏府志》，寧夏人民出版社1992年版，第447頁。
⑤ ［清］覺羅石麟等修《〔乾隆〕山西通志》，影印文淵閣《四庫全書》本，臺灣商務印書館1986年版，第547冊，第286頁；第548冊，353頁。

劉芳猷工詩與古文,著有《澄菴集》《歸田詩草》,二書見載於《〔乾隆〕寧夏府志》卷一三《人物·鄉獻》,亦見載於《〔民國〕朔方道志》卷一七《人物志·學行》、卷三十一《志餘下·著作》,①惜今不傳。從二著書名來看,當爲詩文集。後世書目文獻均不著録,疑其未付梓。

劉芳猷今傳世散見著述有詩6首,分别爲《野望》《過普濟庵贈石屏上人》《朔方》《邊城》《絶塞》《雨餘登無量臺》,均見載於《〔乾隆〕寧夏府志》卷二一《藝文·詩》;亦載於《〔民國〕朔方道志》卷二九《藝文志·賦詩》,但不署作者,按照原書體例,可以理解爲作者承前,即"清巡撫黄圖安",②誤。

芳猷的詩都寫得氣勢充沛、意境闊大,極具塞北特色,《野望》《朔方》《邊城》《絶塞》等詩,單從題目就可以看出其所描繪的北方情景。如:

野　望

秋色到邊城,蕭蕭牧馬鳴。
長空看鳥盡,遠水逼沙明。
風雨疑天意,江山矯世情。
河流歸目下,遥矖海雲生。

秋天到了,北地邊城一片秋色,牧馬在遼闊的草原悠閒地吃草,時而發出蕭蕭的鳴叫。抬眼望,衆鳥南飛,直到天盡頭,遠處的湖水清澈澄明,水光反射,使毗鄰的沙漠顯得更加明亮。從天邊的雲朵看,可能有風雨即將到來,江山也將因時代風氣而改變。近在眼前的黄河滾滾而去,遥望遠處,海雲漸生。此詩中,作者着眼於"野望",所選景物都是北國野外的,自然大氣開闊;所描繪都是眼"望"來的,自然極目天邊,思維遼遠,意境頓生。

再如:

朔　方

西峙蘭山爽氣凌,東流黄水日奔騰。
人煙漠漠聯村落,畎畝鱗鱗傍水塍。
塞北江南名舊得,嘉魚早稻利同登。
偶看兒女弓刀戲,不覺臨風百感增。

賀蘭山、黄河水,人煙漠漠、畎畝鱗鱗,嘉魚、早稻,都是典型的寧夏景物,有代表

---

① 馬福祥等修、王之臣纂《〔民國〕朔方道志》,載《中國方志叢書》(塞北地方·第二號),臺灣成文出版社 1968年版,卷十七、三一,第814、1631—1632頁。案:"《澄菴集》"《〔民國〕朔方道志》卷十七載爲"《澄安集》",誤;卷三一載爲"《澄庵集》","菴""庵"屬文字異寫,當以"菴"字爲是。

② 同上,第1505—1507頁。

性的塞北風光。面對家鄉的美景,望著魚米之鄉的豐收景象,偶爾看到後輩們在習武,不覺百感交集。詩歌意象典型,情景交融,是難得的寫朔方的佳作。

劉芳猷的詩中多透露着一種"熱腸到處因癡誤,傲骨何能與世偕"(《邊城》)的孤傲氣,總是有種"靜者自能閑"(《過普濟庵贈石屏上人》)、"磬音寂處少塵埃"(《雨餘登無量臺》)的出世情緒,應該與其"被誣罷歸"有關。

二、孟養龍的著述

孟養龍,生卒年不詳。明末清初靈州(治今寧夏靈武市)人,崇禎元年(1628)恩貢。志載,養龍"尚氣節",明末李自成部攻打靈州城,他"糾衆捍禦,靈州卒得保全"。① 卒後,時任寧夏道黎士宏爲他撰《墓志銘》,詳載其事迹。惜此《墓志銘》今不見傳。《〔乾隆〕寧夏府志》卷一三《人物·鄉獻》、《〔嘉慶〕靈州志迹》卷三《人物·鄉獻志》,以及《〔民國〕朔方道志》卷一七《人物志·學行》有傳,內容基本相同。

養龍工詩文,著有《吹萬吟》,最早見於《〔乾隆〕寧夏府志》卷一三《人物·鄉獻》,亦見載於《〔嘉慶〕靈州志迹》卷三《人物·鄉獻志》,《〔民國〕朔方道志》卷一七《人物志·學行》、卷三十一《志餘下·著作》。惜今不傳。後世書目文獻均不著録,疑其未付梓。

三、朱廷翰的著述

朱廷翰,生卒年不詳。明末清初寧夏(治今寧夏銀川市)人,明諸生,名聞四方,從學者甚衆。明崇禎十二年(1639)己卯科舉人。志載,廷翰"長身美鬚眉,善騎射,具文武才。中式後,嘗集演武場與群俊校射,翰九發九中,策馬赴的,舍矢如破"。② 選授萊蕪知縣,再調歷城知縣,不久棄官,歸隱於西山大清觀。崇禎甲申年(1644)夏,"青、齊、濟、兖間盜蠭起,父老強起翰。翰與刺血插(歃)盟,申忠義之氣。強梁者悉聞風款附。分渠帥爲兩部,設十二營。紀律森嚴,戰勝攻取,保障一方"。③ 清順治二年(1645)六月,清廷"擢……歷城縣知縣朱廷翰爲雲南道試監察御史"。④ 七月,"遣……雲南道試監察御史朱廷翰巡按宣大"。⑤ 宣大,

---

① 〔清〕張金城等修纂、陳明猷點校《乾隆寧夏府志》,寧夏人民出版社1992年版,第449頁。
② 〔清〕張金城等修纂、陳明猷點校《乾隆寧夏府志》,寧夏人民出版社1992年版,第450頁。
③ 馬福祥等修、王之臣纂《〔民國〕朔方道志》,載《中國方志叢書》(塞北地方·第二號),臺灣成文出版社1968年版,第779頁。
④ 《清實録·世祖實録》,中華書局1985年版,第152頁。
⑤ 同上,第168頁。

即宣府(治今河北張家口市)和大同,巡按宣大範圍包括山西,故《〔乾隆〕山西通志》卷八〇亦載,順治二年到三年(1645—1646),廷翰任巡按山西監察御史。巡按期間,廷翰"整綱紀,逐貪污,靖伏莽,興理學,造髦士",①一系列强有力的措施,使地方得到了很大治理。後辭官返回家鄉,"與諸弟子理舊社,著格言,抄方書,出囊中裝,買藥物濟病民,活人無算"。② 卒後入祀鄉賢祠。《〔乾隆〕寧夏府志》卷一三《人物·鄉獻》和《〔民國〕朔方道志》卷一六《人物志·鄉宦》有傳。

朱廷翰著有《宣雲奏議》,最早見於《〔乾隆〕寧夏府志》卷一三《人物·鄉獻》,亦見載於《〔民國〕朔方道志》卷三十一《志餘下·著作》,今不見傳,疑爲奏疏類文集。後世書目文獻均不著錄,疑其未付梓。

四、岳咨的著述

岳咨,生卒年不詳。清前期寧夏(治今寧夏銀川市)人。弱冠讀書,被人視作神童。後棄文就武,中康熙三十五年(1696)丙子科武解元,五十四年(1715)乙未科武進士。初選侍衛,後官廣西梧州(治今廣西壯族自治區梧州市)都司。雍正五年(1727),因廣西梧州府與廣東肇慶府之間出現千餘百姓佔住山口在内挖礦事,岳咨被題參革職。《〔乾隆〕寧夏府志》卷一三《人物·鄉獻》及《〔民國〕朔方道志》卷一六《人物志·鄉宦》有傳。

志載,岳咨"肆力於學,以能詩名。聖祖嘗問侍衛内能詩者,大總裁李紱以咨對,即命進呈"。③ 著有《韄線詩稿》,最早見於《〔乾隆〕寧夏府志》卷一三《人物·鄉獻》,亦見載於《〔民國〕朔方道志》卷一六《人物志·鄉宦》、卷三十一《志餘下·著作》,惜今不傳。後世書目文獻均不著錄,疑其未付梓。

岳咨今傳世有詩《金塔登高》《賀蘭秋興》等2首,最早見於《〔乾隆〕寧夏府志》卷二一《藝文·詩》,《金塔登高》亦收錄於《〔民國〕朔方道志》卷一九《藝文志·賦詩》。二詩均寫得非常有氣勢。如:

金 塔 登 高

西風吹帽鬢驚寒,逸興攜壺上賀蘭。

酒泛黃英吞海嶽,詩成白雪富波瀾。

---

① 〔清〕張金城等修纂、陳明猷點校《乾隆寧夏府志》,寧夏人民出版社1992年版,第450頁。
② 〔清〕張金城等修纂、陳明猷點校《乾隆寧夏府志》,寧夏人民出版社1992年版,第450頁。
③ 〔清〕張金城等修纂、陳明猷點校《乾隆寧夏府志》,寧夏人民出版社1992年版,第460頁。

雲低卻向城頭見，天遠翻從樹底看。
遙想登臨吟眺處，心胸眼界一齊寬。

金塔在賀蘭山内。詩人攜菊花酒秋日登高，遠眺山下景色，想象着登上金塔的那一刻，頓覺心胸眼界一齊開闊。頷聯氣勢闊大，波瀾壯闊；頸聯似寫實景而極度誇張，使詩歌韻味十足。再如：

賀 蘭 秋 興

木落天空爽氣浮，蕭條景物賀蘭秋。
雲連遠塞迷荒徑，日暮邊城暗戍樓。
紅葉不知邀客醉，黄花唯解伴人愁。
陰符誤我頭顱白，潦倒風塵促未休。

寧夏古詩中寫賀蘭秋色者非常多，但多寫其壯闊和雄渾。此詩首聯、頷聯同於常見寫法，主要是描繪賀蘭山的雄壯美，頸聯卻筆鋒一轉，用紅葉、黄花"邀客醉""伴人愁"來表現内心婉轉的感受和作者溫柔的情感，把壯闊美和陰柔美很完美地結合在一起，特色鮮明。

五、趙飛熊的著述

趙飛熊，一作趙熊飛，生卒年不詳。字渭占，平羅（治今寧夏平羅縣）人，道光年間諸生。世居李剛堡。性豪逸，詩酒徜徉，不求上進。有田百畝，率子耕耘，一家八口，自得其樂。志載，飛熊"屋後闢一園可數畝，號'西園'，遍植花卉果木，朝夕玩賞吟咏其中，以所出給賓朋蔬酌之用。又駕墻起樓，顏曰'曠逸'。高出叢林，時把西山爽氣。詩體初好晚唐，暮年進而益上……當時邑令高其品，多與唱和"。[1] 著有《西園草》，當爲作者詩集。《〔乾隆〕寧夏府志》卷一六《人物·隱逸》、《〔道光〕平羅記略》卷七《人物·隱逸》，以及《〔民國〕朔方道志》卷二二《人物志·隱逸》有傳且著録其著作，《〔民國〕朔方道志》卷三十一《志餘下·著作》亦著録其《西園草》。

飛熊今有詩《大悲閣望筆架山》傳世，見載於《〔民國〕朔方道志》卷二九《藝文志·賦詩》。其描繪賀蘭山滾鐘口筆架山的詩句"仰觀筆架山，三峰插寥廓。何年巨靈辟，疑是鬼斧削。我有筆生花，閑久將焉托？願置此山巔，常伴雲霞爍"，很有想象力。

---

[1] 〔清〕張金城等修纂、陳明猷點校《乾隆寧夏府志》，寧夏人民出版社1992年版，第582頁。

六、王綏的著述

王綏,生於康熙四十一年(1702)六月,卒於乾隆二十七年(1762)九月,終年61歲。字寧章,號履齋,靈州(治今寧夏靈武市)人。先業儒,屢試不第,轉武行。清雍正七年(1729)己酉科武舉,八年(1730)庚戌科武進士。初選侍衛,後任官江南督標中軍副將。在任時,他"倡議捐俸貯庫,以資武員身故回里費。當事者美其義,并咨江西省畫一遵行。自是兩省故員旅櫬、妻孥,無不得歸者"。① 乾隆十七年(1752)十月,朝廷下旨:"以江南督標副將王綏爲江西南贛鎮總兵。"②"南贛俗多溺女,綏聞之惻然。乃爲立法:自營兵始,存活者有尚,淹溺者並坐罰隊長。自捐養廉備賞資,爲所屬倡。從事六七年,全活無算。民間感慕,其風漸移。"③乾隆二十二年(1757)十二月,又著王綏署理湖廣提督印務。同月,仍回到南贛總兵任。二十六年(1761)二月,調任江南壽春鎮總兵。在任期間,適逢黄河漫溢,他上書陳述十餘事,大力治理,終使水患平復。二十七年(1762)二月,"以壽春鎮總兵王綏爲江南提督",④官至從一品。抵任後,他上疏奏罷一切陋規,軍伍肅清,提升了戰鬥力。《〔乾隆〕寧夏府志》卷一三《人物·鄉獻》《〔民國〕朔方道志》卷一六《人物志·鄉宦》有傳,今傳世有《皇清誥授榮禄大夫提督江南全省軍務加一級紀録一次王公墓志銘》詳載其生平。⑤

王綏出身行伍,以孝聞。志載,他"奉母至孝,事兄尤恭謹。俸禄有餘,悉以歸兄;事無巨細,罔不禀命焉"。⑥ 善助人,自己生活非常簡樸,可在幫助別人時,卻傾囊不惜。爲官清廉,仕宦三十餘年,從不受人饋贈。他常訓誡自己的兒子説:"昔人云:'蕭條棺外無餘物,冷落靈前有菜羹。'吾没世於此,庶幾無愧。爾曹亦宜努力,無憂貧也。"⑦

王綏好讀書、撫琴。公事之餘,手不釋卷,或彈琴,或賦詩。著有《一嘯軒集》《琴譜小編》,最早見於《〔乾隆〕寧夏府志》卷一三《人物·鄉獻》,亦見載於《〔民

---

① 〔清〕張金城等修纂《〔乾隆〕寧夏府志》,清嘉慶三年(1798)刊本,卷十三第43頁。案:"并咨江西省劃一遵行"句,《〔民國〕朔方道志》卷十六《人物志·鄉宦》作"並咨浙江省劃一遵行",見馬福祥等修、王之臣纂《〔民國〕朔方道志》,載《中國方志叢書》(塞北地方·第二號),臺灣成文出版社1968年版,第794頁。
② 《清實録·高宗實録》,中華書局1986年版,第六册第566頁。
③ 〔清〕張金城等修纂《〔乾隆〕寧夏府志》,清嘉慶三年(1798)刊本,卷十三第43—44頁。
④ 《清實録·高宗實録》,中華書局1986年版,第九册第323頁。
⑤ 銀川美術館編著《寧夏歷代碑刻集》,寧夏人民出版社2007年版,第166—168頁。
⑥ 〔清〕張金城等修纂、陳明猷點校《乾隆寧夏府志》,寧夏人民出版社1992年版,第465頁。
⑦ 〔清〕張金城等修纂《〔乾隆〕寧夏府志》,清嘉慶三年(1798)刊本,卷十三第44頁。

國〕朔方道志》卷一六《人物志·鄉宦》、卷三十一《志餘下·著作》。從書名推斷，前者當爲詩文集，後者應爲琴譜。

王綏今傳世散見詩歌 2 首：《黄沙古渡》《廢壘寒煙》。"黃沙古渡"本爲慶靖王朱栴"刪修"的寧夏八景之一，慶靖王《黄沙古渡》詩描繪的是寧夏橫城堡黃河古渡口在交通上的重要地位。王綏《黄沙古渡》詩在此基礎上更進了一層，描繪的是此渡口的繁忙景象：

黄沙古渡

荒煙漠漠路漫漫，河瀉平沙兩岸寬。
纜解帆懸朝雨歇，馬嘶人語夕陽殘。
濤聲澎湃千秋壯，風色蒼茫六月寒。
獨羨漁舠輕一葉，長歌終日傍驚湍。

《廢壘寒煙》最早見於《〔弘治〕寧夏新志》卷八所載朱秩炅《高臺寺八咏》八首之一，題目相同。前人此題所寫多爲懷古，懷着歷史的滄桑感。王綏則一改前人風格，主要描繪今朝之廢壘上到處是一片太平景象，以此歌頌太平盛世：

廢壘寒煙

荒墩頹剥石苔斑，故壘淒涼落照間。
已報秋成沙漠地，何須夜保賀蘭山。
寒煙古迹明駝卧，野草西風戰馬閒。
短笛一聲歸牧豎，太平景象在邊關。

明駝卧、戰馬閒，牧童悠閒吹笛，賀蘭不需夜保，此等太平安閒之景，多麽讓人心醉。

二詩氣勢充沛，意境開闊，都寫得很大氣，均見於《〔乾隆〕寧夏府志》卷二一《藝文·詩》。

七、許體元的著述

許體元，生卒年不詳。字御萬，靈州（治今寧夏靈武市）人。乾隆九年（1744）貢生，十一年（1746）被舉優貢生。任安定縣司訓。"安定荒，體元奉憲檄出賑，寧濫勿遺，貧民被澤甚夥。"①不久告休。年七十七卒。《〔乾隆〕寧夏府志》卷一三《人物·鄉獻》、《〔嘉慶〕靈州志跡》卷三《人物·鄉獻志》，以及《〔民國〕朔方道

---

① 〔清〕張金城等修纂、陳明猷點校《乾隆寧夏府志》，寧夏人民出版社 1992 年版，第 468 頁。

志》卷一七《人物志·學行》有傳。

體元賦質純樸,沉潛理學,尤精於《周易》,著有《春秋傳敘》《周易彙解衷翼》。

《周易彙解衷翼》寧夏舊地方志多有著錄。《〔乾隆〕寧夏府志》卷一三《人物·鄉獻》載:"許體元……著有……《易經彙解》。"①《〔嘉慶〕靈州志迹》卷三《人物·鄉獻志》,《〔民國〕朔方道志》卷一七《人物志·學行》、卷三一《志餘下·著作》均有相同著錄。《四庫全書總目》卷一〇載:"《周易彙解衷翼》十五卷,陝西巡撫採進本。國朝許體元撰。體元字御萬,靈武人。"②後有提要。類似的還有《清史稿》卷一四五、③《四庫採進書目》所收《浙江省第四次吳玉墀家呈送書目》《陝西省呈送書目》《浙江採進遺書總錄簡目》等,④孫毓修編《涵芬樓秘笈》只記載書名"《周易彙解衷翼》"。⑤《皇朝文獻通考》卷二一二《經籍考》、⑥《皇朝通志》卷九十七《藝文略》都將書名著錄為"《周易彙解衷易》",⑦作者、卷數同前述文獻。阮元《文選樓藏書記》卷五除書名記載為"《周易彙解衷易》"外,作者和卷數亦同前,獨特之處是:"抄本。是書闡釋《易》義,獨抒己見。卷首有《説》二十四卷。"⑧

辨析上述著錄,書名有《周易彙解衷翼》《易經彙解》《周易彙解衷易》等3種,《易經彙解》疑為《周易彙解衷翼》之省稱,故可存之;《周易彙解衷易》之"衷易"當為"衷翼"之同音誤,《易》有《十翼》,即《易傳》,《周易彙解衷翼》當為後世含《易傳》之《周易》通行本的注解,故"衷易"之説誤。關於版本,有抄本、寫本之説;浙江、陝西等省有呈送,疑此書有刊本。另,《文選樓藏書記》著錄"卷首有《説》二十四卷"之説,當為表達之誤。其著錄《周易彙解衷翼》十五卷,豈有"卷首"就有二十四卷之理。故此"二十四卷"應為"二十四則"之類。

《周易彙解衷翼》今不見傳,其詳細内容無從知曉,從《四庫全書總目》所寫提要可略窺一斑:

其書大旨以象為主,每於一卦先觀本象,次觀繫辭所取之象。凡時義德用之所在,胥於象中見之。然謂八卦有本象、有象中之象、有理中之象,又謂

---

① 〔清〕張金城等修纂《〔乾隆〕寧夏府志》,清嘉慶三年(1798)刊本,卷十三第47頁。
② 〔清〕永瑢等《四庫全書總目》,中華書局1965年版,第82頁。
③ 趙爾巽等《清史稿》,中華書局1976年版,第4222頁。
④ 吳慰祖校訂《四庫採進書目》,商務印書館1960年版,第84、157、238頁。
⑤ 〔清〕孫毓修編《涵芬樓秘笈》,北京圖書館出版社2000年版,第468頁。
⑥ 〔清〕官修《皇朝文獻通考》,影印文淵閣《四庫全書》本,臺灣商務印書館1986年版,第637册,第28頁。
⑦ 〔清〕嵇璜、劉墉《皇朝通志·藝文略》,影印文淵閣《四庫全書》本,臺灣商務印書館1986年版,第645册,第362頁。
⑧ 〔清〕阮元《文選樓藏書記》,清越縵堂鈔本,卷五。

象中象、理中象各有兩端,有自然之象,有懸設之象。多端辨析,未免涉於煩碎也。①

許體元《春秋傳敘》最早見於《〔乾隆〕寧夏府志》卷一三《人物·鄉獻》;亦見於《〔嘉慶〕靈州志迹》卷三《人物·鄉獻志》,《〔民國〕朔方道志》卷一七《人物志·學行》、卷三十一《志餘下·著作》。此書今不見傳,餘不詳。

體元今有散見詩歌《文昌閣新成有白燕來巢詩以紀瑞》傳世,見於《〔乾隆〕寧夏府志》卷二一《藝文·詩》。文昌閣新成,寧夏人多詠之,詳見下文。此詩多誇飾,茲不論。

八、路談的著述

路談,生卒年不詳。《〔民國〕朔方道志》卷一七《人物志·學行》作"路淡,字悟齋"。②"路淡"當爲"路談"刊刻之筆誤;"悟齋",疑爲其號而非字。清代寧夏縣(治今寧夏銀川市興慶區)人,乾隆十五(1750)庚午科舉人,十六年(1751)辛未科進士,名列二甲第 29 名。③ 中進士後先"分部學習",一年後散館,"授爲編修"。④ "供職京師,因事挂誤。"⑤所謂"因事挂誤",疑與胡中藻《堅磨生詩鈔》案有關。乾隆二十年(1755)三月,在胡中藻《堅磨生詩鈔》文字獄案開始時,乾隆帝就下旨:"……路談……雖經見過其詩,尚系微員,不足深究,但追出詩集足矣。"⑥後隨著事情的發展,胡被處斬,牽扯師友多人,路談極有可能因此被革職遣回原籍。

路談"歸家教授生徒,不談時事。主講關中書院,一時英俊多出其門"。⑦ 著有《悟齋文稿》,今惜不傳。《〔民國〕朔方道志》卷一七《人物志·學行》有傳。

今傳散見著述有《銀川書院碑記》,最早見於《〔乾隆〕寧夏府志》卷二〇《藝文·記》;亦見於《〔民國〕朔方道志》卷二六《藝文志·記序》,題作《銀川書院記》。此文記時任寧夏知府顧光旭擴建銀川書院之事,追述了銀川書院的初建和

---

① 〔清〕永瑢等《四庫全書總目》,中華書局 1965 年版,第 82 頁。
② 馬福祥等修、王之臣纂《〔民國〕朔方道志》,載《中國方志叢書》(塞北地方·第二號),臺灣成文出版社 1968 年版,第 819 頁。
③ 朱保炯、謝沛霖《明清進士題名碑錄索引》,上海古籍出版社 1980 年版,第 2720 頁。
④ 《清實錄·高宗實錄》,中華書局 1986 年版,第六冊第 122,551 頁。
⑤ 馬福祥等修、王之臣纂《〔民國〕朔方道志》,載《中國方志叢書》(塞北地方·第二號),臺灣成文出版社 1968 年版,第 819 頁。
⑥ 《清實錄·高宗實錄》,中華書局 1986 年版,第七冊第 62 頁。
⑦ 馬福祥等修、王之臣纂《〔民國〕朔方道志》,載《中國方志叢書》(塞北地方·第二號),臺灣成文出版社 1968 年版,第 819 頁。

擴建的經過,詳細描繪了書院的構造,歌頌了趙本植、顧光旭等人的功績。語言凝練,交代清晰,敘述詳而不冗,評價切而不誇,體現了路談碑記文之水平。

九、潤光老人的著述

潤光老人,①又稱潤光,生卒年不詳。俗姓陳,寧夏(治今寧夏銀川市)人。幼時父母舍之太平寺,後還俗。年已四十九,子夭妻喪,遂決意出家,剃度於當時在寧夏著名的廣東和尚,頗得大乘真傳,住正覺臺。《〔乾隆〕寧夏府志》卷一六《人物·仙釋》和《〔民國〕朔方道志》卷二二《人物志·釋道》有傳。

潤光工詩文,與人多唱和酬答,著有《澡雪集》,已刊刻,今不見傳。除寧夏舊地方志有載外,其他書目文獻均不見載。

潤光今傳世有詩歌《和陳二猷遊山》《遊賀蘭山絕句》等 2 首,見於《〔乾隆〕寧夏府志》卷二一《藝文·詩》,作者署"潤光"。其詩描繪自然景物,有"日暮鐘聲聞遠寺,秋新葉落見疏林"的佛家空寂感,且追求無我境界,重在自然的描繪。如:

遊賀蘭山絕句

一路草香都是藥,千林老樹盡生苔。
浮雲似水流將去,怪石如人立起來。

詩歌看似非常隨意,明白如話,卻又對仗工整,意境清新,顯示出釋家情趣。

十、景琪的著述

景琪,生卒年不詳。字仙墀,清末寧夏駐防鑲藍旗(駐地即今寧夏銀川市金鳳區)人。舉茂才,食廩餼,主講維新書院。光緒十八年(1892)任寧夏滿營正黃旗驍騎校,二十一年(1895)任正紅旗防禦,充振威軍營務處,旋即又充寧字練軍行營營務處,以功加協領銜。宣統三年(1911)揀選協領,引見記名。民國元年(1912)十月補鑲紅鑲藍兩旗協領,兼管鑲白旗佐領圖記。六年(1917)撤營歸農時,琪開導屬員免生事端,厥功最大。解任後詩酒自娛,顏其室曰"賀蘭山下行窩"。著有《僑西懷舊詩稿》,今惜不傳。《〔民國〕朔方道志》卷一六《人物志·鄉宦》有傳并著錄其書。

---

① 案:潤光老人,《〔民國〕朔方道志》卷二二《人物志·釋道》作"潤先老人",疑爲刊刻筆誤。

景琪今有《過平羌堡》《過三關》等 2 首詩傳世：

過平羌堡

車行三十里，廢堡到平羌。
樹杪遠山曲，人家大道旁。
悲風何淅瀝，暝色自荒涼。
四月棉衣薄，身輕古戰場。

過三關

因地以設險，此區名三關。
霸圖元昊去，終古賀蘭山。

二詩均有懷古意味，咏歎人間爭鬥、殺伐古今不過過眼煙雲，唯有蕭瑟悲風、巍巍賀蘭才亙古不變，充滿滄桑歷史的哲思。特別是前一首，充滿淒涼悲憫之感，與明代詩人諸如劉思唐、鄭時等人《奉和宿平羌堡》等咏同一地方詩歌中所體現的那種爲國爲家而戰的豪氣、誓掃胡虜的決心和氣魄形成了鮮明的對比。

十一、寧夏清代其他人士及其亡佚詩文集

魏元勛，生卒年不詳。號愚山，康熙四十七年(1708)戊子科武舉。工書畫，書法學米芾，畫以竹見長。能詩，有詩集《移山草》，今不見傳。《〔乾隆〕寧夏府志》卷一六《人物·方技》有傳并著錄其著作。今傳世有詩《老鸛湖絕句》，見於《〔乾隆〕寧夏府志》卷二一《藝文·詩》。

劉宏毅，生卒年不詳。清前期寧夏（治今寧夏銀川市）人。康熙五十六年(1717)拔貢。《〔乾隆〕寧夏府志》卷一三《人物·鄉獻》及《〔民國〕朔方道志》卷一七《人物志·學行》有傳，內容基本相同。志載，宏毅生而"敏捷，好學問，製藝日可十餘篇。尤工於詩"。① 著有《詩論十則》，最早見於《〔乾隆〕寧夏府志》卷一三《人物·鄉獻》，亦見載於《〔民國〕朔方道志》卷一七《人物志·學行》、卷三一《志餘下·著作》。可惜今不見傳。

趙秉鐸，生卒年不詳。其父趙坤，康熙年間曾官至貴州提督，擢鑾儀衛使。秉鐸幼業儒，後以父蔭累官至廣西潯洲副將。在任有威惠，兵民愛戴。性恬雅。公餘吟咏自樂，著有《耐翁編年詩集》，今不見傳。《〔乾隆〕寧夏府志》卷一三《人

---

① 馬福祥等修、王之臣纂《〔民國〕朔方道志》，載《中國方志叢書》（塞北地方·第二號），臺灣成文出版社 1968 年版，第 815—816 頁。

物・鄉獻》及《〔民國〕朔方道志》卷一六《人物志・鄉宦》有傳并著録其著作,《〔民國〕朔方道志》卷三一《志餘下・著作》亦著録其書。

英元,生卒年不詳。字乾周,號體仁,清寧夏恩貢,寧夏滿營(治今寧夏銀川市金鳳區)人,官寧夏滿營鑲黃旗防禦。兼教生徒百餘人,能循循善誘地進行教育。著有《鷓蟀微吟草》《集益堂小草》《静修日記》,今不見傳,疑未版行。《〔民國〕朔方道志》卷一七《人物志・學行》有傳并著録其書。

錫慶,生卒年不詳。字佛航,寧夏駐防正白旗庠生。性淳謹,博通經史,教授生徒以主敬存誠爲體、經史爲用。著有《芸花館日記》,今不見傳。《〔民國〕朔方道志》卷一七《人物志・學行》有傳并著録其書。

楊毓芳,生卒年不詳。字子實,寧夏縣(治今寧夏銀川市興慶區)廩生,居鎮河堡。性至孝,務實修,淡泊名利。35歲父母相繼去世,他守墓5年。鄉人以孝行博學推舉他爲優貢但他説:"身爲人子,不能揚名顯親,不可謂孝;身當盛世,猶且食貧居賤,不可謂才。不孝不才,何優之有?"①力辭不就,終身隱居教授。窮而益樂,老而益健。壽八十一卒。《〔民國〕朔方道志》卷一七《人物志・隱逸》有傳,并載其"所著詩古文甚富待刻";同書卷三一《志餘下・著作》著録楊毓芳著有"《詩集古文集》"。② 毓芳之書今不見傳。

辛潤身,生卒年不詳。字玉峰,隆德(治今寧夏隆德縣)人,光緒間廩生。嗜讀書,好吟咏,嘗自誦其句云:"詩如雅頌方成寶,文比馬班不算奇。"③蓋自負語。著有詩文集《緑窗集》,未付梓,其子不知寄存,已散失。《〔民國〕重修隆德縣志》卷三《人物志・文學》有傳并著録其書。

第三節　寧夏清代其他人士散見詩文

寧夏清代其他人物散見詩文大多保存於寧夏舊方志中,少量只見諸金石碑刻。寧夏文史館編《寧夏文史》輯刊時有輯録。在今人搜集整理的集子中,楊繼國、胡迅雷《寧夏歷代詩詞集》《寧夏歷代藝文集》收録最全并有簡要注釋。此外,唐驥等人編《寧夏古詩選注》,吴懷章《古峽攬勝》,秦克温主編《沙坡頭今古詩詞

---

① 馬福祥等修、王之臣纂《〔民國〕朔方道志》,載《中國方志叢書》(塞北地方・第二號),臺灣成文出版社1968年版,第1058頁。
② 馬福祥等修、王之臣纂《〔民國〕朔方道志》,載《中國方志叢書》(塞北地方・第二號),臺灣成文出版社1968年版,第1058、1632頁。
③ 〔民國〕桑丹桂等修《〔民國〕重修隆德縣志》,平涼文興元書局1935年石印本,卷三。

選》、白永金、蘇忠深《中寧詩詞三百首》、胡學祥《寧夏古代風光詩選注》、銀川美術館編著《寧夏歷代碑刻集》等集子都有所收錄。對這些作品和作者,目前鮮有專門的論文或專著進行研究。

寧夏清代其他人物散見詩文多爲應命、唱和之作,總體成就不高。

一、寧夏清代其他人士的散見詩

根據詩歌所要表達的主要內容可將其分爲三類:第一類是寫景詩,第二類是紀事詩,第三類是除前兩類外其他類的。

(一) 寫景詩

清代前期,寧夏經濟社會發展很快,政通人和,人口增長,興修水利,商貿發展,人民生活穩定,因而這一時期寫景詩主要表現爲雍容無物的描繪,成就不高。

寧夏八景詩,明代王遜的《舊西夏八景詩》爲《夏宮秋草》《漢渠春水》《賀蘭晴雪》《良田晚照》《長塔鐘聲》《官橋柳色》《黑水故城》《黃沙古渡》,至朱栴則删修爲《賀蘭晴雪》《漢渠春漲》《月湖夕照》《黃沙古渡》《靈武秋風》《黑水故城》《官橋柳色》《梵刹鐘聲》,陳德武也曾寫過同題的八景詩。順治年間,時任巡府寧夏都御史黃圖安又續題八景爲"藩府名園""承天塔影""南樓秋色""泮池巍閣""霜臺清露""南塘雨霽""黑寶浮圖""土塔名刹"。① 至《〔乾隆〕寧夏府志》編定時,又專門改定了"朔方八景":"寧夏爲塞上名區久矣,舊志載有八景。本朝初年,巡撫黃公圖安又增其八。歷今百餘年,河山風物固自不殊,而名勝故迹亦復時有興廢。參酌其間,略爲更定,要在舉目憑眺,足供吟賞,非必求異前人也。"②這次改定後稱爲寧夏八景,包括"山屏晚翠""河帶晴光""古塔凌霄""長渠流潤""西橋柳色""南麓果園""連湖漁歌""高臺梵刹"。此次更定,雖未明言,當爲時任寧夏知府、《〔乾隆〕寧夏府志》的纂修者張金城所爲。在當政者的倡導下,寧夏人就新的寧夏八景多有吟咏,《〔乾隆〕寧夏府志》卷二一《藝文·詩》專設"寧夏八景詩"條目,共收詩 37 首。

在府城倡導更定八景詩風氣的影響下,各地方也紛紛效仿,多推出了自己的風景名勝。其中靈州有"寧河勝覽""晏湖遠眺""牛首飛霞""龍泉噴玉""高橋春柳""滴水秋梧""青峽曉映""黃沙夕照"八景,韋州有"蠡山疊翠""東湖春漲""西

---

① 〔清〕張金城等修纂、陳明猷點校《乾隆寧夏府志》,寧夏人民出版社 1992 年版,第 100—101 頁。
② 〔清〕張金城等修纂、陳明猷點校《乾隆寧夏府志》,寧夏人民出版社 1992 年版,第 101 頁。

嶺秋容""石關積雪"等四景。① 中衛縣原有"暖泉春漲""羚羊夕照""黃河曉渡""鳴沙過雁""蘆溝晚霞""石空夜光""石渠流水""紅崖秋風""黑山積雪""槽湖春波"等十景，後經知縣黃恩錫改定爲"中衛十二景"："青銅禹迹""河津雁字""香巖登覽""星橋柳翠""羚羊松風""官橋新水""牛首慈雲""黃河泛舟""石空夜燈""暖泉春漲""黑山晴雪""炭山夜照"。平羅縣亦有八景："西園翰墨""北寺清泉""杰閣層陰""邊墻晚照""馬營遠樹""虎洞歸雲""磴口春帆""賀蘭古雪"。各地所推八、十、十二景，有的歷史悠久，確爲當地名勝，有的則完全是各地當政者爲湊數牽強而定。《〔道光〕平羅記略》卷二《古迹·名勝》專門記載了平羅八景的產生過程："平羅地處砂磧，人迹罕到。《朔方》等書并未載有風景，實賀蘭山而外無可紀者。然邑之中豈無一、二勝地以壯登臨？傳與不傳耳！因事搜訪，列爲八景。公暇憑眺，戎馬山河，邊愁浩浩，藉爲覽古蒼茫之一助。"②當政者既定名勝，必題詩咏唱，地方讀書人必唱和，由此留下多首八、十、十二景詩，魚龍混雜，無病呻吟，真正佳作並不多見。

八（十、十二）景詩中之佳作，首推楊浣雨之《長渠流潤》。楊浣雨，生卒年不詳。字紫瀛，寧夏縣（治今寧夏銀川市興慶區）人，乾隆三十五年（1770）庚寅科舉人，三十六年（1771）辛卯科進士，截取知縣。據《〔乾隆〕寧夏府志·修志姓氏》載，楊浣雨乃此志書六位編輯之首。《〔民國〕朔方道志》載，浣雨"沉潛理學，名利澹如，著書甚富。乾隆四十五年承修《府志》，徵文考獻，殫見洽聞，時論多之。喜豪飲，醉後賦詩作書，顧盼自雄，饒有李白斗酒、張旭三杯之風致云"。同書纂修者王之臣曾評論浣雨說："清乾隆四十五年郡守張公金城續修《寧夏府志》，秉筆者爲朔邑進士楊君子瀛。窮源竟委，考核精詳。"③《〔民國〕朔方道志》卷一七《人物志·學行》有傳。《長渠流潤》見於《〔乾隆〕寧夏府志》卷二一《藝文·詩》：

長渠流潤

漢宣昔有言：河潤及九里。良吏福我民，美澤差方比。塞垣一望但飛埃，黃蒿滅没沙崖蘤。大河遥徙積石回，到此衍漾堪浮杯。遂有磊落掀天才，轉從屈注聲如雷。漢曰漢延唐唐來，大清惠農今代開。天潢倒吸怒龍口，濁浪急噴長鯨鰓。虹橋歷歷明水樹，蜃氣靄靄浮樓臺。平疇散入花萬

---

① "容"，《〔乾隆〕寧夏府志》原刻本作"蓉"【〔清〕張金城等修纂《〔乾隆〕寧夏府志》，清嘉慶三年（1798）刊本，卷三第20頁】，據《〔嘉靖〕寧夏新志》卷三《所屬各地·韋州》改【〔明〕楊守禮修、〔明〕管律等纂《〔嘉靖〕寧夏新志》，載《續修四庫全書》第649冊，上海古籍出版社2002年版，第138頁】。

② 〔清〕徐保字《〔道光〕平羅記略》、〔清〕張梯《〔道光〕續增平羅記略》，王亞勇校注，寧夏人民教育出版社2003年版，第44—45頁。

③ 王之臣《〈朔方道志〉序》，載馬福祥等修、王之臣纂《〔民國〕朔方道志》，《中國方志叢書》（塞北地方·第二號），臺灣成文出版社1968年版，第818—819、3頁。

井,山郭斜帶青千堆。馬遷河渠書,道元水經注。當時疏鑿人,可惜不能具。史稱虞詡與郭璜,唐宋嗣者推李楊,古迹漫汗不可詳。元有董郭明有汪,驅石築堰績用康。王司馬、通侍郎,聖朝偉業相輝光。察汗棄壤通理疆,鏞畦北盡省魋旁。歲粟十萬輸天倉,嗟哉美利何洋洋!長渠之潤於斯長,萬民所怙惟循良。浚淤泄漲高其防,俾我農人孫子樂未央。君不見,南陽縱橫舊畎畝,召杜至今歌父母。

這是一首古風,借助寧夏八景詩題,寫寧夏引黃之渠的歷史和現狀、規模和貢獻,緬懷修築這些造福寧夏人民大渠的前人,歌頌他們的歷史豐功偉績在於"歲粟十萬輸天倉"。藝術上也取得了很大成就:其一,此詩將詠史寫今融爲一體,既追溯修渠的歷史,"漢曰漢延唐唐來,大清惠農今代開",指出那些修築者是"萬民所怙"的"循良",又歌頌今之官員寧夏水利同知王全臣與兵部侍郎通智爲寧夏人民修渠的功績"聖朝偉業相輝光",使詩歌有了厚重的内涵。其二,善用誇張、鋪排,使詩歌氣勢滂沱,汪洋恣肆,"大河遥徙積石回,到此衍漾堪浮杯。遂有磊落掀天才,轉從屈注聲如雷"。既描繪黃河湍流滾滾而下,至積石關而回穩,入寧夏便能浮起大船的氣勢,又誇飾河水滔滔曲折而來衝撞掀浪"聲如雷"。即使是從黃河中引出之渠,也是"天潢倒吸怒龍口,濁浪急噴長鯨鰓",令人驚歎不已。其三,詩歌五七言夾雜,時有三句而成一組者,顯示出詩歌不受拘束之美;轉韻也無規律可循,中間從"史稱虞詡與郭璜"至"俾我農人孫子樂未央"七聯一韻橫貫,且句句押韻,更顯得氣貫長虹,一氣呵成。

作爲《〔乾隆〕寧夏府志》的主要編纂者、六位編輯之首,浣雨對寧夏水利事業發展史自然是了然於胸,對前賢今人因興修水利給人民帶來的福祉心生感佩,有感而發,才能寫出這渾然天成之作,大有屈左徒之氣、李謫仙之風,難怪《〔民國〕朔方道志》說他"饒有李白斗酒、張旭三杯之風致"呢。

八(十、十二)景詩中較優秀的還有栗爾璋、朱適然、王賜節、王德榮、王永祐、任鈞甏、王都賦、任景昉、鄭秉鎮等人的部分作品。

栗爾璋,生卒年不詳。寧夏衛(治今寧夏銀川市)人,康熙五十三年(1714)甲午科舉人,五十四年(1715)乙未科進士。官至廣東道監察御史。志載其"少穎悟,讀書識要,務爲經世之學。由進士授檢討,補臨安府。見滇學荒落,捐金設書院,延名儒,親督課,文風大盛。築修犁花尖堤、天緣橋,滇人德之,號栗公堤。清查屯地,不使弁兵侵占。尋陞工部郎中,轉御史。奏禁衙蠹,奉旨通行直省。又以陝甘民田率多水衝沙壓,及更名糧額偏重,奏請減免,桑梓並受其惠"。[①] 今傳

---

① 〔清〕張金城等修纂《〔乾隆〕寧夏府志》,清嘉慶三年(1798)刊本,卷十三第37頁。

世有中衛十二景詩《青銅禹迹》1首,見於《〔乾隆〕寧夏府志》卷二一《藝文·詩》,亦見於《〔嘉慶〕靈州志迹》卷四《藝文志·詩》及《〔民國〕朔方道志》卷二九《藝文志·賦詩》:

青銅禹迹

銅峽中間兩壁蹲,何年禹廟建山根。
隨刊八載標新迹,疏鑿千秋有舊痕。
憑溯源流推遠德,采風作述識高門。
黃河永著安瀾頌,留取豐功萬古存。

這是對青銅峽禹王廟所作,既是對大禹治水的謳歌贊頌,也是對俞汝欽的誇贊。

朱適然,生卒年不詳,寧朔縣(治今寧夏銀川市興慶區)人。清乾隆三十五年(1770)庚寅科舉人。傳世有八景詩《山屏晚翠》《河帶晴光》2首,見於《〔乾隆〕寧夏府志》卷二一《藝文·詩》。

河帶晴光

青銅西望鬱嵯峨,一道奔流走大河。
迴帶晴光沙岸闊,斜穿紫塞白雲多。
春渠競泛桃花水,漢史空聞瓠子歌。
正是昇平休氣塞,銀川風物美如何!

此詩寫得氣魄很大,連用"嵯峨""大河""闊""多"等比較大氣之詞,使詩歌意境開闊。

王賜節,生卒年不詳,靈州(治今寧夏靈武市)人,乾隆三十九年(1774)甲午科舉人。曾任邠州(治今陝西省彬縣)教諭。傳世有《東湖春漲》《石關積雪》《西嶺秋容》等3首詩,均爲韋州景物。見於《〔乾隆〕寧夏府志》卷二一《藝文·詩》。其中《東湖春漲》較有特色。

東湖春漲

昨夜湖光帶雨昏,春波碧草蕩新痕。
曉來遙望平林外,一片空明接遠村。

此詩寫得清新而自然,描繪出東湖春漲的實際情況。

王德榮,生卒年不詳,寧夏府(治今寧夏銀川市興慶區)人,乾隆三十九年(1774)優貢,正紅旗教習。曾任藍田縣教諭。今傳八景詩有《山屏晚翠》(迤邐賀蘭色)、《河帶晴光》(洪河如激箭)、《西橋柳色》《南麓果園》等4首,見於《〔乾隆〕寧夏府志》卷二一《藝文·詩》;《河帶晴光》(一曲河如帶)、《山屏晚翠》(爽氣浮沙

磧)見於《〔道光〕續增平羅記略》卷五《藝文·詩》。6首詩均爲五律。王德榮的八景詩都寫得比較清新,如:

河帶晴光

洪河如激箭,此地好波瀾。
白日一川淨,平沙兩圻寬。
幾經封爵誓,欲問典農官。
古渡秋風裏,臨流思渺漫。

描繪河帶晴光的美景,氣勢較大,意象典型,遣詞自然,不過分生僻。再如:

河帶晴光

一曲河如帶,晴光淡連天。
長虹占霽色,曉日散輕煙。
古塞風雲淨,春山草樹鮮。
郊原浮潤氣,極望更蒼然。

這一首則顯得更清新自然,明白如話,卻將黃河紫瀾浩瀚、晃日浮金,縈迴數百里,望之若帶的美好景色描繪殆盡。

王永祐,寧朔縣(治今寧夏銀川市興慶區)人,廩生。《〔乾隆〕寧夏府志》編輯之一。傳世有寧夏八景詩《山屏晚翠》《河帶晴光》等 2 首,見於《〔乾隆〕寧夏府志》卷二一《藝文·詩》。這 2 首詩都寫得很有氣勢,如寫黃河在陽光的照射下是"天際奔流到此平,日華搖浪色精瑩。金蛇倒掣魚龍伏,素練橫披水石明"(《河帶晴光》)的美景,氣勢很足,描繪非常精妙。再如:

山屏晚翠

萬里風煙落照長,賀蘭西峙色蒼蒼。
天從紫塞飛霞氣,人在高樓望夕陽。
遠樹連村迷晚翠,片雲孤鳥蕩山光。
於喁樵唱歸沙徑,柏葉松花一市香。

遠景近景相結合,自然景觀與人物活動相結合,使作品充滿了生氣。

鄭秉鎮,生卒年不詳,靈州(治今寧夏靈武市)人。傳世有中衛十二景詩《石空燈火》1 首,[①]見於《〔乾隆〕中衛縣志》卷一○《藝文編·銘詩》,亦見於《〔道光〕續修中衛縣志》卷一○《藝文編·銘詩》:

---

① 案:中衛十二景有"石空夜燈",無"石空燈火",但從此詩所寫景物和表達主旨看,當爲"石空夜燈"之意,故將其歸入十二景詩中。

石空燈火

朗列星辰接大雄,行人遙指半山紅。
分來夜色排仙掌,燦出離光燭梵宮。
好借慧燈開覺路,還疑劍氣倚崆峒。
欲從實地尋三昧,盡在慈光普照中。

黃恩錫改定"中衛十二景·石空夜燈"條載:"寺在石空堡西北十里許。山半樓台殿閣,遙望在畫圖間。至夜佛燈僧燭,炳若列星,乃中邑古名刹也。"①此詩描繪石空燈火的景觀,表達對佛家生活的嚮往。

任鈞鼇,字(號)瑤仙,清乾隆時寧夏中衛(治今寧夏中衛市沙坡頭區)人。傳世有中衛十二景詩《羚羊松風》1首,見於《〔乾隆〕中衛縣志》卷一○《藝文編·銘詩》,亦見於《〔道光〕續修中衛縣志》卷一○《藝文編·銘詩》。

羚羊松風

古刹松成蓋,披風徐入襟。
影搖雲亂覆,聲撼雨斜侵。
每引淩空鶴,時鳴無調琴。
聽來忘坐久,不覺滌塵心。

志載,中衛有羚羊寺,知縣黃恩錫"憩息寺中時,其前梨、楊、棗、杏,園林相望,寺階下有松一,爲中邑所僅見者。頃之,響傳林木,與寺松聲相和,殊動人瀟然出塵之想。因不揣附記所見,并更目爲'羚羊松風'"。②這就是中衛十二景之一"羚羊松風"的來歷。任鈞鼇這首詩所描繪即此景,表達的正是這種"瀟然出塵之想"。

王都賦,寧夏人,生平不詳。傳世有寧夏八景詩《古塔淩霄》《長渠流潤》等2首,見於《〔乾隆〕寧夏府志》卷二一《藝文·詩》。其中《古塔淩霄》一詩較有特色:

古塔淩霄

物外招提大野環,客來渾自斂心顏。
風鈴幾語興亡事,寶塔遙傳晉宋間。
極塞山河相拱揖,諸天雲日總幽閒。
劫餘正喜尖重合,努力憑高試一攀。

---

① [清]張金城等修纂、陳明猷點校《乾隆寧夏府志》,寧夏人民出版社1992年版,第105頁。
② [清]張金城等修纂《〔乾隆〕寧夏府志》,清嘉慶三年(1798)刊本,卷三第21頁。

《〔乾隆〕寧夏府志》解釋"古塔凌霄"這一勝景時説:"城北海寶塔,舊志稱爲赫連氏重修,蓋漢、晉間物矣。乾隆戊午,毀於地震。近寺僧某募重建焉。高十一級,計百餘尺,觚棱秀削,迥盡雲表。"①此詩寫海寶塔名勝,咏塔之歷史,暗合了此景命名爲八景之一的闡釋。最後一句"努力憑高試一攀"不禁使人聯想起"會當凌絕頂"和"更上一層樓"等名句,頗富哲理。

任景昉,清乾隆時儒生,寧夏中衛(治今寧夏中衛市沙坡頭區)人。傳世有中衛十二景詩《暖泉春漲》1首,見於《〔乾隆〕中衛縣志》卷一〇《藝文編·銘詩》,亦見於《〔道光〕續修中衛縣志》卷一〇《藝文編·銘詩》:

暖 泉 春 漲

一鑒方塘迥絕塵,溶溶波暖最怡人。

温蒸豈是因人熱,活水源頭自有春。

暖泉春漲地址在今寧夏吳忠市太陽山開發區。據《〔萬曆〕朔方新志》卷一記載,明萬曆四十一年(1613),三邊總制黄嘉善一方面興工修繕惠安堡城,一方面指示其部下盧文善將温泉"拓大其基,建亭鑿池……爲制府行邊暫憩之署"。當時的温泉"泉水環繞其間,樹木茂盛",使這裏的湖與山色呈現一派潤婉秀麗景象。任景昉此詩正是揭示了暖泉春漲的真實情況。最後一句頗耐人尋味,使詩歌顯得回味悠長。

除上述詩作外,寧夏各地八(十、十二)景詩還有:魏修德《黄河泛舟》。魏修德,字有鄰,寧夏中衛(治今寧夏中衛市沙坡頭區)人,生卒年不詳。乾隆二十二年(1757)貢生。曾以"參校採訪"者的身份參與了《〔乾隆〕中衛縣志》的編修工作。詩見於《〔乾隆〕中衛縣志》卷一〇《藝文編·銘詩》,亦見於《〔道光〕續修中衛縣志》卷一〇《藝文編·銘詩》。王宋雲《山屏晚翠》。王宋雲,生卒年不詳,寧夏縣(治今寧夏銀川市興慶區)人。清乾隆三十三年(1768)戊子科舉人,候銓知縣。《〔乾隆〕寧夏府志》六位編輯之一。詩見於《〔乾隆〕寧夏府志》卷二一《藝文·詩》。尹光宗《羚羊松風》。尹光宗,寧夏中衛(治今寧夏中衛市沙坡頭區)人。曾以"校對繕寫"者的身份參與了《〔乾隆〕中衛縣志》的編修工作。魏諫唐《牛首慈雲》。魏諫唐,字上箴,清乾隆三十年(1765)拔貢。寧夏中衛(治今寧夏中衛市沙坡頭區)人。曾以"校對繕寫"者的身份參與了《〔乾隆〕中衛縣志》的編修工作。詩見於《〔乾隆〕中衛縣志》卷一〇《藝文編·銘詩》,亦見於《〔道光〕續修中衛縣志》卷一〇《藝文編·銘詩》。王三傑《古塔凌霄》《連湖漁歌》《長渠流

---

① 〔清〕張金城等修纂、陳明猷點校《乾隆寧夏府志》,寧夏人民出版社1992年版,第101—102頁。

潤》。王三傑，寧夏郡（今銀川市）人，乾隆三十五年（1770）貢生副榜，曾任直隸管河主簿。詩均見於《〔乾隆〕寧夏府志》卷二一《藝文‧詩》。任岳宗《高臺梵刹》。任岳宗，寧朔縣（治今寧夏銀川市興慶區）廩生，曾以"採訪"者的身份參與了《〔乾隆〕寧夏府志》的編修工作。詩見於《〔乾隆〕寧夏府志》卷二一《藝文‧詩》。趙廷桂《河帶晴光》《古塔凌霄》。趙廷桂，一作趙廷柱，寧夏府寧夏縣（治今寧夏銀川市興慶區）人。乾隆五十七年（1792）壬子科舉人。詩均見於《〔乾隆〕寧夏府志》卷二一《藝文‧詩》。楊士美《羚羊松風》。楊士美，字蓮塘，中衛（治今寧夏中衛市沙坡頭區）人。雍正十年（1732）壬子科舉人，截取知縣。曾以"參校採訪"者的身份參與了《〔乾隆〕中衛縣志》的編修工作。詩見於《〔乾隆〕中衛縣志》卷一〇《藝文編‧銘詩》，亦見於《〔乾隆〕寧夏府志》卷二一《藝文‧詩》及《〔道光〕續修中衛縣志》卷一〇《藝文編‧銘詩》。胡璉，寧夏人，餘不詳。傳世有詩《西橋柳色》1首，見於《〔乾隆〕寧夏府志》卷二一《藝文‧詩》。許德溥，寧夏人，餘不詳。傳世有詩《西橋柳色》《南麓果園》等2首。其中前者用白描的手法寫西橋柳色，非常自然而清新。詩均見於《〔乾隆〕寧夏府志》卷二一《藝文‧詩》。張映梓《山屏晚翠》《西橋柳色》《連湖漁歌》《高臺梵刹》。張映梓，寧夏人，清乾隆十五年（1750）貢生副榜，曾任候銓教諭，《〔乾隆〕寧夏府志》編輯之一。詩均見於《〔乾隆〕寧夏府志》卷二一《藝文‧詩》。張大鏞，寧夏（今寧夏銀川市）人，廩生。詩見於《〔乾隆〕寧夏府志》卷二一《藝文‧詩》。周朝相，寧夏府寧夏縣（治今寧夏回族自治區銀川市興慶區）人，稟生，曾參與《〔乾隆〕寧夏府志》的校正工作。今傳世有八景詩《長渠流潤》1首，見於《〔乾隆〕寧夏府志》卷二一《藝文‧詩》。

八（十、十二）景詩因描繪對象特定，詩題固定，且多爲應景唱和之作，故反映作者才思水平有餘，體現真情實感不足；描繪景物、敘寫歷史有餘，表現現實生活不足。因此，作爲地方志反映地方名勝風情自有其價值，但作爲文學作品則價值有限。

寫景詩除以寫地方名勝爲主的八（十、十二）景詩外，還有其他一些描繪寧夏風光的詩作。如張燦的《賀蘭僧舍》。張燦，寧夏人，康熙四十四年（1705）乙酉科武舉。歷任寧夏府千總、守備，保薦特授侍衛，除浙江處州（治今浙江省麗水市）遊擊，又調爲勇健營遊擊。領兵出征巴里坤有功。爲人性敏捷，好讀書，工詩善射，嫻韜略。《〔乾隆〕寧夏府志》卷一三《人物‧鄉獻》有傳。《賀蘭僧舍》描繪賀蘭山中僧舍的清幽和山中美景，其頷聯、頸聯"斗室升沉千方月，竹窗吐納四時風。浮雲乍捲回峰碧，宿雨初收返照紅"對仗工整，很有表現力。詩見於《〔乾隆〕寧夏府志》卷二一《藝文‧詩》，亦見於《〔民國〕朔方道志》卷二九《藝文志‧賦詩》。李若樾有詩《老君臺》。李若樾，中衛（治今寧夏中衛市沙坡頭區）人，康熙四十五年（1706）貢生，博文能詩。其詩見於《〔乾隆〕中衛縣志》卷一〇《藝文編·銘詩》，亦見於《〔乾隆〕寧夏府志》卷二一《藝文·詩》及《〔道光〕續修中衛縣志》卷一〇《藝文編·銘詩》。魏殿元有詩《登古佛泉閣》。魏殿元，中衛廣武（治今寧夏青銅峽市）人，清乾隆十七年（1752）商學恩貢，曾以"參校採訪"者的身份參與了《〔乾隆〕中衛縣志》的編修工作。佛泉閣，在牛首山上，因有泉、有佛而名。此詩描繪了"山橫石筍雲生衲，水瀉銀河雨洗秋。綠樹啼鶯和梵唱，寒泉引客看花遊"的古佛泉閣美景。詩見於《〔乾隆〕中衛縣志》卷一〇《藝文編·銘詩》，亦見於《〔道光〕續修中衛縣志》卷一〇《藝文編·銘詩》。王家瑞《偕同人乘雪遊賀蘭山》。王家瑞，字吉人，寧夏（今寧夏銀川市）人。生卒年不詳。乾隆二十三年（1758）戊寅科貢生。博涉多聞，居家孝友，練達時事，有肆應才。學校有公事，每推為領袖。《〔乾隆〕寧夏府志》卷一三《人物·鄉獻》及《〔民國〕朔方道志》卷一七《人物志·學行》有傳。詩寫作者同友人在陽春時遊滿是白雪的賀蘭山時所見景物。見於《〔乾隆〕寧夏府志》卷二一《藝文·詩》。胡秉正有《咏賀蘭山》《曉渡黃河》《林皋道上口占》《登高台寺》等4首詩。胡秉正，字建中，生卒年不詳。清代寧夏（治今寧夏銀川市）人，乾隆二十一年（1681）歲貢生，環縣（治今甘肅省慶陽市環縣）訓導。少穎異，有才藻，工詩文，天性和易，教授生徒循循有規矩。在環縣訓導任上，成績卓著，深得民心。《〔乾隆〕寧夏府志》卷一三《人物·鄉獻》及《〔民國〕朔方道志》卷一七《人物志·學行》有傳。其詩見於《〔乾隆〕寧夏府志》卷二一《藝文·詩》，寫得比較自然，氣魄也比較大。史師朱有詩《賀蘭聳翠》。史師朱，寧朔縣（治今寧夏銀川市興慶區）廩生，性直諒。動必以禮，不苟言笑。誘掖後進，一以敦本力行為先。教為文詞，不尚浮靡，達意而止。鄉人欽佩他為人的方嚴，稱他為"古人"。《〔乾隆〕寧夏府志》卷一三《人物·鄉獻》及《〔民國〕朔方道志》卷一七《人物志·學行》有傳。其詩見於《〔乾隆〕寧夏府志》卷二一《藝文·詩》。魏繼相，寧夏中衛（治今寧夏中衛市沙坡頭區）人，清乾隆時武生，喜歡詩文。其寫景詩《南園春曉》見於《〔乾隆〕中衛縣志》卷一〇《藝文編·銘詩》，①亦見於《〔道光〕續修中衛縣志》卷一〇《藝文編·銘詩》。岳鍾仙有《登文昌閣》。岳鍾仙，平羅縣貢生。志載，他"負狷性，不肯徇俗，風雨一椽，窮

---

① 案："曉"，《〔乾隆〕中衛縣志》卷十《藝文編·銘詩》作"晚"【〔清〕黃恩錫纂修《〔乾隆〕中衛縣志》，載《中國方志叢書》（塞北地方·第五號），臺灣成文出版社1968年版，第439頁》《乾隆中衛縣志校注》脫此字【〔清〕黃恩錫纂修，中衛縣志辦公室整理，范學靈主編《乾隆中衛縣志校注》，寧夏人民出版社1998年版，第410頁】，（道光）《續修中衛縣志》卷十《藝文編·銘詩》作"曉"，根據詩意當為"曉"。故"曉"字確。

年兀兀"，①一生未仕。《〔道光〕平羅記略》卷七《人物·儒林》有傳。詩見於《〔道光〕平羅記略》卷八《藝文·詩》。

（二）紀事詩

今傳寧夏清代詩人散見詩作，基本都見載於舊方志中。因方志功能所限，這類詩作必然是記載地方大事的，故紀事詩多爲同題的《銀川書院落成》。

寧夏府本有府學，明代亦曾建立揆文書院（初名養正書院）、朔方書院。爲加強文教，清乾隆十八年（1753）知府趙本植購光化門内街西屋創建銀川書院，置學田，募民墾之，以其收入爲膏火費。清乾隆三十三年（1768）知府顧光旭增拓重修。廣其址，去湫隘，築圍牆。有重門、大雅、嚴綠堂，講堂可容數十人。東西序爲文明祠、探源星宿樓、主院居處、齋舍等。府人翰林路談作記，詳載重修增拓之事；《〔乾隆〕寧夏府志》卷六《建置·學校》詳載其學田及膏火費情況。清同治二年（1863）毀於戰亂，十年（1871）知府李藻移建於文廟西，計有學舍數十間，廣東陸路提督張曜爲之記。是年，因舊有試院焚毀，故改爲試院。清光緒三十二年（1906）知府趙惟熙改爲府中學堂。

書院既爲當政者修建，功德無量，亦爲學子儒林之幸事，當其落成，咏歌者夥矣。今傳以《銀川書院落成》爲題之詩計9篇，紀其勝況，全部見於《〔乾隆〕寧夏府志》卷二一《藝文·詩》。其中以王宋雲之詩最有代表性：

銀川書院落成

流沙混西極，井鬼分星躔。賀蘭起爲塞，黄河來自天。聖朝聲教溢四表，風雲佳氣輝銀川。銀川自昔以武競，開國以來稱絕盛。豹韜虎符各起家，煙閣雲台多著姓。亦有彬彬文采儒，遙數落落晨星映。靈鼉突杵井間灰，鳴鹿無聞才傑病。揆文嚴綠舊規模，械樸菁莪邈歌咏。歌咏重歡趙守來，吹嘘寒谷初陽回。一琴一鶴家聲在，春雨春風桃李開。屋起鮀鰢布講席，田膏斥鹵生苗菱。虞士有餼棲有舍，在野多秀邑多才。遂令蘭缸燕冬夜，每聽桂苑轟春雷。春雷出地亦何迅，吾師德業崇先進。承明金馬揖仙曹，霽月光風接心印。化雨甘將桑梓膏，鐸音且向宮牆振。皋比獨擁坐儒壇，斑管間攜開筆陣。筆陣儒壇重我鄉，樂群敬業會斯堂。豈知帝眷頻西顧，更令文翁典朔方。才名獨步江東雋，職望齊高青鎖郎。補闕拾遺臣所願，繡衣玉佩天爲將。疏通政治自和理，鼓動物象隨陰陽。桑田幾稅晝熊

---

① 〔清〕徐保字《〔道光〕平羅記略》、〔清〕張梯《〔道光〕續增平羅記略》，王亞勇校注，寧夏人民教育出版社2003年版，第183頁。

第五章　寧夏清代其他人士著述　425

軾,黌舍日留驄馬韁。論文造士意感慨,仰宇步簷心激昂。此城詎止萬家
邑,吾道豈非千秋光。抑塞毋乃礙胸次,製作不稱羞思皇。胡爲規隨但守
墨,庶其改作觀成章。成章意美興情怦,一區老屋開生面。城頭日彩天邊
新,海上蓬山地隅見。浮動晨曦萬瓦痕,逢迎淑氣雙扉扇。躋堂高棟落清
氛,踏閣虛窗人遙向。帶草春披門列階,香芸風散交群院。竹書朗朗畫簷
齊,藜火熒熒宵户眩。宵唇研磨寧不慮,群材意氣鮮相於。美命忽睹三秋
竟,佳話更傳十載餘。桂棟蘭橑不可賦,牙籤細帙還多書。古今自足備稽
考,歲月其能忘斂儲。豫章風流白鹿洞,關中理學張橫渠。爲儒致道幸有
肆,多士樂此非懷居。文章欲變南山豹,羽翼看化北溟魚。變化升騰夙所
慕,陶熔模範今斯具。莊叟何爲甘不材,顏淵自信遭能鑄。大賢所養不尋
常,曠世經綸成指顧。玉寒常凝五色雲,金莖正浥三霄露。願得鼎鉉付和
羹,大播弦歌佐韶護。

長詩描繪了新落成銀川書院的雄壯,士子們的歡呼雀躍,對這種爲寧夏教育事業做出巨大貢獻的壯舉進行了由衷的歌頌。

以《銀川書院落成》爲題作詩者還有柳焭、任岳宗、崔之燦、王德榮、王三傑、陳作棟、張志顯、張均等8人,王德榮、王三傑、任岳宗生平前已述及,其餘5人均爲乾隆年間寧夏府城(治今寧夏銀川市)人,其中崔之燦爲乾隆三十八年(1773)貢生,柳焭爲乾隆三十年(1765)貢生副榜。餘不詳。

這種以同題詩紀一事的詩題還有《文昌閣新成有白燕來巢詩以紀瑞》。按古代中國傳統,文昌閣主要用於祭奠當地文化名人及爲文化人提供活動場所,所以全國各地都建有文昌閣。詩中的文昌閣指寧夏銀川文昌閣。據《〔乾隆〕寧夏府志》記載,文昌閣原建於銀川城外,紅花渠以北,系清朝順治年間士民捐款修建。清乾隆三十三年(1768),貢生張映槐、任岱宗等人募貲重修。① 根據詩題可知,文昌閣新修成後,有白燕來築巢,時人以此爲祥瑞,故作詩志之。但查《〔乾隆〕寧夏府志》,關於白燕巢於文昌閣是在乾隆三十一年(1766),時間相左,不知何故。清光緒十八年(1892),寧夏知府謝威鳳再次倡議修繕。民國初年,寧夏縣(治今寧夏銀川市興慶區)儒生見文昌閣破損難存,利用原馬營樓舊台基,將文昌閣按東南方向的奉祀習慣移建於"馬營",即今銀川市中山公園。《〔乾隆〕寧夏府志》卷二一《藝文·詩》共收這一同題詩5首,其中寧夏人2首,分別是許體元1首,前已述及;周拭1首。周拭,寧夏(治今寧夏銀川市)人,餘不詳。只是這些詩更注重寫白燕,而淡於寫文昌閣新成,特別是許體元和周拭表現得更明顯。

---

① 〔清〕張金城等修纂、陳明猷點校《乾隆寧夏府志》,寧夏人民出版社1992年版,第182頁。

紀事詩除關於銀川書院落成、文昌閣新成之事的詩歌外,還有記載他事的。如馬見伯有《平苗頌凱》,收錄於《辦苗紀略》卷八。馬見伯,生卒年不詳,康熙三十年(1691)武進士。字衡文,一字樂顧,曾隨湖廣提督俞益謨多有征戰。累官太原、天津總兵官。康熙召見,曾跪講《周易》,蒙賜御書詩、文、匾、對甚多。奏請武弁參與祭祀文廟、武場試《四書》,均被採納。康熙五十八年(1719)授固原提督。後統兵平藏回,卒於軍。入祀名宦。《〔乾隆〕寧夏府志》卷一三《人物・鄉獻》及《清史稿》卷二九九有傳。曾參與俞益謨編集《辦苗紀略》的"重閲"工作。楊士美有《紀黃邑侯詳除河崩賠賦》《紀黃邑侯施粥饑民》《紀黃邑侯增建城堡社學》等3首記載黃恩錫功績的詩,見於《〔乾隆〕中衛縣志》卷一〇《藝文編・銘詩》,亦見於《〔道光〕續修中衛縣志》卷一〇《藝文編・銘詩》。黃邑侯,即黃恩錫,字素庵,雲南永北府(治今雲南省永勝縣)人,清乾隆十七年(1752)壬申科進士,清乾隆二十一年(1756)由西寧碾伯縣(治今青海省樂都縣)調任中衛縣知縣。第一首紀乾隆二十四年(1759),廣武一帶河勢趨西北岸,額田、道路俱塌入河(即"河崩"),黃恩錫詳請議修河堤,於葛家橋河岸築迎水碼頭。第二年,水勢愈大,幾覆近城舊堤,黃恩錫率廣武及各堡民採石築堤,築迎水碼頭,堵截岔河口,並大量栽植堤柳。工成之日,衆咸謂堅厚可久,是廣武數百年的保障。黃恩錫《捐修廣武河防碑記》詳載其事。第二首紀乾隆二十三、四年(1758—1759)間,蘭州、平涼一帶發生旱災,逃難者多至中衛,時任知縣黃恩錫開粥場賑濟災民之事。黃恩錫《勸捐粟煮粥碑記》詳載其事。詩中"百間屋覆鳩形老,千襲衣溫鵠面孩"句描繪當時百姓的苦難生活,無意間揭示了當時的現實狀況。第三首紀黃知縣在縣城增建了社學,爲加強地方教育所做貢獻。三首詩雖意在爲知縣歌功頌德,但客觀上都記載了中衛縣一些較大的歷史事件,自有其意義。

(三) 其他

上述兩類相對集中,其餘清代其他人物散見的詩歌所要表現的内容多樣且分散,有的懷古,有的詠懷,有的贈别等等。

解震泰,寧夏衛(治今寧夏銀川市)人,康熙五十二年(1713)癸巳科舉人,五十七年(1718)戊戌科進士,翰林院庶吉士。今傳其詩《遊賀蘭山自後溝至頂尋元昊臺及李將軍思源亭故址慨然有作》1首,見於《〔乾隆〕寧夏府志》卷二一《藝文・詩》。這是一首懷古詩,寫在賀蘭山上見到元昊臺和思源亭後作者的感慨,有一些富有哲理性的思考,表達了對人生意義的反思。特别是其中"古人弔古人,古人後人榜。後人亦古人,復作後人樣"句增加了詩歌的厚重感。懷古詩再如王敬修的《登賀蘭山漫興》。王敬修,寧夏(今銀川市)人,詩見於《〔乾隆〕寧夏府志》卷二一《藝文·詩》。又如周守域《勝金關懷古》。周守域,中衛(治今寧夏中衛市沙坡頭區)人,"武庠,能文,事親至孝,及老不衰。親歿後,猶撫杯棬,時時飲泣。守域兄卒時,年已八十,扶杖撫棺,哀號不已。人稱爲司馬溫公之風"。① 《〔道光〕續修中衛縣志》卷六《獻徵表·孝義》有傳。其詩較有氣勢,見於《〔道光〕續修中衛縣志》卷一〇《藝文編·銘詩》。詠懷詩有劉得炯的《朝陽百詠》4首,均見於《〔道光〕續修中衛縣志》卷一〇《藝文編·銘詩》。劉得炯,字煥章,中衛(治今寧夏中衛市沙坡頭區)人,雍正二年(1724)甲辰科舉人,陝西朝邑縣(治今陝西省大荔縣)學教諭。爲人好學,"力學無窮期,心虛道所居"(《朝陽百詠》"力學無窮期");好吟詠,"耄年猶切琢,筮仕尚唔咿"(《朝陽百詠》"力學無窮期"),達到了"老來志未足,猶似幼垂髫"(《朝陽百詠》"五緯簇分野")的境界。其詩總體看直抒胸臆有餘,而意象、滋味不足。贈別詩有劉統的《送朱亨衍司馬歸粵二首》。劉統,鹽茶廳(治今寧夏海原縣)人,雍正七年(1729)己酉科舉人,作爲"採輯人員"之首,參與了《〔乾隆〕鹽茶廳志備遺》的編輯工作。詩見於楊金庚總纂的《〔光緒〕海城縣志》卷一〇《藝文志》;先見於朱亨衍纂修《〔乾隆〕鹽茶廳志備遺·藝文》,題作《送司馬朱公回粵》(二首),不署作者名。

二、寧夏清代其他人士的散見文

寧夏清代其他人士傳世散見之文主要見於舊地方志和石刻。按照文體不同,可分爲碑記、賦、墓志銘和序跋(引)論訓四類。

(一) 碑記

碑記主要用來記載古人社會生活中的大事,歌頌當政者和名人賢達爲社會所做貢獻,勒石紀事,以志不朽。

碑記文最有代表性的是張志濂的《張孝子傳》。張志濂,清代中衛縣(治今寧夏中衛市沙坡頭區)人,乾隆四十五年(1780)庚子科舉人,五十四年(1789)己酉科進士,山西平陽府汾西縣(治今山西省臨汾市汾西縣)知縣。志載:"汾西民俗強悍,命案迭出,志濂化導三月,無赴公堂報命案者。持己尤極清廉,人不得干以私。凡病民之事,力陳上官,必革除而後已。至今汾民猶有能道之者。"② 《〔道光〕續修中衛縣志》卷六《獻徵表·人物》有傳。《張孝子傳》見於《〔乾隆〕中衛縣

---

① 〔清〕黃恩錫編纂、〔清〕鄭元吉修纂、寧夏中衛縣縣志編纂委員會點注《標點注釋中衛縣志》,寧夏人民出版社1990年版,第169頁。
② 同上,第159頁。

志》卷一〇《藝文編・傳》，亦見於《〔道光〕續修中衛縣志》卷一〇《藝文編・傳》。文章寫孝子張雲尋父遺骸之事。張父早年到異地業帽爲生，客死。其子張雲長成，尋至父死地，欲歸其骸骨，卻無法知道無主墳地中哪個葬有其父。通過問人、禱神，均無果。後經人指點，牽羊禱神，終於找到其父遺骸。文章雖不免摻雜迷信色彩，但孝子形象卻非常鮮明突出，尤其是寫張雲爲了確認父親骸骨，哭天搶地，指責神祇，最終確認，情節生動而感人：

  丙午冬，孝子匍匐來，欲求親遺骸，返葬家塋。奈當日經理者，或散或亡，無以質詢。其地但見黃沙漠漠，荒塚壘壘，莫辨誰何。孝子惟仰天椎心，泣血數升而已。已而悔恨自責曰："吾生不能養，死不能葬，歿不能祭，吾罪上通於天，復何以人爲？若不得父骨，誓從地下，庶黃泉之相見也。"不禁踴而哭，哭而仆，仆而起，起而再哭，如是積十餘日不輟。
  一日循行荒野，四顧，睹東偏有神祠，則私念曰："昭昭不可索，曷求之冥冥乎？惟聖有靈，倘告以父葬處，未可知也。"爰急詣神座，肅恭瞻拜，則赫然龍神在上焉。因虔誠默禱，晝夜頂禮，倦則假寐廡下，冀神靈或以夢示。久之不見徵驗，益復搶地呼天，且怨且泣曰："孰謂神有靈耶？密邇茲土，而不予告也。崇服之謂何？何以宣聰明正直之稱也？孰謂神有靈耶？"言詞憤激，哭不成聲。觀者惻然，或告之曰："神不可瀆，詎可訕？盍爲文以哀動之？哀而不獲，無後悔。"孝子乃面余文，余既允其請。
  會有自新疆來者，云："邊外積屍填野，不得主名。其親屬欲返骨者，輒牽羊禱神，縱其所之，即得其處。蓋屢效焉，盍試之？"孝子悚然，隨辦特羊祝神前。畢，以長繩系足，縱曠野而視其所止。始則踞一沙磧而臥，僉曰："得之矣！"孝子曰："未也，倘吾父在此，願羊三踐斯土，惟神之鑒。"次如法縱之，仍前臥處，不差尺寸。終則一縱即逝，如就熟，如歸牢，盤旋一臥，鞭之不起。於是來助觀者，咸踴躍奮鋤，甫鋤下而瓦甃隱隱。孝子乃仰天大呼曰："是矣！是矣！吾父真葬於此矣，神不我誣也！"

作者最後點出："張孝子之事，人咸謂龍神之靈有以陰啓而默相之。吾謂不靈於神，而實靈於孝子不死其親之心也。夫誠能動物，況其爲一體之相屬、一氣之相聯，誠至而有不動焉者乎！觀孝子呼痛慘憤，至廢寢食，積旬日不得葬所，憝神明，幾不欲生。其精神所結，必有感召其父在天之靈。息息相通，故捷若影響、似有神助者。然先儒謂有其誠，有其神；無其誠，無其神，不信然歟！"雖然作者的目的是要以此來宣揚孝道，以光風化，但張孝子之誠、之精神，永遠是可貴的。

李品翯有《千金渠碑記》。李品翯，廣武（治今寧夏青銅峽市）人，《〔乾隆〕寧夏府志》卷一四《人物·科貢》載其爲雍正三年(1725)商學鄉貢生,是《〔康熙〕新修朔方廣武志》的續筆者。《千金渠碑記》贊頌俞益謨出資爲家鄉修千金渠(原名石灰渠)的義舉,見於《〔康熙〕新修朔方廣武志》卷下。

于三公傳世有《重修棗園社學記》。于三公,清代寧夏中衛縣(治今寧夏中衛市沙坡頭區)人,生平事迹不詳。《乾隆中衛縣志校注》《標點注釋中衛縣志》均注于三公爲乾隆丁酉(1777)科舉人,①查《〔乾隆〕中衛縣志》卷七《選舉表》、《〔道光〕續修中衛縣志》卷七《選舉表》均無于三公之載,疑二舊志整理本將丁酉科武舉、官至雲南永順鎮都司之武舉"于三壽"誤作"于三公"。《重修棗園社學記》見於《〔乾隆〕中衛縣志》卷九《藝文編·記》,亦見於《〔道光〕續修中衛縣志》卷九《藝文編·記》,寫中衛棗園社學建立的過程,特別突出了黃恩錫的貢獻。

劉統碑記文傳世有《鹽茶廳署落成記》,見於《〔光緒〕海城縣志》卷一〇《藝文志》和《〔宣統〕甘肅全省新通志》卷一五《建置志》"海城縣"條;亦先見於朱亨衍纂修《〔乾隆〕鹽茶廳志備遺·藝文》,原無題目。文章寫鹽茶廳官署落成的過程,重點歌頌朱亨衍爲修建此署所付出的努力。

曹夔隆有《廳地興衰記略》。曹夔隆,清代鹽茶廳(今寧夏海原縣)人,監生,參與了《〔乾隆〕鹽茶廳志備遺》的編輯工作。見載於《〔乾隆〕鹽茶廳志備遺·藝文》,原題作《序》,"當是……編輯未最後修飾潤色所致",②《廳地興衰記略》之題爲劉華點校本《乾隆鹽茶廳志》所擬,當採用點校本所擬;原不署作者,劉華點校本署作者爲史廷珍。據胡玉冰《寧夏地方志研究》第八章第二節《海原縣舊志》考證,作者非史廷珍,當爲曹夔隆。胡氏考證精詳,當信從。此文記鹽茶廳廳地的興衰過程,實爲海城縣治所的發展史,有很強的史料價值。

楊士美有《永康社學碑記》,見於《〔乾隆〕中衛縣志》卷九《藝文編·記》,亦見於《〔道光〕續修中衛縣志》卷九《藝文編·記》,記載知縣黃恩錫修建永康社學之事。

張蔚豐有《已故邑令蔣公擊賊遇害隆莊士民爲稟請立祠文》《合學爲前邑令盧公建修生祠文》《隆屬南鄉士民恭頌邑令潘公德政文》《合學恭頌訓導金公德教文》,均見於《〔民國〕重修隆德縣志》卷四《藝文》。張蔚豐,隆德縣人,貢生。第一篇記蔣於在任隆德縣令時的功績,特別是他出城殺回族義軍時遇害之事;第二篇本寫爲盧世墾建生祠,歌頌其在地方教育上所做貢獻,卻由此提及前幾任官員

---

① 〔清〕黃恩錫纂修、中衛縣志辦公室整理、范學靈主編《乾隆中衛縣志校注》,寧夏人民出版社1998年版,第293頁。〔清〕黃恩錫編纂、〔清〕鄭元吉修纂,寧夏中衛縣縣志編纂委員會點注《標點注釋中衛縣志》,寧夏人民出版社1990年版,第297頁。

② 胡玉冰《寧夏地方志研究》,中國社會科學出版社2012年版,第363頁。

及有良士紳在地方教育方面的貢獻，把歌頌個人的文章寫成了歌頌"善士仁人，共成善舉，行見功德昭明"的，使文章的立意深了一層；第三篇歌頌時任隆德縣令潘齡皋的功德；第四篇是為訓導所作歌功頌德的文章。

陳鈺，清代固原州（治今寧夏固原市原州區）人，貢生。有《重修二龍山碑記》《岳父常公德行碑記》，後者贊頌自己的岳父常鴻傑災年賑濟百姓、焚券以免佃户多年積欠之事。二文均見於《〔民國〕固原縣志》卷一○《藝文志》。

（二）賦

明清時期寧夏人士很少寫賦，乾隆四十五年（1780）刊刻的《〔乾隆〕寧夏府志》在"賦"類下只收明曹琏《朔方形勝賦》、婁奎《朔方風俗賦》2篇（王瀚之賦不計在內，下文論及），且曹琏、婁奎都不是寧夏人。因而，清代有幾篇賦，顯得非常珍貴。

王瀚，清代寧夏人，餘不詳。傳世有《屋渠渠行銀川書院落成賦》，歌頌銀川書院之雄偉壯麗，見於《〔乾隆〕寧夏府志》卷二一《藝文·詩》。此賦在形式上更類似於詩，難怪《〔乾隆〕寧夏府志》將其收於詩類中。

岳鍾仙今傳世有《河津雁字賦》《春耕賦》2篇，均見於《〔道光〕平羅記略》卷八《藝文·賦》。不過，時人早就對其賦進行了評價。在《〔道光〕平羅記略》卷八中，修志者加按語曰："岳明經詩賦，模仿唐格，而典贍未足。邊地無藏書家，罕有一瓻借者。姑錄之，以見斯邑文風云。"① 岳鍾仙之賦，用典的確較少，鋪排不夠，內容不夠豐贍，故前人有此論。但同時也體現了他詩賦的另一面，清新自然。因詩賦中用典少，沒有大賦的那種鋪張揚厲，沒有炫耀學問的文字堆砌，多了在田間地頭的真實見聞與感受，多了河畔秋季仰望雁陣的體會，故而其賦易讀易懂，比較自然，屬小賦類。

（三）墓志銘

寧夏清代人士散見墓志銘數量較少。

李蘊華有《馬提督墓銘》《馬老太封翁墓志》《馬太翁墓志》《李公府君暨德配李母余老太君墓志》等4篇墓志銘。李蘊華，清代固原州（治今寧夏固原市原州區）人，道光十五年（1835）乙未科舉人，"候選教諭，以議敘官知縣"。② 前三篇墓主為一家人，第一篇是清朝將領馬維衍的，見於《〔宣統〕新修固原直隸州志·藝

---

① 〔清〕徐保字《〔道光〕平羅記略》、〔清〕張梯《〔道光〕續增平羅記略》，王亞勇校注，寧夏人民教育出版社2003年版，第279頁。案：校注本原句"……邊地無藏書家，罕有一瓻。借者姑錄……"標點有誤，引用時徑改。

② 〔清〕王學伊等纂修《〔宣統〕新修固原直隸州志》，載《中國方志叢書》（華北地方·第三三七號），臺灣成文出版社1970年版，第496頁。

文志》,亦見於《〔民國〕固原縣志》卷一〇《藝文志》。次爲馬維衍祖父的,再次爲其父的。後二者均見於《〔民國〕固原縣志》卷一〇《藝文志》。第四篇爲李輔弼與其妻余氏的合葬墓志,亦見於《〔民國〕固原縣志》卷一〇《藝文志》。

李蘊華作墓志銘有其特點。一般的墓志銘先交代墓主的姓氏籍貫,次寫其生平事迹,再交代其家世情況,多根據墓主家人提供的行狀叙述。李蘊華則很少交代墓主家世,寫墓主生平時多夾叙夾議,突出墓主一生中最光輝的一面。如《馬提督墓銘》一文,在交代了馬維衍的生平後,作者發感慨道:"嗚呼! 吾人以藐然之躬,中處天地,惟忠、孝兩大端,有以自立於不朽。今公之治軍也,一鼓撲滅,毋使蔓延,而異域之師,望風而退。君子曰:'忠矣!'公之治家也,百行之原,躬承色笑,而閲牆之漸,畢世弗聞。君子曰:'孝矣!'嗚呼! 公亦人傑也哉!"在《李公府君暨德配李母余老太君墓志》中,作者先寫李輔弼孝順之事,之後發議論曰:"噫! 難矣。嘗見讀古人書,一語不能踐,泛泛於意氣之私。以府君之敦倫内外,其爲人賢不肖何如耶? 夫大學有本末,家者國之本。使府君折圭擔爵,宰治一方,不亦有本之學乎? 故《魯論》記聖人言行詳矣。必自鄉黨始,知大體也。至於勤慎教讀,寒暑罔輟,及門多所成就,猶餘蘊之波及,不足爲府君奇也。"議論的篇幅,甚至超過了墓主的生平事迹。《馬老太封翁墓志》也是這種模式。在《馬太翁墓志》中,作者則先發議論:"自古降大任者,必先加之以勞苦,試之以艱難,而後益其能,老其材,以克效用於世也。"然後以"如太翁者亦其人歟"導入下文生平部分。之所以能有這樣的特點,蓋因作者對墓主非常了解,以自己的感受駕馭墓主生平事迹,將本人的思想融入文中,讀來有血有肉,頗爲感人。

馬維衍,寧夏人,回族,清朝提督(《馬提督墓銘》)。《馬提督墓銘》等三篇墓志銘對於研究其家族有重要的史料價值。

傳世墓志銘還有《皇清誥授榮禄大夫提督江南全省軍務加一級紀録一次王公墓志銘》,見載於《寧夏歷代碑刻集》。文末署名"州庠廩膳生年家眷同孝弟□煊德昭甫撰",①這裏的"州"當根據墓主王綏的籍貫確認爲靈州(治今寧夏靈武市),查《〔乾隆〕寧夏府志》《〔嘉慶〕靈州志迹》《〔光緒〕靈州志》《〔民國〕朔方道志》等文獻,均無撰者相關記載。此墓志銘是研究王綏的第一手資料,可與《〔乾隆〕寧夏府志》卷一三《人物·鄉獻》所載王綏小傳相參照。楊繼國等《寧夏歷代藝文集》説此文作者爲"昭甫",疑其有誤。② 另有陳鈺的《先岳父常公墓碑記》,

---

① 銀川美術館編著《寧夏歷代碑刻集》,寧夏人民出版社 2007 年版,第 166—168 頁。
② 楊繼國、胡迅雷編《寧夏歷代藝文集》,寧夏人民出版社 2011 年版,第 1206 頁。案:依常理,"□煊"當爲名,"德昭"當爲字或號,"甫"是對男子的敬稱。或是作此銘文者不知高低,以"甫"自謂;或是主人爲顯敬意,勒石時加"甫"以尊之。

是作者爲岳父常鴻傑寫的墓碑,見於《〔民國〕固原縣志》卷一〇《藝文志》。此篇可與前述《岳父常公德行碑記》相參照。

(四) 序跋(引)論訓

這幾種文體均側重於議論。

序跋文有解震泰《文昌社序》,見載於《〔乾隆〕寧夏府志》卷一八《藝文·序》,亦見於《〔民國〕朔方道志》卷一七《藝文志·記序》。文章對"文昌"的歷史進行簡略考證,指出其實質:

> 文昌之祀,異説閧然,怪於晋,幻於唐,漸著於宋,盛於有明。有化書以恣其妖妄,有陰騭文以誘人福利,雖儒者亦信而不疑。近時又撰有《帝君孝經》,有咒有偈,俚俗繁雜,不可卒讀。大抵皆黄冠緇衣托足其處者,神其事爲衣食之藉也。噫!異端之誣世也!見道不明而信道之不篤也,吾儒之過也。

> 詎知夫文昌者,列星之精。考步天之歌,星居六府,其例有上將、次將、貴相等。唐人詩曰:"文昌動將星",竊疑神似主於兵事者然。然位居魁魁之上,爲司禄之神,有賞功進爵之義。故由宋迄明,天下學宫皆祀之。至今求科名、博利禄者,奉事尤謹,此所在祀閣之所由建也。余以爲天生斯民,立之君則爲君,立之師則爲師。既奉以爲斯文之主,則文章之事屬焉。聖人神道設教,不其然乎?

作者的考辨對當時文昌之祀非常混亂有一定的現實意義。

劉德炯有《重刻〈關學編〉序》。劉德炯,清代寧夏中衛縣(治今寧夏中衛市沙坡頭區)人,雍正二年(1724)甲辰科舉人,陝西朝邑縣(治今陝西省大荔縣)學教諭。此文是爲作者本人與另一知縣捐金重刻馮從吾的《關學編》所做的序,表達了對馮從吾及其《關學編》的推崇。載於《〔乾隆〕中衛縣志》卷九《藝文編·序》,亦見於《〔道光〕續修中衛縣志》卷九《藝文編·序》。

此外,王宋雲有《〈寧夏府志〉後序》,載於《〔乾隆〕寧夏府志》,歷敘寧夏地方志書幾次大的編修過程,感慨修志之難,對府志的修成感到欣慰。李清和有《重修寧夏武當山壽佛寺募序》。李清和,寧朔(治今寧夏銀川市興慶區)人,幼有神童之譽,工書法,以廩生從戎就武,職積功保遊擊,加副將銜,後補西寧都司,旋以不合於時致仕歸。《〔民國〕朔方道志》卷一六《人物志·鄉宦》有傳。文章爲重修寧夏武當山壽佛寺募化所作,敘幾件有代表性的事件表現壽佛感應的。見載於《〔民國〕朔方道志》卷二七《藝文志·記序》。

除序跋文外，雷起潛有《募化六塘嶺穿井疏引》。雷起潛，寧夏人，例監生，考授州同知，《〔康熙〕新修朔方廣武志》纂修者之一。此文是作者倡議捐資於廣武六塘嶺頂打井引泉，方便人畜飲水的。見載於《〔康熙〕新修朔方廣武志》卷下。劉統有《海喇都沿革考》見載於《〔乾隆〕鹽茶廳志備遺·藝文》，原題作《序》，但並非序文。《海喇都沿革考》之題爲劉華點校本《乾隆鹽茶廳志》所擬，當採用；原不署作者，劉華點校本署作者爲曹夔隆。① 據胡玉冰考證，作者非曹夔隆，當爲劉統，其說是。此文考證了海喇都的歷史沿革，點明了此城地理位置的重要性，對朱亨衍治理海城寄予厚望，史料價值很大。張逢泰，清代化平川直隸廳（治今寧夏涇源縣）人。有《勵俗俚言》，見載於《〔民國〕化平縣志》卷四《藝文志》。文勸百姓各守職業，不尚奢靡，不以強悍爲能，作馴良之民。但其污衊同治年間回民起義，是非常錯誤的。白鳳至有《八德訓》，劉穎齋有《楊博好延老兵防邊要論》，均見於《〔民國〕固原縣志》卷一〇《藝文志》。白劉二人均爲清代固原州（治今寧夏固原市原州區）人，其中白鳳至爲儒生。《八德訓》闡釋了孝、悌、忠、信、禮、義、廉、恥的含義及實踐途徑，此篇應視作鄉約、規章之類；《楊博好延老兵防邊要論》論述了楊博用老兵守邊疆的合理性。

總體來看，傳世寧夏清代其他人物散見詩文在思想內容和藝術形式方面均水平不高，特色亦不明顯，更少有反映社會現實之作。

---

① ［清］朱亨衍總纂、劉華點校《乾隆鹽茶廳志》，寧夏人民出版社 2007 年版，第 170 頁。

結　語

　　明清時期，寧夏人所修（纂、編輯）方志多有官方支持，基本上都傳世留存了下來，但詩文集傳世者卻是少數，目前已知集子74種，其中55種已散佚，殊爲可惜。究其原因，寧夏地處北部邊疆，文人多貧寒，無力刊刻詩文集，已刊刻的也流傳不廣；加之連年戰亂，兵燹盜搶，地震損毀，災害嚴重，給文獻傳承造成了巨大的災難。"國家不幸詩家幸"，但國家不幸文獻肯定不幸，故傳承下來的只是極少數。即便如此，傳世寧夏人著述也特點鮮明，自有其文獻價值，應予以重視，加以研究，給予其準確評價。

一、寧夏明清人士著述的特點及其成因

　　明清兩朝，寧夏人著述的總體特點是很鮮明的。

（一）家族化

　　家族是以婚姻和血緣關係結成的親屬集團，是社會的基本單位。家庭是用夫妻關係與親子女關係構成的最小的社會生活共同體。它不斷維持着最直接的人類社會的延續性，並形成家族體系。在我國漫長的封建制度下，父系家長制大家族始終存留着，不論大家族內部包羅的小家族、個體家庭有多少，始終保持着同姓一家族的觀念。明清時期寧夏人物傳世著述一般都是家族性的，前述九章內容中，朱㮮及其後人、胡氏家族、趙良棟及其後人、俞益謨家族等都是一個家族中多人有著述，且成就很高。這一現象也分三種情況：其一，家族中一人取得巨大成就，後輩在其影響下成就不菲，延續數代不衰，朱㮮家族是其典型代表；其二，家族經幾代積累，到某人後達到高峰，後繼乏人，胡氏家族經多代發展，到胡汝礪時有了大幅度提升，至胡侍達到高峰，但後人中再無人擔綱；其三，家族中一人經過自身努力取得成就後，後人才力不濟，一兩代後即式微，趙良棟家族、俞益謨家族是也。

　　家族化特點形成的原因很簡單。明清時寧夏地處邊鄙，自然條件較差，加之

戰亂頻仍,百姓生活艱苦。這種情況下,只有大户人家子弟才有條件讀書,讀書取得功名後家族才會更興旺,後人才更有條件讀書,一旦家道中落,家族陵替,讀書識字尚且困難,更無論著述了。

(二) 著述目的多傾向於經世致用

中國古人著述,無非兩種功能:一爲實用,一爲娛情。實用是針對現實生活的,娛情主要是表達某種情感的。當然,娛情也可以理解爲某種實用,實用也有某種層面的娛情。二者雖不能完全截然分開,但基本面還是傾向於某方面的。一般的,純文學藝術類的作品,多娛情;學術、應用類文章,尚實用。明清寧夏人的傳世著述多傾向於實用。編修方志,重在經世致用。管律在《重修〈寧夏新志〉後序》中説:"志也者,志夫古以鑒乎今也,志夫今以詔乎來也! 是故可以信,不可以疑。"①清康熙二十四年(1685),朝廷下旨要求各省、府、州、縣修志,以備編纂大清一統志時採擇;雍正皇帝也曾下詔,規定各州縣志書每六十年重修一次。在這種背景下,寧夏的舊地方志編纂也繁榮起來,各地幾乎都有志。編撰詩文集,也重在經世致用。《文章類選》的編集目的是"以資暇日之觀,以爲子孫之式"(《〈文章類選〉序》),實用目的很强。胡侍的雜文集《墅談》,時人也認爲"其事則當實可據,足以證往籍,備時事,稽政體,研物理,固六藝之緒學而博物之洪資也",②把它看作是經世致用的。趙良棟之《奏疏存藁》,本就是給皇帝的奏疏;俞益謨之《青銅自考》多爲書信、奏疏、公牘,《辦苗紀略》意在記載撫剿紅苗之全過程;謝王寵《愚齋反經録》疏解儒家經典以教育後人;俞德淵《默齋公牘》所收全部爲實用的公牘文,有裨於鹽法。這些集子的編輯目的全都在於實用性。至於散見的紀事詩、碑記文,則目的多在記載當時當地某事、某人以圖不朽,更傾向於實用性。相比較而言,意在娛情而純寫景的詩文數量少之又少。

(三) 著述種類較少,且多爲短篇

明清寧夏人之著述種類較少,只有方志、詩文集、散見詩文等幾大類。作爲"詩餘"的詞,本是文人極易運用的文體,卻只有朱㮚、朱秩㷡、俞益謨三人有作品傳世,數量總共不過區區 18 首;散曲在元明清都是常見文學體裁,寧夏人卻無一篇作品傳世;文言小説在明清時期已經發展得非常成熟,寧夏人亦無一篇作品傳世;更無論戲劇和長篇白話小説了。從篇幅來看,除方志及俞益謨《孫思克行述》

---

① [明] 管律《重修〈寧夏新志〉後序》,載[明] 胡汝礪編、[明] 管律重修、陳明猷校勘《嘉靖寧夏新志》,寧夏人民出版社 1982 年版,第 457 頁。
② [明] 喬世寧《〈墅談〉序》,載[明] 胡侍《墅談》,明嘉靖二十五年(1546)朱氏刻本。

外，均爲短篇或短篇集。

出現著述目的多傾向於經世致用和文體種類較少兩個特點的原因在於以下兩個方面：一方面，寧夏地處西北邊塞，文化很不發達，在學術淵源上受關隴地區理學思想影響較大。歷史上明代、明末清初今寧夏全境均隸屬陝西，康熙九年（1670），寧夏才歸甘肅統轄。王恕爲明代關中著名理學家，字宗貫，號介庵，陝西三原人，正統戊辰（1448）進士，官至太子太保、吏部尚書，有《石渠意見》等著述。王恕曾作《中衛儒學記》，見於《〔嘉靖〕寧夏新志》卷之三《所屬各地》，亦見於《〔萬曆〕朔方新志》卷四《詞翰》、《〔乾隆〕中衛縣志》卷九《藝文編·記》（題作《重修中衛儒學碑記》）、《〔乾隆〕寧夏府志》卷一九《藝文·記》、《〔道光〕續修中衛縣志》卷九《藝文編·記》（題作《重修中衛儒學碑記》）；《〔嘉慶〕靈州志迹》收其《靈州古槐》《邊城秋易知行》《和蓉裳九日橫城登高放歌》等詩文；《〔嘉靖〕固原州志》卷二《記》收其文《固原增修廟學記》；（萬曆）《固原州志》下卷《文藝志·記》收其文《固原州增修廟學記略》，内容基本同於《〔嘉靖〕固原州志》。可見王恕對寧夏之影響。關中理學家呂柟《涇野先生文集》中收録有爲胡汝礪和胡汝楫所撰《兵部尚書胡公行狀》和《襄陵尹胡君墓志銘》等碑傳。關中理學另一位大家馮從吾也對寧夏人物有很大影響，謝王寵《愚齋反經録》卷一三《善利圖説補》就輯録了馮從吾《善利圖》和《善利圖説》，并稍加注解，成爲謝氏自己的《善利圖説》之《補説》；中衛雍正年間舉人劉德炯，捐金重刻馮氏之《關學編》，作《重刻〈關學編〉序》，對馮氏極盡推崇。清代康熙帝所譽之"關中大儒"李顒，也是寧夏人門所崇拜的偶像。前文所述張志瀌的《張孝子傳》在詳敘張孝子尋父遺骸這一感天動地的故事後，作者議論道："嘗考二曲先生詣襄城訪父遺骸，虔禱城隍，招魂抱主，至誠感神，群鬼夜哭。以今准昔，何陝之多孝子也。獨念先生以一代真儒，躬行實踐，其於天親骨肉之愛，固有大過人者。"①二曲先生，即李顒。作者對其敬重之情，溢於言表。關中理學的特點之一就是重經世致用。從宋代張載起，就以"爲天地立心，爲生民立命，爲往聖繼絶學，爲萬世開太平"爲己任，明清關學多繼承和發展了這種思想，更加注重實用。除受這些大儒們的思想影響外，寧夏士子們所受教育均爲傳統儒家教育，所讀之書均爲傳統儒家經典。《〔乾隆〕寧夏府志》卷六《建置·學校》内所著録當時寧夏府、縣學中所存書籍，基本上都是"御製"之書或其他儒家經典，絶無其他不同於儒家經典的"異端""邪説"類書籍，將士子們的思想牢牢束縛於儒家思想之中。加之外來文化人物多爲官僚，流寓者亦多爲

---

① ［清］黃恩錫纂修《〔乾隆〕中衛縣志》，載《中國方志叢書》（塞北地方·第五號），臺灣成文出版社1968年版，第379頁。

官僚貶謫而至，他們所帶來的思想文化仍然是傳統而保守的。另一方面，對詩文在社會生活中的作用認識比較保守，"文以載道"，文章"經國之大業，不朽之盛事"（曹丕《典論·論文》）的傳統意識根深蒂固。詩言志、詞緣情的觀念非常深刻，以詩文來表達治世思想是符合傳統思想要求的。因此，著述中詩文多，且用來表達經世致用的思想認識。至於街談巷議之小説、勾欄瓦肆之艷詞、俚俗粗率之散曲怎麼可能被這些好不容易成爲讀書人的寧夏人所使用？因此，寧夏人物著述始終擺脱不了傳統思想的影響，重經世致用，重詩文而排斥其他新興文體。

二、明清寧夏人著述的價值

（一）豐富了中國古代文獻的内涵，并被作爲重要文獻廣泛使用

寧夏人在明清時期的著述，雖然總體而言數量有限，但依然是中國古代文獻寶庫中的有機組成部分，是寧夏人對祖國精神文化遺産做出的重要貢獻，也在相關領域得到了肯定與尊重，并在實際使用中得到了充分的體現。胡侍的雜文中，《真珠船》所收《苦蕒之異》《龍九子》曾分别被《御定佩文齋廣群芳譜》與《中國的門文化》引用作爲證據；王世貞、清户部侍郎田雯都曾撰文對胡侍《墅談》卷四《干寶》中關於《搜神記》的作者是"干寶"還是"于寶"進行辨析，其他文獻引用《墅談》作例證者亦屢見不鮮。趙良棟之《奏疏存藁》後來凡數次刊刻，流傳必廣，良棟之後人在康雍乾三朝被重用，或犯事之後亦被從輕處理，一等精奇尼哈番（子爵）至乾隆四十七年（1782）不但未剥奪，反晉封一等伯，均因良棟之功，當與《奏疏存藁》真實記載勇略將軍在征川征滇中之功績有關。《奏疏存藁》之文獻價值略見一斑。俞益謨之文在《〔光緒〕湖南通志》及多種寧夏舊地方志中收録，其《辦苗紀略》中的《要略》部分，被輯入《清經世文編》中，題作《行軍策略》，成爲軍事類的文獻，爲研究清代行軍作戰的基本情況提供了史料。有清一代，處理苗民起義的問題歷經多年，關於如何處理，文獻亦有多種，且多引益謨之《戒苗條約》，如嚴如熤《苗防備覽·藝文志》中就有收録，此書還收録了益謨之《行軍策略》和《撤兵曉諭苗人示》（題作《曉諭苗人告示》）。① 俞德淵《默齋公牘》之文多被《清經世文續編》、清王定安《兩淮鹽法志》等文獻收録，有些已經上升爲清廷國家政策的關於海運、鹽政的見解，均充分説明《默齋公牘》之重要性。由此可見，明清寧夏人之著述，已成爲祖國文獻不可或缺的内容之一，在過去、現在乃至於未來都有着很重要的價值。

---

① ［清］嚴如熤《苗防備覽·藝文志》，清道光重刻紹義堂藏版。

（二）反映了寧夏明清時期的社會發展實際

相對來説，明清時期寧夏總體穩定，經濟社會發展迅速，創造了輝煌燦爛的文明。這些文明成果在寧夏人的著述中有很豐富的記載。朱㭎、胡汝礪、管律、楊經、楊壽、俞益謨等編纂以及其他寧夏人參與編纂的 27 種傳世舊地方志均全面記載了寧夏不同時期、不同地方的經濟、教育、物産、水利、軍事等方面的成就，是我們了解彼時寧夏人民所創造的文明成果最原初、最直接的史料。例如楊壽等人纂修的《〔萬曆〕朔方新志》對寧夏古代水利方面的記載堪稱詳盡，不僅記載了寧夏人民歷代開鑿并遺留下來的主要渠道，如漢延渠、唐來渠、紅花渠、良田渠、新渠、貼渠、滿達剌渠、西北南小渠二、東南小渠等，還記載了歷代曾經開修過的廢舊渠道，有特進渠、七級渠、尚書渠、光禄渠、御史渠、胡渠、薄骨律渠、艾山渠以及百家渠等等，就連這些舊廢渠的開鑿的相關内容也都有考證。比如特進渠、尚書渠、御史渠是沿襲歷史慣例以主要開鑿者的官爵命名的；胡渠、御史渠、百家渠是根據"（唐）《元和志》言：千金陂在靈武縣北四十二里……其左右又有胡渠、御史、百家等八渠……今皆不知其處"；艾山渠則是"後衛（案：當作'後魏'）刁雍爲薄骨律鎮將，表請，自富平西三十里有艾山鑿以通河，似禹舊迹。按：富平，寧夏城也，西三十里今廢渠疑即艾渠"。① 自古天下黄河富寧夏，與寧夏人民在水利建設方面所取得的成就是分不開的，這些水利開發的記載，爲我們研究古代寧夏水利事業留下了寶貴的史料。再如楊經的《〔嘉靖〕固原州志》記載了很多園林建築、人文建築景觀，它們體現了當時的社會的發展情況和固原地區的建築水平，表達了人們對美好事物的追求。今天這些建築均已無存，正是有這部志書的記載，我們才能了解到當時的社會發展狀況。

寧夏人的詩文中，也多有關於寧夏各方面的記載。朱㭎、朱秩炅的詩文中，宜秋樓、麗景園、擁翠亭、芳林宫、社稷山川壇、高臺寺、靈州社學等等建築設施成爲他們描繪的對象，反映了明代寧夏王室園林以及寺觀、社學的情況；管律、張嘉謨的碑記文，真實地記載了當時寧夏興建官舍、學校、祠堂及其他軍事設施等方面的事迹，堪稱社會發展大事記；胡侍雜文中考證了席萁草的作用（《墅談·席萁草》）、能吃的草籽叫東牆（《真珠船》卷五《東牆》）等，記載了寧夏的物産情況；《奏疏存藁》中，趙良棟幾乎用一卷的内容反映寧夏當時的軍政情況；俞益謨的詩文《咏百八塔有小引》《過大清閘》《廣武八景詩》《重修牛首山正頂説法臺並製藏經

---

① 〔明〕崔景榮、楊應聘修，〔明〕楊壽等纂《〔萬曆〕朔方新志》，故宫博物院編《故宫珍本叢刊》第 084 册，海南出版社 2001 年版，第 232—233 頁。

碑記》《重修廣武關夫子廟碑記並銘》等對今寧夏青銅峽市的名勝、古跡、建築、寺廟等進行了描寫,表現了當時廣武多彩的一面。至於其他人物散見著述,則更是主要反映了寧夏地方社會生活中的發展和建設成果,如明代王業的《中衛美利渠記》,記載官府改浚中衛美利渠之壯舉,資料性非常強;清代寧夏多位文人所撰同題詩《文昌閣新成有白燕來巢詩以紀瑞》《銀川書院落成》均以詩歌的形式歌頌文昌閣和銀川書院建(修)成;劉統碑記文《鹽茶廳署落成記》寫鹽茶廳官署落成的過程,曹夔隆《廳地興衰記略》記載海城縣治所的發展史,都有很強的史料價值。

(三)體現了寧夏人自強不息的精神

距今三萬年以前,在寧夏靈武水洞溝地區生活着原始先民水洞溝人,他們打製石器,生生不息,創造了燦爛的文化。千百年來,寧夏人民仰望賀蘭山,俯視黃河水,與自然作鬥爭,與入侵者作鬥爭。經歷了無數次的民族融合,終於形成了他們自強不息的精神,他們往往把這種精神物化爲具體事物予以表達,巍巍賀蘭、滔滔黃河往往成爲他們精神的寄託。明代,由於與蒙古部落韃靼、瓦剌作戰,文人武將們都形成了上下一心、報效國家的雄心壯志,"屹若金城天設險,雄藩萬載壯邦畿"(朱栴《賀蘭晴雪》),"欲剿窮廬盡,誰容暫乞和"(鄭時《奉和宿平羌堡》)。他們精忠報國的熱忱,使其每每望見巍然屹立的賀蘭山、奔流不息的黃河水時,總是希望以自己的才華使這片土地免受強虜入侵,"行矣晚渡黃河隈,百萬貔貅殊義烈"(黃綬《南塘讌別南川公古風》),這也就是爲什麼明代人士吟咏賀蘭、黃河的詩文非常之多的原因所在。曾任寧夏巡撫楊守禮的《入打磑口》對此做了形象的概括:"打磑古塞黃塵合,匹馬登臨亦壯哉。雲逗旌旗春草淡,風清鼓吹野烟開。山川設險何年廢?文武提兵今日來。收拾邊疆歸一統,慚無韓范濟時才。"① 這種自強不息的精神在後來的趙良棟身上得到了更充分的體現,無論別人怎麼刁難,他都帶着自己的五千"朔方軍"攻艱克難,勇往無前,"惟思散金錢而酬士死,佩一劍以答君恩"(《奏疏存藁·敘》)。自強不息的精神體現在俞益謨身上,則歷久彌堅,"自筮仕至於今日,積經三十餘年:蜀巔之鹽叢鳥道、粵嶠之瘴雨蠻烟,六朝金粉之墟、燕趙悲歌之域,迄於雲夢洞庭之廣野、沅芷湘蘭之奧區,嶇嶔坦彝不一塗,荼苦蔗甜不一境"(《〈青銅自考〉敘》)。當然,這種精神並不簡單體現在疆場上、征戰時,更多地體現於文人們的奮鬥中:謝王寵用畢生精力作《愚齋反經錄》,雖然有些迂腐,但精神可貴;俞德淵清操自持,剛正勤謹,將其

---

① [明]胡汝礪編、[明]管律重修、陳明猷校勘《嘉靖寧夏新志》,寧夏人民出版社1982年版,第16頁。

關於鹽法的見解認識均賦予《默齋公牘》內；楊浣雨"沉潛理學，名利澹如"，終於編輯而成"窮源竟委，考核精詳"的《〔乾隆〕寧夏府志》。文人們的自强不息，代表着寧夏明清士階層的一種普遍的精神狀態，也代表着寧夏人的一種價值追求，深刻地體現於他們的著述中。

三、寧夏明清人士著述的歷史地位

對於明清時期寧夏人傳世著述的定位問題，我們可以從歷時和共時兩個方面來認識。

縱觀古代寧夏人的漢文著述，漢魏六朝時期爲一高峰期。寧夏在漢魏六朝時曾湧現出許多文人，多以家族的形式出現，爲後世留下了豐富的著述，其内容涉及文學、史學、政治、經濟、軍事、宗教、醫學、水利等諸多領域。其中，政治和文學影響最大的當屬北地靈州傅氏和安定朝那皇甫氏兩大家族。興於西漢的北地靈州傅氏分兩支，有姓名可考者共計50餘人，作品傳世者有傅燮、傅幹、傅巽、傅嘏、傅玄、傅咸、傅暢、傅亮等10餘人。其中在文學史上極有影響力的當爲傅玄。傅玄（217—278），字休奕。西晉時期文學家、思想家。長於詩、文、賦，有文集傳世。自魏晉南北朝以來一直受到重視並享有較高威望。劉勰在《文心雕龍・才略第四十七》中評論傅玄、傅咸父子説："傅元（玄）篇章，義多規鏡；長虞筆奏，世執剛中；並楨幹之實才，非群華之韡萼也。"①《晉書》《隋書》《舊唐書》《新唐書》等史書均對玄之作品有過著録。而且在清代由於其作品遺失嚴重，一度興起了傅玄作品輯佚熱。據《傅子・例言》載："《傅子》之書，自聚珍板印行後，各家紛紛訂補。相傳有光澤何氏治運《傅子》後定本，有歙程氏瑶田《修辭餘鈔》本，有金山錢氏熙祚刻入《指海》三卷本，有歸安楊氏鳳苞輯本，有烏程嚴氏可均輯本，有海寧錢氏保塘輯本。"②嚴可均《全上古秦漢三國六朝文》、逯欽立《先秦漢魏晉南北朝詩》均收録了傅玄的作品。安定朝那皇甫氏是一個"累世富貴"的仕宦望族，先後湧現出如皇甫規、皇甫嵩、皇甫謐等著名人物。其中皇甫謐雖終身未仕，卻是千古名人。皇甫謐（215—282），字士安，幼名静，號玄晏先生，西晉著名學者、醫學家。據《晉書》卷五一本傳、《隋書・經籍志》《舊唐書》《新唐書》等載，其創作頗豐，涉及醫學、史學、文學各領域，有《針灸甲乙經》《玄晏春秋》《〈鬼谷子〉注》《帝王世紀》《年歷》《高士傳》《逸士傳》《列女傳》《〈三都賦〉序》《論寒食散方》等著述。

---

① ［梁］劉勰著、龍必錕譯注《文心雕龍全譯》，貴州人民出版社1992年版，第579頁。
② 《傅子・例言》，載《叢書集成初編》第0534册，商務印書館1935—1937年版，第1頁。

這些作品雖然大多已經遺失，但傳世的《針灸甲乙經》奠定了其醫鼻祖的地位、《帝王世紀》補《史記》與《漢書》之闕、《〈三都賦〉序》展現了自己的賦論。此外，安定梁氏、張氏、胡氏家族中很多人物均有作品傳世。

隋唐時期，寧夏人物頗多，韓游環、楊懷賓、楊朝晟、戴休顔、康日知、梁肅等人都是朝廷重臣、知名將領，但以文名者卻寥寥無幾，梁肅是其中翹楚。梁肅（753—793），字敬之，一字欽之，又字寬中。安定烏氏（今屬寧夏固原市）人，唐代著名文學家。唐建中元年（780）至京師，登"文辭清麗科"進士，授東宫校書郎。貞元五年（789），召爲監察御史，旋轉右補闕、翰林學士、皇太子諸王侍讀、史館修撰。師事獨孤及，爲古文運動先驅作家，對韓愈、柳宗元、李翱等影響很大。崔元翰撰有《右補闕翰林學士梁君墓志》，《新唐書》卷二〇二有本傳。著有《梁肅集》二十卷，已佚，今傳世有《全唐文》所録文 6 卷，計 104 篇。有宋一代，寧夏屬西夏，著述多爲西夏文，非本文所論範圍。值得一提的是斡道冲。斡道冲（？—1183），字聖宗，靈武（治今寧夏靈武市東南）人，其先世代掌修夏國史。志載，冲通五經，譯《論語注》，作《解義》三十卷；又作《周易卜筮斷》，均以西夏文書之，通行夏境。官至西夏中書宰相。① 至元代，少有寧夏人漢文著述傳世。

明清時期爲古代寧夏人著述第二個高峰期。明有朱栴、胡侍之慷慨悲歌，詩文大氣磅礴，又有張嘉謨、管律文章之獨步一格；清有趙良棟、俞益謨等武將之文章情感真摯、邏輯嚴密，也有謝王寵、俞德淵著述之經世致用，裨於教育或鹽政。加之個人、集體編修之郡志、府志、州志、縣志、鄉志等大量方志，使明清時期寧夏人著述蔚爲大觀，且有其連貫性。從朱栴《〔正統〕寧夏志》直到《〔宣統〕新修固原直隸州志》，方志編修均有因陳，內容不斷完善、充實，尤其是《〔乾隆〕寧夏府志》，是"寧夏封建時代的一座豐碑"，② 上承明代寧夏方志之史料，下啓各縣、鄉方志之模式，達到了很高的水平。詩文的寫作，特別是在八（十、十二）景詩、各種碑記的撰述方面，多有與前人呼應者，使著述所表達的内容有發展歷史可尋。

相對於前代，明清寧夏人士著述取得了很高成就。從數量上來看，明清寧夏人的著述遠超寧夏明代以前歷代文人傳世漢文著述的總和，已知詩文集 74 種，其中傳世 19 種，157 卷；方志 31 種，傳世 27 種；其他散見詩文則更多。就質量和影響而論，朱栴、胡侍、趙良棟等人詩文（集）均在全國層面有一定影響。特別是朱栴，秉王侯之尊，馭如椽之筆，以一己之力，修《〔正統〕寧夏志》，開寧夏衛修志之先河；聚衆人之功，編《文章類選》《增廣唐詩鼓吹續編》等，形成慶府文人創

---

① ［清］張金城等修纂《〔乾隆〕寧夏府志》，清嘉慶三年（1798）刊本，卷十三第 13 頁。
② ［清］張金城等修纂、陳明猷點校《乾隆寧夏府志》，寧夏人民出版社 1992 年版，第 945 頁。

作團體。目前已知朱栴著述集子有 5 種,統計陳清慧《明代藩府著述輯考》所列明藩府著述情況,在慶靖王兄弟輩中,著述最多者爲寧藩朱權,達 50 餘種,另有周藩朱橚 4 種,遼藩朱植 2 種,蜀藩朱椿 1 種。可見在朱元璋 26 子中,朱栴著述數量位列前茅,其在全國層面影響非常明顯。胡侍作爲"西翰林"的主要成員之一,詩文之名早著,加之他與"前七子"之一何景明、士林人物薛蕙等當時引領全國詩文風氣者中多人交厚,其詩文集及雜文集《墅談》《真珠船》在全國層面也頗有影響,爲後世治文學史者所看重。趙良棟是清初名將,其文才頗爲康熙皇帝看重,子趙弘燦爲兵部尚書、趙弘燮爲史上首任直隸總督,《奏疏存藁》又是平三藩最原始的史料之一,此書的刊刻在當時影響很大,士林多人作序,後世治史者亦非常重視,趙良棟其人其書在全國的影響可見一斑。

　　當然,漢魏六朝時期的傅玄、傅咸、皇甫謐以及後來的梁肅等人,均爲當時全國層面文壇的領軍人物,往往開風氣之先,引領潮流,這一點是明清時期寧夏人所不及的。

　　從共時的方面來看,由於地域狹小,建制偏低,明清時期寧夏北部爲衛、鎮、府,南部只有直隸州和縣,加之戰亂不斷,民風尚武輕文,因而這一時期寧夏人士著述總體而言影響有限。且不說與全國其他文化發達省區相比,單就與相鄰且同屬西北省區的陝西、甘肅比較,寧夏也存在很大差距。

　　明清時期,甘肅人物著述不僅數量多,而且影響很大,成就很高。著名人物如李夢陽、胡纘宗、趙時春、邢澍、張澍等。李夢陽(1473—1530),字獻吉,號空同子。明代中期文學家,復古派前七子的領袖人物。提倡"文必秦漢,詩必盛唐",強調復古。著有《空同集》六十六卷,收其詩 2200 餘首,賦 35 篇,文近 300 篇。《四庫全書簡明目錄》卷一八《集部六·別集類五》評價說:"明一代文章體裁,自夢陽而變;文章門戶,亦自夢陽而分。毀譽交爭,迄無定軌。"① 夢陽所宣導的文壇"復古"運動盛行了一個世紀後,才爲袁宗道、袁宏道、袁中道三兄弟爲代表的"公安派"所替代。胡纘宗(1480—1560),字世甫、孝思,號可泉,又號鳥鼠山人,甘肅秦安人。著述有《鳥鼠山人集》十八卷及方志等共 20 餘種,《明史·藝文志》著錄其著述 8 種。趙時春有《浚谷先生集》《〔嘉靖〕平涼府志》等著述多部,爲"嘉靖八才子"之一。邢澍(1759—1823),字雨民,號佺山,階州(治今甘肅省隴南市武都區)人。史學家、史志目錄學家、藏書家、金石學家。與著名藏書家黃丕烈友善,曾與孫星衍同輯金石學名著《寰宇訪碑錄》行世。有《金石文字辨異》《守雅堂詩文集》等著述十餘種。邢澍是乾嘉學派人物之一,主張不僅要讀書,更要親

---

① [清]永瑢等著《四庫全書簡明目錄》,古典文學出版社 1957 年版,第 792 頁。

自調查訪問；不僅要知識豐富，而且要見識通達。在金石學方面，主張書本與石刻互證，對後來王國維主張的紙上材料與地下考古發掘相印證有一定影響。張澍(1776—1847)，清代著名文獻學家，字伯(百)瀹，又字壽谷，號介侯、鳩民、介白，涼州府武威縣(治今甘肅省武威市)人。著述宏富，有《續黔書》《詩小序翼》《五涼舊聞》《養素堂詩集》《養素堂文集》等數十種。張之洞在《書目答問》末附《國朝著述諸家姓名略》中，將張澍列爲經學家、史學家、金石學家。此外，張晉、張謙、吳鎮、秦維岳、張國常等人物也都是甘肅明清著名者，著述甚豐。

明清時期，陝西人才輩出，著述宏富。陝西教育發達，除一般的官學外，書院林立，生徒甚衆。據不完全統計，清代陝西新建和重修的書院達130餘所，其中以位於西安的關中書院、三原的宏道書院和涇陽的味經書院、崇實書院四大書院最爲著名。吸引了著名學者、教育家馮從吾，"清初三大儒"之一的李顒(二曲)等人主講，是思想碰撞交會之所。書院發達，爲人才輩出奠定了基礎。明朝有王九思、康海、馬理等在全國層面頗有影響的人物。王九思(1468—1551)，字敬夫，號渼陂。陝西鄠縣(治今陝西省户縣)人。明"前七子"之一。有《渼陂集》《渼陂續集》、散曲集《碧山樂府》等著述傳世，在戲曲創作和實踐上有很高成就。康海(1475—1541)字德涵，自號對山，別號滸西山人、沜東漁父，西安府武功縣(治今陝西省武功縣)人。"前七子"之一。有《對山集》《〔正德〕武功縣志》、散曲集《沜東樂府》、戲劇《中山狼》等多種著述。馬理(1474—1556)，字伯循，號谿田，三原人(治今陝西省三原縣)。弘治年間就學三原宏道書院，其學識和文章聞名全國，當時學者都將他與宋代著名哲學家、關中學派代表人物張載相提並論。著有《四書注疏》《周易贊義》《尚書疏義》《詩經刪義》《周禮注解》《春秋修義》《陝西通志》及詩文集若干卷。明代還有呂柟、馮從吾都是享譽全國的理學家，著述頗豐。清代陝西人物如李灌、張鼎望、周元鼎、張梓等人物也都是在全國影響很大、著述豐富之人，兹不贅述。

綜上，明清寧夏人著述從數量上、在當時界内地位上及對後世影響上來看，均與同屬西北的陝西、甘肅有很大差距。儘管如此，寧夏人物著述仍必將以其不小的成就、鮮明的特色在西北地區佔有一席之地，成爲豐富繁榮的祖國文化中的不可分割的一部分。

主要參考文獻

古籍：①

［漢］許慎撰、［宋］徐鉉校定《説文解字》，中華書局1963年。

［漢］班固撰、［唐］顔師古注《前漢書》，影印文淵閣《四庫全書》本，臺灣商務印書館1986年。

［唐］孔穎達《周易正義》，中國書店1987年據嘉業堂本影印。

［宋］丁度《集韻》，上海古籍出版社1985年。

［宋］王應麟著，［清］翁元圻等注，欒保群、田松青、吕宗力校點《困學紀聞（全校本）》，上海古籍出版社2008年。

［元］駱天驤撰、黄永年點校《類編長安志》，中華書局1990年。

［明］晁瑮、徐熥《晁氏寶文堂書目　徐氏紅雨樓書目》，古典文學出版社1957年。

［明］陳耀文《正楊》，影印文淵閣《四庫全書》本，臺灣商務印書館1986年。

［明］朱栴撰，胡玉冰、孫瑜校注《〔正統〕寧夏志》，中國社會科學出版社2015年。

［明］崔景榮、楊應聘修，胡玉冰校注本，中國社會科學出版社2015年。

［明］楊壽、黄機纂《〔萬曆〕朔方新志》，故宫博物院編《故宫珍本叢刊》第084册，海南出版社2001年。

［明］杜緯修、［明］劉芳纂《〔嘉靖〕長垣縣志》，載《天一閣藏明代方志選刊》第50册，上海古籍書店1964年。

［明］高儒撰《百川書志》、［明］周弘祖撰《古今書刻》，上海古籍出版社2005年。

［明］郭良翰《明謚紀彙編》，影印文淵閣《四庫全書》本，臺灣商務印書館1986年。

［明］胡汝礪《〔弘治〕寧夏新志》，《天一閣藏明代方志選刊續編》第72册，上

---

① 古籍部分大體以古籍本身產生年代先後順序排列。

海書店 1990 年。

〔明〕楊守禮修、〔明〕管律等纂《〔嘉靖〕寧夏新志》,載《續修四庫全書》第 649 册,上海古籍出版社 2002 年。

〔明〕胡汝礪編、〔明〕管律重修、陳明猷校勘《嘉靖寧夏新志》,寧夏人民出版社 1982 年。

〔明〕胡侍《胡蒙谿文集四卷續集六卷附録一卷》,四庫未收書輯刊編纂委員會編《四庫未收書輯刊》,北京出版社 1997 年。

〔明〕胡侍《墅談》,明嘉靖二十五年(1546)朱氏刻本。

〔明〕胡侍《真珠船》,清華大學圖書館藏明嘉靖二十七年(1548)刻本;《關中叢書》本,陝西通志館 1934 年。

〔明〕徐復祚《花當閣叢談》,清借月山房彙鈔本。

〔明〕胡應麟《少室山房筆叢》,中華書局上海編輯所 1958 年。

〔明〕賈三近《皇明兩朝疏抄》,北京大學圖書館藏明萬曆十四年蔣科等刻本。

〔明〕焦竑《國史經籍志》,《叢書集成初編》本,商務印書館 1935—1937 年。

〔明〕雷禮《國朝列卿紀》,明萬曆徐鑑刻本。

〔明〕凌迪知《中華族譜集成》,巴蜀書社 1995 年。

〔明〕劉儲秀《劉西陂集》,明嘉靖三十年傅鳳翱刻本。

〔明〕吕柟《涇野先生文集》,載《續修四庫全書》第 1337—1338 册,上海古籍出版社 1995 年。

〔明〕孫旬《皇明疏鈔》,載《續修四庫全書》第 464 册,上海古籍出版社 2002 年。

〔明〕涂山《新刻明政統宗》,載《四庫禁燬書叢刊·史部》第 2 册,北京出版社 1997 年。

〔明〕王世貞《弇山堂別集》,影印文淵閣《四庫全書》本,臺灣商務印書館 1986 年。

〔明〕王世貞《弇州四部稿》,影印文淵閣《四庫全書》本,臺灣商務印書館 1986 年。

〔明〕楊經纂輯、〔明〕劉敏寬纂次,牛達生、牛春生校勘《嘉靖萬曆固原州志》,寧夏人民出版社 1985 年。

〔明〕楊慎《丹鉛總録》,影印文淵閣《四庫全書》本,臺灣商務印書館 1986 年。

〔明〕楊慎《升菴集》,影印文淵閣《四庫全書》本,臺灣商務印書館 1986 年。

〔明〕楊一清《關中奏議》，影印文淵閣《四庫全書》本，臺灣商務印書館1986年。

〔明〕俞汝楫編《禮部志稿》，影印文淵閣《四庫全書》本，臺灣商務印書館1986年。

〔明〕張鹵輯《皇明嘉隆疏鈔》，載《續修四庫全書》第466冊，上海古籍出版社2002年。

〔明〕趙時春《浚谷先生集》，《四庫全書存目叢書·集部》第87冊，齊魯書社1997年。

〔明〕趙時春《趙浚谷文集》，《四庫全書存目叢書·集部》第87冊，齊魯書社1997年。

〔明〕趙用賢《趙定宇書目》，上海古籍出版社2005年。

〔明〕張萱《西園聞見錄》，上海圖書館藏民國二十九年（1940）哈佛燕京學社印本。

〔明〕汪砢玉《古今鑑略》，清鈔本。

《明實錄·世宗實錄》，臺灣中研院史語所校印，1962年。

《明實錄·武宗實錄》，臺灣中研院史語所校印，1962年。

〔清〕錢謙益《列朝詩集小傳》，上海古籍出版社1983年。

〔清〕黎宗周撰、王基續撰《青銅君傳》，內蒙古自治區圖書館藏清康熙五十二年（1713）至五十六年（1717）間刻本。

〔清〕孫岳頒等《御定佩文齋書畫譜》，影印文淵閣《四庫全書》本，臺灣商務印書館1986年版。

〔清〕俞益謨編集《辦苗紀略》，北京大學圖書館藏，康熙四十四年（1705）餘慶堂刻本。

〔清〕俞益謨《青銅自考》，四庫禁燬書叢刊編纂委員會《四庫禁燬書叢刊·集部》第17冊，北京出版社2000年；田富軍、楊學娟點校本，上海古籍出版社2012年。

〔清〕俞益謨、高嶷纂修，吳懷章校注《康熙朔方廣武志》，寧夏人民出版社1993年。

〔清〕常星景修，〔清〕張煒纂《〔康熙〕隆德縣志》，《寧夏舊方志集成》第7冊，學苑出版社2015年。

〔清〕倪濤《六藝之一錄》，影印文淵閣《四庫全書》本，臺灣商務印書館1986年版。

〔清〕汪繹辰編修，張鐘和、許懷然校注《銀川小志》，寧夏人民出版社

2000年。

［清］許容等《〔乾隆〕甘肅通志》，中國國家圖書館藏乾隆元年(1736)刻本。

［清］覺羅石麟等《〔乾隆〕山西通志》，影印文淵閣《四庫全書》本，臺灣商務印書館1986年版。

［清］段玉裁《說文解字注》，上海古籍出版社1981年。

［清］法式善著、涂雨公點校《陶廬雜錄》，中華書局1959年。

［清］范邦甸等撰，江曦、李婧點校《天一閣書目　天一閣碑目》，上海古籍出版社2010年。

［清］傅恒等《御批歷代通鑑輯覽》，影印文淵閣《四庫全書》本，臺灣商務印書館1986年。

［清］黃恩錫纂修，中衛縣志辦公室整理、范學靈主編《乾隆中衛縣志校注》，寧夏人民出版社1998年。

［清］黃恩錫編纂、［清］鄭元吉修纂，寧夏中衛縣縣志編纂委員會點注《標點注釋中衛縣志》，寧夏人民出版社1990年。

［清］黃虞稷撰，瞿鳳起、潘景鄭整理《千頃堂書目(附索引)》，上海古籍出版社2001年。

［清］昆鋼《欽定大清會典事例(八)》，臺灣新文豐出版股份有限公司1976年。

［清］阮元《文選樓藏書記》，清越縵堂鈔本。

［清］沈初等撰，杜澤遜、何燦點校《浙江採集遺書總錄》，上海古籍出版社2010年。

［清］孫毓修編《涵芬樓秘笈》，北京圖書館出版社2000年。

［清］孫岳頒等《御定佩文齋書畫譜》，影印文淵閣《四庫全書》本，臺灣商務印書館1986年。

［清］張金城等修纂、陳明猷點校《乾隆寧夏府志》，寧夏人民出版社1992年。

［清］朱亨衍總纂、劉華點校《乾隆鹽茶廳志》，寧夏人民出版社2007年。

［清］朱彝尊《明詩綜》，影印文淵閣《四庫全書》本，臺灣商務印書館1986年。

［清］田雯《古歡堂集》，影印文淵閣《四庫全書》本，臺灣商務印書館1986年。

［清］永瑢等《四庫全書總目》，中華書局1965年。

［清］永瑢等著《四庫全書簡明目錄》，古典文學出版社1957年。

［清］汪琬《鈍翁前後類稿》，齊魯書社1997年。

［清］王鴻緒《明史稿》，清敬慎堂刊本。

［清］張廷玉等《明史》，中華書局1974年。

〔清〕嵇璜、劉墉《皇朝通志》，影印文淵閣《四庫全書》本，臺灣商務印書館1986年版。《續通志》，浙江古籍出版社1988年。

〔清〕官修《皇朝文獻通考》，影印文淵閣《四庫全書》本，臺灣商務印書館1986年。

〔清〕乾隆官修本《欽定續文獻通考》，影印文淵閣《四庫全書》本，臺灣商務印書館1986年版；浙江古籍出版社1988年。

〔清〕高廷法修、〔清〕董佑誠等纂《〔嘉慶〕咸寧縣志》，清嘉慶二十四年(1819)修、民國二十五年(1936)重印本。

〔清〕嚴如熤《苗防備覽》，清道光重刻紹義堂藏版。

〔清〕楊芳燦監修、〔清〕郭楷纂修，靈武縣縣志辦公室整理，蘇聞主編，張建華、蘇昀校注《嘉慶靈州志迹·光緒靈州志》，寧夏人民出版社1996年。

〔清〕袁枚《小倉山房文集》，載〔清〕袁枚著、王英志校點《袁枚全集》，江蘇古籍出版社1993年。

〔清〕昭槤《嘯亭雜錄》，九思堂刻本。

〔清〕繆荃孫《藕香零拾》，中華書局1999年。

〔清〕周中孚《鄭堂讀書記》，北京圖書館出版社2007年。

〔清〕陶澍《陶雲汀先生奏疏》，清道光八年(1828)刻本。

〔清〕陶澍《陶文毅公全集》，載《續修四庫全書》1502—1503冊，上海古籍出版社2002年。

〔清〕魏源撰，韓錫鐸、孫文良點校《聖武記》，中華書局1984年。

〔清〕魏源《淮北票鹽志略》，清道光刻本。

《清實錄·世祖實錄》，中華書局1985年。

《清實錄·聖祖實錄》，中華書局1985年。

《清實錄·高宗實錄》，中華書局1986年。

《清實錄·穆宗實錄》，中華書局1987年。

〔清〕黃璟纂輯《〔道光〕隆德縣續志》，《寧夏舊方志集成》第14冊，學苑出版社2015年。

〔清〕徐保字《〔道光〕平羅記略》、〔清〕張梯《〔道光〕續增平羅記略》，王亞勇校注，寧夏人民教育出版社2003年。

〔清〕顧明等修、吳德旋纂《重刊續纂宜荆縣志》，清道光二十年(1840)刻本。

〔清〕李元度《國朝先正事略》，嶽麓書社1991年。

〔清〕英傑修、晏端書等纂《續纂揚州府志》，清同治十三年(1874)刻本。

〔清〕甘熙《白下瑣言》，南京出版社2007年。

〔清〕錢儀吉《碑傳集》,光緒十九年(1893)刻本。

〔清〕陳日新纂修《〔光緒〕平遠縣志》,《中國地方志集成·寧夏府縣志輯》第6輯,鳳凰出版社、上海書店、巴蜀書社2008年。

〔清〕陳必淮監修《〔光緒〕靈州志》,《寧夏舊方志集成》第13冊,學苑出版社2015年。

〔清〕成謙纂修《〔光緒〕寧靈廳志草》,《寧夏舊方志集成》第16冊,學苑出版社2015年。

〔清〕楊金庚修,〔清〕陳廷珍纂,劉華點校《光緒海城縣志》,寧夏人民出版社2007年。

〔清〕廖丙文修,〔清〕陳希魁等纂《〔光緒〕新修打拉池縣丞志》,《寧夏舊方志集成》第17冊,學苑出版社2015年。

〔清〕佚名纂《〔光緒〕花馬池志迹》,《中國地方志集成·寧夏府縣志輯》第7輯,鳳凰出版社、上海書店、巴蜀書社2008年。

〔清〕葉昌熾著、王欣夫補正、徐鵬輯《藏書紀事詩(附補正)》,上海古籍出版社1989年。

〔清〕王定安《重修兩淮鹽法志》,清光緒三十一年(1905)刻本。

《國粹叢書》第二集《銷燬抽燬書目　禁書總目　違礙書目　奏繳咨禁書目合刊·禁書總目》,國學保存會印行,光緒丁未(1907)年初版。

〔清〕昇允、長庚修,安維峻總纂《甘肅新通志》,清宣統元年(1909)刻本。

〔清〕王學伊修,〔清〕錫麒纂《〔宣統〕新修固原直隸州志》,《中國地方志集成·寧夏府縣志輯》第8—9輯,鳳凰出版社、上海書店、巴蜀書社2008年。

〔清〕楊修德纂《〔宣統〕新修硝河城志》,《中國地方志集成·寧夏府縣志輯》第9輯,鳳凰出版社、上海書店、巴蜀書社2008年。

〔清〕姚永樸著、張仁壽校注《舊聞隨筆》,黃山書社1989年。

今人專著:①

白述禮《大明慶靖王朱㮵》,寧夏人民出版社2008年。

白永金、蘇忠深《中寧詩詞三百首》,寧新出管字[1999]第048號。

北京大學圖書館編《北京大學圖書館藏古籍善本書目》,北京大學出版社1999年。

北京圖書館編《北京圖書館古籍善本總目》,書目文獻出版社1987年。

---

① 今人專著以作者姓氏音序排列。

北京圖書館編《地方志人物傳記資料叢刊·西本卷》，北京圖書館出版社 2001 年。

北京圖書館善本組編《1911—1984 影印善本書目錄》，中華書局 1992 年。

本社古籍影印室《明清以來公藏書目匯刊》，北京圖書館出版社 2008 年版。

陳步瀛纂修《〔民國〕鹽池縣志》，《寧夏舊方志集成》第 35 册，學苑出版社 2015 年。

陳光貽《稀見地方志提要》，齊魯書社 1987 年。

陳育寧《寧夏通史（古代卷）》，寧夏人民出版社 1993 年。

池秀雲《歷代名人室名別號辭典》，山西古籍出版社 1998 年。

褚斌傑《中國古代文體概論》，北京大學出版社 1990 年。

丁錫根編著《中國歷代小說序跋集》，人民文學出版社 1996 年。

范宗興、吳曉紅等《方志與寧夏》，寧夏人民出版社 2008 年。

傅增湘《藏園群書經眼錄》，中華書局 1983 年。

傅增湘《藏園群書題記》，上海古籍出版社 1989 年。

高樹榆等《寧夏方志述略》，吉林省地方志編纂委員會、吉林省圖書館學會 1985 年内部發行。

固原市地方志辦公室《明清固原州志》，寧夏回族自治區内部資料出版物準印證 2003 年，寧新出管字[2003]第 411 號。

國家文物局主編《中國文物地圖集·寧夏回族自治區分册》，文物出版社 2010 年。

國民政府資源委員會編《〔民國〕寧夏省人文地理圖志》，《寧夏舊方志集成》第 24 册，學苑出版社 2015 年。

何齡修、張捷夫主編《清代人物傳稿》，中華書局 1994 年。

何遠景主編《内蒙古自治區線裝古籍聯合目錄》，北京圖書館出版社 2004 年版。

何子江、萬青山《平羅春秋》，寧夏人民出版社 2005 年。

赫俊紅《中國文化遺産研究院藏地方志書目》，中華書局 2009 年。

侯忠義、劉世林著《中國文言小説史稿（下）》，北京大學出版社 1993 年。

胡學祥《寧夏古代風光詩選注》，寧新出管字[2000]第 053 號。

胡迅雷《寧夏歷史人物研究文集》，寧夏人民出版社 1993 年。

胡玉冰《寧夏地方志研究》，中國社會科學出版社 2012 年。

黄永年《古籍版本學》，江蘇教育出版社 2005 年。

駱兆平編著《天一閣藏明代地方志考錄》，書目文獻出版社 1982 年。

金恩輝、胡述兆《中國地方志總目提要》,臺灣漢美圖書有限公司 1996 年。
柯愈春《清人詩文集總目提要》,北京古籍出版社 2002 年。
雷夢辰《清代各省禁書彙考》,書目文獻出版社 1989 年。
李春芬《中華人民共和國地名詞典·上海市》,商務印書館 1989 年。
李靈年、楊忠主編《清人別集總目》,安徽教育出版社 2000 年。
李玉安　黃正雨《中國藏書家通典》,中國國際文化出版社 2005 年。
李玉安、陳傳藝《中國藏書家辭典》,湖北教育出版社 1989 年。
梁戰、郭群一《歷代藏書家辭典》,陝西人民出版社 1991 年。
林申清《明清著名藏書家·藏書印》,北京圖書館出版社 2000 年。
羅偉國、胡平編《古籍版本題記索引》,上海書店出版,1991 年。
羅振玉輯《史料叢刊初編》,東方學會 1924 年。
馬福祥等修,王之臣纂《〔民國〕朔方道志》,《中國方志叢書·塞北地方》第 2 號,成文出版社 1968 年。
馬少僑編著《清代苗民起義》,湖北人民出版社 1957 年。
南炳文《清代苗民起義(1795—1806)》,中華書局 1959 年。
寧稼雨《中國文言小說總目提要》,齊魯書社 1996 年。
寧夏回族自治區黨委宣傳部《寧夏古今名人故事》,寧新出管字〔2007〕第 881 號。
寧夏回族自治區圖書館編《寧夏地方志存佚目錄》,內部參考,1964 年。
寧夏圖書館協作委員會編《寧夏地方文獻聯合目錄》,寧夏人民出版社 1992 年。
寧夏回族自治區圖書館編輯《寧夏地方志叢刊》,寧夏人民出版社 1988 年。
牛濟《張煦張贊元父子年譜》,陝西人民教育出版社 2011 年。
龐育德修、馬國璵纂《〔民國〕西吉縣志》,《寧夏舊方志集成》第 35 冊,學苑出版社 2015 年。
齊裕焜《明代小說史》,浙江古籍出版社 1997 年。
錢實甫《清代職官年表》,中華書局 1980 年。
秦國經《清代官員履歷檔案全編》,華東師範大學出版社 1997 年。
秦克溫主編《沙坡頭今古詩詞選》,中國華僑出版社 1997 年。
清國史館《清國史》,中華書局 1993 年。
清華大學圖書館編《清華大學圖書館藏善本書目》,清華大學出版社 2002 年。
桑丹桂等修,陳國棟等纂《〔民國〕重修隆德縣志》,《寧夏舊方志集成》第 23 冊,學苑出版社 2015 年。

陝西省地方志編纂委員會《陝西省志》，陝西人民出版社 2005 版。
上海圖書館編《中國叢書綜錄》，上海古籍出版社 1982 年。
尚恒元、孫安邦《中國人名異稱大辭典》，山西人民出版社 2002 年。
施廷鏞《清代禁毀書目題注　外一種》，北京圖書館出版社 2004 年。
石昌渝主編《中國古代小説總目》，山西教育出版社 2004 年。
四庫全書存目叢書編纂委員會編《四庫全書存目叢書・目録索引》，齊魯書社 1997 年。
孫殿起《清代禁書知見録》，商務印書館 1957 年。
孫殿起撰《販書偶記（附續編）》，上海古籍出版社 1999 年。
孫毓修編《涵芬樓秘笈》，北京圖書館出版社 2000 年。
臺灣"中央圖書館"編輯《明人傳記資料索引》，臺灣文史哲出版社 1978 年。
臺灣中研院史語所編印《中研院史語所善本書目》，1968 年。
唐驥、楊繼國、布魯南、何克儉《寧夏古詩選注》，寧夏人民出版社 1987 年。
天津師範大學圖書館編《天津師範大學圖書館館藏古籍目録書名索引》，天津師範大學圖書館 1985 年油印本。
天津市人民圖書館編《天津市人民圖書館善本書目》，天津人民出版社 1961 年。
天津圖書館編《稿本中國古籍善本書目書名索引》，齊魯書社 2003 年。
田澍、陳尚敏主編《西北史籍要目提要》，天津古籍出版社 2010 年。
同心縣地方志編纂委員會編《同心縣志》，寧夏人民出版社 1995 年。
王彬《清代禁書總述》，中國書店 1999 年。
王紹曾《清史稿藝文志拾遺》，中華書局 2000 年。
王鐘翰點校《清史列傳》，中華書局 1987 年。
王重民、楊殿珣《清代文集篇目分類索引》，北京圖書館出版社 2003 年。
王重民《中國善本書提要》，上海古籍出版社 1983 年。
温克剛主編、劉慶桐卷主編《中國氣象災害大典・山西卷》，氣象出版社 2005 年。
翁連溪編校《中國古籍善本總目・集部》，線裝書局 2005 年。
沃丘仲子《近現代名人小傳・近代名人小傳》，北京圖書館出版社 2003 年。
吳懷章《古峽攬勝》，寧夏人民出版社 1996 年。
吳慰祖校訂《四庫採進書目》，商務印書館 1960 年。
吳忠禮、楊新才主編《清實録寧夏資料輯録》，寧夏人民出版社 1986 年。
吳忠禮《寧夏歷代方志萃編》，天津古籍出版社 1988 年。

吳忠禮《寧夏志箋證》，寧夏人民出版社 1996 年。
吳裕成《中國的門文化》，天津人民出版社 2004 年。
徐夢麟主編《寧夏文史選編》，寧夏人民出版社 1993 年。
薛正昌《固原歷史地理與文化》，甘肅文化出版社 1998 年。
薛正昌《黄河文明的绿洲——寧夏歷史文化地理》，寧夏人民出版社 2007 年。
嚴紹璗《日藏漢籍善本書錄》，中華書局 2007 年。
楊繼國、胡迅雷編《寧夏歷代詩詞集》，寧夏人民出版社 2011 年。
楊繼國、胡迅雷編《寧夏歷代藝文集》，寧夏人民出版社 2011 年。
楊新才、吳忠禮主編《明實錄寧夏資料輯錄》，寧夏人民出版社 1988 年。
姚覲元《清代禁燬書目（補遺）》，商務印書館 1957 年。
葉超纂《〔民國〕固原縣志》，《寧夏舊方志集成》第 35 册，學苑出版社 2015 年。
銀川美術館編著《寧夏歷代碑刻集》，寧夏人民出版社 2007 年。
臧勵龢等編《中國人名大辭典》，商務印書館 1921 年。
張懷武《歷史名人與寧夏》，寧夏人民出版社 1998 年。
張傑《山西自然災害史年表》，山西省地方志編纂委員會辦公室 1988 年。
張維《隴右方志錄》，北平大北印書局 1934 年。
張羽新《中國西藏及甘青川滇藏區方志彙編》，學苑出版社 2003 年。
張宗茹、王恒柱編纂，李伯齊審定《山東師範大學圖書館館藏古籍書目》，齊魯書社 2003 年。
趙爾巽等《清史稿》，中華書局 1976—1977 年。
中國第一歷史檔案館編《康熙朝漢文硃批奏摺彙編》，檔案出版社 1984—1985 年。
《中國古籍善本書目》編委會編《中國古籍善本書目·子部》，上海古籍出版社 1994 年。
《中國古籍總目》編纂委員會編《中國古籍總目》，中華書局、上海古籍出版社 2009 年版。
中國國家圖書館編《原國立北平圖書館甲庫善本叢書》，國家圖書館出版社 2013 年。
中國科學院北京天文臺主編《中國地方志聯合目錄》，中華書局 1985 年。
中國科學院圖書館編《中國科學院圖書館藏中文古籍善本書目》，科學出版社 1994 年。
中國科學院圖書館整理《續修四庫全書總目提要（稿本）》，齊魯書社 1996 年。
中國西北文獻叢書編輯委員會編《中國西北文獻叢書》第一輯《西北稀見方

志文獻》,蘭州古籍書店 1990 年。

中華書局編輯部編《叢書集成初編目錄》,中華書局 1983 年。

中寧縣黨史縣志辦公室編《中寧碑錄》,寧夏人民出版社 2008 年。

鍾侃《明代文物和長城》,寧夏人民出版社 1980 年。

周駿富輯《明代傳記叢刊》,(臺灣)明文書局 1991 年。

朱保烱、謝沛霖《明清進士題名碑錄索引》,上海古籍出版社 1980 年。

朱恩昭纂《〔民國〕豫旺縣志》,《中國地方志集成·寧夏府縣志輯》第 5 輯,鳳凰出版社、上海書店、巴蜀書社 2008 年。

期刊論文:①

陳健玲《〈〔弘治〕寧夏新志〉考》,《寧夏社會科學》2002 年第 6 期。

陳健玲《〈(萬曆)朔方新志〉考》,《寧夏史志研究》2001 年第 1 期。

陳明猷《明代中葉的寧夏經濟——讀〈嘉靖寧夏新志〉札記之一》,《寧夏大學學報》(社會科學版)1981 年第 1 期。

陳清慧《〈明史·藝文志〉宗室集部著述考補》,《中國典籍與文化》2008 年第 4 期。

陳清慧《明代藩府著述輯考》,《古籍整理研究學刊》2009 年第 2 期。

東方既白(本名蘇昀)《晚清名臣張煦述略》,《寧夏文史》第 27 輯,寧夏回族自治區文史研究館 2011 年編。

杜桂林《解讀朱栴〈西夏八景〉詩》,《寧夏文史》第 24 輯,寧夏回族自治區文史研究館 2008 年編。

高樹榆《寧夏方志考》,《寧夏圖書館通訊》1980 年第 1 期。

高樹榆《寧夏方志錄》,《寧夏史志研究》1988 年第 2 期。

高樹榆《寧夏方志評述》,《圖書館理論與實踐》1993 年第 3 期。

高樹榆《爲(正統)〈寧夏志〉正名》,《寧夏史志研究》1994 年第 2 期。

郭曉明《管窺〈中國地方志聯合目錄〉寧夏書目》,《銀川市志通訊》1986 年第 2 期。

何兆吉《管律生平與寧夏擺邊——兼論管律的安邊策》,《西北第二民族學院學報》2006 年第 1 期。

胡迅雷《〈弘治寧夏新志〉成書年代考》,《寧夏大學學報》(社會科學版)1988 年第 4 期。

---

① 期刊論文以作者姓氏音序排列。

靳希《〈四庫全書總目〉存目寧夏地區作者考辨——以〈周易彙解衷翼〉、〈愚齋反經錄〉爲例》,《齊齊哈爾師範高等專科學校學報》2013年第2期。

李浩《王微之姓名考辨》,《文教資料》2012年第26期。

馬積高《清初經世致用之學對散文的影響》,《中國文學研究》1995年第2期。

馬建民《清初寧夏籍名將趙良棟家世考》,《北方民族大學學報（哲學社會科學版）》,2015年第2期。

馬麗、田富軍《清代寧夏籍湖廣提督俞益謨〈青銅自考〉卷一——校勘劄記》,《西夏研究》2010年第3期。

牛達生《〈嘉靖寧夏新志〉中的兩篇西夏佚文》,《寧夏大學學報》（哲學社會科學版）1980年第2期。

牛達生《〈慶王壙志〉與朱棣"靖難之變"》,《人文雜志》1981年第6期。

任昉《明太祖皇子朱㭎的名次問題》,《中原文物》1986年第4期。

商鴻逵《康熙平定三藩中的西北三漢將》,《北京大學學報》1986年第1期。

田富軍《清代寧夏籍湖廣提督俞益謨〈青銅自考〉版本論略——兼論臺灣抄本的價值》,《圖書館理論與實踐》2012年第11期。

田富軍《清代寧夏籍湖廣提督俞益謨生平考》,《寧夏大學學報》（人文社會科學版）2005年第6期。

田富軍《清代寧夏籍湖廣提督俞益謨著述考》,《寧夏社會科學》2005第2期。

田富軍、葉根華《"試罷吳鉤學咏詩"——清代寧夏籍湖廣提督俞益謨詩詞的思想內容探析》,《寧夏大學學報》（人文社會科學版）2011年第5期。

田富軍、葉根華《寧夏籍湖廣提督俞益謨散文創作簡論》,《寧夏社會科學》2012第6期。

田富軍、葉根華《康熙年間孤本〈青銅君傳〉考述》,《寧夏社會科學》2018年第6期。

汪超《〈全明詞〉輯補62首》,《欽州學院學報》2011年第2期。

王桂雲《銀川方志述略》,《銀川市志通訊》1988年第3期。

文韜《清初名將趙良棟論略》,《寧夏社會科學》1986年第5期。

吳忠禮《趙良棟（附：趙弘燦、趙弘燮）》,《寧夏史志研究》1988年第4期。

吳忠禮《明封寧夏一世慶靖王朱㮵》,《寧夏史志研究》1997年第2期。

吳忠禮《日本藏孤本明〈寧夏志〉考評（上）》,《寧夏社會科學》1995年第6期。

吳曉紅《康熙〈朔方廣武志〉考》,《寧夏史志研究》2001年第3期。

夏明方《救荒活民：清末民初以前中國荒政書考論》，《清史研究》2010年第2期。

徐莊《明清時期寧夏版本經眼錄》，《固原師專學報》1997年第2期。

薛正昌《地方志書與寧夏歷史文化（下）》，《固原師專學報》（社會科學版）2005年第1期。

薛正昌《明代寧夏與固原兩大軍鎮的地方志書及其特點》，《史學史研究》2009年第1期。

楊浣《〈嘉靖寧夏新志〉與明代寧夏社會》，《固原師專學報》（社會科學版）2004年第5期。

楊學娟、田富軍《清代寧夏籍湖廣提督俞益謨家世考》，《寧夏社會科學》2008第3期。

曾文俊《俞益謨生平事略》，《寧夏文史》第3輯，寧夏回族自治區文史研究館1988年編。

張樹彬《惠安堡出了個謝王寵》，《寧夏文史》第24輯，寧夏回族自治區文史研究館2008年編。

張世宏《明代作家胡侍生平及著述考辨》，《文學遺產》2007年第3期。

朱潔《介紹寧夏明代地方志五種（上）》，《寧夏大學學報》（哲學社會科學版）1980年第2期。

朱潔《介紹寧夏明代地方志五種（下）》，《寧夏大學學報》（哲學社會科學版）1980年第3期。

學位論文：①

刁俊《明清以來寧夏歷史人物著述考——以朱栴等人爲例》，寧夏大學碩士學位論文，2007年4月。

耿李元《胡侍生平、家世及著述考釋》，西北大學碩士學位論文，2010年4月。

呂超《寧夏籍名宦俞德淵考》，北方民族大學碩士學位論文，2014年5月。

蘇麗華《胡侍及其文言小說研究》，寧夏大學碩士學位論文，2003年4月。

趙樹興《趙良棟與吳三桂叛亂研究》，中央民族大學碩士學位論文，2007年5月。

吳曉揚《〈平山堂圖志〉研究》，北方民族大學碩士學位論文，2018年。

---

① 學位論文以作者姓氏音序排列。

附　　錄

寧夏明清人士詩文集簡表

朝代	撰(編)者	詩文集名稱	卷數	版本	館藏地	存佚情況	備注
明代	管律	《芸莊雜錄備遺》	16	清稿本	南京圖書館	存	
		《芸莊猥錄》	12			佚	
	胡璉	《槐堂禮俗》	3			佚	
		《耕隱集》	5			佚	
	胡汝楫	《竹溪年譜》	1			佚	
		《蓮塘雜集》	2			佚	
	胡汝礪	《竹巖集》				佚	
	胡侍	《胡蒙谿詩集》	11	嘉靖二十五年朱氏刻本	北京大學圖書館	存	
				嘉靖二十五年朱氏刻本	首都圖書館		序與北大本有差別
				美國國會圖書館藏六冊本	美國國會圖書館		未目驗
		《胡蒙谿文集》	4	嘉靖二十五年刻本	中國科學院國家科學圖書館	存	《四庫未收書輯刊》第伍輯第19冊全文影印
				嘉靖二十五年刻本	首都圖書館		序與中科院本有差別
				美國國會圖書館藏六冊本	美國國會圖書館		未目驗

續　表

朝代	撰(編)者	詩文集名稱	卷數	版本	館藏地	存佚情況	備注
明代	胡侍	《胡蒙谿續集》	6	明刻本	中國科學院國家科學圖書館	存	《四庫未收書輯刊》第伍輯第19冊全文影印
				明刻本	首都圖書館		序、跋、順序與中科院本有差別
				美國國會圖書館藏六冊本	美國國會圖書館		未目驗
		《墅談》	6	明嘉靖二十五年(1546)朱氏刻本	中國國家圖書館	存	《四庫全書存目叢書·子部》第102冊、《原國立北平圖書館甲庫善本叢書》第五三四冊全文影印(底本不同)
				百陵學山本			《景明刻本百陵學山》第十二冊、《叢書集成初編》第2914冊全文影印
				清抄本	上海圖書館		
		《真珠船》	8	明嘉靖二十七年(1548)刻本	中國國家圖書館、清華大學圖書館、北京大學圖書館(前四卷)、上海圖書館(八卷本、前四卷本)	存	《四庫全書存目叢書·子部》第102冊全文影印清華大學圖書館藏本
				《寶顏堂秘笈》萬曆刊本	中國科學院國家科學圖書館、中國國家圖書館		
				《寶顏堂秘笈》民國石印本	清華大學圖書館		臺灣新興書局1962年版《筆記小說大觀》第四編全文影印
				《叢書集成初編》本			
				《關中叢書》本			

續　表

朝代	撰(編)者	詩文集名稱	卷數	版　本	館藏地	存佚情況	備　注
明代	胡侍	《清涼經》	1			佚	
		《笑資》	2			佚	
	孟養龍	《吹萬吟》				佚	
	張嘉謨	《雲穀集》				佚	
		《西行稿》				佚	
	張景皋	《難經直解》				佚	
	趙誠	《易經述古》				佚	
		《百一稾》				佚	
	朱帥鋅	《宗烈實錄》				佚	
	朱台瀚	《平齋集》				佚	
		經進《大孝明倫》				佚	
		經進《大禮明祀》				佚	
	朱廷翰	《宣雲奏議》				佚	
	朱橚	《文章類選》	40	洪武三十一年(1398)慶藩刻本	中國國家圖書館	存	《四庫全書存目叢書·集部》第290冊《原國立北平圖書館甲庫善本叢書》第九三九至九四〇冊全文影印(底本不同)
				美國普林斯頓大學藏本	美國普林斯頓大學東亞圖書館		
		《凝真稿》	18			佚	
		《集句閨情》	1			佚	
		《增廣唐詩鼓吹續編》				佚	
	朱秩炅	《滄洲愚隱錄》	6			佚	
		《樗齋隨筆錄》	20			佚	
	朱秩煃	《慎德軒集》				佚	

續表

朝代	撰(編)者	詩文集名稱	卷數	版本	館藏地	存佚情況	備注
清代	景琪	《僑西懷舊詩稿》				佚	
	黎宗周撰、王基續撰	《青銅君傳》	不分卷	康熙五十二年(1713)至康熙五十六年(1717)間刻本	內蒙古圖書館	存	
	劉芳猷	《澄安集》				佚	
		《歸田詩草》				佚	
	劉宏毅	《詩論十則》				佚	
	路談	《悟齋文稿》				佚	
	潤光老人	《澡雪集》				佚	
	王綏	《一嘯軒集》				佚	
		《琴譜小編》				佚	
	魏元勛	《移山草》				佚	
	謝王寵	《愚齋反經錄》	16	清刻本	中科院國家科學圖書館	存	《四庫全書存目叢書·子部》第29冊全文影印
		《雁平從政錄》				佚	
	辛潤身	《綠窗集》				佚	
	許體元	《春秋傳敘》				佚	
		《周易彙解衷翼》				佚	
	楊毓芳	《詩集古文集》				佚	
	英元	《鷓蟀微吟草》				佚	
		《集益堂小草》				佚	
		《靜修日記》				佚	
	俞德淵	《默齋文稿》(一作《默齋存槀》)				佚	
		《館課存稿》				佚	

續表

朝代	撰(編)者	詩文集名稱	卷數	版本	館藏地	存佚情況	備注
清代	俞德淵	《詩古文家言公牘》				佚	
		《默齋公牘》	2	清道光二十年(1840)庚子冬刻本	廣東省中山圖書館	存	
				清同治九年(1870)庚午重鐫本	中國科學院國家科學圖書館、四川大學圖書館		
	俞益謨	《道統歸宗》				佚	
		《孫思克行述》	一卷	抄本	中國國家圖書館	存	
				鉛印本			
		《辦苗紀略》	8	清康熙四十四年(1705)餘慶堂刻本	北京大學圖書館	存	
		《青銅自考》	12	清康熙四十六年(1707)餘慶堂刻本	北京大學圖書館	存	《四庫禁燬書叢刊》集部第17冊、《清代詩文集彙編》第190冊全文影印
				清康熙末至雍正年間餘慶堂刻本	中國科學院國家科學圖書館		
				清康熙末至雍正年間抄本	北京大學圖書館		
			10	清康熙末至雍正年間抄本	臺灣中研院史語所傅斯年圖書館		
		《投贈瓊集》				佚	
		《投壺廣義》					
		《上諭直解訓戒簡本》					
		《路程》					
		《便覽》					
	俞思益	《寧夏俞氏族譜》	不分卷	清同治七年(1868)鈔本	廣東省中山圖書館	存	

續 表

朝代	撰(編)者	詩文集名稱	卷數	版本	館藏地	存佚情況	備注
清代	岳咨	《襪線詩稿》				佚	
	曾畹	《曾庭聞集》	4(集)	清刻本	上海圖書館	存	含《曾庭聞詩集》三集、《曾庭聞文集》(另:《四庫禁毁書叢刊》第166冊全文影印了《金石堂詩》中的《曾庭聞詩》六卷)
	趙秉鐸	《耐翁編年詩集》				佚	
	趙飛熊	《西園草》				佚	
	趙弘燦	《永思堂詩集》				佚	
	趙良棟	《奏疏存藁》	6	清康熙三十五年(1696)刻本		佚	
				清康熙四十八年(1709)刻本	中科院國家科學圖書館、北京大學圖書館	存	《四庫未收書輯刊》第貳輯第25冊全文影印中科院國家科學圖書館藏本
				清康熙五十一年(1712)刻本	北京大學圖書館		
				清康熙末年刻本	中國國家圖書館		
			8	清康熙六十年(1721)刻本	台灣中研院史語所傅斯年圖書館、山東師範大學圖書館		書名爲《先襄忠公奏疏存藁》
				清抄本	清華大學圖書館		
				清抄本	天津圖書館藏		
				清雍正七年(1729)刻本	廣西壯族自治區桂林圖書館		
					南京大學圖書館、國立台灣大學圖書館、美國國會圖書館、美國哥倫比亞大學東亞圖書館均藏		未目驗

續　表

朝代	撰(編)者	詩文集名稱	卷數	版　本	館藏地	存佚情況	備　注
清代	趙尚仁	《半部論語齋初草》	不分卷	手稿本		佚	
				抄本		存	《中國西北文獻叢書》第六輯《西北文學文獻》第一九卷全文影印
	趙氏後人	《趙氏家譜》(趙良棟家族)	不分卷	抄本	寧夏博物館藏	存	共三冊
	趙之壁	《平山堂圖志》	11(10卷附錄1卷或10卷首1卷)	乾隆三十年(1765)刻本	南京圖書館	存	《中國佛寺史志匯刊》全文影印
				光緒九年(1883)歐陽利見重刻本	南京圖書館		《中國方志叢刊》全文影印
				光緒二十一年(1895)六一頭陀心悟重訂本	日本早稻田大學圖書館		
				日本天保十四年(1843)官板本	日本早稻田大學圖書館、中國國家圖書館		《中國名山勝迹志叢刊》全文影印
總計	41人(集體)	74種	有記載共228卷(集),存157卷(集)			存19種佚55種	

説明:1.因部分撰(編)者生卒年不詳,故本表按撰(編)者姓氏音序排列
　　　2.詩文集卷數統計時以現存卷數最多的版本計,不分卷按1卷計;同一種集子不同版本有存有佚按存統計

寧夏明代人士其他著述簡表

（除詩文集外其他集子、散見著述）

作者	籍貫	科貢及職務	著述	收錄古籍
保勛	寧夏衛	寧夏總兵官	詩：① 別贈張都闡武 ② 上曲中丞 ③ 過安邊營憩劉隱士山莊 ④ 贈都闡史公冢嗣榮中武舉 ⑤ 送歐陽繡衣四首 ⑥ 池上感秋 ⑦ 和静菴賞牡丹韻	弘治志卷八（①—⑦），嘉靖志卷七（⑥⑦，其中⑥題作：池上秋感，⑦題作：次静菴賞牡丹韻）
崔謙	寧夏		文：重修吉祥寺碑記	碑刻集
仇恩	寧夏鎮	咸寧侯	詩：奉和途中口占	嘉靖志卷七
楚書	寧夏	嘉靖二年(1523)癸未科進士	文：按察司創建碑	嘉靖志卷一
方燧	寧夏	名醫	醫書：瘡瘍論	萬曆志卷三，寧夏府志卷一六，朔方道志卷二二
管律	寧夏衛	正德十六年(1521)辛巳科進士,刑科給事中	詩：① 分雲字韻 文：② 太監宅重修公署碑 ③ 都察院續題名碑 ④ 演武教場重建碑 ⑤ 東號記 ⑥ 城隍廟重修碑記 ⑦ 文廟重修碑 ⑧ 城鐵柱泉碑 ⑨ 漢壽亭侯壯謬關公祠碑 ⑩ 巡撫都御史楊公志學去思碑記 ⑪ 牛首寺碑記 ⑫ 明武德將軍王公廷瑞墓志銘 ⑬ 錢安人墓志銘 ⑭ 大明誥封恭人錢母張氏墓志銘 ⑮ 明明威將軍錢公合葬施恭人墓志銘 ⑯ 明王母錢安人合葬昭信校尉王公墓志銘 ⑰ 皇明明威將軍指揮僉事錢公墓志銘 ⑱ 獻愚忠思神聖政疏 ⑲ 節冗費以應修省疏 ⑳ 修兵政復舊規	嘉靖志卷一（②③④⑤㉑㉓），卷二（①⑥），卷三（⑦⑧㉒），卷八（⑨㉓）；萬曆志卷四（④⑤⑥⑧⑩⑪，其中④題作：演武場記，⑥題作：城隍廟碑記，⑧題作：鐵柱泉記）；銀川小志・古迹（⑧題作：鐵柱泉記），寺觀（⑪）；中衛志卷九（⑦題作：重修中衛文廟碑記）；寧夏府志卷五（④題作：演武場記），卷一九（⑥⑧⑩⑪，其中⑥題作：城隍廟碑記，⑧題作：鐵柱泉記，⑩題作：楊公去思碑記）；續中衛志卷九（⑦題作：重修中衛文廟碑記）；嘉慶靈州志卷四（⑧題作鐵柱泉記）；花馬池志卷一五（⑧題作：鐵柱泉記）；朔方道志卷二五（⑥⑧⑩⑪，其中⑥題作：城隍廟碑記，⑧題作：鐵柱泉記，⑩題作：楊公去思碑記）；鹽池志卷一〇（⑧題作：鐵柱泉

續表

作者	籍貫	科貢及職務	著述	收錄古籍
管律	寧夏衛	正德十六年(1521)辛巳科進士,刑科給事中	以固根本疏 ㉑寧夏屯役按 ㉒寧夏邊牆按 ㉓重修寧夏新志後序 方志:嘉靖志(重修)	記)、碑刻集(⑫⑬⑭⑮);中國文物地圖(⑯⑰);皇明兩朝疏抄卷二(⑱題作:獻愚忠以裨聖政疏);皇明嘉隆疏鈔卷二(⑱),卷一〇(⑲),卷一七(⑳題作:修兵政以固邦本疏);皇明疏鈔卷五(⑱題作:獻愚忠以裨聖政疏),卷五一(⑳);新刻明政統宗卷二二(⑳);皇明大政紀卷二二(⑳);皇明肅皇外史卷六(⑳)
管珣	寧夏鎮		文:贈巡撫韓文	嘉靖志卷二
胡璉	寧夏	恩封主事	詩:①過田州城 ②西橋柳色	弘治志卷八(①),嘉靖志卷二(①),寧夏府志卷二一(②)
胡汝礪	寧夏	明成化二十三年(1487)丁未科進士,兵部尚書	詩:①別夏城 ②無題 文:③寧夏新志後序 ④漢壽亭侯碑記 ⑤論拓跋夏 方志:弘治志(編修),嘉靖志(編修)	弘治志卷六(⑤),卷八(③);嘉靖志卷七(①),萬曆志卷四(④),卷五(①);寧夏府志卷一九(④),卷二一(①);朔方道志卷二五(④),二九(①);堅談(②)
胡侍	寧夏		文:鐵柱泉頌序	嘉靖志卷三,萬曆志卷四
黃綬	中衛	嘉靖八年(1529)己丑科進士,監察御史、提學北直隸	詩:①贈中丞南川張公總師全陝 ②南塘譙別南川公古風	萬曆志卷五(①②),銀川小志·古迹(②)
黃元會	寧夏	萬曆間貢士,山西武鄉縣知縣	文:忠孝紀略	寧夏府志卷一六
賈萬鎰	寧夏	嘉靖三十七年(1558)戊午科舉人,山東青城縣知縣	文:明誥封壽陽鎮國將軍禠齋暨配夫人鍾氏合葬墓志銘	碑刻集
蒯諫	寧夏	萬曆二十六年(1598)戊戌科進士,禮部精膳清吏司主事、兵部武庫清吏司主事	文:香山牧馬碑記、明奉直大夫涿州知州靜齋孟公墓志銘	碑錄,碑刻集
李蕡	寧夏	隆慶二年(1568)戊辰科恩貢	文:重修牛首寺碑記	廣武志下·詞翰

續　表

作者	籍貫	科貢及職務	著述	收錄古籍
李廷訓	固原	萬曆三十七年(1609)己酉科舉人，户部主事	文：西安州遊戎記碑	海城志卷一〇
李徵	寧夏	直隸保定府同知	文：明壽陽和靖王夫人丁氏墓志銘	碑刻集
劉鼎	寧夏	衛學生	詩：東湖泛舟	弘治志卷八，嘉靖志卷二，萬曆志卷五(題作：遊金波湖)，銀川小志·古迹(題作：遊金波湖)
劉思唐	寧夏鎮	明嘉靖十一年(1532)壬辰科進士，翰林庶吉士、山西按察司副使提學	詩：① 和南澗中丞公途中口占　② 奉和宿平羌堡　③ 奉和赤木口　文：④ 籌邊録序	嘉靖志卷七(①②③④)，萬曆志卷五(②)，銀川小志·關隘(②)
劉世秀	中衛	萬曆時庠生	文：誥封明威將軍劉公墓志銘	碑刻集
劉伸	寧夏	正德十四年(1519)己卯科舉人	詩：奉和途中口占	嘉靖志卷七
路升	寧夏	儀賓	詩：① 和慶藩遊麗景園韻　② 野亭柬諸同志　③ 韋州故宫　④ 三清觀閑步	弘治志卷八(①②③④)；嘉靖志卷二(①題作：晏麗景園)，卷三(③題作：過故宫)；朔方新志卷五(①④)，其中①題作：麗景園侍宴，④題作：遊三清觀)；銀川小志·古迹(①題作：麗景園侍宴)，寺觀(④題作：遊三清觀)
吕燁	寧夏		文：廣濟茶菴碑記	同心縣志，碑刻集
駱用卿	寧夏	正德三年(1508)戊辰科進士，兵部員外郎	詩：① 題寧夏　② 別夏城親友　③ 題韓信廟	弘治志卷八(①)，嘉靖志卷七(②)，明詩綜卷三八(③)，御選宋金元明四朝詩·御選明詩卷七九(③)
馬應麟	固原	四川江津縣丞	文：明武略將軍固原千户張公墓志銘	碑刻集
明時儒	寧夏鎮	儒學廩膳生員	萬曆志(編輯)	萬曆志

續　表

作者	籍貫	科貢及職務	著　述	收錄古籍
潘九齡	靈州	正德十一年(1516)丙子科舉人，戶科給事中陞湖廣左參議，布政使司	詩：① 次南澗中丞公閱赤木口途中口占　② 奉和宿平羌堡　③ 奉和赤木口　文：④ 巡撫霍公冀去思碑記　⑤ 鳴沙州重修城隍廟碑記	嘉靖志卷七(①②③)；萬曆志卷四(④)，卷五(②③)，其中③題作：和赤木口二律)；銀川小志·關隘(①②③)，其中①題作：和途中口占，③題作：和赤木口；中衛志卷九(⑤)；續中衛志卷九(⑤)
釋靜明	寧夏		詩：① 金波湖棹歌十首、麗景園八詠(② 鶴汀夜月、③ 鳧渚秋風、④ 桃蹊曉日、⑤ 杏塢朝霞、⑥ 蓮塘清露、⑦ 璧沼煖波、⑧ 積翠浮光、⑨ 晴虹弄影)	正統志下·題詠(①—⑨)，弘治志卷八(①中第八首，⑤)，嘉寧志卷二(①中第八首，⑤)，萬曆志卷五(①)，寧夏府志卷二一(①)，銀川小志·古迹(①)，朔方道志卷二九(①)
王繼祖	寧夏衛	隆慶二年(1568)戊辰科進士，兵部郎中	文：僉憲汪文輝去思碑記	萬曆志卷四，寧夏府志卷一二，朔方道志卷二五
王維垣	靈州	隆慶二年(1568)戊辰科貢生，主事	詩：次出塞詩(二首)	嘉靖志卷七
王業	寧夏	嘉靖二十二年(1543)癸卯科舉人，霑化知縣	詩：① 長城謁鑑翁　文：② 重修清寧觀記　③ 中衛美利渠記　④ 明武德將軍龍泉王公墓志銘	萬曆志卷四(②③)，卷五(①)；銀川小志·關隘(①)；中衛志卷九(③，③題作：美利渠記)；寧夏府志卷一九(③)；續中衛志卷九(③，③題作：美利渠記)；寧夏歷代碑刻集(④)
王用賓	寧夏	景泰四年(1453)癸酉科舉人，河南府同知	詩：出塞曲五首	嘉靖志卷七，銀川小志·邊防，寧夏府志卷二一，朔方道志卷二九
吳過	寧夏	隆慶四年(1570)庚午科舉人，江西袁州府同知	文：明詔封夫人金氏墓志銘	碑刻集
夏景芳	平羅	成化四年(1468)戊子科舉人	詩：① 滄洲　② 恭輓安塞宣靖王	嘉靖志卷二(①)，萬曆志卷二(②)，銀川小志·藩封(②)
楊拱	隆德	貢生	詩：姚王墓詩	隆德志卷一
楊經	寧夏	嘉靖五年(1526)丙戌科進士，大名府推官	文：關於固原論述3則　方志：嘉靖固原志(編輯)	嘉靖固原志卷一，皇明經濟文錄卷四一，西園聞見錄卷五四

續　表

作者	籍貫	科貢及職務	著述	收錄古籍
楊壽	寧夏前衛	萬曆四十一(1613)年癸丑科進士,户部主事	文：重修西夏牛首山寺佛閣記 方志：萬曆志(纂修)	萬曆志,廣武志下・詞翰
喻賢	寧夏	正德戊辰進士,慶府引禮	詩：謔駱用卿詩①	墅談卷三喻墨莊謔詩
趙性粹	固原	萬曆七年(1579)己卯科舉人,雲南府知府	文：明恭人高母王氏合葬墓志銘	碑刻集
張嘉謨	寧夏衛	弘治十五年(1502)壬戌科進士,兵部主事,後陞山東兵備僉事	文：① 太監宅題名碑　② 帥府題名碑　③ 按察司題名碑　④ 重修儒學記　⑤ 後樂園記　⑥ 名賢祠記	嘉靖志卷一(①②③④),卷二(⑤),卷三(⑥);萬曆志卷四(②③④⑥),其中②題作：帥府題名記③題作：按察司題名記④題作：重修儒學碑記,⑥題作：靈州名賢祠碑記;寧夏府志卷六(④題作：重修儒學碑記),卷一九(⑥題作：靈州名賢祠碑記);嘉慶靈州志卷一六下(⑥題作：靈州名賢祠碑記);朔方道志卷二五(⑥題作：靈州名賢祠碑記)
張九思	寧夏	舉人,保定府判	詩：奉和赤木口	嘉靖志卷七
張炘	寧夏	舉人	詩：奉和途中口占	嘉靖志卷七,萬曆志卷五(題作：和途中口占)
鄭卿	寧夏鎮	都督同知	詩：奉和途中口占	嘉靖志卷七
鄭時	寧夏左屯衛	遊擊將軍	詩：奉和宿平羌堡	嘉靖志卷七
周于人	中衛	萬曆七年(1579)己卯科貢生,興文令,青州府通判	文：重修中衛學碑記	中衛志卷九,續中衛志卷一〇
朱孟德	寧夏	永樂十六年(1418)戊戌科進士,翰林庶吉士,廣東興寧縣知縣	詩：① 寒食遣興　② 西夏端陽有懷二首	嘉靖志卷七(①②);萬曆志卷五(①②),其中①題作：西夏寒食遣興;寧夏府志卷二一(①題作：西夏寒食遣興);朔方道志卷二九(①題作：西夏寒食遣興)

① 詩題為筆者據內容所加。

續 表

作者	籍貫	科貢及職務	著 述	收錄古籍
朱帥鋅（永齋）	寧夏	慶王	文：重刻寧夏志序	正統志
朱台瀚（平齋）	寧夏	豐林郡王	詩：① 西嶺秋容 ② 石關積雪 文：③ 重修忠義武安王廟記	嘉靖志卷八（③），萬曆志卷五（①②），銀川小志·古迹（①②），寧夏府志卷二一（②），朔方道志卷二九（②）
朱台泙（嘉齋）		弘歷郡王	詩：賀蘭晴雪	萬曆志卷五，寧夏府志卷二一
朱栴（凝真）	寧夏	慶靖王	詩：① 戊戌歲金波湖合歡蓮 ② 登韋州城北擁翠亭 ③ 遊高臺寺庄經辛卯戰場王驃騎陣歿處感傷而作 ④ 夏日遊麗景園 ⑤ 夜宿鴛鴦湖聞鴈聲作 ⑥ 擬古邊城春思 ⑦ 寧夏新建社稷山川壇 ⑧ 永樂二年春祭社稷山川禮成後作 ⑨ 秋日登樓 ⑩ 石溝驛 ⑪ 麗景園避暑 ⑫ 麗景園冬日步王忍辱韻 ⑬ 總兵營絕句 ⑭ 賀蘭大雪 ⑮ 登宜秋樓 ⑯ 芳林宮夜宿擬古 ⑰ 晚登韋州樓 ⑱ 東湖春漲、寧夏八景圖 詩：⑲ 漢渠春漲 ⑳ 月湖夕照 ㉑ 靈武秋風 ㉒ 黃沙古渡 ㉓ 黑水故城 ㉔ 賀蘭晴雪 ㉕ 官橋柳色 ㉖ 梵刹鐘聲 詞：㉗ 念奴嬌·雪霽 ㉘ 浪淘沙·秋 ㉙ 青杏兒·秋 ㉚ 長相思·秋眺 ㉛ 風流子·秋日書懷 ㉜ 春雲怨·與吳謙 ㉝ 搗練子 ㉞ 鷓鴣天 ㉟ 行香子 ㊱ 朝中措·憶韋州擁翠亭 ㊲ 臨江仙·避暑韋州，行有日矣，喜而賦 ㊳ 菩薩蠻·歸思 文：㊴ 宜秋樓記 ㊵ 端午宴集麗景園詩序 ㊶ 夏城城隍神應夢記 方志：正統志（撰）	正統志卷下·題咏（①—⑨）、詞（㉗—㊲）、文（㊴—㊶）；弘治志卷八（②⑤⑧，⑩—⑲，㉒㉓㉙㉚㉛㉜㉝㉞㊲㊳，其中⑧題作：永樂二年春祭社稷山川禮成，⑬題作：總兵營，㉘題作：浪淘沙·塞垣秋思，㉝題作：搗練子·西夏漫興，㉞題作：鷓鴣天·冬日漫興）；嘉靖志卷二（⑪⑯㊴）、卷三（⑤⑩⑱）、卷七（⑧⑫⑭⑮⑰㉒㉓，其中⑧題作：永樂二年春祭社稷山川禮成，㉘題作：浪淘沙·塞垣秋思）；萬曆卷四（㊴），卷五（⑬⑭⑮⑱㉖，其中⑭題作：賀蘭大雪歌，⑮題作：登宜秋樓二絕句）；銀川小志·山川（⑭㊶，其中⑭題作：賀蘭大雪歌，㊶題作：夢記，古迹（⑮⑱，⑲—㉓，㊴，其中⑮題作：登宜秋樓二絕句）；寧夏府志卷四（㊴）、卷二一（⑮⑱⑲⑳㉑㉒㉖㉓㉜㉝㉞㊲㊴，其中㉘題作：浪淘沙·塞垣秋思，㉝題作：搗練子·西夏漫興，㉞題作：鷓鴣天·冬日漫興）；嘉慶靈州志卷一六（⑲—㉑）；平羅記略卷八（⑭，⑭題作：賀蘭大雪歌）；朔方道志卷二九（⑬⑮⑱，⑲—㉓，㊴）

續　表

作者	籍貫	科貢及職務	著　述	收錄古籍
朱秩炅（樗齋）	寧夏	安塞郡王	詩：①古塚謠　②塞垣秋思　③和張都憲夏日遊麗景園　④觀黃河2首　⑤蘭山懷古　⑥秋曉過長湖、高臺寺八韻（⑦蘭皐秋容　⑧大河春浪　⑨廢壘寒煙　⑩漁村夕照　⑪渠上良田　⑫莊前叢柳　⑬古寺晨鐘　⑭秋郊晚笛）詞：⑮朝中措·賀蘭懷古　文：⑯節義堂記　⑰社學記	弘治志卷八（①②③④⑦⑧⑨⑩⑪⑫⑬⑭⑮）；嘉靖志卷一（⑤⑥）、卷三（⑰）、卷七（①②③④、⑦—⑮、卷八⑯）、萬曆志卷五（⑤⑨⑫⑮，其中⑤題作：拜寺口；銀川小志·山川（⑮），藩封（⑨⑫），關隘（⑤，⑤題作：拜寺口；寧夏府志卷二一（⑤⑨⑫，其中⑤題作：拜寺口）；朔方道志卷二九（⑤⑨⑫，其中⑤題作：拜寺口）

合計：人物51位，詩類（含詩、詞、賦）共127首，文類（含碑記、奏折、墓志銘、賦論、序跋等）共66篇，著作（含地方志、醫書等）共6部

説明：
① 因部分撰（編）者生卒年不詳，故本表按撰（編）者姓氏音序排列。
② 《〔民國〕朔方道志》《中寧碑錄》《寧夏歷代碑刻集》雖非古籍，但所錄内容爲古詩文，故籠統稱爲"古籍"。
③ 爲方便錄入，本表文獻出處所列部分書名爲簡稱，且不加書名號。文獻全稱、簡稱對照如下：
《〔正統〕寧夏志》：簡稱正統志
《〔弘治〕寧夏新志》：簡稱弘治志
《〔嘉靖〕固原州志》：簡稱嘉靖固原志
《〔嘉靖〕寧夏新志》：簡稱嘉靖志
《〔萬曆〕固原州志》：簡稱萬曆固原志
《〔萬曆〕朔方新志》：簡稱萬曆志
《〔康熙〕隆德縣志》：簡稱隆德志
《〔康熙〕新修朔方廣武志》：簡稱廣武志
《〔乾隆〕銀川小志》：簡稱銀川小志
《〔乾隆〕中衛縣志》：簡稱中衛志
《〔乾隆〕寧夏府志》：簡稱寧夏府志
《〔嘉慶〕靈州志迹》：簡稱嘉慶靈州志
《〔道光〕平羅記略》：簡稱平羅記略
《〔道光〕續修中衛縣志》：簡稱續中衛志
《〔光緒〕平遠縣志》：簡稱平遠志
《〔光緒〕靈州志》：簡稱光緒靈州志
《〔光緒〕海城縣志》：簡稱海城志
《〔光緒〕花馬池志迹》：簡稱花馬池志
《〔民國〕朔方道志》：簡稱朔方道志
《中寧碑錄》：簡稱碑錄
《寧夏歷代碑刻集》：簡稱碑刻集

寧夏清代人士其他著述簡表
(除詩文集外的其他集子、散見著述)

作者	籍貫	科貢及職務	著述	收錄古籍
白鳳至	固原	清末儒生	文：八德訓	民國固原志卷一○
曹夔隆	海城	乾隆時監生	文：《鹽茶廳志備遺》序	鹽茶廳志·藝文
崔之燦	寧夏	乾隆三十八年(1773)癸巳科貢生	詩：銀川書院落成	寧夏府志卷二一
柴維棟	靈州	廩生	文：規複秦渠豬嘴碼頭碑記	朔方道志卷二七
陳希魁	寧夏	貢生	方志：打拉池縣丞志(纂修)	打拉池志
陳鈺	固原	貢生	文：重修二龍山碑記、岳父常公德行碑記	民國固原志卷一○
陳作棟	寧夏		詩：銀川書院落成	寧夏府志卷二一
戴炳	寧夏	知縣	詩：滁暑高臺寺和韻	寧夏府志卷二一
鄧雲路	靈州	清末拔貢	文：新建靈武小學堂碑記	朔方道志卷二七
董煥勳	隆德		詩：姚王墓詩	隆德志卷一
董燁勳	隆德	順治十一年(1654)甲午科拔貢	文：隆德縣志跋	隆德志
董效思	隆德	貢生	文：隆德縣續志跋	隆德縣續志
樊淇	平羅	貢生	文：武當山配落成碑	平羅記略卷八
高嵩	中衛	康熙四十一年(1702)壬午科文舉人	方志：廣武志(纂)	廣武志
賀遇隆	廣武	康熙三十五年(1696)丙子科貢生	方志：廣武志(纂)	廣武志
胡秉正	寧夏	乾隆二十一年(1681)丙子科貢生	詩：咏賀蘭山、曉渡黃河、林皋道上口占、登高臺寺	寧夏府志卷二一
解震泰	寧夏	康熙五十七年(1718)戊戌科進士	詩：① 遊賀蘭山自後溝至頂尋元昊墓及李將軍思源亭故址慨然有作 文：② 文昌社序	寧夏府志卷二一(①)，朔方道志卷二七(②)

續表

作者	籍貫	科貢及職務	著述	收錄古籍
景琪	寧夏駐防鑲藍旗人	清末協領	詩：①過平羌堡 ②過三關 文：③重修寧朔新城關帝廟碑記	朔方道志卷二七（③），二九（①②）
雷起潛	廣武	例監生，考授州同知	文：募化六塘嶺穿井疏引 方志：廣武志（纂修）	廣武志下·詞翰
李綍	靈州	舉人	文：文光會敬惜字紙碑記	光緒靈州志·藝文志
李穉華	固原	儒生	文：行翁聶老大人諱進德沒世碑記	同心縣志卷一〇
李培榮	寧夏	進士	文：南北滂河記	嘉慶靈州志卷二，寧靈廳志草卷一三
李品騎	寧夏	雍正三年（1725）乙巳科商學鄉貢生	文：千金渠碑記 方志：廣武志（纂）	廣武志下·詞翰
李清和	寧朔	廩生	文：重修寧夏武當山壽佛寺募序	朔方道志卷二七
李若樾	中衛	康熙四十五年（1706）丙戌科貢生	詩：老君臺	中衛志卷一〇，寧夏府志卷二一，續中衛志卷一〇
李蘊華	固原	道光十五年（1835）乙未科舉人	文：①馬提督墓銘 ②馬老太封翁墓志 ③馬太翁墓志 ④李公府君暨德配李母余老太君墓志	宣統固原志卷九（①），民國固原志卷一〇（①②③④）
李愃	靈州	雍正五年（1727）丁未科進士	書"存誠、行恕、敦孝弟、戒淫行、謹言語、慎威儀、嚴交遊、立志節"八字於學堂上	光緒靈州志卷一〇，寧夏府志卷一三
李孕英	靈州	貢生	文：重修城隍寢宮碑記	光緒靈州志·藝文志
劉得炯	中衛	雍正二年（1724）甲辰科舉人	詩：①朝陽百咏4首 文：②重刻關學編序	中衛志卷九（①），卷一〇（②）；續中衛志卷九（①），卷一〇（②）；
劉芳猷	寧夏		詩：野望、過普濟庵贈石屏上人、朔方、邊城、絕塞、雨餘登無量臺	寧夏府志卷二一，朔方道志一七（不著作者）
劉統	海城	雍正七年（1729）己酉科舉人	詩：①題贈朱司馬 ②送朱亨衍司馬歸粵二首 文：③海喇都沿革考 ④鹽茶廳署落成記 方志：鹽茶廳志（纂）	鹽茶廳志·藝文（①②，其中②題作：送朱司馬回粵），海城志卷一〇（②③④）

續 表

作者	籍貫	科貢及職務	著 述	收錄古籍
劉穎齋	固原		文：楊博好延老兵防邊要論	民國固原志卷一〇
劉震元	中衛香山	生員	文：香山三蓬記	中衛志卷九，續中衛志卷九
柳莢	寧夏	乾隆三十年(1765)乙酉科貢生副榜	詩：銀川書院落成	寧夏府志卷二一
陸嵩	中衛棗園		詩：炭山夜照、牛首慈雲	中衛志卷一〇，續中衛志卷一〇，寧夏府志卷二一
路談	寧夏縣	乾隆十六年(1751)辛未科進士	文：銀川書院碑記	寧夏府志卷二〇，朔方道志卷二六(題作：銀川書院記)
羅森	靈州	監生	文：呂祖廟碑記	光緒靈州志・藝文志
呂天順	固原	儒生	文：重修雷祖廟碑記	同心縣志卷一〇
馬見伯	寧夏	武進士	詩：平苗頌凱	辦苗紀略卷八
馬調元	寧夏		文：清真教述圣公碑記	同心縣志卷一〇
任景昉	中衛	生員	詩：暖泉春漲	中衛志卷一〇、續中衛志卷一〇
任鈞鼇	中衛		詩：羚羊松風	中衛志卷一〇、續中衛志卷一〇
任岳宗	寧朔縣	廩生	詩：銀川書院落成三首、高臺梵利	寧夏府志卷二一
榮世顯	寧夏	儒生	文：靈應寺碑記	鹽池志
潤光	寧夏		詩：和陳二猷遊山、遊賀蘭山絕句	寧夏府志卷二一
孫翰垣	靈州	監生	文：重修精忠碑記	光緒靈州志・藝文志
孫榴姐	靈州	清末	詩：二首絕命詩	朔方道志卷二一
沈鴻俊	寧夏	守備	詞：大渠工竣・調漁家傲	寧夏府志卷二一，朔方道志卷二九
史師朱	寧朔縣	廩生	詩：賀蘭聳翠	寧夏府志卷二一
史廷珍	海城	咸豐九年(1859)己未科生員	文：廳地興衰記略	鹽茶廳志卷一八
汪澤春	中衛	儒生	文：重修萬佛閣吉祥寺碑記	碑錄

续表

作者	籍贯	科贡及职务	著述	收录古籍
王赐茆	宁夏		诗：东湖春、石关积雪、西岭秋容	宁夏府志卷二一
王德荣	宁夏	乾隆三十九年(1774)甲午科优贡，蓝田县教谕	诗：①河带晴光 ②山屏晚翠 ③西桥柳色 ④南麓果园 ⑤银川书院落成两首	宁夏府志卷二一(①②③④⑤)，续增平罗记略卷五(①②)
王都赋	宁夏		诗：古塔凌霄、长渠流润	宁夏府志卷二一
王瀚（澣）	宁夏		赋：屋渠渠行·银川书院落成赋	宁夏府志卷二一
王家瑞	宁夏	乾隆二十三年(1758)戊寅科贡生	诗：偕同人乘雪游贺兰山	宁夏府志卷二一
王敬修	宁夏		诗：登贺兰山漫兴	宁夏府志卷二一
王三杰	宁夏	乾隆三十五年(1770)庚寅科贡生副榜，州判借补宛平县主簿	诗：古塔凌霄、连湖渔歌，银川书院落成 方志：宁夏府志(编辑)	宁夏府志卷二一
王宋云	宁夏	乾隆三十三年(1768)戊子科举人，候铨知县	诗：①山屏晚翠 ②南麓果园 ③银川书院落成 文：④宁夏府志后序 方志：宁夏府志(编辑)	宁夏府志卷二一(①②③④)，朔方道志(④,④题作：旧宁夏府志后序)
王绥	宁夏	雍正八年(1730)庚戌科武进士，江南提督	诗：黄沙古渡、废垒寒烟	宁夏府志卷二一
王廷臣	宁夏	雍正七年(1729)己酉科贡生	诗：征西铙歌	宁夏府志卷二一，朔方道志卷二九
王永祐	宁朔县	廪生	诗：山屏晚翠、河带晴光 方志：宁夏府志(编辑)	宁夏府志卷二一
魏殿元	广武	乾隆十七年(1752)壬申科商学恩贡	诗：登古佛泉阁	中卫志卷一〇，续中卫志卷一〇
魏继相	中卫	乾隆时武生	诗：南园春晓	中卫志卷一〇
魏谏唐	中卫	乾隆三十年(1765)乙酉科拔贡	诗：牛首慈云	中卫志卷一〇，续中卫志卷一〇
魏修德	广武	乾隆二十二年(1757)丁丑科贡生	诗：黄河泛舟	中卫志卷一〇，续中卫志卷一〇

续 表

作者	籍貫	科貢及職務	著 述	收錄古籍
魏元勳	寧夏	康熙四十七年(1708)戊子科武舉	詩：移山草、老鸛湖絕句	寧夏府志卷一六、卷二一
謝王寵	寧夏	進士，翰林院庶吉士	文：商庠處士贄之先生墓志銘	碑刻集
許德溥	寧夏		詩：西橋柳色、南麓果園	寧夏府志卷二一
許景魯	寧夏	貢生，師範學院校兼中學校教員	文：重修賀蘭廟碑記	朔方道志卷二七
許體元	靈州	乾隆十一年(1746)丙寅科舉優貢生	詩：文昌閣新成有白燕來巢詩以紀瑞	寧夏府志卷二一
楊浣雨	寧夏	乾隆三十六年(1771)辛卯科進士	詩：長渠流潤 方志：寧夏府志(編輯)	寧夏府志卷二一
楊夢龍	寧夏	戊子科舉人，直隸寧津縣知縣	方志：寧夏府志(編輯)	寧夏府志
楊士美	寧夏	雍正十年(1732)壬子科舉人，截取知縣	詩：①羚羊松風 ②紀黃邑侯詳除河崩賠賦 ③紀黃邑侯施粥饑民 ④紀黃邑侯增建城堡社學 文：⑤永康社學碑記	中衛志卷九（⑤），卷一〇(①②③④)；寧夏府志卷二一(①)；續中衛志卷九(⑤)，卷一〇(①②③④)
楊廷桂	寧夏永康人	乾隆二十四年(1759)己卯科商學恩貢	詩：暖泉春漲	中衛志卷一〇，寧夏府志卷二一，續中衛志卷一〇
易生蘭	靈州	貢生	文：捐修三門外道路碑記	光緒靈州志·藝文志
尹光宗	中衛	縣治人員，生員	詩：羚羊松風	中衛志卷一〇，續中衛志卷一〇
俞德淵	平羅	嘉慶二十二年(1817)丁丑科進士，庶吉士	詩：①次韻組詩4首 詞：②菩薩蠻兼序與補韻 文：③重修文昌閣碑 ④王忠烈公祠碑記 ⑤宜荆兩邑在城義倉碑記 ⑥謝元淮詩稿序 ⑦傷科匯纂序	平羅記略卷八(③)，雲台新志卷四(①)，重刊續纂宜荆縣卷九之二(④⑤)，養默山房詩稿(⑥)，聽秋聲館詞話(②)
俞汝亮	寧夏	武生，敘補寧夏前營守備	文：皇清旌表貞潔誥贈恭人鄉諡□□顯妣秦慈君墓志	碑刻集

续表

作者	籍贯	科页及职务	著述	收录古籍
俞汝钦	广武	康熙三十八年(1699)己卯科武科举人,亚元,按察司副使	诗：① 咏新月岚 ② 咏白鼋峰 文：③ 新修朔方广武志序 ④ 神禹洞鼎建殿宇圣像碑记 ⑤ 都可观赋 ⑥ 馀庆堂捐建义学义田记 ⑦ 积庆祠堂设立祭田志 ⑧ 峡口禹王庙记 ⑨ 奏折2篇 方志：广武志(纂)	广武志(①—⑦⑨⑩),中卫志卷九(⑥),续中卫志卷九(⑥),朔方道志二六(⑧),硃批奏折汇编(⑨)
俞汝翼	中卫	河南祥符知县	诗：牛首山和前贤壁间韵	广武志下·词翰,中卫志卷一〇(题作：登牛首山和壁间韵)
于三公	中卫	乾隆四十二年(1777)丁酉科举人	文：重修枣园社学记	中卫志卷九,续中卫志卷九
俞益谟	广武	康熙十二年(1673)癸丑科进士,湖广提督	诗：① 咏百八塔有小引、广武八景（② 紫金晓雾 ③ 芦沟晚霞 ④ 地湧浮图 ⑤ 青铜锁秀 ⑥ 花石松纹 ⑦ 西天古刹 ⑧ 阁绘万佛 ⑨ 中洲朱柳）⑩ 过大清闸 ⑪ 扈架征噶逆班师入独石口马上口占 文：⑫ 两义君传 ⑬ 适可园亭记 ⑭ 重修广武关夫子庙碑记并铭 ⑮ 重修牛首山正顶说法台并製藏经碑记 ⑯《湖广提督俞益谟奏谢赏赐肉品摺》⑰《湖广提督俞益谟奏陈所属苗民情况及抚剿之法摺》 方志：广武志(修)	广武志卷之下·词翰(①—⑩,⑫⑬⑭⑮),中卫志卷一〇(⑩⑪⑫),宁夏府志卷一八(⑫)、卷二一(⑩),续中卫志卷一〇(⑩⑪⑫),朔方道志卷二八(⑫)、卷二九(⑦),硃批奏折汇编⑯⑰
岳咨	宁夏		诗：① 金塔登高 ② 贺兰秋兴	宁夏府志卷二一(①②),朔方道志卷二九(①)
岳锺仙	平罗	贡生	诗：登文昌阁 赋：河津雁字赋、春耕赋	平罗记略卷八
张灿	宁夏	康熙四十四年(1705)乙酉科武举	诗：贺兰僧舍	宁夏府志卷二一,朔方道志卷二九
张大镛	宁夏	廪生	诗：连湖渔歌	宁夏府志卷二一

續 表

作者	籍貫	科貢及職務	著 述	收 錄 古 籍
張逢泰	化平		文：勵俗俚言	化平志卷四
昭甫	靈州		文：皇清誥授榮祿大夫提督江南全省軍務加一級紀錄一次王公墓志銘	碑刻集
趙弘燦	寧夏		文：奏折67篇	硃批奏摺彙編
趙弘燮	寧夏		文：①重修寧夏衛海寶塔碑記 ②奏折791篇	寧夏府志卷二〇（①），朔方道志卷二六（①，①題作：作重修海寶塔碑記），硃批奏摺彙編（②）
趙熊飛（又作趙飛熊）	平羅	道光時諸生	詩：大悲閣望筆架山	寧夏府志卷二一，朔方道志卷二九
張均	寧夏		詩：屋渠渠行·銀川書院落成賦	寧夏府志卷二一
張松年	靈州	道光十一年(1831)辛卯科舉人	文：精忠廟碑記	光緒靈州志·藝文志
趙尚仁	靈州		詩：①賀蘭山懷古19首 文：②龍見井中歌	寧夏文史第五輯（①），朔方道志卷二八（②）
趙廷桂	寧夏縣	乾隆五十七年(1792)壬子科舉人	詩：河帶晴光、古塔凌霄	寧夏府志卷二一
張蔚豐	隆德	貢生	文：合學爲前邑令盧公建生祠文、隆屬南鄉士民恭頌邑令潘公德政文、合學恭頌訓導金公德教文、已故邑令蔣公擊賊遇害，隆莊士民爲禀請立祠文	重修隆德縣志卷四
張煦	靈州	湖南巡撫	文：①致鄂督張香濤書 ②奏稿七百餘件 ③山西通志序	山西通志（③④），朔方道志卷二八（①），中國第一歷史檔案館藏（②）
張映梓	寧夏	乾隆十五年(1750)庚午科貢生副榜	詩：山屏晚翠、西橋柳色、連湖漁歌、高臺梵刹 方志：寧夏府志（編輯）	寧夏府志卷二一
張志顯	寧夏		詩：屋渠渠行·銀川書院落成賦	寧夏府志卷二一

續　表

作者	籍貫	科貢及職務	著　述	收錄古籍
張志濂	中衛	乾隆五十四年(1789)己酉科進士	文：張孝子傳	中衛志卷一〇,續中衛志卷一〇
鄭秉鎮	靈州		詩：石空燈火	中衛志卷一〇,續中衛志卷一〇
周朝相	寧夏	廩生	詩：長渠流潤	寧夏府志卷二一
周拭	寧夏		詩：文昌閣新成有白燕來巢詩以紀瑞	寧夏府志卷二一
周守域	中衛	武庠	詩：勝金關懷古	續中衛志卷一〇
朱适然	寧朔縣	乾隆三十五年(1770)庚寅科舉人	詩：山屏晚翠、河帶晴光	寧夏府志卷二一

合計：人物 106 位,詩類(含詩、詞、賦)共 141 首,文類(含碑記、奏折、墓志銘、賦論、序跋等)共 1600 余篇,著作(含地方志、醫書等)共 3 部

説明：
① 因部分撰(編)者生卒年不詳,故本表按撰(編)者姓氏音序排列。
② 下文所列《[民國]朔方道志》等 8 種文獻雖非古籍,但所錄内容爲古詩文,故籠統稱爲"古籍"。
③ 爲方便録入,本表文獻出處所列部分書名爲簡稱,且不加書名號。文獻全稱、簡稱對照如下：
《[康熙]隆德縣志》：簡稱隆德志
《[康熙]新修朔方廣武志》：簡稱廣武志
《[乾隆]鹽茶廳志備遺》：簡稱鹽茶廳志
《[乾隆]中衛縣志》：簡稱中衛志
《[乾隆]寧夏府志》：簡稱寧夏府志
《[嘉慶]靈州志迹》：簡稱嘉慶靈州志
《[道光]隆德縣續志》：簡稱隆德縣續志
《[道光]平羅記略》：簡稱平羅記略
《[道光]續修中衛縣志》：簡稱續中衛志
《[道光]續增平羅記略》：簡稱續增平羅記略
《[光緒]靈州志》：簡稱光緒靈州志
《[光緒]寧靈廳志草》：簡稱寧靈廳志草
《[光緒]海城縣志》：簡稱海城志
《[光緒]新修打拉池縣丞志》：簡稱打拉池志
《[宣統]新修固原直隸州志》：簡稱宣統固原志
《[民國]朔方道志》：簡稱朔方道志
《[民國]重修隆德縣志》：簡稱重修隆德縣志
《[民國]化平縣志》：簡稱化平志
《[民國]固原縣志》：簡稱民國固原志
《[民國]鹽池縣志》：簡稱鹽池志
《中寧碑録》：簡稱碑録
《寧夏歷代碑刻集》：簡稱碑刻集
《康熙朝漢文硃批奏摺彙編》：簡稱硃批奏摺彙編

後　　記

　　這本小書終於要出版了。書稿在編輯手裏已有一段時間，可是我的後記遲遲未能提交。我總覺得書裏缺點什麼，除了致謝，總想在後記裏寫點什麼。可是水平有限，想寫點有趣的軼事、提出點有水平的認識，卻都難以做到，拖了許久，只能勉强湊出如下的文字。

一

　　這是本平庸又普通的書，没有什麼高深的見地，没有什麼宏闊的結構，没有什麼漂亮的語言，唯覺寬慰的，便是自己在寫作的過程中下了些許功夫。

　　成書經歷了幾個階段。從 1999 年畢業留在寧夏大學工作開始，我便關注並着手做寧夏地方文學、文獻的研究，也曾發表了一些文章，點校了兩本清代寧夏籍湖廣提督的書，初步了解了寧夏地方文獻。2011 年到陝西師範大學文學院攻讀中國古典文獻學專業博士學位，自然選擇以寧夏地方文獻研究作爲自己的博士論文選題。選題很容易，做起來卻很艱難。此前我只是關注了幾個具體的人物而已，只是幾個"點"，真要做明清寧夏地方文獻研究，必須全面梳理，理出所有的"點"，達到"面"的程度，這就需要理清多種"關係"：點與面的關係，點與點的關係，多個"小面"之間的關係，"大點"與内部"小點"的關係，點、面與外部大環境的關係，等等。

　　已届不惑之年，幹什麼都是不用揚鞭自奮蹄。前期有過一點文獻學研究的經歷，知道此項工作的艱難，首在資料的獲得異常艱辛。至今仍清楚地記得，當年邵敏女士第一次從山東打來電話，告訴我《青銅自考》館藏地的消息時，我激動得差點跳起來。當日，我尚不大懂文獻學，甚至連牌記都没搞清楚。記得有一次在北京校書，因時間緊任務重，我和葉根華兩人實在難以完成，便請在北京讀經濟學的馮蛟博士、讀數學的汪文帥博士幫忙，雖然二位博士傾力援助，但我清楚這真的很難爲他們。在内蒙古圖書館錄《青銅君傳》時，爲了節約時間，我們把書本展開，李星與付明易各錄半頁，晚上回到住所，我將錄文合到一起，最後一天再進行全文校對。2014年在南京圖書館查《芸莊雜錄備遺》時，幾天皆是從早到晚泡在圖書館，對於生平第一次去南京的我來說，只知道快捷酒店和圖書館之間的距離，卻不知道南京其他地方的樣貌。也抱怨過山東某高校圖書館，分明館藏我所急需圖書的版本，且前期在線能查到信息，託人去咨詢時卻被告知沒有；輾轉請託該校文獻學專業的教師入館鑒定就是我需要的版本，嗣後再請人去仍被告知沒有，更不可思議的是連網上之前的信息也被刪除，種種不可言說，令人無語。

我從進校就開始着手準備論文，一篇一篇閱讀原文，一本一本翻檢文獻學書籍，一個一個目驗版本；求親托友查詢訪書，動用團隊解決問題，請教導師、大咖指點迷津。每天早起晚睡、愁眉緊鎖、步履蹣跚。一日三餐，全部從簡。一年以後返回工作單位，邊上班邊研究，終於在2013年元月開始動筆，艱難碼字。邊寫邊查、邊讀邊寫。既有數日不能下一筆，也有一夜傾瀉數千字而不能罷手之時，更有預答辯後數日幾乎不眠不食之際。加之老父多病，次子出生，妻子讀博；原單位工作崗位調整，瑣事繁雜，意在改革，推進艱難。種種不如意，處處不稱心。其間罹患重疾，幾近病危，住院五十餘日，數月方得康復。終於在2014年下半年基本完成書稿，提交導師，準備預答辯。

論文進入預答辯時，突然想起《韓非子》中的話：賢舜則去堯之明察，聖堯則去舜之德化，不可兩得也。很是擔心，如果專家們提到朱栴和胡侍的籍貫問題，我如之奈何？這兩人恰恰是矛盾的，更何況專家都是陝西人，如果他們提出胡侍是西安人，將如之奈何？忐忑間參加預答辯，直至後來的正式答辯，專家始終未曾涉及此問題，使我得以在2014年12月31日前順利畢業。雖然如之奈何的心稍安，但如之奈何的問題依舊存在。這次王茂福先生的序中幫我解了圍，他關於歷史人物籍貫爭議的見解確屬高論，使我有醍醐灌頂之感。

此後，因國家社科基金結題限定，作爲項目成果之一，本書不能出版。候至2016年底提交結項材料，又因過程中的各種不順，陰差陽錯，我正好又結合外審專家的意見，對部分內容略作調整：補寫了《寧夏明代人士著述情況概述》《寧夏清代人士著述情況概述》兩部分；補充了《寧夏明代人士其他著述簡表》《寧夏清代人士其他著述簡表》，對明清時期寧夏文人除詩文集外的其他集子、散見著述進行統計；增加了有關《文章類選》主要內容的解讀部分；等等。通過修改，這本小書內容更豐富了些，也更系統了些。好在2018年底終於結項，又因要和其他"朔方文庫"成果一起出版，故一直耽誤到2019年的下半年付梓。

總之，本書是在2014年完成的博士論文的基礎上，依據國家社科基金項目結題時兩位專家的意見補充了一些內容完成的。因此，書稿主體保持原貌，本次出版時只對個別詞句略作修改。

二

  本書是研究明清寧夏地方文獻的。地方文獻，按照杜定友1957年在《地方文獻的搜集整理與使用》中所提，是包括有關本地方的一切資料，甚至於"斷簡另篇""片紙隻字"也包括在内。本書是漢文"著述"研究，比地方文獻範圍略小些，至少不包括契約、印模之類，但屬地方文獻研究的範疇是確定無疑的。

  在本書寫作前後，各地地域文獻的研究成果甚夥。有的是針對某些問題專門研究的論文集。如陳倩著《北京歷史地理與都城文獻研究》（北京燕山出版社2010年版）收有多篇地方文獻的研究文章；賈三强主編的《陝西古代文獻研究》第一輯（商務印書館2016年版）是一部論文集，收錄了《陝西古代文獻集成》所涉著述的作者生平、古籍版本、史料價值考述，校勘中所發現的問題以及有關的民俗、思想史等研究成果。有的是對地方文獻總體情況的研究。如湖南圖書館著《湖南文獻概論》（嶽麓書社2016年版）對湖南從古到今的文獻概況和特徵分時段進行了研究和論述。有的是目錄學類型的總目提要。譬如劉緯毅主編的《山西文獻總目提要》（山西人民出版社1998年版），本著"求全存實"的目標，全面反映山西文獻的基本面貌，"系統反映學術文化各領域的演變過程"。① 不過此書並不牽涉文獻的内容本身。還有各種類型的文獻整理與研究成果，甚至於某地的某類文獻研究的。如羅海燕《天津文學文獻整理與研究》（社會科學文獻出版社2017年版）對天津文學文獻做了系統介紹和評價。

  以上都是從文獻學的角度進行研究的成果。然而像本書一樣，將五百多年的省級地域文獻研究在一部著作中囊括，將所有文人著述的著者生平、文獻流傳、版本鑒定、内容分析、藝術探討、後世影響囊括的，的確不多見。究其原因，就是其他省級單位一般都很大，傳世文獻多，很難簡單說清。當然，凡是文獻研究，都重在史料價值及其衍生價值，各地方的文獻只有豐富與否，價值本身很難說哪個地方的更大，哪個較小。

  但是文學、文化和思想的研究就不一定了。單就文學史的研究來說，現有的地域文學史有近百種，只近年來所出省級文學史就很多，王齊洲、王澤龍的《湖北文學史》（華中理工大學出版社1995年版），張福三主編《雲南地方文學史》（古代卷）（雲南人民出版社1997年版），喬力、李少群《山東文學通史》（先秦至清末）（山東教育出版社2003年版）、傅秋爽《北京文學史》（人民出版社2010年版）、王

---

① 劉緯毅主編《山西文獻總目提要·前言》，山西人民出版社1998年版，第3頁。

齊洲等的《湖北文學通史》（長江文藝出版社 2014 年版）等等。甚至於很多地級市的文學史都取得了很大成就，如范培松等《插圖本蘇州文學通史》（江蘇教育出版社 2004 年版）翔實記錄了蘇州文壇千年之盛，趙福君《鐵嶺文學史簡編》（白山出版社 2013 年版）研究了地級市鐵嶺從古到今的文學發展狀況。這些文學史所研究的内容，因所涉年代久遠程度不同、作家作品水平高低不同、在全國和地方層面影響不同，無可避免地有價值高低之分。

相比較而言，寧夏明清時期的文學夠不夠"史"呢？我們且不說本書所提及的著述都是否爲文學作品，就是將所有著述作爲文學作品來看待，又有多少值得作爲一般意義上的文學史内容來研究的呢？

寧夏明清文人著述的一大特點就是家族化，家族内部可能有一定的傳承發展關係，如俞益謨、俞汝欽父子；個别人因師承可能有影響，比如胡汝礪、管律；還有可能是同時代互相有影響，比如朱栴可能對圍繞在他周圍的人、他的後人有影響外，其他恐怕談不上。更無論流派主張、文學觀點的交相滲透，也無論作品的歷史影響和傳承發展，也就談不上從中能看出著述本身的發展規律（當然，地方志因其因襲性不在其列）。因此，我們很難勾勒出明清寧夏人的"著述史"或"文學史"。爲了表述的方便，我們姑且將明清寧夏人的著述中除了舊志以外的以詩文爲主體的部分都以"文學作品"來看待。

寧夏明清時期的這些文學作品是不是文學價值很高呢？或者文化價值很高呢？答案是否定的。

我們研究中國文化、中國文學，大都是研究那些最有代表性的、典型的，說明它們在這兩個領域對國人的影響。因而可以說，研究中國文化的典型意義在於認識到中國文化的本質，探求中國人精神層面的東西，進而更有利於我們今天利用繼承傳統文化、發展新時代的文化；研究中國文學那些頂級水準的作家和作品，可以探求文學的本質、文學的作用，指導今人寫出更好的文學作品來。因爲那些頂尖的思想和作品更接近問題的本質。我們也不難發現，各地域文學史在提到中國文學史上的一流作家作品的時候也是大書特書，二三流作家相對而言介紹的就簡略些，那些只在某某地的範圍内有影響的作家作品也都是匆匆帶過。那麽我們不禁要問，是不是地域文學史就是中國文學史的餘波？其他大省區有國家層面的作家作品當然可以專章介紹，没有國家層面的作家作品怎麽辦呢？特別是那些地方文獻、地方文學作品本身都不是一流的或不入流的時候，甚至於本身很難達到"文學"的程度的時候，是不是就没有研究和發掘的意義呢？進一步說，我們這麽多地方的文學史和文獻研究成果中除了高大上的，其他是不是就没有意義呢？是不是僅僅只是爲了給頂尖的作家作品做陪襯呢？還是僅僅爲了滿足地方著述成果"有"或者"豐富"的虛榮心呢？還是只是簡單闡述爲中華文化的有機組成部分之類的說法呢？我覺得答案一定是否定的。但那到底意義何在呢？

作爲學術著作，我們不敢就這個問題進行深入的探討，因爲這是一個非常難以回答的問題，如果回答不清楚，就不能作爲研究成果來"曬"，因而本書中沒有就這一問題進行闡釋。作爲沒有特別嚴格要求的"後記"之類的文字，我想大膽地坦露一下自己的思考和感受，反正這不是嚴格的學術研究，可以憑感覺暢所欲言，求教於方家，即使貽笑大方也無妨。

爲了將這一問題說得簡單透徹些，我只從文學的角度闡釋，其實本質上思想、文化的道理是一樣的，推而廣之即可。

在剛開始涉足學術研究時，某次課題申報答辯會上，我曾豪言，這一輩子一定要寫一部寧夏古代文學史，當時師長輩們的一些專家學者都笑了，大部分是善意的讚許。後來我也曾將此豪言在寧夏的一位頗有影響力的大咖面前陳述，誰知他當時就嘲笑我說，寧夏古代有什麼文學？有什麼可值得研究的？那麼多的古代大文學家你不去研究，瞎折騰什麼？我默然。是啊，寧夏古代文學史，有研究的價值和必要嗎？即便如此，我依然按照自己的思路默默地努力，默默地搜索，就像在西北的大漠、茫茫的戈壁上搜尋賀蘭石、耙梳髮菜一樣。

蒼天不負，且有導師襄助。在王茂福先生的指導下，我發現前輩胡迅雷曾做過艱辛的努力，取得了拓荒的成果，便沿着他的足跡前行。於是就有了苦苦搜尋後的一個個驚喜，一次次成功，一個個點的突破，終於將點連成了面，思路也逐漸清晰了。只不過走了一段路停下來再反觀，發現目標是文學，卻走在了文獻上。再仔細琢磨，覺得對於地方來說，尤其是小地方來說，文學、文獻又有多大區別呢，我們的古人在開口吟誦、提筆書寫的時候，並沒有在意這是文學還是文獻，他們更多的只是表達自己的內心，我們需要做的，就是跟着他們的腳步，沿着他們的吟唱，理解他們的世界。

就明清時期寧夏地方的文學作品而言，朱㭎、胡侍等人的詩文固然值得尊敬，但是代表寧夏地方文學的本質和特色的，恰恰不是這些大人物及其著述，而是像釋淨明、趙尚仁、英元等這些下層普通文人及其對寧夏的歌唱和吟誦的詩篇、有寧夏特色的詩文，才是寧夏地方文學存在的價值和意義。他們在不爲人知的環境和條件下，在艱難的歲月和動蕩的時代中，用自己的文字和歌唱來體現文學的真正價值——支撐心靈。屹立於巍巍賀蘭山巔，東望滾滾之黃河水，不禁使人思考，爲什麼內蒙古、新疆、西藏的歌曲多是那麼的高亢優美，而事實上生活比他們要幸福得多，至少是物質上富足得多的内地很多地方的民歌卻不一定如此呢？這絕不能簡單地歸於地域遼闊或環境優美，更不可能是因爲生活條件比其他地方更美好。恰恰相反，缺衣少穿、茹毛飲血，甚至食不果腹，在物質匱乏的環境裏，他們卻在歌唱，歌頌蒼天、歌頌雄鷹、歌頌駿馬。這是他們在極端艱苦的環境下的一種內心的清澈的外化，一種用藝術的形式抗爭現實苦難從而達到心靈平衡的手段，更是一種人性美好不屈從於現實條件的真情外露。想像一下，明清時期的寧夏，常年的戰爭，邊疆的動蕩，食不果腹的困苦，隨時可能死去的可怕，那是怎樣的一種艱難呀！所以，這片熱土上人們的文學和著述，更多地是它們本身的存在和價值，有這種藝術的體現就是價值，已經沒有必要考慮在全國層面是否有影響了，已經沒有必要看它們是否在藝術上可以對文學史有多大貢獻了，它們的存在，支撐心靈的作用本身就是貢獻。所以，整理、搜集這些著述，對這片熱土上曾經的歷史予以關注，對曾經的人們的心靈予以透視，已經超越了我們常常探討的一般文學史所期望探討的價值本身。

　　賀蘭山東麓，西夏王陵的土塔千年不倒，拜寺口雙塔巍然屹立，不禁使人發問：全國各地類似的高塔千千萬萬，那麼塔尖上的明珠和底座下的磚石之間是什麼關係？誠然，明珠璀璨奪目，價值連城，其高貴自不必說，定爲大衆所仰望，爲庶民所追捧。磚石呢，灰不溜秋，極其普通，只能起到支撑的作用，用時壘起，不用時丟棄，甚至隨意踩踏。然而道理誰都知道，沒有磚石之卑賤，何談明珠之華貴；無底座之支撐，何談頂尖之高聳？當然，我們必須研究明珠之所以爲明珠的華貴之處，一定要明白明珠之所以爲明珠的價值所在；因而，也必須清楚磚石之所以爲磚石的平凡之處，明確磚石之所以爲磚石的普通之意。更進一步講，難道沒有明珠，我們就不歌頌了嗎？沒有璀璨奪目我們就不細品磚石中之方正者、之光滑者、之細膩者、之堅硬者？難道我們只看到一顆或數顆明珠而不用細數磚石之數量、之構造、之關係、之經歷了嗎？我們甚至更需要知道，爲什麼一座塔的構成中，某些磚石脫落不知去向而留下空洞，某些已經沒了棱角與其他磚石混在一起，某些已經被頑劣者塗鴉而失其本來面目，某些被砌在內部已經無從知道其任何信息。他們畢竟是塔的一部分，畢竟不同於散在地下未經任何加工的泥土，畢竟是經過了能工巧匠之手和鍛造窯燒之後的產物，畢竟是承載過善男信女的膜拜而歷經百年千年飽經風霜的歷史見證者。更何況，他們有的粗糙原生位於塔底，有的規矩成型置於塔中，有的有其造型有其琉璃色而用於上端，也有的甚至直接用來拱衛明珠。明清時期的寧夏文人及其文學作品，沒有哪個能達到明珠的地步，但拱衛者有之，有型有色者有之，中規中矩者有之，粗糙原生者亦有之，是他們構成了那個時期文人的歷史，是他們承載了那個時段文人的寄託，更是他們在極端艱難的條件下通過種種途徑留下了文人的內心和情感。

苔花如米小,也學牡丹開。一代人有一代人的使命,一方人有一方人的擔當,一本書有一本書的任務,我們需要將這一部部的地方文獻、一篇篇的古人詩文找到,將它們所蘊含的歷史搞清,將它們所對應的靈魂托出,將它們所支撐的一個個心靈和一份份情感鮮活地呈現在大眾面前。

　　由此,我們不難得出評價一個地域文學價值的標準。其一,一方水土養一方人,一個地方的自然條件、風俗習慣、人情世態必然決定了此地主體文學的表現內容和表達方式,有的宏闊,有的綿長,有的細膩,有的優美。意象的選擇有特色,語言的表達有特色,整體的風格有特色。鮮明而準確地體現這種特色的文藝作品方能稱之爲這一地域有代表性的作品,揭示出這種特色的文學史方能稱之爲好的地域文學史。其二,地方文學或著述對該地現實社會生活有很好地反映和記述,對人們的生存狀態和現實表現有很好的描繪和勾勒,對該地的政治、經濟、軍事、文化有真實而本質的書寫和揭示。做到了這些的文學或著述就是優良的,就是值得我們研究的,同樣,能抓住這樣的文學和著述來進行史的評價的地域文學史也才是好的文學史。其三,地方文學應該很好地表現該地特有的人們整體的精神世界,揭示當地人們特有的心靈寄託,體現斯時斯地人們普遍的價值追求。某地尚武,某地市井,某地崇情,某地剛烈,地域文學能從總體上成爲這種精神世界的承載者、心靈深處的寄託者、價值評判的外化者,就是好的地域文學。相應地,以此爲標準評判著述或者文學的著述史、文學史就是良史,能深刻地挖掘地域文學這一共有特徵的就是良史,能進一步讓今人從中受益並更好地構建本地人民精神世界的就是良史。

　　由此觀之,地方有大小,著述有多少,從這些方面去認識地域文學的意義則並無高低之分,只有特色鮮明與否,只有今天看來值得吸收與繼承發揚與否。當然,毋庸諱言,各地域文學在藝術水平上是有差別的,然而這差別也只是表達效果的問題,並不是我們所謂意義的本質特徵。這就是我們研究地方文獻、地域文學的意義,推而廣之,思想、文化亦如此。

三

　　最後,回想成書的過程中,有太多人給予了我幫助,無以爲報,僅在此以淺薄之文字聊致謝忱。

　　首先要感謝我的博導黨懷興先生。此書主體是在先生的指導下完成的,從選題到思路,從大綱到細節,從具體問題的解決,到知識點的糾正,從通篇之審閱,到標點符號的修改,處處都有先生之心血。黨老師還費心費力地請到了一批專家在預答辯中幫我會診把脈,正式答辯時給予高層次的指導,幫我提升提高。身爲陝西師範大學的副校長和知名專家,先生撥冗賜序,使我感激涕零。至於我讀博期間,他善用多種方法指導,總是在和藹可親中體現關懷,作爲弟子受之不盡,且已内化爲我指導學生的風格而不斷延續下去。

其次要感謝我的碩導王茂福先生。本科畢業後就拜在業師門下,直至今日依然常常耳提面命,總覺取之不竭,悟之不盡。從碩士畢業後幾乎每篇論文、每本書稿都是先生逐字逐句修改的,每見一處修改,都不禁使我心服口服,感慨恩師功力就是不一樣。他曾"訓斥"我:"你總不能永遠都讓我給你改稿子吧!"雖然羞愧不已,但我依然腆着臉説:"誰讓您老人家是我導師,水平那麽高呢!"一向嚴肅的王老師,好像對我的無賴也一直無可奈何,他的弟子當中,似乎也只有我一直敢這樣跟他説話,敢這樣要賴。本書也不例外,王老師傾注了大量心血,除了後來補充的明清時期的"概述"和附錄的表格外,他逐字逐句修改了其他全部内容,並以他多年關注寧夏地方文化、文學的深入思考賜序,使本書也增色良多。王老師的序對本書的特點概括我認爲是非常恰當的,當然,有些地方還是有"青眼"於自己弟子的因素。書中的問題,自然也没能逃過先生的法眼:在眼界的開闊上,在論述的平平上,都多有不盡如人意之處。這也是我未來努力的方向。

再次要感謝寧夏大學的何建國校長,他的鼓勵和幫助,一直是我努力前行的動力之一。感謝寧夏大學人文學院胡玉冰院長。作爲"古文獻整理與地域文化研究"團隊的成員之一,我深受胡院長這位團隊"領頭雁"的教誨和提攜。無論是從文獻學專業領域的指導,還是寧夏地方文獻的宏觀點撥,無論是項目申報時的幫助,還是出版經費上的支持,都使我受益無窮。感謝寧夏大學的蔡永貴先生,他亦師亦友,從文字學角度對我指導頗多。感謝西南民族大學的孫紀文教授經常和我討論相關内容給予我的啓發。感謝陝西師範大學的傅紹良、張新科、高益榮、杜敏、趙學清、邢向東、劉鋒燾、劉生良、趙望秦、周淑萍、黑維強等先生,或在課上,或在其他場合,都給予我諸多指點、幫助。先生們的教誨,是我終生的財富,我將永生難忘。也感謝現供職於陝師大的師兄李孝倉,師弟王培峰(現爲山東師大教師)、張海燕(現爲山西師大教師)以及其他同門師弟妹們的幫助和鼓勵。需要特別申明的是,本書下編第二章《曾畹及其著述》爲寧夏師範學院安正發先生所撰。安教授對這一問題很有研究,掠美編入本書,他欣然應允,使我心甚不安,深表謝意。

最後,要感謝寧夏大學科技處的李學斌處長及其他同仁對本書的出版給予的幫助。感謝寧夏大學的王迎春、馬春寶、邵敏、刁俊等師友的指點和鼓勵。感謝寧夏大學新華學院的馬麗老師，寧夏大學的葉根華老師，還有我的研究生王敏、李星、付明易、魏一、郭婉瑩、楊思雨等同學在資料、校對等方面所付出的辛勞和汗水。感謝上海古籍出版社的責任編輯王珺女士在書稿的審讀和編校方面付出了艱辛的勞動。

書稿進入出版階段後，我又調至寧夏師範學院工作，感謝寧師的李静書記、馬宗保校長及各位領導、同仁對我的包容，使我在忙碌的行政工作之餘能最後完成書稿的校對任務。

當然，本書的出版離不開家人的支撑。妻子楊學娟博士既是我每段文字的第一個讀者，也是我苦思冥想時隨時展開討論的同行，更是幫我承擔繁瑣家務的後勤保障者。成書過程中，正好是她懷孕生子、攻讀博士、完成國家社科基金項目的極端艱難時期，我們相濡以沫、互相支撑，終於使書稿得以完成。夫妻之間，不能用感謝來表達，今後我們還要互相支撑着在學術的道路上努力前行。

書稿雖已完成，但不足是顯而易見的：雖然篇幅很長，資料豐富，但"述"多"論"少，理論性不强；書稿交付出版社後又發現了個別人物及其著述的新資料，時間所迫，無法完成，實爲憾事。這些問題，只能留待以後再行深入研究解决了。此書中有些地方指出個別前輩學人學術成果中有待商榷之處，若有不妥，還請前輩能够包容。書中錯誤在所難免，也懇請方家批評指正。

這部書稿的出版，既是我寧夏地方文獻研究的階段性總結，也是今後學術研究的起步，我將繼續前行，力争走得更遠。

田富軍
2019 年 11 月於固原山城文苑